CULINARIA

Italia

ITALIENISCHE SPEZIALITÄTEN

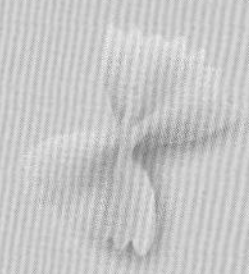

CULINARIA

Italia

ITALIENISCHE SPEZIALITÄTEN

Claudia Piras
Herausgeberin

Ruprecht Stempell
Fotografie

h.f.ullmann

Abkürzungen und Mengenangaben

1 g	= 1 Gramm = 1/1000 Kilogramm
1 kg	= 1 Kilogramm = 1000 Gramm
1 l	= 1 Liter = 1000 Milliliter
1 cl	= 1 Zentiliter = 1/100 Liter
1 ml	= 1 Milliliter = 1/1000 Liter
1 EL	= 1 gestrichener Eßlöffel
	= 15–20 Gramm bei trockenen Zutaten (je nach Gewicht)
	= 15 Milliliter bei flüssigen Zutaten
1 TL	= 1 gestrichener Teelöffel
	= 3–5 Gramm bei trockenen Zutaten (je nach Gewicht)
	= 5 Milliliter bei flüssigen Zutaten
1 Glas	= 0,2 Liter = 200 Milliliter
1 kleines Glas	= 0,1 Liter = 100 Milliliter

Löffelangaben beziehen sich bei trockenen Zutaten immer auf die verarbeitete Rohware, beispielsweise: 1 EL gehackte Zwiebeln, aber: 1 Zwiebel, geschält und gehackt

Mengenangaben in den Rezepten:
Wenn nicht anders angegeben, sind die Rezepte für vier Personen berechnet – ausgenommen Drinks (jeweils pro Person).

PANINI – die vom restlichen Text abweichende Typografie weist auf Themen hin, die kapitelübergreifenden Charakter haben und somit für ganz Italien relevant sind.

Originaltitel: *Culinaria Italia - Italienische Spezialitäten*
ISBN 978-3-8331-1049-8

Sonderausgabe

Art Direction: Peter Feierabend
Layout: Michael Ditter

Projektmanagement: Birgit Gropp
Assistenz: Freia Schleyerbach
Lektorat: Daniela Kumor
Korrektorat: Regine Ermert, Sebnem Yavuz, Isabella Delmarco
Übersetzung: Giorgio Sinigalia, Peter Schelling, Stefanie Manderscheid
Organisation der Fotoreisen: Bettina Dürr, Nina de Fazio
Fotoassistenz: Benjamin Holefleisch
Foodstyling: François Büns
Karten: Studio für Landkartentechnik, Detlef Maiwald
Bildredaktion: Mitra Nadjafi
Coverdesign: Peter Feierabend, Claudio Martinez
Fotos Vorder- und Rückseite: © Tandem Verlag GmbH/Ruprecht Stempell

Printed in China

ISBN 978-3-8331-4521-6

10 9 8 7 6 5 4 3 2
X IX VIII VII VI V IV III II I

Nach einer Idee und Grundkonzeption von Ludwig Könemann

www.ullmann-publishing.com

INHALT

Koch- und Lebenskunst

L'ARTE DELLA CUCINA ITALIANA

Eine Schlemmerreise nach Italien unternehmen, daheim beim stadtbekannten Italiener elegant essen gehen, oder in der eigenen Küche italienisch kochen – bei diesen Aussichten läuft den meisten von uns das Wasser im Munde zusammen. Erinnerungen – vielleicht an die letzten Ferien – werden wach, und auf der Zunge schmeckt man den Genüssen nach, die man jenseits der Alpen, in dem Land, wo die Zitronen blühen, gekostet hat. Delikate Antipasti, Nudeln in allen denkbaren Formen, köstliche Saucen, frische Fische und Meeresfrüchte, knackige Salate, Obst und Gemüse direkt aus dem Garten, sowie Schwein, Rind, Wildschwein, Lamm oder gar Zicklein von allerbester Qualität. Und nicht zu vergessen die wunderbaren Backwaren und Süßigkeiten, ob nun herzhaft wie eine Focaccia oder zuckerig wie eine Cassata.

Die *cucina italiana* ist heute so beliebt wie nie zuvor. Dies gilt sowohl für die Kochkunst in Italien selbst, die sich immer wieder mit Begeisterung den traditionellen Rezepten zuwendet, als auch für das, was im Ausland unter der Rubrik »italienische Küche« geführt wird. Die Zeiten, in denen dort allenfalls die Stichworte Pizza, Spaghetti und billiger Chianti in der Korbflasche verzeichnet waren, sind längst vorbei. Ambitionierte Lebensmittelhändler, hervorragende Köche und Gastronomen, aber auch Heerscharen von privaten Küchenkünstlern haben dafür gesorgt, daß wir heute überall in Europa nicht nur authentische italienische Spezialitäten kaufen können, sondern auch etwas damit anzufangen wissen. Wer im Laden gezielt nach einem Arborio- oder Carnaroli-Reis fragt, hat sich wahrscheinlich vorher über die Kunst der Risotto-Zubereitung informiert, wer in der Weinhandlung nach einem ganz bestimmten Prosecco verlangt, hat vielleicht am Vorabend mit dem Wirt seines Lieblingslokals über den Winzer oder Erzeuger diskutiert. Und daß frisch geriebener Parmesan besser schmeckt als der aus der Tüte, gehört inzwischen fast schon zur Allgemeinbildung.

Aber was genau macht sie nun aus, diese italienische Küche, die so sehr in den Mittelpunkt unseres Interesses gerückt ist? Um es vorwegzunehmen: *Die* italienische Küche gibt es nicht. Italien ist ein großes, und vor allem ein langes Land. Von den Alpenkämmen bis zur Stiefelspitze vergehen für den Reisenden rund 1200 Kilometer, hinzu kommen die beiden großen Inseln, Sizilien und Sardinien. Allein schon aufgrund seiner Geographie schlägt Italien einen faszinierenden Bogen von Nord nach Süd, denn die unterschiedlichen mikroklimatischen Gegebenheiten sorgen für die sprichwörtliche Vielfalt an Wurst, Schinken und Käse – und natürlich für die reiche Palette der italienischen Weine. Doch auch die wechselvollen historischen Schicksale der einzelnen Regionen haben Kochbuchgeschichte geschrieben, so zeigt die sizilianische Küche bis heute arabische Einflüsse, während man in Triest noch immer österreich-ungarisches Goulasch essen kann.

Die italienische Kochkunst präsentiert sich also nicht als einheitliche Tradition, sondern als eine sehr regional geprägte Angelegenheit. Doch es gibt auch verbindende Elemente, die in allen Städten und Provinzen anzutreffen sind: zum einen das hartnäckige Bestehen auf beste Qualität der Produkte – und zum anderen die Liebe, Sorgfalt und Begeisterung, die man diesen hochwertigen Zutaten entgegenbringt.

So scheuen viele Kunden weder lange Anfahrtswege noch etwas höhere Preise, um bei den Anbietern oder Erzeugern ihres Vertrauens einzukaufen. In ganz Italien gibt es spezialisierte Betriebe, die sich den überlieferten handwerklichen Produktionsmethoden widmen. Da gibt es zum Beispiel in der Toskana Schweinezüchter, die sich um den Erhalt der Rasse Cinta senese bemühen. Die Haltung dieser halb wild lebenden Schweine ist kostenintensiv, doch ihr hochwertiges Fleisch hat einen unvergleichlichen Geschmack. Die Züchter wissen, daß sie ein Nischenprodukt anbieten, doch sie machen auch die Erfahrung, daß immer mehr Verbraucher Klasse statt Masse wünschen. Ein anderes Beispiel sind Käsehändler, die in ihren Läden bewußt Rohmilchkäse aus kleinen Käsereien anbieten – obwohl die zuständigen Behörden der Europäischen Union für solche Spezialitäten, die nicht in ihre Normen passen, gar nicht zu haben sind.

Regionale Vielfalt, hohe Qualität der Produkte und Traditionsbewußtsein sind also drei Beine der reich gedeckten italienischen Tafel, doch ohne das vierte Bein kann der Tisch nicht stehen: Es ist die typisch italienische Einstellung zum Essen und Trinken. Kulinarik bedeutet in Italien Genuß pur, und so wird sie auch zelebriert – als tägliches Fest der Sinne, mit der Familie, mit Freunden, daheim oder in einem guten Restaurant.

Doch nun genug der Vorrede. Gehen Sie mit uns auf Entdeckungsreise durch 19 aufregende Regionen eines immer wieder magischen Landes. Gucken Sie in die Kochtöpfe, kosten Sie die Weine, lernen Sie interessante Menschen kennen und hören Sie teils ernste, teils unglaubliche Geschichten rund um das tägliche Brot – oder wußten Sie schon, wie man mit einem Käse den Teufel hereinlegt, oder mit einem Kuchen das eigene Leben rettet? Die Antworten auf diese und andere Fragen finden Sie in *Culinaria Italia*.

Wir wünschen Ihnen viel Spaß bei der Lektüre und beim Ausprobieren der Rezepte.

Gutes Gelingen und *buon appetito!*

Claudia Piras

FRIULI VENEZIA GIULIA

FRIAUL
JULISCH VENETIEN

Bohnensuppen
Der grösste Frico der Welt
Schweinefleisch
Mais
An der Küste
Weinbau im Grenzland
Süsse Köstlichkeiten
Grappa

Jôf di Montasio
2753 m
Carnia
San Daniele
del Friuli
Udine
Friaul-
Julisch Venetien
Pordenone
Görz
Laguna di
Marano
Grado
Triest

Friaul und Julisch Venetien liegen abseits der üblichen Routen der Italienbesucher. Doch diejenigen, die tatsächlich den Weg in die alpine Grenzregion zum ehemaligen Jugoslawien finden, kommen wegen der unverfälschten Natur, der Ruhe vor lauten Touristenströmen - und vor allem wegen der guten Küche und den berühmten Weinen. Orte wie San Daniele del Friuli lassen den Feinschmecker an den berühmten Schinken denken, Karnien, eine Gegend im äußersten Norden Friauls, steht für köstlichen Speck und den wunderbaren Montasio-Käse, und bei Schlagworten wie Collio, Grave del Friuli und Colli Orientali horcht auch der Weinliebhaber interessiert auf. Im Friaul und in Julisch Venetien haben die Winzer frühzeitig auf Qualität durch bewußt geringgehaltene Erträge gesetzt – und gehören jetzt zu den besten Erzeugern innerhalb Italiens.

Die mitteleuropäische Vergangenheit und die Erinnerung an die Rolle Triests als bedeutender Handelshafen der Donau-Monarchie sind in der Küche Friauls und Julisch Venetiens noch immer lebendig. Getreu dem Motto vom »Vielvölkerstaat« mischen sich österreichische, ungarische, slowenische und kroatische Einflüsse mit den bodenständigen Küchentraditionen dieser Region. In den Bierhallen ißt man Wiener Würstchen, Gulasch oder böhmischen Hasen, trinkt dazu den vermeintlich »unitalienischen« Gerstensaft oder kräftigen Wein und rundet das Mahl mit Mehlspeisen und Strudeln ab. Während sich die julische Küche Triests fremden Einflüssen gegenüber durchaus aufgeschlossen und phantasievoll integrierend zeigt, geht es in den friaulischen Kochtöpfen eher traditionell zu. Hier zaubert man aus den einfachsten Zutaten wahre Leckerbissen. Polenta, das in vielen anderen Regionen Italiens als ärmliche Speise abgetane Maisgericht, ist ein Hauptelement, denn zwischen Udine und Tarvisio, Gorizia und Cortina d'Ampezzo werden unzählige Variationen zubereitet: gerührt oder gebacken, mit Wurst, Käse, Fisch oder Fleisch. Die Friauler lieben und zelebrieren ihre schnörkellose Küche. So werden die würzigen Gerichte oft von Schweinefleisch begleitet, das man nach alter Sitte über dem *fogolar,* der offenen Feuerstelle in der Küche, langsam röstet. Der friaulisch-julisch-venetische Sinn für einfache, aber überaus schmackhafte Gerichte hat echte Klassiker hervorgebracht wie die *Jota,* eine herzhafte Bohnensuppe mit viel Speck, und die *Brovada,* jene in Weintrester eingelegten weißen Rüben.

Vorhergehende Doppelseite: Seit 50 Jahren beschäftigt sich Caterina Castellani mit der Herstellung und Reifung des San-Daniele-Schinkens.

Links: Aus den Reben, die in den fruchtbaren Ebenen Friauls und Julisch Venetiens gedeihen, entstehen nicht nur bemerkenswerte Weine, sondern auch verschiedene Grappe, wie hier bei Grave del Friuli.

BOHNENSUPPEN

Sowohl im Friaul als auch in Julisch Venetien liebt man Bohnen. Aus dem julischen Triest stammt die herzhafte *Jota,* eine Bohnensuppe, die früher als Arme-Leute-Gericht galt, heute jedoch selbst in der gehobenen Küche wieder zu Ehren kommt. Die Triestiner verweisen gern auf den ehrwürdigen Ursprung der *Jota,* denn das Wort scheint mit dem spätlateinischen *jutta* verwandt, was soviel wie Brühe oder flüssige Suppe bedeutet. Möglicherweise geht die *Jota* aber auch auf die kulinarischen Vorlieben der Kelten zurück.
Während die *Jota* also eher eine julische oder auch speziell Triester Spezialität ist, pflegt man im Friaul seine eigenen Bohnenspezialitäten. Die *Minestra di fagioli e orzo* ist eine Delikatesse, die allerdings etwas Ausdauer in der Küche erfordert. Die Bohnen werden zweimal in jeweils neuem Wasser gekocht und anschließend mit Milch, Nudeln oder Reis und leicht geröstetem Suppengrün zu einem herzhaften Suppengericht angereichert.

Jota

Eintopf mit Bohnen
(Abbildung oben)

250 g getrocknete dicke Bohnen
250 g Kartoffeln
300 g durchwachsener Speck
200 g Sauerkraut
1 Lorbeerblatt
3 EL Olivenöl
1 Knoblauchzehe
2 EL Weizenmehl
Salz und Pfeffer

Die Bohnen über Nacht in Wasser einweichen. Am nächsten Tag abgießen und die Bohnen zusammen mit den Kartoffeln und dem gewürfelten Speck in einen Topf geben, mit Wasser bedecken und zum Kochen bringen. Sobald die Mischung gar ist, die Hälfte der Bohnen und Kartoffeln durch ein Sieb passieren und wieder in den Topf geben.
Das Sauerkraut zusammen mit dem Lorbeerblatt und etwas Wasser einige Minuten gar kochen. Den Topf dabei gelegentlich rütteln.
2 EL Öl erhitzen, den geschälten und grobgehackten Knoblauch darin bräunen und anschließend wieder herausnehmen. Das Mehl in das heiße Öl geben und unter Rühren 2–3 Min. anschwitzen.
Das Sauerkraut zugeben und etwa 5 Min. dünsten. Danach das Kraut und 1 EL Öl in den Topf mit den Bohnen, Kartoffeln und Speck geben, weitere 30 Min. kochen und bei Bedarf etwas Wasser angießen. Mit Salz und Pfeffer abschmecken und heiß servieren.

Minestra di fagioli e orzo

Bohnensuppe mit Graupen

200 g getrocknete Bohnen
80 g Graupen
1/2 Zwiebel, gehackt
1 Knoblauchzehe, zerdrückt
1 Stange Staudensellerie, in Stücke geschnitten
2 Kartoffeln, gewürfelt
1 Möhre, gewürfelt
2 Lorbeerblätter
1 Schinkenknochen
500 ml Milch
Salz

Die Bohnen über Nacht in Wasser einweichen. Am nächsten Tag abschütten und zusammen mit den Graupen in kaltem Wasser aufsetzen. Zwiebel, Knoblauch, Sellerie, Kartoffeln, Möhre, Lorbeerblätter und Schinkenknochen zufügen. Aufkochen lassen, dann die Hitze reduzieren und 1,5 Stunden köcheln lassen. Anschließend die Milch angießen und salzen. Weitere 30 Min. köcheln lassen. Vor dem Servieren den Knochen und die Lorbeerblätter entfernen. Mit gerösteten Brotscheiben reichen.
Im Friaul läßt man die Suppe vor dem Servieren noch eine Weile ruhen und reicht sie erst, wenn sie eine so feste Konsistenz hat, daß man sie in Scheiben schneiden könnte.

DER GRÖSSTE FRICO DER WELT

Der *Frico,* ein typisches Gericht Karniens, ist ein Käsefladen, der so lange in der Pfanne geröstet wird, bis er eine harte, knusprige Konsistenz angenommen hat. Er kann auch mit Kartoffeln und anderen Zutaten angereichert werden und mutet dann eher wie ein Käseomelett an. Die Zubereitungsvariationen des *Frico* sind ungezählt, fast jedes Dorf und jedes Alpental hat sein eigenes Rezept. Früher war der äußerst nahrhafte *Frico* eine beliebte Wegzehrung für Hirten und Waldarbeiter. Heute ißt man ihn gern als Vorspeise.
Der größte *Frico* der Welt wurde von dem Verband der Udineser Köche zubereitet. Die eigens dafür in Österreich angefertigte Pfanne hatte einen Durchmesser von 3 Metern und wog über 6 Doppelzentner. Der riesige *Frico,* den man darin ausbuk, erreichte ein Gewicht von mehr als 3 Doppelzentnern.

Frico con patate

Käsefladen mit Kartoffeln

1 Zwiebel
4 mittelgrosse Kartoffeln
1 EL Butter
200–500 ml Brühe
400 g Montasio

Die Zwiebel hacken, die Kartoffeln schälen und in feine Scheiben schneiden. In einer Pfanne Butter erhitzen und die Zwiebel darin andünsten. Kartoffelscheiben zugeben und kurz in der Butter schwenken. Mit Brühe aufgießen und die Kartoffeln langsam weich kochen.
In der Zwischenzeit den Käse in Würfel schneiden oder in feine Scheiben hobeln. Wenn die Flüßigkeit eingekocht ist und die Kartoffeln weich sind, den Käse darüber geben und schmelzen lassen. Langsam bräunen und das Fett, das aus dem Käse austritt, abgießen. Der *Frico* soll am Rand eine braune Kruste bilden. Heiß servieren.

Unten: Der Verband der Udineser Köche wollte mit einem riesigen *Frico*, einem gerösteten Käsefladen, in das Guiness-Buch der Rekorde kommen.

Montasio

Die Tradition des *montasio* reicht bis in die Zeit um 1200 zurück, als Benediktinermönche diesen Kuhmilchkäse in der Giulia und den Alpentälern Karniens herzustellen begannen. Alten Handelsakten zufolge ist er seit Mitte des 18. Jahrhunderts ein Exportartikel der Region. Seit 1984 kümmert sich ein Konsortium zum Schutz des *montasio* um die Einhaltung der überlieferten Herstellungsmethode, und zwei Jahre später wurde dem Käse das DOC-Prädikat verliehen. *Montasio* darf heute nur noch in einem gesetzlich festgelegten und kontrollierten Gebiet hergestellt werden; dazu gehören Friaul, Julisch Venetien und die Veneto-Provinzen Belluno, Treviso, Padua (teilweise) und Venedig (teilweise).
Montasio gibt es in drei Varianten: Frischer *montasio* ist mindestens zwei Monate alt und schmeckt entsprechend mild. *Montasio mezzano* hat eine Reifezeit von fünf bis zehn Monaten hinter sich und schmeckt kräftiger, während der über zehn Monate alte *montasio stravecchio* ein würzig-pikantes, aber niemals strenges Aroma hat. Junger *montasio* eignet sich für Vorspeisen und als Zutat für Hauptgerichte, alter *montasio* kann anstelle von Parmesan als Reibkäse verwendet werden. Alle Reifestufen sind als kleiner, sehr schmackhafter Imbiß zwischendurch, als Käsehappen mit etwas Brot, unwiderstehlich.

SCHWEINE-FLEISCH

Seit jeher wird im Friaul gern Schweinefleisch gegessen. Auch heute noch ist es in vielen Familien üblich, ein Schwein selbst großzuziehen und sich bei der Verarbeitung des Fleisches an einen Fachmann, den sogenannten *purcitar,* also einen fahrenden Metzger und Wurster, zu wenden. Das Schlachten eines Schweins ist noch immer eine richtige Zeremonie mit überlieferten Riten. Den Kindern wird an diesem Tag sogar schulfrei gewährt, und alle, Groß und Klein, erwarten voller Ungeduld die Ankunft des *purcitar.* Mit einem Glas Wein oder der im Friaul so heißgeliebten Grappa prostet man sich zu, und das Schlachtfest kann beginnen.

Alle Teile des Schweins werden nach traditionellen Rezepten zu Würsten oder Wurstwaren verarbeitet. Sogar die leicht verderblichen Innereien und das Blut finden Verwendung und werden mit Rosinen und Pinienkernen zu typischen friaulischen Delikatessen wie *sanguinaccio* (auch *mule* oder *mulze,* wie man die Blutwurst hier ebenfalls nennt) oder *pan de frizze dolce* (ein süßliches Brot mit Grieben) gemacht.

Musetto, die beliebte Kochwurst des Friaul, besteht aus einem feingemahlenen, mageren, mit Weißwein oder Marsala abgeschmeckten Schweinefleischteig, der mit Schwarte und Schnauze – daher der Name – angereichert und mit Muskat, Zimt, Koriander, Piment und Pfeffer kräftig gewürzt wird. Der Teig wird in Rinderdarm gefüllt, was dem *musetto* die charakteristische, längliche Kegelform gibt. Ein wenig erinnert der *musetto* an den *zampone,* den deftig gefüllten Schweinefuß aus der Emilia-Romagna. Doch während man in der Emilia-Romagna *zampone* hauptsächlich zum *Bollito misto* serviert, kommt der *musetto* im Friaul vor allem mit der *brovada* zum Einsatz, den in Weintrester marinierten und anschließend milchsauer vergorenen weißen Rüben. *Brovada* mit *musetto* kombiniert ergibt einen herzhaften Eintopf.

Aus den höherwertigen Fleischstücken wird Salami zubereitet, unter anderem die delikate Knoblauchsalami. Eine Hochburg der noch heute traditionell handwerklich betriebenen Schweinefleischverarbeitung ist das Städtchen Sauris im nördlichen und sehr alpin geprägten Karnien. Einwanderer aus Tirol, Kärnten und Süddeutschland waren irgendwann einmal in die Region gezogen und hatten vor allem ein wichtiges Rezept im Gepäck – nämlich das für den heute in ganz Friaul und Julisch Venetien berühmten Speck. Zur Speckherstellung wird die fettdurchzogene Außenhälfte des Schinkenstücks genommen. Die Speckseite wird eingesalzen, muß sieben bis acht Tage durchziehen, wird dann einen Tag lang in die mit Wachholderholz befeuerte Räucherkammer gehängt und muß anschließend etwa zehn Monate reifen. Der Schinken aus Sauris wird nach dem gleichen Verfahren produziert, mit dem einzigen Unterschied, daß seine Reifezeit sogar 18 Monate beträgt. Daneben stellt man hier auch *pancetta,* Bauchspeck, her. Die *pancetta* wird zwölf Stunden geräuchert und ist bereits nach »nur« sieben Monaten ausgereift.

In Sauris ist man stolz auf seine Schinken- und Wurstwaren, und die Kunden nehmen häufig lange Anfahrtswege in Kauf, um sich in einem der kleinen Handwerksbetriebe mit den karnischen Köstlichkeiten zu versorgen. Die Hersteller wissen das und tun alles, um ihren überragenden Qualitätsstandard zu halten. So wird ausschließlich Schweinefleisch aus Friaul verwendet, und die Tiere werden sorgsam überwacht und mit bestem Futter ernährt: Mais, Obst und Getreide stehen hier auf dem Speiseplan. Ergänzt wird die Diät durch wertvolle Molke, die in der Käseregion Karnien reichlich vorhanden ist.

Die Spezialitäten aus Sauris schmecken gut im Rahmen einer herzhaften Brotzeit – und zwar ganz besonders, wenn das Brot deftig mit Kümmel gewürzt worden ist.

Salsicce al vino

Schweinswürste in Wein
(Abbildung links)

4 Salsicce
1 EL Weissweinessig
1 Glas trockener Weisswein

Die Haut der *salsicce* an verschiedenen Stellen mit einer Nadel einstechen, in einer Pfanne anbraten und gleichmäßig mit dem Essig beträufeln. Wenn der Essig eingekocht ist, die Würste mit dem Weißwein begießen und fertig braten.

Die heißen *salsicce* mit gegrillten oder im Backofen gerösteten Polentascheiben servieren.

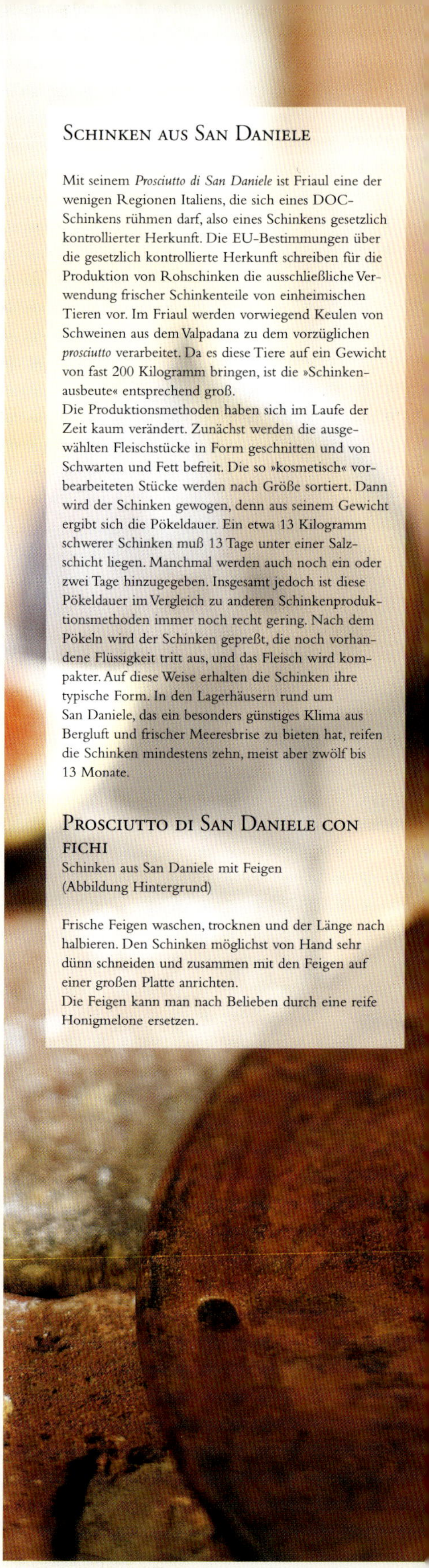

Schinken aus San Daniele

Mit seinem *Prosciutto di San Daniele* ist Friaul eine der wenigen Regionen Italiens, die sich eines DOC-Schinkens rühmen darf, also eines Schinkens gesetzlich kontrollierter Herkunft. Die EU-Bestimmungen über die gesetzlich kontrollierte Herkunft schreiben für die Produktion von Rohschinken die ausschließliche Verwendung frischer Schinkenteile von einheimischen Tieren vor. Im Friaul werden vorwiegend Keulen von Schweinen aus dem Valpadana zu dem vorzüglichen *prosciutto* verarbeitet. Da es diese Tiere auf ein Gewicht von fast 200 Kilogramm bringen, ist die »Schinkenausbeute« entsprechend groß.

Die Produktionsmethoden haben sich im Laufe der Zeit kaum verändert. Zunächst werden die ausgewählten Fleischstücke in Form geschnitten und von Schwarten und Fett befreit. Die so »kosmetisch« vorbearbeiteten Stücke werden nach Größe sortiert. Dann wird der Schinken gewogen, denn aus seinem Gewicht ergibt sich die Pökeldauer. Ein etwa 13 Kilogramm schwerer Schinken muß 13 Tage unter einer Salzschicht liegen. Manchmal werden auch noch ein oder zwei Tage hinzugegeben. Insgesamt jedoch ist diese Pökeldauer im Vergleich zu anderen Schinkenproduktionsmethoden immer noch recht gering. Nach dem Pökeln wird der Schinken gepreßt, die noch vorhandene Flüssigkeit tritt aus, und das Fleisch wird kompakter. Auf diese Weise erhalten die Schinken ihre typische Form. In den Lagerhäusern rund um San Daniele, das ein besonders günstiges Klima aus Bergluft und frischer Meeresbrise zu bieten hat, reifen die Schinken mindestens zehn, meist aber zwölf bis 13 Monate.

Prosciutto di San Daniele con fichi

Schinken aus San Daniele mit Feigen
(Abbildung Hintergrund)

Frische Feigen waschen, trocknen und der Länge nach halbieren. Den Schinken möglichst von Hand sehr dünn schneiden und zusammen mit den Feigen auf einer großen Platte anrichten.

Die Feigen kann man nach Belieben durch eine reife Honigmelone ersetzen.

Nur ein Schinken mit dem Gütesiegel ist ein »echter« San Daniele. Auch die Banderole garantiert die geprüfte Herkunft des Produkts.

Der königliche San Daniele muß mindestens zehn Monate reifen, um seinen unverwechselbaren Geschmack entfalten zu können.

Mais ist nicht sehr wählerisch, was seinen Standort anbelangt. Bevorzugt werden jedoch warme, milde, humose Böden mit guter Wasserhaltung

Im Oktober ist Erntezeit. Die Maiskolben werden von der Pflanze abgetrennt und in ihren Hüllblättern belassen, um die Körner vor dem Austrocknen zu schützen.

MAIS

Im 17. Jahrhundert durchlitten die Bauern Friauls eine schwere Zeit. Das mächtige Venedig, das damals über den Landstrich herrschte, zeigte nicht nur ein ausgeprägtes Desinteresse am Schicksal seines Hinterlandes, sondern scheute sich auch nicht, die *friulani* zur Verteidigung gegen die Angriffe der Türken zu rekrutieren. Infolgedessen fehlte es in der Region an Arbeitskräften, so daß die Äcker brach lagen und jene wenigen, die nicht in Venedig Dienst zu leisten hatten, kaum mehr wußten, wovon sie leben sollten. Hungersnöte waren an der Tagesordnung. Doch die Rettung nahte in Form eines gelben Kolbens namens Mais.

Die großen Entdeckungsfahrten des 15. und 16. Jahrhunderts haben nicht nur das geographische Weltbild verändert, sondern auch für einige Neuerungen in den Kochtöpfen gesorgt. Tomaten, Kartoffeln, Bohnen und eben Mais wurden von Botanikern und Naturforschern zwar zunächst mit gehöriger Skepsis betrachtet – manche waren sogar überzeugt, daß diese Pflanzen ungenießbar, wenn nicht gar giftig seien –, doch mit der Zeit begann man, die exotischen Früchte als Nahrungsmittel zu nutzen.

Mais *(Zea mays)* ist eine sehr alte Kulturpflanze und stammt ursprünglich vom amerikanischen Kontinent. Forscher haben nachgewiesen, daß im Tal von Tehuacán in Mexiko bereits im 5. vorchristlichen Jahrtausend Mais angebaut wurde. In den Zivilisationen der Azteken und der Maya wurde Mais sogar kultisch verehrt, und der Maisgott nahm in der theologischen Hierarchie eine wichtige Stellung ein.

Bereits im 16. Jahrhundert sorgten venezianische Kaufleute für die ersten Maisimporte, doch ihren eigentlichen kulinarischen Durchbruch schafften die Kolben erst ein Jahrhundert später, als die Maispflanze mehr und mehr im großen Stil angebaut wurde. Etwa zu jener Zeit muß der Mais auch nach Friaul gelangt sein. Das fremde Korn befreite die Region endlich von Not und Hunger, denn die Bauern entdeckten rasch, daß die Pflanze nicht nur eine einträgliche Einnahmequelle darstellte, sondern obendrein auch noch ausgesprochen anspruchslos und ohne großen Aufwand zu kultivieren war.

Über die Zubereitung des neuen Getreides waren sich die friaulischen Köche rasch einig: Aus seinem Mehl oder Grieß bereiteten sie einen dickflüssigen Brei zu, denn schließlich verfuhr man mit Saubohnen-, Kichererbsen- und Buchweizenmehl seit langem genauso. Da damals viele der aus dem Ausland importierten Produkte über den Orient in den Westen gelangten, tauften die Venezianer den Mais kurzerhand *grano turco*, türkisches Korn, während er im Friaul *blave* genannt wurde.

Maispolenta wurde innerhalb kürzester Zeit nicht nur im Friaul, sondern in ganz Norditalien zum beliebtesten Gericht. Die Polenta verwies alle anderen Getreidebreie auf die hinteren Ränge und verdrängte in einigen Gegenden sogar das traditionelle Brot. Für die armen Bergbauern war die tägliche Schale Polenta oft das einzige Nahrungsmittel.

Doch so gut der Mais auch die großen Hungerkatastrophen beseitigen konnte, hatte er doch – besonders

wenn er den einzigen Posten auf dem Speisezettel darstellte – einen entscheidenden Nachteil. Die Körner enthalten nämlich kein Nicotinsäureamid, also keinen Pellagra-preventing-Faktor, wie die Ärzte sagen. Nun litten zwar große Teile der Bevölkerung nicht mehr an Hunger, dafür aber an Pellagra, einer Krankheit, die zu allgemeiner Schwäche, Gedächtnisstörungen, Hautveränderungen und Nervenleiden führt.
Heute ist diese Gefahr aufgrund unserer modernen, ausgewogenen Ernährung zum Glück gebannt, und Maispolenta spielt in Norditalien nach wie vor eine große Rolle. Nicht umsonst ist der Veneto der größte Maiserzeuger Italiens, dicht gefolgt von Friaul-Julisch-Venetien, der Lombardei und dem Piemont. Beim Aufbau der Maisproduktion greifen die Landwirte dieser Regionen nicht auf Maishybriden zurück, sondern setzen seit vielen Jahren auf ursprüngliche, aber geschmacklich ausgeprägtere Kulturen. So haben die hiesigen traditionellen Polentagerichte einen charakteristischen und auch heute noch geschätzten beziehungsweise inzwischen wiederentdeckten Geschmack.

Polenta pasticciata ai gamberi

Polenta mit Garnelen
(Abbildung unten)

Polenta (s. Grundrezept rechts)
Butter
1 kg Garnelen
1 Handvoll frische Pilze
1 Knoblauchzehe
1 EL gehackte Petersilie
200 ml Weisswein
1 l Gemüsebrühe
frisch gemahlener Pfeffer
Muskatnuss

Eine weiche Polenta zubereiten, abkühlen lassen und dann in Scheiben schneiden. Die Polentascheiben überlappend auf ein mit Butter eingefettetes Blech legen, so daß der gesamte Boden bedeckt ist.
Die Garnelen schälen und kurz in einem Topf mit etwas Butter sautieren. Die geputzten und feingeschnittenen Pilze, den Knoblauch und die Petersilie zugeben. Etwas Weißwein und Gemüsebrühe angießen und zum Kochen bringen. Mit frisch gemahlenem Pfeffer und geriebener Muskatnuß abschmecken und auf den Polentascheiben verteilen. Im vorgeheizten Backofen einige Minuten überbacken.

Friaulische Polenta

Nachdem im 16. Jahrhundert der Mais im Nordosten Italiens bekannt geworden war, erwarb er sich schnell einen hohen Stellenwert als Grundnahrungsmittel – besonders in den armen Landstrichen Karniens, in denen die Versorgung der Familie oft sehr viel Phantasie forderte. Von nun an gab es Polenta zu jeder Mahlzeit des Tages: zum Frühstück mit Milch, mittags mit einer Scheibe Käse und abends als Brei mit Gemüse, Speck oder Butter.
Auch heute noch begleitet die Polenta fast alle traditionellen Gerichte im Friaul. Hier kennt man drei Sorten: die klassische gelbe Polenta mit ihren unendlich vielen Variationsmöglichkeiten, die weiße Polenta aus hellem Maismehl, die sich sehr gut für gegrillten oder gebackenen Fisch eignet und auch selbst gegrillt werden kann, und die schwarze Polenta aus Buchweizen, die mit ihrem eigenwilligen, leicht bitteren Geschmack am besten nur mit Butter und Sardellen gereicht wird.

Grundrezept für Polenta

Salz
250 g Maisgriess

1,5 l Salzwasser mit 1 Prise Maisgrieß in einem Topf zum Kochen bringen. Den restlichen Maisgrieß langsam und unter ständigem Rühren in das kochende Wasser einrieseln lassen. Je fester die Polenta wird, desto kräftiger muß man rühren. Sollten sich trotzdem Klumpen bilden, diese am Topfrand zerdrücken.
Wenn die gesamte Maisgrießmenge eingerührt ist, die Hitze reduzieren und unter ständigem Rühren die Polenta 45 Min. kochen lassen. Vorsicht: Der Brei wird sehr heiß. Es bilden sich beim Kochen Blasen, die zerplatzen und über den Topfrand spritzen können.
Auf dem Topfboden bildet sich allmählich eine Kruste. Die Polenta ist fertig, wenn sie sich vom verkrusteten Boden löst. Polenta auf ein Brett stürzen und mit einem Messerrücken glatt streichen. Heiße Polenta schneidet man mit Garn, kalte mit einem Messer.

Gnocchi di Polenta

Polenta-Gnocchi

Übriggebliebene Polenta in Würfel schneiden und mit Salzwasser überbrühen. Die Polentastücke abtropfen lassen, in tiefe Teller geben und mit reichlich zerlassener Butter übergießen. Geräucherten Ricotta darüber reiben.

Abends am Fogolar

Der im Friaul mit dem Namen *fogolar* bezeichnete Kamin ist nicht etwa nur eine einfache Feuerstelle zum Kochen, sondern vielmehr eine überlieferte, echte Lebensart. Hier traf und trifft man sich mit Freunden, hier wurde und wird diskutiert, gegessen und getrunken. Und in kalten Winternächten wird es am *fogolar* um so gemütlicher. Auf diesem mit Holzkohle befeuerten Grill, der häufig in der Mitte der Küche plaziert und von einem mächtigen Kaminabzug überdacht ist, kocht man ein einfaches Mahl meist aus Schweinefleisch, Huhn, Bohnen, Rüben oder Polenta, das zwar nicht unbedingt der Haute Cuisine zuzurechnen ist, aber auf jeden Fall herzhaft schmeckt und einen gelungenen Abend garantiert.

Polenta al burro

Polenta mit Butter

Zunächst eine eher feste Polenta zubereiten und in Scheiben schneiden.
Ein Backblech mit Butter oder Schweinefett einpinseln und darauf die Polentascheiben nebeneinander legen. Mit geriebenem Käse und Zimt bestreuen und mit zerlassener Butter beträufeln. Im vorgeheizten Backofen bei mittlerer Hitze überbacken.

AN DER KÜSTE

Friaul und Julisch Venetien haben nicht nur ein sehenswertes Hinterland, sondern auch einen interessanten Küstenstreifen zu bieten. Neben der großen Lagune von Grado lohnt auch ihre kleinere Schwester, die Lagune von Marano, einen Besuch. Der verträumte Fischereihafen Marano ist einer der wenigen Orte Italiens, der das überlieferte Brauchtum unverfälscht pflegt, auch wenn nur wenige Kilometer entfernt in Lignano Sabbiadoro und Bibione das Nachtleben tobt. In Marano jedoch gibt es sogar noch einige Häuser im alten venezianischen Stil mit bunt bemalten Fassaden. Und in der Lagune von Grado sowie in dem Fischerdörfchen Portogruaro sind noch einige strohgedeckte *casoni* – die typischen Behausungen der einheimischen Fischer – zu bewundern.

Auch die Landschaft der Lagunen zeigt sich hier mehr als anderswo unberührt in ihrer natürlichen Beschaffenheit. Der weitläufige Wasserspiegel, an dessen Ufern die Fischerhäuser stehen, wird von kleinen, bewachsenen Inseln unterbrochen. Bei Ebbe werden die Sand- und Schlammbänke sichtbar, auf denen zahlreiche Algenarten und die Pflanzenwelt des Brackwassers gedeihen.

Die Besiedelung der Lagunen von Grado und Marano erfolgte allerdings eher zufällig als absichtlich. Ursprünglich war das römische Aquileia das Zentrum der Küstenregion. Als Handelsstadt des Römischen Reichs pflegte man dort das luxuriöse Leben und ließ es sich gutgehen. Hier fanden die frühen Christen eine tolerante Bevölkerung vor, so daß die Stadt bald zu einer Trutzburg des Christentums wurde. Doch dann fielen die Hunnen in das Gebiet ein und machten Aquileia dem Erdboden gleich. Ein großer Teil der Bevölkerung floh auf die Laguneninseln, die zwar kein Trinkwasser besaßen, dafür aber großen Reichtum an Meeresfischen und Sumpfvögeln boten. Anfänglich ernährten sich die über die ganze Lagune versprengten Neuankömmlinge ausschließlich von Fisch. Wie auch heute noch im nördlichsten Europa üblich, diente ihnen das Fischfett nicht nur als Nahrungsmittel. Sie rieben damit ihre Werkzeuge ein und benutzten es als Brennstoff für Lampen sowie als wasserabweisenden Schutz ihrer Boote. Lange Zeit konnte sich das prächtige Aquileia von dem Einfall der Hunnen nicht wieder erholen. Erst im Mittelalter kehrte ein gewisser Glanz in die Stadt zurück. Aquileia wurde der Sitz einflußreicher Patriarchen, die fast die gleichen Machtbefugnisse hatten wie der Papst in Rom.

Vor den Küsten und in den Lagunen der Region Friaul-Julisch-Venetien finden sich der Fischreichtum und die Artenvielfalt, die man auch an anderen Gestaden der Adria beobachten kann. Eine Spezialität der ruhigen Lagunengewässer sind natürlich die Aale, doch weiter draußen auf See werden Meeräschen, Seebarsche, Goldbrassen und viele andere Fische gefangen. Allerdings haben sich das Leben der Fischer und ihre Fangmethoden – verglichen mit den ersten Siedlern in den Lagunen – inzwischen gründlich gewandelt. Heute fahren die Fischer nicht mehr mit altertümlichen Segelbooten hinaus, sondern nutzen schnelle, motor-

betriebene Fangschiffe. Auch die Kleidung hat sich verändert: Traditionelle Fischertrachten sind längst T-Shirt und Blue Jeans gewichen. Ein Aspekt jedoch ist konstant geblieben – und wird es wohl auch immer bleiben. Fischerei ist Männersache, die Frauen bereiten allenfalls die Fischsuppe zu.

Der Volksmund behauptet, es gäbe unterschiedliche Typen unter den Fischern. Da sind die hochgewachsenen, starken, aschblonden Männer, die ursprünglich aus Dalmatien stammen, und die hellblonden, blauäugigen Fischer aus Caorle oder Istrien, die als temperamentvoll gelten und immer zu einem Scherz aufgelegt sind. Dann gibt es noch jene dunkeläugigen, den sinnlichen Genüssen des Lebens durchaus zugetanen, aber leicht in Zorn geratenden und dennoch ebenso freundlichen und toleranten Leute, die ihre Wurzeln in der Romagna haben, und schließlich sind da die leicht rotgesichtigen Venezianer mit grünen oder mittelbraunen Augen. Sie gelten gemeinhin als liebenswürdig, fröhlich und ein wenig schwatzhaft, doch im Grunde sind sie lebensklug, geduldig und friedliebend.

Anguilla ai ferri

Gegrillter Aal
(Abbildung links, hinten)

2 küchenfertige Flussaale à 600 g

Für die Marinade:
Olivenöl
Essig
Salz und Pfeffer

8 Lorbeerblätter
gehackte Petersilie
gegrillte Polentascheiben

Die Aale gründlich vom Schleim säubern und waschen. Köpfe, Schwänze und die Rückengräte entfernen. In etwa 8 cm große Stücke schneiden, in der Mitte öffnen und so flach wie möglich drücken. Für einige Stunden in eine Marinade aus Olivenöl, Essig, Salz und Pfeffer legen. Die Aale aus der Marinade nehmen und mit der Hautseite nach unten auf den heißen Grill legen, Lorbeerblätter darüber verteilen und etwa 15 Min. grillen. Die Aalstücke wenden und weitere 10 Min. braten. Salzen, pfeffern und mit Petersilie bestreuen. Mit gegrillten Polentascheiben servieren.

Anguilla fritta

Fritierter Aal
(Abbildung links, vorne)

4–5 küchenfertige Aale à 250 g, gehäutet

Für die Marinade:
Olivenöl
Zitronensaft
Salz und Pfeffer

Weizenmehl
Öl zum Fritieren
gegrillte Polentascheiben

Die möglichst nicht zu großen Aale gründlich vom Schleim säubern und waschen, Köpfe, Schwänze und Rückgräte entfernen. In etwa 5 cm große Stücke zerteilen und für mindestens 2 Std. in eine Marinade aus Olivenöl, Zitronensaft, Salz und Pfeffer einlegen.
Die Marinade abtropfen lassen, Aale in Mehl wenden und in reichlich heißem Fett fritieren. Aus der Pfanne nehmen, mit Küchenkrepp abtupfen und mit gerösteten oder gegrillten Polentascheiben servieren.

Risotto alla maranese

Reis mit Meeresfrüchten
(Abbildung links, Mitte)

200 g küchenfertige Tintenfische
100 g küchenfertige Garnelen
6–7 EL Olivenöl
1 Knoblauchzehe, gehackt
3–4 EL gehackte Petersilie
Salz und Pfeffer
500 g Muscheln
1 Glas trockener Weisswein
300 g Reis
Gemüsebrühe

Die Tintenfische waschen und in nicht zu kleine Stücke schneiden. Die Garnelen waschen und zusammen mit den Tintenfischen in der Hälfte des Olivenöls mit dem Knoblauch und der Petersilie anbraten. Dann salzen und pfeffern. Die Muscheln waschen und im restlichen Öl dünsten, bis sich die Schalen vollständig geöffnet haben. Das Muschelfleisch aus den Schalen lösen und zusammen mit etwas Muschelsud, der durch ein Küchentuch gefiltert wurde, zu den Tintenfischen und Garnelen geben. Weißwein angießen, Reis untermischen und bißfest kochen. Immer wieder Gemüsebrühe angießen, damit der Reis nicht zu trocken wird. Vor dem Servieren einige Minuten ruhen lassen.

Scampi fritti

Fritierte Garnelen

24 Garnelen
2 Eier
Salz und Pfeffer
Olivenöl zum Fritieren
2 EL Weizenmehl

Die Garnelen waschen, von Köpfen und Schalen befreien, den Darm entfernen. Die Eier verquirlen und mit Salz und Pfeffer würzen. Olivenöl in einer großen Pfanne erhitzen. Die Garnelen im Mehl wenden, durch die verquirlten Eier ziehen und nacheinander in dem heißen Olivenöl ein paar Minuten fritieren. Die fertigen Garnelen kurz auf Küchenkrepp abtropfen lassen und heiß servieren.

Coda di rospo al vino bianco

Seeteufel in Weißwein

4 Seeteufelfilets
1 Zwiebel, gehackt
2 Knoblauchzehen, gehackt
1 Stange Staudensellerie, gehackt
1 Zweig Rosmarin, gehackt
3 Zweige glatte Petersilie, gehackt
6 EL Olivenöl
Salz und weisser Pfeffer
Weizenmehl
250 ml trockener Weisswein

Die Fischfilets waschen und trockentupfen. Zwiebel, Knoblauch, Sellerie, Rosmarin und Petersilie in einer backofenfesten Pfanne in dem Olivenöl andünsten. Die Fische salzen, pfeffern, dann in Mehl wenden und in der Pfanne von beiden Seiten anbraten. Den Weißwein angießen und im vorgeheizten Backofen bei 200 °C etwa 20 Min. garen. Die Fischfilets herausnehmen und warm halten. Fischfond in der Pfanne rasch reduzieren, durch ein Sieb passieren und über die Fische geben. Sofort servieren.

Misto di pesce con salsa d'aglio

Gebratene Fische mit Knoblauchsauce

4 küchenfertige kleine Seezungen
4 küchenfertige kleine Rotbarben
4 Seeteufelfilets (oder andere verfügbare Meeresfische oder -fischfilets)
Salz
Weizenmehl
Olivenöl
Zitronenhälften

Für die Sauce:
2 Knoblauchzehen, gehackt
1 Bund Petersilie, gehackt
6 EL Olivenöl
Saft von 1 Zitrone
Salz

Die Fische waschen und trockentupfen. Die Seezungen und Rotbarben von innen und die Filets von außen salzen. Alle Fische leicht mit Mehl bestäuben. Den Knoblauch zerdrücken und mit Petersilie, Olivenöl sowie Zitronensaft vermischen. Mit Salz abschmecken. Bei Bedarf mehr Olivenöl zugeben. In einer Pfanne Olivenöl erhitzen. Die Fische darin von jeder Seite etwa 3 Min. braten. Auf einer Platte mit den Zitronenhälften anrichten. Dazu die Sauce reichen.

WEINBAU IM GRENZLAND

Weinkulturen in Grenz- und Durchgangsländern haben immer etwas Faszinierendes, und das gilt besonders für die nordöstlichste Region Italiens. Schon in seinen Anfängen wurde der Weinbau dieser Region nicht nur von den Römern, sondern auch von Kelten, Furlanern und Illyrern beeinflußt. Nach Goten und Langobarden, Karolingern und Franken stand das Land jahrhundertelang im Spannungsfeld zwischen dem Habsburger Reich einerseits, das seine Spuren vor allem in den Weißweinkulturen der heutigen Provinz Gorizia (Görz) hinterließ, und Venedig andererseits, dessen kulturelle und politisch-soziale Herrschaft die von roten Sorten beherrschten Anbaugebiete Grave und Colli Orientali entscheidend prägte. In der heutigen Zeit schließlich teilen sich friaulische und slowenische Winzer gemeinsam das Hügelgebiet des Collio, wo sehr viele von ihnen großzügige Weinbergflächen diesseits wie auch jenseits der Landesgrenze besitzen und bestellen.

Aus den Rebsorten Chardonnay, Sauvignon und Ribolla werden im Collio reinsortige Weißweine von höchster Qualität gekeltert.

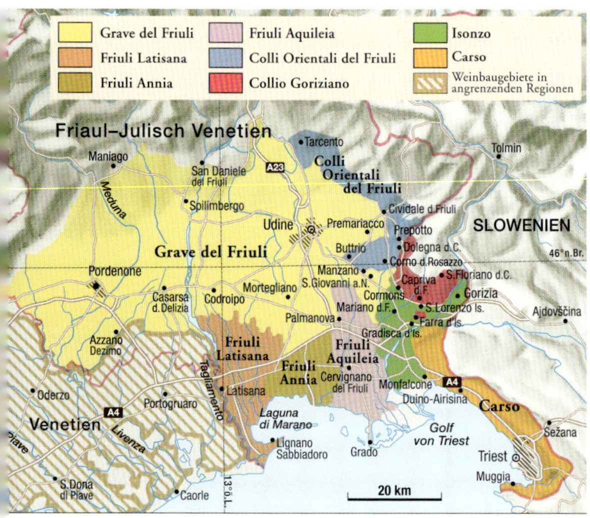

Was steht auf dem Etikett ?

1 Erzeugerland

2 DOC-Bezeichnung (ggfs. DOCG-, IgT-Bezeichnung oder VdT, Vino da Tavola)

3 Erzeuger bzw. Weingut

4 Erzeuger- oder Abfülleradresse (letzteres in den Fällen, in denen der Wein nicht vom traubenerzeugenden Betrieb selbst gemacht und abgefüllt wurde)

5 Rebsorte (nur bei DOC-Weinen, die eine Angabe der Sorte vorsehen)

6 Jahrgang

7 Qualitätsstufe

8 Alkoholgehalt in Volumenprozent

9 Nenninhalt der Flasche (℮ = entspricht EU-Norm)

10 Erzeugerabfüllung (Wein wurde in einem Betrieb gemacht und gefüllt, der auch die Trauben für ihn erzeugt hat)

Colli Orientali

Eigentlich sind die Colli Orientali, die östlichen Hügel, nicht das östlichste Anbaugebiet des Friaul, denn diese Rolle kommt der Collio- und der Carso-Region zu. Halbmondartig umfaßt das Gebiet die Hauptstadt der Region, Udine, und bildet den nordwestlichen Teil desselben Hügelmassivs, zu dem auch das Collio gehört. Die leicht hügelige Landschaft im Zentrum des Gebiets bringt aufgrund der hier herrschenden klimatischen Bedingungen schöne, finessenreiche Weißweine hervor, während sich die südlichen Lagen, die direkt zur Adria hin ausgerichtet sind, für große, kräftige Rotweine eignen, von denen einige zum Besten gehören, was Italiens Weinbau zu bieten hat. Die einst zu den Colli Orientali gehörenden Bereiche Ramandolo (für Süßweine), Cialla und Rosazzo genießen seit 2001 den Status eigenständiger DOCG-Anbaugebiete.

Collio

Das renommierteste Anbaugebiet des Friaul ist der Collio, auf deutsch Hügel. Er liegt nur zum Teil auf italienischem Territorium. Seine größere Hälfte gehört unter dem Namen Brda zu Slowenien – Reminiszenz des austro-ungarischen Kaiserreichs, dem die gesamte Gegend früher unterlag. Viele Collio-Winzer besitzen auch Weinberge auf slowenischem Gebiet. Dank einer EU-Ausnahmeregelung durften sie deren Produkte immer unter italienischem Etikett verkaufen. Die große Spezialität des Collio sind Weißweine: reinsortig aus Chardonnay, Sauvignon oder Ribolla gekeltert oder im Verschnitt unterschiedlicher Sorten. Die Hügellagen im Innern des Collio-Gebiets gehören zu den wenigen, wirklich exzellenten Weißweingebieten Italiens. An der Südflanke des Collio dagegen, bei Capriva und Cormòns, entstehen auch hervorragende Rotweine, vor allem auf Merlot-Basis.

Isonzo, Carso und die friaulischen Flussebenen

Neben den beiden Top-Anbaugebieten Collio und Colli Orientali haben es die übrigen Teile des Friaul schwer, sich ein Renommee zu verschaffen, auch wenn sie, wie im Falle des Grave-Gebiets, mengenmäßig den größten Teil der friaulischen Weinproduktion stellen. Das Isonzo-Gebiet im Süden des Collio überrascht noch mit hervorragendem Chardonnay und Sauvignon blanc, und im Carso, dem Karstland nördlich von Triest, werden eigenwillige, charakterstarke Weine aus den einheimischen Sorten Terrano und Vitovska in Kleinstmengen gemacht. Was Latisana, Aquileia, Annia und Lison-Pramaggiore betrifft, so kommen aus diesen Gebieten keine Spitzen- aber durchaus anständige, saubere Massenweine.

Das Land zwischen Alpen und Adria, dessen Weinbaupotential sich im Unterschied zu anderen italienischen Regionen erst recht spät entwickelte, bietet nicht nur dem Reisenden eine vom Massentourismus noch weitgehend unberührte, wunderschöne Landschaft, sondern auch optimale Bedingungen für den Weinbau: Viel Sonne, ausreichende Niederschläge und ein breites Spektrum verschiedener Bodentypen erlauben das Kultivieren einer Reihe einheimischer und importierter Rebsorten, die hier ein ideales Habitat finden. Dabei gründete die Region ihr Prestige zunächst auf weiße Sorten, unter denen vor allem Pinot grigio (Grauburgunder), Chardonnay und Sauvignon blanc herausragten. Als Spätentwickler fand sie nämlich, obwohl ihre Weinbergsflächen noch bis vor wenigen Jahrzehnten vorwiegend mit roten Sorten bestockt waren, den Markt der großen, renommierten Rotweine schon von Toskana und Piemont besetzt, während am explodierenden Weißweinmarkt von italienischer Seite nur Südtirol mit international konkurrenzfähigen Produkten aufwarten konnte.
Die letzten Jahre, in denen nicht zufällig eine erneute Tendenz aller Märkte zum Rotwein festzustellen war, haben auch im Friaul dazu geführt, daß sich viele Winzer wieder verstärkt den roten Sorten widmeten. Eine gute Ausganposition besaß die Region aufgrund der Tatsache, daß unmittelbar nach der Reblauskatastrophe französische Reben wie Cabernet Sauvignon und Merlot ausgepflanzt worden waren – der Merlot ist seit Anfang des 20. Jahrhunderts die meistkultivierte Sorte des Friaul –, die bei sorgfältiger Weinbergpflege und Kellerarbeit hervorragende Resultate liefern. Die besten Kreszenzen aus diesen Sorten kommen dem Weingeschmack der neunziger Jahre entgegen: Sie vereinen die Struktur und Finesse der großen europäischen Weine mit dem Saft und der Fruchtigkeit der Produkte Kaliforniens oder Australiens.
Der zweite große Trumpf der Region waren und sind die zahreichen einheimischen Rebsorten, die hier und da, oft versteckt in alten, unbeachteten und ungepflegten Weinbergsanlagen, die Jahre des rücksichtslosen Massenweinbaus wie auch den Weißweinboom überlebten. Eine kleine Gruppe von Winzern begann bereits in den achtziger Jahren, ihren Schioppettino-, Refosco-, Pignolo- oder Tazzelenghe-Reben wieder mehr Aufmerksamkeit zu widmen, und kelterte aus ihren Trauben kräftige, ausdrucksvolle und sehr eigenständige Rotweine.
Auch die einheimischen weißen Sorten werden heute wieder verstärkt genutzt, und das gilt vor allem für die Ribolla gialla, die im Gebiet des Collio an der slowenischen Grenze reinsortig oder im Verschnitt mit anderen Sorten feine, frische Weine mit guter Säure hervorbringt. Eine Spezialität der Region sind die Süßweine aus den Sorten Picolit und Verduzzo. Meist sind die Süßweine aus Verduzzo-Trauben, die vor allem aus der Großlage Ramandolo stammen, inzwischen wesentlich besser.

Links: Der Collio hat nicht nur exzellente Weißweine, sowohl reinsortig als auch Verschnitte, zu bieten, sondern seit einigen Jahren auch sehenswerte Rotweine, die teilweise aus französischen Reben wie Merlot, aber auch einheimischen, wie der Refosco-Traube gekeltert werden.

SÜSSE KÖSTLICHKEITEN

Zu einem süßen Dessert schmeckt ein Dessertwein – diese internationale kulinarische Grundregel gilt natürlich auch im Friaul und in Julisch Venetien. In diesen Regionen könnte etwa ein Stück *Pinza* oder *Presniz* den Abschluß eines Mahls bilden. Die *Pinza* ist ein traditioneller friulanischer Hefekuchen, und unter *Presniz* versteht man üppige mit Walnüssen, Haselnüssen, Mandeln, Pinienkernen und Rumrosinen gefüllte Teigschnecken.

Dessertweine Italiens

Italien besitzt eine ganze Reihe unterschiedlicher Dessertweintypen, die allerdings nicht an das Renommee der französischen oder deutschen und österreichischen Pendants heranreichen. Schon im römischen Reich waren Eisweine und Beerenauslesen bekannt, und oft wurden trockene Weine künstlich – etwa mit Honig – nachgesüßt. Selbst so bekannte trockene Weiße wie Frascati, Orvieto oder Soave wurden jahrhundertelang meist *abboccato,* lieblich, ausgebaut.
Heute unterscheidet man in Italien vier wichtige Süßweintypen. Vor allem im Veneto wird der Recioto, eine Art Strohwein, hergestellt. Nach der Ernte läßt man die Trauben einige Wochen auf Holzgerüsten trocknen und preßt sie dann ganz normal ab. Die Weine mit dichter Süße bleiben jedoch vom Geschmacksbild her recht fruchtig und leicht und eignen sich als Begleiter zu leichten Süßspeisen. Ganz anders der Vin Santo, der vor allem in der Toskana, aber auch im Trentino beheimatet ist. Hier werden die Trauben luftgetrocknet und danach die Weine lange Zeit in kleinen, hermetisch geschlossenen Holzfäßchen auf dem warmen Dachboden gelagert. Dadurch erhalten diese Weine einen oxidativen Ton, der dem des Sherry ähneln kann.
Der populärste Süßwein Italiens ist sicherlich der prickelnde Moscato d'Asti oder Asti, früher auch Asti Spumante benannt. Bei ihm wird die natürliche Süße der Trauben durch einen Abbruch der Gärung im Tank mittels Kühlung oder Filtration erreicht. Guter Moscato d'Asti ist ein hervorragender Begleiter für Obstsalat oder ganz leichte Desserts. In Sizilien werden Süßweine vor allem aus überreifen Malvasia- oder Moscato-Trauben gekeltert und halten auch dichten, cremigen Desserts stand, in Südtirol dagegen findet man süße Spät- und Auslesen nach der Tradition und aus Rebsorten der deutschsprachigen Länder. Meist eignen sich die klimatischen Bedingungen in Italien jedoch nicht für die Erzeugung edelfauler, vom Botrytis-Pilz befallener Trauben wie beim französischen Sauternes oder bei deutschen und österreichischen Beerenauslesen. Einzelne Winzer versuchen deshalb, die besonderen Verhältnisse in Klimakammern zu imitieren, in denen die geernteten Trauben bei großer Luftfeuchtigkeit nachreifen.

Pinza

Hefekuchen

1 kg Weizenmehl
70 g frische Hefe
250 ml Milch
250 g Zucker
100 g Butter
6 Eier
Salz
Rum
1 Vanilleschote

Aus 250 g Mehl, Hefe und lauwarmer Milch einen dünnflüssigen Teig herstellen. 1 Std. gehen lassen und dann weitere 250 g Mehl, 100 g Zucker, 40 g zerlassene Butter und 2 Eier zugeben. Sorgfältig mischen. Nach weiteren 2 Std. restliches Mehl, Butter, Zucker, 3 Eier und 1 Eigelb, 1 Prise Salz, 1 Spritzer Rum und das Vanillemark zugeben. Den Teig eine Weile gehen lassen, wiederholt kneten, zu einem Brotlaib formen, auf ein Backblech legen und im vorgeheizten Backofen bei 200 °C etwa 30 Min. backen. Danach die Hitze auf 180 °C reduzieren und die *Pinza* weitere 10 Min. backen, bis die Kruste dunkelbraun ist.

Presniz

Teigschnecken
(Abbildung links unten)

Für den Teig:
250 g Weizenmehl
250 g Butter
5–6 EL Milch
Saft von 1 Zitrone
2 Eier
Salz

Für die Füllung:
Walnüsse
Haselnüsse
gehackte Mandeln
Pinienkerne
in Rum getränkte Rosinen
kandierte Früchte

Mehl zum Bestäuben
Butter zum Einfetten
Puderzucker

Die Hälfte des Mehls mit der Butter vermengen und über Nacht ruhen lassen. In einer zweiten Schüssel das restliche Mehl mit Milch, Zitronensaft, 1 Ei und 1 Prise Salz vermischen. 1 Std. ruhen lassen. Die beiden Mischungen zu einem Teig verarbeiten, dünn auf einem mit Mehl bestäubten Küchentuch zu einem Rechteck ausrollen.
Mit den Nüssen, Mandeln, Pinienkernen und den in Rum getränkten Rosinen und kandierten Früchten belegen. Den Teig mit Hilfe des Küchentuchs zu einer Wurst aufrollen. Diese quer in einzelne Schnecken schneiden. Die Schnekken in eine mit Butter eingefettete Backform geben, die Oberfläche mit einem verquirlten Ei bestreichen. Im vorgeheizten Backofen bei 200 °C etwa 40 Min. backen. Mit Puderzucker bestäubt servieren.

Tajut

Zu den ältesten Trinkgewohnheiten im Friaul und in Julisch Venetien gehörte der lange Zeit praktizierte Brauch des *tajut* oder *cajut*. Wenn sich zwei Freunde auf der Straße begegnen, verlangt die Sitte, daß der eine dem anderen ein Glas Wein ausgibt. Der eingeladene Freund muß sich mit einem weiteren Glas revanchieren. Während die beiden Freunde zusammensitzen, ist es in den kleinen friaulischen Ortschaften sehr wahrscheinlich, daß weitere Bekannte des Weges kommen. Diese werden umgehend aufgefordert, Platz zu nehmen, bekommen ebenfalls ein Glas ausgegeben und müssen sich ihrerseits wiederum revanchieren. Es liegt auf der Hand, daß der *tajut* ein vergleichsweise zeitaufwendiger Brauch ist und zudem einige Kondition im Weintrinken verlangt – doch zum Glück wird der Rebensaft in kleinen Gläsern serviert, so daß das gesellige Beisammensein nicht unbedingt mit einem Kater enden muß.

Hintergrund: Der *tajut* ist ein im Aussterben begriffenes Ritual im Friaul und in Julisch Venetien. Hier sitzt Gianni vor einer kleinen Trattoria wartet auf seine Freunde.

GRAPPA

Man weiß nicht genau, wann Weinbauern auf die Idee gekommen sind, aus den Traubenrückständen, die bei der Weinpressung anfallen, einen klaren Schnaps zu brennen. Ein früher urkundlicher Hinweis auf die bäuerliche Spirituose der Alpen- und Voralpenregionen stammt jedoch immerhin aus dem Jahre 1451. Damals hinterließ ein Friauler namens Enrico seinen Erben ein Testament, in dem von einem als grape bezeichneten Gebräu die Rede ist. Ursprünglich diente die Grappa im rauhen Klima des italienischen Nordens als Lebenselixier für kalte Tage.

Der Brand hat eine beispiellose Karriere gemacht: Inzwischen gilt Grappa als hochgeschätzte Spirituose und hat längst Einzug in die europäischen Feinschmeckertempel gehalten. Die steigende Nachfrage nach Grappa hat dazu beigetragen, daß heute sehr unterschiedliche Qualitäten in sehr unterschiedlichen Preislagen angeboten werden. So gibt es die relativ günstigen, industriell hergestellten Brände, die im kontinuierlichen Verfahren produziert werden. Traditionelle Brennereien erzeugen nach wie vor höherpreisige, aber dafür handwerklich ausgefeiltere Brände, da sie ihre Destillationsapparate diskontinuierlich betreiben und sich deshalb jedem einzelnen Brennvorgang intensiver widmen können. In den letzten Jahren ist es in Mode gekommen, reinsortige Grappa herzustellen, doch es gibt Kritiker, die der Auffassung sind, dies mache nur bei sehr aromatischen Trauben, wie etwa beim Moscato, dem Muskateller, wirklich Sinn. Unterschiedliche Auffassungen gibt es auch darüber, ob Grappa altern sollte oder nicht. Es ist sicher richtig, daß für den Charakter einer Grappa – neben der Kunst des Brennmeisters – vor allem die Güte des Tresters ausschlaggebend ist. Ist er von geringer Qualität, so wird auch lange Faßlagerung das Produkt nicht verbessern können. Auf der anderen Seite wirkt sich die Lagerung harmonisierend und verfeinernd auf die Aromen aus. Eine Riserva oder Grappa Stravecchia lagert mindestens zwölf Monate, davon sechs im Holzfaß. Das Eichenholz verleiht ihr dabei den typischen, goldgelben Ton.

Junge Brände genießt man am besten leicht gekühlt bei einer Temperatur von acht bis zehn Grad Celsius aus hochstieligen Gläsern, ältere Grappe kommen am besten im Cognac-Schwenker zur Geltung und können bei 16 bis 18 Grad Celsius getrunken werden. Doch ganz gleich ob junge, gereifte oder gar aromatisierte Grappe – der Tresterschnaps muß stets klar wie Wasser sein. Verunreinigungen oder Trübungen, genauso wie rußiger, scharfer oder fauliger Geruch, weisen auf mangelnde Qualität hin.

In der Grappa-Destille Sibona bei Piobesi d'Alba im Piemont werden die Kessel noch nach dem diskontinuierlichen Verfahren gefüllt und der Trester im Wasserbad erhitzt.

Die Brennerei von Romano Levi liegt im piemontesischen Neive und ist eine traditionelle Destille, das heißt, hier wird feinste Grappa im diskontinuierlichen Brennverfahren erzeugt. Die Brennanlage wird mit den getrockneten Tresterrückständen des Vorjahres befeuert.

Der Brennofen glüht zwar heiß, doch der Trester verträgt keine allzu große Wärme. Er wird deshalb meist im Wasserbad erhitzt.

Zum Destillieren wird der Trester in den Brennkolben gefüllt. Guter Trester sollte von frischen, edlen und reifen Trauben stammen.

Der Brennmeister verschließt sorgfältig die Klappe. Nun kann der Ofen der Destillieranlage kräftig eingeheizt werden.

Der Alkohol und die Aromen steigen auf und kondensieren in einer Kühlschlange. Das Destillat schlägt sich nieder.

Grappa-Herstellung

Die Grappa-Herstellung beginnt mit dem Trester, den ausgepreßten Schalen der Weinbeeren. Für eine gute Grappa braucht man nicht zu trockenen Trester, der zudem möglichst frisch sein sollte, damit sich unerwünschte Mikroorganismen wie Schimmelpilze und Essigbakterien gar nicht erst vermehren können. Der Trester von roten Trauben ist bereits vergoren und damit bereit zur Destillation, weil Rotwein erst nach der alkoholischen Gärung von den Schalen abgepreßt wird. Der Trester von weißen Trauben dagegen muß erst in den Gärbottich, da man Weißweine noch vor der Gärung von der Maische trennt.

Der Trester muß vorsichtig erhitzt werden, denn sonst brennt er wie eine dicke Suppe am Boden des Kupferkessels an, was den Geschmack des Destillats beeinträchtigen würde. Es gibt zwei Methoden für eine schonende Erwärmung: Der Kessel wird entweder in ein zweites, mit Wasser gefülltes Behältnis gestellt, so daß der Trester im Wasserbad, im *bagnomaria,* erwärmt wird, oder aber er wird mit Wasserdampf beheizt. Beide Methoden stellen sicher, daß die Hitze des Feuers nicht direkt an den Trester gelangt und die Temperatur 100 Grad Celsius nicht übersteigt.

Die im Trester enthaltenen Substanzen gelangen zu unterschiedlichen Zeiten an ihren Siedepunkt. Methylalkohol und andere sogenannte höherwertige Alkohole verdampfen als erstes beim Destilliervorgang im brodelnden Sud. Es ist die *testa,* der »Kopf« des Destillats. Verzwickterweise enthält der Alkohol, der direkt nach dem giftigen und übelriechenden »Kopf« entweicht, bereits all die feinen Aromastoffe, die der Grappa ihren Charakter geben. Der Brennmeister braucht also viel Erfahrung und eine gute Nase, um den »Kopf« im richtigen Augenblick abzuscheiden, damit das »Herz«, *il cuore,* ohne Verunreinigungen gewonnen werden kann.

Durch Schaugläser wird das Brennen kontrolliert.

Während die großen Destillationsanlagen der industriellen Grappa-Hersteller kontinuierlich laufen, arbeiten die kleinen, traditionellen Brenner nach dem diskontinuierlichen Verfahren, die Kessel werden also nach jedem Brennvorgang komplett entleert und mit neuem Trester bestückt. Der verbrauchte Trester wird gepreßt und zum Trocknen gelagert, damit er im nächsten Jahr als Heizmittel für die Brennanlage dienen kann. Die Asche der getrockneten Tresterrückstände wiederum wird als Düngemittel für die Rebstöcke verwendet. Eine effizientere Nutzung des extrahierten »Abfalls« läßt sich kaum denken.

Was mit soviel Liebe hergestellt wurde, soll man als aufmerksamer Grappa-Liebhaber auch entsprechend würdigen und vor allem sorgfältig behandeln. Grappa möchte kühl und trocken gelagert werden. Ist die Flasche einmal angebrochen, darf sie ruhig zügig geleert werden, denn die feinen, flüchtigen Aromastoffe bleiben höchstens ein Vierteljahr erhalten.

Links: Die Grappa hat einen einzigartigen Aufstieg vom rauhen Bauernschnaps zum Modegetränk vollzogen – gewiß auch wegen der auffälligen Flaschen.

Traditionell wird Grappa jung und glasklar getrunken, wobei jede Sorte reine Geschmackssache ist.

Rechts: Der von manchen Kennern als Grappa-Papst titulierte Destilleur Romano Levi entnimmt eine Faßprobe.

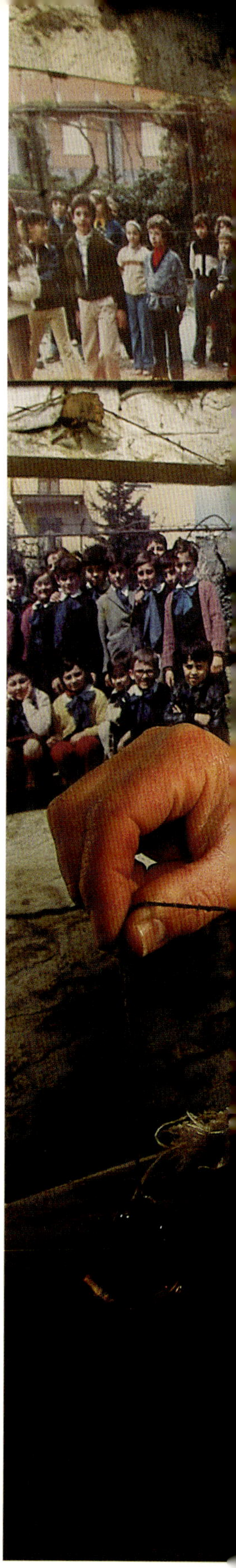

In italienischen Bars wird Grappa meist im schweren »Stutzen« mit dickem Glasboden serviert. Es gibt aber auch spezielle Grappa-Gläser.

Grappa-Sorten

Noch vor wenigen Jahren interessierte sich die Gastronomie, insbesondere die gehobene, nicht im geringsten für Grappa. Der Tresterschnaps galt als rauhes Bauerngetränk und hätte ohne Brenngenies wie Romano Levi, Luigi Orazio Nonino, Bruno Pilzer, Gioachino Nannoni und einige andere niemals zu seiner aktuellen Beliebtheit aufsteigen können. Während Grappa-Brenner früher meist von Weingut zu Weingut zogen, um vor Ort den Winzern aus ihrem Trester eine kräftige Waffe gegen kalte Wintertage zu brennen, haben sich die modernen Destillen auf hochwertige, gelegentlich sogar sortenreine Brände aus Moscato- oder Traminertrauben spezialisiert. Mit größtem Erfolg, denn die vielen Erzeugnisse genügen heute selbst höchsten Ansprüchen.

Doch nicht nur im Piemont und in Friaul-Julisch-Venetien brennt man mittlerweile hervorragende Grappe, schließlich fällt Trester überall dort an, wo Wein gekeltert wird. Zu den bedeutenderen Erzeugerregionen gehören die Lombardei, das Aostatal, der Veneto sowie Trentino und Südtirol, aber auch die Emilia-Romagna, die Toskana, Ligurien, Latium und sogar Sardinien. Wo Wein ist, da gibt es auch Grappa. Wird eine Grappa schlicht als »Italienische Grappa« deklariert, handelt es sich meist um einen Verschnitt aus Bränden verschiedener Regionen. Im Friaul gilt Grappa aus dem Trester der süßen, aber ertragsarmen Picolit-Traube als Spezialität.

Eine traditionelle Brennerei

Romano Levi, einer der bekanntesten, gewiß aber der meistporträtierte Grappa-Brenner Italiens, betreibt eine kleine, fast museal anmutende Destille im piemontesischen Neive. Von seinem Vater hat er das Handwerk gelernt, später die Destillerie übernommen und bis heute nichts an dem jahrhundertealten Verfahren des Trester-Brennens verändert. Wenn man Romano Levi bei der Arbeit zusieht, erkennt man schnell, daß es ihm auch gar nicht in den Sinn käme, seine Herstellungsmethoden zu modernisieren. Der Erfolg gibt ihm Recht. Obwohl Levi nur ein paar tausend Flaschen pro Jahr produziert, sind seine Grappe weit über die Landesgrenzen Piemonts und Italiens hinaus bekannt und hoch geschätzt. Die Kundschaft nimmt zum Teil sogar eine lange Anreise in Kauf, um sich bei ihm mit dem edlen Brand zu versorgen. Dabei ist es heute ein offenes Geheimnis, daß Levis Produkte oft nicht unbedingt zu den saubersten, sprich reintönigsten gehören. Er betont auch gern, daß der Geschmack der Brände ihn nicht sonderlich interessiere. So ist es wohl eher die Tatsache, daß Romano Levi höchstpersönlich den fertig gefüllten Flaschen liebevoll gestaltete und handgeschriebene Etiketten mit Sammlerwert aufklebt, die die Faszination seiner Grappe ausmacht.

Venedig und Venetien

VENEZIA
VENETO

Belluno
Feltre
Valdobbiadene
Conegliano
Bassano del Grappa
Treviso
Vicenza
Venetien
Murano
Venedig
Verona
Padua
Chioggia
Etsch
Rovigo
Polesine

Venedig und Venetien gehören zwar politisch zusammen, erzeugen aber völlig unterschiedliche Assoziationen. Da finden sich im Album der Souvenirfotos auf der einen Seite Bilder der faszinierenden *grande dame* der Adria, wie man Venedig auch heute noch mit Fug und Recht nennen darf, und auf der anderen Seite Impressionen aus dem Veneto: Hier stehen Palladios schönste Villen, oftmals erbaut von der wohlhabenden venezianischen Aristokratie, die sich für die heiße Jahreszeit, wenn in Venedig die Luft in den Gassen stand und die Kanäle übel zu riechen begannen, ein Refugium im gesunden Klima an den Ufern der Brenta schaffen wollte. Doch Venetien ist weit mehr als nur die Kulisse einer ehemaligen See- und Handelsmacht. Zwischen Padua und Verona, der Stadt der einst ebenso einflußreichen wie gefürchteten Sforza, bis an das Ostufer des Gardasees entfaltet sich ein völlig anderes Italien, das mit der *Serenissima* wenig zu tun und seine eigenen Reize zu bieten hat.

So unterschiedlich Venedig und Venetien sich präsentieren, so uneinheitlich gestaltet sich auch die Küche der Region. Zwar schwört man sowohl im Veneto als auch in Venedig auf den Risotto, doch an der Küste bereitet man ihn mit Fisch oder Meeresfrüchten zu, während man abseits der Adria eher zu Kürbis, Spargel, Radicchio oder Froschschenkeln greift. Ebenfalls beiden Landesteilen gemein ist die Vorliebe für Hülsenfrüchte. *Pasta e fagioli* heißt das traditionelle Gericht aus Nudeln und Bohnen, das lauwarm serviert und gern mit ein paar Tropfen Olivenöl verfeinert wird. Und *Risi e bisi,* der Reis mit den zarten, jungen Erbsen, ist inzwischen auch auf Speisekarten außerhalb der Region zu finden.

Trotz dieser Gemeinsamkeiten wird im Veneto eher deftiger gegessen, während man sich in der venezianischen Küche gelegentlich an den alten Glanz der *Serenissima* erinnert. Dann kommen auch exotische Gewürze zum Einsatz, man kreiert edle Saucen und komponiert exquisite Menüs. Die traditionellen und einfachen Gerichte wie Stockfisch oder *Sarde in saor,* würzig marinierte Sardinen oder Sardellen, geraten deshalb allerdings nicht in Vergessenheit. Im Veneto dagegen serviert man weniger Fisch und mehr Fleisch- und Wurstspezialitäten wie etwa die *soppressa,* eine Preßwurst mit grober Körnung, oder die deftige Knoblauchsalami. Außerdem ist die Region einer der Hauptproduzenten feinster Gemüsearten. Der rote Radicchio aus Treviso gehört ebenso zu den Spezialitäten wie der Spargel aus Bassano del Grappa.

Vorhergehende Doppelseite: Harry's Bar gehört zu den Ikonen der venezianischen Gastronomie.

Links: Weltberühmt sind die während der italienischen Renaissance errichteten Villen des Baumeisters Palladio (1508–1580), wie die hier abgebildete Villa Foscari, auch Villa Malcontenta genannt (erbaut um 1560).

HARRY'S BAR

Die Geschichte der legendären Harry's Bar beginnt an einem ganz anderen venezianischen Tresen. 1930 mixte Giuseppe Cipriani an der Bar des Nobelhotels Europa-Britannia Drinks und Cocktails für eine Handvoll Gäste, die der Weltwirtschaftskrise zu trotzen vermochten. Dazu zählten auch drei Amerikaner: der junge und ein wenig in sich gekehrte Student Harry Pickering, seine Tante und deren Liebhaber. Das Trio sah wenig von Venedig, machte allenfalls dann und wann einen kleinen Ausflug auf den Markusplatz und hielt sich ansonsten lieber in der Bar des Hotels auf. Ihr Tag begann gegen elf Uhr vormittags. Sie bestellten Aperitifs und setzten sich danach zum Mittagessen auf die Terrasse. Am Nachmittag kehrten sie in die Bar zurück, um ein paar Drinks zu nehmen. Das gleiche Ritual wiederholte sich am Abend. Nach etwa zwei Monaten kam es zu einem Streit. Die Tante und ihr jugendlicher Geliebter machten sich daraufhin klammheimlich aus dem Staub. Zurück blieb Harry und ein ganzer Berg unbezahlter Zechen.

Harry Pickering frequentierte die Bar nun immer seltener. Bei einem seiner wenigen Besuche versuchte Giuseppe Cipriani den Grund für Pickerings veränderte Gewohnheiten herauszufinden. Er befürchtete, daß seinen ehemals besten Kunden entweder eine Krankheit oder aber akute Geldnot befallen habe. Schließlich stellte sich heraus, daß letzteres der Fall war. Giuseppe hatte Mitleid mit dem jungen Amerikaner und stellte ihm sein sauer angespartes Geld zur Verfügung, von dem er eigentlich eine eigene Bar eröffnen wollte – 10 000 Lire, damals eine nicht unbeträchtliche Summe. Pickering bezahlte davon alle Rechnungen und verschwand über den Atlantik – wie es zunächst schien, auf Nimmerwiedersehen. Doch nach einigen Monaten kam der junge Mann zurück, beglich seine Schulden und legte zum Dank sogar noch 30 000 Lire obendrauf. Dies war genug Kapital, um gemeinsam die Bar zu eröffnen, von der Cipriani all die Jahre geträumt hatte.

Rossini
(Abbildung rechts oben)

Für 1 Person

5 cl eisgekühltes Erdbeerpüree
15 cl gut gekühlter Prosecco di Conegliano

Das Erdbeerpüree in ein gut gekühltes Glas geben. Mit Prosecco auffüllen, kurz umrühren und sofort servieren.

Tiziano
(Abbildung rechts unten)

Für 1 Person

5 cl kalter roter Traubensaft
15 cl gut gekühler Prosecco di Conegliano

Den Traubensaft in ein gut gekühltes Glas geben. Mit Prosecco auffüllen, kurz umrühren und sofort servieren.

Bellini

Für 1 Person

5 cl eisgekühltes Püree von ungeschälten weissen Pfirsichen
15 cl gut gekühlter Prosecco di Conegliano

Das Pfirsichpüree in ein gut gekühltes Glas geben. Mit Prosecco auffüllen, kurz umrühren und sofort servieren.

Kellner Giuseppe Sereno von Harry's Bar mixt einen Bellini, der aus Pfirsichpüree und gut gekühltem Prosecco di Conegliano besteht.

Carpaccio di Cipriani

Rinder-Carpaccio nach Art von Cipriani (Abbildung Hintergrund)

60 ml frisch zubereitete Mayonnaise
2–3 EL süsse Sahne
1 TL milder Senf
1 TL Worcestersauce
Tabasco und Salz
300 g Rinderfilet
Rucola zum Garnieren

Eine frisch zubereitete Mayonnaise mit Sahne, Senf und Worcestersauce zu einer dickflüßigen Creme vermengen. Mit Tabasco und Salz abschmecken. Die Sauce 15 Min. ruhen lassen, damit sich die Aromen gut vermischen.
Das Rinderfilet im Tiefkühlgerät anfrieren lassen und in hauchdünne Scheiben schneiden. Auf 4 Teller oder einer großen Platte verteilen, mit der Mayonnaise beträufeln und mit Rucola garnieren.

Sie sollte, als symbolisches Dankeschön für Mister Pickering, Harry's Bar getauft werden. Die passende Räumlichkeit entdeckte Giuseppes Frau Giulietta. Ein ehemaliges Ladenlokal an der Calle Vallaresso Nr. 1323, nahe der Bootsanlegestelle San Marco, stand zur Vermietung. Es war gerade 45 Quadratmeter groß und zudem in einer Sackgasse gelegen, so daß keine Verbindung zu der belebten Piazza San Marco bestand. Doch dies war genau das, was Giuseppe Cipriani wollte. Ihm war nicht an Laufkundschaft gelegen, die zufällig hereinkam, sondern von Anfang an setzte er auf ein Stammpublikum, das sich bewußt auf den Weg in seine Bar machte. Sein Konzept sollte aufgehen.

Harry's Bar wurde schnell zu einem Riesenerfolg. Der Jetset der jeweiligen Jahrzehnte rannte Giuseppe geradezu die Tür ein. Die Liste der berühmten Namen ist schier endlos, und bis heute hat Harry's Bar nichts von seiner Anziehungskraft auf die Reichen und Schönen verloren: Ernest Hemingway, Somerset Maugham, die Rothschilds, Arturo Toscanini, Orson Welles, Aristoteles Onassis und Maria Callas, Truman Capote, Peggy Guggenheim, Charlie Chaplin, Barbara Hutton und sogar gekrönte Häupter wie Alfonso XIII. von Spanien, die niederländische Königin Wilhelmina, König Paul von Griechenland bis hin zu Prinzessin Diana und Prinz Charles.

Von Anfang an waren neben den Drinks auch die leckeren Kleinigkeiten beliebt, die es dazu gab. Zu Giuseppes Kreationen am Tresen gehören einfache, aber geniale Getränke wie Bellini und Tiziano. Am bekanntesten ist aber wohl eine Erfindung aus seiner Küche geworden. In den fünfziger Jahren war Amalia Nani Mocenigo, eine Dame von ehrwürdigstem venezianischen Adel, Stammgast in Harry's Bar. Als der Arzt der etwas blutarmen Gräfin eine Diät mit viel rohem Fleisch verordnete, kreierte Giuseppe eine ebenso schlichte wie einmalige Spezialität. Und weil damals gerade eine Ausstellung des venezianischen Renaissancemalers Vittore Carpaccio, der für seine leuchtenden Rottöne berühmt ist, in der Stadt zu sehen war, benannte er die hauchdünnen rohen Rinderfiletscheiben mit der Marinade aus Mayonnaise, Zitrone, Worcestersauce, Milch, Salz und weißem Pfeffer schlicht Carpaccio. Heute ist diese Spezialität – wenn auch in verschiedenen Variationen – auf nahezu allen italienischen Speisekarten innerhalb wie außerhalb des Landes zu finden. Doch das Original ißt man nach wie vor am besten in der Calle Vallaresso Nr. 1323.

Im Jahre 1980 starb Giuseppe und sein Sohn Arrigo Cipriani übernahm die Leitung der Bar, die schon immer seinen Namen getragen hatte, denn Arrigo ist die italienische Version von Harry. Der studierte Jurist, der in seiner freien Zeit, auf Wunsch des Vaters, so oft wie möglich in der Bar gearbeitet hatte, kümmerte sich liebevoll um das kleine Etablissement – und veränderte nichts. Sein einziges Zugeständnis an die Moderne besteht in einer Computerkasse. Arrigos Gäste danken es ihm, und Harry's Bar scheint tatsächlich gegen die Zeitgeistschwankungen des »in« und »out« immun zu sein.

DIE OSTERIA DA FIORE

Die von außen eher unscheinbare Osteria da Fiore von Maurizio Martin liegt ziemlich versteckt in der recht düsteren Calle del Scaleter, im Sestiere San Polo. Doch die Suche nach dem unauffälligen Ladenlokal, das ursprünglich eine Weinhandlung beherbergte, lohnt sich allemal, denn nirgendwo kann man die traditionelle Fischküche Venedigs besser und unverfälschter kennenlernen als in dem hübsch, aber dennoch bodenständig und unaufdringlich eingerichteten Restaurant, das gerade einmal 40 Gästen Platz bietet.

Küchenchefin Mara Martin verarbeitet ausschließlich fangfrischen Fisch aus der Lagune: Goldbrasse, Seebarsch, Steinbutt, Meeresfrüchte wie Kalmar und Tintenfisch sowie die einheimischen Muschelarten. Darüber hinaus werden hier die Skeptiker des getrockneten Kabeljaus, des Stockfischs, mit einem äußerst schmackhaften Stockfischpüree von den Vorzügen dieses jahrhundertealten Gerichts überzeugt. Eine weitere Delikatesse aus Mara Martins Küche ist der *Risotto nero,* der seine dunkle Färbung der Tinte des Tintenfischs verdankt. Doch auch wer nur auf ein Glas Wein und ein paar appetitliche kleine Häppchen hereinschauen möchte, ist in der Osteria da Fiore stets herzlich willkommen.

Risotto nero

Risotto mit Tintenfischtinte
(Abbildung links unten)

Für 4–6 Personen

750 g Tintenfische mit Tintenbeutel
2 Knoblauchzehen
7 EL Olivenöl
Saft von 1 kleinen Zitrone
1 Zwiebel
250 ml trockener Weisswein
750 ml Fischbrühe oder fertiger Fischfond
250 g Vialone-Reis
Salz und frisch gemahlener Pfeffer
1 Bund glatte Petersilie, gehackt

Die Tintenfische säubern und die gefüllten Tintenbeutel vorsichtig in eine Schüssel legen. Den Tintenfischkörper und die Fangarme in feine Streifen schneiden.
Knoblauch fein hacken, mit 3 EL Olivenöl und dem Zitronensaft vermischen. Über die Tintenfische gießen und 20 Min. marinieren.
Die Zwiebel fein hacken und in einem Topf in 4 EL Olivenöl andünsten. Tintenfischstreifen abtropfen lassen, zugeben und unter Rühren anbraten. Die Marinade und den Weißwein angießen. Die Tintenbeutel öffnen und die Tinte mit in den Topf geben. 20 Min. köcheln lassen, dabei hin und wieder etwas heiße Fischbrühe angießen.
Den Reis zugeben. Nach und nach die restliche Fischbrühe angießen und den Reis unter ständigem Rühren ausquellen lassen. Mit Salz und Pfeffer abschmecken und mit gehackter Petersilie bestreuen.

Andar per ombre – ein venezianisches Ritual

Man sagt den Venezianern nach, daß sie ein kleines Gläschen Wein genauso lieben wie ein kurzes Schwätzchen mit Freunden oder Bekannten – und dies zu jeder Tageszeit. So liegt es nahe, daß die Einwohner der Lagunenstadt diese beiden Vorlieben seit jeher verbinden. *Andar per ombre* – das bedeutet soviel wie »wir gehen in einer gemütlichen Osteria etwas trinken, essen ein Häppchen und plaudern ein wenig«. Darüber, woher die Bezeichnung für das urvenezianische Ritual kommt, gibt es verschiedene Ansichten. Die einen erzählen, daß früher die fahrenden Weinverkäufer auf der Piazza San Marco im Laufe des Tages immer dem Schatten des Campanile folgten, damit der Wein nicht zu warm wurde. Wer also etwas trinken wollte, mußte *all'ombra,* in den Schatten gehen. Andere wiederum erklären, daß die *ombra* eine alte venezianische Maßeinheit sei, die etwa 100 Millilitern entspricht. Die *ombretta* ist sogar noch kleiner.
Fast jeder Venezianer hat einen festen *giro de ombre.* Ab etwa elf Uhr vormittags kehrt er in seiner Stamm-Osteria ein und trifft dort auf die anderen Stammgäste. Man plaudert, trinkt seine *ombra* und geht wieder. Im Laufe des Tages und des Abends kommen einige *ombre* zusammen, doch angesichts der geringen Maßeinheit und der meist guten Qualität der offenen Weine in den Osterien gibt es keine nennenswerten Folgen. Am ehesten vergleichbar ist der *giro de ombre* mit dem spanischen *tapeo,* bei dem man in den frühen Abendstunden durch die verschiedenen Tapa-Bars zieht.

Risotto nero – Risotto mit Tintenfischtinte

Baccalà alla vicentina – Stockfisch nach Vicentiner Art

Baccalà mantecato

Stockfischpüree
(Abbildung oben)

1 gewässerter Stockfisch
Olivenöl extra vergine (die Menge sollte einem Viertel des Fischgewichts entsprechen)
Salz und Pfeffer
Muskatnuss
3 Knoblauchzehen
1 kleines Bund Petersilie

Den Stockfisch waschen und in einem Topf mit Wasser 20 Min. garen. Abgießen, von möglichen Gräten befreien, in Stücke schneiden und zusammen mit dem Olivenöl in einen Mixer geben. Mit Salz, Pfeffer und geriebener Muskatnuß würzen und cremig pürieren. Den Knoblauch und die Petersilie hacken und unter das Fischpüree mengen. Lauwarm oder kalt mit heißer Polenta servieren.
Stockfisch wird an der Sonne getrocknet. Vor der Zubereitung muß man ihn kräftig mit einem Fleischklopfer bearbeiten und 2–3 Tage in einer Schüssel mit Wasser bedeckt einweichen. Das Wasser muß täglich erneuert werden. Man kann Stockfisch aber auch bereits gewässert kaufen.

Baccalà alla vicentina

Stockfisch nach Vicentiner Art
(Abbildung links)

1 kg gewässerter Stockfisch
6–7 EL Olivenöl etxtra vergine
3 Knoblauchzehen, grobgehackt
2 EL gehackte Petersilie
Salz und Pfeffer
1 Zwiebel, feingehackt
1 l Milch
Muskatnuss
3 Sardellenfilets
geriebener Parmesan

Den Stockfisch waschen, trockentupfen, von möglichen Gräten befreien und in große Stücke schneiden. Die Hälfte des Olivenöls, den Knoblauch und 1 EL Petersilie in eine feuerfeste Kasserolle geben. Die Fischstücke auf beiden Seiten darin anbraten, leicht salzen, pfeffern und die feingehackte Zwiebel zugeben. Kasserolle vom Herd nehmen und den Knoblauch entfernen.
Den Stockfisch vollständig mit lauwarmer Milch bedecken, ein wenig Muskatnuß darüber reiben und bei niedriger Hitze etwa 2 Std. garen lassen, bis die Milch nahezu vollständig aufgesogen ist.
In der Zwischenzeit das restliche Olivenöl in einer kleinen Kasserolle erhitzen, die Sardellenfilets darin schmelzen und über dem Stockfisch verteilen. Restliche Petersilie und den geriebenen Parmesan darüber streuen. Den Stockfisch in der Kasserolle ohne Deckel im vorgeheizten Backofen bei 220 °C etwa 10 Min. überbacken. Mit (z. B. mondförmig) ausgestochenen, gerösteten Polentastücken servieren.

Venedig und die Österreicher

Venedig, die *Serenissima Dominante,* die einst ein Gebiet von Istrien bis Byzanz und von Dalmatien bis zur Levante beherrschte, galt zwar immer wieder als untergehende Stadt, hat jedoch bis heute stets die Zähigkeit und sprichwörtliche Langlebigkeit der Totgesagten bewiesen. Der dramatische Niedergang der stolzen, aber damals schon etwas maroden aristokratischen Republik begann mit dem Einzug Napoleons am 12. März 1797. Der letzte Doge, Ludovico Manin, dankte ab. Kurze Zeit später gab Napoleon die Lagunenstadt an die Österreicher weiter. 1806 kamen die Franzosen zurück und transportierten aus Venedig ab, was nicht niet- und nagelfest war. Der Wiener Kongreß schlug die gebeutelte Stadt wieder den Österreichern zu, die in den 50 Jahren ihrer zweiten Fremdherrschaft die Tauben importierten und aus der strahlenden Beherrscherin der Meere ein verschlafenes bürgerliches Provinznest machten. 1866 fiel Venedig an das neugegründete Königreich Italien.
Die Venezianer gelten als wenig geeignet für umstürzlerische Machenschaften, sagt man ihnen doch eine gewisse politische Ängstlichkeit nach. Dennoch wurde eine Bürgerrevolution gegen die Österreicher versucht. Am 22. März 1848 stieg Daniele Manin, der zufällig den Namen des letzten Dogen trug, auf dem Markusplatz vor dem Caffè Florian auf einen Küchentisch und rief die Republik aus. Manin scheiterte zwar, doch die Episode zeigt beispielhaft, daß die Kaffeehäuser und Hotels Venedigs durchaus als Versammlungsorte und Quartiere des Widerstands fungierten – Venezianer können tagelang im Café sitzen, früher ließen sie sich sogar ihre Post dorthin schicken. Während der Bombardierung durch den österreichischen Feldmarschall Radetzky, der mit dieser Maßnahme die Revolutionäre zur Raison bringen wollte, war die Bevölkerung gezwungen, die äußeren Stadtgebiete zu verlassen und Schutz zu suchen. Die Wahl der Bessergestellten fiel dabei selbstverständlich auf das elegante Hotel Danieli. Die Österreich-Gegner versammelten sich immer wieder im Caffè Florian, wo sie von der K.u.k.-Geheimpolizei observiert wurden.

Fegato di vitello alla veneziana

Kalbsleber nach venezianischer Art
(Abbildung oben)

3–4 EL Olivenöl
25 g Butter
500 g Zwiebeln
1 EL gehackte Petersilie
2 Lorbeerblätter
500 g Kalbsleber
4 EL Fleischbrühe
Salz und frisch gemahlener Pfeffer

Olivenöl und Butter in einer Pfanne erhitzen, die Zwiebeln schälen, in Ringe schneiden, Lorbeerblätter und die gehackte Petersilie zugeben und bei geschlossenem Deckel etwa 10 Min. dünsten.
Die Kalbsleber in 4 gleich große Scheiben schneiden und zu den Zwiebeln in die Pfanne geben. Die Temperatur erhöhen, etwas Fleischbrühe angießen und 5 Min. schmoren. Die Pfanne vom Herd nehmen, die Leberscheiben mit Salz und frisch gemahlenem Pfeffer würzen. Mit Polentascheiben servieren.

PANINI

Salmone
Mit Lachs werden üblicherweise Kanapees, kleine *tartine* zubereitet. Die Butter darf ebensowenig fehlen wie etwas Zitronensaft.

Arrostino e zucchini
Die Zucchini, zu Julienne geschnitten oder in Scheiben mit Thymian gewürzt, geben dem Braten eine frische Note.

Primavera
Der *tramezzino* ist die italienische Variante des Sandwich. Das Toastbrot wird meist kalt, hier mit Salat und Schinken, serviert.

Gorgonzola e tartufo
Das Aroma der Trüffeln kontrastiert mit dem kräftigen Geschmack des Gorgonzola. Eine Variante: Gorgonzola mit Kastanienhonig.

Insalata di gamberetti
Der *tramezzino* mit Shrimps und Salat wird kalt serviert, weil die Zutaten oft mit Mayonnaise überzogen werden.

Salmone e insalata
Grüne Blätter, meist frischer Blatt- oder Friséesalat sorgen dafür, daß der geräucherte Lachs eine frische, leichte Note bekommt.

Tonno e carciofini
Der Klassiker unter den *tramezzini* enthält Thunfisch und Artischocken. Saftig und kräftig im Geschmack.

Carciofini e Würstel
Man darf nicht enttäuscht sein, die Würstel in Italien schmecken trotz des bayrischen Namens anders als in Deutschland.

Spinaci e mozzarella
Gekochter Spinat und frischer Mozzarella mit etwas Zitrone und Pfeffer: Diese Verbindung ist leicht und gut bekömmlich.

Piadina caprese
Die *piadina,* ein Fladenbrot aus der Romagna, wird unter anderem mit Tomaten und Mozzarella gefüllt.

Carciofini e salame
Die kleine Baguette mit scharfer Salami und appetitanregenden Artischocken ist ein pikanter Genuß.

Prosciutto e formaggio
Dieses *panino* schmeckt am besten warm, da dann der Käse schmilzt und sein Geschmack sich mit dem des Schinkens verbindet.

Mozzarella e acciughe
Schon die alten Römer kannten diese Kombination. Die pikante Note der Sardellen wird durch den zarten Käse gemildert.

Parmigiana di melanzane
Das Königsgericht Süditaliens: Die Auberginen werden fritiert, dann in einer Auflaufform mit Käse und Tomaten gebacken.

Croissant al prosciutto e formaggio
Der Croissant muß warm sein und nach Butter schmecken. Am beliebtesten sind die gefüllten *Mignon croissants.*

Fiore di zucca
Zucchiniblüten werden mit Mozzarella und einem Sardellenfilet gefüllt und in einem zarten Teigmantel fritiert.

Speck e brie
Speck ist in Italien die Bezeichnung für den leckeren geräucherten Schinken aus dem Trentino.

Piadina mozzarella e funghi
Die *piadina* kann auch gut mit Mozzarella und Pilzen überbacken werden. Eine schmackhafte, schnelle Zwischenmahlzeit.

Pomodorini
Diese Kombination aus Büffel-Mozzarella und Tomaten ist in Italien als *Caprese* bekannt und schmeckt auf Capri am besten.

Bresaola, racletta e rucola
Die Bresaola wird mit frischem Käse, Rucola und einem Spritzer Zitronensaft serviert.

Mozzarella e prosciutto
Wenn man ein vollwertiges *tramezzino* zubereiten will, kann man auch Vollkorntoast (*pane integrale*) verwenden.

Mozzarella e pomodoro
Es ist wichtig, daß der Mozzarella tagfrisch ist und nicht aus dem Kühlschrank kommt. Mit Tomaten schmeckt er am besten.

Uovo e tonno
Hartgekochte und in Scheiben geschnittene Eier geben dem in Öl eingelegten Thunfisch Kraft und Konsistenz.

Prosciutto cotto, formaggio e pomodori
Da Brötchen und *tramezzini* für viele berufstätige Menschen in Italien als Mittagessen dienen, fehlt selten Gemüse.

Italienische Bars, Schnellrestaurants oder Autobahnraststätten versorgen ihre Gäste nicht nur mit dem obligatorischen schnellen Espresso für zwischendurch, sondern oft auch mit *panini, tramezzini, sandwiches* und *crostini*. Diese zum Teil recht üppigen Brotkreationen werden je nach regionaler Vorliebe mit phantasievollen Zusammenstellungen von Wurst, Käse, Tomaten, Schinken, Sardellenfilets, Thunfisch, Garnelen oder anderen Köstlichkeiten belegt.

Venezianische Masken

Die Masken des ursprünglichen venezianischen Karnevals sind keine Phantasiekostüme, sondern festgelegte Trachten mit oft langer Tradition. Teils erinnern sie an historische Begebenheiten aus der Stadtgeschichte, wie etwa der Pestarzt als traurige Reminiszenz an die verheerenden Epidemien des 16. und 17. Jahrhunderts. Andere Masken – wie *Pantalone* und *Arlecchino* – entstammen dem Typenkanon der Commedia dell'arte und bilden auch lange nach Goldonis Theaterreform noch immer einen festen Bestandteil des Narrentreibens.

Bauta
Die *Bauta* war eine der beliebtesten venezianischen Kostümierungen. Sie konnte sowohl von Damen als auch von Herren getragen werden und bestand aus einem Dreispitz, einem schwarzen Umhang und einer weißen Gesichtsmaske.

Arlecchino
Der *Arlecchino* ist eine typische Figur der Commedia dell'arte. Zum Kostüm des frechen Possenreißers gehören eine schwarze Gesichtsmaske, ein Filzhut und ein aus bunten Flicken zusammengenähter Anzug.

Moretta
Die *Moretta* bezeichnet lediglich eine schwarze, ovale Gesichtsmaske, die in Position gehalten wurde, indem die Trägerin den an der Innenseite befestigten Knopf fest zwischen die Zähne klemmte.

Pantalone
Der *Pantalone* ist ebenfalls eine typische Figur der Commedia dell'arte. Der spitzbärtige alte Griesgram, dem der Geiz ins Gesicht geschrieben steht, wurde zur Symbolfigur des zu Geld gekommenen venezianischen Kaufmanns.

Pestarzt
Das Kostüm des Pestarztes erinnert an die verheerenden Pestepidemien des Mittelalters und der Renaissance. Zu seiner Ausstattung gehört der lange Stab, mit dem der Arzt ohne Patientenkontakt die Bettdecke beiseite schieben konnte, sowie die Schnabelmaske, die er mit wohlriechenden Kräutern füllte, um den Pesthauch ertragen zu können.

Commedia dell'arte, *Pantaleon und Harlekin der ältern Italienischen Comödie,* Farblithographie nach einer Vorlage des 17. Jahrhunderts aus: »Floegels Geschichte des Grotesk-Komischen«, bearbeitet von Friedrich W. Ebeling, 4. Auflage, Leipzig 1887, Tafel 3.

Pietro Longhi (1702–1785), *Bildnis Carlo Goldoni,* Museo Correr, Venedig

Carlo Goldoni

Carlo Goldoni, der große Reformator des italienischen Theaters, sorgte Mitte des 18. Jahrhunderts dafür, daß die altgediente Commedia dell'arte mit ihren streng typisierten Rollen wie *Capitano, Arlecchino* und *Colombina* aus der Mode kam. Der Weg war somit frei für neue Charaktere. Als echter Venezianer liebte Goldoni gutes Essen und Trinken mindestens genauso wie seine Heimatstadt, obwohl er wegen der Streitereien mit seinen Theaterkollegen Chiari und Gozzi im Alter von 55 Jahren entnervt nach Paris übersiedelte. In seinen Stücken porträtiert Goldoni immer wieder das venezianische Leben. So präsentiert er in der Komödie »Il campiello« (Der Platz, entstanden 1756) die Figur einer *fritoler,* einer Schmalzbäckerin, die köstlichste *fritole* zubereitet, und in dem kurz vor seiner Abreise nach Paris uraufgeführtem Stück »Le baruffe chiozzotte« (Krach in Chiozza, 1762) spielt die *zucca barucca,* eine gebratene Kürbisscheibe, als Stein des Anstoßes eine wichtige Rolle, denn verschiedene Liebespaare geraten in Streit, als ein ahnungsloser Gondoliere einer der jungen Frauen besagte Kürbisscheibe schenkt.

CARNEVALE

Trotz des immensen Interesses, das der moderne Straßenkarneval auf sich zieht, halten einige unbeirrbare Venezianer noch heute an den alten Gebräuchen fest – und die haben nichts mit dem touristischen Treiben auf dem Markusplatz zu tun. Der *carnevale* wurde in Venedig traditionell mit großem Prunk gefeiert. Dabei gab man jedoch nicht nur Unsummen für die aufwendigen Kostüme aus. Die verschiedenen Vereinigungen und Gesellschaften wetteiferten miteinander, wer den rauschendsten Ball mit der glanzvollsten Ausstattung organisieren würde, wer die beste Musik und, nicht zuletzt, wer das opulenteste Abendessen aufzubieten in der Lage wäre.

Feste aller Art waren und sind für die Bewohner der Lagunenstadt stets ein willkommener Anlaß, gut zu tafeln. Doch anders als heute gerieten die Venezianer vergangener Tage wegen ihrer Liebe zu den leiblichen Genüssen häufig in die Kritik der Moralisten. Auch die Würdenträger der Kirche bemängelten gelegentlich, daß die Leute bei den großen christlichen Festen kaum das Ende der Predigt oder der Weihezeremonie abwarten könnten, nur um endlich zur nächsten Attraktion übergehen zu können – nämlich der Beköstigung. »Das schlimmste Laster der Venezianer ist die Schlemmerei«, bekräftigt auch der Stadtgeschichtsschreiber Pietro Gasparo Morolin im Jahre 1841.

In der Tat standen ausgesuchte oder auch volkstümliche Speisen bei den verschiedenen Anlässen des Kirchenjahres sowie des Karnevals im Mittelpunkt. Dem Schriftsteller Tommaso Locatelli zufolge glich Venedig im Jahre 1830 – also selbst in einer Zeit gravierender wirtschaftlicher und innenpolitischer Schwierigkeiten – einem einzigen Festplatz, auf dem die »Bratspieße gedreht und Fische auf dem Rost gegrillt wurden, um jenes riesige gemeinschaftliche Abendessen zu bereiten«. Während des Karnevals aß man *galani,* Streifen aus süßem Teig, die man in Schmalz ausbuk und anschließend zuckerte, und *fritole* oder *fritelle,* Karnevalskrapfen. Auch *zaleti* und die kringelrunden *buranelli* von der Insel Burano waren und sind eine beliebte Verpflegung für lange Nächte. Am Tag der Madonna della Salute, am 21. November, gab es – und gibt es gelegentlich noch heute – traditionell *castradina,* gesalzenes, kurz geräuchertes und dann an der Luft getrocknetes Hammelfleisch, aus dem man einen deftigen Fleischeintopf zubereitete. Der Verzehr des hochgeschätzten *baccalà* war glücklicherweise an kein spezielles Fest gebunden. Stockfisch aß man das ganze Jahr über in den verschiedensten Zubereitungen. Auch die leckere Leber mit Zwiebeln, *Fegato alla veneziana,* konnte jederzeit auf den Tisch kommen. Heute nimmt man es mit dem Festkalender nicht mehr so genau – das berühmte venezianische Schmalzgebäck, die *fritole,* dürfen zu jeder Jahreszeit probiert werden.

Links: Der Karneval in Venedig ist kein Fest mit ausgelassener Stimmung wie etwa im Rheinland, sondern eher eine ernste und feierliche Angelegenheit.

Schmalzgebäck

Das helle Zischen des Teiges im heißen Fett erinnert lautmalerisch an den fröhlichen und prunkvollen Karneval zu Zeiten der Dogen. Aus Brotteig, Mehl, Hefe, ein wenig Zucker und einem Schuß Grappa oder Anisschnaps, manchmal verfeinert mit Rosinen, Sultaninen oder Pinienkernen, wurden die *fritole* in heißem Öl oder Schmalz gebacken und auf der Straße verkauft.
Die *fritoler*, die Schmalzbäcker, dachten sich immer wieder neue und noch phantasievollere Variationen des Gebäcks aus: Sie verfeinerten den Teig mit Reis, mit Kürbisblüten, mit Salz oder mit Fisch – und sogar vor dem deftigen *baccalà* schreckten sie nicht zurück.
Gegen Ende des 18. Jahrhunderts erlangten die venezianischen *fritoler* eine so große wirtschaftliche Bedeutung, daß sie sich zu einer Zunft zusammenschlossen, der *Corporazione dei fritoler*.
Der bekannteste Schmalzbäcker Venedigs war vermutlich ein gewisser Zamaria, der sogar auf einem Druck aus dem frühen 19. Jahrhundert beim Backen seiner Ware abgebildet ist. Das Bild trägt die recht selbstbewußte Überschrift: »Hier arbeitet Zamaria«.

Zaleti

Süße Maisbrötchen
(Abbildung links)

2 EL Rosinen
1 kleines Glas Grappa
250 ml Milch
100 g Butter
250 g Maismehl
100 g Weizenmehl
1/2 Päckchen Backpulver
1 Prise Salz
120 g Zucker
30 g Vanillinzucker

Die Rosinen in Grappa einweichen. Butter in erhitzter Milch auflösen. Das Mehl in eine Schüssel geben, Backpulver, Salz und Zucker zufügen und alles miteinander vermischen. Die Milch mit der Butter darüber gießen und das Ganze zu einem geschmeidigen Teig verrühren. Gegebenenfalls noch etwas Milch zufügen. Die eingeweichten Rosinen unter den Teig mischen.
Ein Backblech mit Backpapier auslegen. Die Hände bemehlen und aus dem Teig kleine Brote von etwa 10 cm Länge und 2 cm Breite formen. Maisbrötchen im vorgeheizten Backofen bei 180 °C etwa 15 Min. backen. Danach sofort mit Vanillinzucker bestreuen und abkühlen lassen.

Schmalzgebäck wird in ganz Italien gern gegessen. Früher war es üblich, daß der fahrende Händler seine Ware direkt auf der Straße verkaufte.

Fritole

Krapfen

50 g Sultaninen
200 g Weizenmehl
Salz
60 g Zucker
1 Ei
10 g frische Hefe
200 ml Milch
Erdnussöl
50 g mit Vanille aromatisierter Puderzucker

Die Sultaninen in lauwarmem Wasser einweichen. Mehl in eine Rührschüssel sieben, 1 Prise Salz, Zucker, Ei sowie die trockengetupften und mit Mehl bestäubten Sultaninen zufügen. Die Hefe in der Hälfte der Milch auflösen und zu den anderen Zutaten geben. Zu einem Teig verarbeiten, dabei nach und nach die restliche Milch einarbeiten, so daß ein geschmeidiger Teig entsteht. An einem warmen Ort 1 Std. gehen lassen.
Das Öl erhitzen und jeweils einen Löffel Teig im Öl ausbacken. Die Krapfen sind fertig, wenn sie auf beiden Seiten hellbraun sind. Mit einem Schaumlöffel aus dem Öl nehmen, auf Küchenkrepp abtropfen lassen und mit Puderzucker bestreut servieren.

Pandoro

Der *pandoro* (Abbildung Hintergrund), ein enger Verwandter des Mailänder Panettone, ist eine venezianische Spezialität, die man vor allem in der Weihnachtszeit genießt. Wie der Panettone kann auch der *pandoro* auf eine lange Tradition zurückblicken. Sein Ursprung geht möglicherweise auf den *nadalin,* ein typisches hausgemachtes Weihnachtsgebäck, zurück, vielleicht aber auch auf den *pan de oro,* jenes goldene Brot, das am Ende eines Mahles die Tafel wohlhabender Patrizierfamilien schmückte. In der Glanzzeit der Republik Venedig wurde dieser Kuchen hauchfein mit Goldpuder bestäubt. Heute bedeckt man die goldbraune Oberfläche des *pandoro* mit einer Schicht Vanillezucker, der in allen Verpackungen mitgeliefert wird und den weihnachtlichen Charakter dieses locker-leichten Kuchens unterstreicht.
Der *pandoro* stammt zwar inzwischen meist aus industrieller Fertigung, doch auch in den Fabriken bemüht man sich um die Wahrung der alten Rezepturen. So besteht der Teig immer noch ausschließlich aus Mehl, Zucker, Eiern, Butter und Bierhefe, und der fertige Kuchen weist stets die charakteristische Form eines flachen Kegels mit acht sternförmig zusammenlaufenden Rippen auf.

GLAS AUS MURANO

Murano – die gut zwei Kilometer nördlich von Venedig gelegene Insel – verdankt ihre Berühmtheit der berechtigten Angst vor Brandkatastrophen. Ursprünglich stellte man die kostbaren Glaswaren, die der *Serenissima* ebensoviel Prestige wie Geld einbrachten, auf der Hauptinsel her. Doch da die Glasbläserei durch die nötigen Öfen mit ihren offenen Feuern eine erhebliche Gefahrenquelle darstellte, siedelte man die venezianischen Glasbläser im 13. Jahrhundert kurzerhand nach Murano um. Damit der Umzug nicht ganz so schwerfiel, stattete die Verwaltung die Muranesen mit zahlreichen Privilegien aus. So durften zum Beispiel die Töchter in den venezianischen Adel einheiraten. Doch auf der anderen Seite war es den Glasbläsern bei Todesstrafe verboten, die Insel zu verlassen. Diese Maßnahme sollte verhindern, daß die Geheimnisse der Glasbläserei verbreitet würden.

Obwohl man heute mit Glas aus Murano oft kunterbunte Kreationen verbindet, gründet der Erfolg und der Ruhm der Erzeugnisse aus Venedigs »Glasgefäng-

Auf der kleinen Inselgruppe von Murano leben ungefähr 5 000 Menschen. Wie jedes Ziel in und um Venedig erreicht man Murano nur per *vaporetto*.

Gianni Segusos Glaswerkstatt liegt auf Murano. Hier, auf der Fondamenta Serenella fertigen er und seine Mitarbeiter hochwertige Glaswaren nach alter Handwerkstradition.

Das wichtigste Arbeitsinstrument des Glasbläsers ist das Blasrohr (Hintergrund). Mit seiner Hilfe holt er die glühende Glasmasse aus dem Brennofen (oben).

In einer gewässerten Holzform, der Matrix, wird die glühende Glasmasse durch Drehbewegungen in ihre Form gebracht.

Zum Formen und Verzieren des Glases werden unterschiedliche Matrix-Formen benutzt. Hier wird eine Riffelung erzielt.

Indem der Glasbläser das heiße Glas über die Gitter-Matrix rollt, verleiht er ihm diese gleichmäßigen Einkerbungen.

Mit einem nassen Holzstab kann der Glasbläser weiter modellieren. Hier wird der Abschlußring eines Vasenbodens geformt.

nis« auf einem besonders feinen Glas, dessen Produktion erstmals im 16. Jahrhundert gelang. Murano belieferte fortan die Höfe und Schlösser Europas mit kristallklaren Glaswaren von unvergleichlicher Leichtigkeit und Eleganz. Trotz aller Geheimhaltungsbestrebungen sickerte das »Rezept« für das durchsichtige Gold Venedigs schon bald zur Konkurrenz durch, und insbesondere die böhmischen Glasbläser waren handwerklich in der Lage, Produkte vergleichbarer Qualität herzustellen. Die Muraneser mußten sich also eine neue Spezialität einfallen lassen. Im 17. Jahrhundert erfanden die *soffiatori di vetro,* die Glasbläser, prompt eine neue Herstellungsmethode und konnten nunmehr das bald in ganz Europa begehrte *reticello* auf den Markt bringen. Bis heute ist Murano führend in der Produktion dieses Netzglases. Um ein Netzglas zu blasen, wird ein neutraler Glaskörper auf der Innenseite mit weißen oder bunten Glasstäbchen besetzt. Dann wird die Hohlform mit einer weiteren Glasschicht bedeckt. Der Schwung der Glasbläserpfeife sorgt dafür, daß sich die Stäbchen zu einem phantasievollen Netz verbinden.

Seit dem 19. Jahrhundert hat der gute Ruf des Glases aus Murano ein wenig gelitten. Dies liegt einerseits an der massenhaften Herstellung preiswerterer Konkurrenzprodukte in Hongkong oder Taiwan und andererseits an der einheimischen Produktion billiger und teilweise kitschiger Glassouvenirs, die den Touristen in Venedig an jeder Ecke zum Kauf angeboten werden. Mit handwerklich hochwertigen, aber teuren Einzelstücken ist man nicht mehr ohne weiteres konkurrenzfähig, und so produziert ein Großteil der rund 50 Glashütten Muranos Glaswaren, die dem populären Geschmack entsprechen.

Daß Murano dennoch oder wieder Inbegriff von edelster Glaskunst ist, hat das alte Handwerk einer Handvoll herausragender Vertreter seiner Zunft zu verdanken, die sich selbst an den Spitzenleistungen der Vergangenheit messen. Sie sind überzeugt, daß ihre Kunst bereits in der Renaissance den höchsten Grad der Vollendung erreicht hatte, und bemühen sich nun, an die alten Traditionen wieder anzuschließen, teilweise durchaus auch mit sehr modernen Formen und Designs. Glaswerker wie Tagliapietra, Venini, Barovier & Toso oder auch Salviati sind Vorreiter der Entwicklung, und ein Besuch ihrer Werkstätten und Verkaufsräume lohnt sich auch für den anspruchsvollsten Glasliebhaber.

Unten: Glas aus Murano, das ist ähnlich sprichwörtlich wie Brüsseler Spitze. Auf Murano gibt es noch immer Betriebe, die an den alten Qualitätsstandards vorindustrieller Produktion festhalten, um so den guten Ruf des Muraneser Glases zu wahren.

Im Feinkostgeschäft Volpato in Mestre wird vorgeführt, wie der *bigolaro* funktioniert: Der Teig wird durch die Lochschablone gepreßt.

Die frischen *bigoli* werden auf einem Sieb aufgefangen und sorgfältig zum Trocknen ausgelegt.

BIGOLI – HAUSGEMACHTE NUDELN

Früher, bevor Nudelmaschine und industrielle Fertigung erfunden wurden, benutzte man zur Herstellung von langen Nudeln den sogenannten *bigolaro,* der sogar heute noch gelegentlich verwendet wird. Dieses urtümliche Küchengerät ist an einem etwa ein Meter langen Schemel angebracht und hat ein Rohr von ungefähr zehn Zentimetern Durchmesser. Für das Rohr gibt es verschiedene Messingeinsätze mit unterschiedlichen Lochungen, die folglich diverse Nudelformen entstehen lassen. Je nach Einsatz erhält der Nudelkoch dicke oder dünne, kurze oder lange *bigoli* sowie *bigoli* mit einem Loch in der Mitte oder ohne. Man füllt den Nudelteig in das Rohr und drückt ihn dann – wie bei einer Handpresse – mit Hilfe einer Kurbel durch den Einsatz nach unten.

Früher breitete man die *bigoli* zum Trocknen auf Röhricht aus, das man über zwei Stuhllehnen legte. Da nicht alle Familien einen *bigolaro* besaßen, war es Sitte, ihn auszuleihen oder gleich die Pasta im Hause des stolzen Besitzers eines solchen Gerätes zuzubereiten. Als Dank für die Benutzung des *bigolaro* schenkte man dem Leihgeber einen Teil der frischen Nudeln. *Bigoli in salsa* ist ein typisch venezianisches Gericht – die langen Nudeln mit der Sauce aus Sardellen, Olivenöl und Zwiebeln schmecken einfach köstlich.

Bigoli in salsa

Nudeln mit Sardellensauce
(Abbildung unten)

4 gesalzene Sardellen
400 g Bigoli (Spaghetti oder Trenette)
Salz
4 EL Olivenöl extra vergine
2 Zwiebeln
frisch gemahlener Pfeffer
1 Bund glattblättrige Petersilie zum Garnieren

Die Sardellen waschen, entgräten und in kleine Stücke schneiden. Nudeln in reichlich Salzwasser *al dente* kochen. In der Zwischenzeit die Hälfte des Olivenöls in einer Pfanne langsam erhitzen, die sehr fein geschnittenen Zwiebeln zugeben und weich dünsten, aber auf keinen Fall bräunen. Eventuell einige Spritzer Wasser zugeben. Die Sardellen zu den Zwiebeln geben und mitdünsten, bis sie völlig zerfallen sind. Die Pfanne vom Herd nehmen und das restliche Olivenöl in die Sardellensauce mischen.

Die Nudeln auf 4 Teller verteilen und die Sardellensauce darüber geben. Mit frisch gemahlenem Pfeffer würzen und mit Petersilienzweigen garnieren.

Auch wenn es anstrengend ist – der Maisbrei muß 40 bis 45 Minuten lang ständig gerührt werden. Das fällt um so schwerer, je fester die Polenta wird.

Die fertige Polenta wird auf ein Holzbrett gestürzt und glattgestrichen. Heiße Polenta teilt man mit einem Faden, kalte schneidet man wie Brot mit dem Messer.

Hintergrund: Der Maisgrieß wird langsam und unter ständigem Rühren in das kochende Wasser gegeben. Die Kochhitze kann jetzt reduziert werden.

VENEZIANISCHE POLENTA

Auch wenn Polenta ein äußerst einfaches, geradezu bescheidenes Gericht ist, spielt sie in der Küche Venedigs und des Venetos eine wichtige Rolle. Ihre Variationsmöglichkeiten sind nahezu unbegrenzt, sie schmeckt kalt oder warm, gegrillt oder gebacken, als Auflauf oder als Vorspeise, mit Ei, mit Fisch, mit Fleisch oder mit Käse.

Seit jeher bereitete man in Venedig, im Veneto und im Friaul dickflüssige Breie aus Hirse-, Gersten- und sogar Bohnenmehl zu, bevor das Maismehl seinen raschen Siegeszug antrat. Noch heute ist die Polenta aus Maismehl oder Maisgrieß die beliebteste aller Polenta-Arten, und nach wie vor gilt sie als Inbegriff familiärer Geselligkeit. An kalten, dunklen und nebeligen Wintertagen vermittelt eine goldgelbe, appetitlich dampfende Polenta Wärme und Geborgenheit – man fühlt sich »zu Hause«.

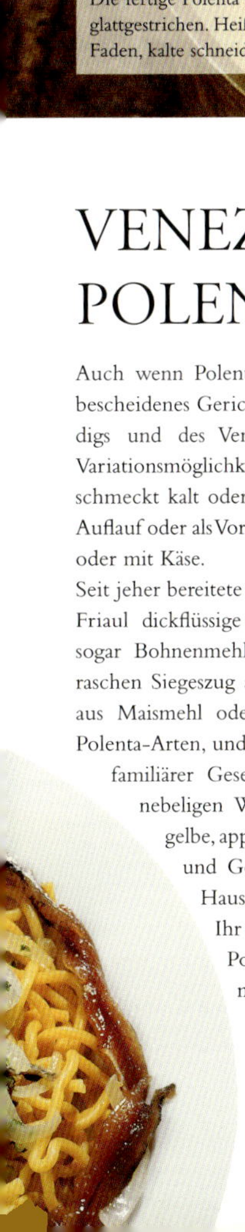

Ihr volles Aroma entwickelt die Polenta besonders dann, wenn sie nach herkömmlicher Weise auf einem Holzkohlenfeuer gekocht wird und dadurch einen leichten Rauchgeschmack annimmt. Unentbehrlich bei der Zubereitung ist ein spezieller tiefer Topf aus unverzinktem Kupfer, dessen Boden gewölbt sein muß. Der Topf darf deshalb nicht verzinkt sein, weil die hohe Kochtemperatur der Polenta, den Zink zum Schmelzen bringen würde. Entweder hängt der Topf an einer Kette direkt über der Feuerstelle, oder er wird kippsicher auf die Kochplatte eines Holzherdes gesetzt, indem man einzelne Metallringe der Herdplatte herausnimmt.

Der Kessel wird bis zur Hälfte mit gesalzenem Wasser gefüllt und das Wasser zum Kochen gebracht. Dann rührt man das Maismehl ein, wobei sich die Menge nach der gewünschten Konsistenz der Polenta richtet. Für einen eher festen Teig benötigt man etwa 350 Gramm Mehl pro Liter Wasser und sieben bis acht Gramm Salz. Möchte man eine eher flüssige Polenta herstellen, nimmt man etwas weniger Mehl oder Grieß. Die Festigkeit des Teiges hängt auch von der Körnung des Mehls ab, wobei fein ausgemahlenes Mehl eine geschmeidigere Polenta ergibt. Ob grob oder fein, das Mehl sollte auf jeden Fall trocken, frei von Klumpen und nicht älter als ein Jahr sein.

Das Kochen einer Polenta ist ein mühevolles Unterfangen. Die *mescola,* der hölzerne Rührstab, muß unablässig in langsamen, gleichmäßigen und regelmäßig kreisenden Bewegungen durch den Teig geführt werden. Gelegentlich sollte die Rührrichtung geändert werden, damit sich das Mehl optimal mit dem Wasser verbindet – und damit der Koch oder die Köchin nicht zu schnell ermüdet. Ein bißchen Kraft braucht man nämlich noch für die Endphase der Kochzeit, wenn die Polenta schon sehr dick und zähflüssig ist. Vielleicht finden sich auch Mitköche, die beim Rühren helfen wollen, denn bei der Polenta ist es keineswegs so, daß die sprichwörtlich große Anzahl an Köchen den Brei verderben würde.

Nach etwa 40 bis 45 Minuten hat die Polenta ihre gewünschte Konsistenz erreicht. Man nimmt den Kessel vom Feuer und kippt den Inhalt schwungvoll auf ein Holzbrett. Die dampfende Teigmasse breitet sich über das Brett aus und kann zusätzlich mit einem angefeuchteten Messerrücken glattgestrichen werden. Heiße Polenta portioniert man mit Hilfe eines straff gespannten Fadens, erkaltete Polenta kann mit dem Messer geschnitten werden.

Heutzutage gibt es spezielle elektrische Rührgeräte, die am Kessel befestigt werden können. Das Ergebnis ist durchaus akzeptabel, auch wenn die »Innigkeit«, die sich beim Rühren zwischen Koch und Polenta bildet, verlorengeht. Manch einer mag bei der automatisch gerührten Polenta auch das gemütliche und kommunikative Zusammensein in der Küche vermissen, wenn alle um den Kessel herumsitzen, den Duft des aufquellenden Maismehls schnuppern und sich in Vorfreude auf das Mahl das Wasser im Munde zusammenlaufen lassen.

LEBEN IN DER LAGUNE

Das Wasser – wie sollte es anders sein – bestimmt den Lebensrhythmus der Venezianer und der Bewohner der Schwesterinseln. Im Sommer, wenn sich die Gäste der Stadt an dem Funkeln der Kanäle in der Mittagssonne erfreuen, beklagen sich die Einheimischen über den modrigen Geruch in dem kleinen Seitenarm vor ihrem Schlafzimmerfenster. Zu den anderen Jahreszeiten droht das Hochwasser, *acqua alta* genannt, das regelmäßig Wohnungen und Geschäfte verwüstet, wenn die Touristen längst wieder im heimischen Tokio, Toronto oder Tauberbischofsheim sitzen.

Doch andererseits verdanken viele Venezianer der rund 50 Kilometer langen und bis zu 14 Kilometer breiten Lagune mit den unzähligen Inseln ihren Lebensunterhalt. Venedig ist die Stadt Italiens mit dem höchsten Fisch- und Meeresfrüchtekonsum pro Kopf. Folglich braucht es eine ganze Armada von Fischern, um diese Nachfrage zu befriedigen. Da in und um Venedig alles mit dem Boot transportiert werden muß, ist der Schiffbau ein weiterer Wirtschaftszweig, genauso wie viele Menschen als Bootsführer Beschäftigung finden. Böse Zungen behaupten, *Venezia la Serenissima* sei eine so eitle Stadt, daß sie die profanen Realitäten des menschlichen Daseins stets konsequent aus ihren Mauern verbannt habe. Allen voran den Tod. Verstorbene Venezianer werden nicht im Zentrum bestattet, sondern auf einer eigenen Friedhofsinsel, der Isola di San Michele. Der schier unerschöpfliche Vorrat an mehr oder minder gut besiedelbaren Inseln in jeglicher Größenordnung machte es der Stadtverwaltung einfach, bestimmte Bereiche »auszulagern«. Für alle Gruppen, die innerhalb der Stadtgrenzen unerwünscht waren, ließ sich ein Platz finden. So diente die Isola Lazzaretto Nuovo im 15. und 16. Jahrhundert als Quarantänestation. Hier luden die Schiffe, die von großer Fahrt kamen, Passagiere und Besatzungsmitglieder mit verdächtigen Symptomen ab. Burano ist eine typische Insel der Fischer und Murano die Insel der Glasbläser. Sant'Erasmo und Vignole sind die Gemüsegärten Venedigs. Eine Fahrt nach Torcello kann mit den leiblichen Genüssen zu tun haben – wenn man die Locanda Cipriani an der Piazza Santa Fosca aufsucht.

Um die Lagune von Venedig und ihre Inseln kennenzulernen, bieten sich verschiedene Verkehrsmittel an. Da gibt es zum einen die Linienschiffe, die *vaporetti,* der venezianischen Verkehrsbetriebe. Im Transportsystem der Stadt erfüllen sie die Rolle von Omnibussen. Längere Strecken legt man mit einer *motonave,* einem zweistöckigen Schiff zurück. Fährboote wiederum heißen *traghetti,* und wer ein Wassertaxi möchte, bestellt einen *motoscafo.* Venedig wäre nicht vollständig ohne seine Gondeln. Doch auch hier gibt es Unterschiede. Die Touristen fahren mit den Besuchergondeln, die sie samt musikalischer Untermalung für ihr Sightseeing buchen. Die Einheimischen nutzen die *gondole traghetti,* die als mobile Brücken die beiden Ufer des Canal Grande verbinden. Die Fahrt kostet nicht viel, verlangt aber einen guten Gleichgewichtssinn.

Die Lagune von Venedig erstreckt sich über 58 660 Hektar zwischen den Flüssen Brenta, Bacchiglione und Sile. Etwa die Hälfte dieser Fläche ist dem Gezeitenwechsel unterworfen, der andere Teil ist die sogenannte Tote Lagune. Sie stellt gleichzeitig die Fischfangzone dar, das Wasser dieses Areals ist also mitnichten bar jeden Lebens. Im Gegenteil, die Fischer der Lagune machen reiche Beute, die oft schon mittags auf den Tischen der Restaurants landet.

Oben und Hintergrund: Chioggia, etwa 45 Kilometer südlich von Venedig in der Lagune gelegen, ist die kleine unbekannte Schwester der Dogenstadt. Die Paläste sind nicht ganz so prächtig und der Campanile nicht ganz so imposant – hier geht alles etwas einfacher zu. Trotzdem hat der Ort, vor allem die malerische Altstadt, einen ganz eigenen Charme.

FISCHHANDEL

Der *mercato ittico all'ingrosso di Chioggia* ist der größte Fischmarkt des Landes und beliefert ganz Norditalien mit frischen Fischen und Meeresfrüchten. Während auf dem *mercato di pesce al minuto,* dem Markt der Endverbraucher, jeder Besucher einkaufen kann, haben auf dem Großmarkt nur Händler Zutritt. Zweimal täglich findet hier der Fischhandel statt, zwischen fünf und sechs Uhr morgens sowie gegen drei Uhr am Nachmittag. Die Fischer transportieren ihren Fang in geräumigen Wannen direkt vom Hafen in die Markthalle. Dann beginnt ein seltsames Ritual, das für Zaungäste auf den ersten Blick kaum zu durchschauen ist, denn der Verkauf wird nicht wie eine offene Versteigerung von einem Auktionator geleitet, sondern gestaltet sich eher wie ein allseits bekannter Brauch: Ein Händler flüstert dem anbietenden Fischer, der oft von mehreren Kaufinteressenten belagert wird, sein Angebot ins Ohr. Die Konkurrenten können die Gebote jedoch nicht hören. Entspricht der Preis den Vorstellungen des Anbieters, nickt er dem Interessenten zu. War er zu niedrig, beschimpft er ihn laut. Dieser simulierte Streit signalisiert den anderen Käufern, daß die Partie noch zu haben ist. Sie können nun ein erneutes Angebot flüstern – bis der Fisch schließlich verkauft ist.

Oben und unten: Der Fischmarkt von Chioggia ist berühmt für seine große Vielfalt an frischem Fisch und Meeresfrüchten.

Woran erkennt man wirklich frischen Fisch?

Fisch kauft man am besten bei einem Fischhändler seines Vertrauens. Wird ganzer Fisch angeboten, sollte man darauf achten, daß die Augen klar und »lebendig« aussehen und die Kiemen leuchtend rot sind. Für ganzen wie für filetierten Fisch gilt, daß er appetitlich nach Meer riechen sollte und keineswegs nach Fisch, denn fischiger Geruch ist ein sicheres Zeichen für alte Ware. Wenn möglich sollte man den Daumentest machen. Nach kurzem Druck mit dem Daumen auf das Fleisch des Fischs sollte sich die Delle schnell wieder zurückbilden und das Fleisch in seine ursprüngliche Form zurückkehren. Bleibt die Druckstelle jedoch bestehen, sollte man den Fisch liegenlassen und sich nach einem anderen Händler umsehen.
Einige Fischarten werden jedoch nicht in fangfrischem Zustand verkauft: Thunfisch und Schwertfisch zum Beispiel müssen erst ein wenig »abhängen«, um Zartheit und Wohlgeschmack zu entwickeln.

Die Fischaugen sollten klar sowie »lebendig« und nicht trüb sein.

Fest und elastisch sollte das Fleisch sein und Druck nicht nachgeben.

Die Kiemen sollten rot sein, und der Fisch keinen üblen Geruch haben.

Der Fischhandel findet zweimal täglich statt. Am Morgen werden die in der Nacht gefangenen Fische verkauft, am Nachmittag die Ware des Tages.

Orata, Marmora, Pagello (Brasse)
Die verschiedenen Arten der Brasse, Goldbrasse oder auch Dorade *(orata)*, Marmorbrasse *(marmora)* und Meerbrasse *(pagello)*, eignen sich für die Zubereitung im Ofen.

Pesce San Pietro (Petersfisch)
Das beliebte Filet des Petersfischs ist ziemlich teuer, da es nur etwa ein Drittel des Gesamtgewichts ausmacht. Am besten wird es gegrillt, um den hervorragenden Eigengeschmack nicht zu beeinträchtigen.

Triglia (Seebarbe)
Wie der Lachs eignet sich auch die Seebarbe gut zur Zubereitung von zarten Pastasaucen. Man kann sie aber auch braten, grillen, kochen oder für eine Fischsuppe verwenden.

Anguilla, Bisato (Aal)
Aale können in Salz- und Süßwasser leben. Besonders begehrt sind die Glas- oder Jungaale. Aal ist in vielen Regionen Italiens ein traditionelles Weihnachtsessen.

Rombo (Butt)
In Italien ißt man Steinbutt *(rombo chiodato)* und Glattbutt *(rombo liscio)*. Beide gehören zur Familie der Plattfische. Man filetiert sie und kann sie dünsten oder in Sauce schmoren.

Sardina, Sardella, Acciuga (Sardine)
Dieser kleine Heringsfisch ist im gesamten Mittelmeerraum beliebt. Sein relativ fettes Fleisch schmeckt am besten frisch gegrillt und mit Zitronensaft beträufelt, es eignet sich aber auch gut für die Konservierung in Essig oder Öl.

Branzino, Spigola (Seebarsch)
Der Seebarsch ist der vielleicht beliebteste Fisch Italiens. Sein feines, aber dennoch festes Fleisch erlaubt alle Zubereitungsarten. Besonders lecker ist er, wenn man ihn im Ganzen in einer Salzkruste oder in Folie gar ziehen läßt.

Muggine (Meeräsche)
Die Meeräsche liefert zwar gutes Fleisch, wird aber vor allem wegen ihres Rogens geschätzt. *Bottarga di muggine* gilt besonders in Sizilien und Sardinien als Delikatesse und ist auch im restlichen Italien recht teuer.

Salmone (Lachs)
Wer Lachs nur als geräucherte Ware kennt, die auf langen Pappbrettern eingeschweißt in den Supermärkten auf Käufer wartet, sollte unbedingt einmal frischen Lachs probieren. Das zarte, rosige Fleisch schmeckt gegrillt oder auf Pasta.

Palombo (Hai)
Da die Haiarten der Adria kein qualitativ hochwertiges Fleisch liefern, ist es heute fast von den Speisekarten der Region verschwunden. Nur in Venedig wird Hai manchmal noch unter dem Namen *vitello di mare* (Seekalb) geführt.

Rospo, Rana pescatrice (Seeteufel)
Der Seeteufel lebt auf dem Meeresgrund. Er liefert ein sehr begehrtes, fast grätenloses Schwanzfleisch *(coda di rospo)*, das zubereitet dem Fleisch des Hummers ähnelt.

Verführerische Sardinen

Sarde in saor ist Seemannskost und gleichzeitig ein Leckerbissen für alle Landratten. Die Fische, die in einer köstlichen Marinade daherkommen, sind meist Sardellen oder Sardinen. Sie werden in Mehl gewendet und im Ganzen in heißem Öl fritiert. Sind die Fischchen goldgelb, nimmt man sie aus der Pfanne, in der man nun eine feingehackte Zwiebel anbrät. Die glasig gebratene Zwiebel löscht man mit Weißwein und Essig ab und gießt den Sud über die fritierten Fische, die man zuvor in ein Terrakottagefäß geschichtet hat. Nach altem byzantinisch-römischen Brauch kann dieses Gericht besonders in der kalten Jahreszeit mit Rosinen und Pinienkernen verfeinert werden. Diese Zugabe erhöht den Kaloriengehalt zwar beträchtlich, macht aber aus dem volkstümlichen Gericht einen wahren Festschmaus. Gut gekühlt ist der *saor* wochenlang haltbar, regt in den venezianischen Gasthäusern zusammen mit einem guten Aperitif gewaltig den Appetit an und braucht keinen Vergleich mit den berühmten spanischen Fisch-Tapas zu scheuen.

Sarde in saor
Marinierte Sardinen

600 g Sardinen
Weizenmehl
600 g Zwiebeln
125 ml Olivenöl
1 Glas Rotwein- oder Weissweinessig
Salz und Pfeffer
2 EL Rosinen
2 EL Pinienkerne

Die Köpfe der Sardinen entfernen. Sardinen ausnehmen und gründlich waschen. Gut trockentupfen und in Mehl wenden. In einer Pfanne die Hälfte des Olivenöls erhitzen und die Fische darin rasch knusprig braten. Auf Küchenkrepp abtropfen lassen. Die Pfanne reinigen.
Zwiebeln in feine Ringe schneiden. Das restliche Olivenöl in der Pfanne erhitzen und die Zwiebeln darin glasig dünsten. Mit Essig ablöschen, salzen, pfeffern und die Rosinen und Pinienkerne zugeben.
Die gebratenen Sardinen in eine flache Schüssel legen und mit der Marinade übergießen. Zugedeckt 2 Tage im Kühlschrank ziehen lassen.

FRÜCHTE DES MEERES

Meeresfrüchte – also alles, was im Salzwasser kreucht und fleucht, aber nicht unter die Kategorie Fisch fällt – erfreuen sich entlang den italienischen Küsten größter Beliebtheit. Kein Wunder, daß das Angebot reichhaltig ist. Beim Einkaufsbummel lassen sich vier unterschiedliche Gruppen ausmachen: die Familie der Krustentiere, zu denen die vielen Garnelen- und Langustenarten ebenso zählen wie die verschiedenen Krebse, die Muschelsorten wie etwa Miesmuschel, Jakobsmuschel oder Venusmuschel, die Schnecken wie die Napfschnecke oder Purpurschnecke und schließlich die Kopffüßler wie Kalmar oder Tintenfisch.

All diese Köstlichkeiten, so verschieden sie auf den ersten Blick aussehen mögen, haben eins gemeinsam: Sie schmecken am besten, wenn sie wirklich ganz frisch sind. Dann brauchen sie nur ein Minimum an Würze und küchentechnischer Finesse, damit sich ihr Meeraroma ungehindert entfaltet. Es empfehlen sich vor allem schonende Zubereitungsarten wie Dämpfen, Köcheln im Sud oder vorsichtiges Grillen.

Seppia (Tintenfisch)
Der Tintenfisch unterscheidet sich nur durch seinen kleineren Körper vom Kalmar. Man kann ihn füllen, backen, grillen oder schmoren. Seine Tinte wird gern zum Einfärben von Pasta- und Reisgerichten verwendet.

Calamaro (Kalmar)
Kalmare sind Kopffüßler und haben einen rundlichen Körper mit zehn Fangarmen. Man kann die Tiere kleinschneiden und fritieren *(calamari fritti)* oder im Meeresfrüchtesalat genießen.

Lumaca di mare (Meeresschnecke)
Es ist schwierig, die Meeresschnecken aus ihren Häusern zu bekommen, ihr Fleisch jedoch ist fest und aromatisch.

Vongola, Arsella (Venusmuschel)
Beide Venusmuschel-Arten, *vongola verace* und *vongola gialla,* schmecken mit Pasta oder als Hauptgericht.

Cozza, Mitilo (Miesmuschel)
Früher wurde die Miesmuschel wie die Auster roh gegessen. *Cozze* schmecken im Sud gegart und passen hervorragend zu Pasta-Gerichten.

Cannolicchio, Cappalunga (Messerscheide)
Die beiden Schalenhälften dieser Muschelart sehen aus wie Rasiermesser und sind fast genauso scharf. Die Messerscheide kann gegrillt werden und paßt auch in einen Meeresfrüchtesalat. Vorsicht beim Öffnen.

Dattero di mare (Meerdattel)
Diese Muscheln ähneln tatsächlich den »echten« Datteln. Sie sind vergleichsweise schwer zu ernten, da sie sich mit Hilfe ihrer Körpersäure fest in den Fels hineinätzen. Diese Delikatesse kann sogar roh gegessen werden.

Capasanta, Conchiglia di San Giacomo (Jakobsmuschel)
Die in ganz Italien beliebte Jakobsmuschel gehört in jeden Meeresfrüchtesalat. Man kann sie aber auch in Weißwein schmoren, oder sogar – ganz exquisit – als Füllung für zarte Fleischstücke einsetzen.

Scampo (Garnele)
Garnelen, Hummer und Langusten sind verwandt und werden daher nicht immer begrifflich auseinandergehalten. Frisch vom Grill sind Garnelen eine echte Delikatesse, sie passen aber auch gut in Fischsuppen.

Cannocchia (Heuschreckenkrebs)
Diesen länglichen Krebs kann man frisch gekocht mit Petersilie, Knoblauch und Zitronensaft essen. Er macht sich gut in Fischsuppen und darf auch im Meeresfrüchtesalat nicht fehlen.

Grancevola (Meerspinne)
Meerspinnen werden im Ganzen gekocht. Danach wird der Rückenpanzer entfernt und das Fleisch aus Körper und Scheren gelöst.

Granchio (Krebs)
Je nach Größe eignet sich der Krebs als Einlage für Fischsuppen, zum Füllen, oder als im Ganzen servierte Spezialität, deren Fleisch man mit Zitrone und Salz würzt.

Krebse

In der Adria vor Venedig und der Küste des Veneto leben die verschiedensten Krustentiere, die jedoch fast alle auf ein und denselben Stammvater zurückgehen, nämlich den Krebs, *granchio* oder *granzo* genannt. Normalerweise werden Krebstiere durch ihren harten Chitinpanzer geschützt, der tatsächlichauch ihre Zubereitung und den Verzehr erschwert. Doch in bestimmten Abständen wird der Panzer weich, damit sich der Krebs »häuten« kann. Das Krebsmännchen wechselt seinen Panzer zweimal im Jahr, nämlich im Frühjahr und im Herbst, das Krebsweibchen nur einmal, aber ebenfalls im Herbst. Es liegt auf der Hand, daß diese panzerlosen, »weichen« Krebse, die als echte Spezialität gelten, eine begehrte Beute für die erfahrenen Fischer aus Venedig und Chioggia darstellen.
Das weibliche Tier, *manzaneta* genannt, wird gesotten und mit Öl, Zitrone, Salz, Pfeffer, Petersilie und Knoblauch angemacht, während man das weitaus begehrtere Männchen, *moleca* im venezianischen Dialekt, in verquirlte Eier taucht und in heißem Öl ausbäckt.

Rechts: In der Lagune von Venedig fangen die Fischer die begehrten Schalentiere mit Hilfe von Krebsreusen, die über den Meeresgrund gezogen werden.

Moleche ripiene

Gefüllte Krebse

2 Eier
Salz
600 g lebende Krebse
Mehl
Olivenöl extra vergine oder Erdnussöl zum Fritieren

Die Eier aufschlagen, 1 Prise Salz zugeben und verquirlen. Die Krebse in gesalzenem Wasser waschen, abtropfen lassen und mit den verquirlten Eiern in eine Schüssel geben. Die Schüssel mit einem Deckel verschließen, mit einem Gewicht beschweren und für mindestens 2 Std. an einen kühlen Ort stellen. Die Krebse ernähren sich auf diese Weise von der Eimischung.
Nach 2 Std. herausnehmen, mit dem Kopf voraus in einen großen Topf mit sprudelnd kochendem Wasser geben und 1–2 Minuten kochen. Abtropfen lassen und die Beine abbrechen, in Mehl wenden und in ausreichend Olivenöl oder Erdnußöl fritieren.
Auf Küchenkrepp abtropfen lassen. Heiß und knusprig servieren.

Insalata di mare

Meeresfrüchtesalat
(Abbildung links)

2 Knoblauchzehen, halbiert
Saft von 2 Zitronen
600 g gemischte Meeresfrüchte, gesäubert
(z.B. Garnelen, Krabben, Miesmuscheln, kleine Kraken, kleine Kalmare, Venusmuscheln etc.)
90 ml Olivenöl
2 EL feingehackte glattblättrige Petersilie
Salz und Pfeffer

Die Knoblauchzehen mit Zitronensaft übergießen und etwa 1 Std. ziehen lassen, dann die Zehen entfernen.
In der Zwischenzeit die Meeresfrüchte mit etwas Wasser bedeckt einige Minuten garen. Die Muscheln müssen sich öffnen. Geschlossene Muscheln wegwerfen.
Den Zitronensaft mit Olivenöl, Petersilie, Salz und Pfeffer verrühren. Mit den Meeresfrüchten vermischen und an einem kühlen Ort durchziehen lassen. Vor dem Servieren noch einmal gut durchmischen.

Zuppa di cozze e vongole

Muschelsuppe
(Abbildung rechts)

2 Knoblauchzehen
4 EL Olivenöl extra vergine
500 g Miesmuscheln
500 g Venusmuscheln
1 Glas trockener Weisswein
3 EL gehackte Petersilie
Wasser oder Fischbrühe
4 Scheiben geröstetes Weissbrot
frisch gemahlener Pfeffer

Die Knoblauchzehen am besten einige Stunden im voraus fein hacken und mit dem Olivenöl vermengen, damit sie durchziehen können. Die Muscheln gründlich waschen und abbürsten, bereits geöffnete Muscheln wegwerfen.

Zuppa di cozze e vongole – Muschelsuppe

Das Olivenöl in einem hohen Topf erhitzen. Den Knoblauch darin andünsten, ohne daß er sich verfärbt. Die Muscheln in den Topf geben und eine Weile kochen lassen. Den Weißwein angießen, die Petersilie einstreuen und so lange kochen, bis sämtliche Muscheln ganz geöffnet sind. Geschlossene Muscheln wegwerfen. Eventuell etwas Wasser oder Fischbrühe angießen.
Die Muscheln in eine Schüssel geben und den Sud durch ein feines Sieb filtern, um noch verbliebenen Sand zu entfernen.
Die Muscheln wieder in den Sud geben. Die gerösteten Weißbrotscheiben auf tiefe Teller verteilen, mit der heißen Muschelsuppe übergießen und mit frisch gemahlenem Pfeffer würzen.

GEMÜSE AUS DER PO-EBENE

Radicchio aus Treviso

Den Radicchio aus Treviso und Castelfranco schlicht als Salat zu bezeichnen, wäre geradezu ein Frevel. Anders als nördlich der Alpen, wo die violetten Blätter tatsächlich oft nur als Salatbeigabe oder als Dekoration auf dem Teller eines Hauptgerichts fungieren, schätzt man in Italien den Radicchio als vollwertiges Gemüse, das man zwar auch roh, besonders gern aber gegrillt, gebraten oder gefüllt serviert. In der Nähe von Treviso findet sogar jedes Jahr zu Ehren dieses leckeren Gewächses ein Treffen der besten örtlichen Gastronome statt, auf dem man sich einfach darüber freut, den besten Radicchio Italiens in den Küchen zur Verfügung zu haben. Zum Schutz des Radicchio und zur Überwachung seiner Produktion wurde sogar ein eigenes Konsortium gegründet, zu dem acht geographisch genau definierte Gemeinden gehören.

Man unterscheidet verschiedene Radicchio-Arten: Der Radicchio variegato di Castelfranco mit fleischigem Kopf und cremefarbenen, rot bis violett gesprenkelten, locker anliegenden Blättern wird nur in kleinen Mengen angebaut und ist außerhalb des Produktionsgebietes kaum zu finden. Die Zucht des Castelfranco ist, wie bei den anderen Radicchio-Varietäten, eine kostspielige und mühevolle Arbeit. Die zweijährigen Pflanzen, die mit dem Chicorée und der Endivie verwandt sind, werden im April ausgesät und etwa sechs Wochen später vereinzelt. Im August werden die Blätter entfernt, damit die Pflanze neu austreibt. Bevor der erste Winterfrost kommt, gräbt man den Castelfranco aus und verpflanzt ihn in Kästen, die dann in ein abgedunkeltes Gewächshaus gestellt werden. Weil in der Dunkelheit keine Chlorophyll-Synthese entsteht, bleiben die Blätter weitgehend hell. Die Saison des Castelfranco dauert von Dezember bis April.

Der Radicchio di Treviso rosso tardivo ist länglich und hat purpurrote Blätter mit kräftigen weißen Rippen. Auch hier wird im April ausgesät und sechs Wochen später vereinzelt. Doch anders als beim Castelfranco werden beim Radicchio di Treviso die Radicchio-Köpfe im September fest verschnürt, damit kein Licht in das Herz der Pflanze dringen kann und es schön hell bleibt. Im Herbst werden die Pflanzen ausgegraben und in Wasserwannen gestellt. Bevor der Radicchio di Treviso dann ab Dezember zum Verkauf angeboten werden kann, muß er von den äußeren Blättern befreit und gründlich gereinigt werden. Der Radicchio auf dem Gemüsemarkt ist also kein kompletter Salatkopf, sondern nur dessen zartes Herzstück. Soll der Radicchio di Treviso roh angemacht werden, bringt man seinen leicht bitteren Geschmack am besten mit kräftigem Weinessig und gutem Olivenöl zur Entfaltung. Sein schön geformter Kopf ziert jeden Teller und die Liebhaber dieses Radicchios lehnen es strikt ab, ihn – wie bei minderwertigen Salatsorten üblich – in Streifen zu schneiden oder gar zu hacken. Echter Radicchio di Treviso sollte im Ganzen serviert werden.

Der **Radicchio di Treviso rosso tardivo** hat purpurrote, locker anliegende Blätter und kräftige weiße Rippen. Er ist von Dezember bis April im Handel.

Der **Radicchio variegato di Castelfranco** zeichnet sich durch ein kompaktes Herz und helle, locker anliegende Außenblätter mit roten Sprenkeln aus. Er ist von Dezember bis April im Handel.

Der **Radicchio di Treviso rosso precoce** hat einen knackigen, kompakten Kopf mit fest anliegenden Blättern, die kräftige weiße Rippen und feine weiße Adern aufweisen.

Der **Radicchio di Chioggia** hat einen runden, kompakten Kopf, fest anliegende, dunkelviolette und kann ganzjährig angebaut werden. Er ist auc dem Namen Rosa di Chioggia bekannt.

Der Radicchio di Treviso rosso precoce ist ebenfalls länglich, aber kompakter als der Radicchio rosso tardivo, er hat eine feinere weiße Äderung und ist unter den drei Sorten die knackigste. Er wird ähnlich wie sein Bruder aus Treviso gezüchtet.

Bohnen aus dem Veneto

Feinschmecker wissen, wie gut Bohnen und Pasta zusammengehen. *Pasta e fasoj*, wie die Veneter das beliebte Gericht aus Bohnen und Nudeln nennen, ist ein Klassiker der regionalen Küche und verdankt seinen Ruf den verschiedenen hochwertigen und zarten Bohnensorten, die zwischen Lamon, Belluno und Feltre gezogen werden. Eine davon ist die große rotgesprenkelte und sehr aromatische Borlotto-Bohne, vielleicht die beste Bohne Italiens. Borlotti kommen meist als getrocknete Bohnen in den Handel.
Die Cannellino-Bohne stammt ursprünglich aus der Toskana, wird heute aber in ganz Italien angebaut. Cannellini sind weiß und fein und gehören zu den in der Gastronomie besonders gern verwendeten Arten. Auch sie werden meist getrocknet angeboten. Als ebenfalls besonders fein und aromatisch gelten die Bohnen aus Lamon.
Unter *fagiolini* verstehen die Italiener grüne Bohnen, die man gern ganz jung erntet und leicht gedünstet als kalten Sommersalat oder warm als Beilage serviert. Es gibt verschiedene Arten von *fagiolini:* Die kleinste Sorte ist die Contender, die Bobis ist etwas größer, und die Stringa, die der Gartenbohne ähnelt, wird bis zu 50 Zentimeter lang. Neben grünen *fagiolini* gibt es auch weißliche Varietäten wie etwa den Burro di Roquencourt, die ursprünglich in Frankreich beheimatet war, und die Meraviglia di Venezia – das »Wunder aus Venedig« – die der Zuckerschote ähnelt. Da Bohnen zu den ältesten Nahrungsmitteln überhaupt gehören, sind sie vielleicht nie so ganz aus den Hinterköpfen der großen Küchenmeister verschwunden. Was früher einmal als Arme-Leute-Essen galt, hat heute einen festen Platz auf den hochrangigen Speisekarten nicht nur in Italien. Selbst Beluga-Kaviar wird von Bohnen ganz außergewöhnlich schmackhaft begleitet.

Borlotto-Bohnen – eine in Italien geschätzte braune, rot gesprenkelte Sorte, die sich beim Kochen grün färbt – sind gut geeignet für Salate, Suppen und Saucen.

In Bassano del Grappa am Ende des Valsugana-Tals wird zwar auch grüner Spargel angebaut, doch noch bekannter ist der Ort für seine weißen Stangen. Spargel aus Bassano ist DOC-geschützt.

Spargel aus Bassano

Spargel ist in Italien ein äußerst beliebtes Gemüse. Man baut drei Arten der langstieligen Delikatesse an: den grünen Spargel, der vor allem im Piemont und in der Emilia-Romagna gezogen wird, den purpurnen Spargel, der aus Kampanien stammt und deshalb oft auch als *asparago napoletano* bezeichnet wird, und den weißen Spargel, der nahezu ausschließlich im Veneto produziert wird – genauer gesagt in der Gegend um Bassano del Grappa am Ufer der Brenta. In Bassano wird sogar jährlich ein Spargelfest gefeiert, bei dem die Restaurants ihre neuesten Spargelkreationen vorstellen. Die hungrigen Gäste bestimmen per Stimmabgabe das Siegerlokal.
Beim weißen Spargel wird durch eine spezielle Anbautechnik die Chlorophyll-Synthese – also das, was Pflanzen grün macht – verhindert, indem man die aus dem Boden sprießenden Spargelspitzen mit Erde oder dunklen Plastikfolien bedeckt und somit vor Lichteinwirkung schützt. Doch meist läßt man nur die erste Ernte als weißen Spargel heranwachsen und sticht danach zunehmend grün. Grüner Spargel hat meist ein weniger intensives Aroma, bietet aber dennoch den typischen Spargelgeschmack.

Kürbis

Die große Familie der Kürbisgewächse liefert verschiedenste Arten dieses in Italien sehr beliebten Gemüses. Doch auch der ganz normale Gartenkürbis mit seinem orangefarbenen Fleisch wird überall geschätzt. In Venedig und Chioggia serviert man ihn gern zusammen mit Essiggemüse. In früheren Zeiten waren überall in der Lagunenstadt und im Umland fliegende Händler unterwegs, die neben Maronen, Süßkartoffeln, Bratäpfeln und Bratbirnen auch im Ofen gebackene Scheiben der Zucca barucca feilboten. Diese Kürbisart wächst gedrungen in die Breite – und ähnelt bisweilen der ausladenden Kopfbedeckung eines türkischen Gesandten auf einem Gemälde von Vittore Carpaccio. Ihr Fleisch hat einen wesentlich intensiveren Geschmack als das herkömmlicher länglicher Sorten.

Asparagi in salsa

Spargel mit Sardellensauce
(Abbildung links unten)

1,5 kg weisser Spargel
Salz
4 hartgekochte Eier
Saft von 1 Zitrone
Olivenöl extra vergine
2 Sardellenfilets
1 TL Kapern
Pfeffer

Den Spargel schälen und zu kleinen Bündeln zusammenbinden. Die Bündel aufrecht in einen hohen Topf mit kochendem Salzwasser stellen, je nach Dicke 10–20 Min. kochen. Den Spargel herausnehmen, abtropfen lassen, die Fäden entfernen und abkühlen lassen.
Die hartgekochten Eier halbieren. Die Eigelbe durch ein Sieb streichen und mit 2 EL Zitronensaft und so viel Olivenöl vermengen, daß eine flüssige Sauce entsteht. Die Sardellen, Kapern und Eiweiße fein hacken und in die Sauce rühren. Mit Salz und Pfeffer abschmecken und über den Spargel geben.

Zucca al latte

Kürbis in Milch

1 kg gelber Kürbis
Salz
50 g Zucker
Zimt
Milch

Den Kürbis schälen, waschen und in Stücke schneiden. In eine feuerfeste Form (bevorzugt aus Terrakotta) geben, leicht salzen und im vorgeheizten Backofen bei 180 °C garen. Den Kürbis mit Zucker und Zimt bestreuen und auf 4 Dessertteller verteilen. Je nach Jahreszeit mit warmer oder kalter Milch übergießen.

Risi e bisi

Reis mit Erbsen
(Abbildung rechte Seite links unten)

50 g durchwachsener Speck
2 Zwiebeln
40 g Butter
400 g frische Erbsen
2 EL gehackte Petersilie
1 l Hühnerbrühe
200 g Vialone-Reis
Salz
50 g Parmesan oder Grana, gerieben

Den Speck und die Zwiebeln fein würfeln, in einen Topf geben und bei niedriger Hitze in der Hälfte der Butter andünsten, ohne daß sie Farbe annehmen. Die Erbsen und die Hälfte der Petersilie zugeben, eine Schöpfkelle heiße Brühe angießen und bei geschlossenem Topf 15 Min. garen. Den Reis zugeben und salzen. Etwa 20 Min. bei geringer Hitze kochen und immer so viel heiße Brühe angießen, daß der Reis nie trocken wird. Den geriebenen Käse, die restliche Butter und Petersilie untermengen, gut vermischen und vor dem Servieren ganz kurz ruhen lassen.
Das Gericht darf ähnlich wie ein Risotto nicht zu trocken sein, sollte aber auch nicht zu viel Flüssigkeit enthalten. Eine raffinierte Variante besteht darin, einige Erbsenhülsen in Hühnerbrühe zu kochen, dann zu pürieren und durch ein Sieb zum Reis zu geben.

Fasoj in salsa

Bohnen mit Sardellensauce
(Abbildung rechts unten)

600 g frische dicke Bohnen oder 200 g getrocknete Bohnen
1 Knoblauchzehe
5 EL Olivenöl extra vergine
4 Sardellenfilets
1 EL gehackte Petersilie
5–6 EL Rotweinessig
Salz
frisch gemahlener Pfeffer

Frische Bohnen aushülsen, mit Wasser bedecken und langsam bei geschlossenem Topf zum Kochen bringen. Getrocknete Bohnen müssen vor dem Kochen mindestens 12 Std. in lauwarmem Wasser eingeweicht werden. Sobald die Bohnen gar sind, vom Herd nehmen, aber vorerst noch in der Brühe belassen.
Die Knoblauchzehe halbieren, mit dem Olivenöl in eine kleine Kasserolle geben und leicht andünsten. Die Sardellenfilets zugeben und schmelzen lassen. Die Hälfte der Petersilie, den Rotweinessig, Salz und etwas Pfeffer in die Kasserolle geben und einige Minuten mitkochen.
Die Bohnen abgießen, in eine Schüssel geben und behutsam mit der Essig-Sardellen-Mischung sowie etwas frisch gemahlenem Pfeffer vermengen. Die Schüssel abdecken und die Bohnen etwa 1 Std. ziehen lassen.
Die restliche Petersilie darüber streuen und möglichst lauwarm servieren.

Fasoj in Salsa – Bohnen in Sardellensauce

Asparagi in salsa –
Spargel mit Sardellensauce

Radicchio rosso di Treviso al forno

Radicchio nach Art von Treviso
(Abbildung rechts unten)

600 g Radicchio rosso
Olivenöl extra vergine oder Erdnussöl
Salz und Pfeffer

Den Radicchio gut waschen und je nach Größe halbieren oder vierteln. Mit Küchenkrepp trockentupfen und in eine Grill- oder Eisenbratpfanne geben. Mit Olivenöl bzw. Erdnußöl beträufeln, mit Salz und Pfeffer bestreuen und etwa 5 Min. bei starker Hitze unter dem Grill rösten. Dabei mehrmals wenden. Sobald die Blätter gar und ein wenig knusprig sind, den Radicchio heiß servieren.
In der ursprünglichen venezianischen Küche wird Olivenöl häufig durch Erdnußöl ersetzt, weil es weniger Eigengeschmack hat.

Pasta e fagioli alla veneta

Nudeln mit Bohnen

250 g getrocknete Bohnen (Borlotti oder dicke Bohnen)
30 g durchwachsener Schweinespeck
1 Zwiebel
1 Möhre
1 Stange Staudensellerie
60 g Schwarte vom Schweinespeck
120 g Tagliatelle
Salz und frisch gemahlener schwarzer Pfeffer

Die Bohnen mindestens 12 Std. in lauwarmem Wasser einweichen.
Den Speck würfeln. Zwiebel, Möhre und Sellerie kleinschneiden. Die Gemüse und den Speck bei niedriger Hitze andünsten. Den Topf vom Herd nehmen und etwas abkühlen lassen. Die Speckschwarte kurz in heißes Wasser tauchen, damit sie einen Teil des Fettes verliert. Die abgetropften Bohnen und die Speckschwarte in den Topf geben, mit Wasser bedecken und bei niedriger Hitze köcheln lassen. Den Schaum, der sich anfangs bildet, mit einer Kelle abschöpfen. Wenn die Bohnen gar sind, etwa ein Drittel durch ein Passiergerät oder durch ein Sieb streichen und wieder in den Topf geben.
Die Nudeln in die Bohnensuppe geben und bißfest kochen. Wenn die Suppe zu dickflüssig ist, noch etwas kochendes Wasser angießen. Mit Salz und Pfeffer abschmecken. Sobald sich eine dünne Fettschicht auf der Oberfläche absetzt, den Topf vom Herd nehmen, die Speckschwarte herausnehmen und in feine Streifen schneiden. Die Suppe mit der Schwarte in tiefe Teller oder in eine Schüssel füllen und kräftig mit frisch gemahlenem schwarzem Pfeffer würzen. Im Veneto wird für die Zubereitung dieses Gerichts traditionell nur Schweinefett verwendet. Die Zugabe eines Spritzers Olivenöl kurz vor dem Servieren, wie in Ligurien oder der Toskana sehr verbreitet, ist im Veneto nicht üblich.

Radicchio rosso di Treviso al forno –
Radicchio nach Art von Treviso

Risi e bisi –
Reis mit Erbsen

FISCHEREI UND JAGD IM VALLE SALSA

Das Delta des Po wird auch Valle Salsa, Salztal, genannt, denn je mehr der Fluß sich dem Meer nähert, desto stärker vermischen sich Salz- und Süßwasser. Der Zustrom und Abfluß der fischreichen Gewässer in diesem Tausende von Hektar großen Gebiet wird durch ein ausgeklügeltes Schleusen- und Deichsystem geregelt. In den teilweise künstlich angelegten Becken betreibt man seit jeher Fischzucht. Dort, wo das Wasser eher süß ist, tummeln sich Hechte, Karpfen, Störe, Forellen, Schleien und Zander. Da die Tiere nicht entkommen können, ist der Fang relativ einfach. Man läßt große Netze, die an kranähnlichen Konstruktionen aufgehängt sind, auf den Boden des Gewässers sinken, bringt einige Köder darüber aus – und wartet. Spätestens am nächsten Morgen kann man ein gut gefülltes Netz aus dem Wasser hieven.

Im Süden des Mündungsdeltas, wo das Wasser salziger zu werden beginnt, widmen sich die Fischer entweder der Produktion von Mies- und Venusmuscheln oder aber der Zucht von Meeresfischen wie Meeräschen, Seebarschen, Goldbrassen und Seezungen. Ebenfalls anzutreffen sind Krebse sowie Garnelen, und der in ganz Italien so beliebte Aal wird fast überall im Delta in großen Mengen gefangen. Darüber hinaus gehören auch Frösche zur natürlichen Fauna dieser weiten, flachen Landschaft.

Früher hieß das Gebiet um die Flußmündung adriatisches Sumpfland und die trockengelegten Felder und Äcker, die man dem morastigen Boden abgetrotzt hatte, waren für ihre Fruchtbarkeit berühmt. Dennoch war das Leben gegen Ende des 19. Jahrhunderts für die hier ansässige Landbevölkerung nicht immer einfach, allein schon wegen der Gefahren für die Gesundheit, die eine Sumpflandschaft unweigerlich mit sich brachte. Infekte und Malaria waren an der Tagesordnung. Nichtsdestotrotz blieben die Bauern in der Region, denn sie bot ihnen vielfältige land- und fischwirtschaftliche Erwerbsmöglichkeiten. Außerdem hielt das Valle Salsa für seine Bewohner immer einen natürlichen Vorrat an unterschiedlichsten Nahrungsmitteln bereit – und das war in der damaligen Zeit ein gewisser Vorteil.

Die *potentes,* die Großgrundbesitzer der Region, begnügten sich damit, den Bauern das Beweiden der Grünflächen, das Abholzen der Wälder und das Sammeln von Eicheln zu befehlen. Als Gegenleistung gewährten sie ihnen das traditionelle Recht der Bodennutzung zu Anbauzwecken und das Fischen in den Gewässern. Schon damals hatte die Fischerei einen hohen wirtschaftlichen Stellenwert in dieser Region, da die Bauern die Fischfangabgabe in Naturalien *(pisces amisseros)* leisten mußten.

Rechts: Enten werden in flachen Gewässern und im Uferbereich gejagt. Die Aufgabe des Jagdhundes ist es, die getroffenen Tiere zu apportieren, ohne sie zu beschädigen.

Die Stockente *(Anas platyrhynchos)* ist eine weit verbreitete Art. Der italienische Entenjäger nennt sein Jagdobjekt *anatra selvatica.*

Der Entenjäger wartet im Schilf auf seine Beute. Die Vögel werden nicht im Wasser schwimmend, sondern im Flug mit Schrot geschossen.

Seit jeher wurde auch die Jagd im Delta betrieben. Aufgrund der großen Bestände war es nicht nötig, das Jagdrecht vertraglich festzusetzen. Es genügten mündliche Absprachen, und man hielt sich ansonsten einfach an die Traditionen. Noch heute bevölkern zahlreiche Wasservögel die Niederungen des Deltas: Stock-, Krick-, Pfeif- und Reiherenten, Bekassinen, Bläßhühner, Brachvögel und Wasserrallen sowie viele andere Sumpfvögel, um die sich inzwischen allerdings die Jäger mit den Ornithologen und Naturschützern streiten. Die Küche der Region ist auch berühmt für ihre ausgefallenen Wildspezialitäten. Man verfeinert sie gern mit der köstlichen weißen Trüffel, die in einigen Gemeinden zwischen Brenta, Etsch und Po wächst.
Heute erfreut sich das Delta großer touristischer Aufmerksamkeit. Dank des Einsatzes der zuständigen Behörden wurden Wander-, Reit- und Fahrradwege geschaffen und Ausflüge zu historischen Stätten organisiert. Doch auch wer einfach nur ein bißchen Ruhe sucht, wird fasziniert sein von dem geheimnisvollen Zauber dieses stillen, weitläufigen Flachlandes, das sich in der Ferne im Meer verliert.

Anatra alla vallesana

Wildente mit Kräuter-Sardellen-Sauce
(Abbildung oben)

Für 6 Personen

frische Thymian- und Majoranzweige
3–4 Pfefferkörner
1 Glas Weissweinessig
2 küchenfertige Wildenten, gut abgehangen
Maisöl oder Erdnussöl
1 Zwiebel
Geflügelbrühe
4 Sardellenfilets
1 Glas trockener Weisswein

Einen Teil der Kräuter für die Garnierung beiseite legen. Die anderen Kräuter hacken, Pfefferkörner zerstoßen und mit dem Essig zu einer Marinade verrühren. Die Enten mindestens 12 Std. marinieren, damit sie etwas von ihrem Wildgeruch verlieren. Dabei häufig wenden.
Die Marinade abschütten, Enten in Portionsstücke zerlegen und kräftig in Öl anbraten.
In einem Topf die gehackte Zwiebel mit etwas Öl und Brühe bei niedriger Hitze andünsten. Die Sardellenfilets zugeben und schmelzen lassen. Dann die Ententeile in den Topf geben und den Weißwein angießen. Wenn der Wein verkocht ist, den Deckel aufsetzen und die Enten fertig schmoren. Gegebenenfalls noch etwas heiße Brühe angießen.
Das Fleisch auf einer Platte anrichten und den Fond darüber gießen. Mit Thymian- und Majoranzweigen dekorieren und mit gerösteten Polentascheiben servieren.

Bisato sull'ara

Gebackener Aal mit Lorbeerblättern

Für 6–8 Personen

1 grosser Aal, etwa 1,25 kg schwer, oder 2 Aale à 800 g
grobkörniges Salz
grosse, frisch gepflückte Lorbeerblätter

Den Aal häuten und ausnehmen. Anschließend mit einem Küchentuch abreiben, um etwas von dem Glanz zu entfernen. Den Aal in 7,5 cm große Stücke schneiden und abwechselnd mit Salz und Lorbeerblättern in einer feuerfesten Form (bevorzugt aus Terrakotta) schichten. Im vorgeheizten Backofen bei 200 °C ohne Deckel etwa 30–40 Min. garen. Zwischendurch mit einem Spieß hineinstechen, um festzustellen, ob der Aal gar ist.

WEINE AUS DEM VENETO

Der Veneto ist eine der wichigsten Weinbauregionen des italienischen Stiefels. In bezug auf Rebfläche und Produktionsmengen rangiert er nur unweit hinter den Spitzenreitern Sizilien und Apulien, aber in punkto Bekanntheit einiger seiner Weine schlägt er beide süd-italienischen Konkurrenten um Längen. Dabei wird die Region von einem deutlichen West-Ost-Gefälle geprägt, was Renommee und Qualität seiner Weine betrifft. Während die Provinz Verona im Westen mit Soave, Valpolicella und Bardolino einige der meistproduzierten und populärsten italienischen Weine überhaupt, mit dem Amarone auch einen der großen Roten des Landes hervorbringt, kennt kaum jemand die Weine von Breganze, Colli Berici, dem Piave-Tal oder Lison-Pramaggiore. Nur der Prosecco hat sich im Ostteil der Region wie eine einsame Insel eingenistet.

Hintergrund: Der beste Soave kommt aus den Anbaugebieten rund um das Castello di Soave in der Provinz Verona.

Valpolicella

An den Hängen der Voralpen nördlich von Verona wachsen die Trauben für einen der bekanntesten italienischen Rotweine, den Valpolicella. Er wird aus Corvina oder Corvinone, Rondinella, Molinara und kleinen Anteilen weiterer, einheimischer Sorten gekeltert. Sein Aroma erinnert oft an Weichselkirschen und der Geschmack ist trocken, fruchtig und nicht allzu schwer. Die besten Weine wachsen im Classico-Gebiet um die Gemeinden Fumane, Negrar und San Pietro. Kräftige Nudelgerichte passen besonders gut dazu.

Amarone

Der Amarone ist einer der kräftigsten, schwersten und alkoholreichsten Weine Italiens. Die Trauben des Valpolicella werden nach der Ernte zwei oder drei Monate lang in gut belüfteten Speichern zum Trocknen aufgehängt oder ausgelegt. Dadurch wird ihr Saft ungemein konzentriert, und die Weine haben bis zu 16 Prozent Alkohol. Gut gemachter Amarone besitzt eine große Aroma- und Geschmacksfülle und kann lange Jahre in der Flasche reifen. Die süße, nicht ganz durchgegorene Variante des Amarone, der Recioto, ist zwar historisch gesehen viel älter, aber in den letzten Jahren in Vergessenheit geraten.

Bardolino

Von den südöstlichen Ufern des Gardasees stammt dieser leichte, fruchtige Rotwein, der im Prinzip aus den gleichen Rebsorten gekeltert wird, wie der Valpolicella. Leider gibt es nicht allzuviele Erzeuger, die qualitativ hochstehende Weine erzeugen. Die süffigen Tropfen begleiten hervorragend, wenn sie wirklich gelungen sind, jeden fritierten Fisch sowie Pasta- und Kalbfleischgerichte.

Soave

Der bekannteste italienische Weißwein stammt aus einem Anbaugebiet im Osten der Stadt Veronas. Er wird aus den Sorten Garganega, Trebbiano di Soave sowie Chardonnay und Weißburgunder gekeltert und paßt besonders gut zum Aperitiv, zu Fisch und Muscheln. Die Qualitätsunterschiede zwischen den Produkten der verschiedenen Erzeuger können frappierend sein. Die besten stammen von den Hanglagen des Classico-Gebiets der Gemeinden Soave und Monteforte.

Seine Qualitäten aber halten nicht immer, was sein Ruf verspricht.

Die Region zieht sich vom Gardasee im Westen entlang der Voralpenkette bis an die Adria-Lagune zwischen Venedig und Triest. Ihre Weinberge in den Hanglagen sind meist nach Süden hin ausgerichtet und durch die Berge geschützt. Wirklich gute Qualitäten entstehen nur hier, während die großen Weinmengen der Region in der Ebene zwischen Voralpen und Adige beziehungsweise Po wachsen. Die Bandbreite der Bodenarten, die den jeweiligen Weinen ihren Stempel aufdrücken, reicht von Moränenschotter über Dolomiten-Verwitterungsgestein bis zu fruchtbaren Ackerflächen in der Ebene.

Die wichtigsten Rebsorten Venetiens sind dem Weinkonsumenten zum großen Teil – sieht man einmal von Prosecco ab – unbekannt, da sie in den DOC-Namen der Weine nicht auftauchen. Zu ihnen gehören die weißen Garganega und Trebbiano, die beispielsweise die Basis für Soave, Gambellara und Bianco di Custoza stellen, und die rote Corvina oder ihre Spielart Corvinone, die wichtigster Bestandteil des Valpolicella und seiner Strohwein-Variante Amarone sind.

Zwischen Gardasee und Verona

Mit vorwiegend weißen Weinen beginnt die Palette der venetischen Weine im Westen. Von der Lombardei her schiebt sich das DOC-Gebiet Lugana in die Region vor, abgelöst durch Bianco di Custoza und den leichten, süffigen roten Bardolino, die zusammen die Weinberge an der Südostecke des Gardasees dominieren. Auf die leichten Gardaweine folgt im Hinterland der Opernstadt Verona das Anbaugebiet des Valpolicella, der ebenso wie der Bardolino aus Corvina und verschiedenen anderen Sorten gekeltert wird, aber deutlich kräftiger und voller ausfällt.

Schon seit uralten Zeiten wird ein Teil der Trauben, die für den üblichen Valpolicella Verwendung finden, nach der Ernte zum Trocknen auf großen Holzgestellen ausgelegt und aufgehängt; heute geschieht dies meist in vollklimatisierten Trockenräumen. Im Dezember oder Januar erst wird dann der Wein gemacht, dessen große Zuckermenge meist nicht mehr vollständig zu Alkohol vergärt. Das süße, ungemein intensive Resultat dieses Prozesses ist der Recioto della Valpolicella. Einige der natürlichen Hefen der Valpolicella-Trauben schaffen es allerdings, auch den Zucker dieser teilweise eingetrockneten Trauben noch umzuwandeln. In den fünfziger Jahren begann man, die dabei entstehenden, dichten, kräftigen und alkoholbetonten Rotweine systematisch zu keltern und nannte sie Amarone oder Recioto Amarone. Eine dritte, modernere Version dieser kräftigen Valpolicella-Weine entstand in den siebziger und achtziger Jahren, als die Winzer begannen, den schon durchgegorenen Valpolicella auf den abgepreßten Schalen des vergorenen Amarone, die noch Hefen und Zucker enthalten, ein zweites Mal zu vergären – eine Technik, die man *ripasso* nennt, wobei die so gemachten Weine oft als Valpolicella-Superiore oder als Tafelwein etikettiert sind.

Vicenza und Treviso

Hinter Verona wird es wieder »weiß«. Hier ist die Heimat des Soave – auch von ihm gibt es eine süße »Recioto«-Version. Der zusammen mit Chianti bekannteste italienische Wein hat leider lange mit seinem Image billiger Massenware zu kämpfen gehabt, weshalb auch die Anstrengungen einer großen Zahl von Winzern, die wirklich gute, zum Teil sogar überraschend alterungsfähige, trockene und weiche Weißweine kelterten, nicht immer die angemessene Würdigung erfuhren.

Gambellara heißt der weithin unbekannte Zwillingsbruder des Soave in der benachbarten Provinz Vicenza, die weinbaumäßig aber kaum durch große Namen auffällt. Von hier an unterbrechen nur noch wenige Qualitätsinseln das Meer der anonymen Massenweine, deren riesige Rebfelder sich bis an die Grenze zum Friaul ziehen. Erwähnenswert sind auf jeden Fall die Weine von Breganze, die der Colli Berici und Colli Euganei bei Padua sowie das Gebiet des Montello im Süden der Städtchen Conegliano und Valdobbiadene, der Heimat des berühmten Prosecco; in den letzten Jahren sind auch im riesigen Anbaugebiet des Piave verstärkt Qualitätsanstrengungen zu verzeichnen gewesen.

PROSECCO

Daß Prosecco keine Weinmarke und kein Anbaugebiet, sondern eine Rebsorte ist, wissen nur die wenigsten seiner Liebhaber. Dennoch gehört der angenehm perlende Weiße zu den bekanntesten italienischen Getränken überhaupt. Ohne die steile Karriere der Prosecco-Schaumweine in den neunziger Jahren wäre der Name Prosecco wahrscheinlich nie ins Bewußtsein breiterer Bevölkerungskreise gedrungen, denn die Sorte allein besitzt nur ein Minimum all der geschmacklichen Eigenschaften, die Weine gemeinhin begehrenswert machen. Ihre Aromen sind im besten Fall neutral bis leicht fruchtig, keinesfalls aber reichhaltig und komplex, und ihr Geschmack präsentiert fast ebensowenig hervorstechende Charaktermerkmale. Gerade diese Qualität als »Wein ohne Eigenschaften« dürfte in der Tat eine der wichtigsten Gründe für den Erfolg des Prosecco gewesen sein.

Der Ursprung der Rebsorte liegt im Dunkeln. Während die einen behaupten, sie stamme aus dem gleichnamigen Dorf in der Nähe von Udine und ähnele einer alten, einheimischen Sorte des Friaul, der Grela, meinen andere, sie sei ein Import aus Dalmatien. Ihre Verbreitung in der Provinz Treviso verdankt die robuste Sorte den schlimmen Frostjahren, die Ende des 18. Jahrhunderts die Weinberge der Gegend fast völlig zerstört hatten. Die eigentliche Geschichte des Prosecco-Schaumweins beginnt im 19. Jahrhundert, als Antonio Carpené mit drei Partnern eine *Società enologica,* eine önologische Gesellschaft, gründete, die die Produktion von Champagner zum Ziel hatte.

Aus dem Champagner wurde zwar nichts, dafür aber mauserte sich der Prosecco di Conegliano-Valdobbiadene – so heißt das heutige DOC-Gebiet genau, wobei es jedem Winzer frei steht, die beiden Ortsnamen oder einen der beiden auf seinem Etikett zu führen – zum populärsten Prickler Italiens. Produziert wird er durch eine zweite Gärung des Grundweins in großen Drucktanks, wobei das Resultat nach einer Lagerzeit von einem Monat und einem Flaschendruck von mindestens drei Atmosphären das Recht auf die Bezeichnung Spumante erwirbt – ansonsten heißt er Frizzante. Preislich liegt der Spumante deutlich über dem Frizzante, qualitativ aber ist der Unterschied nicht immer nachvollziehbar.

Auch der vielbeschworene Superiore di Cartizze aus den steilen Weinbergslagen oberhalb der Gemeinde Vidor, zwischen Conegliano und Valdobbiadene gelegen, ist meist nicht besser als Produkte ohne diese Zusatzbezeichnung aus denselben Häusern. Neben den DOC-Weinen aus dem nordöstlichen Venetien gibt es leider auch zahlreiche Imitate, die als Tafelwein auf den Markt kommen und in anderen Teilen der Region, teilweise sogar im entfernten Apulien wachsen.

Gregorio Bartolin produziert auf seinem Weingut Ca' Salina bei San Stefano di Valdobbiadene einen hervorragenden DOC-Prosecco.

Die modernen Gärungstanks für den erfrischenden und harmonischen Prosecco sind mit präzisen Druckmessern ausgestattet.

Rechts: Zum Prosecco-Sortiment des Hauses Ca' Salina gehören ein Brut, ein Extra Brut und ein Rosé. Die feine Perlung (ganz rechts) macht den Prosecco zum Genuß.

Die Flaschen werden maschinell verkorkt (oben) und wegen des Drucks zusätzlich mit einem Drahtkörbchen gesichert (Hintergrund).

PROSECCO
DI VALDOBBIADENE
Denominazione di origine controllata
Cá Salina

TRENTINO ALTO ADIGE

TRENTINO SÜDTIROL

Algund
Meran
Brixen
Schloss Hocheppan
Bozen
Kaltern
Südtirol/
Trentino
Trient
Riva del Garda
Castel Beseno
Rovereto

Das Trentino war und ist kein reicher Landstrich. Immer ein wenig im Schatten des blühenden Südtirol stehend, mußten die Bauern in der Gegend um Trient und den Gardasee stets hart um ihre Existenz kämpfen – und dem kargen Boden mühsam ihren Unterhalt abringen. Da dem leiblichen Wohl ursprünglich ein geringer Stellenwert beigemessen wurde, gab es kaum regionale Spezialitäten. Man war froh, wenn die Familie satt wurde, und für küchentechnische Experimente war an den bescheidenen Kochstellen der Bauernhäuser kein Platz. Die Situation sollte sich jedoch mit dem im Jahre 1550 in Trient einberufenen Ökumenischen Konzil schlagartig ändern, denn dieses historische Ereignis bedeutete die Erweckung der örtlichen Kochpraxis aus ihrem Dornröschenschlaf. Die hochrangigen Würdenträger der Kirche zogen mit einem Gefolge von begabten Köchen in die Stadt ein, und da das Konzil einige Jahre dauerte, fanden sich die raffinierten Rezepte nach und nach auch in den Kochtöpfen der Trentiner Küchenmeister wieder. Besonders die Zubereitung von Süßwasserfischen schaute man sich von den Kirchenköchen ab. Leider sind nur wenige dieser importierten Küchengeheimnisse überliefert, darunter aber immerhin Köstlichkeiten wie *Gnocchi con la ricotta* und *Pollo ripieno alla trientina,* Gefülltes Hühnchen nach Trientiner Art. Das große Konzil sollte nicht der einzige Einfluß bleiben, dem sich die Küche des Trentino öffnete. Später übernahm man auch Gerichte der Republik Venedig beziehungsweise profitierte von der Küche der Habsburger.

Die Küche Südtirols pflegt hingegen eine ganz andere Tradition. Sie wurzelt in den alpenländischen Spezialitäten und tendiert zum Nordosten Europas, was ihre zahlreichen slawischen, österreichischen und ungarischen Versatzstücke beweisen. Gulasch zum Beispiel gilt als echtes Sonntagsessen, und auch die vielen Strudel und Mehlspeisen erinnern an die Donaumonarchie. Kartoffeln, Kraut und Knödel werden ebenfalls auf fast jeder Speisekarte angepriesen. Kraut – die zumeist italienischsprachigen Trentiner nennen es *crauti* – wird hier übrigens mit Schmalz verfeinert, und viele Familien legen es noch heute selbst ein. Knödel stellt man aus Brotresten her und reicht sie als Beilage (im Trentino heißen sie *canederli).* Doch auch die gesamtitalienischen Ingredienzen wie Pasta, Tomaten und Olivenöl haben sich ihren Platz erobert, und genau diese friedliche Koexistenz macht die Küche der Alpenregion so interessant.

Vorhergehende Doppelseite: Wer Schüttelbrot oder andere Brotspezialitäten der Region probieren möchte, ist im Franziskanerbäcker in Bozen bestens aufgehoben.

Links: Trentino und Südtirol – das sind eigentlich zwei völlig unterschiedliche Regionen. Gemeinsam ist ihnen jedoch die Schönheit der Landschaft, wie hier bei Castello Beseno (Trentino).

KOHL UND KARTOFFELN

Wie im gesamten Alpen- und Voralpengebiet wird auch in Südtirol und im Trentino Kohl angebaut. Besonders der Weißkohl ist ein wichtiger Energie- und Nährstofflieferant, der zudem den großen Vorteil hat, sich – als Sauerkraut eingemacht – monatelang zu halten. Dies war in früheren Zeiten ein wichtiger Aspekt, wenn der lange Winter vor der Tür stand. Bei der Krautzubereitung wurde der Kohl mit einem besonderen Messer in feine Streifen geschnitten und in einem Holzfaß abwechselnd mit Lagen aus grobkörnigem Salz, Kümmel und anderen Aromaträgern wie Wacholderbeeren und Koriander eingeschichtet. War das Faß gefüllt, wurde es mit einem Deckel, der etwas kleiner als der Faßdurchmesser sein mußte, verschlossen. Den Deckel beschwerte man mit einem großen Stein. Nach einigen Tagen begann das Kraut milchsauer zu vergären. Die dabei entstehende Flüssigkeit wurde immer wieder sorgfältig abgeschöpft. Nach ungefähr vier Wochen war das Kraut fertig und konnte portionsweise verzehrt werden.

Auch wenn man es heute nicht mehr überall zu Hause im Holzfaß zubereitet, hat das Sauerkraut nichts von seiner Beliebtheit verloren. Es begleitet nach wie vor viele Gerichte der Südtiroler Alpenküche. Zudem ist Sauerkraut ein äußerst gesundes Nahrungsmittel. Mit seinem hohen Gehalt an Vitamin C war es nicht nur in der Alpenregion beliebt, sondern trat, in großen Fässern gelagert, selbst weite Reisen über das Meer an, denn der Verzehr des Krauts schützte die Matrosen vor dem gefürchteten Skorbut, einer Erkrankung, die durch Mangel an Vitamin C entsteht. Doch Sauerkraut kann noch mehr: Neben Vitamin C enthält es Vitamin B und K sowie die Mineralstoffe Eisen, Kalium und Kalzium. Außerdem haben die Bakterien, die für die milchsaure Vergärung des Krauts zuständig sind, eine heilsame Wirkung auf Magen und Darm, und zwar ganz besonders, wenn das Kraut roh verzehrt wird.

Auch die Kartoffel hat im Trentino und in Südtirol eine lange Tradition. Manche behaupten sogar, daß die Bewohner dieser Region die ersten waren, die sich mit der Knolle anfreunden konnten und sie bald schon sogar zum Brotbacken verwendeten. In der Tat war die vielseitige Kartoffel lange Zeit ein Hauptbestandteil der regionalen Küche. Man konnte sie kochen und warm mit Käse oder Milch zusammen verzehren, während sich kalt gewordene Reste in dünne Scheiben schneiden und mit einem Dressing aus Salz und Essig anmachen ließen. Die Kartoffel ist eine sehr anspruchslose Pflanze und wächst selbst auf den kärgsten Böden. Darüber hinaus sind die unscheinbaren Knollen äußerst gesund, denn sie enthalten viel Eiweiß, Mineralien und Vitamine.

Heute werden in Südtirol und in den nördlichen Gegenden des Trentino aus der Kartoffel überwiegend die allseits geliebten Kartoffelknödel gemacht. Die Polenta mit Kartoffeln ist dagegen ein typisches Gericht der Gegend um Trient. Sie wird von heimischem Käse oder gemischtem Essiggemüse begleitet.

Um Sauerkraut selbst herzustellen, braucht man frischen Weißkohl.

Zuerst wird der Kohl in feine Streifen geschnitten oder geraspelt.

Dann wird der Kohl in ein Sauerkrautfaß geschichtet und gesalzen.

Zur Verfeinerung kann man Kümmel oder Wacholderbeeren zugeben.

Der Kohl wird festgestampft und mit einem Glas oder Deckel beschwert.

Das fertige Sauerkraut kann portionsweise aus dem Topf genommen werden.

Gnocchi con le prugne

Kartoffelklößchen mit Pflaumen
(Abbildung Hintergrund)

500 g Kartoffeln
Salz
150 g Weizenmehl
1 Ei
20 entsteinte Pflaumen
200 g Butter
100 g Parmesan oder Grana

Die Kartoffeln kochen, schälen und durch eine Kartoffelpresse drücken. Dann salzen und mit Mehl sowie Ei zu einem Teig vermengen. Daraus große Gnocchi formen und mit den entsteinten Pflaumen füllen. Die Klöße in reichlich Salzwasser kochen. Sobald sie an die Oberfläche steigen, herausheben. Mit zerlassener Butter und geriebenem Käse bestreut servieren.

Zuppa di crauti

Sauerkrautsuppe

50 g Speck, gewürfelt
1 Zwiebel, gewürfelt
2 EL Butter
800 ml Brühe
260 g Sauerkraut
1 mittelgrosse Kartoffel
150 g Weissbrot
100 g saure Sahne
Salz und Pfeffer

Den Speck und die Zwiebel in 1 EL Butter andünsten. Brühe und Sauerkraut zufügen und alles 30 Min. köcheln lassen. Die Kartoffel schälen und roh in die Suppe reiben. Aufkochen lassen. Brot würfeln und in der restlichen Butter rösten. Die saure Sahne zur heißen (nicht kochenden) Suppe geben. Mit Salz und Pfeffer abschmecken.
Vor dem Servieren mit den Brotwürfeln bestreuen.

Gnocchi di patate crude

Klößchen aus rohen Kartoffeln

1 kg mehligkochende Kartoffeln
250 g Weizenmehl
Salz
100 g Butter
150 g geräucherter Ricotta

Die rohen Kartoffeln schälen, reiben und mit dem Mehl vermengen. Wie im Rezept rechts beschrieben aus dem Teig Gnocchi formen und in reichlich Salzwasser kochen. Mit zerlassener Butter und Ricotta servieren.

Die **Avezzana** ist eine der vielen Kartoffelsorten, die um Avezzano in der Provinz L'Aquila in den Abruzzen angebaut wird.

Die vorwiegend festkochende Speisekartoffel **Agata** wird sehr früh im Jahr reif und vor allem in der Emilia-Romagna angebaut.

Um Viterbo im Latium befindet sich ein Kartoffelanbaugebiet mit reicher Sortenauswahl. **Viterbese** ist der Oberbegriff.

Pastagialla nennt man gelbfleischige, meist festkochende Kartoffeln, im Gegensatz zur *pastabianca,* der hellfleischigen, eher mehligen Kartoffel.

Die **Sieglinde,** eine gelbfleischige Frühkartoffel aus Deutschland, hat in Apulien und Sizilien idealen Boden gefunden.

Kartoffeln aus heimischem Anbau spielen in den Rezepten der Alpenregionen eine recht große Rolle. Aber auch in südlicheren Gebieten Italiens werden Kartoffeln angebaut.

Gnocchi con la ricotta
Kartoffelklößchen mit Ricotta

1 kg mehligkochende Kartoffeln
250 g Weizenmehl
Salz
100 g Butter
300 g geräucherter Ricotta

Die Kartoffeln kochen, noch warm schälen und durch eine Kartoffelpresse drücken. Mit dem Mehl – ohne kräftig zu kneten – zu einem geschmeidigen Teig verarbeiten. Leicht salzen. Den Teig zu fingerdicken Rollen formen und in 3 cm lange Stücke schneiden. Die Stücke einzeln quer auf eine Gabel legen, ganz leicht mit dem Daumen andrücken und etwas einrollen, damit sie ihre typische Form erhalten. Die Klößchen einige Minuten in reichlich Salzwasser kochen. Wenn sie an die Oberfläche steigen, mit einem Schaumlöffel herausheben und gut abtropfen lassen. Mit zerlassener Butter und Ricotta servieren.

BROT, KNÖDEL UND MEHLSUPPEN

Deftiges Brot ist aus der Küche Südtirols nicht wegzudenken. Es wird in Brühen oder Suppen getunkt und liegt als begleitender Happen zu allen Mahlzeiten auf dem Tisch bereit. Neben dem gängigen Schwarzbrot aus Weizen- und Roggenmehl hat die Region auch ein paar ganz besondere Brotspezialitäten zu bieten, wie Schüttelbrot, Vorschlag und Paarl. Schüttelbrot ist ein hartes Brot, das wie Knäckebrot gebrochen wird. Vorschlag besteht aus Roggen- und Weizenmehl sowie Hefe und hat einen Durchmesser von rund 25 Zentimetern. Die Paarln kommen aus dem Vinschgau und bestehen aus Roggenmehl und Sauerteig. Sie verdanken ihre Namen der Tatsache, daß sie zu zweit aneinandergelegt gebacken werden und so an die Ehegemeinschaft erinnern. Früher war es üblich, nur noch ein halbes Paarl zu backen, wenn einer der Eheleute verstorben war.
Südtiroler Brot wird häufig mit Kümmel, Fenchel oder Anis verfeinert, doch noch typischer ist der Einsatz von Brotklee *(Trigunella caerulia)*. Diese Kleepflanze wird von den Bäuerinnen meist im eigenen Garten angepflanzt. Der Brotklee wächst etwa 40 Zentimeter hoch und blüht weiß. Die Blätter und Blüten werden getrocknet und zerrieben. Wer ein eher städtisches Leben führt, kann das Maggi-ähnlich schmeckende Gewürz in der Apotheke oder Drogerie kaufen.

In jedem Südtiroler Buschenschank kommt zuerst ein Brotkorb mit verschiedenen Brotsorten auf den Tisch. Darin liegen immer hartes Schüttelbrot und Vinschger Paarln, die traditionell mit Brotklee gewürzt werden.

Brot spielt in der Südtiroler Küche nicht nur eine Rolle als Mahlzeit oder Mahlzeitbegleiter, sondern auch als Grundzutat einer weiteren Spezialität: Brotreste und altbackene Semmeln werden nämlich nicht etwa fortgeworfen, sondern zu den beliebten Knödeln verarbeitet. Für Abwechslung sorgen die verschiedenen Zugaben, mit denen der Knödelteig verfeinert werden kann. Es gibt gehaltvollere Ergänzungen wie Speck oder Käse und auch magere (aber nicht minder traditionelle) wie Zwiebeln, Spinat oder Pilze. Eine Delikatesse sind auch die Ronen-Knödel (Rote-Beete-Knödel), die mit brauner Butter und geriebenem Parmesan serviert werden.
Die Südtiroler verarbeiten Getreide und Mehl nicht nur zu Brot – und später zu Knödeln –, sondern kochen auch schmackhafte und gehaltvolle Suppen daraus. Die berühmte Gerstensuppe aus Perlgraupen, Gemüse und durchwachsenem Speck ist ein leckeres Beispiel. Doch es gibt auch echte Mehlsuppen. Die klassische Variante wird nur aus Mehl, Schweineschmalz oder Butter, Salz und Wasser angerührt. Andere Rezepte empfehlen die Verwendung von Milch anstelle von Wasser oder auch die Zugabe von Zwiebeln.

Canederli
Speckknödel

250 g altbackenes Weissbrot oder Brötchen
3 Eier
250 ml Milch
100 g durchwachsener Speck
1 Zwiebel
1 Bund glatte Petersilie
50 g Salami
6 EL Weizenmehl
Salz und Pfeffer
geriebene Muskatnuss

Das Weißbrot bzw. die Brötchen in kleine Würfel schneiden und in eine Schüssel geben. Die Eier mit der Milch verrühren, über das Brot geben und 20 Min. ziehen lassen. Zwischendurch immer wieder umrühren.
Den Speck und die Zwiebel in sehr feine Würfel schneiden. Die Petersilie hacken. Speck in einer Pfanne auslassen, die Zwiebel und die Hälfte der Petersilie zufügen und 2 Min. mitbraten.
Salami in kleine Würfel schneiden und zusammen mit der restlichen Petersilie unter die Speckmischung rühren. Mit dem eingeweichten Brot vermengen. Das Mehl unterziehen. Die Masse mit Salz, Pfeffer und frisch geriebener Muskatnuß würzen.
Etwa 1,5 l Wasser zum Kochen bringen. Mit angefeuchteten Händen 10 gleichgroße Knödel formen und gar ziehen lassen.

Zuppa di farina tostata
Mehlsuppe
(Abbildung unten)

100 g Butter
300 g Weizenmehl
1 l heisse Milch
Salz

Die Butter in einer Kasserolle erhitzen und darin das Mehl langsam anschwitzen, bis es eine bräunliche Farbe annimmt. Nach und nach 1 l Wasser und die heiße Milch zugeben und mit Salz abschmecken.
Etwa 20 Min. kochen, bis eine cremige Suppe entstanden ist. Heiß servieren.

Das knusprige Schüttelbrot kann senkrecht in Fächerständern gelagert werden.

Canederli di pan grattato

Semmelknödel
(Abbildung rechts)

150 g altbackenes Weissbrot, gewürfelt
Milch
2 Eier
Butter
1/2 Zwiebel, gehackt
1 EL gehackte Petersilie
50 g Semmelbrösel
Salz und Pfeffer
geriebene Muskatnuss
geriebener Käse

Die Weißbrotwürfel in Milch einweichen. Eier mit 80 g Butter verquirlen und Zwiebel sowie Petersilie untermischen. Das Weißbrot ausdrücken und durch ein Sieb streichen, Eiermischung und Semmelbrösel zugeben. Mit Salz, Pfeffer und Muskat abschmecken und einige Minuten ruhen lassen.
Die Masse zu Klößen formen und 15–20 Min. in reichlich Salzwasser kochen. Mit zerlassener Butter und geriebenem Käse bestreut servieren.

Strangolapreti

Spinatnocken

Für 4–6 Personen

250 g altbackenes Weissbrot
150 ml Milch
500 g frischer Blattspinat
2 Eier
4–5 EL Mehl
Salz und Pfeffer
geriebene Muskatnuss
50 g Butter
einige Salbeiblätter
50 g Parmesan, frisch gerieben

Das Weißbrot in kleine Würfel schneiden. Die Milch darüber gießen und gut durchmischen. Die Masse abgedeckt mindestens 2 Std. durchziehen lassen.
Den Blattspinat putzen und waschen, grobe Stiele entfernen. Spinatblätter in reichlich kochendem Salzwasser 2 Min. blanchieren. Kalt abschrecken, gut abtropfen und abkühlen lassen. Danach gut auspressen, so fein wie möglich hacken. Den gehackten Spinat mit dem eingeweichten Brot, den Eiern und 4-5 EL Mehl gründlich verkneten. Mit Salz, Pfeffer und Muskat würzen.
In einem großen Topf 2 l Salzwasser zum Kochen bringen. Mit zwei Eßlöffeln einen Probenocken aus der Brotmasse formen, in das kochende Wasser geben und in etwa 5 Min. gar ziehen lassen. Je nach Konsistenz die übrige Brotmasse mit Mehl oder Milch ergänzen. Nocken abstechen, ins kochende Wasser geben und gar ziehen lassen.
Mit dem Schaumlöffel herausnehmen, abtropfen lassen und auf einer vorgewärmten Platte anrichten. Die Butter zerlassen und Salbeiblätter darin schwenken. Die Nocken in die Pfanne geben und gründlich mit der Butter mischen. Mit dem geriebenen Käse bestreuen und heiß servieren.

Rechts: Die Fresken in der Burgkapelle von Hocheppan. Südtiroler und Trentiner lieben Knödel nicht erst seit heute. Auf den um 1200 entstandenen Fresken in der Burgkapelle von Hocheppan sitzt unterhalb der sich ausruhenden Maria mit dem neugeborenen Jesuskind eine Frau in einem grünen Kleid, die aus einer Pfanne runde, faustgroße Knödel verspeist.

Bier

Südtirol ist die Biergegend Italiens schlechthin. Das kristallklare Wasser aus den Meraner Alpen und die naturgemäß gegebene Möglichkeit, im Winter Eis einzulagern, das im Sommer zur Kühlung der Keller verwendet werden kann, erwiesen sich schon früh als ideale Standortvorteile. So verwundert es nicht, daß in dieser Region die Kunst des Bierbrauens bis in die Zeit zwischen 985 und 993 zurückreicht. Schon damals versorgten die kleinen Betriebe sowohl Privatkunden als auch Wirtshäuser und Poststationen mit dem prickelnden Getränk. Leider konnte fast keine der traditionsreichen Kleinbrauereien überleben. Lediglich die Firma Forst, die im Jahre 1857 von zwei Meraner Unternehmern gegründet wurde, hat bis heute überdauert – und erfreut sich bester Umsatzzahlen.
1863 übernahm ein gewisser Josef Fuchs die Brauerei und begründete damit eine Bierdynastie, die inzwischen bereits in der vierten Generation die Geschäfte führt. Dabei bleibt die Familie ihrem Motto »Qualität achtet die Natur, Bier ist Natur« eisern treu. Die Leute in der Umgebung nennen das schöne Firmengebäude übrigens nicht etwa Brauerei oder Abfüllbetrieb, sondern ganz einfach die Forst. Hier wird nicht nur die Jahresproduktion von 700 000 Hektolitern erzeugt, sondern auch ein Restaurant betrieben, das auf Wunsch Räumlichkeiten für Betriebsfeste und Familienfeiern zur Verfügung stellt. Selbstverständlich fließt dann das Forst-Bier in Strömen. Das Angebot umfaßt verschiedene Biere: Es gibt das feinherb-frische Pils, das exklusive V.I.P.-Pils, das feinherbe Forst Kronen, das feinperlig-erfrischende Forst Premium, das Forst Sixtus, das als Spezial-Doppelbock an die klösterliche Brautradition früherer Zeiten erinnert, und schließlich – ganz dem Zeitgeist entsprechend – das Forst Luxus Light, ein kalorien- und alkoholreduziertes Leichtbier. Außerdem tritt die Firma als italienischer Generalvertreter für die britischen Biermarken Allsopps, Arrol's und John Bull auf. Vor einigen Jahren hat die Brauerei zusätzlich ein paar Quellen am Vigiljoch aufgekauft und sich damit als Abfüller des Mineralwassers Merano Acqua minerale naturale San Vigilio ein weiteres Standbein geschaffen.
Nicht nur die Umsätze der Firma Forst beweisen, daß Bier inzwischen in ganz Italien gern getrunken wird. Von Rom bis Sardinien und vom Comer See bis Sizilien setzt sich nämlich immer mehr die Erkenntnis durch, daß besonders in den Sommermonaten ein kühles, durststillendes Bier fast noch besser zur Pizza oder zu einem Zwischenimbiß paßt als ein Glas Rotwein.

Die traditionsreiche Brauerei Forst befindet sich auf der Töll bei Algund (Meran). In modernsten Anlagen werden hier Biere von Pils über Märzen bis hin zum Bockbier hergestellt und abgefüllt. Für private Feste kann man die gemütlichen Räumlichkeiten im betriebseigenen Restaurant mieten. Dazu gibt es Bier aus den praktischen 25-Liter-Fässern.

Gerste

Zusammen mit dem Weizen ist die Gerste eine der ältesten Kulturpflanzen der Menschheit. Bei archäologischen Ausgrabungen hat man sogar Brotfladen aus einem Weizen-Gerste-Gemisch gefunden, die sich auf die Steinzeit zurückdatieren lassen, wobei allerdings unklar ist, ob wild wachsendes oder bereits kultiviertes Getreide verarbeitet wurde.
Das Korn der Gerste ähnelt dem Weizenkorn, ist aber etwas länglicher und läuft spitz zu. Gerste kann sehr leicht zu Mehl vermahlen werden. Doch da sich Gerstenmehl nicht sehr gut für die Brotherstellung eignet, kam das Getreide in den Ruf einer zwar nahrhaften, aber derben und schlecht verdaulichen Nahrung. Zur Verbesserung seiner Backeigenschaften wurde und wird Gerstenmehl meist mit anderen Mehlsorten wie etwa Weizenmehl vermischt.
Gerste ist ein äußert widerstandsfähiges Getreide, das selbst unter den schwierigsten klimatischen Bedingungen gedeiht. Der Gerstenanbau war überall möglich – im alten Ägypten genauso wie in China und am Polarkreis wie in den tropischen Ebenen Indiens. Während die Gerste in manchen Teilen Europas inzwischen in den Hintergrund getreten ist, wird sie in Nordafrika und in den Ländern des Mittleren Ostens nach wie vor intensiv kultiviert und ist dort sogar ein Hauptnahrungsmittel.
In Italien wird Gerste hauptsächlich in Südtirol und im Friaul angebaut. Hier verwendet man das Gerstenmehl beziehungsweise die weißen rundlichen Perlgraupen gern als Zutat für Brühen und Suppen. Die echte Südtiroler Graupensuppe ist ein typisches Gericht der Region – ein verläßlicher Kalorienlieferant, der den Bergbewohnern durch den langen Winter hilft.

Minestra d'orzo

Graupensuppe

200 g Perlgraupen
500 ml Brühe
150 g Endivien
1 Möhre
1 Stange Staudensellerie
50 g durchwachsener Bauchspeck
50 g Butter

Die Perlgraupen mindestens 1 Std. in kaltem Wasser einweichen. Das Wasser abschütten und die Perlgraupen mit der Brühe in einen Topf geben. Die kleingeschnittenen Endivien untermischen und bei niedriger Hitze etwa 1 Std. köcheln lassen.

Möhre, Sellerie und Speck kleinschneiden. In einem Topf die Butter erhitzen und darin das Gemüse und den Speck goldglänzend anbraten. Die Brühe mit den Perlgraupen zugeben und weitere 30 Min. kochen. Die Suppe heiß servieren.

DEN WINTER AUSTREIBEN

An der Südtiroler Weinstraße reiht sich ein Weindorf an das andere. Die Namen klingen vertraut: Eppan, Tramin, Girlan, Kaltern, Kurtatsch und Margreid. Das Gebiet der Weinstraße scheint bereits vor Urzeiten besiedelt worden zu sein – und an uralten Riten und Festbräuchen hält man hier auch heute noch fest. Neben den zahlreichen Weinfesten kommt der Fastnacht eine besondere Bedeutung zu. So feiert man zum Beispiel den Faschingsdienstag mit einem großen Umzug durch die Straßen Tramins. Die furchteinflößenden Maskengestalten, die zwischen den aufwendig geschmückten Festwagen ihr Unwesen treiben, erinnern an die Kostümierungen der alemannischen Fastnacht. Der Egetmannszug, wie der Umzug in Südtirol genannt wird, hatte ursprünglich jedoch einen eher ernsten Hintergrund. Er geht auf eine vorrömische, heidnische Fruchtbarkeitsreligion zurück, die mit verschiedenen Riten und lautem Gepolter alljährlich den Winter symbolisch austrieb und die Geister der Natur um ein gutes Ackerjahr und eine reiche Ernte in den Weinbergen bat.

Rechts: Der Egetmann findet nur alle zwei Jahre statt. Für dieses Spektakel sollten man sich warm und »alt« anziehen, denn man wird mit Ruß oder Schuhcreme beschmiert.

Ein Fastnachtsgericht

Der Smacafam ist ein sehr traditionelles Gericht, das ursprünglich nur in den letzten Tagen des Karnevals gegessen wurde. Es handelt sich hierbei, je nach regionaler Gepflogenheit, um einen Auflauf aus Buchweizen-, Mais- oder Weizenmehl, der mit Speck und Würsten angereichert im Ofen überbacken wird. In vielen Gegenden kennt man auch eine süße Version dieses Klassikers.

Smacafam
Buchweizenauflauf

Für 6 Personen

500 ml Milch
250 g Buchweizenmehl
1 kleine Zwiebel
Salz und Pfeffer
20 g Schweinefett
1–2 gut abgehangene Salsicce

Die Milch in einem Topf langsam erwärmen. Das Mehl einrühren, bis ein weicher, noch leicht flüssiger Brei entsteht. Die Zwiebel fein hacken und in die Milch-Mehl-Mischung einrühren. Mit Salz und Pfeffer abschmecken.
Ein Backblech mit Schweinefett einstreichen und den Teig darauf verteilen. Er sollte etwa eine Höhe von 2 cm haben. Die Wurst mit den Fingern zerbröckeln und über den Teig verteilen. Im vorgeheizten Backofen bei 190 °C knapp 1 Std. backen, bis der Teig Farbe bekommen hat. Heiß servieren.

Bozen

Wer über den Brenner kommt, empfindet Bozen oder Bolzano als die erste wirklich südländische Stadt. Die meiste Zeit des Jahres herrschen hier milde, mediterrane Temperaturen, nur im Winter wird es richtig kalt. Auf dem Marktplatz mit dem berühmten Obstmarkt wird auch heute – wie vor 700 Jahren, als die Stadt ihre Bedeutung als Handelsplatz für Waren aus Süddeutschland wie aus der Lombardei gewann – gefeilscht und heftig debattiert. Auch im Schatten der städtischen Pfarrkirche herrscht ein buntes, reges Treiben, das Nordlichter gern als typisch südländisch identifizieren.
Das heutige, kosmopolitische und aufgeschlossene Gesicht der Stadt ist allerdings kaum 80 Jahre alt. Ursprünglich war das rein deutschsprachige Bozen nämlich eine verschlafene Kleinstadt in Südtirol, von der ihre Beherrscherin, die mächtige habsburgische Donaumonarchie im fernen Wien, kaum Notiz nahm. Nach der Pariser Friedenskonferenz im Jahre 1919, in der Österreich gezwungen wurde, dem noch relativ jungen Italien das heutige Südtirol abzutreten, begann eine gewisse Italianisierung der Stadt. Mit Mussolinis Machtergreifung kamen italienische Arbeiter, Kaufleute und Beamte in die Stadt. So richtig boznerisch mit seinen zweisprachigen Straßenschildern ist heute nur noch der Stadtkern, denn in den Randgebieten, die sich zwischen Talfer und Eisack so gut es geht ausbreiten, findet man die gleichen anonymen Wohnblöcke wie in den Siedlungsgebieten des restlichen Italiens. Bozen ist eben auch ein Industriestandort, der nach wie vor wichtige Arbeitsplätze in der Region sichert. Wer jung ist und in den Alpentälern keine Arbeit findet, wandert hierher aus.

Die heutige Landeshauptstadt von Südtirol, Bozen (unten), liegt verkehrsgünstig am Zusammenfluß von Etsch, Talfer und Eisack. Seit dem 12. Jahrhundert werden hier Messen abgehalten und Geschäfte gemacht. Der Obstmarkt belegt das Talent der Bozener für den Handel.

Drei Landessprachen

Im Trentino und in Südtirol werden drei Sprachen gesprochen: Italienisch, Deutsch und Ladinisch. Das Südtiroler Autonomiestatut erkennt alle drei Sprachen offiziell an und erlaubt damit besonders den rund 40 000 ladinischsprachigen Mitbürgern, ihre Sprache und ihre Kultur vor dem Vergessenwerden zu bewahren. Die Ladiner waren in vorrömischer Zeit die rätischen Ureinwohner dieses Landstrichs. Als die Römer kamen, wußten sich die Ladiner der allgemeinen Romanisierung zu entziehen, indem sie größtenteils an ihrer Sprache festhielten, durchaus aber auch lateinische Versatzstücke aufnahmen. So hat sich das Ladinische zu einem »romanischen Idiom auf rätischem Substrat« entwickelt, wie die Sprachwissenschaftler sagen. Es ist verwandt mit der rätoromanischen Sprache, die in der Schweiz gesprochen wird, und mit dem Dialekt der Friauler im Nordosten Italiens.

SÜDTIROLER BAUERNSPECK

Da die Küche Südtirols stark von den deutschsprachigen Nachbarn beeinflußt ist, bietet sie Spezialitäten, die man im restlichen Italien kaum finden wird und die darüber hinaus auch nicht viel Italienisches an sich haben. Man denke nur an das Schüttelbrot mit Kümmel – ein Gewürz, das man in der italienischen Küche südlich der Alpengebiete kaum kennt. Auch die traditionellen Zubereitungsarten des Fleisches unterscheiden sich von den Rezepten der Mittelmeerküche. Die Tiroler und Trentiner lieben ihr Schweinefleisch vor allem geräuchert, aber es kommt gelegentlich auch ungeräuchert – etwa als lombardischer *bollito*, oder als deutscher Schweinebraten – auf den Tisch.

Das Schweinefett wird zu Schmalz verarbeitet und zum Braten oder Ausbacken verwendet, zum Beispiel bei den Strauben und den Kniekiachl. Für alle Nicht-Tiroler: Strauben entstehen aus Pfannkuchenteig, der durch einen Trichter spiralförmig in heißen Schmalz gegossen wird, und Kniekiachl sind aus süßem Hefeteig, dessen apfelgroße Stücke man so auseinanderzieht, daß am Rand eine Wulst entsteht; das ganze wird in Schmalz ausgebacken, wobei die innere Vertiefung immer wieder mit dem heißen Fett beschöpft und zum Schluß mit Preiselbeermarmelade gefüllt werden muß.

Der Südtiroler Bauernspeck ist ein hochwertiges und sehr typisches Produkt dieser Region. Die Schweinekeulen werden zunächst in eine Beize aus Meersalz und Gewürzen eingelegt. Man verwendet unterschiedliche Mischungen aus Lorbeer, Wacholder, Pfeffer, Muskatnuß, Zimt und Koriander. Jeder Hersteller hat dafür sein wohlgehütetes Geheimrezept. Nach dem Beizen folgen Räuchervorgang und Reifung.

Früher hing man die Speckseiten zum Räuchern einfach in die Essen der häuslichen Kamine. Heute räuchert man kalt oder bei Temperaturen nicht über 20 Grad Celsius in gut belüfteten Räumen, wobei sich der gewünschte Kamineffekt genauso einstellt. Während dieser etwa zehntägigen Räucherphase reichert sich die Keule mit feinen Holzaromen, meist von Wacholder- oder Pinienholz, an. Der anschließende etwa 20wöchige Reifevorgang erfordert viel Feingefühl. Der Speck muß luftig und bei konstanter Temperatur gelagert werden, wobei das kühle Höhenklima Südtirols für die harmonische Reifung von fettem ebenso wie von magerem Fleisch nahezu ideale Voraussetzungen bietet. So erhält jeder Speck seine gewünschte Konsistenz, die weder zu weich noch zu fest ausfallen darf.

1987 wurde das *Consorzio produttori speck dell' Alto Adige,* das Konsortium der Südtiroler Speckhersteller, ins Leben gerufen. Die Interessengemeinschaft hat es sich zur Aufgabe gemacht, dem heutigen Verbraucher einen Speck zu garantieren, der trotz industrieller Produktionsbedingungen noch genauso gut schmeckt wie der traditionelle Bauernspeck, der früher in kleinsten Mengen auf dem Lande handgefertigt wurde. Als Gütemerkmal trägt der echte Speck aus Südtirol das Zeichen des Konsortiums auf der Schwarte.

Südtiroler Bauernspeck darf bei keiner Vesper oder Jause fehlen. Doch auch die Törggelepartien, die regelmäßig im Oktober und November, wenn die Ernte eingebracht und der Speck gut abgehangen ist, von Ausschank zu Ausschank ziehen, um den neuen Wein zu kosten, stärken sich gern mit einem kräftigen Bissen. Neben Speck gibt es dann Käse, Wurst und Brot.

Südtiroler Bauernspeck aus dem Val Pusteria ist eine deftige Delikatesse, die auch außerhalb der Region geschätzt wird.

POLENTA

Wie überall in den Alpenregionen Italiens war der schlichte Getreidebrei Polenta eines der Grundnahrungsmittel der Bevölkerung. Man kochte sie aus Buchweizen- oder Gerstenmehl und fügte Kartoffeln oder gelben Kürbis hinzu. Erst gegen 1650 ging man dazu über, sie auch aus Weizenmehl herzustellen. Insbesondere die ärmeren Schichten der Bevölkerung aßen Polenta anstelle von Brot und servierten sie entweder ohne jegliche Beigaben – oder verfeinert mit Milch, Käse und Wurst.

Noch heute hat die Speisekarte Südtirols zahlreiche Polenta-Gerichte zu bieten. Die schmackhafte *Polenta nera,* die schwarze Polenta, wird aus Buchweizenmehl zubereitet. Dazu reicht man zarte Sardellenfilets, die in heißer Butter »geschmolzen« wurden. Wenn es etwas üppiger zugehen soll, wird die *Polenta nera* von Fleisch oder Wild begleitet. Die *Mosa* (oder Mus) ist eine Polenta auf Milchbasis, für die man ein Drittel Mais- und zwei Drittel Weizenmehl in kochende Milch einrührt. Diese *Polentina* wird oft mit zerlassener Butter kombiniert.

Südtiroler Vesper

Die Südtiroler Vesper (Hintergrund) ist eine nachmittägliche Brotzeit oder Jause, die, wenn man früh zu Bett geht, das Abendessen ersetzen kann. Gereicht werden Kaminwurzen, dünnes, knuspriges Schüttelbrot, frisch gekochte Kartoffeln, Wein und Speck. Je nach Vorliebe handelt es sich dabei um Bauchspeck oder Schinkenspeck. Er wird – am liebsten mit dem eigenen Taschenmesser, wenn die Jause im Freien stattfindet – in hauchdünne Scheiben oder Stifte geschnitten.

Polenta nera

Buchweizen-Polenta mit Sardellen
(Abbildung oben)

300 g Buchweizenmehl
100 g Butter
10 Sardellenfilets in Öl
geriebener Parmesan oder Grana
Salz

In einem Topf 1 l Salzwasser erhitzen. Bevor das Wasser zu kochen beginnt, das Buchweizenmehl zugeben und unter ständigem Rühren etwa 40 Min. kochen. Dann die Polenta in eine mit Butter eingefettete feuerfeste Form füllen.
Die Sardellenfilets kleinschneiden und in ein wenig Butter kurz anbraten. Sardellen auf der Polenta verteilen, geriebenen Käse darüber streuen und im vorgeheizten Backofen bei 240 °C etwa 5 Min. überbacken.
Die Polenta mit Käse oder zerlassener Butter servieren.

Polenta con la zucca

Polenta mit Kürbis

600 g Kürbis schälen, in Stücke schneiden und in reichlich Salzwasser kochen. Wenn er weich ist, pürieren. 250 g Maisgrieß zusammen mit der Kürbismasse in kochendem Salzwasser etwa 50 Min. kochen, dabei ständig rühren (siehe S. 19). Auf ein Brett stürzen, abkühlen lassen, in Stücke schneiden und mit warmer Milch servieren.

Polenta con la cipolla

Polenta mit Zwiebeln

Eine feste Polenta zubereiten (siehe S. 19), abkühlen lassen und in fingerdicke Scheiben schneiden. Feingehackte Zwiebeln in Olivenöl dünsten, salzen und pfeffern. Die Polentascheiben rösten, mit den Zwiebeln bedecken und heiß servieren.

Asiago

Seit etwa einem Jahrtausend wird die Hochebene von Asiago für die Weidehaltung genutzt. Aus der aromatischen Milch dieser natürlich gehaltenen Kühe wird noch heute ein gleichnamiger Käse produziert. Der *asiago* erhielt 1978 das DOC-Prädikat, und ein Jahr später wurde das Schutzkonsortium gegründet, dem inzwischen rund 100 Molkereien und Lagerhäuser angehören und das streng über die Einhaltung der Produktionsbestimmungen wacht. Dem Gesetz nach darf *asiago* aus den Provinzen Vicenza und Trento sowie aus Teilen der Provinzen Padua und Treviso stammen.
Diese Käsespezialität, die reich an Enzymen und Proteinen ist, dabei jedoch einen nicht zu hohen Fettanteil aufweist, ist in verschiedenen Varianten erhältlich. Der junge *asiago pressato* wird aus Vollmilch hergestellt, reift 20 bis 40 Tage, schmeckt sehr mild und hat einen hellen Teig. *Asiago mezzano* besteht aus einer Mischung aus Vollmilch und entrahmter Milch, reift mindestens drei Monate und hat einen ausgeprägteren Geschmack als sein jüngerer Kollege. *Asiago vecchio* reift etwa ein Jahr und ist danach eine ausgesprochene Käsepersönlichkeit. Darüber hinaus gibt es auch einen *asiago d'allevo stravecchio,* der weit länger als ein Jahr reift und sich dabei zu einem kompakten, hocharomatischen Leckerbissen entwickelt. In der Küche ist der *asiago* vielfältig einsetzbar. Die jüngeren Varianten können als Appetithäppchen oder als Imbiß zwischendurch angerichtet werden. Die älteren bilden als Tafelkäse – zusammen mit einem kräftigen Rotwein – den perfekten Abschluß eines Abendessens oder können als Reibkäse Pastagerichte begleiten.

ÄPFEL

Südtirol und das Trentino sind landwirtschaftlich geprägte Gebiete. Neben der Almwirtschaft, der Milchkuhzucht, dem Weinbau und dem Anbau von Getreide hat die Tafelobsterzeugung hier traditionell einen besonders hohen Stellenwert. Aus dem relativ kleinen Obstgarten Italiens, der sich um das Val di Non erstreckt, stammt die Hälfte aller italienischen Äpfel. Die Sortenvielfalt und die unterschiedlichen Techniken der Apfellagerung garantieren von September bis Juni ein reichhaltiges Angebot auf den italienischen Märkten. Ein Großteil der Ernte wird auch über die Alpenpässe ins restliche Europa exportiert. Die Trentiner und Südtiroler Obstbauern waren übrigens die ersten, die ihre Anbaumethoden so weit verbessert haben, daß sie inzwischen den Einsatz von Herbiziden und Pestiziden auf ein Minimum beschränken können.

Es ist nahezu unmöglich, sämtliche Apfelsorten dieser Region aufzuzählen. Sehr stark vertreten ist jedoch die Gruppe der Roten Delicious und der Golden Delicious. Unter den Roten Delicious verdient der Stark Delicious eine besondere Erwähnung. Dieser auch *delizia,* Köstlichkeit, genannte Apfel hat eine kräftig rote Schale und kann gut eingekellert werden, auch wenn er nach längerer Lagerung dazu neigt, etwas mehlig zu werden. Der Golden Delicious hingegen hat eine goldgelbe Schale mit leichter Fleckenbildung und einem charakteristischen rötlichen Schimmer auf seiner »Sonnenseite«. Sein Fruchtfleisch ist saftig, süß und knackig. Der Golden Delicious gehört zu den beliebtesten und am meisten verkauften Export-Äpfeln der Region. Ebenfalls weit in der Region verbreitet ist die Kanada-Renette. Alle drei Sorten werden kurz hintereinander und innerhalb einer kurzen Zeitspanne erntereif, und zwar vom 20. September bis in die ersten Tage des Oktobers.

Wer zu den Qualitätserzeugern des Dachverbands Melinda – Val di Non, einem Zusammenschluß der 16 lokalen Apfelkonsortien, gehört, muß nicht nur strenge Kriterien hinsichtlich des Anbaus erfüllen, sondern darf seine Äpfel auch nicht pflücken, wann es ihm beliebt. Die Agronomen und Lebensmittelchemiker der Organisation bestimmen den exakten Zeitpunkt der Ernte für die jeweiligen Sorten und Gärten, wenn die Analysen gezeigt haben, daß sich die Stärke des Fruchtfleisches in Fruchtzucker umgewandelt hat. Gleichzeitig legen sie den letzten möglichen Tag der Ernte fest, um somit zu verhindern, daß eventuell später gepflückte Früchte zu schnell nachreifen und frühzeitig verderben. Die engen Zeitlimits, die den Apfelbauern des Konsortiums gesetzt werden, führen Jahr für Jahr zu hektischer Betriebsamkeit in den Gärten, denn es gilt im Schnitt zweieinhalb Millionen Doppelzentner fachgerecht vom Baum zu holen und danach schnellstmöglich in den Kellern zwischenzulagern, bevor sie zu den italienischen oder ausländischen Fruchthöfen gebracht werden. Besonders der schnelle Transport in die Kühlstätten ist wichtig. Er muß innerhalb von zwölf Stunden erfolgen. Jede weitere Stunde, die der Apfel Wärme und Tageslicht ausgesetzt ist, bedeutet drei Wochen schnelleres Altern.

Der **Morgenduft (Mela imperatore)** duftet fein, ist frisch und hat ein süßsäuerliches Aroma. Er eignet sich besonders gut zum Kochen und Backen.

Der **Golden Delicious** ist grün-gelblich und wird mit zunehmender Reife goldgelb mit einem roten »Bäckchen«. Sein Fruchtfleisch ist süß und fein-saftig.

In der Südtiroler Erntestatistik nimmt c grasgrüne **Granny Smith** mittlerweile den vierten Platz ein. Er ist saftig, säuer und hat ein festes Fruchtfleisch.

Der knallrote **Idared** kommt ursprünglich aus den USA und Kanada. Sein Geschmack ist süß-säuerlich. Er hält sich lange und ist gut zum Kochen und Backen geeignet.

Ein spritziger Apfel mit mildem Aroma und feinfruchtiger Säure ist der **Gloster**. Kennzeichnend ist seine sich zum Blütenansatz hin verjüngende Form.

Der **Jonathan** mit süßlichem bis feinsäuerlichem Fruchtfleisch ist schon lang einer der Spitzenreiter. Sein ebenfalls beliebter Verwandter ist der Jonagold.

In Südtirol werden weitaus mehr Äpfel angebaut als im Trentino. Das Verhältnis liegt bei 70:30.

Die **Kanada-Renette** ist ein sogenannter trockener Apfel mit rauher Schale, die zuerst grüngelblich, später rostfarben wird.

Wenig Säure und ein süßes Aroma bestimmen den knackigen **Royal Gala**, einer Kreuzung aus Kidds Orange und Golden.

Das Fruchtfleisch des **Elstar** ist säuerlic frisch, saftig und aromatisch. Diese Sor kann nicht lange gelagert werden.

Leckeres aus Äpfeln

Apfelküchlein erfreuen sich überall großer Beliebtheit. Diese einfach und schnell zubereitete Delikatesse besteht aus Apfelschnitzen – meist vom Golden Delicious –, die man in Teig taucht und in Öl oder Schmalz ausbäckt.

Fritelle di mele
Apfelküchlein
(Abbildung links)

Für 6–8 Personen

1 TL Trockenhefe
50 g Butter
125 ml Milch
50 g Weizenmehl
3 Eier, verquirlt
50 g Puderzucker
8 Äpfel
Pflanzenöl zum Ausbacken

Die Hefe in etwas warmem Wasser auflösen. Die Butter zerlassen und mit Milch, Mehl, verquirlten Eiern, Hefe und der Hälfte des Zuckers in eine Schüssel geben. Alles gut vermengen, bis ein glatter Teig entstanden ist.
Die Äpfel schälen und mit einem Ausstecher das Kerngehäuse entfernen. Anschließend in dünne Ringe schneiden und mit dem restlichen Puderzucker bestäuben. Die Apfelringe nacheinander in den Teig tauchen und in heißem Öl goldbraun ausbacken.
Auf Küchenkrepp abtropfen lassen und servieren.

Süsse Versuchung zu Weihnachten

Der Zelten ist zwar eine typische Süßigkeit des Trentino und Südtirols, doch beide Regionen halten strikt an ihren Versionen des Rezepts fest.
In Südtirol besteht der Zelten hauptsächlich aus Trockenfrüchten – Feigen, Rosinen, dazu Nüsse, Mandeln und Pinienkerne – und kandierten Zitrusfrüchten. Man gibt ihm lediglich einen geringen Anteil an Weizenmehl bei.
Im Trentino dagegen beharrt man darauf, daß der Zelten zu gleichen Teilen aus Mehl und Trockenfrüchten hergestellt werden müsse.
In Südtirol gehört diese Spezialität traditionell zum Weihnachtstag. Richtig aufbewahrt, hält sie sich bis Ostern.

Zelten
Weihnachtskuchen

Für den Teig:
50 g Rosinen
200 g getrocknete Feigen, in Stücke geschnitten
100 g Haselnüsse, gehackt
50 g süsse Mandeln, geschält und gehackt
50 g Pinienkerne
100 g kandierte Früchte, gewürfelt
1/2 Glas Grappa
80 g Butter
120 g Zucker
2 Eier
200 g Weizenmehl
10 g Backpulver
70 ml Milch

Butter und Mehl für die Backform
1 Eigelb
Mandeln, Nüsse und kandierte Früchte zum Dekorieren

Die Rosinen in lauwarmem Wasser einweichen, abgießen und zusammen mit den Feigen, Haselnüssen, Mandeln, Pinienkernen und den kandierten Früchten in eine Schüssel geben. Mit Grappa tränken.
Die Butter im Wasserbad zerlassen, den Zucker zugeben und so lange rühren, bis eine geschmeidige Creme entsteht. Dann die Eier nacheinander und schließlich das Mehl mit dem Backpulver einarbeiten. Den Teig mit der Milch verdünnen. Die Früchte-Nuß-Mischung zugeben und gut vermengen.
Eine Backform mit Butter einfetten und mit Mehl bestäuben. Den Teig einfüllen und die Oberfläche mit Eigelb bepinseln. Im vorgeheizten Backofen bei 180 °C etwa 45 Min. backen.
Die Oberfläche des Zelten mit Mandeln, Nüssen und kandierten Früchten dekorieren. In dünne Scheiben schneiden und kalt servieren.

Pasta di strudel classica
Strudelteig

250 g Weizenmehl
3 EL Wasser
60 g Butter
1 Eigelb
1 Prise Salz
30 g zerlassene Butter
Puderzucker

Mehl auf eine Arbeitsfläche häufen und in die Mitte eine Mulde drücken. Angewärmtes Wasser, Butter in Flöckchen, Eigelb und 1 Prise Salz in die Mulde geben, gut mit dem Mehl vermischen und zu einem gleichmäßigen, elastischen Teig kneten, bis sich kleine Bläschen bilden. Aus dem Teig eine Kugel formen und 30 Min. ruhen lassen.
Ein Küchentuch auf der Arbeitsfläche ausbreiten, leicht mit Mehl bestäuben, den Teig darauflegen und mit einem Nudelholz so dünn wie möglich ausrollen. Den Strudelteig über dem Handrücken weiter ausziehen, bis er hauchdünn, fast transparent ist. Darauf achten, daß er nicht reißt. Mit zerlassener Butter bestreichen und die vorbereitete Füllung darauf verteilen. Den Strudel mit Hilfe eines Küchentuchs vorsichtig aufrollen, auf ein eingefettetes Backblech legen, mit zerlassener Butter bestreichen und im vorgeheizten Backofen bei 180 °C goldgelb backen. Mit Puderzucker bestäuben und heiß servieren.

Ripieno per strudel
Strudelfüllung

500 g Äpfel
15 g Zucker
Zimt
1 kleines Glas Weisswein
abgeriebene Schale von 1 Zitrone

Die Äpfel schälen, vierteln, entkernen und in kleine Scheiben schneiden. Zucker, Zimt, Weißwein und abgeriebene Zitronenschale zugeben und zu einer dickflüssigen Masse verkochen. Abkühlen lassen und auf dem ausgerollten Strudeltag verteilen.

SPITZENWEINE AUS SÜDTIROL

An den steilen Hängen des Bozner Leiten wachsen auch die Vernatsch-Trauben für den Sankt Magdalener.

Das Tal der Etsch – italienisch *Adige* – beherbergt den überwiegenden Teil des Südtiroler Weinbaus, und nur ein kleinerer Teil der Flächen zieht sich in steilen Terrassen von Bozen aus an der Eisack, einem Nebenfluß der Etsch, entlang nach Norden.

In Südtirol wird nicht nur deutsch gesprochen, auch der Weinbau ist noch immer stark dem deutschen Modell verbunden. Das beginnt bei den kultivierten Rebsorten Riesling, Silvaner, Müller-Thurgau, Trollinger – er heißt hier Vernatsch oder Schiava – sowie

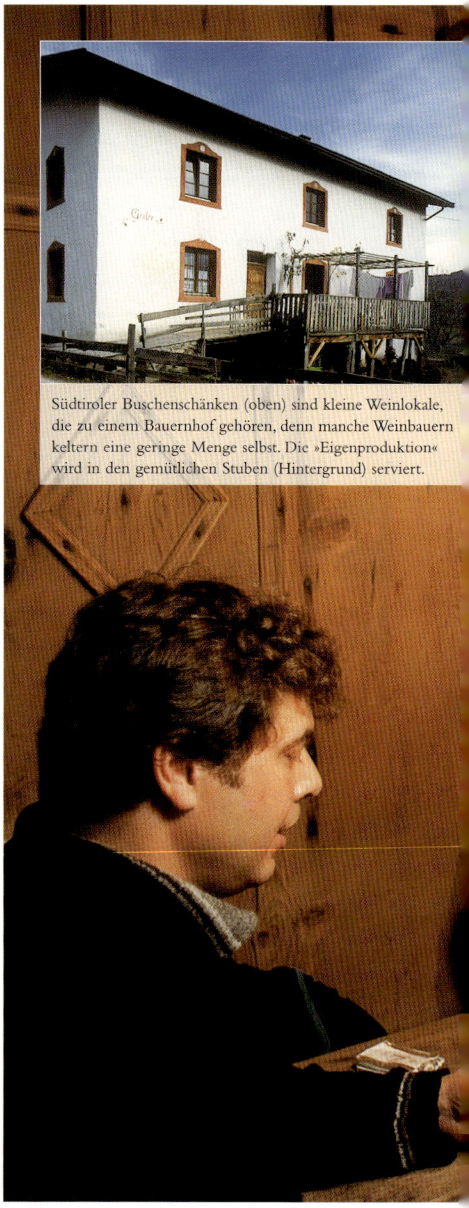

Südtiroler Buschenschänken (oben) sind kleine Weinlokale, die zu einem Bauernhof gehören, denn manche Weinbauern keltern eine geringe Menge selbst. Die »Eigenproduktion« wird in den gemütlichen Stuben (Hintergrund) serviert.

Kalterer See Auslese und Vernatsch Alte Reben

Lange Jahre sorgte der Kalterer See für das schlechte Image der Weine Südtirols. Ein wahrer Weinsee aus einfachen, süffigen und oft restsüßen, meist auch sehr hellen Tropfen ergoß sich über die vorwiegend deutschsprachigen Abnehmer dieser Weine. Gekeltert werden die Weine aus der Vernatsch-Traube, die in Deutschland unter dem Namen Trollinger bekannt ist. In den letzten Jahren haben viele Südtiroler Produzenten, darunter auch einige der exzellenten Genossenschaften, enorme Anstrengungen unternommen, um aus dem Kalterer See wieder ein hochwertiges Produkt zu machen.

Gelegentlich versucht man dann auch, den diskreditierten Herkunfts-Namen vergessen zu machen, indem man die Weine unter der Sortenbezeichnung Vernatsch verkauft.

Lagrein

Tiefdunkle Weine mit Aromen von blauen und schwarzen Beeren, viel Stoff im Mund und sogar eine gute Alterungsfähigkeit – wenn man die modernen Lagrein-Weine schmeckt, vor allem diejenigen, die im Barrique ausgebaut wurden, versteht man nicht mehr, warum Südtiroler Winzer die Sorte lange nur als sogenannten Kretzer, als Roséwein in den Handel brachten. Früher glaubte man, nur die Lage Gries im Stadtgebiet von Bozen eigne sich für Lagrein, aber viele Kellereien im Überetsch-Gebiet haben bewiesen, daß dieses Vorurteil nicht zutrifft.

Südtiroler Pinot nero

Der ursprünglich französische Pinot gilt als die schwierigste der großen Rotweinsorten der Welt. In Deutschland als Spätburgunder bekannt, hat er in Italien nur wenig überzeugende Resultate hervorgebracht. Eine Ausnahme ist Südtirol!

Hier und vor allem im Umfeld der Ortschaft Mazzon am linken Etsch-Ufer wachsen herrliche rote Burgunder, die bei entsprechend niedrigen Ernteerträgen farbintensiv, bukettbetont und voll im Geschmack sind. Sie passen hervorragend zu Wildgerichten.

Südtiroler oder Alto Adige (Chardonnay und Pinot bianco)

Lange Zeit wurden die Sorten Weißburgunder, alias Pinot bianco, und Chardonnay im Alpenraum und Norditalien verwechselt. Obwohl die heute unter der Herkunftsbezeichnung Südtiroler oder Alto Adige firmierenden Weine schon seit 100 Jahren in Südtirol kultiviert werden, hat man es erst mit den modernen Kelter- und Ausbaumethoden der heutigen Zeit geschafft, aus ihnen fruchtige, gleichzeitig aber dichte und kräftige Weißweine zu keltern. Vor allem dem Chardonnay bekommt das Gären im Barrique-Faß ausgesprochen gut.

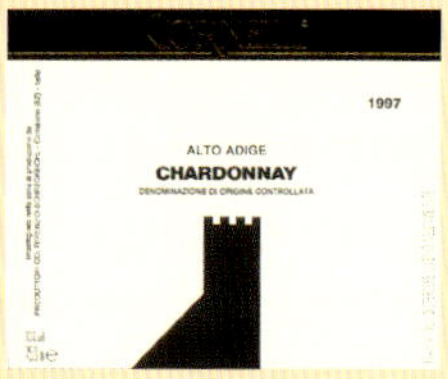

Traminer und setzt sich fort über die Art der Lagenbenennung, die Tatsache, daß fast die gesamte Weinproduktion als Qualitäts-(DOC-)Wein klassifiziert ist, bis hin zu Erntepraktiken wie der Auslese.

Das qualitative Zentrum des Südtiroler Weinbaus liegt im Gebiet der Überetsch, einer Bergterrasse über dem Etschtal zwischen Bozen (Bolzano) im Norden und Auer (Ora) im Süden. Kleinere Qualitätszentren findet man ferner im Gebiet von Terlan, Meran und St. Magdalena und am linken Etsch-Ufer bei Mazzon. Obwohl die Rebsorten des deutschsprachigen Raums die weiteste Verbreitung genießen, wurden, nach dem qualitativen Sprung, den der Südtiroler Weinbau wie viele italienische Regionen in den achtziger Jahren vollzog, die besten Weine meist aus französischen Sorten wie Cabernet Sauvignon, Chardonnay und Pinot noir, alias Spätburgunder oder Pinot nero gekeltert. Erst in jüngeren Jahren konnten sich auch einheimische Rebsorten einen Platz an der Sonne erkämpfen und gewannen mit teilweise wirklich überzeugenden Qualitäten die Gunst der Verbraucher. Star dieser Entwicklung war der rote Lagrein, der zuvor meist nur zu dünnem, unscheinbarem Rosé, dem Kretzer, verarbeitet worden war. Die Sorte wird bereits seit dem 17. Jahrhundert in Südtirol kultiviert, und ihr Name läßt vermuten, daß sie ursprünglich aus dem trentinischen Valle Lagarina, dem Lagarina-Tal, stammte.

Im Zuge des Aufkommens der modernen, französischen Sorten drohte der Lagrein gänzlich in Vergessenheit zu geraten. Eine Reihe von Winzern und Kellermeistern zeigte jedoch in den letzten Jahren, daß sich die Sorte hervorragend zur Produktion von farbintensiven, kräftigen Weinen mit einer guten Balance zwischen weicher Frucht und harten Tanninen eignet, wobei sich die fast gänzlich flache Einzellage Gries, mitten im dicht bebauten Bozen, merkwürdigerweise als eine der allerbesten für diese Sorte erwies.

Eine andere Besonderheit Südtirols liegt in der Bedeutung, die die großen Genossenschaften und Handelskellereien bei der Entwicklung eines modernen, qualitativ hochstehenden Weinbaus spielten. Während häufig in vielen anderen italienischen Regionen gerade die Genossenschaften immer noch nicht viel mehr als einfache, billige Massenweine erzeugen, spielen einige der Südtiroler Kooperativen mit ihren Spitzenweinen die allererste Geige und erzielen Preise, von denen so mancher renommierte Winzer nur träumen kann.

Kalterer See und Sankt Magdalener

Die am weitesten verbreitete Rebsorte Südtirols ist der rote Venatsch in seinen verschiedenen Spielarten – deutschen Weintrinkern als Trollinger und im benachbarten Trentino als Schiava bekannt. Er wurde in Gestalt des nach dem Kalterer See benannten Weins zum populärsten Produkt des Südtiroler Weinbaus, war aber auch gleichzeitig Symbol von dessen qualitativem Verfall in den sechziger und siebziger Jahren. Wenn man vom Südtiroler Weinsee sprach, meinte man Unmengen, meist pappigsüßer Kalterer-See-Auslesen, die den Namen Qualitätswein nur in den seltensten Fällen verdienten. Auch hier hat jedoch ein einschneidender Wandel stattgefunden. Der Kalterer See und sein Vernatsch-Zwilling von den Hängen im Norden Bozens, der St. Magdalener, werden heute nach modernsten Methoden vinifiziert und bringen trockene, aromabetonte, leichte Weine mit weichem Körper und manchmal etwas bitterem Nachklang hervor, die zu sommerlichfrischen Speisen einen guten Trinkgenuß bieten.

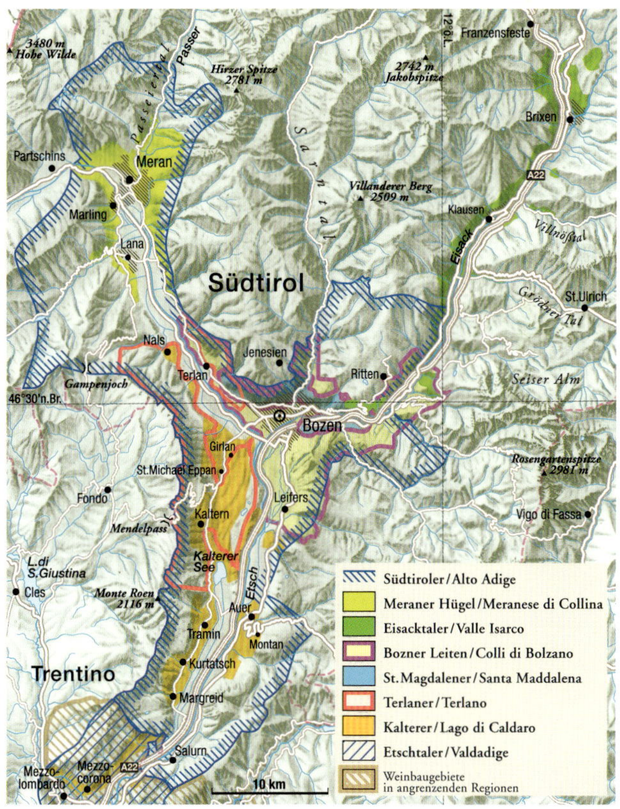

Trentino
Südtirol
Lombardei
Venetien
11° ö.L.
11°30'
12°
46° n.Br.
Oglio
Val d'Isole
Passo del Tonale
Madonna di Campiglio
3556 m Cima Presanella
Monte Adamello 3554 m
Pinzolo
Valle Rendena
Cima Tosa 3159 m
Brentagruppe
Molveno
La Paganella 2125 m
Lago di Molveno
Monte Care Alto 3462 m
Vezzano
Stenico
Tione di Trento
Valli Giudicarie
Monte Frisozzo 3899 m
Lasino
2176 m
3830 m Cornone di Blumone
Chiese
Sarca
Arco
Nogaredo
2059 m
Riva del Garda
Rovereto
Isera
Lago di Ledro
Torbole
Mori
Bagolino
Limone s.Garda
1977 m Monte Caplone
Lago d'Idro
Anto
Idro
Lago di Valvestino
Gardasee
Malcesine
Monte Baldo
2200 m
Gargnano
10 km
Etsch
Ala
Avio
Val Lagarina
Monti Lessini
Pasubio
2235 m
Cavalese
Val di Fiemme
Salurn
Mezzocorona
Mezzolombardo
S. Michele all'Adige
Faedo
Cembra
Val di Cembra
Lavis
Monte Croce 2490 m
Cima d'Asta 2847 m
Maso
2383 m
Civezzano
Trient
Pergine Valsugana
Strigno
Levico Terme
Borgo Valsugana
Val Sugana
Brenta
Lago di Caldonazzo
Caldonazzo
2336 m Cima Dodici
A22
Lavarone
Folgaria
Etschtaler/Valdadige
Casteller
Teroldego Rotaliano
KaltererSee/Lago di Caldaro
Trentino
Trento Spumante
Südtiroler/Alto Adige
Weinbaugebiete in angrenzenden Regionen

Trento Talento

Trient ist die heimliche Sekthauptstadt Italiens. Bereits zu Beginn des 20. Jahrhunderts, lange bevor das heute erfolgreichere Franciacorta-Gebiet mit der Produktion von Schaumweinen nach der Champagner-Methode begann, hatten sich hier Kellereien etabliert, die Grundweine aus ganz Norditalien verarbeiteten. Seit 1993 dürfen sich Produkte, die aus Chardonnay- und Pinot-Trauben der Region gekeltert sind, mit der DOC-Bezeichnung Trento schmücken. Mitte der neunziger Jahre gründeten die wichtigsten Sektkellereien Italiens einen gemeinsamen Dachverband, für dessen Produkte sie den Namen *Talento*, Talent, schufen, nachdem der ursprüngliche Vorschlag *Classimo* (von *metodo classico,* der klassischen Flaschengärung) verworfen worden war. Seither benennt sich so mancher Sekt aus Trient mit dem Doppelnamen *Trento Talento.*

Teures Weinland im Etschtal

Das Trentino, die südliche Hälfte der Doppelregion Trentino-Südtirol, besitzt einen bedeutenderen Weinbau, als man gemeinhin glaubt. Die Region, die den meisten Italienreisenden nur als Ende der Transitstrecke über den Brenner bekannt ist, besteht zwar zum Großteil aus den rauhen Massiven der Dolomiten und der Rätischen Alpen, aber im Tal der Etsch und einigen ihrer Seitentäler besitzt sie auch gute Weinbergslagen. Wahrscheinlich wurde die Rebe bereits vor der Römerzeit von den Etruskern hier eingeführt. Bis vor wenigen Jahren jedoch war das Trentino fast ausschließlich über den Handel mit Faßwein – auch aus anderen italienischen Regionen – bekannt.

Typisch für das Bild der Weinberge sind die Pergeln, die sich rechts und links der Brenner-Autobahn hinziehen. Sie sorgen zwar im allgemeinen für große Ernteerträge, eignen sich aber nicht unbedingt für die Produktion qualitativ hochstehender Weine. Drei Viertel der Traubenproduktion der Provinz werden so auch heute noch nicht von den Winzerbetrieben selbst verarbeitet und vermarktet, sondern landen in den riesigen Tankanlagen der Genossenschaften und Handelskellereien. Im scharfen Kontrast zum niedrigen Preis- und Qualitätsniveau der Weine stehen die astronomischen Summen, die aufgrund der alles überwuchernden Urbanisierung des Etschtals heutzutage für Weinland verlangt werden. Sie ersticken meist den Willen zu risikoreicher und mengenarmer Qualitätsproduktion schon im Keim.

Um so mehr ist es anzuerkennen, daß eine Reihe von Winzern dennoch diesen steinigen Weg der qualitätsorientierten Weinbergs- und Kellerarbeit eingeschlagen hat und sehr erstaunliche Qualitätsweine liefert. Am bekanntesten sind die Weißweine der Region, die aus Chardonnay oder Grauburgunder (Pinot grigio) gekeltert werden. Bei vielen Weinfreunden aber gelten die Rotweine des Etschtals als die besseren. Vor allem die einheimische Rebsorte Teroldego – die Betonung liegt auf dem ersten »o« –, die fast nur auf den Kies- und Schwemmlandböden des sogenannten Campo Rotaliano bei Mezzocorona und San Michele kultiviert wird, überzeugt mit wunderbar vielschichtigen Weinen, die nach Lakritz, Pflaume, Kirsche oder Veilchen duften und viel Kraft besitzen.

Mit Ausnahme des Teroldego werden die meisten anderen Weine unter der Herkunftsbezeichnung Trentino unter gleichzeitiger Angabe der Rebsorte verkauft. Die besten von ihnen werden aus Cabernet und Merlot gemacht, aber auch der süffige, manchmal ein wenig rustikale Marzemino, eine andere einheimische Sorte, verdient gelegentlich Anerkennung. Aus Nosiola, der wichtigsten weißen Sorte, die nur hier kultiviert wird, keltern die Winzer im Sarca-Tal, dem Tal der Seen, das sich zum Gardasee hin öffnet, einen guten, süßen Vin Santo. Last but not least muß die Schaumweinproduktion erwähnt werden, auf die sich eine Reihe von Großkellereien in und um die Stadt Trient (Trento) spezialisiert haben.

Spumante Trento

Neben dem Franciacorta ist der Trento die einzige Herkunftsbezeichnung für Schaumweine. Die Weine werden aus den klassischen Sorten der Champagne gekeltert und die besten auch mittels Flaschengärung versektet. Auch wenn sie selten die Komplexität des Franciacorta erreichen, sind Trento-Spumanti meist angenehme, frische und fruchtige Produkte, die größten Genuß zum Aperitif bieten.

Trentino (Cabernet)

Trentino ist das Trentiner Pendant der Herkunftsbezeichnung Südtiroler, alias Alto Adige. Auch hier werden zahlreiche reinsortige Weine unter einem gemeinsamen Namen verkauft. Eine der interessantesten Entwicklungen der letzten Jahre betrifft die Sorte Cabernet Sauvignon, deren Weine hier vielleicht nicht die Größe der Bordeaux-Weine oder der Gewächse aus Kalifornien erreichen, die mit ihrem Fruchtcharakter und ihrer guten Struktur jedoch gefallen und zu rotem Fleisch wie auch zu Wild besonders gut passen.

Teroldego Rotaliano

Die Teroldego ist eine der merkwürdigsten Sorten Italiens: Sie gedeiht nur in der Schwemmland-Ebene des Campo Rotaliano bei Mezzacorona und San Michele wirklich überzeugend. Wie der Südtiroler Lagrein, mit dem sie wahrscheinlich verwandt ist, bringt sie vollmundige, farbintensive und gut lagerfähige Weine hervor, die sich als Begleitung zu allen kräftigen Fleischgerichten eignen.

Nosiola

Lange Zeit wurden Nosiola-Trauben nur als Verschnitt-Wein oder zum Destillieren verwendet. Die Sorte ist aber für durchaus respektable Weine gut und wird im Gebiet des Tals von Cembra gern mit aromatischeren Sorten verschnitten. Im Sarcatal, dem Tal der Seen, wie das nördliche Zuflußgebiet des Gardasees genannt wird, werden ihre Trauben zu wunderbarem, süßem und halbsüßem Vin Santo verarbeitet.

Die Weinbauschule von San Michele

Das landwirtschaftliche Institut, *Istituto agrario,* von San Michele gilt als eine der bedeutendsten Weinbau-Lehranstalten Europas. Bereits 1874 wurde es durch einen Beschluß des damaligen Tiroler Landtags gegründet. Es betreibt neben der Ausbildung von Landwirten und Winzermeistern auch Weinbau-, Landwirtschafts- und Umweltforschung. Darüber hinaus wird hier jährlich fast eine Viertelmillion Flaschen Wein und Schaumwein der Herkunftsbezeichnungen Trentino und Trento metodo classico produziert. Unter ihnen findet man die klassischen Trentiner Weine, aber auch so exotische Produkte wie beispielsweise einen weißen Traubenverschnitt aus Sauvignon blanc, Goldmuskateller, Traminer und Rheinriesling.

Hintergrund: Die Landschaft der Region Trentino-Südtirol, hier bei Calliano, ist geprägt von Bergen und Weinbau. Die Reben werden meist zu sogenannten Pergeln erzogen.

LOMBARDIA

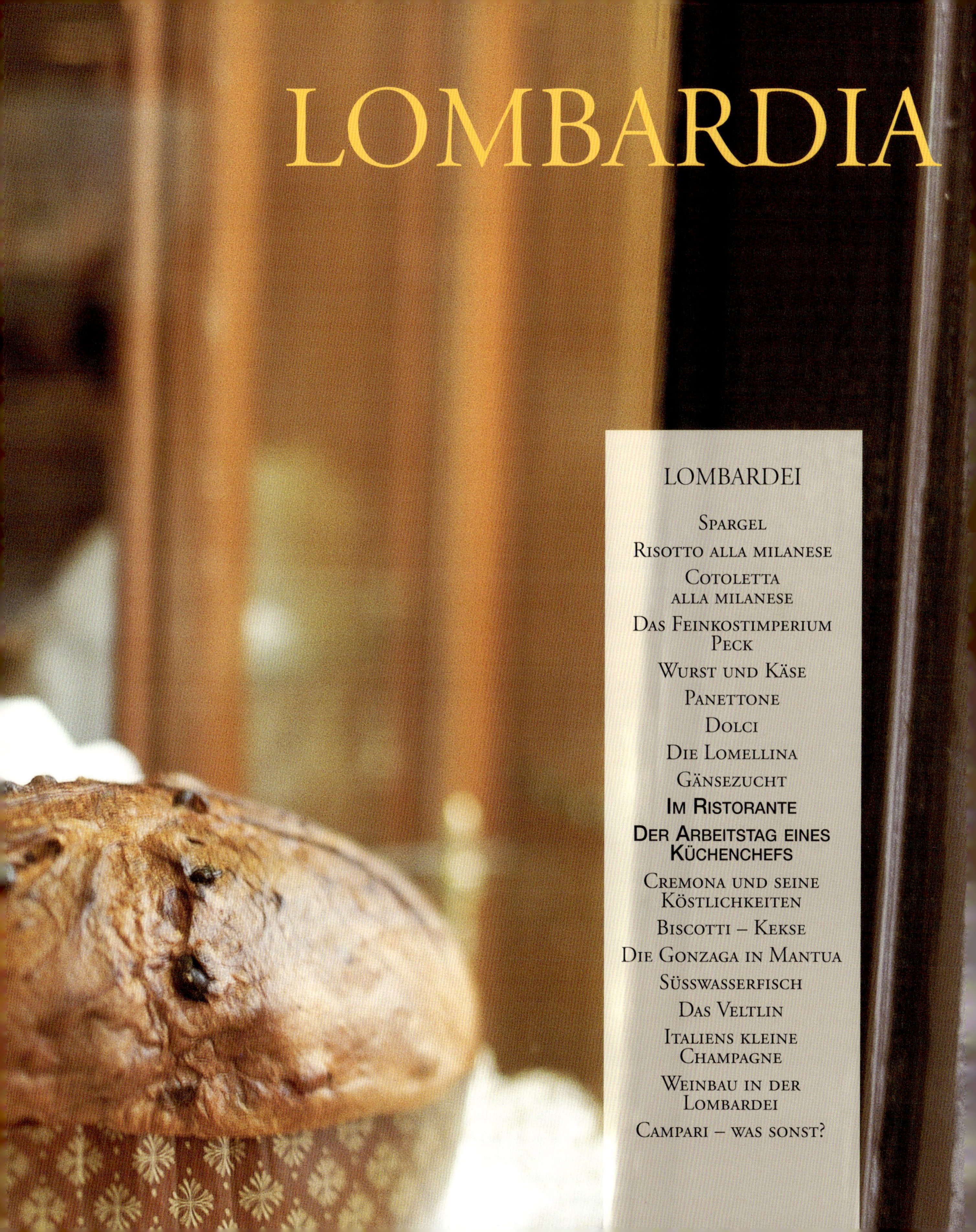

LOMBARDEI

Sondrio
Comer See
Lombardei
Varese
Como
Bergamo
Lago d'Iseo
Lago Maggiore
Saronno
Garda-see
Monza
Mailand
Brescia
Ticino
Lomellina
Pavia
Mantua
Po
Voghera
Cremona
Po

Böse Zungen behaupten, daß die Lombardei und insbesondere das geschäftige Mailand keinerlei nennenswerte Beiträge zu den kulinarischen Spezialitäten Italiens geliefert hätten, da die Menschen hier lieber den ganzen Tag arbeiteten, als sich Zeit für ein ausgiebiges Essen und ein gutes Glas Wein zu nehmen. Auf den ersten Blick scheint es tatsächlich gar nicht so einfach zu sein, den Küchengeheimnissen dieser Region auf die Spur zu kommen. Wirft man jedoch einen aufmerksamen Blick in die Kochtöpfe, so entdeckt man durchaus den einen oder anderen gemeinsamen Nenner der neun Provinzen dieses Gebiets. Reis beispielsweise wird hier überall gern gegessen. Er kommt als nahrhafte Suppe oder locker-körniger Risotto auf den Tisch und verweist die Nudelgerichte oft auf die hinteren Ränge. Ebenfalls »gesamtlombardisch« ist die Sitte, eine Mahlzeit mit einem Stück Käse – etwas *robiola* oder *grana padano* – zu beenden. Auch greift man in dieser Region lieber zu Butter als zu pflanzlichen Ölen und verfeinert Saucen üppig mit Sahne.

Die Küche der Region hat also sehr wohl eine Kochtradition mit eigenen Vorlieben und Gewohnheiten. Dazu gehört – zugegebenermaßen – allerdings auch, daß die Lombarden ihre Mahlzeiten nicht ganz so ausufernd zelebrieren wie ihre Landsleute in den anderen Gegenden Italiens. Zumindest nicht an den Werktagen. Der Risotto mit Ossobuco ist zum Beispiel ein echtes Gericht nach lombardischem Geschmack: Es spart Zeit, weil es gleichzeitig als Vorspeise und Hauptgang fungiert. Auch die *casoeula* läßt sich unkompliziert zubereiten und rasch essen, da Fleisch und Gemüse mundgerecht zerkleinert und dann zusammen in ein und demselben Topf gekocht werden.

Doch die »schnelle Küche« der Lombardei wird bisweilen außer Kraft gesetzt. Wenn ein persönlicher oder kalendarischer Festtag ansteht, scheut man weder Zeit noch Mühe, exquisite Köstlichkeiten zuzubereiten und ausgiebig zu genießen. Der Tisch biegt sich unter Fleisch- und Wildgerichten, die in Bergamo, Brescia und dem Veltlin oft von goldgelber Polenta begleitet werden. In Mantua serviert man zu besonderen Anlässen – wie früher auf den Dorffesten, als man sich unter den Arkaden traf – *Tortelli di zucca,* Ravioli mit Kürbisfüllung, übergossen mit zerlaufener Butter. Danach gibt es gefüllten Truthahn, gefülltes Huhn oder auch appetitlich duftendes gemischtes Kochfleisch. Wer wollte da noch behaupten, daß die Lombarden nicht zu schlemmen wüßten?

Vorhergehende Doppelseite: Weihnachten ohne Panettone, hier frische Ware in der Mailänder Bar und *pasticceria* Marchesi, ist so gut wie undenkbar.

Links: Der 25 Kilometer lange Lago d'Iseo gehört zu den schönsten Binnengewässern Italiens. Etwa in seiner Mitte liegt die gebirgige Insel Montisola.

SPARGEL

Die Küche der Lombardei wäre ohne Spargel kaum denkbar. Sehnsüchtig erwartet man im Frühjahr die ersten zarten Stangen. Doch anders als in den Hochburgen des weißen Spargels, wie etwa in Bassano del Grappa, lieben die Lombarden vor allem den grünen Spargel. Er schmeckt nicht nur gut, sondern ist auch wesentlich leichter zu ziehen als die weiße Sorte. Beim weißen Spargel muß durch Abdeckung mit Erde oder dunklen Plastikfolien die Chlorophyll-Synthese, die den Spargel grün machen würde, künstlich verhindert werden. Den grünen Spargel läßt man dagegen einfach im Sonnenlicht sprießen. Mit dieser Vorliebe sind die Lombarden übrigens nicht allein: Bereits die Ägypter, Griechen und Römer der Antike genossen grünen Spargel als ein hochgeschätztes Gemüse.

Spargel ist außerdem sehr gesund. Er enthält wenig Kalorien, wirkt leicht entwässernd und liefert reichlich Vitamin A und B sowie Mineralstoffe. Da die frischeste Ware nun einmal am besten schmeckt, sollte man beim Spargelkauf darauf achten, daß die Stengel sauber aussehen, daß sie keine Flecken aufweisen und daß sie glatt, fest und trocken sind. Die Spitzen sollten kompakt und gerade sein. Es empfiehlt sich, den Spargel alsbald zuzubereiten. Möchte man ihn dennoch lagern, sollte er dunkel und kühl aufbewahrt werden, beispielsweise eingeschlagen in ein feuchtes Tuch im Gemüsefach des Kühlschranks.

Aus Spargel kann man köstliche Suppen kochen oder ihn als Zutat für ein Spargelomelett verwenden. Gedämpfter und in Butter geschwenkter Spargel ist nach wie vor eine konkurrenzlos klassische Beilage. Wer es »schlanker« möchte, bündelt die Stangen und köchelt sie 20 bis 25 Minuten in Salzwasser.

Der heilige Bernhard

Die Geschichte des heiligen Bernhard von Clairvaux zeigt, wie ein einzelner kluger Mensch das Schicksal einer Stadt – und einer gesamten Region – nachhaltig beeinflussen und verändern kann.

Wir schreiben das Jahr 1134. Mit großen Ehren empfängt Mailand den Abt Bernhard, der kurz vor seiner Heiligsprechung steht. Er kommt im Auftrag von Papst Innozenz II., um einen theologischen Streit zu schlichten und Mailand wieder auf den römischen Kurs einzuschwören. Täglich empfängt Bernhard in der Kirche San Lorenzo zahlreiche Mailänder Bürger, die ihn inständig bitten, ein Kloster zu gründen. Bernhard kommt dem Wunsch schließlich nach und beginnt mit der Suche nach einem geeigneten Ort für sein Konvent. Er entscheidet sich bewußt für ein unfruchtbares, sumpfiges Gelände außerhalb der Stadtmauern, eine Brutstätte der Malaria. Hier legt er den Grundstein für die Zisterzienserabtei Chiaravalle.

In Jakobus de Voragines »Legenda Aurea«, einer mittelalterlichen Sammlung von Heiligenlegenden, wird eine interessante Anekdote im Zusammenhang mit der Neugründung erzählt: »Sanct Bernhard hatte ein Kloster gebaut, das ward heimgesucht von einer solchen Menge der Mücken, daß die Brüder davon groß Ungemach litten. Da sprach Sanct Bernhard ›Ich will sie in den Bann tun‹. Des anderen Morgens fand man die Fliegen allesamt tot.«

Selbst wenn Bernhard in der Frage der Insektenbekämpfung von höchster Instanz unterstützt worden sein sollte, blieb ihm und seinen Mitbrüdern immer noch viel andere Arbeit. Abgesehen von den rituellen Pflichten sahen die Zisterzienser ihre Aufgabe darin, den Bauern die Trockenlegung von Ackerflächen, die Wasserregulierung und die Einrichtung von großen, durchorganisierten Bauernhöfen beizubringen, die übrigens bis heute den Dreh- und Angelpunkt der Landwirtschaft in der Po-Ebene bilden. Mit Hilfe der Ordensbrüder entstanden auch die millimetergenau aufgeteilten Terrassenfelder, die fortwährend mit Wasser berieselt werden und somit selbst im Winter bei Frost und Eis die Erzeugung von kostbarem Frischfutter für die Rinderzucht gewährleisten.

Die Verbesserung der Bodenverhältnisse zog eine ganze Reihe weiterer positiver Effekte nach sich. Da die Sümpfe nun stellenweise völlig trockengelegt waren, sank das Malariarisiko. Der Zuwachs an Ackerfläche führte zu höheren Erträgen und deshalb zu einem besseren Lebensstandard der Landbevölkerung. Auf den vermehrt angelegten Weiden konnten größere Viehbestände gehalten werden. Die Viehzucht bot neue Verdienstmöglichkeiten; außerdem brauchte man Leute, die die Milch zu Molkereiprodukten wie Käse und Butter verarbeiteten. Man hatte beispielsweise einen halbfetten Käse aus erhitzter Milch erfunden, der sich durch hohe Haltbarkeit auszeichnete und später unter dem Namen *grana padano* bekannt werden sollte. Auf dem Land gab es bald ein derart großes Nahrungsangebot, daß auch das nahegelegene Mailand davon profitieren konnte.

Perugino, *Die Vision des heiligen Bernhard,* um 1490/94, Öl auf Leinwand, 173 x 170 cm, Alte Pinakothek, München
Die von Engeln begleitete Muttergottes erscheint dem heiligen Bernhard.

Asparagi al burro
Spargel mit Butter

1,5 kg grüner Spargel
150 g Parmesan oder Grana, gerieben
100 g Butter

Den Spargel falls nötig schälen und die verholzten Enden abschneiden. Die Spargelstangen zu einem Bündel zusammenbinden und aufrecht in einen hohen Topf mit reichlich Salzwasser stellen. Den Deckel aufsetzen und etwa 20 Min. kochen. Abschütten und auf einer vorgewärmten Platte anrichten. Den Spargel mit dem geriebenen Käse bestreuen. Butter in einer kleinen Kasserolle bräunen und über den Spargel gießen.

Der grüne Spargel ist einfacher zu stechen als der weiße, weil er nicht mit Erde oder Folie zugedeckt werden muß. Trotzdem ist es eine schwere »Knochenarbeit«.

Bevor der Spargelstecher die Stange mit dem Stecheisen ernten kann, muß er sie freilegen. Dies geschieht mühsam von Hand – Stange für Stange.

Nach den Landwirtschaftsnormen müssen die Spargelstangen zu mindestens zwei Dritteln grün sein, damit sie als original grüner Spargel in den Verkauf gehen dürfen.

Asparagi alla milanese

Spargel mit Spiegelei
(Abbildung unten)

1,5 kg grüner Spargel
Salz
geriebener Grana oder Parmesan
4 Eier
Butter

Den Spargel falls nötig schälen und die verholzten Enden abschneiden. Die Spargelstangen zu einem Bündel zusammenbinden und aufrecht in einen hohen Topf mit reichlich Salzwasser stellen. Den Deckel aufsetzen und etwa 20 Min. kochen. Abschütten und auf vorgewärmten Tellern oder einer großen Platte anrichten. Den Spargel mit dem geriebenen Käse bestreuen. Spiegeleier in Butter braten und auf den Spargel geben.

Wenn sich im April die Spargelspitzen durch den Boden drücken, beginnt die Spargelsaison. In der Lombardei liebt man besonders den grünen Spargel.

RISOTTO ALLA MILANESE

Reis und Reisgerichte gehören untrennbar zur Kultur Norditaliens. Genauso untrennbar gehört der Safran zum *Risotto alla milanese,* für den die Mailänder Küchenkünstler am liebsten den Carnaroli-Reis verwenden, während die Sorte Vialone nano eher für venezianischen Risotto typisch ist. Der auch heute noch sehr kostbare und teure Safran verleiht dem berühmten Reisgericht aus Mailand seine goldgelbe Farbe, weshalb man ihn gelegentlich auch *Risotto giallo*, gelben Risotto, nennt.
Einigen Historikern zufolge soll das Gewürz ungefähr im 13. Jahrhundert in die lombardische Hauptstadt gelangt sein. Wie und auf welchen Wegen, ist nicht bekannt. Sicher ist nur, daß Papst Cœlestin IV., ein Mailänder, während seines kurzen päpstlichen Amts vom 28. Oktober bis zum 10. November 1241 bereits gern und häufig von Safran Gebrauch machte. Das Kirchenoberhaupt würzte mit dem kostbaren Pollenstaub, den Kuriere aus den Abruzzen herbeischafften, jedoch nicht etwa seinen Risotto, sondern parfümierte damit sein tägliches Bad, zusammen mit anderen Essenzen wie Lilien, Rosen und Lavendel.

Risotto alla milanese
Reis mit Safran
(Abbildung rechts und unten)

75 g Butter
50 g Rindermark
1 kleine Zwiebel, feingehackt
350 g Reis (Carnaroli oder Vialone)
1 Glas trockener Weisswein
1 Prise Safranpulver oder einige Safranfäden
etwa 1,5 l Fleischbrühe
Salz und Pfeffer
50 g Parmesan, gerieben

50 g Butter und das Rindermark in einem Topf zerlassen, die feingehackte Zwiebel darin glasig dünsten. Reis zugeben und unter ständigem Rühren mit einem Holzlöffel glasig werden lassen. Den Wein angießen und einkochen lassen. Dann den Safran untermischen. Unter ständigem Rühren nach und nach so viel heiße Fleischbrühe zugeben, daß sie vom Reis immer aufgesogen werden kann. Salzen und pfeffern. Kurz bevor der Reis gar ist (nach etwa 20 Min.), den geriebenen Parmesan und die restliche Butter untermischen und noch einige Minuten zugedeckt ziehen lassen.
Die Verwendung von Rindermark ist nicht unbedingt erforderlich, es gibt dem Risotto aber eine wunderbar sämige Konsistenz.

Risotto alla monzese
Reis mit Schweinswurst

200 g Salsicce
1/2 Zwiebel
100 g Butter
300 g Carnaroli-Reis
1 Glas trockener Weisswein
500 ml Fleischbrühe
Salz und Pfeffer
50 g Parmesan oder Grana, gerieben

Salsicce pellen und in Stücke schneiden. Zwiebel fein hacken und in der Butter goldgelb andünsten. *Salsicce* anbraten. Den Reis zugeben und unter ständigem Rühren mit einem Holzlöffel glasig werden lassen. Den Weißwein angießen und einkochen lassen. Unter ständigem Rühren nach und nach so viel heiße Fleischbrühe angießen, daß sie immer vom Reis aufgesogen werden kann. Kurz bevor der Reis gar ist, mit Salz und Pfeffer abschmecken. Den geriebenen Käse unterrühren und vor dem Servieren noch 2–3 Min. zugedeckt ruhen lassen.

Risotto al salto
Reistörtchen

450 g kalter Risotto alla milanese (s. links)
40 g Butter
1 EL Olivenöl extra vergine
geriebener Parmesan oder Grana

Aus übriggebliebenem *Risotto alla milanese* 4 etwa gleich große Törtchen formen und auf Backpapier legen. Gut mit den Händen andrücken. Die Butter in einer Pfanne erhitzen und die Törtchen hineingleiten lassen, ohne sie zu beschädigen. So lange braten, bis sie eine leichte Kruste erhalten. Dabei die Pfanne leicht bewegen, damit sie nicht anbrennen. Die Reistörtchen auf einen Teller stürzen und erneut in die Pfanne gleiten lassen. Etwas Olivenöl zugeben und auch auf der anderen Seite braten. Vor dem Servieren mit geriebenem Käse bestreuen.

Für guten Risotto eignen sich am besten die Reissorten Vialone und Carnaroli. Weitere Zutaten sind Rindermark, Butter, Fleischbrühe, Wein, Zwiebel, Safran und Parmesan.

Butter und Rindermark in einer Pfanne zerlassen. Soblad die Butter schäumt, die gehackte Zwiebel zugeben und glasig dünsten.

Den Reis einstreuen und so lange rühren, bis er durchsichtig wird. Er soll jedoch nicht bräunen. Den Weißwein angießen und weiterrühren.

Der Risotto sollte cremig und feucht sein, aber nicht zuviel Flüssigkeit beinhalten. Vor dem Servieren läßt man den Risotto noch ein wenig nachquellen.

Kutteln

Der Begriff Kutteln *(trippa)* bezieht sich – zumindest in den meisten italienischen Regionen – auf den Vormagen der Wiederkäuer. In der Lombardei ist allerdings auch der obere Teil des Dünndarms von Kalb oder Rind mitgemeint. Im Latium wiederum fällt der gesamte Dünndarm unter diesen Begriff und heißt dort *paiata* oder *pagliata*.
In der Lombardei schneidet man den Dünndarm, ein gekraustes, drüsenreiches und daher sehr geschmacksintensives Organ, zum Säubern auf. Er ist eine wichtige Zutat der gemischten Kutteln, aus denen die klassische lombardische *busecca* besteht. Wer vor dieser Prozedur zurückschreckt, sollte Kutteln schon fertig gesäubert und eventuell sogar vorgekocht beim Metzger seines Vertrauens bestellen. Kutteln kann man auch in einer der vielen landestypischen Zubereitungen in einem guten Restaurant probieren. Als Vor- oder Hauptgericht schmecken sie fabelhaft.
Kutteln enthalten viele Mineralstoffe, insbesondere Phosphor und Kalzium. Ihr einziger Minuspunkt ist ihr Cholesteringehalt. Da man sie in der Regel jedoch nicht täglich ißt, sollte man sich darüber keine allzu großen Sorgen machen.

Trippa in umido di mezzanotte della vigilia di Natale

Kuttelneintopf mit Gemüse

2 kg Kutteln vom Rind
Salz
100 g Speck, kleingewürfelt
2 Knoblauchzehen
1 Bund Petersilie, feingehackt
1 Stange Staudensellerie
4 Möhren
500 g Zwiebeln
Fleischbrühe oder Wasser

Die Kutteln waschen und 2 Std. in Salzwasser kochen, dann in 3 cm große Stücke schneiden. Speck, Knoblauch und Petersilie zu einer feste Paste zerdrücken. Diese in einer Kasserolle erhitzen und die in Scheiben geschnittenen Gemüse darin dünsten. Die Kutteln zugeben, mit Brühe oder Wasser bedecken und bei niedriger Hitze 4–5 Std. köcheln lassen. Von Zeit zu Zeit etwas Flüssigkeit nachgießen. Am Ende der Garzeit sollte die Flüssigkeit vollkommen aufgesogen sein. Als Beilage geröstete Polenta- oder Maisbrotscheiben reichen. Auch gekochte Kichererbsen mit etwas Öl, Salz und Pfeffer passen gut dazu.

Nach einer Viertelstunde wird der pulverisierte oder in etwas Brühe aufgelöste Safran zugefügt, und es werden weiterhin kleine Brüheportionen angegossen.

Das wichtigste beim Risottokochen ist das gleichmäßige Angießen der Fleischbrühe. Sobald der Reis trocken wird, braucht er neue Flüssigkeit, allerdings nur knapp bedeckt.

Kurz vor Ende der Kochzeit wird die restliche Butter und der Parmesan zugefügt. Den Risotto nachquellen lassen, so daß der Reis bißfest und die Konsistenz cremig bleibt.

COTOLETTA ALLA MILANESE

Die Bezeichnung *cotoletta* ist möglicherweise eine Abwandlung des in Süditalien gebräuchlichen Begriffs *costoletta*, womit man in der Umgangssprache das Rippenstück beziehungsweise das Kotelett meint. Vielleicht leitet sich *cotoletta* aber auch vom französischen *cotelette* her. Für diese These spricht, daß Frankreich näher an der Lombardei liegt als Süditalien. Doch so ganz genau weiß das niemand. Ob nun mit »s« oder ohne, wenn auf italienischen Speisekarten von *cotoletta* oder *costoletta* die Rede ist, dann kann man davon ausgehen, daß es sich um ein paniertes und danach in Fett oder Öl ausgebackenes Stück Fleisch handelt. Das bekannteste Gericht dieser Art ist die *Cotoletta alla milanese.* Seit einigen Jahren spricht man allerdings auch von Hühner- oder Putenschnitzeln, ja sogar von Gemüsescheiben *alla milanese.* In diesem Fall bezieht sich der Namenszusatz auf die Zubereitungsart und bedeutet ganz einfach, daß die entsprechende Zutat paniert und fritiert ist.

Ähnlich unklar wie die korrekte Schreibweise ist auch die Herkunft dieses beliebten Gerichts. Noch immer streiten sich nämlich Österreicher und Mailänder um die Urheberschaft. Manche behaupten, daß die Österreicher in den anderthalb Jahrhunderten ihrer Herrschaft den Mailändern die Zubereitung des panierten Fleischs beigebracht hätten. Genau betrachtet, ist das Wiener Schnitzel jedoch etwas völlig anderes als die *Cotoletta alla milanese.* Die *cotoletta* wird nämlich zuerst durch das Mehl und erst dann durch das Ei gezogen, stammt nicht aus der Lende, sondern meist aus der Keule, und wird schließlich in Schmalz oder heutzutage in Öl ausgebacken.

Daß die *Cotoletta alla milanese* tatsächlich in Mailand erfunden wurde, läßt sich durch zwei Dokumente belegen. Das erste ist eine »Speisekarte« von 1134. In jenem Jahr gab ein Abt ein Essen für die Chorherren von Sant' Ambrogio, und in der Liste der Speisen, die man zu diesem Anlaß auftrug, sind auch *lumbulos cum panitio*, panierte Lendenscheibchen, aufgeführt. Dieses bedeutende Beweisstück lombardischer Spezialitäten wird in der »Storia di Milano« von Pietro Verri zitiert. Bei dem zweiten Dokument handelt es sich um einen Brief von Generalfeldmarschall Radetzky an Baron Attems, den kaiserlichen Generalstabsoffizier. In diesem Schreiben geht es um allerlei Mitteilungen und Anmerkungen, bis der Generalfeldmarschall schließlich auf die *cotoletta* zu sprechen kommt, ihre Zubereitung beschreibt und sie als wahre »Entdeckung« darstellt. Hätte Radetzky die *Cotoletta alla milanese* als Neuheit gepriesen, wenn sie ihm doch als Wiener Schnitzel aus seiner Heimat schon längst bekannt gewesen wäre? Waren es also doch die Österreicher, die sich die Zubereitung dieses Gerichts jenseits der Alpen abgeguckt haben? Von dieser Tatsache sind die Mailänder überzeugt. Machen Sie die Probe aufs Exempel und diskutieren Sie die Frage mit einem lombardischen Koch. Er wird Ihnen versichern, daß das panierte Schnitzel eine ur-mailändische Angelegenheit ist.

Mondeghili

Hackfleischbällchen

1 altbackenes Brötchen
125 ml Milch
100 g Salsicce
100 g Mortadella
400 g gemischtes Hackfleisch
2 Eier
1 EL gehackte Petersilie
1 Knoblauchzehe, gehackt
40 g Parmesan, gerieben
geriebene Muskatnuss
Salz und Pfeffer
Semmelbrösel
50 g Butter

Das Brötchen in Milch einweichen, dann ausdrücken. *Salsicce* und Mortadella kleinschneiden und zusammen mit dem Hackfleisch in einer Schüssel gut vermengen.
Die Eier aufschlagen und zusammen mit Petersilie, Knoblauch, Käse und dem eingeweichten Brötchen zur Hackfleischmasse geben. Mit Muskat, Salz und Pfeffer würzen und mit einem Holzlöffel gut durchmischen. Die Masse zu kleinen, lockeren Bällchen formen und in den Semmelbröseln wenden. In Butter braten und heiß zu einem Salat servieren. Im Sommer werden die Hackfleischbällchen auch kalt gegessen.
Mondeghili sind ein typisches Resteessen. Deshalb lassen sich dafür auch Bratenreste, Suppenfleisch oder Wurstbrät verwenden. Die Zutaten sollten dabei mit einem Wiegemesser möglichst fein gehackt werden.

Scaloppine al limone

Kalbsschnitzel mit Zitronensauce
(Abbildung Hintergrund)

4 Kalbsschnitzel à 120 g
2 unbehandelte Zitronen
weisser Pfeffer
6 EL Olivenöl
1 EL Butter
Salz

Die Kalbsschnitzel quer halbieren und etwa 0,5 cm dünn klopfen. Die Schale von 1 Zitrone fein abreiben. Den Saft auspressen und mit 4 EL Olivenöl verquirlen, mit Pfeffer würzen und die abgeriebene Zitronenschale untermischen. Marinade über die Schnitzel gießen, abdecken und im Kühlschrank mindestens 1 Std. ziehen lassen. Zwischendurch einmal wenden.
In einer Pfanne 2 EL Olivenöl erhitzen. Die Schnitzel aus der Marinade nehmen und abtropfen lassen. In die heiße Pfanne geben, von beiden Seiten etwa 2 Min. braten. Herausnehmen und zugedeckt beiseite stellen.
Marinade in die Pfanne gießen. Die zweite Zitrone auspressen, den Saft zugeben und bei starker Hitze aufkochen. Die Butter zugeben und mit Salz und Pfeffer abschmecken. Schnitzel in die Sauce geben und heiß werden lassen. Auf vorgewärmten Tellern anrichten, mit Sauce übergießen und sofort servieren.

Ossobuchi alla milanese
Geschmorte Kalbshachse
(Abbildung rechts, hinten)

50 g Butter
4 dicke Kalbshachsenscheiben
Salz und Pfeffer
1 Glas trockener Weisswein
125 ml Hühnerbrühe
4–5 Tomaten, enthäutet und gewürfelt
20 g roher Schinken
1 Möhre
1 Stange Staudensellerie
1 kleine Zwiebel
1 EL gehackte Petersilie
abgeriebene Schale von 1/2 Zitrone

Die Hälfte der Butter in einer niedrigen Kasserolle erhitzen und die Kalbshachsenscheiben auf beiden Seiten anbraten. Die Kalbshachsen salzen und pfeffern, herausnehmen und warm stellen.
Das ausgetretene Fett abgießen, die Kasserolle zurück auf den Herd stellen und den Bratenfond bei mittlerer Hitze mit dem Weißwein vom Boden des Topfes ablösen. Den Weißwein nahezu vollständig einkochen lassen und die heiße Brühe angießen. Die Tomaten zugeben und bei niedriger Hitze zugedeckt dünsten. Hin und wieder etwas Brühe angießen und mit Salz und Pfeffer abschmecken. Den Schinken in feine Streifen schneiden. Möhre, Sellerie und Zwiebel fein hacken. Die restliche Butter in einem Topf erhitzen, den Schinken kurz anbraten, die Gemüse zugeben und etwa 1 Min. dünsten. Petersilie und abgeriebene Zitronenschale zugeben. Die Schinken-Gemüse-Mischung zur Kalbshachse geben und 10 Min. mitgaren. Das Fleisch auf vorgewärmten Tellern anrichten und mit der Sauce bedecken.
Dieses Gericht wird traditionell mit *Risotto alla milanese* (siehe S. 90) serviert. Anstelle von Risotto kann man aber auch Kartoffelpüree oder in Butter gedünstetes Gemüse reichen.

Arrosto di maiale al latte
Schweinekeule in Milch

1 kg Schweinekeule
1 Knoblauchzehe
500 ml trockener Weisswein
Weizenmehl
50 g Butter
1 Rosmarinzweig, gehackt
750 ml Milch
Salz und frisch gemahlener schwarzer Pfeffer

Die Schweinekeule in eine große Schüssel legen, die in Scheiben geschnittene Knoblauchzehe zugeben, den Wein darüber gießen und das Fleisch zugedeckt 2 Tage im Kühlschrank ziehen lassen.
Die Keule herausnehmen, sorgfältig trockentupfen und mit etwas Mehl bestäuben. Butter in einer Kasserolle erhitzen, das Fleisch und den Rosmarin zugeben und bei niedriger Hitze von allen Seiten braun anbraten. Milch angießen und mit Salz und Pfeffer abschmecken. Den Deckel aufsetzen und das Fleisch 2 Std. schmoren, bis es weich ist.
Die Keule auf eine vorgewärmte Platte legen und warm stellen. Den Sud so lange kochen, bis er eine cremige Konsistenz erhält. Das Fleisch in Scheiben schneiden und mit der Sauce übergießen. Heiß servieren.

Cotolette alla milanese
Koteletts nach Mailänder Art
(Abbildung oben, vorne)

4 dünne Kalbskoteletts
Salz und Pfeffer
1–2 Eier, verquirlt
Semmelbrösel
100 g Butter
Zitronenscheiben zum Garnieren
Petersilie zum Garnieren

Die Koteletts behutsam flach klopfen, salzen und pfeffern. Zuerst in Mehl, dann im verquirlten Ei und schließlich in den Semmelbröseln wenden und die Panade mit der Handfläche gut andrücken. Butter in einer Pfanne zerlassen und darin die Koteletts auf beiden Seiten einige Minuten braten, bis sie außen goldbraun und innen zart sind. Die Hitze reduzieren und die Koteletts noch einmal wenden. Mit Zitronenscheiben und Petersilie garniert servieren.

DAS FEINKOST-IMPERIUM PECK

Die gesamte Firmengeschichte des Mailänder Feinkost-Traditionshauses Peck zu erzählen, würde ein eigenes Buch füllen. Außerdem hat sich der Autor Davide Paolini bereits dieser Aufgabe angenommen und ein Kompendium über den Gourmettempel im Mailänder Verlag Mondadori herausgebracht. Wir können uns hier also etwas kürzer fassen.

Im Jahre 1883 eröffnet der junge Herr Peck, der in Prag ein erfolgreiches Wurstgeschäft betreibt, im fernen Mailand eine Filiale, in der er vor allem deutsche Spezialitäten wie geräucherte Würste, Fleisch und Schinken feilbietet. Pecks Unternehmergeist macht sich bald bezahlt, denn der kleine Laden wird rasch zu einem Eckpfeiler der Mailänder Eßkultur. Schließlich steigt Peck sogar zum Lieferanten des Hofes wie auch vieler adeliger und angesehener Familien der Domstadt auf. 1918 setzt Peck sich zur Ruhe und übergibt das Geschäft an Eliseo Magnaghi, der die Räumlichkeiten in die äußerst zentral gelegene Adresse in der Via Spadari verlegt. So sehr Magnaghi auch den Prinzipien des alten Peck treu bleibt und nach wie vor Wurst- und Fleischwaren im deutschen Stil verkauft, führt er doch auch einige Neuerungen ein. Das Angebot wird um frische, hausgemachte Pasta und fertig vorbereitete Gerichte zum Mitnehmen erweitert. Die gutsituierte milanesische Hausfrau merkt schnell, daß es viel bequemer und zeitsparender ist, die – bis heute berühmten – Ravioli von Peck liefern zu lassen, als sie in mühevoller Arbeit daheim herzustellen. Darüber hinaus richtet der neue Inhaber einen Bereich im hinteren Teil des Geschäfts ein, wo das Angebot des Hauses an Ort und Stelle verkostet werden kann. Dieses charmante Plätzchen entwickelt sich rasch zu einem Treffpunkt der damaligen *intelligentsia:* An den kleinen Tischen sitzen Künstler, Journalisten, Offiziere, Dichter, Honoratioren der Stadt und Schauspieler in trauter Einigkeit: D'Annunzio, Bacchelli, Vergani, Monelli und Marchi gehören zu den Stammgästen. Einen weiteren Popularitätsschub erfährt Peck, als der Regisseur Mario Mattioli im Jahre 1937 zahlreiche Szenen seines Films »Felicita Colombo« (eine Geschichte über eine reiche Mailänder Kolonialwarenhändlerin) in den Räumlichkeiten des Geschäfts dreht. Nach Eliseo Magnaghis Tod übernimmt seine Tochter Emi für die nächsten 24 Jahre die Leitung.

Im Juli 1956 bricht mit den Gebrüdern Grazioli die dritte Ära der Peck-Geschichte an. Es ist die Zeit des beginnenden italienischen Wirtschaftswunders, in der Mailand zur reichsten Stadt Italiens aufsteigen wird, und die neue Firmenpolitik trägt diesem Umstand Rechnung. Es werden drei weitere Geschäfte eröffnet. Die *Casa del formaggio* (Käse) in der Via Speronari, die *Bottega del maiale* (Wurst und Fleisch vom Schwein) gegenüber dem Hauptgeschäft und die *Rosticceria* in der Via Cantù (eine Rostbratküche, die man heute wohl als Snackbar bezeichnen würde). Außerdem werden die verschiedenen Küchen- und Lagertrakte renoviert und mit moderner Küchentechnik ausgestattet. Dies ermöglicht Peck, das Sortiment an fertigen Speisen um ein Vielfaches zu erweitern – was die Kund-

Links: Feinkost Peck ist eine Institution und in der ganzen Welt berühmt. Auf mehreren Etagen bietet es die gesamte Palette der gehobenen Gastronomie.

Peck ist in Mailand nicht nur ein Feinkostgeschäft, sondern auch ein Restaurant, das einen Michelin-Stern hat. Spezialitäten sind Spargel (im Frühjahr), Ravioli mit Meeresschnecken oder Seezunge in Curry.

schaft wiederum begeistert aufnimmt. Giovanni und Luigi Grazioli beobachten außerdem aufmerksam, wie sich die Eßgewohnheiten und Ansprüche ihrer Mitbürger verändern. Die Einwohner der boomenden Stadt widmen inzwischen den Hauptteil ihrer Zeit den Geschäften – für ausgiebige Mittagspausen mit diversen Gängen bleibt nur noch selten Zeit. Also bietet Peck kleine Happen und delikat belegte Brötchen an und kreiert damit einen ganz neuen Lunch-Trend. Die Angestellten der umliegenden Firmen und Verwaltungen huschen in den Pausen schnell zu Peck hinein, lassen sich ein *panino* belegen (die Auswahl der Beläge, Füllungen und Saucen ist riesig, so daß jeder seine eigene Kombination zusammenstellen kann) und sind genauso rasch wieder verschwunden. Über diese Fast-food-Anklänge vergessen die Grazioli jedoch nicht, weiterhin hochwertige Wurst-, Schinken- und Käsespezialitäten anzubieten. Außerdem legen sie größten Wert auf zuvorkommenden Service, um auch den weniger Betuchten die Schwellenangst zu nehmen. Giovanni Grazioli träumt davon, Pecks Türen für jedermann zu öffnen, ohne dabei das exklusive Profil aus den Augen zu verlieren. Sein Credo lautet: »Alle sollen unseren Laden besuchen können; auch jene, die sich nur einmal im Jahr 100 Gramm feinsten Schinken leisten können, dürfen niemals herablassend behandelt werden, sondern sie sollen das Gefühl haben, daß auch sie uns herzlich willkommen sind.« Die Grazioli wußten sehr wohl, daß auch im reichen Mailand nicht alle Bürger auf der Sonnenseite standen, doch dies sollte ihnen den Weg zum höchsten Genuß nicht versperren.

Der 1. September 1970 bringt einen weiteren Besitzerwechsel für das Unternehmen. Die Wahl der Grazioli fiel auf die Söhne der Familie Stoppani aus Corticelle Pieve (Provinz Brescia), denn ihrer Ansicht nach waren diese als einzige in der Lage, den Geist von Peck fortzuführen und den überragenden Standard zu halten. Unter der Leitung der Stoppani sollte Peck einen weiteren Aufschwung erfahren. Zunächst werden die *Rosticceria* und die *Bottega del maiale* auf den neusten technischen Stand gebracht. Vier Jahre später renoviert man das Haupthaus in der Via Spadari. Außerdem erwerben die Stoppani in der Via Victor Hugo einen Weinladen, wo 1982 ein Café-Bereich, eine Weintheke und eine Snackbar mit kalten und warmen Speisen eingerichtet werden. Ein Jahr später eröffnen sie – ebenfalls in den Räumlichkeiten der Via Victor Hugo – das Restaurant Peck, dessen exzellente Küche vom »Guide Michelin« bereits 1986 mit einem Stern geehrt wurde. Doch Peck expandiert weiter. 1988 wird mit dem Neubau in der Via Spadari begonnen – und 1996 kann der in neuem Glanz erstrahlende Gourmettempel feierlich eröffnet werden.

Das dreistöckige und wunderschön gestaltete Hauptgebäude ist heute das Herzstück und die Schaltzentrale des Unternehmens Peck, das inzwischen auch hochklassige Snackbars in den Duty-Free-Zonen der Flughäfen Linate, Malpensa und Fiumicino unterhält, sowie sechs Stützpunkte in den japanischen Takashimaya-Läden und ein Restaurant in Tokio führt. Die *Casa del formaggio* und die *Bottega del maiale* gibt es dagegen nicht mehr als eigenständige Ladengeschäfte, denn sie sind während des Umbaus in das große Hauptgebäude umgezogen. Neue Konzepte sind ebenfalls entwickelt worden: Catering à la Peck ist inzwischen ein Muß für jede wichtige Mailänder Party, es gibt einen Weihnachtsgeschenke-Service, und der Export der Produkte steigt ständig. Hauptkunden sind – in der Reihenfolge der Abnahmemengen – Deutschland, Großbritannien, Österreich, Frankreich, die USA und Hongkong.

Vier Stoppani-Brüder kümmern sich mit Leib und Seele um das Unternehmen. Angelo, der älteste, ist für Fleisch- und Wurstwaren und für den Import zuständig. Mario, der zweitälteste, kümmert sich um die Weine und den Catering-Bereich. Remo, der drittgeborene, betreut Käse und Export, und Lino, der jüngste, besorgt Verwaltung und Buchhaltung. Unterstützt werden sie – wie es sich für einen echten italienischen Familienbetrieb gehört – von Marios Söhnen Andrea, Stefano und Paolo. Die vier Enkelkinder studieren oder sammeln anderweitig Erfahrung, bevor sie in das Geschäft einsteigen. Sie helfen immer mal wieder hinter den Verkaufstheken oder im Service aus.

Eine vollständige Darstellung der Angebotspalette, die Peck auf seinen 3300 Quadratmetern in umwerfend ästhetischer und appetitanregender Weise präsentiert, ist fast unmöglich. Es gibt Wurst, Käse, Obst, Gemüse, *pasta secca* und *pasta fresca,* Brot, Fisch und Meeresfrüchte, geräucherten Lachs, Trüffeln und andere Pilze, Kaviar, frisches Fleisch, vorbereitete Fleischzubereitungen, Patisserien, fertige Gerichte zum Mitnehmen, Weine und Spirituosen. Das Ganze natürlich in einer schier unglaublichen Auswahl an verschiedensten Sorten und Arten. In anderen Bereichen des Geschäfts wiederum kann man den Köchen beim Brutzeln zusehen oder sich bei einer Eiscreme oder einem Kaffee von dem anstrengenden Rundgang erholen. Auch wer nichts kaufen, sondern einfach nur schauen möchte, wird einen Besuch bei Peck als ein unvergeßliches Erlebnis in Erinnerung behalten. Denn der Service und der Dienst am Kunden werden noch heute groß geschrieben.

WURST UND KÄSE

Stracchino oder Crescenza
Der Name *stracchino*, wie die *crescenza* auch heißt, beschreibt, wie die Milch für seine Zubereitung ursprünglich gewonnen wurde: Man verarbeitete ausschließlich die Milch der vom Almabtrieb geschwächten Kühe, der *vacche stracche*, wobei *stracco* der dialektale Ausdruck für erschöpft ist. Ein *stracchino* ist wörtlich ein kleiner Erschöpfter.
Besonders die kleinen und mittelständischen Hersteller von Käsespezialitäten aus den Alpenregionen haben es heutzutage schwer, sich in der weitgefächerten Angebotspalette der industriellen Molkereiprodukte zu behaupten. Ihr Untergang wird leider von oft widersprüchlichen EU-Verordnungen gefördert, die diesen Betrieben Beschränkungen auferlegen oder sie für die Nichterfüllung bestimmter Normen bestrafen, obwohl sie qualitativ hochwertige und teilweise sehr phantasievolle Produkte anbieten.
Zu den »bedrohten« Käsesorten gehört auch der *stracchino*. Dieser Käse in seiner typischen viereckigen Form wird aus Vollmilch gewonnen. Sein Teig ist weich, fett und rahmig und von perlweißer Farbe. Er schmeckt einzigartig zart.

Taleggio (DOC-Artikel seit 1988)
Der viereckige und etwa zwei Kilo schwere *taleggio* ist ein typischer Weichkäse der lombardischen Provinzen. Seine charakteristische braune Rinde neigt zu Schimmelbildung, direkt unter der Rinde ist sein Teig weich und strohgelb, im Inneren des Käses jedoch kompakt, mürbe und weißlich. Der *taleggio* wird um 1200 erstmals erwähnt. Bis heute hat sich an der Herstellungsmethode nichts geändert, außer daß man ausgewählte Fermente einsetzt, um ein konstant hochwertiges Produkt zu erzielen. Nach wie vor wird jedoch ausschließlich Kuhmilch verwendet. Die Bildung des Käsebruchs nimmt 18 Stunden in Anspruch. Der *taleggio* hat eine Reifezeit von mindestens einem Monat.
Dieser milde, leicht säuerliche und im Alter eher würzige Käse sollte nicht zu lange aufbewahrt werden, denn er verdirbt schnell. Ein Stückchen *taleggio* kann den Abschluß einer Mahlzeit bilden. Er paßt aber auch zu heißer Polenta und schmeckt gut zu reifen Birnen.

Gorgonzola (DOC-Artikel seit 1955)
Der Gorgonzola ist eine uralte Käsespezialität, die ursprünglich aus dem lombardischen Städtchen Gorgonzola stammt. Zwischen dem 11. und 12. Jahrhundert wird er erstmals urkundlich erwähnt. Dieser auch außerhalb Italiens beliebte Blauschimmelkäse wird heute in einem recht großen Gebiet hergestellt, das sich über lombardische und über piemontesische Provinzen erstreckt. Jährlich produziert die Region rund drei Millionen Gorgonzola-Laibe. Portioniert und in buntbedruckte Aluminiumfolie verpackt, auf der unbedingt das Markenzeichen des Schutzkonsortiums zu entdecken sein sollte, kommt er in Italien, Frankreich, Deutschland, der Schweiz, den USA und in Kanada in den Handel.
Der Gorgonzola ist ein echter Allrounder. Sein kräftigpikanter und leicht herber Geschmack paßt vorzüglich zu Polenta. Er harmoniert auch mit Ei und Nüssen. Saucen und Cremes kann man perfekt mit Gorgonzola verfeinern. Besonders gut schmeckt er zu einem kräftigen Rotwein.

Provolone valpadana (ebenfalls ein DOC-Produkt)
Dieser charakteristisch geformte Hartkäse stammt ursprünglich aus der Basilicata, wird heute aber auch in Norditalien und besonders in der Lombardei hergestellt. Der *provolone* kommt in verschiedenen Größen in der Handel. Meist ist er kugel- oder birnenförmig, wird aber auch als zylindrischer Laib angeboten. Als *pasta-filata*-Käse durchläuft er ähnliche Produktionsschritte wie der Mozzarella. Der Käsebruch wird erhitzt, bis er zu schmelzen und Fäden zu ziehen beginnt. Diese Fäden (daher der Name *pasta filata*) werden gesponnen, also um sich selbst gewickelt, wodurch der Käse seine runde Form erhält. Der frische Käse wird in eine Lake getaucht und danach zum Reifen an einer Schnur aufgehängt. Die Reifezeit dauert etwa ein Jahr. Die Rinde des Käses schützt man durch einen Wachs- oder Paraffinfilm vor dem Austrocknen. Den *provolone* gibt es in unterschiedlichen Geschmacksrichtungen, von buttrig mild *(provolone dolce)* bis sehr pikant *(provolone piccante)*. Während die milde Variante sich gut als Abschluß eines Mahls eignet, benutzt man den pikanten *provolone* gern als Reibkäse. In der Lombardei gibt es ihn auch als geräucherte Variante.

Grana padano
Der *grana padano* wird immer wieder mit dem Parmigiano reggiano gleichgesetzt, obwohl beide Käsesorten sich sowohl in der Herstellung als auch bezüglich ihrer gesetzlich geregelten Herkunft unterscheiden. Der Parmigiano reggiano wird ausschließlich in der Emilia-Romagna produziert, während der *grana padano* aus dem Veneto, dem Trentino, aus Piemont oder aus der Lombardei stammen kann. Außerdem sieht das Gesetz vor, daß für den Parmigiano reggiano nur Milch von Kühen verwendet werden darf, die mit Gras und Heu gefüttert wurden. Für den *grana padano* dagegen ist der Einsatz von Milch anderweitig gefütterter Tiere erlaubt. Das heißt allerdings nicht, daß der *grana padano* ein qualitativ minderwertiger Käse ist. Er wird von einem Konsortium überwacht, und man sollte nur Stücke von Laiben kaufen, die das amtliche Brandzeichen »Grana Padano« tragen.
Die Kuhmilch für den *grana padano* stammt aus zwei aufeinanderfolgenden Melkgängen. Man muß sie etwas ruhen lassen, um sie teilweise zu entfetten, denn *grana padano* hat nur 30 Prozent Fett in der Trockenmasse. Dann wird die Milch unter Zusatz von Mikroorganismen erhitzt. Die Reifezeit der Laibe liegt bei ein bis zwei Jahren. Der *grana padano* entwickelt eine harte, glatte Rinde und hat einen körnigen Teig, der trocken und brüchig werden kann.
Grana padano schmeckt harmonisch, nicht zu salzig und nicht zu mild, ein wenig pikant und hat eine leicht nussige Note. Er eignet sich als Appetitanreger und als Reibkäse.

Grana padano

Gorgonzola

Provolone piccante

Stracchino oder Crescenza

Taleggio

Salame di Varzi
In der Gegend um Pavia, südlich des Po, gibt es einige Gemeinden und Ortschaften, in denen auch heute noch traditionelle Wurstselcherei betrieben wird. In diesem Gebiet wird auch *salame di Varzi* hergestellt. Für diese Wurstspezialität verwendet man ausschließlich bestes Schweinefleisch, und es wird nichts hinzugefügt außer Wein, Pfeffer, Salz und Salpeter. Die vergleichsweise lange Reifezeit von drei bis vier Monaten bringt den würzigen Geschmack von *salame di Varzi* besonders gut zur Geltung. Die verkaufsfertige Wurst wiegt etwa ein Kilo, ist mittelgroß und grobkörnig. Seit 1989 ist *salame di Varzi* ein DOC-Artikel.

Salsiccia luganega (oder luganiga)
Der Begriff *salsiccia* bezeichnet meist eine frische Koch- oder Brühwurst. Sie besteht aus einer Mischung von fettem und magerem Schweinefleisch, das mit Pfeffer und verschiedenen Gewürzen abgeschmeckt wird. Ein typisches Beispiel dieser Wurstart ist die *luganiga* oder *luganega*. Das Wurstbrät wird in lange, dünne Därme gefüllt, in Segmente abgeteilt und als Meterware verkauft. In Norditalien wird die *luganiga* gern zur Polenta serviert. Man kann sie aber auch braten, grillen oder schmoren.

Salame di Milano
Die feinkörnige Salami aus Schweine- sowie Rindfleisch, Schweinefette und verschiedenen Gewürzen reift etwa drei Monate lang und wiegt höchstens 1 500 Gramm. Mailänder Salami darf auf einem klassischen italienischen Vorspeisenteller *(antipasto misto)* nicht fehlen. Auch jenseits der Alpen erfreut sich diese Wurstspezialität größter Beliebtheit. Neben dem Schinken aus Parma zählt die Mailänder Salami wohl zu den bekanntesten Produkten Italiens, auch wenn die Varianten in den Wursttheken europäischer Handelsketten nicht immer den Namen verdienen.

Cacciatorino
Diese kleine, gut abgehangene Salami besteht zu je einem Drittel aus magerem Schweinefleisch, zartem Kalbfleisch und verschiedenen Fettsorten. Wie die deutsche Jagdwurst war sie ursprünglich als Wegzehrung für die Arbeiter in Wald und Forst gedacht, denn die kleine Wurst ließ sich bequem im Jagdrucksack unterbringen. Vermutlich erhielt sie daher auch den Namen *cacciatorino*, kleiner Jäger.

Salametto
Der *salametto* ist eine kleine, gut abgehangene Wurst, die dem *cacciatorino* ähnelt. Wie der »kleine Jäger« kann auch die »kleine Salami« problemlos als Wegzehrung auf eine Landpartie mitgenommen werden.

DOC oder DOP?

In den letzten Jahren tragen immer mehr italienische Lebensmittel ein DOP-Markenzeichen anstelle des früher gebräuchlichen DOC. Die Abkürzung DOP, *Denominazione di origine protetta* (geschützte Herkunftsbezeichnung), wird von der Europäischen Union vergeben. Alle italienischen DOC-Produkte sind als DOP anerkannt. DOC ist aber auch weiterhin ein gültiges Siegel.

COLOMBA PASQUALE

Die aus Pavia stammende Variante des Panettone, die *Colomba pasquale,* wird in Form einer stilisierten Taube gebacken. Wenn man der Sage Glauben schenken darf, haben wir sie einem finsteren König und zwölf lieblichen Jungfrauen zu verdanken.

Nachdem Alboin, der Herrscher der Langobarden, nach langer Belagerung endlich die Stadt Pavia eingenommen hatte, verlangte er angeblich nicht nur das dem Eroberer üblicherweise zustehende Gold und die sonstigen Kostbarkeiten, sondern bestand darauf, daß man ihm zusätzlich zwölf wunderschöne Jungfrauen überließe. Den ausgewählten Mädchen war durchaus klar, welches Los ihrer Ehre drohte. Sie alle klagten und zeigten sich untröstlich – bis auf eines. Mutig wollte es die wenigen Stunden bis zu seinem Opfergang nicht mit nutzlosem Gejammer zubringen. Es ließ Honig, Mehl und kandierte Früchte kommen und buk daraus einen Kuchen, der an die Form einer *colomba,* einer Taube, erinnerte. Dann wartete es mit den anderen Mädchen darauf, in den königlichen Alkoven gerufen zu werden. Als die Reihe schließlich an ihm war, präsentierte es Alboin den Kuchen. Argwöhnisch und wohl eine Vergiftung fürchtend, wollte er wissen, woraus der Kuchen gemacht sei, und verlangte, daß das Mädchen zuerst ein Stück davon esse. Als es dieser Aufforderung widerspruchslos nachkam, kostete auch Alboin. Der Eroberer, der an schlecht zubereitete Speisen gewöhnt war, fand den Kuchen köstlich und verschlang ihn in Windeseile. Zum Zeichen seines Wohlgefallens ließ er das Mädchen frei.

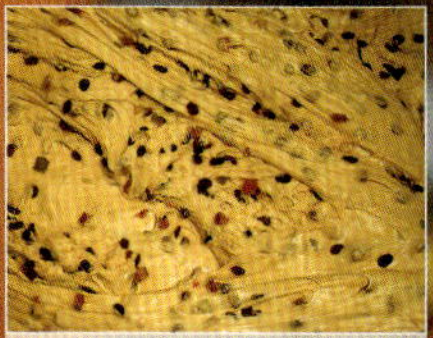

Dem Hefeteig werden Zitronat, Rosinen und kandierte Früchte zugegeben.

Nur wenig Teig wird in Papierformen gefüllt und darin gebacken.

Auch wenn der Panettone aus dem Ofen kommt, behält er seine »Bauchbinde«.

PANETTONE

Die ersten Belege dafür, daß bei bestimmten religiösen Festen – vor allem Weihnachten – ein besonderes Brot verzehrt wurde, stammen aus dem 11. Jahrhundert. Diesen Quellen zufolge versammelte sich an Festtagen die ganze Familie um den geschmückten Kamin, und das Familienoberhaupt schnitt ein großes Brot in Scheiben. Die Rinde wurde aufgehoben, denn man sagte ihr Heilkräfte nach. Insbesondere konnte man damit Halsschmerzen kurieren. Diese Beschreibung des »großen Brotes« und seines feierlichen Einsatzes kommt dem, was später Panettone genannt werden sollte, schon sehr nahe. Das Wort entspringt dem Mailänder Dialekt, der gern die Verkleinerungs- oder, wie in diesem Fall, die Vergrößerungsform anhängt.

Bereits zu Zeiten des Mailänder Herzogs Ludovico il Moro (1452–1508) wurde der Panettone genauso zubereitet wie heute. Ursprünglich war der hochaufgegangene Kuchen das traditionelle Weihnachtsgebäck Mailands. Doch schon bald hatte er die Herzen aller Lombarden erobert, und inzwischen ist der Panettone von den weihnachtlichen Tafeln ganz Italiens nicht mehr wegzudenken. Im Moment tritt er gerade seinen Siegeszug jenseits der Alpen an.

Der Hefeteig für den Panettone wird mit Zitronat, Rosinen und kandierten Früchten verfeinert. Relativ wenig Teig wird in die einzelnen Papierformen gefüllt, denn im Backofen wird der Teig aufgehen und sogar über die Form hinausquellen. Wenn der fertig gebakkene Panettone aus dem Ofen kommt, wird seine Papierform nicht entfernt. Die hohe »Bauchbinde« ist sein Markenzeichen und schützt ihn gleichzeitig vor dem Austrocknen.

Noch nicht vor allzu langer Zeit konnte man kurz vor Weihnachten an allen Fabriktoren das gleiche Schauspiel erleben. Ob großes metallverarbeitendes Industriegelände, mittelständischer Handwerksbetrieb oder kleine Werkstatt – überall sah man die Angestellten und Arbeiter zu den Festtagen nach Hause eilen: in der einen Hand einen Panettone, in der anderen eine Flasche Spumante, meist einen süßen Muskateller. Diese Kombination war das allgemein übliche Weihnachtsgeschenk des *padrone,* des Fabrikbesitzers, an seine Belegschaft.

Eine weitere liebenswerte Tradition im Zusammenhang mit dem Panettone ist mit dem *Panettone di San Biagio* verknüpft. Viele Mailänder Familien halten sich auch heute noch an den Brauch, einen ganzen Weihnachts-Panettone bis zum Namenstag des heiligen Blasius am 3. Februar aufzuheben. Der Volksmund verspricht nämlich, daß jeder, der von diesem lange gelagerten Panettone mit seiner trockenen und harten Rinde ißt, das ganze Jahr über von Halsschmerzen verschont bleibt – wobei diese während des kalten nebeligen norditalienischen Winters durchaus nichts Ungewöhnliches sind.

Links oben und unten: Panettone schmeckt am besten, wenn er ganz frisch ist. Hervorragende Ware bekommt man in der Bar und *pasticceria* Marchesi in Mailand. Er paßt zum Frühstück genauso gut wie zum Glas Spumante am Nachmittag. Der Kuchen wird mit der Hand zerteilt und direkt in den Mund gesteckt.

DOLCI

Crema di mascarpone

Mascarpone-Creme
(Abbildung unten)

3 Eier
100 g Zucker
200 g Mascarpone
1 kleines Glas Rum

Eigelb und Eiweiß trennen. Die Eigelbe mit dem Zucker in einer Schüssel verquirlen. Den Mascarpone zugeben und kräftig mit dem Schneebesen verrühren. Mit dem Rum aromatisieren. Die Eiweiße steif schlagen und unter den Mascarpone heben. Die Creme auf Dessertschalen verteilen und einige Stunden in den Kühlschrank stellen. Mit kleinen Biskuits aus Mürbeteig servieren.

Rosumada

Rotwein mit Ei

4 Eigelb
50 g Zucker
3–4 Gläser Rotwein (Barbera oder Barbaresco)

In einer Schüssel die Eigelbe mit dem Zucker zu einer fast weißen, lockeren Masse verquirlen. Unter ständigem Schlagen mit dem Schneebesen nach und nach den Rotwein zufügen. Die Mischung in rustikale Gläser gießen und servieren.

Rosumada ist ein typisches Mailänder Getränk, das vormittags oder am späten Nachmittag getrunken wird. Im Sommer wird der Rotwein häufig durch eiskaltes Wasser oder durch sehr kalte Milch ersetzt.

Sbrisolona

Mandelkuchen

Für 6–8 Personen

300 g Weizenmehl
100 g Maismehl
100 g Butter
100 g Schmalz
200 g geschälte Mandeln
200 g Zucker
2 Eigelb
abgeriebene Schale von 1 Zitrone
einige Tropfen Vanille-Backöl

Beide Mehlsorten in eine Schüssel sieben. Butter und Schmalz untermengen und kneten, bis ein feinkrümeliger Teig entstanden ist. Die Mandeln fein hacken und zusammen mit dem Zucker unter den Teig mengen. Eigelbe, Zitronenschale und Vanilleöl zugeben und alles zu einem festen, glatten Teig verarbeiten.

Den Teig in eine eingefettete Springform geben, glattstreichen und im vorgeheizten Backofen bei 160 °C etwa 45 Min. backen. 10 Min. in der Form abkühlen lassen und dann auf ein Kuchengitter stürzen. Der Kuchen hält sich einige Tage.

Der italienische Namen dieses Mandelkuchens, der vor allem in Mantova sehr beliebt ist, rührt daher, daß er beim Zerteilen leicht bröselt (*sbriciolare* bedeutet zerkrümeln).

Monte bianco

Maronenpüree mit Sahne

Für 6 Personen

600 g Maronen
500 ml Milch
1 Vanilleschote
100 g Puderzucker
50 g Kakao
2 cl Rum
200 g Schlagsahne

Die Maronen mit einem scharfen Messer an der spitzen Seite einritzen, auf ein Blech legen und im vorgeheizten Backofen bei 250 °C etwa 20 Min. backen, bis die Schalen aufspringen. Herausnehmen, kalt abschrecken und schälen. Maronen mit der Milch und der aufgeschlitzten Vanilleschote in einen Topf geben und weich kochen (etwa 45 Min.). Die Milch wird dabei fast ganz aufgesogen.

Die Vanilleschote entfernen und die Maronen pürieren. Puderzucker, Kakao und Rum zugeben und mit dem Püree zu einer glatten Masse verrühren.

Die Sahne steif schlagen. Das Püree auf Dessertschälchen verteilen und mit etwas Schlagsahne garnieren.

DIE LOMELLINA

Zwischen den Flüssen Po, Ticino und Sesia, etwa 30 Kilometer südwestlich von Mailand, erstreckt sich die flache Lomellina, die Korn- und Reiskammer Italiens. Am Anfang war hier nur Sumpf. Ab dem Jahr 1000 machten Mönche die Lomellina durch Trockenlegung allmählich urbar. Im 15. Jahrhundert schließlich begann der Reisimport aus Spanien, und angeblich soll Leonardo da Vinci das Kanalsystem zur Bewässerung der Reisfelder projektiert haben.

Die Lomellina ist auch eine Salami-Hochburg. Die Schweinezucht entwickelte sich infolge der Grana- und Gorgonzola-Herstellung, mit deren Abfallprodukten die Schweine gefüttert wurden. Spanferkel galten auch als Zahlungsmittel für die Landarbeiter, die sich somit eine kleine Zucht aufbauen konnten. Unmittelbar nach der Schweineschlachtung wurden mittags die Filets mit gerösteten Zwiebeln auf einem Polentabett serviert. Abends gab es ein Bankett mit Rippchen, Salami, Risotto, Wirsing und Schweinsfüßen. Die verschiedenen Würste bewahrte man monatelang unter Fett auf und verzehrte sie zu genau festgelegten Zeiten. Nierchen kamen mit Trüffeln auf die Teller, und die Lende ließ man eine Woche abhängen und schmorte sie dann im besten Wein, den man ebenfalls für die Wurstmasse verwendet hatte.

Auch Rindfleisch ist beliebt und wird hier meist als gekochtes oder geschmortes Ragout serviert. Sehr begehrt ist das sogenannte »fünfte Viertel« – die Innereien. Neben Fleisch spielen auch Aale und Frösche eine große kulinarische Rolle, die die überfluteten Reisfelder in Mengen bevölkern. Eine Spezialität ist Aal in Rotwein oder Aal mit Petersilie und Zitrone im Tontopf, in der Glut gegart.

Oca farcita

Gefüllte Gans

Für 6–8 Personen

100 g getrocknete Pflaumen
1 küchenfertige Gans etwa 3–4 kg schwer
300 g Salsiccie
2 Äpfel, am besten Renette
200 g geröstete und geschälte Maronen
10 geschälte Haselnüsse
200 g Speck oder Schinken
20 g Butter
Brühe oder Wasser

Die getrockneten Pflaumen einen halben Tag in lauwarmem Wasser einweichen.

Die Gans säubern und das Brustbein entfernen, damit sie leichter zu füllen ist. Wurst, Äpfel, Maronen, Pflaumen und Haselnüsse grob zerkleinern und mit den Händen vermengen. Die Gans damit füllen und die Öffnung mit Küchengarn zunähen. Anschließend die Gans mit Speck oder Schinken rundherum belegen und mit Küchengarn umwickeln. Die Gans mit der Butter in einen Bräter geben und im vorgeheizten Backofen bei 200 °C etwa 3 Std. garen. Hin und wieder wenden und gegebenenfalls mit etwas heißer Brühe oder Wasser übergießen.

Anders als Hühner sind Gänse keine Stallvögel. Erfahrene Gänsezüchter sorgen daher für ausreichend Weideland, auf dem sich die Tiere bewegen können. Gänse sind außerdem gute Wächter.

Rechts: Die Lomellina ist das Zentrum der italienischen Gänsezucht. In manchen Lokalen werden Menüs ausschließlich von der Gans angeboten – bis hin zum Dessert.

GÄNSEZUCHT

Der Mailänder Herzog Ludovico Sforza, genannt il Moro (1452–1508) förderte nicht nur Künstler wie Bramante und Leonardo, trieb nicht nur den Ausbau seines Kastells voran, sondern kümmerte sich auch um die Agrarprobleme seines Landes. So schuf er zum Beispiel günstige Grundbedingungen für die Gänsezucht in der Lomellina, als er die Ansiedlung einer jüdischen Kolonie in der Nähe von Mortara befürwortete und unterstützte. Da den Anhängern des jüdischen Glaubens der Genuß von Schweinefleisch untersagt ist, griffen sie gern auf das von den Rabbinern als rein und koscher bezeichnete Gänsefleisch zurück.
Ähnlich wie bei Schweinen kann man von Gänsen so gut wie alles verwenden. Die Federn ergeben warme Kissenfüllungen, ihr Fett gilt als delikates Würzmittel, ihr Fleisch ist nahrhaft und wohlschmeckend, und die Leber kann zu Pasteten verarbeitet werden. Außerdem sind Gänse ähnlich leicht zu halten wie Schweine.
Unter kulinarischen Gesichtspunkten steht die Gans der Ente nahe, wobei die Gans allerdings immer durchgebraten werden muß. Die Ursache hierfür liegt in dem vergleichsweise hohen Fettgehalt des Gänsefleisches. Dieser Fettgehalt hat der Gans auch den Ruf einer schweren und kaum verdaulichen Speise eingebracht, doch dies zu Unrecht, denn Gänsefleisch kann wunderbar leicht und zart sein, wenn man es während der Zubereitung fachgerecht entfettet.
Heute werden die Gänse der Lomellina hauptsächlich ihrer Leber wegen gezüchtet. Die Fettleber gemästeter Tiere war in Frankreich unter dem Namen *foie gras* schon immer als besondere Spezialität bekannt. In Italien hat man sie inzwischen wiederentdeckt. Doch aus der Gans läßt sich noch mehr machen. Aus Mortara kommt etwa eine köstliche Gänsesalami. Für die *salame d'oca* füllt man eine Mischung aus Gänsefleisch und Gänsefett in die Haut des langen Gänsehalses, die dann sorgfältig abgebunden wird.
Ebenso wie Truthahn und Kapaun wird die Gans gern an Weihnachten gegessen. Man bereitet das Tier entweder im Ganzen in einem großen Bräter zu oder zerlegt es und schmort die einzelnen Teile im Topf.

Petto d'oca in crescione

Gänsebrust mit Brunnenkresse
(Abbildung unten)

40 g Sultaninen
1/2 Glas Weinbrand
30 ml Olivenöl
1/2 Gänsebrust, etwa 400 g schwer
500 ml Gemüsebrühe
1 Bund Suppengemüse, gewürfelt
4 Bund Brunnenkresse
1 TL Aceto balsamico
Salz
Kerne von 1 Granatapfel
20 g geröstete Pinienkerne

Die Sultaninen etwa 3 Std. in Weinbrand einweichen. In einer Kasserolle etwas Öl erhitzen und die Gänsebrust darin anbräunen. Die Gemüsebrühe angießen, gewürfeltes Gemüse zufügen, den Deckel schließen und im vorgeheizten Ofen bei 180 °C weitergaren. Die Gänsebrust sollte immer zu einem Drittel mit der Gemüsebrühe bedeckt sein. Am Ende der Garzeit sollte die Gänsebrust innen noch leicht rosa sein. Um ganz sicher zu gehen, kann mit einem Fleischthermometer nachgemessen werden. Wenn die Temperatur im Innern 63 °C beträgt, ist die Gänsebrust genau richtig. Die Kresse waschen und trockentupfen. Etwas Olivenöl mit dem Aceto balsamico und ein wenig Salz zu einem Dressing verrühren. Die Kresse auf Teller verteilen und mit der Hälfte des Dressings beträufeln. Die noch lauwarme Gänsebrust in Scheiben schneiden und auf das Kressebett legen. Gemüsewürfel, Granatapfel- und Pinienkerne sowie Sultaninen darüber verteilen und mit dem restlichen Dressing beträufeln.

IM RISTORANTE

Obwohl in Italien sehr viel Wert auf eine gute häusliche Küche gelegt wird, kommt der Restaurantbesuch immer mehr in Mode. Besonders in den wohlhabenden Städten der nördlichen Landesteile geht man gern essen. Viele Frauen sind hier berufstätig und sehen ihre Aufgabe nicht mehr ausschließlich in der Versorgung von Kindern, Haushalt und Küche. Wenn die geschäftigen Lombarden und Lombardinnen abends nach Hause kommen und feststellen, daß mal wieder keine Zauberhand eingekauft und gekocht hat, bietet sich der Gang ins Ristorante an der Ecke an. Zu festlichen Anlässen lädt man auch Freunde und Verwandte in ein besonders gutes oder durch zahlreiche »Testessen« für gut befundenes Lokal ein.

Im Süden Italiens stellt sich die gastronomische Situation nach wie vor etwas anders dar. Hier wohnen und leben die Generationen häufig noch zusammen, und wenn *mamma* keine Zeit hat, auf den Markt zu gehen, dann kann *nonna* das übernehmen. Genauso wie *nonna,* die Großmutter, meist die besten Rezepte und einschlägigsten Küchentricks kennt und an die Töchter weitergibt. Große Feste werden im Süden traditionell zu Hause gefeiert. Man besucht sich gegenseitig und tafelt ausgiebig – wenn es der Anlaß hergibt, auch mehrere Tage lang.

Für einen Restaurantbesuch in Italien muß ein bißchen Zeit eingeplant werden, denn schnell konsumierbare Tellergerichte, die höchstens von einer Nachspeise gekrönt werden, sind weitgehend unbekannt. Statt dessen hält man vor allem abends an einer mindestens viergängigen Speisefolge fest. *Antipasto, primo piatto, secondo piatto* und *dolce,* Vorspeise, erster Gang, zweiter Gang und Dessert, sind das mindeste. Dieses Menü kann natürlich durch diverse zusätzliche Zwischengerichte erweitert werden.

Bei der Auswahl der Weine sollte man sich vom Kellner oder vom Sommelier beraten lassen. Dabei braucht es nicht immer ein Flaschenwein zu sein. Viele gute italienische Restaurants halten hervorragende offene Weine bereit, die direkt aus der Region stammen und oftmals den besten Einblick in die örtliche Weinkultur geben.

Der *antipasto* besteht meist aus kleineren Leckereien, die den Appetit anregen und den Aperitif begleiten sollen. Sehr beliebt ist nach wie vor der *antipasto misto,* der klassische italienische Vorspeisenteller mit eingelegtem oder gebratenem Gemüse, gefüllten Pilzen, Wurst- und Schinkenspezialitäten, fleischigen Oliven und anderen Kleinigkeiten der Saison. Oft gibt es eine Vitrine, in der das Angebot ausgestellt wird, so daß der Gast seinen Vorspeisenteller selbst zusammenstellen kann. In manchen Restaurants kommt der Kellner auch mit einem Vorspeisenwagen an den Tisch. An der Küste liebt man den *antipasto misto di mare.* Hierbei handelt es sich um einen ganz frischen Salat aus Krusten- und Schalentieren, der nur mit etwas Öl und Zitronensaft angemacht wird.

Der *primo,* der erste Gang, ist meist ein Nudel- oder Reisgericht. Wer sich mit einem ganzen Teller Spaghetti überfordert sieht, kann in der Regel problemlos eine halbe Portion bestellen.

Il secondo, der zweite Gang, besteht aus Fisch oder Fleisch. Es ist üblich, zu diesem Gang eine Beilage, ein *contorno* zu ordern, denn auf dem Teller wird sich nichts außer dem bestellten Stück Fisch oder Fleisch und allenfalls noch etwas Garnitur befinden. Als Beilage werden gedünstete Gemüse angeboten, im Norden natürlich auch Polenta.

Zuletzt folgt das süße Dessert. Dieser Gang kann allerdings auch aus einer kleinen Käseplatte oder einer Frucht bestehen. Wer in seinem Magen noch ein wenig Platz hat, sollte nicht zögern, eine regionale Süßspeise zu probieren, denn Italien hat köstliche Desserts zu bieten.

Nach solchen Genüssen braucht der Magen ein wenig Verdauungshilfe. Als Digestif stehen verschiedene und nach den Aussagen ihrer Anhänger hochwirksame Gebräue zur Verfügung. Im Norden schwört man auf einen kräftigen Schluck Grappa, je weiter südlich man kommt, wird dagegen eher ein Kräuterschnaps angeboten. Auch ein Espresso kann die Mahlzeit abrunden.

Vorspeisen
Italienische Vorspeisen sind in der Regel kalt servierte Spezialitäten aus der Region. Sie sollen den Appetit anregen und den Gaumen auf die kommenden Gänge einstimmen.

Gerichte für den ersten Gang
Der *primo* ist fast immer ein Nudel-, Reis- oder Gnocchi-Gericht. Er dient dazu, den ärgsten Hunger zu bekämpfen und Ruhe für den Hauptgang zu schaffen.

Hauptgerichte mit Fisch
Bei den Hauptgerichten hat der Gast die Wahl zwischen Fisch und Fleisch, deshalb werden beide Optionen getrennt aufgeführt. Oftmals bietet der Wirt oder Kellner am Tisch an, was gerade ganz frisch in die Küche gekommen ist. Soll der Fisch als Zwischengericht vor dem Fleischgang gegessen werden, wird der Koch die Portion entsprechend verkleinern.

Hauptgerichte mit Fleisch
Italienische Speisekarten sind selten verbindlich. Wer eine andere als die aufgeführten Fleischzubereitungen essen möchte, kann den Kellner danach fragen. Meist wird der Wunsch des Gastes möglich gemacht. Fleisch kann als alleiniger Hauptgang, aber auch als Hauptgang nach einem Fischgericht serviert werden.

Beilagen
In Italien gibt es keine kompletten Tellergerichte, das heißt, Fisch oder Fleisch des Hauptgangs werden ohne Beilagen serviert. Wer eine oder mehrere Beilagen wünscht, muß sie gesondert ordern.

MENU

Antipasti

Bresaola condita	*EUR*	*9,00*
Insalata frutti di mare	*EUR*	*9,00*
Insalata Caprese	*EUR*	*8,00*
Vitello tonnato	*EUR*	*9,00*

Primi Piatti

Spaghetti alla trapanese	*EUR*	*10,00*
Penne all'arrabbiata	*EUR*	*8,00*
Pappardelle sulla lepre	*EUR*	*14,00*
Gnocchi con la ricotta	*EUR*	*10,00*
Risotto nero	*EUR*	*11,00*

Secondi di Pesce

Baccalá alla vicentina	*EUR*	*19,00*
Filetti di lavarello in carpione	*EUR*	*20,00*
Involtini di pesce spada	*EUR*	*22,00*
Triglie in cartoccio	*EUR*	*19,00*
Calamari ripieni in teglia	*EUR*	*17,00*

Secondi di Carne

Cinghiale alla cacciatora	*EUR*	*19,00*
Scaloppine al limone	*EUR*	*18,00*
Bue brasato al Barolo	*EUR*	*19,00*
Saltimbocca alla romana	*EUR*	*18,00*
Coniglio con olive taggiasche	*EUR*	*19,00*

Contorni

Radicchio al forno	*EUR*	*7,00*
Melanzane alla menta	*EUR*	*5,00*
Puntarelle in salsa di alici	*EUR*	*5,00*
Insalata mista	*EUR*	*4,00*

Dolci

Macedonia di frutta	*EUR*	*7,00*
Tiramisù	*EUR*	*7,00*
Zuppa Inglese	*EUR*	*8,00*
Frutta varia di stagione	*EUR*	*5,00*

Formaggi

Ricotta fresca	*EUR*	*6,00*
Selezione di formaggi	*EUR*	*10,00*

Vini

Rosso della casa ½ lt	*EUR*	*10,00*
¼ lt	*EUR*	*5,00*
Bianco della casa ½ lt	*EUR*	*10,00*
¼ lt	*EUR*	*5,00*

Bibite

Acqua naturale ½ lt	*EUR*	*2,00*
Acqua gassata ½ lt	*EUR*	*2,00*
Coca Cola 33 cl	*EUR*	*3,00*

Birre

Nastro Azzurro 33 cl	*EUR*	*3,00*
Heineken 33 cl	*EUR*	*4,00*

Digestivi

Grappa	*EUR*	*5,00*
Amaro	*EUR*	*5,00*
Coperto e servizio	*EUR*	*3,00*

Süße Desserts
Den Abschluß einer Mahlzeit kann ein süßes Dessert, manchmal auch ein Stück Obst der Saison *(frutta varia di stagione)* oder ein Fruchtsalat *(macedonia di frutta)* bilden.

Käse
Käse zum Abschluß ist ebenfalls eine beliebte Option. Die Käseauswahl *(selezione di formaggi)* besteht meist aus Produkten der Region, teilweise lassen sich hier Spezialitäten entdecken, die in keinem Geschäft zu finden sind.

Wein
In vielen italienischen Restaurants sind die Hausweine eine durchaus empfehlenswerte Wahl, denn meist handelt es sich um gute regionale Erzeugnisse, die oft besser schmekken als die eventuell angebotenen Flaschenweine.

Erfrischungsgetränke
Alle Speisekarten führen eine Auswahl an Mineralwasser sowie den international bekannten Erfrischungsgetränken. Bei der Bestellung von Wasser wird der Kellner fragen »naturale o gassata?« und meint damit »stilles Wasser oder Wasser mit Kohlensäure?«.

Bier
In der Regel werden internationale Biere zusammen mit einer oder zwei einheimischen Sorten angeboten. Die Mengenangabe 33 cl weist auf Flaschenbier hin, frisch gzapftes Bier *(alla spina)* kommt eher in ganzen Zehnerschritten. Man kann hier zwischen einer *birra piccola* (0,2 l), *media* (0,3–0,4 l) oder *grande* (bis zu 1 l) auswählen.

Digestifs
Als hochprozentige Verdauungshilfe stehen meist Tresterbrand *(grappa)*, Anisschnaps *(sambuca, mistrà, sassolino etc)*, regionaler Bitter *(amaro)* und Spezialitäten auf Kräuterbasis *(centerbe, genepy)* zur Verfügung.

Gedeck und Bedienung
Die Preise der einzelnen Speisen verstehen sich in manchen Restaurants exklusive der Kosten für die Bedienung und das Grundgedeck (also die Essig-und-Öl-Menagerie, das Brot, die Oliven zum Knabbern vorab, das Besteck etc.). Für diese Leistungen wird dann der Posten *coperto e servizio* erhoben. Andere Restaurants bieten Komplettpreise an. Falls nicht aus der Speisekarte hervorgeht, wie dies gehandhabt wird, sollte man sich beim Kellner erkundigen. Doch auch wenn die Bedienung bereits enthalten ist, freut sich das Servicepersonal immer über ein wenig Trinkgeld von einem zufriedenen Gast, das können zwischen fünf und zehn, aber, bei besonderer Leistung, auch einmal fünfzehn Prozent des Rechnungsbetrags sein.

Kleines Wörterbuch der Zubereitungsarten

al forno: im Ofen überbacken
alla casalinga: nach Hausfrauenart
alla griglia: gegrillt
all'uovo: mit Ei
al pomodoro: mit Tomaten
arrabbiato: scharf, mit Peperoncini
arrosto: gebraten
bollito: gekocht
brasato: geschmort
con aglio: mit Knoblauch
con cipolla: mit Zwiebel
con latte: mit Milch
con limone: mit Zitrone
con olio: mit Öl
con panna: mit Sahne
cotto: gekocht
crudo: roh
fritto: fritiert
gratinato: gratiniert, überbacken
in agro: sauer eingelegt
in agro-dolce: süß-sauer eingelegt
in brodo: in einer Brühe
in marinata: mariniert
in padella: aus der Pfanne
in umido: in Sauce geschmort oder gedünstet
magro: mager
ripieno: gefüllt
sott'aceto: in Essig eingelegt
sott'olio: in Öl eingelegt

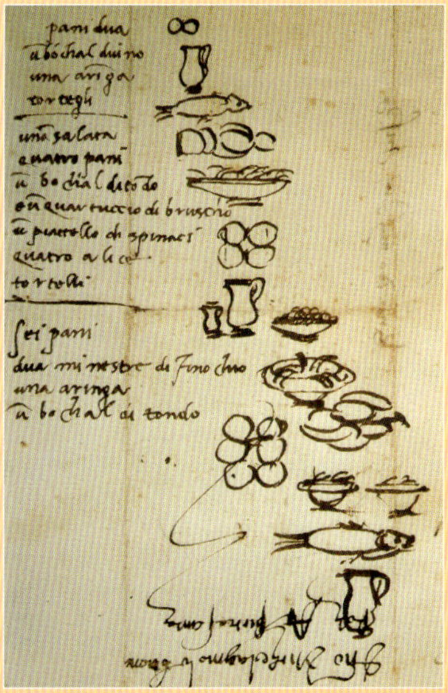

Michelangelo Buonarroti, *Drei Auflistungen von Speisen,* Bleistift, 21,3 x 14,5 cm, Casa Buonarroti, Florenz

Die italienische Speisekarte

Viele Restaurants haben zwar eine Speisekarte, doch die Gäste sehen eigentlich nie hinein. Niemand weiß so recht, warum man sich eigentlich die Mühe gemacht hat, sie drucken zu lassen. Die Tageskarte beziehungsweise die mündliche Empfehlung des Kellners, des Kochs oder gar des Inhabers gelten als weitaus verläßlichere Informationsquellen, wenn es um die Zuammenstellung des Menüs geht. Die frischen Tagesgerichte werden in der Regel mehr oder weniger leserlich und mit mehr oder weniger verständlichen dialektalen Begriffen ausgeschmückt auf einer Schiefertafel notiert. Doch keine Bange, wenn Sie daraus nicht schlau werden. Niemand würde hier ernsthaft von einem Gast verlangen, daß er stumm auf die Tafel starrt und danach seine Bestellung aufgibt. Ein wichtiger Ritus des Restaurantbesuchs besteht nämlich in der ausführlichen Diskussion mit dem Personal. In vielen Restaurants existiert deshalb keine schriftliche Karte. Vielmehr kommt der Kellner an den Tisch und zählt auf, was es Gutes gibt. Manchmal berät auch der Koch den Gast am Tisch oder fragt, was er essen möchte. Da die einzelnen Regionen Italiens streng an ihren kulinarischen Traditionen und Nomenklaturen festhalten, läßt man sich, sofern man nicht zufällig aus der Gegend stammt, sämtliche angebotenen Gerichte erst einmal erklären. Dabei darf man auch ruhig nach den Zutaten und der Zubereitungsart fragen. Das Personal wird dies nicht als Zeichen mangelnden Vertrauens in die Fähigkeiten des Kochs interpretieren, sondern darin das Interesse des Gastes an einem gelungenen Abend sehen. Doch was tun, wenn einem die diskutierten Gerichte nicht zusagen? Kein Problem, dann erklärt man einfach, was man möchte, und läßt notfalls in der Küche nachfragen, ob die erforderlichen Zutaten im Hause sind. Zur Information des Kochs skizziert man gleich noch die Zubereitungsart. Will man den Spinat mit oder ohne Zwiebeln und Knoblauch? Liebt man es scharf oder kann man Peperoncini nicht ausstehen? Dies alles sind Dinge, die der Koch nicht wissen kann, deren Mitteilung er aber keineswegs als peinliche Einmischung verstehen wird, sondern als Hinweise, die ihm helfen, den Gast restlos zufriedenzustellen.

DER ARBEITSTAG EINES KÜCHENCHEFS

In den Küchen der gehobenen Gastronomie herrscht eine strenge Hierarchie: An unterster Stelle steht der »einfache Koch«, über ihm haben der Demi-Chef de Partie und der Chef de Partie das Sagen, über denen steht der Sous-Chef, und wiederum darüber thront der Küchenchef oder auch der Küchendirektor, wenn es sich um ein sehr großes Haus handelt.

Der Küchenchef ist der unanfechtbare Herrscher im Küchenreich. Nur ihm – oder in seiner Abwesenheit dem Sous-Chef – steht es zu, beim Abschmecken souverän zu entscheiden, wo die letzte Würze fehlt. Ohne überzeugendes Können der gesamten Küchenbrigade wäre es jedoch auch dem besten und vielseitigstem Chefkoch nicht möglich, in die internationale Spitze der Gastronomie aufzusteigen. Sofern es kein Personal für den Einkauf gibt, beginnt der Arbeitstag eines Chefkochs sehr früh. Zwischen drei und vier Uhr morgens besorgt er auf dem Gemüse- oder Fischmarkt die Zutaten, die am Tage frisch verarbeitet werden sollen. Im Laufe des Vormittags werden die Waren angeliefert, die am vorangegangenen Tag beim Fachhändler geordert wurden. Vor der Bestellung mußte der Küchenchef die Preise aushandeln und die benötigte Menge kalkulieren. Braucht man Rehrücken für 20 Abendgäste, oder steht ein Geschäftsessen mit 60 Teilnehmern im Terminkalender? Bei Anlieferung prüft der Chef die Qualität der Waren. Er überzeugt sich davon, ob Fleisch- und Molkereiprodukte wirklich frisch sind, und ob die Preise und die Mengen stimmen. Danach folgt die Besprechung der aktuellen Speisekarte sowie eine Abstimmung mit dem Servicebereich, denn es gilt zu klären, ob bestimmte Gäste mit speziellen Sonderwünschen zu erwarten sind. Zwischen elf und halb zwölf wird in der Küche mit dem Vorkochen begonnen. Suppen werden zubereitet, Saucen vorbereitet und Braten in die Röhre geschoben. Der Chefkoch legt mit Hand an, schmeckt ab und koordiniert vor allem die einzelnen Abläufe. Nach dem Mittagsgeschäft wird eine Pause eingelegt. Der Küchenchef geht durch das Restaurant und prüft, ob alles in Ordnung ist. Am Nachmittag beginnen die Vorbereitungen für den Abend.

Darüber hinaus ist der Küchenchef verantwortlich für die Erstellung neuer Speisekarten. Er entscheidet über die Preisgestaltung und kümmert sich um die passenden Weine. Außerdem muß er die Lagerhaltung an Getränken und Lebensmittel sowie die Verfügbarkeit an Töpfen, Pfannen und Geschirr sicherstellen. Er hat auch das letzte Wort hinsichtlich der Personalpolitik in seinem Bereich. Er fertigt die Dienstpläne an und entscheidet, wer in seiner Küche mitkochen darf und wer nicht.

Unten: Konzentrierte Arbeit im Reich von Küchenchef Antonio Marangi im Mailänder Restaurant Giannino.

Kasserolle (casseruola con 4 colapasta a spicchio e coperchio)
Zum Kochen von unterschiedlichen Nudelsorten mit verschiedenen Garzeiten.

Sauté (sauté a sponda dritta)
Diese Pfanne wird ständig im Kreis bewegt, damit die Zutaten nicht schmoren und so ihren frischen Geschmack bewahren.

Nudeltopf (pentola cilindrica)
Ist für Spaghetti und sämtliche anderen langen Nudelsorten wie *bucatini* oder *trenette* geeignet, aber auch dazu, Brühen zuzubereiten.

Nudelsieb (colapasta sferica 3 piedi)
Ein Nudelsieb aus Stahl gewährleistet größere Hygiene. Plastik löst sich unter Hitzeeinwirkung mit der Zeit auf.

Antihaft-Grillpfanne (rostiera antiaderente)
Ideal für die Zubereitung von Fleisch- und Gemüsegerichten im Ofen.

Couscous-Topf (pentola per cous cous)
Wird in Sizilien und auf der sardischen Insel Carloforte für den arabisch-sizilianischen *cusucusu* und die tunesische *cashka* benutzt.

Auflaufform (tegame svasato a 2 manici)
Zum Fritieren für kleine Fische, Omelettes und viele Gerichte geeignet, die in wenigen Minuten fertig sind.

Flache Kasserolle (casseruola bassa)
Sie ist für Schmorbraten geeignet, die eine verlängerte Kochzeit auf kleiner Flamme benötigen.

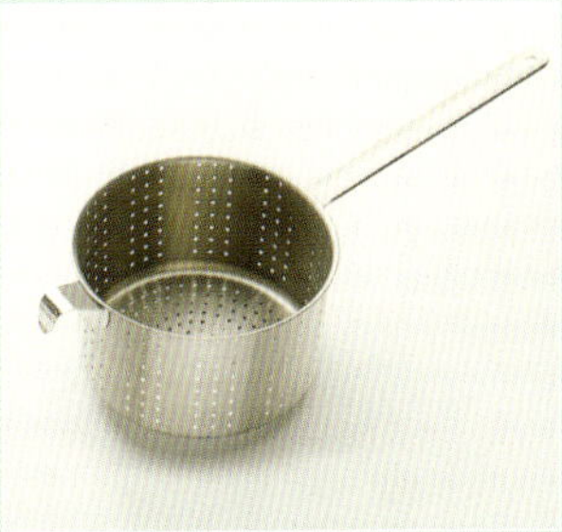

Nudeltopf mit Abtropfsieb (scaldapasta a 1 manico con fondo piano)
Die gegarten Nudeln werden mit diesem Abtropfsieb direkt aus dem Wasser gehoben.

Kasserolle mit Stiel (casseruola fonda a 1 manico)
Für das Garen im Wasserbad geeignet oder zur Zubereitung von Saucen oder Polenta.

Kasserolle (casseruola fonda a 2 manici)
Vielfältig verwendbarer Topf, geeignet sowohl für Schmorbraten als auch für Kochfleisch und zur Zubereitung von Brühen.

Antihaftpfanne (padella antiaderente)
Zum Braten bei starker Hitze und mit wenig Fett. Auch zum Anbraten von gekochtem Gemüse mit Olivenöl und Knoblauch.

Pfanne (padella a sponda obliqua medio peso)
Sie sollte aus Edelstahl oder Kupfer sein.

Fischtopf (romboniera con griglia e coperchio)
Dieser Topf wird für den Butt benutzt.

Fischtopf (romboniera con griglia e coperchio)
Im Einsatz kann der Fisch im Sud kochen.

Fritiertopf (padella per fritto alta con paniere)
Im Einsatz kann das Fritiergut abtropfen.

Länglicher Fischtopf mit Abtropfeinsatz (pesciera con griglia e coperchio)
Zur Zubereitung länglicher Fische in Brühe oder im Wasserdampf.

Spitz zulaufendes trichterartiges Sieb (chinois a maglia fine)
Zum Passieren aller Saucen und Suppen am Ende der Zubereitung.

Feines Metallsieb (colino semisferico a rete fina)
Zum Pürieren oder zum Durchseihen von Brühen, Suppen und Saucen.

Schaumlöffel (schiumarola a rete fine)
Um Fritiertes, von Gemüse über Mozzarella im Teigmantel bis zu Fisch, aus der Friteuse zu heben und abtropfen zu lassen.

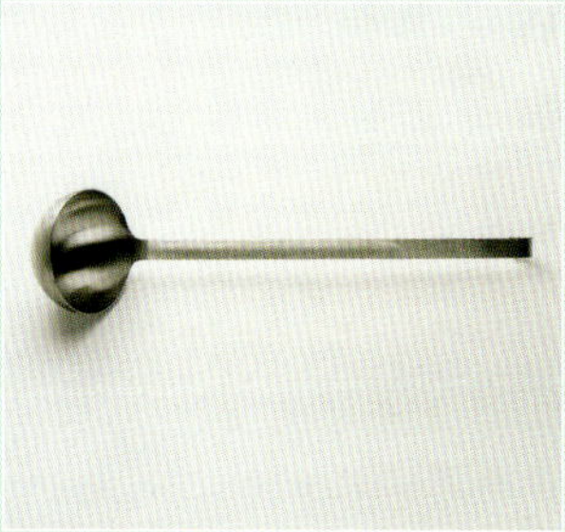

Suppenkelle (mestolo fondo)
Mit einer Kelle kann man Suppen umrühren und mühelos und sauber auf tiefe Teller schöpfen.

Spatel (paletta con fori per pesce)
Der Spatel mit Löchern ist praktisch, um Fisch aus einer Brühe oder aus Bratfett zu heben.

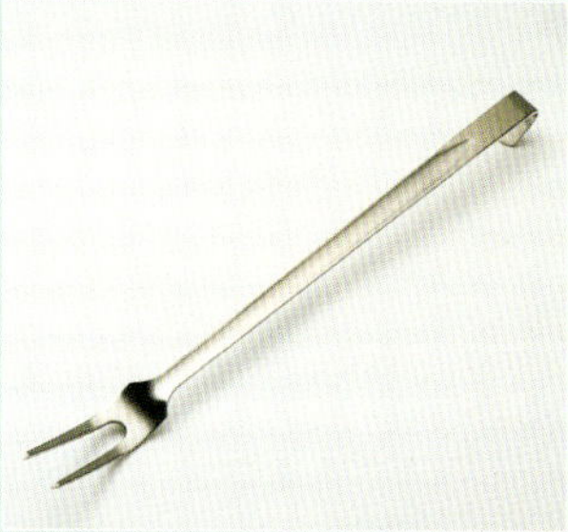

Große Gabel (forchettone unipezzo a 2 denti)
Um Braten zu wenden, aus der Form zu heben und zum Festhalten beim Schneiden.

Großer Löffel (cucchiaione fondo)
Vielseitig verwendbar, unter anderem auch dazu, *quenelles* zuzubereiten. Mit Hilfe von zwei eingeölten Löffeln entsteht die Form.

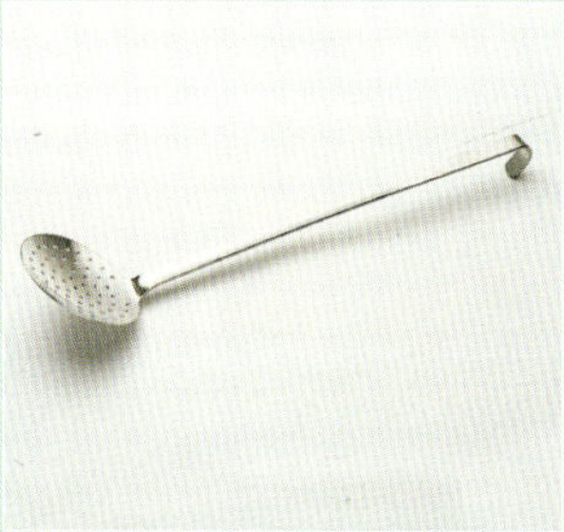

Schaumlöffel (schiumarola)
Hat viele Verwendungsmöglichkeiten: Gnocchi zum Beispiel werden sorgfältig Stück für Stück aus dem Kochwasser gehoben.

Spatel (palettina senza fori)
Sehr nützlich, um Gerichte aus Auflaufformen zu heben, ohne daß die Speisen zerfallen.

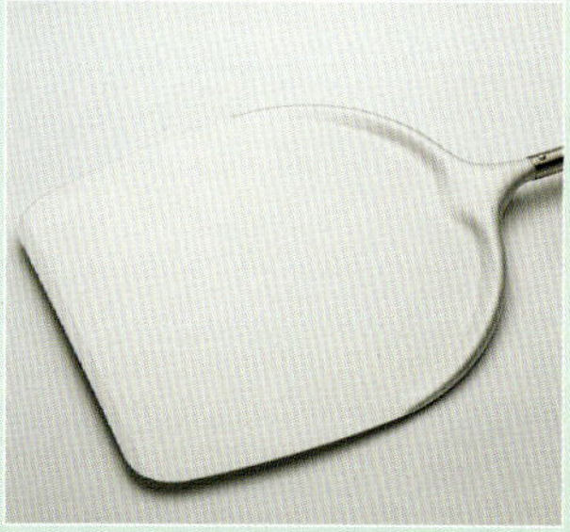

Flaches Holzbrett mit Griff, um heiße Pizza aus dem Ofen zu holen (pala piatta rettangolare per pizza)
Für die großen, tiefen Holzöfen.

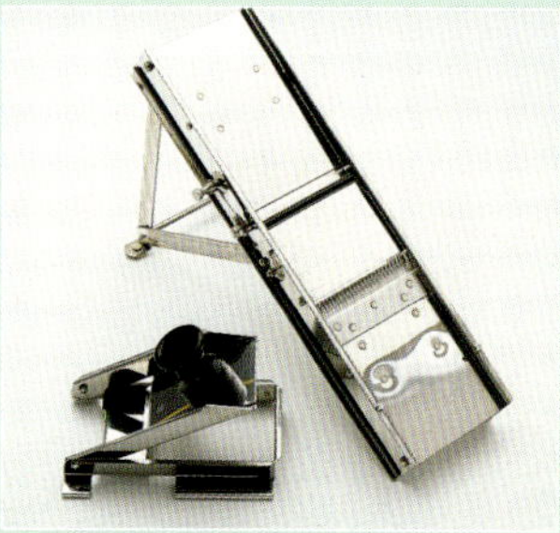

Gemüseschneider (tagliaverdure a mandolino)
Um Gemüse von Hand und zugleich schnell wie eine Maschine zu schneiden.

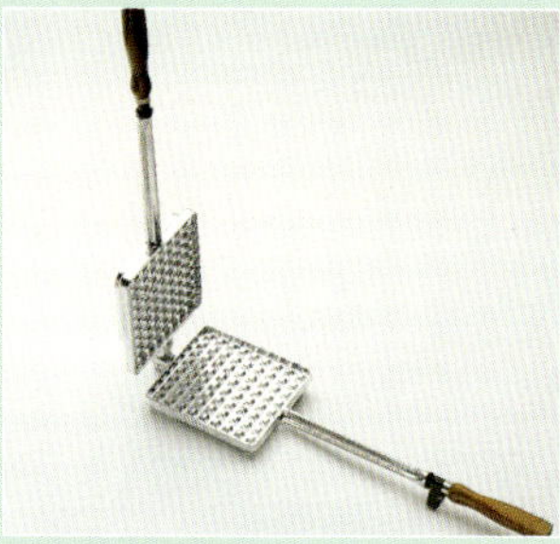

Waffeleisen (tostatore in alluminio per gauffres e cialde)
Für die *cialde alla fiorentina* oder *brigidini*.

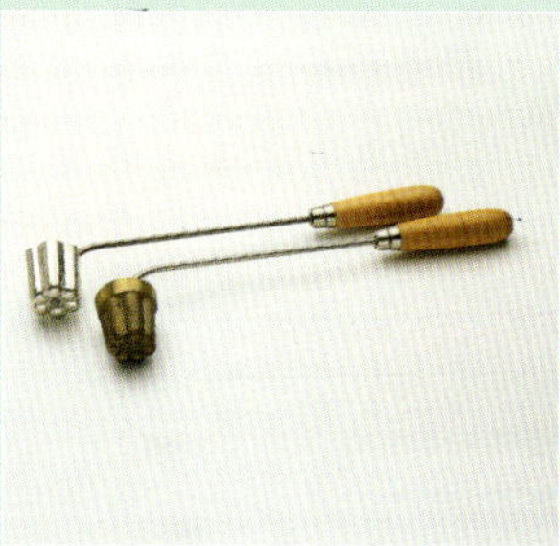

Gerät zum Formen von mürben Pastetenformen (stampo per crostatine in lega di ottone)

Stampfer (stampo per passatelli)
Der Teig für die *passatelli* wird mit dem Stampfer direkt in die Brühe gedrückt.

Pfanne für Kastanien (padella per castagne)
Zum Rösten von Kastanien ohne Fett.

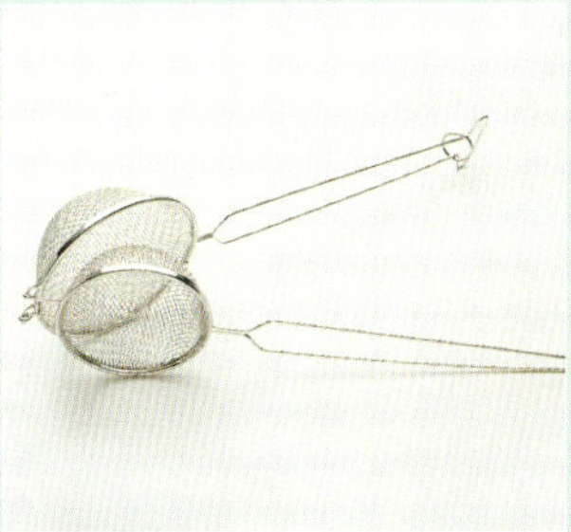

Fritierkörbchen für Nester (paniere per nidi, filostagno)
Zum Beispiel für die Zubereitung von zu Nestern aufgerollten Tagliatelle.

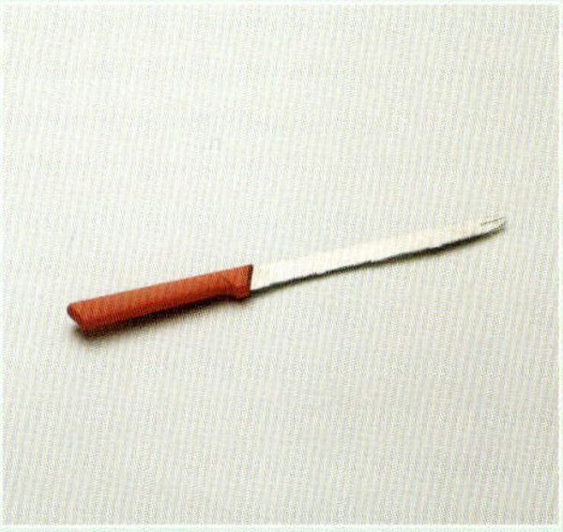

Zitronenschneider (tagliamino)
Das lange, dünne, gezackte Messer ist mit einer doppelten Spitze versehen, um die Scheiben anheben zu können.

Reibe für Muskatnuß und Zitronenschale (grattugia per noce moscata e buccia di limone)
Muskat gehört bei vielen Rezepten dazu.

Nudelholz (mattarello)
Vor allem genutzt zur Herstellung der *pasta fresca,* des Teiges für Tortellini, Ravioli, *quadrucci* und Tagliatelle.

Mörser (mortaio in marmo)
Es ist besser, Saucen wie den Pesto in Mörser zuzubereiten, da die Metallklinge der Mixer das Basilikum verfärbt.

Fleischwolf (tritacarne)
Auch in Italien sind Hamburger oder *polpette,* Frikadellen in allen Variationen sehr beliebt.

Rührschüssel (bacinella bombata)
Sehr nützlich, um Sahne oder Eiweiß zu schlagen oder auch Obst und Gemüse zu pürieren.

Zitronenpresse (Spremi spicchi per agrumi)
Damit lassen sich Fisch und Fleisch beträufeln, ohne die Hände zu benetzen.

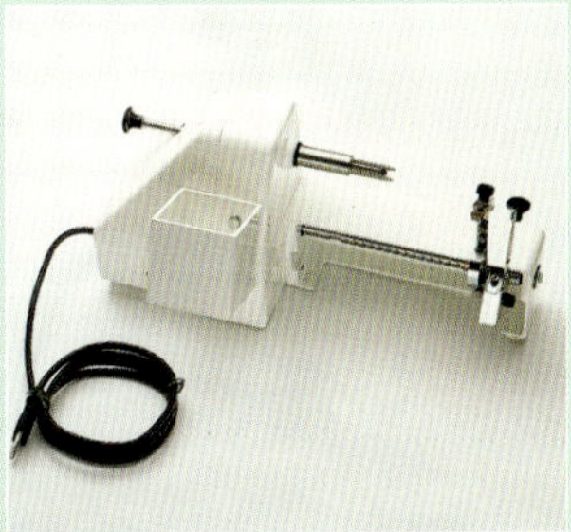

Fruchtschäler (pela e affetta mele »Kali«)
Damit lassen sich Äpfel im Nu perfekt schälen und entkernen.

Kartoffelpresse (schiacciapatate professionale)
Zum Zerdrücken von gekochten Kartoffeln, etwa bei der Zubereitung von Gnocchi.

Mehlschaufel (paletta per la farina)
Mehl ist in der italienischen Küche allgegenwärtig – und genauso die Mehlschaufel aus Holz, an der Mehl nicht anhaftet.

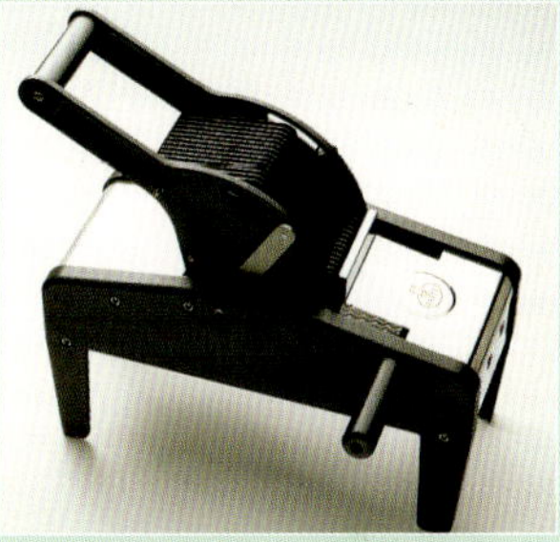

Tomatenschneider (affettapomodori »Econo pro«)
Zum schnellen Aufschneiden von Tomaten in gleichmäßig dicke Scheiben.

Spaghettizange (molla per spaghetti)
Hilfreich, um Spaghetti ohne große Mühe aus der Schüssel auf den Teller zu geben.

Schneckenzange (molla per lumache)
Zum Festhalten der Schnecken, ohne sich die Hände schmutzig zu machen.

Schuppenmesser mit Holzgriff (squamapesce)
Zum Entschuppen von Fischen.

Schneebesen (frusta)
Zum Schlagen von Eiweiß wie von Fonds und Saucen, damit sie nicht einklumpen.

CREMONA UND SEINE KÖSTLICHKEITEN

Die Stadt Cremona, ein wichtiger Binnenhafen des Po, hat nicht nur musikalische Wahrzeichen in Form von weltberühmten Geigen zu bieten – Antonio Stradivari ist ein Sohn der Stadt –, sondern kann auch mit zwei kulinarischen Spezialitäten aufwarten: dem Torrone, jener manchmal ziemlich klebrigen Süßigkeit aus Honig und Mandeln, und den *mostarda* genannten kandierten Früchten in scharfem Senf. Ob überhaupt Cremona die Urheberschaft des Torrone rechtmäßig zukommt, ist allerdings noch nicht so eindeutig geklärt.

Torrone

Es wird immer wieder gern behauptet, daß der Torrone im Jahre 1441 in Cremona anläßlich der Vermählung von Bianca Maria Visconti mit Francesco Sforza erfunden wurde. So wird berichtet, daß die Zuckerbäcker der Stadt am 25. Oktober des besagten Jahres für das Hochzeitsbankett einen immensen Kuchen mit Honig und Mandeln buken, der in seiner Form dem *torrazzo,* dem großen Turm auf dem Hauptplatz der Stadt nachempfunden war. Da das Bankett auf eben jenem Hauptplatz stattfand, sollte dieses Backwerk die immerhin 6 000 Gäste ganz besonders beeindrucken, denn die Anwesenden konnten den Kuchen mit dem echten Turm vergleichen. Einer historischen Überprüfung hält diese nette Anekdote allerdings nicht stand.

Bereits die Römer pflegten zum Abschluß ihrer Festgelage, einen Kuchen aus Mandeln und Honig zu verzehren. Ein weiteres frühes Zeugnis der Süßspeise stammt aus der Zeit zwischen 1100 und 1150. Damals übersetzte ein gewisser Gherardo aus Cremona ein Buch des Arztes Abdul Mutarrif, der im spanischen Córdoba praktizierte. In diesem Werk, »De medicinis et cibis simplicibus«, lobte der Gelehrte nicht nur die guten Eigenschaften des Honigs, sondern sprach auch von einer arabischen Süßigkeit namens *turun.* Sehr wahrscheinlich hat der Torrone hier seine sprachlichen Wurzeln und nicht etwa beim *torrazzo* von Cremona. Doch wie dem auch sei, aus Cremona kommt immer noch ein sehr leckerer Torrone.

Mostarda

Das italienische Wort *mostarda* leitet sich vom französischen *moutarde* (Senf) ab, was wiederum auf den Begriff *moult ardent* (scharfer Most) zurückgeht. Früher rührte man nämlich gemahlene Senfkörner in Traubenmost ein, um eine sehr scharfe Würzpaste herzustellen. Die *mostarda di Cremona* besteht aus kandierten Früchten wie etwa Kirschen, Feigen oder Birnen, die einige Zeit in einer Mischung aus Zuckersirup und weißem Senf eingelegt werden. Das Ergebnis ist eine sehr pikante Beilage für gekochtes Fleisch, Wild oder Geflügel.

Heutzutage wird die *mostarda di Cremona* meist industriell hergestellt. Man verwendet in der Fabrik jedoch keine feinen kandierten Früchte mehr, sondern einen Fruchtkompott, den man mit einer Senfsauce vermischt. Um dem Geschmack der Käufer entgegenzukommen, hat man zudem den Schärfegrad erheblich reduziert. Wie herkömmliche industrielle Senfzubereitungen verliert auch die *mostarda* an Aroma, je länger sie angebrochen zu Hause aufbewahrt wird.

Die würzig-scharfe *mostarda di Cremona* wird als Beilage gereicht. Eine ähnliche Spezialität kennt man auch in der Toskana, wo sie *mostarda all'uso toscano* heißt.

Torrone gibt es je nach Region in verschiedenen Ausführungen. Manchmal ist die süße Spezialität sogar mit einer Schokoladenglasur überzogen.

Der imposante Campanile und der Dom mit den flankierenden Türmchen sind die bekanntesten und beeindruckendsten Gebäude Cremonas.

BISCOTTI – KEKSE

Biscotti sind aus der kulinarischen Landschaft Italiens nicht wegzudenken. Jede Region hat ihre eigenen Kekssorten, Keksformen, Keksbäcker und manchmal sogar Keksfabriken. Firmen wie Mulino Bianco oder Varesi, die übrigens beide zur Barilla-Gruppe gehören, produzieren jährlich Tonnen von *tenerezze, mattutini, gocciole* und anderen Kekskreationen. Die süßen Happen bestehen aus Biskuit-, Hefe- oder Mürbeteig, mit oder ohne Ei, mit Zucker oder Honig gesüßt, unter Beimengung von beispielsweise Kakao oder Schokolade, mit Konfitüre- oder Cremefüllung, mit Mandeln, Nüssen oder Trockenobst. Der Haupteinsatzbereich des italienischen Kekses beziehungsweise weichen Küchleins oder Gebäckriegels ist das Frühstück, denn morgens tunkt man ein oder zwei *biscotti* in den heißen *caffè latte,* wie der Milchkaffee hier heißt.

Pannocchie

Cinfalotti

Pan di Stelle

Gran Cereale

Primi Raggi

Mattutini

Spicchi di Sol

Lazzaroni und die Amaretti

Amaretti und Amarettini, die etwas kleinere Version, gibt es in den unterschiedlichsten Ausführungen: als harte, kleine Kekse, aber auch als große, halbkugelförmige Makronen von weicher Konsistenz. Wer in einer norditalienischen Bar einen Espresso bestellt, wird dazu fast immer eine solche Mandelmakrone gereicht bekommen – vorzugsweise natürlich das Original, die Amaretti di Saronno. Doch auch die Amaretti aus der piemontesischen Stadt Mombaruzzo, die wie große Bonbons von Hand in buntes Papier eingewickelt werden, gelten als besonders gut.

Die Geschichte der Amaretti reicht bis in das ausgehende 18. Jahrhundert zurück, als Kaffeehäuser immer populärer und oftmals zu Austragungsorten heftiger Debatten zwischen Künstlern, Gelehrten und den Verfechtern der jeweiligen politischen Richtungen wurden. Einige dieser Mailänder Cafés gehörten der Familie Lazzaroni. Carlo Lazzaroni (1774–1835), der Begründer der Amaretti-di-Saronno-Dynastie kaufte in seiner Heimatstadt Saronno nach und nach die kleinen Backstuben, die die Mandelmakronen seit Generationen herstellten, auf und begann mit der systematischen Vermarktung der Köstlichkeit in seinen Mailänder Kaffeehäusern. Carlos Sohn Davide (1808–1879) verließ sich nicht mehr auf die kleinen handwerklichen Betriebe, sondern erbaute die erste Keksfabrik der Lazzaroni. Hier ließ er neben den bewährten Amaretti auch Gebäck aus Eierteig und Panettone produzieren. Die nächste Generation der Lazzaroni, die Brüder Giacinto, Ernesto und Piero, gründeten schließlich die Firma Davide Lazzaroni & C., übernahmen sich aber mit dem Bau einer weiteren Fabrik, so daß sie, kurz vor dem Bankrott stehend, die Hilfe ihres Cousins Luigi (1847–1933) in Anspruch nehmen mußten. Luigi verfügte über das nötige Kapital, um die Firma zu sanieren, denn er war in Monza zu dieser Zeit bereits ein erfolgreicher Hersteller von kandierten Früchten und Likören. Unter Luigis Führung wuchs Lazzaroni zu einer festen Größe auf dem italienischen Nahrungsmittelmarkt heran – und es gelang dem neuen Chef sogar, die Importe aus England, die damals den Kekssektor dominierten, zurückzudrängen. Er erweiterte darüber hinaus das Sortiment und setzte alles daran, seine Produkte auch jenseits der Alpen zu verkaufen, auch wenn er dabei immer wieder durch Katastrophen wie die beiden Fabrikbrände in den Jahren 1898 und 1911 sowie durch die Wirtschaftskrise des Ersten Weltkrieges zurückgeworfen wurde. Als Luigi 1933 starb, übernahmen seine Söhne Paolo und Mario das Ruder – und auch sie blieben der Lazzaroni-Philosophie treu: Nur beste Qualität darf die Fabrik verlassen, und die Kekse müssen entsprechend verpackt und präsentiert werden. Aus diesem Geist entstanden die wunderschön gestalteten Blechdosen der zwanziger und dreißiger Jahre, die heute als wertvolle Sammlerstücke gehandelt werden.

DIE GONZAGA IN MANTUA

Bereits seit dem frühen 14. Jahrhundert herrschten die Gonzaga über Mantua. Die Region war nicht gerade eine der reichsten, doch man hatte sein Auskommen, blieb für sich und scherte sich wenig um seine Nachbarn. Dies änderte sich, als die Blüte der Renaissancestädte begann. Auch im Palast von Mantua überlegte man, wie das öffentliche Ansehen der Familie Gonzaga, die durchaus von uraltem Adel, aber wirtschaftlich nie besonders erfolgreich war, angemessen erhöht werden könne. Kurz, es brauchte eine geeignete PR-Strategie. Der Blick des Hofes fiel schließlich auf ein kulturpolitisches Modell, das Lorenzo il Magnifico für Florenz ausgearbeitet hatte. In der toskanischen Metropole pflegte man Botschafter fremder Höfe und einflußreiche Geschäftsleute mit künstlerischen und architektonischen Glanzleistungen von der Bedeutsamkeit der Stadt zu überzeugen. Die Gonzaga sicherten sich daraufhin um 1470 die Dienste des allgemein anerkannten und innovativen Malers Andrea Mantegna (1431–1506). In der Kunstgeschichte ist dies der erste Fall eines Künstlers, der von einem Fürsten – sehr fürstlich – bezahlt wird und im Gegenzug seine Produktion ganz dem Hof widmet.

Oben: Andrea Mantegna, Deckenfresko in der *Camera degli Sposi* mit Frauenköpfen und Putten, 1465–1474, Palazzo Ducale, Mantua

Abschied vom Mittelalter

Die Renaissance der italienischen Kochkunst ist eng mit zwei Namen verbunden: Maestro Martino aus Como und Bartolomeo Sacchi, genannt Platina, aus Piadena bei Cremona.

Maestro Martino war Anfang des 15. Jahrhunderts der Leibkoch des Bischofs von Aquileia. Er schrieb ein Buch mit dem Titel »Liber de arte coquinaria« (Über die Kochkunst).

Bartolomeo Sacchi, genannt Platina, Jahrgang 1421, begann seine Laufbahn am Hofe der Gonzaga. Später verbrachte er einige Jahre in Florenz, bevor er nach Rom ging, wo er unter Pius II. als Schriftführer und Schreiber am päpstlichen Hof anfing. Als Sixtus IV. das Pontifikat antrat, wurde Bartolomeo Sacchi zum ersten Verwalter der Vatikanischen Bibliothek befördert.

Platina hat nicht nur ein Kompendium über das Leben der Päpste verfaßt, sondern sich auch für Schriften interessiert, die weniger von geistigen als vielmehr von irdischen Dingen handeln. So stieß er auch auf das Kochbuch des Maestro Martino. Platina übersetzte das Werk, redigierte es leicht und stellte ihm einige Kapitel voran, die unter dem Titel »De honesta voluptate et valetudine« (Über ehrlichen Genuß und Gesundheit) figurieren. Das Buch erschien 1474 in Rom und wurde so etwas wie der erste Bestseller der Kochliteratur. Da Latein damals eine internationale Sprache war, wurde der Küchenklassiker auch außerhalb Italiens bekannt. Innerhalb von 100 Jahren hat er über 30 Neuauflagen erlebt. Freie Übersetzungen in andere Sprachen wie Italienisch, Französisch, Englisch und Deutsch folgten.

Der langanhaltende Erfolg dieses Buchs erklärt sich aus der Tatsache, daß darin der erste Versuch unternommen wird, das kulinarische und gastronomische Wissen der zweiten Hälfte des 15. Jahrhunderts systematisch und umfassend darzustellen. Es handelt sich hierbei nicht etwa nur um eine Aneinanderreihung küchentechnischer Anweisungen, sondern es geht um sämtliche Aspekte der Kochkunst. So wird über Diätetik und Lebensmittelhygiene gesprochen, es gibt nützliche Tips hinsichtlich der Beschaffenheit bestimmter Produkte und Erzeugnisse sowie hinsichtlich ihres Nähr- und Heilwertes, und es wird die ethische Seite der Ernährung und der Tafelfreuden diskutiert. Kurz, in diesem Buch, das sich an die mittleren bis hohen Stände richtete (also an eine bürgerliche Elite, die moralisch und intellektuell in der Lage war, sich mit einer solchen Abhandlung zu befassen), wird eine Neubildung des Geschmacks gefordert. Von nun an sollte man in der »nebensächlichen Verköstigung« nach einer Befriedigung »des Genusses, der aus ehrlichem Tun hervorgeht« streben, denn diese Befriedigung führe zum Glück, »so wie die Medizin dem Kranken die Gesundheit zurückgibt«.

Die Errungenschaften von Maestro Martino und Platina bedeuten das Ende der mittelalterlichen Küche. Beide läuteten eine ganz neue Ära ein. Dem Geschmack des Mittelalters entsprach alles, was möglichst selten und teuer und daher geeignet war, den Wohlstand des Gastgebers widerzuspiegeln. Kostspielige Gewürze wurden in so großen Mengen an die Speisen gegeben, daß die Gäste selten auf den ersten Blick oder den ersten Biß erkannten, was sie überhaupt aßen. Dies war vielleicht auch besser so, denn aus Gründen der Exklusivität kamen Prestigeobjekte wie zähe Adler oder steinalte Bären auf den Tisch, die man, um sie überhaupt genießbar zu machen, stundenlang vorkochen, dann braten und schließlich in einer dicken Sauce ertränken mußte. Die »moderne« Küche, wie Maestro Martino und Platina sie propagierten, setzte auf die Verwendung von schlichten, allgemein erhältlichen und frischen Zutaten, deren Eigengeschmack durch kurze Gar- und Bratzeiten unterstrichen und nicht etwa durch schwere Gewürze zunichte gemacht werden sollte. Dies sind allesamt Grundsätze, an denen sich die italienische Küche noch heute orientiert.

Bartolomeo Stefani

Bartolomeo Stefani aus Bologna war in der zweiten Hälfte des 17. Jahrhunderts Chefkoch am Hofe der Gonzaga in Mantua. Sein genaues Geburts- und Todesdatum sind nicht bekannt, doch aus dem Vorwort seines Buches »L'arte di ben cucinare« (Die Kunst der guten Küche) läßt sich schließen, daß er der Neffe und Schüler von Giulio Cesare Tirelli war, der wiederum als Chefkoch in den Diensten der Republik Venedig stand.

»L'arte di ben cucinare« wurzelt fest in der italienischen Küchentradition und hält durchaus, was der Autor im Titel verspricht. Zudem ist es das erste Kochbuch, in dem neben der Zubereitung von herrschaftlichen Festessen auch dem *vitto ordinario,* den alltäglichen Gerichten der Mittelschicht, eine beachtliche Aufmerksamkeit gewidmet wird. Darüber hinaus schlägt das innovative Opus von Bartolomeo Stefani nicht nur Alternativen zu den fürstlichen Banketten vor, sondern geht so akribisch in die Details, daß sogar ein Kostenvoranschlag für den Einkauf mitgeliefert wird. Die Erstausgabe des Werkes erschien 1662 in Mantua; ihr folgten bis 1716 sieben weitere Auflagen.

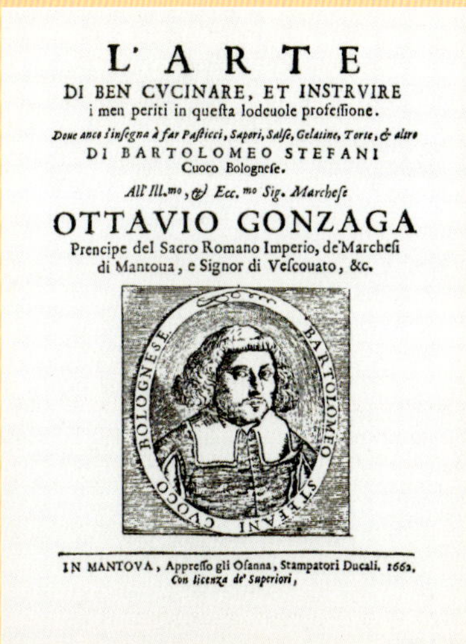

L'ARTE
DI BEN CVCINARE, ET INSTRVIRE
i men periti in questa lodeuole professione.
Doue anco s'insegna à far Pasticci, Sapori, Salse, Gelatine, Torte, & altro
DI BARTOLOMEO STEFANI
Cuoco Bolognese.
All'Ill.mo, & Ecc.mo Sig. Marchese
OTTAVIO GONZAGA
Prencipe del Sacro Romano Imperio, de'Marchesi
di Mantoua, e Signor di Vescouato, &c.

IN MANTOVA, Appresso gli Osanna, Stampatori Ducali. 1662.
Con licenza de' Superiori,

Tortelli di zucca

Teigtaschen mit Kürbisfüllung
(Abbildung Hintergrund)

Für 6 Personen

1 Kürbis, etwa 2 kg schwer
150 g Amaretti
50 g süß-sauer eingelegte Äpfel oder andere Senffrüchte (Mostarda)
100 g Parmesan
1/4 Zwiebel
geriebene Muskatnuss
Pastateig (siehe S. 191)
Salz
2 EL Butter

Den Kürbis in Scheiben schneiden, schälen, entkernen und im Backofen bei 200 °C etwa 20 Min. garen. Das Kürbisfleisch in eine Schüssel geben und mit einer Gabel zerdrücken. Zerbröselten Amaretti, in Stücke geschnittene Senffrüchte, geriebenen Käse, gehackte Zwiebel und etwas Muskat zugeben und mit einem Holzlöffel vermengen. Die Masse sollte trocken sein. Den Pastateig dünn ausrollen und etwa 4 x 8 cm große Rechtecke ausschneiden. Mit einem Löffel etwas Kürbisfüllung auf jedes der Rechtecke geben und in der Mitte zusammenfalten, so daß quadratische Teigtäschchen entstehen. An den Rändern gut andrücken. Die *tortelli* in reichlich Salzwasser kochen und mit zerlassener Butter servieren.

SÜSSWASSERFISCH

Die Lombardei ist von zahlreichen Seen und Flüssen durchzogen. Lago d'Iseo, Lago d'Idro, Lago di Varese und Lago di Como stehen nicht nur im Mittelpunkt des touristischen Interesses, sondern bieten auch eine große Vielfalt an Süßwasserfischen. Da die natürlichen Vorkommen die Nachfrage nicht immer befriedigen konnten, beschäftigt man sich seit einiger Zeit auch mit der Fischzucht. So gibt es in der Provinz Brescia einen Betrieb, der neben einer Aufzuchtstation für die gängigen Süßwasserarten wie Lachs- und Regenbogenforelle auch eigene Becken für Aale und sogar Störe unterhält, was eine kleine aber feine Kaviarproduktion ermöglicht. Aufgrund der Umweltprobleme sind die norditalienischen Störe weitgehend ausgestorben. Früher jedoch waren sie im Hauptstrom und in den Seitenarmen des Po zu Hause.

Filetti di lavarello in carpione

Eingelegte Felchenfilets
(Abbildung linke Seite)

2 Zwiebeln
2 Möhren
3–4 EL Olivenöl extra vergine
1 Lorbeerblatt
1 Petersilienzweig
1 Glas Weissweinessig
Salz und Pfeffer
8 küchenfertige Felchenfilets

Die Zwiebeln sehr fein hacken und die Möhren in dünne Scheiben schneiden. Zwiebeln und Möhren in etwas Olivenöl andünsten. Lorbeerblatt, Petersilienzweig, Weinessig, Olivenöl und ein Glas Wasser zugeben. Salzen, pfeffern und bei niedriger Hitze kochen, bis sich die Flüssigkeit auf die Hälfte reduziert hat.
Die Felchenfilets säubern, salzen, pfeffern und in eine feuerfeste Form legen. Mit der Marinade bedecken und im vorgeheizten Backofen bei mittlerer Hitze einige Minuten garen. Die abgekühlten Fische mit der Marinade mindestens 12 Std. im Kühlschrank ziehen lassen.
Auf die gleiche Art und Weise können auch Karpfen, Schleien und Blaufelchen zubereitet werden. Wichtig ist, daß ein sehr guter Essig verwendet wird. Dann lassen sich die Fische problemlos mehrere Tage im Kühlschrank aufbewahren.

Filetti di trota in cotoletta

Panierte Forellenfilets

4 Forellenfilets
250 ml Milch
Salz
50 g Weizenmehl
1 Ei
Semmelbrösel
3–4 EL Olivenöl extra vergine
einige Zitronenscheiben
Petersilie

Die Forellenfilets säubern und 1 Std. in gesalzener Milch einlegen. Milch abgießen und die Fischfilets trockentupfen. Das Ei verquirlen. Die Filets zuerst in Mehl wenden, dann in die Eimasse tauchen und zuletzt in den Semmelbröseln wälzen.
In einer Pfanne das Olivenöl erhitzen und die Fische darin goldbraun ausbacken. Auf Küchenkrepp abtropfen lassen. Mit Zitronenscheiben und Petersilie servieren.

Trota (Forelle)
In den lombardischen Gewässern leben Regenbogen-, Lachs- und Bachforellen. Aufgrund der hohen Nachfrage nach diesem schmackhaften Süßwasserfisch betreibt man eine intensive Zucht. Wilde Forellen gibt es kaum noch. Forellen schmecken gegrillt am besten, man kann sie aber auch einlegen oder paniert in der Pfanne braten.

Coregone, lavarello (Felchen oder Renke)
Dieser recht kleine, nur etwa 30 Zentimeter lange Fisch wird wegen seines feinen Fleischs geschätzt. Ende des 19. Jahrhunderts hatte man ihn in den norditalienischen Gewässern ausgesetzt, und seitdem hat er sich, sehr zur Freude der Feinschmecker, prächtig vermehrt. Der Felchen eignet sich für jede erdenkliche Zubereitungsart.

Pesce persico (Flußbarsch)
Der Flußbarsch ist eine beliebte Beute der Hobbyangler, die es Wochenende für Wochenende an die lombardischen Seen zieht. Wer sich nicht selbst ans Ufer stellen mag, bekommt diesen zwar grätenreichen, aber leckeren Fisch fertig filetiert beim Fischhändler. Flußbarsch kann man braten oder fritieren, er paßt auch gut auf einen Antipasto-Teller.

Temolo (Äsche)
Die Äsche ist ein recht seltener Süßwasserfisch. Er kommt ausschließlich in besonders sauberen und klaren Gewässern vor. Sein Fleisch schmeckt zart nach Thymian. Äschen sollten schonend zubereitet werden, damit ihr Eigengeschmack erhalten bleibt.

Storione (Stör)
In den oberitalienischen Seen leben heute keine wilden Störe mehr, doch man widmet sich in kleinerem Umfang ihrer Zucht. Der Stör ist besonders wegen seiner Eier begehrt, denn sie werden zu Kaviar verarbeitet. Das Fleisch des Störs ist recht fettig, doch es schmeckt sehr gut, wenn man es grillt oder brät. Die Filets können auch paniert und gebraten werden.

DAS VELTLIN

Die Fleischwaren des Veltlin, wie etwa die *bresaola,* sind auch außerhalb des Gebiets begehrt, und die Nachfrage nach den *pizzoccheri,* den typischen Buchweizennudeln, ist in letzter Zeit so stark gestiegen, daß man sich für den Export eine industrielle Fertigungsmethode einfallen lassen mußte, für die der im Tal angebaute Buchweizen aber schon bald nicht mehr ausreichte, so daß man den Rohstoff aus dem ehemaligen Jugoslawien und aus Rußland importiert.
In der Tat ist das Veltlin heute eine der letzten Gegenden, in denen dieses schmackhafte und sehr gesunde Getreide, das im botanischen Sinne eigentlich gar kein Getreide ist, angebaut wird. Hier war Buchweizen, oder *grano saraceno,* wie es auf Italienisch heißt, schon immer in die karge alpenbäuerliche Küche integriert. Für die *pizzoccheri* mischt man das Buchweizenmehl im Verhältnis zwei zu eins mit Weizenmehl, denn da Buchweizenmehl kein Klebereiweiß enthält, würden die Nudeln sonst auseinanderfallen. Die *pizzoccheri* machen sich besonders gut in einem Auflauf zusammen mit Wirsingkohl und Kartoffeln, der mit Salbei-Knoblauch-Butter übergossen und einem würzigen Alpenkäse wie *bitto* oder *fontina* überbacken wird.

Pizzoccheri

Auflauf aus Buchweizennudeln
(Abbildung unten)

200 g Buchweizenmehl
100 g Weizenmehl
2–3 EL Wasser
2–3 EL Milch
Salz
1 Ei
200 g Kartoffeln
1/4 Wirsingkohl
100 g Butter
1 Knoblauchzehe, feingehackt
3 Salbeiblätter, feingehackt
100 g kräftiger Schnittkäse (Bitto oder Fontina)
100 g Parmesan, gerieben

Die beiden Mehlsorten mit Wasser und Milch vermengen, salzen und mit dem Ei zu einem Teig verarbeiten. Den Teig ausrollen und in fingerbreite Streifen schneiden. Mit einem Küchentuch abdecken.
Die Kartoffeln schälen und in Scheiben schneiden. Den Wirsing putzen und zusammen mit den Kartoffeln in reichlich kochendes Salzwasser geben. Nach 15 Min. die Nudeln zufügen und diese bißfest kochen. Abgießen und gut abtropfen lassen. Die Butter in einem Pfännchen zerlassen. Knoblauch und Salbei zugeben. Die Kartoffeln, den Wirsing und die Nudeln mit dem in Scheiben geschnittenen Käse, dem Parmesan und der Salbeibutter in eine große Schüssel schichten. Mit Parmesan bestreuen und heiß servieren.

Weine des Veltlin

Das Veltlin, italienisch Valtellina, war früher vor allem Faßweinlieferant für die benachbarte Schweiz. Die Hauptrebsorte des Tals ist der Nebbiolo, der hier Chiavennasca genannt wird. Daneben können kleine Anteile Spätburgunder, Merlot und lokale Sorten verwendet werden. An den steilen Hängen des engen Adda-Tals, in das nur wenige Stunden am Tag Licht fällt, gelangen die Trauben allerdings nicht immer zur optimalen Reife.

Besonders wichtig ist deshalb, aus welcher Einzellage die Weine stammen, und die besten Weinberge haben folgerichtig auch Anerkennung in den DOC-Vorschriften gefunden.
Die Weine aus diesen Lagen zwischen Sondrio und Montagna heißen Sassella, Grumello, Inferno und Valgello und werden als Valtellina Superiore verkauft.

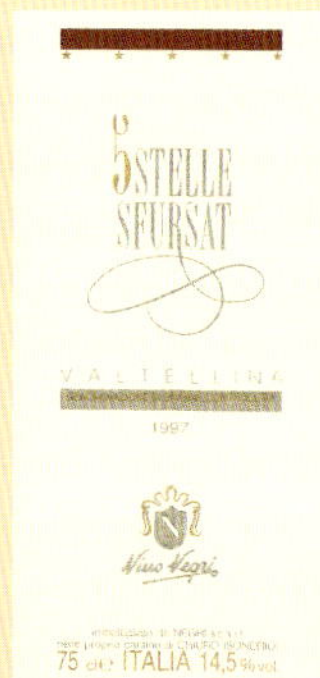

Gute Valtellina-Weine duften nach roten Früchten, nach Teeblättern, wie manche Nebbiolo-Weine im Piemont und schmecken in der Jugend oft ein wenig rauh und unzugänglich, werden aber mit der Reife rund und samtig.
Die eigentliche Spezialität der Veltliner Winzer ist ein Strohwein, der Sfursat. Es ist ein trockener, schwerer Tropfen in der Art des Amarone aus Venetien, für dessen Produktion die Trauben vor dem Pressen eine Weile getrocknet werden, um den Zucker in ihnen anzureichern. Er wird allerdings nur noch von drei oder vier Weinbaubetrieben oder Kellereien in wirklich guter Qualität gekeltert und stellt eine Rarität dar.

Spezialitäten aus dem Veltlin

Bresaola
Vor bereits über einem Jahrhundert wurde die *bresaola* in das gastronomische Verzeichnis des Veltliner Städtchens Chiavenna eingetragen, obwohl sie ihren Ursprung in der Schweiz oder besser gesagt in Graubünden hat. Sie ist somit ein enger Verwandter des Bündner Fleischs.
Das vom Schenkel gelöste Rindfleisch wird zunächst in Salz und Pfeffer eingelegt und dann für einige Monate zum Trocknen aufgehängt. Die Höhlen von Chiavenna bieten ideale mikroklimatische Voraussetzungen für eine perfekte Reifung. Gelegentlich ist in der Endphase des Reifungsprozesses noch eine sehr leichte, kurze Räucherung erforderlich.
Die *bresaola* schmeckt zart aromatisch, nicht sehr salzig, hat einen hohen Nährwert und ist leicht verdaulich. Inzwischen wird diese Spezialität auch industriell hergestellt und ist so beliebt geworden, daß man sie sogar in den südlichsten Regionen Italiens finden kann. Gourmets schneiden sie in hauchdünne Scheiben und machen sie mit Zitrone, Öl und frisch gemahlenem Pfeffer an.

Slinzega
Im Unterschied zur *bresaola* kann (muß aber nicht) die *slinzega* auch aus Pferde-, Esel- oder Gemsenfleisch hergestellt werden. Besonders in der Provinz Sondrio macht man sie fast nie aus Rindfleisch, sondern bevorzugt die genannten Varianten. Das Fleisch wird in einer nach altem Rezept zubereiteten Salzlake eingelegt. Der nachfolgende Reifungs- und Räucherprozeß verläuft dann wieder genauso wie bei der *bresaola*.

Violino
Der *violino* wird aus der Keule oder der Schulter von Ziege oder Schaf gewonnen und wie ein traditioneller Schinken weiterbehandelt. Will man den *violino* in feine Scheiben aufschneiden, ergreift man ihn wie eine Violine und führt das Messer wie einen Bogen – daher auch sein Name. Die ausgewählten Fleischstücke werden mit Knoblauch und Wacholder gewürzt und manchmal auch in Rotwein eingelegt. Der Reifungsprozeß erfolgt wie bei der *bresaola*.
Auch Haarwild wie Gemse, Hirsch oder Reh liefert sehr gutes Fleisch für den *violino*. Dann wird der dunkelrote Schinken mit dem charakteristischen Geschmack von den Feinschmeckern besonders geschätzt. Der *violino* wird ausschließlich in handwerklicher Fertigung und nur in sehr begrenzten Mengen hergestellt. Wer Gelegenheit hat, diese seltene Delikatesse zu kosten, sollte sie sich nicht entgehen lassen.

Bitto
Dieser Käse ist nach dem Flüßchen Bitto benannt, einem Zufluß der Adda. Er wird fast ausschließlich in der Provinz Sondrio hergestellt. Der zylindrische Laib ist acht bis zwölf Zentimeter hoch und hat ein Gewicht von 15 bis 25 Kilogramm. Der Teig wird erhitzt, gepreßt, gesalzen und reift dann drei bis sechs Monate in kühlen Räumen. Soll der *bitto* als Reibkäse dienen, kann die Lagerzeit sogar ein ganzes Jahr betragen. Der anfänglich feine Teig wird mit zunehmendem Alter kompakter, brüchiger und aromatischer.
Bitto wird nicht nur als traditioneller Abschluß eines Essens mit einem guten Glas Sassella, Grumello, Inferno oder Veltliner genossen, sondern ist auch eine unverzichtbare Zutat der *Polenta taragna* oder der *Sciatt*.

Casera
Der *casera* ist ein Käse, der im gesamten Veltlin aus teilentrahmter Milch hergestellt wird. Nach dem Zufügen von Lab und dem Erhitzen muß die Teigmasse ruhen. Danach formt man die Laibe, die entweder sofort eingesalzen oder in eine Salzlake gelegt werden. Der Käse reift 30 Tage lang.
Casera hat eine dünne Rinde, ist halbfett und von weißlicher Farbe. Er wird inzwischen auch in lombardischen Molkereibetrieben außerhalb des Veltlin hergestellt.

Sciatt
Gebackene Käsefladen

Für 6 Personen

200 g Buchweizenmehl
100 g Weizenmehl
Salz
100 g Bitto
10 ml Grappa
15 g Butter

Die beiden Mehlsorten mischen. So viel lauwarmes Wasser unterrühren, bis ein mittelfester Teig entsteht. Salzen und mit einem feuchten Tuch bedeckt etwa 1 Std. ruhen lassen. Den Käse in feine Scheiben schneiden und unter den Teig mengen. Dann die Grappa zufügen.
In einer antihaftbeschichteten Pfanne die Butter erhitzen und jeweils etwa 1 EL Teig hineingeben, flach drücken und ausbacken. Die Fladen auf Küchenkrepp abtropfen lassen und heiß servieren.

Bresaola condita
Bresaola mit Ei
(Abbildung unten)

350 g Bresaola, hauchdünn geschnitten
Olivenöl extra vergine
2 Eigelb
frisch gemahlener Pfeffer
Oregano
Saft von 1 Zitrone

Das hauchdünn geschnittene Fleisch auf 4 Tellern oder einer Servierplatte anrichten und mit Olivenöl beträufeln. Die verschlagenen Eigelbe darüber geben und mit Pfeffer sowie Oregano würzen. Nach einigen Minuten mit Zitronensaft beträufeln.
Dazu Roggenbrot servieren.

Bresaola mit Parmesan

ITALIENS KLEINE CHAMPAGNE

Ob der Name des Franciacorta-Gebiets, einer am Südrand des kleinen Lago d'Iseo zwischen Bergamo und Brescia gelegenen Moränen-Landschaft, aus der napoleonischen Zeit stammt und auf den Hof *(corte)* von Frankreich *(Francia)* anspielt, wie es der Volksmund lange Zeit wollte, oder vielmehr von der Bezeichnung *francae curtes,* mit der die den Benediktinern im Mittelalter gewährte Steuerfreiheit gemeint ist, sei dahingestellt. Tatsache ist, daß hier schon seit Römerzeiten Weinbau betrieben wird, wobei bis Mitte des 20. Jahrhunderts kaum mehr als bäuerlicher Rotwein zum Eigenverbrauch gekeltert wurde.

Die eigentliche Karriere von Franciacorta begann erst 1961, als ein junger Önologe der Gegend seinen Arbeitgeber überredete, mit der Produktion von Schaumwein zu beginnen, für die er die Gegend hervorragend geeignet glaubte. In den siebziger Jahren investierten zahlreiche Industrielle aus dem nahen Mailand in die aufstrebende Spumante-Industrie, und man konzentrierte sich auf flaschenvergorene, das heißt nach der Champagner-Methode hergestellte Produkte aus Pinot und Chardonnay. Der Franciacorta, der häufig in der Geschmacksrichtung Brut hergestellt wird – es gibt aber auch hervorragende Produkte ohne jede süßende Dosage – ist heute nicht nur der einzige DOCG-Schaumwein Italiens, sondern kann sich selbst neben den besten Pricklern der Welt, vom Cava über den deutschen Winzersekt bis hin zum Champagner sehen lassen.

Auch die weißen und roten Stillweine des Gebiets – aus den gleichen Rebsorten gekeltert und gelegentlich im Barrique-Faß gereift – sind heute von oft hervorragender Qualität. Sie werden seit der Einstufung des schäumenden Franciacorta als DOCG-Wein unter der DOC-Bezeichnung Terre di Franciacorta verkauft.

Für die Schaumweine aus dem Franciacorta-Gebiet zeichnen erfahrene Weinmacher verantwortlich. Der Franciacorta erhielt als erster Spumante die DOCG-Bezeichnung.

Das Städtchen Sirmione am südlichen Ausläufer des Gardasees wird von der Rocca Scaligeri (Scaliger-Burg) bewacht. Hier ist die Heimat des Lugana.

Damit sich der Hefepfropf im Flaschenhals absetzen kann, werden die Flaschen kopfüber gelagert und täglich gerüttelt. Auf der Azienda Lorenzo Faccoli geschieht dies von Hand.

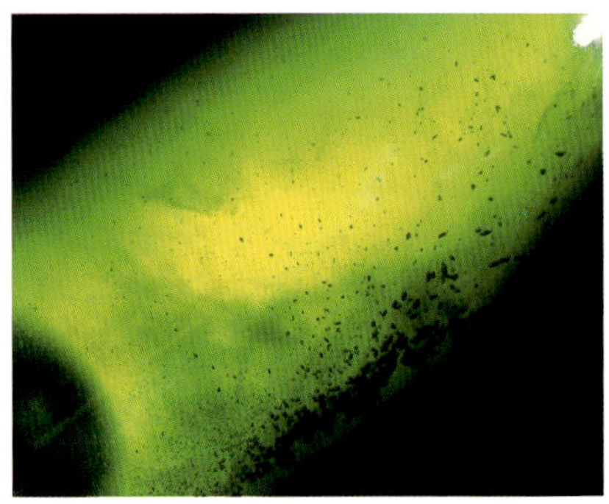

Franciacorta wird nach der Flaschengärmethode hergestellt. Der Spumante bleibt über Jahre auf der Gärhefe liegen. Am Ende der Lagerzeit wird sie durch Degorgierung entfernt.

WEINBAU IN DER LOMBARDEI

Wenn man an die Lombardei denkt, drängen sich Assoziationen wie Mailand, Oper, Mode, Gastronomie, vielleicht auch Industriezentrum oder Handelsmetropole, weit seltener dagegen die Vorstellung von Weinbau auf. Die Region produzierte zwar immer genug, um den urbanen Moloch Mailand zu versorgen und wurde auch lange Jahre von der Sektindustrie ganz Italiens als Grundweinlieferant genutzt, aber kaum einer ihrer Weine, sieht man vom Spumante des Franciacorta-Gebiets ab, konnte bisher über ihre Grenzen hinaus Bekanntheit erlangen.

Dabei werden in fast allen Teilen der Lombardei Reben kultiviert: vom Veltlin im engen Alpental der Adda über die westlichen Ufer des Gardasees, die Po-Ebene bei Mantua und die Hügel südlich Pavias bis zu den Hängen der Provinzen Bergamo und Brescia. Die Hügel des Oltrepò Pavese in der Provinz Pavia sind das größte Anbaugebiet der Region. Hier werden vor allem rote Rebsorten kultiviert – Barbera und Croatina sind die am weitesten verbreiteten. Die Kalk- oder Kreideböden des Gebiets eignen sich auch für Pinot noir, der einerseits zu feinem, elegantem Rotwein gekeltert wird, andererseits zusammen mit Chardonnay oder Weißburgunder als Grundwein in der Sektindustrie Italiens Verwendung findet. Das Gebiet des Oltrepò Pavese liefert viel Sektgrundwein für renommierte Sekte anderer Regionen.

Die Böden des Gebiets eignen sich auch für Pinot nero oder Spätburgunder. Dieser kann hier zu feinen, eleganten Rotweinen gekeltert werden, wobei ein sorgfältiger Barrique-Ausbau seinen aromatischen und geschmacklichen Reichtum durchaus vergrößert. Leider sind in den letzten Jahren nur wenige Winzer des Gebiets diesen Weg der mühevollen Qualitätsproduktion gegangen.

Noch immer wird der Pinot nero des Oltrepò viel zu oft zusammen mit Chardonnay und Weißburgunder als Grundwein in der Sektindustrie Italiens verwertet. Merkwürdig ist dabei, daß diese Grundweine in wirklich renommierten Produkten Verwendung finden – so zum Beispiel im benachbarten Piemont oder im Trentino –, daß aber die Prickler aus dem Oltrepò Pavese selbst kaum bekannt sind. Das Gebiet, das traditionell die lombardische Hauptstadt Mailand mit Wein versorgte, der meist offen in die *osterie* der Stadt geliefert wurde, leidet so unter dem Schicksal vieler italienischer Anbaugebiete, in denen die Nachfrage vor Ort größer ist als das Angebot.

Weißweine, vor allem für den Bedarf der eigenen Bevölkerung gedacht, werden am Gardasee gekeltert, wobei die Lugana, ein Anbaugebiet, das die Lombardei mit dem benachbarten Venetien teilt, der bekannteste und oft auch beste dieser Weine ist. Mit einem anderen Nachbarn, der Emilia-Romagna, teilt die Lombardei den Lambrusco, dessen Produktionsmengen in der Provinz Mantua allerdings mengenmäßig kaum ins Gewicht fallen, auch wenn die Qualitäten oft besser sind als in der Nachbarregion.

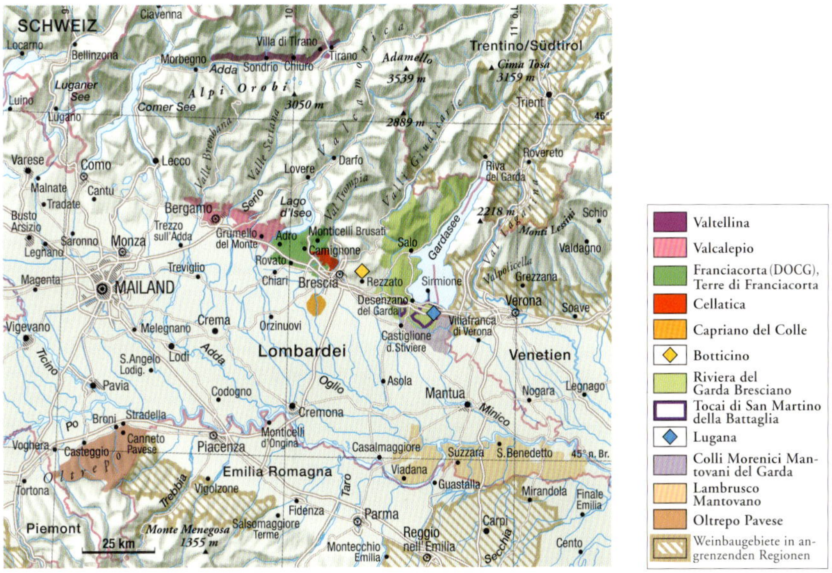

Ein Aufstieg zu den Weinbergen auf den Hügeln des Oltrepò Pavese belohnt den weinliebenden Besucher der Gegend mit einem weiten Panoramablick über die Po-Ebene.

Lambrusco

Eigentlich ist der Lambruso aus der Emilia-Romagna weitaus bekannter, als die lombardischen Weine dieses Namens. Wer aber fruchtige, füllige Weine mit nicht allzu betonter Süße sucht, der könnte hier in der lombardischen Provinz Mantova durchaus fündig werden.

Terre di Franciacorta

Bevor Franciacorta zum ersten DOCG-Spumante Italiens wurde, galt der Herkunftsname auch für weiße und rote Stillweine. Diese werden auch weiterhin erzeugt, heißen aber jetzt Terre di Franciacorta. Die Weißweine werden aus Weißburgunder und Chardonnay gekeltert, wobei die besten Winzer Barriques für die Gärung und den Ausbau benutzen. Die Roten entstehen dagegen aus Cabernet, Barbera, Nebbiolo und Merlot.

Sebino

Sebino ist noch keine DOC-Bezeichnung, sondern besitzt nur den Status eines Tafelweins mit geographischer Herkunftsangabe (Igt). Einige der renommiertesten Winzer des Franciacorta-Gebiets füllen jedoch bereits ihre besten Weine – bei den Weißen ist es meist Chardonnay, bei den Roten ein Bordeaux-Verschnitt – unter diesem Namen ab. Die Weine sind reich und komplex und können manchen italienischen DOC-Wein in den Schatten stellen.

Lugana

Am südlichen Ufer des Gardasees entsteht aus einer lokalen Spielart der Trebbiano-Familie dieser Weißwein, dessen Anbaugebiet den beiden Regionen Lombardei und Venetien angehört. Die im Aroma eher neutralen, im Geschmack weichen, harmonischen und wenig säurehaltigen Weißweine passen hervorragend zu Gerichten mit Süßwasserfischen und Meeresfrüchten.

CAMPARI – WAS SONST?

Mixgetränke mit Campari oder Fernet

Alle Rezepte für 1 Person

Campari Orange
(Abbildung oben)

Eiswürfel
4 cl Campari
8 cl Orangensaft

Eiswürfel in ein Glas geben, Campari zugießen, mit Orangensaft auffüllen und vorsichtig umrühren.

Campari shakerato

5 cl Campari
Eiswürfel

Den Campari zusammen mit den Eiswürfeln im Shaker kräftig schütteln. Duch ein Barsieb in ein vorgekühltes Glas gießen.

Farmacia

Eiswürfel
2 cl Fernet Branca
2 cl roter Vermouth
2 cl Crème de Menthe (grün)

Alle Zutaten in ein Rührglas geben und verrühren. In ein vorgekühltes Glas umfüllen.

Das Caffè Campari in Mailand ist eine ehrwürdige Institution italienischer Barkultur. 1867 in der Galleria Vittorio Emanuele II. eröffnet, hatte es sich schon bald ein großes Stammpublikum erobert. Hinter dem Tresen stand damals der Besitzer persönlich, Gaspare Campari. Er servierte seinen Gästen die Eigenkreation *Bitter all'ollandese,* Bitter nach holländischer Art. Das leuchtend rote und ziemlich herbe Getränk wurde begeistert aufgenommen und auf den Namen »Bitter Campari« umgetauft.

Bis heute weiß niemand so genau – außer natürlich einigen wenigen Mitarbeitern des Mailänder Stammsitzes –, woraus der berühmte rote Bitter eigentlich besteht. Wer ein wenig von Spirituosen versteht, kann sich zwar denken, daß der herbe Geschmack, wie bei anderen bitteren Appetitanregern auch, auf Chinarinde oder Bitterorangenschalen zurückzuführen sein müßte. Doch was wird dem Campari sonst noch beigemischt? Die Firma hüllt sich in vornehmes Schweigen. Es ist lediglich in Erfahrung zu bringen, daß bei der Herstellung des Bitters zuerst ein Aufguß aus Kräutern, Früchten und Pflanzenteilen hergestellt wird. Danach entzieht man dem Gemisch mit Hilfe von Alkohol seine Aromen. Dieses Geschmackskonzentrat wird mit Alkohol, Wasser, Zucker und einem roten Farbstoff aufgefüllt. Und um welchen Farbstoff handelt es sich dabei? Soviel sei verraten: Früher gewann man die rote Farbe aus dem Panzer von Schildläusen – heute stellt man sie chemisch her.

Fernet

Fernet – bei diesem Wort denkt man unweigerlich an ein schönes, aber ein wenig schweres Essen und an die Erleichterung, die ein Gläschen dieses aromatischen Likörs verspricht. Doch Fernet ist nicht nur ein exzellenter Digestif, sondern auch ein klassisches Symbol des *ben bere alla milanese,* des guten Trinkens nach Mailänder Art.

Das Gebräu aus verschiedenen, natürlich in ihrer Zusammenstellung streng geheimgehaltenen, Kräutern und Alkohol wird, wie es die Tradition vorschreibt, in Eichenfässern gereift. Auf den ersten Fernet-Flaschen, die immerhin auf das 18. Jahrhundert zurückgehen, klebten noch Etiketten, die genau angaben, wofür beziehungsweise wogegen der Trunk anzuwenden war: »Er wirkt positiv auf den Magen, fördert die Verdauung, stärkt den Körper, besiegt die Cholera, senkt Fieber und heilt jene, die an Nervenschwäche, Appetitlosigkeit, Übelkeit oder Bandwürmern leiden; außerdem sei er eine geeignete Vorbeugungsmaßnahme für all jene, die sich in feuchten oder infektiösen Gebieten aufhalten müssen. Man nehme ihn zu jeder beliebigen Tageszeit ein, und zwar entweder pur, oder aber vermischt mit Wasser, Selters, Wein, Kaffee, Vermouth oder anderen Getränken.«

Heutzutage ist man sich bei einigen der Indikationen, etwa der Cholera, nicht mehr ganz so sicher. Fest steht aber nach wie vor, daß sich die flüssige Medizin nach einem üppigen Mahl ideal zur Bekämpfung von Völlegefühl eignet.

Mailänder Bars, wie hier das Camparino, laden nach anstrengenden Shopping-Touren auf einen schnellen Espresso oder einen Campari Orange ein.

Die italienische Bar

Anders als ihre Artgenossen in den Ländern nördlich der Alpen ist die echte italienische Bar den ganzen Tag über geöffnet und somit ein beliebter Anlaufpunkt zu jeder Stunde. Auf dem morgendlichen Weg zur Arbeit trinkt man hier im Stehen seinen *caffè latte,* einen Milchkaffee, der von einer kleinen süßen Brioche, ein paar Keksen oder auch gar nichts begleitet wird. Das Frühstück hat in Italien keinen großen Stellenwert. Von deutscher Frühstückskultur mit Brötchen, Marmelade und Wurst oder gar dem berüchtigten englischen Breakfast mit *ham and eggs* und *porridge* hat man zwar schon einmal gehört, begegnet derlei Berichten aber immer wieder mit ungläubigem Erstaunen.

Gegen zehn Uhr besteht ein erneuter Anlaß, die Bar aufzusuchen. Jetzt ist es Zeit für einen kleinen Zwischenimbiß, der je nach Konstitution und Beruf mit einem Espresso oder einem Schluck Spumante eingenommen wird.

Sofern man nicht zum Essen nach Hause geht, kann in der Mittagspause schnell ein *tramezzino* in der nächstgelegenen Bar gekauft werden. Hierbei handelt es sich um ein vielfältig belegtes Sandwich, das besonders in den nördlichen Regionen gern in einer Art Waffeleisen erhitzt und von außen kross getoastet wird.

Der nächste Gang in die Bar erfolgt nach Laden- beziehungsweise Dienstschluß. Nun trinkt man seinen Espresso im allgemeinen zusammen mit einem alkoholischen Begleiter. Je nachdem, wie spät es bereits geworden ist, kann bei dieser Gelegenheit auch gleich der Aperitif bestellt werden. In Italien bevorzugt man zwar in erster Linie bittere Appetitanreger, wie etwa Campari, Aperol und verschiedene Aperitifs auf Kräuterbasis, aber ein trockener Spumante ist inzwischen fast genauso beliebt geworden.

Nach dem Abendessen ist es Zeit, noch einmal für einen letzten *caffè corretto,* einen Espresso, dessen Koffeinwirkung durch einen Amaretto, eine Grappa oder Sambuca »korrigiert« wird, kurz in seiner Stammbar vorbeizuschauen. Es ist bestimmt jemand da, den man kennt, und so kann man ein kleines Schwätzchen über den anstehenden Autokauf halten, die innenpolitische Lage Italiens erörtern oder einfach nur den neusten Klatsch und Tratsch des Viertels hören.

Die Lombardei mit ihrer Hauptstadt Mailand ist eine der wirtschaftlich stärksten Regionen Italiens. Doch hier, in der ehemaligen Hochburg der mächtigen Sforza, residieren nicht nur die großen Banken, sondern auch die Medien und darüber hinaus viele italienische Modehäuser und Designer. Wer hier nicht direkt ansässig ist, eröffnet zumindest einen Showroom oder eine elegante Boutique in der Via della Spiga, am Corso Vittorio Emanuele oder in einer der anderen renommierten Straßen der Mailänder Luxuseinkaufsmeile.

VALLE D'AOSTA

AOSTATAL

Gr. St. Bernhard
2469 m
Aosta
Gressoney
la Trinité
Aostatal
Cogne

Wie weit Italien noch heute von einer gesamtitalienischen Identität entfernt ist, fällt besonders stark ins Auge, wenn man die Grenzgebiete besucht. Hier wird die politische Zugehörigkeit oftmals lediglich durch die Anwesenheit italienischer Zeitungen und Fernsehsender dokumentiert, während sich Mundart, Lebensstil und Küche völlig »unitalienisch« zeigen. So auch in der kleinen Region Val d'Aosta. Für die Bewohner des Tals ist die römische Regierung weit weg und stellt eine eher zu vernachlässigende Größe dar, denn der Autonomiestatus garantiert eine gewisse politische und kulturelle Selbständigkeit – man spricht Savoyer Dialekt.

Die Geschichte des Aostatals gehört ohnehin eher in die französischen als in die italienischen Schulbücher. Nach dem Zusammenbruch des weströmischen Reichs fiel das Gletschertal 443 an Burgund und kam Ende des 6. Jahrhunderts in fränkische Hand. Im Jahre 1025 erwarben die Savoyer das Gebiet. Die neuen Landesfürsten mußten bald einsehen, daß sich die eigenwilligen Talbewohner nur ungern Vorschriften machen ließen, und so änderten sie ihre Strategie dahingehend, daß sie den Valdostanern großzügige Rechte und Freiheiten einräumten. Daraufhin kehrte wieder Ruhe im Tal ein. Auch heute noch wird diese Politik von Rom aus erfolgreich praktiziert.

Das Unabhängigkeitsstreben der Valdostaner hat jedoch nichts mit eigenbrötlerischer Fremdenfeindlichkeit zu tun. Schließlich bot das Tal schon immer Zugang zu wichtigen Pässen, die den Handel zwischen der Stiefelhalbinsel und den Wirtschaftsräumen nördlich der Alpen sicherten. Und so werden heute wie damals die Reisenden freundlich aufgenommen, für die Weiterfahrt gestärkt oder gar zum Verweilen ermuntert – und vor allem mit köstlichen Spezialitäten bewirtet.

Die Küche des Aostatals ist einfach und deftig, wie es sich für eine Bergregion gehört. Heiße, gehaltvolle Brotsuppen sind genau das richtige für verschneite Wintertage, und in gemütlicher Runde genießt man die *fonduta,* die lokale Variante des in den Alpenregionen so beliebten Käsefondues. Ein anderes Mal gibt es Polenta, herzhaftes Roggenbrot, geräucherten Speck, schmackhafte Wurstspezialitäten, Rind- und Schweinefleisch sowie Wild aus den umliegenden Bergen und Wäldern. Gekocht, gebraten und geschmort wird mit Butter und Sahne, denn kalorienreiche Nahrung ist eine ebenso sinnliche wie sinnvolle Waffe gegen eiskalte Temperaturen.

Vorhergehende Doppelseite: Almwirtschaft und Käseherstellung spielen eine große Rolle im Aostatal. Daß die Tradition gewahrt bleibt, dafür sorgen junge Leute wie Nadir Vollget, angehender Käsemeister in der Cascina Vollget in Brissogne.

Links: Das Aostatal wird eingerahmt von den Walliser Alpen, dem Montblanc-Massiv und den Grajischen Alpen. Die Burg Fénis liegt zwischen Aosta und St. Martin.

ROGGENBROT

Das traditionelle Roggenbrot des Aostatals kann durchaus als Spezialität bezeichnet werden. Wunderbar würzig und mit einem fast süßlichen Beigeschmack paßt es, leicht mit Butter bestrichen, hervorragend zu den Weinen der Region.
In früheren Zeiten besaßen selbst die kleinsten Dörfer ein gemeinschaftliches Backhäuschen, in dem man sich bis zu viermal im Jahr – meistens aber im November – versammelte, um Brot zu backen. Damit keine Streitigkeiten über den Besitz des Backwerkes aufkommen konnten, versah jeder Dorfbewohner seine Brotformen mit individuellen Kerben oder schnitzte seine Initialen in den jeweiligen Laib. Das fast ausschließlich aus Roggenmehl gebackene Brot hielt sich zwar ein ganzes Jahr lang, doch mit der Zeit wurde es natürlich hart, so hart, daß ein spezielles Werkzeug erfun-

BROTSUPPEN

Da der Winter in den Alpenregionen lang und kalt ist, kommt den Bewohnern eine gehaltvolle, heiße Suppe gerade recht. Im Aostatal und seinen Seitentälern aß und ißt man gern Brotsuppen mit Käse, die langsam im Ofen gegart werden. Die einfachste Variante dieses Gerichts ist die *Seupette de Cogne.* Sie besteht nur aus Brot, *fontina,* Butter und Brühe – allesamt Zutaten, die sich stets auch in der Küche des ärmsten Bergbauernhofes fanden. Die *Zuppa di Valpelline* mit ihrem zusätzlichen Speck, dem Wirsing und Gewürzkräutern wie Majoran und Bohnenkraut stellt dagegen fast schon eine Luxusversion der Brotsuppe dar.

Zuppa di Valpelline

Wirsingeintopf mit *fontina* aus dem Pellinetal
(Abbildung oben)

1 Wirsing
50 g Speck
500 g altbackenes Brot
Bohnenkraut oder Majoran, gehackt
150 g Fontina, in hauchdünne Scheiben geschnitten
80 g Butter
1 l Fleischbrühe
Salz und Pfeffer

Den Wirsing waschen und den Speck in sehr kleine Würfel schneiden. Die Wirsingblätter zusammen mit dem Speck in einer Kasserolle andünsten, bis der Wirsing Farbe annimmt. Das Brot in Scheiben schneiden und diese im Backofen rösten.
Den Boden einer ofenfesten Form mit einigen gerösteten Brotscheiben bedecken. Eine Lage Wirsing darüber geben, mit gehackten Kräutern bestreuen, einige Scheiben Käse und ein paar Butterflöckchen darauf setzen. Dann wieder eine Lage Brotscheiben darüber schichten und so weiterverfahren, bis alle Zutaten aufgebraucht sind. Die oberste Schicht muß aus Käse und Butter bestehen. Zum Schluß die Fleischbrühe darüber gießen und den Eintopf im vorgeheizten Backofen bei 160 °C etwa 1 Std. garen.

Zuppa di pane

Brotsuppe

300 g Zwiebeln
50 g Butter
1,2 l Fleischbrühe
200 g altbackenes Brot, in Scheiben geschnitten
100 g Gruyère, frisch gerieben
frisch gemahlener schwarzer Pfeffer

Die Zwiebeln schälen und in dünne Scheiben schneiden. In einer Kasserolle die Butter zerlassen. Die Zwiebeln zugeben und bei niedriger Hitze 20 Min. dünsten, ohne daß sie braun werden. Anschließend die Fleischbrühe angießen und etwa 20 Min. kochen. Inzwischen die Brotscheiben im Backofen rösten. Danach den Boden einer Auflaufform mit den Brotscheiben belegen, den geriebenen Gruyère darüber streuen und die Fleisch-Zwiebel-Brühe angießen. Den Eintopf mit frisch gemahlenem schwarzen Pfeffer würzen und im vorgeheizten Backofen bei 180 °C 20 Min. garen. Sehr heiß servieren!

Zuppa di pane e cavolo

Grünkohleintopf mit Brot

500 g altbackenes Brot
3 Knoblauchzehen
1 kleiner Grünkohl
1 kleine Zwiebel
30 g Butter
100 g Grana, gerieben
1,5 l Fleischbrühe
frisch gemahlener weisser Pfeffer

Zunächst das Brot in Scheiben schneiden und im Backofen leicht rösten. Die Brotscheiben anschließend mit einer Knoblauchzehe einreiben. Den Kohl waschen und die Blätter in Salzwasser garen. Beiseite stellen. Die Zwiebel schälen und fein hacken.
In einer Kasserolle die Butter erhitzen und die Zwiebel darin andünsten. Eine Lage Grünkohl darüber schichten und mit geriebenem Käse bestreuen. Brotscheiben, Kohl und Käse abwechselnd übereinander schichten, bis alle Zutaten aufgebraucht sind. Dann die Brühe angießen und bei geschlossenem Deckel im vorgeheizten Backofen bei 160 °C etwa 2 Std. garen. Mit weißem Pfeffer bestreuen und heiß servieren.

den werden mußte, um es zu zerteilen. Der stabile *copapan,* Brotbrecher oder Brothacker, wird dieser Aufgabe souverän gerecht.
Heute bäckt man das Roggenbrot des Aostatals mit einer erheblich höheren Beimischung von Weizenmehl. Die runden Laibe mit den eingekerbten Kreuzen auf der Oberseite haben nun gar keine Chance mehr, so hart wie ihre Vorgänger zu werden. Allerdings sind sie bei weitem nicht mehr so lange haltbar und müssen sehr rasch aufgegessen werden.

Typisch für das Aostatal ist der *pane nero* aus Roggen- und Weizenmehl, der besonders gut zum *lardo,* dem gewürzten Speck, und zu den Käsen der Region schmeckt.

ALPENKÄSE

Mit seinen saftigen Weideflächen bietet das Aostatal ideale Bedingungen für die Milchwirtschaft. Kein Wunder, daß vollmundige Milch, würzige Butter, gehaltvolle Sahne und natürlich die entsprechenden Käse ganz oben auf dem Speiseplan der Valdostaner stehen. Die traditionsreiche *fontina* ist hierbei wohl der berühmteste Käse des Tals. Ihr Name ist entweder eine Ableitung des Verbs *fondere,* was schmelzen bedeutet und somit darauf hinweist, daß dieser Käse auch geschmolzen ein Genuß ist, oder aber er rührt von der Alpe Fontin her, die 25 Kilometer von der Provinzhauptstadt Aosta entfernt liegt. Genau weiß das niemand. Als gesichert darf hingegen die Tatsache gelten, daß die hellgelbe und sehr milde *fontina* aus bester frischer Vollmilch gewonnen wird. Die Kühe, die diese hochwertige Milch liefern, ernähren sich ausschließlich vom Gras der hochgelegenen Weideflächen.

Die vollfette *fontina* mit ihrem blaßgelben, elastischen und von wenigen kleinen Löchern durchsetzten Teig muß drei bis vier Monate bei einer Temperatur von acht bis zwölf Grad Celsius reifen. Viele Käsereien nutzen dafür eigens in den Fels gehauene Lagergewölbe. Laibe aus der Sommerproduktion zeichnen sich durch eine besonders butterartige Konsistenz mit aromatischem Geschmack aus.

Solange die *fontina* noch jung ist, reicht man sie gern bei Tisch als Schnittkäse. Wenn sie etwas reifer wird, läßt sie sich leicht schmelzen und eignet sich daher auch gut als Kochkäse. Ihre geballten Proteine und Fette aus der Vollmilch machen sie zudem zu einem wertvollen und aus der Bergküche des Aostatals nicht wegzudenkenden Bestandteil der täglichen Ernährung. Außerdem liefert sie äußerst wichtige Mineralsalze wie Kalzium und Phosphor.

Das geschützte Markenzeichen der *fontina.*

In Anbetracht all dieser Vorzüge ist es nicht verwunderlich, daß man immer wieder versucht hat, die *fontina* zu kopieren. Die wohl bekannteste Imitation ist der *fontal,* den dänische Käsefachleute kreierten, nachdem sie im Zweiten Weltkrieg die Vorzüge des Aosta-Käses kennengelernt hatten. Diese Industrieversion der *fontina* darf überall, auch weit weg von Aosta, hergestellt werden. Die Produzenten der echten *fontina* sahen daraufhin die Notwendigkeit, ihr Produkt vor Nachahmungen zu schützen. Als erstes wurde anerkannt, daß es sich bei der *fontina* um einen »typischen« Käse handelt; der zweite Schritt brachte 1955 die gesetzlich kontrollierte Herkunftsbezeichnung DOC. Der Tintenstempel, der die Oberfläche jeder amtlichen und damit qualitätsgarantierten *fontina* ziert, zeigt als Zeichen das stilisierte Matterhorn mit dem Schriftzug *Consorzio produttori fontina* (Interessengemeinschaft der Fontinahersteller).

Die Region Aostatal hat aber noch andere interessante Käsespezialitäten zu bieten, zum Beispiel den *solignon,* der ursprünglich aus dem Gressoney-Tal stammt. Der *solignon* besteht aus einem sehr fetthaltigen Ricotta und wird mit verschiedenen Würzstoffen versetzt, mit Salz, gemahlenem Paprika, Peperoncini, Knoblauch, Wacholder, Fenchel und Kümmel. *Solignon* kann frisch oder als geräucherte Variante verzehrt werden. In früheren Zeiten hing man die Laibe zum Trocknen in den Abzug des Kamins. Neben einer längeren Haltbarkeit bekamen sie dort auch einen ganz speziellen rauchigen Eigengeschmack.

Die *toma de Gressoney,* ebenfalls aus dem Gressoney-Tal, ist auch eine Kostprobe wert. Dieser halbfette Käse wird auf die gleiche Art wie die *fontina* hergestellt. Er sieht ihr manchmal sogar zum Verwechseln ähnlich, da man die gleichen Rahmen benutzt und sonst auch mit den gleichen Werkzeugen arbeitet. Will man *fontina* und *toma de Gressoney* also zuverlässig unterscheiden, hilft nur der kritische Blick auf den Tintenstempel.

Die *toma de Gressoney* aus dem Gressoney-Tal ist wie die *fontina* und der *solignon* ein typischer alpenländischer Kuhmilchkäse.

Links: Bereits seit dem Mittelalter wird die *fontina* im Aostatal hergestellt.

FONDUTA

In den Alpentälern hat die Käseproduktion eine lange Tradition. Käse kam den ganzen Tag über und in allen Variationen auf den Tisch, jung oder reif, mit Brot, mit Getreidebrei, in Suppen oder als Begleitung von Fleischgerichten. Da man übriggebliebene Käsestückchen einschmelzen konnte, erwies sich das klassische Käsefondue somit nicht nur als eine nahrhafte Speise, sondern erfüllte gleichzeitig alle Anforderungen einer ökonomisch sinnvollen Resteverwertung. Käsefondue war und ist im gesamten Alpenraum ein beliebter winterlicher Magenwärmer. Das Aostatal macht keine Ausnahme, denn hier läßt man sich die *fonduta* schmecken.

Während beim klassischen Schweizer Käsefondue der Käse, meist eine Mischung aus Emmentaler und Greyerzer, mit Weißwein, Gewürzen und etwas Zitronensaft geschmolzen wird, sieht das Fondue nach Brillat-Savarin die zusätzliche Verwendung von Eigelb vor. Die *fonduta* wird ebenfalls mit Eigelb verfeinert, verlangt aber außerdem, daß der Käse (in diesem Fall also die *fontina*) vor dem Schmelzen mindestens vier Stunden in Milch eingelegt wird. Der ideale *fonduta*-Topf sollte einen abgerundeten Boden haben, damit die schmelzende Käsemasse besser mit dem Schneebesen durchgerührt werden kann.

Die *fonduta,* die übrigens auch im Piemont gern gegessen wird, kann als Vorspeise oder als Hauptgericht gereicht werden. Man serviert sie auch als Käsesauce zu Reis oder Tagliatelle oder füllt Ravioli damit. Wer seine *fonduta* auf die klassische Art genießen möchte, gibt den geschmolzenen Käse in tiefe Terrakottateller und reicht dazu geröstete Brotstückchen. Im Herbst wird der Käse gelegentlich mit einem Hauch weißer Trüffel verfeinert.

FONDUTA VALDOSTANA

Fonduta nach Art von Aosta

400 g nicht zu reife Fontina ohne Rinde
250 ml frische Vollmilch
30 g Butter
4 Eigelb
1 weisse Trüffel oder einige Champignons
Salz und weisser Pfeffer
geröstete Brotscheiben

Die *fontina* in dünne Scheiben schneiden und mindestens 4 Std. in Milch legen. Butter in einen Fonduetopf geben und im Wasserbad zerlassen. Die Käsescheiben und 3 EL Milch, in die der Käse eingelegt war, zur Butter geben. Die Hitze reduzieren und so das Wasser kurz vor dem Siedepunkt halten. Unter ständigem Rühren den Käse schmelzen, bis er Fäden zieht. Die Eigelbe mit der restlichen Milch verquirlen und rasch unterrühren, so daß eine gleichmäßige, sämige Creme entsteht. Mit Salz und Pfeffer abschmecken. Die *fonduta* in kleine Schüsseln verteilen, hauchdünne Trüffel- oder Champignonscheiben darüber streuen und mit gerösteten Brotscheiben servieren.

Hintergrund: Renato Vollget, Besitzer der Azienda und Trattoria Vollget in Brissogne, überprüft den Reifegrad seiner hausgemachten *fontina.*

Das Ausgangsprodukt für die valdostanischen Käsespezialitäten ist natürlich die frische, würzige Alpenmilch der Valdostana-Kühe. Zur Herstellung der *fontina* verwendet man naturbelassene, rohe Milch aus einem einzigen Melkgang.

Die frische Rohmilch für die *fontina* wird zunächst im großen Bottich erhitzt und mit Lab versetzt. Nach der Gerinnung wird der Käsebruch von der Molke getrennt.

Fontina reift durchschnittlich drei Monate. Während dieser Zeit entnimmt der Käsemeister immer wieder mit einem gebogenen Messer eine Teigprobe.

TYPISCHES AUS DEM AOSTATAL

Tortino di riso alla valdostana
Reiskuchen mit Rinderzunge

150 g gepökelte Rinderzunge
100 g Fontina
500 ml Milch
Salz und Pfeffer
geriebene Muskatnuss
350 g Reis (Vialone)
1 kleine Zwiebel
90 g Butter
geriebener Parmesan
Semmelbrösel

Rinderzunge und *fontina* würfeln und in eine Schüssel geben. Die Milch angießen und mit Salz, Pfeffer und Muskat würzen. Abdecken und an einem kühlen Ort 1 Std. ruhen lassen.
In der Zwischenzeit den Reis bißfest kochen und abgießen. Die Zwiebel hacken und in 50 g Butter glasig dünsten, den Reis zugeben, mit Parmesan bestreuen und vermengen. Eine tiefe Auflaufform mit Butter einfetten, Reis und Rinderzunge mit *fontina* abwechselnd einschichten. Semmelbrösel und Butterflocken darüber streuen und im Backofen bei 200 °C goldgelb backen.

Mais und Reis

Erst gegen Ende des 18. Jahrhunderts kam Mais in das Aostatal. Auch Reis wurde in dieser Region relativ spät bekannt, erst durch die engen Beziehungen mit dem Piemont. Die Valdostaner integrierten jedoch schnell diese beiden neuen Zutaten in ihre Küche. Aus dem Mais bereiteten sie Polenta zu, und inzwischen ist die Liste der traditionellen Polenta-Gerichte lang. Es gibt *Polenta concia* (Polenta-Auflauf), *Polenta condita* (Polenta mit Sauce), *Polenta cùnsa* (Polenta mit Käse) und *Polenta alla rascard* (Polenta nach Bauernart, so benannt nach dem typischen Bauernhaus des Tals). Die *Polenta alla rascard* wird mit *fontina* und einem Ragout aus Hackfleisch, Würstchen, Gewürzen und Weißwein zubereitet. Man läßt den Maisbrei erkalten, schneidet ihn in Streifen und legt diese abwechselnd mit dem Ragout in ein tiefes Gefäß. Zum Schluß wird die Polenta mit fein geschnittenen *fontina*-Scheiben bedeckt.
Die Auswahl an Reisgerichten ist ähnlich groß. Besonders schmackhaft sind *Riso con la fonduta*, Reis mit *fonduta*, und *Riso con vino di Donnaz*, Reis mit Wein aus Donnaz. Auch der *Tortino di riso alla valdostana* ist nicht zu verachten. Hierbei handelt es sich um einen Reisauflauf mit *fontina* und gepökelter Rinderzunge. Am besten gelingt der *tortino*, wenn man eine hochwertige Reissorte wie Arborio oder Vialone verwendet.

Polenta cùnsa
Polenta mit Käse
(Abbildung unten)

2,5 l Wasser
Salz
300 g Maisgriess
150 g Fontina, gerieben
100 g Toma, gerieben
150 g Butter
50 g Fontina und Toma, gewürfelt
frisch gemahlener Pfeffer

In einem Kupferkessel oder einem großen Topf etwa 2,5 l Wasser zum Kochen bringen. Das Wasser salzen und unter ständigem Rühren den Maisgrieß einrieseln lassen. Den geriebenen Käse zugeben. Etwa 50 Min. kochen und ständig mit einem Holzlöffel umrühren.
Die Butter zerlassen. Die Polenta in eine große Porzellanschüssel geben und die Butter darüber gießen. Mit den Käsewürfeln und frisch gemahlenem Pfeffer bestreuen und heiß servieren.

Rechte Seite: *Lepre in civet* – Hasenpfeffer
Unten: *Polenta cùnsa* – Polenta mit Käse

Hasenpfeffer

Wer keine Ambitionen für die Jagd hegt oder sich unsicher ist, wie man einen frischen Hasen ausnimmt, greift am besten auf ein küchenfertig vorbereitetes Tier zurück. Das folgende Rezept eignet sich auch für Gemsenfleisch und Fasan. Im Gran Paradiso kennt man eine seltene, aber sehr schmackhafte Variante mit Murmeltier, wobei dieses Fleisch allerdings mindestens 48 Stunden in einer Marinade aus Weißwein, Karotten, Sellerie, Zwiebeln und anderen Gewürzen liegen muß, damit es seinen strengen Eigengeschmack verliert.

Lepre in civet

Hasenpfeffer
(Abbildung Hintergrund)

1 küchenfertiger Hase mit Leber und Herz
2 Zwiebeln
1 Möhre
2 Knoblauchzehen
1 Stange Staudensellerie
1 Lorbeerblatt
1,5 l Rotwein
50 g Butter
50 g Speck
Salz und Pfeffer
2–3 EL Weinessig

Den Hasen am besten vom Metzger in Portionsstücke zerlegen lassen. Die Hasenstücke – ohne Innereien – in eine Schüssel legen. 1 Zwiebel, Möhre, Knoblauch und Sellerie kleinschneiden und über dem Fleisch verteilen. Das Lorbeerblatt zugeben und den Rotwein angießen. Den Hasen 1–2 Tage in der Marinade ziehen lassen.
Hasenteile aus der Marinade heben, mit Küchenkrepp abtupfen und sorgfältig von Haut- und Sehnenresten säubern. Die Hälfte der Butter in einer Pfanne erhitzen und den Hasen etwa 10 Min. kräftig anbraten. Das Fleisch aus der Pfanne heben und die ausgetretene Flüssigkeit abgießen.
Den Speck kleinschneiden, eine Zwiebel hacken und beides in etwas Butter glasig dünsten. Die Fleischstücke wieder in die Pfanne geben, salzen, pfeffern und weitere 10 Min. braten.
Die Marinade abseihen und mit einer Schöpfkelle zum Fleisch gießen. Flüssigkeit bei niedriger Hitze einkochen und immer wieder Rotweinmarinade nachgießen, bis das Fleisch sehr weich und zart ist.
Das Herz und die Leber fein würfeln und mit der restlichen Butter in einer kleinen Kasserolle kurz anbraten. Salzen, pfeffern und mit dem Weinessig ablöschen. Die Innereien vom Herd nehmen und in den Bratenfond einrühren. Den Hasen mit dem Fond servieren. Dazu Polenta reichen.

AUS KÜCHE UND RÄUCHER-KAMMER

Früher kam Rindfleisch nur dann auf den bergbäuerlichen Tisch, wenn ein Tier notgeschlachtet werden mußte. Um jedoch möglichst lange von dem Vorrat zehren zu können, wurde das Fleisch durch Pökeln haltbar gemacht. Auch die klassische Carbonade besteht aus eingesalzenem Rindfleisch. Ragoutgerichte dieser Art finden sich übrigens ebenso in der flämischen und der spanischen Küche. Der Name Carbonade (von *carbone,* Kohle) spielt an auf die sehr dunkle, fast schwarze, zähflüssige Sauce, die sich beim Kochen des Fleisches bildet.

Carbonade all'uso aostano

Ochsenragout
(Abbildung unten)

800 g Ochsenfleisch (z. B. von der Schulter)
Weizenmehl
50 g Butter
800 g Zwiebeln, gehackt
750 ml kräftiger Rotwein
Salz und frisch gemahlener Pfeffer
geriebene Muskatnuss

Das Ochsenfleisch in Stücke schneiden, in Mehl wenden und in einer Pfanne mit Butter kräftig anbraten. Das Fleisch herausnehmen und beiseite stellen. Die gehackten Zwiebeln scharf anrösten, das Fleisch wieder dazugeben und bei niedriger Hitze langsam schmoren. Nach und nach den Rotwein angießen. Wenn das Fleisch gar ist (nach etwa 2 Std.), mit Salz, frisch gemahlenem Pfeffer und geriebener Muskatnuß abschmecken.
Früher verwendete man für die Carbonade gepökeltes, heute frisches Rindfleisch. Dazu reicht man Polenta.

Costoletta alla valdostana

Kalbskoteletts mit *fontina*

4 Kalbskoteletts
100 g Fontina, in Scheiben geschnitten
Salz und Pfeffer
Weizenmehl
1 Ei
Semmelbrösel
80 g Butter

Die Koteletts mit einem scharfen Messer quer einschneiden, ohne sie vom Knochen zu trennen. In die so entstandenen Taschen jeweils eine Käsescheibe geben und die Ränder gut zusammendrücken. Notfalls mit einem Zahnstocher feststecken. Auf beiden Seiten salzen und pfeffern. Dann zuerst in Mehl, danach in verquirltem Ei und schließlich in Semmelbröseln wenden. In Butter braten, bis die Koteletts eine goldbraune Farbe angenommen haben.

Carbonade all'uso aostano – Ochsenragout

Speck und Würste

1 Mocetta
Mocetta und Speck aus Arnad gehören zu den wichtigsten Fleischspezialitäten des Aostatals. Die *mocetta* oder *mozzetta* wurde ursprünglich aus dem Fleisch des Steinbocks hergestellt. Da der Bestand dieser im Felsmassiv des Gran Paradiso lebenden Tiere immer mehr zurückgeht, hat man den Steinbock unter Naturschutz gestellt und die Jagd auf ihn verboten. Heutzutage wird die *mocetta* deshalb aus Gemsen- oder Ziegenfleisch produziert. Das gewürzte Fleisch wird zuerst in Salzlake eingelegt und mit einem Gewicht beschwert. Nach 25 Tagen wird es herausgenommen und muß in luftiger Umgebung drei bis vier Monate trocknen und reifen. *Mocetta* sollte vor Ablauf eines Jahres verzehrt werden, denn danach wird sie zu trocken und zu hart. Man schneidet sie in dünne Scheiben und serviert sie als Vorspeise zusammen mit Butter und mit Honig bestrichenem Roggenbrot.

2 Coppa al Ginepro
Dieser Nackenschinken aus Arnad erhält sein besonderes Aroma durch die Wacholderbeeren, mit denen er während seiner Reifezeit eingerieben wird.

3 Speck aus Arnad
Dieser für seine Haltbarkeit und seinen würzigen Geschmack berühmte Speck wird aus der Schwarte von besonders fetten Schweinen hergestellt. Ausgelöst und in Stücke geschnitten, wird der Speck abwechselnd mit Salz und Gewürzen (Pfeffer, Lorbeer, Rosmarin, Salbei, Nelke) bedeckt. Nach einigen Tagen Ruhezeit entfernt man das überschüssige Salz. Jetzt muß der Speck noch mindestens drei Monate abhängen. Zusammen mit Roggenbrot oder mit geriebenen Nüssen läßt er sich appetitlich als *antipasto* anrichten.

4 Bon Bocon
In der weichen, milden, pastosen Schweinefleischfüllung des *salamino* »Guter Happen« aus Arnad schmeckt man schon die Nähe zum Piemont.

5 Pancetta steccata
Die *pancetta steccata* ist eine eher seltene, aber doch sehr schmackhafte Spezialität des Aostatals. Das Stück Bauchspeck mit dicker eingesalzener Schwarte wird zusammengenäht und zwischen zwei Brettchen aus Wacholderbeerholz gespannt. Dadurch wird überschüssige Luft aus dem Speck gedrückt, der Reifeprozeß gefördert, und darüber hinaus steuert das Holz eine würzige Aromanote bei. Nach etwa zwei Monaten kann die *pancetta steccata* in feine Scheiben aufgeschnitten und zu einem kräftigen Brot gereicht werden.

Boudin (ohne Abb.)
Der *boudin* ist eine Art *sanguinaccio,* eine Blutwurst und besteht aus Schweineblut sowie einem Gemisch aus gekochten Kartoffeln und Speck. Er kann frisch oder abgehangen, roh oder gekocht verzehrt werden.

Saucisse (ohne Abb.)
Das Wurstbrät der *saucisse* oder *salsiccia* wird aus Rinder- und Schweinehackfleisch hergestellt und ist mit Pfeffer, Muskat, Zimt und in Wein eingelegtem Knoblauch pikant gewürzt. Am besten schmeckt diese Wurst, wenn sie etwa ein halbes Jahr abgehangen ist. Danach kann man sie auch gut in Öl einlegen, damit sie nicht hart wird.

Die deftige Speckspezialität des Aostatals, die *pancetta steccata,* wird zwischen zwei Holzbrettchen gepreßt.

TERRASSEN IN SCHWINDELNDER HÖHE

Die kleinste Region Italiens gehört seit dem 9. Jahrhundert zum Königreich Savoyen und steht seither im Spannungsfeld zwischen Frankreich und dem italienischen Piemont, die ihre vollständig zweisprachige Kultur wie natürlich auch ihren Weinbau prägen. Die nicht einmal 1 000 Hektar Rebfläche der Region erstrecken sich auf etwa 90 Kilometern des langen, engen Tals des Dora Baltea zwischen dem Ort Morgex bei Courmayeur am Fuße des Mont Blanc und Donnas an der Grenze zum Piemont. Schmale, spektakuläre Terrassen liegen an steilen Felswänden bis auf Höhen um 1 300 Meter über dem Meeresspiegel – dies sind die höchstgelegenen Weinberge Europas.

Das Klima des Alpentals wird von extremen Wintern und teilweise sehr warmen Sommern geprägt. Starke Schwankungen zwischen Tages- und Nachttemperaturen sorgen in der Vegetationsperiode für kräftige Traubenaromen. Während in vielen der höheren Lagen Trauben für Weißweine mit gutem Säurespiel wachsen, eignen sich die strikt nach Süden ausgerichteten Terrassen des mittleren Tals bei Chambave, die gemeinhin als die besten Lagen Aostas überhaupt angesehen werden, auch für kräftige, körperreiche Rotweine.

Etwa drei Viertel der regionalen Weinproduktion gehören unter das einzige DOC-Statut Valle d'Aosta, das 26 verschiedene Weintypen aus 22 zugelassenen Rebsorten vorsieht – keine andere Region Italiens kennt eine größere Vielfalt auf so kleinem Raum. Dabei fallen vor allem die vielen einheimischen Sorten wie Blanc de Morgex, Fumin, Neyret, Petit Rouge, Vien de Nus und Prëmetta auf, neben denen aber auch bekannte Namen wie Merlot, Pinot grigio oder Chardonnay kultiviert werden.

Am mittleren und unteren Lauf reift selbst der Nebbiolo, eine ansonsten sehr anspruchsvolle Sorte, der bei Donnas (oder Donnaz) interessante, leicht rustikale Weine hervorbringt. Von den übrigen roten Sorten sind der Petit Rouge und der Gamay im oberen Tal hervorzuheben, während bei den Weißweinen der Blanc de Morgex et La Salle und der süße Moscato di Chambave passito herausragen.

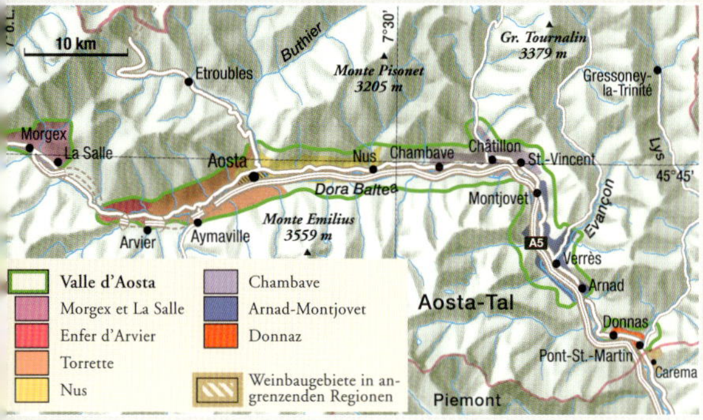

Petit Rouge

Aus der nur im Aostatal wachsenden Sorte Petit Rouge werden fruchtige, weiche Rotweine gekeltert. Die Trauben können reinsortig gekeltert werden, gehen aber im Zusammenspiel mit anderen Sorten – darunter Dolcetto, Gamay und Pinot nero – in den roten Chambave, den Enfer d'Arvier, den Novello, den Nus rosso und den Torrette ein.

Donnaz

Der einzige Nebbiolo-Wein des Aostatals – Freisa, Neyret und Vien de Nus können nur kleine Anteile stellen – wird dicht an der Grenze zum Piemont und zum Anbaugebiet der Carema produziert. Mit den großen Nebbiolo-Gewächsen der Langa ist er jedoch nicht vergleichbar und zeigt sich im besten Fall weich und fruchtig, erreicht aber nie Komplexität und Langlebigkeit von Barolo oder Barbaresco.

Enfer d'Arvier

Dieser Wein stammt aus den Steillagen des Dora-Baltea-Tals, die sich bis in eine Höhe von 1 000 Metern am Hang hinauf ziehen. Der trockene Rote wird aus Petit Rouge, Dolcetto, Gamay, Neyret, Spätburgunder und Vien de Nus gekeltert und fällt meist leicht und relativ alkoholarm aus.

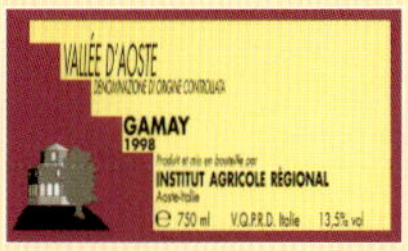

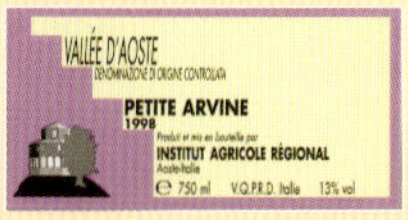

Grolla dell'amicizia

Im Aostatal besitzt jede Familie eine *grolla dell'amicizia*. Bei bedeutenden Anlässen wird dieser Trinkbecher der Freundschaft aus dem Schrank geholt, um Freunden oder Familienmitgliedern eine Ehre zu erweisen. Das Trinkgefäß ist aus einem Holz der Region geschnitzt, hat einen runden, flachen Bauch und wird oben durch einen gut sitzenden Deckel verschlossen. Der Bauch läuft in verschiedene Trinkschnäbel aus.

Man sitzt zusammen und trinkt reihum aus der *grolla*. Traditionell befüllt man das Gefäß mit *Caffè cognese*, wobei der Name nicht auf etwa beigemischten Cognac hinweist, sondern auf den Ort Cogne im Aostatal. Zwar wird der *Caffè cognese* in jeder Ortschaft nach einem anderen Geheimrezept zubereitet, doch meist besteht er aus Kaffee, etwas Grappa, Zucker und einer Apfelsinen- oder Zitronenschale. Das Mischungsverhältnis kann allerdings unterschiedlich sein.

Die Sprachwissenschaftler streiten noch über den Ursprung des Begriffs *grolla*. Die einen behaupten, daß das Wort auf den altüberlieferten französischen *grasal* oder *graal* zurückgeht und somit auf jene Gralschale verweist, aus der die Ritter gemeinschaftlich tranken. Andere wiederum meinen, daß *grolla* im lateinischen *gradalis* wurzelt, dem Gefäß, aus dem Jesus Christus beim Letzten Abendmahl trank.

DESSERTS

Für die einfachen, aber sehr schmackhaften Desserts des Aostatals verwendet man nur beste Grundzutaten aus der Region, die so unverfälscht wie möglich belassen werden. Die *Pere San Martin al vino rosso* sind ein guter Beweis für diese simple, aber geniale Philosophie. Obwohl das Aostatal nicht zu den Großerzeugern von italienischen Birnen gehört, kultiviert man hier eine ganz besonders aromatische Sorte: die kleine, rotbackige Winterbirne San Martin. Sie wird mit Stumpf und Stiel mit Rotwein bedeckt und im Ofen gebacken – der Geschmack ist überwältigend.
Die *Panna cotta* ist ebenfalls ein äußerst schlichtes, aber – wenn gute Sahne verwendet wird – unglaublich leckeres Dessert. Sie stammt nicht direkt aus dem Aostatal, sondern ist für ganz Norditalien typisch, da hier schon immer Milchwirtschaft betrieben wurde. Heute wird die »gekochte Sahne« jedoch in fast allen Landesteilen gern zubereitet.

Pere San Martin al vino rosso

Winterbirnen in Rotwein
(Abbildung rechts)

500 g kleine, rostfarbene Birnen
guter Rotwein
Nelken
Streuzucker
Schlagsahne

Die Birnen waschen und ganz – mit Kernghäuse und Stielen – in eine Backform mit hohem Rand legen. Die Früchte fast vollständig mit Rotwein bedecken, einige Nelken zufügen und mit Zucker bestreuen.
Im vorgeheizten Backofen bei mittlerer Hitze etwa 1 Std. backen. Die Flüssigkeit erhält dadurch eine sirupartige Konsistenz.
Die Birnen abkühlen lassen und mit Schlagsahne und einem Löffel Sirup servieren.

Panna cotta

Gekochte Sahne
(Abbildung unten)

Für 8 Personen

6 Blatt Gelatine
1 l Sahne
80 g Zucker

Die Gelatine in etwas kaltem Wasser einweichen und ausdrücken. Die Sahne mit dem Zucker aufkochen lassen und unter Rühren 15 Min. kochen. Sahne vom Herd nehmen und unter Rühren die Gelatine darin vollständig auflösen. Die Sahnemischung in Portionsförmchen füllen und für einige Stunden kalt stellen.
Mit Waldbeeren oder Himbeersauce servieren.

KRÄUTER GEGEN KÄLTE

Der Genepy ist vermutlich die berühmteste Spirituose des Aostatals. Nach streng gehüteten Rezepten wird er nicht nur aus Alkohol, Zucker und Wasser hergestellt, sondern auch aus den verschiedensten heimischen Kräutern, darunter Enzian und Gletscherbeifuß. Besonders das Sammeln der letzteren Ingredienz, die den botanischen Namen *Artemisia glacialis* führt und in den Hochgebirgslagen unter der Schneedecke wächst, ist streng reglementiert. So benötigt man eine spezielle Erlaubnis und darf auch dann nur wenige Pflanzen pflücken.

Zur Herstellung des Genepy kann man frische oder getrocknete Kräuter verwenden. Sind die Pflanzen frisch, schenken sie dem Schnaps eine schöne grüne Färbung. Verwendet man getrocknete Kräuter, erhält man dagegen eine hellgelbe Variante. Der Genepy hat rund 40 Prozent Alkohol. Er wird gern als Kräftigungstrunk gereicht, leistet aber auch als Digestif gute Dienste. Außerdem wärmt er Saison für Saison Scharen von durchgefrorenen Skienthusiasten wieder auf. Ein recht ähnlicher Kräuterschnaps, der wohl die gleichen Aufgaben erfüllen dürfte, ist der Alpinista. Auch er wird aus diversen Kräutern des Tals hergestellt.

Neben den hochprozentigen Kräuterschnäpsen werden im Aostatal auch Tresterbrände getrunken – und zwar ganz besonders gern, seitdem man hier dazu übergegangen ist, die Grappa mit Bergkräutern, Waldbeeren oder Honig zu verfeinern.

GRAN SAN BERNARDO

Bereits um Christi Geburt wurde der Große Sankt Bernhard oder auch Gran San Bernardo von den Römern als Alpenpaß ausgebaut. Seither verbindet er das schweizerische Wallis mit dem italienischen Aostatal. Heute erfolgt die Alpenüberquerung mühelos per Bahn, Flugzeug oder Auto, und es ist kaum mehr vorstellbar, daß der Weg durch dieses Gebirge früher ein gefährliches, sogar waghalsiges Unternehmen darstellte. Es galt, den Paß in einer Kutsche – soweit es die Straße erlaubte –, hoch zu Roß, auf einem Esel oder schlimmstenfalls sogar zu Fuß zu bezwingen. Man war von mehr oder minder vertrauenerweckenden Ortskundigen abhängig, die einem den rechten Weg, aber auch den Weg ins Verderben weisen konnten. Genau bedacht werden mußte, wo man bei Einbruch der Dunkelheit die Tiere versorgen und ein Plätzchen zum Ausruhen finden konnte. Außerdem lauerten in den Schluchten Räuber, die Reisenden wie Pilgern den letzten Pfennig abnahmen. Oft war der Alpenüberquerer jenen Wetterumschwüngen, für die das Hochgebirge gefürchtet ist, hilflos ausgesetzt. Ganz zu schweigen von der ständigen Lawinengefahr. Im Sommer hieß es, sich vor Erdrutsch und Geröll in acht zu nehmen, im Winter konnte man leicht unter einer Schneedecke begraben werden.

Um den Reisenden Schutz, Stärkung und notfalls Hilfe zu gewähren, gründete der Heilige Bernhard von Menthon, damals Erzdiakon von Aosta, in der Mitte des 11. Jahrhunderts ein Hospiz hoch oben auf dem Paß, der zu jener Zeit der wichtigste Handels- und Pilgerweg durch die Alpen war. Die erste schriftliche Erwähnung eines Hundes stammt aus dem frühen 18. Jahrhundert. Die Klosterchronik berichtet, daß das Hospiz den Reisenden Tag und Nacht offenstand. Alle

Die Grundzutat des Genepy, *Artemisia,* wächst in einer Höhe von 2000 bis 3000 Metern und wird Ende August gesammelt.

Oben und rechts: In den Destillieranlagen des renommierten Spirituosen- und Feinkostherstellers La Valdotaine in St. Marcel entstehen ganz besondere Spezialitäten, und zwar »gewürzte« Grappe. Die große Auswahl reicht von Himbeer-Grappa bis hin zu Lakritz-Grappa und Peperoncino-Grappa.

Besucher erhielten eine kostenlose Mahlzeit aus Fleisch und Brot. Die großen Fleischteile wurden am Spieß gegrillt – eine mühevolle Aufgabe für den Koch. Im Jahre 1701 konstruierte der Küchenmeister Vincent Canos eine Laufrolle, in die er einen Hund setzte, damit dieser durch seine Bewegung den Bratenspieß drehte. Um 1750 begannen die *marronniers,* die Bergführer des Hospizes, sie mit auf den Weg zu nehmen. Die großen, stämmigen Bernhardiner mußten den Wanderern vorausgehen, um mit ihrer breiten Brust den Weg durch den Schnee zu bahnen. Außerdem zeigten die Hunde einen erstaunlichen Ortssinn, so daß sie den *marronnier* und seine Reisenden selbst bei Dunkelheit oder Nebel sicher ins Tal oder zurück zum Hospiz führen konnten. Die Bernhardiner fungierten auch als Lawinensuchhunde. Dafür mußten sie nicht besonders abgerichtet werden, denn es liegt in ihrer Natur, nach Dingen im Schnee zu scharren, deren Geruch sie durch die Schneemassen hindurch wahrnehmen. In der Tat ging in jener Zeit die Zahl der verschütteten und erfrorenen Reisenden drastisch zurück. Das Fäßchen mit Branntwein, das der Bernhardiner angeblich an seinem Halsband trägt, ist eher dem Reich der Legende zuzuordnen. Zwar beförderten die großen Hunde gelegentlich auch Lasten zum Hospiz hinauf, doch ihre Rettungsaufgabe bestand im Aufspüren von Vermißten und nicht in der Versorgung der Geretteten mit Alkohol. Die Hospizchronisten berichten an keiner Stelle ihrer Schriften von jenen geheimnisvollen Fäßchen.

Noch heute können die Reisenden das Hospiz besuchen. Nach wie vor wird es von Ordensbrüdern geführt, die ihre vordringliche Arbeit allerdings nicht mehr darin sehen, Verschüttete zu suchen und erschöpfte Wanderer aufzupäppeln, sondern den Gästen einen Ort der Stille abseits von der Hektik der Außenwelt zu bieten. Auch die Bernhardiner werden heute nicht mehr in der Bergrettung eingesetzt. Dafür gibt es inzwischen Hubschrauber und Bergungstrupps mit Sonar-Geräten.

Der Hund mit dem Fäßchen ist zwar ein beliebtes Symbol der Alpenromantik, doch solcher Ballast stört beim Retten, und Verunglückte sollten sowieso keinen Alkohol trinken.

Der klare Kräuterschnaps des Aostatals heißt Genepy. Er wird mit verschiedenen Gewürzen und Kräutern, darunter auch Gletscherbeifuß, aromatisiert.

PIEMONTE

PIEMONT

Lago Maggiore
Crusinallo
Lago d'Orta
Gran Paradiso 4061 m
Ivrea
Novara
Vercelli
Turin
Chivasso
Pinerolo
Piemont
Monferrato
Po
Carmagnola
Neive
Alessandria
Alba
Albaretto della Torre
Langhe
Tanaro
Cuneo

Das »Land am Fuße der Berge«, wie Piemont übersetzt heißt, entfaltet seinen Zauber vor allem im Herbst, wenn das Laub sich färbt und dicke Nebelschwaden über Täler und Hügel ziehen. Jetzt ist die richtige Zeit, um in den Wäldern nach Trüffeln und anderen köstlichen Pilzen Ausschau zu halten, Nüsse zu sammeln, Karden zu ernten, auf die Jagd zu gehen oder beim Händler die Auswahl an frischem Wild zu bewundern. Abends sitzt man mit Freunden am Kamin, führt lange Gespräche und öffnet dabei die eine oder andere Flasche Wein. Die Küche des Piemont mag raffinierte Züge haben, doch im Grunde wurzelt sie in einer herzhaften, bodenständigen Kochtradition, die auf erstklassige und hocharomatische Zutaten vertraut. Trüffeln, Knoblauch, Wild und knackiges Gemüse, aber auch Käse und Reis bilden die Grundlagen der piemontesischen Spezialitäten.

Der Herbst ist auch die Zeit der Weinlese. Piemont hat sich mit einer Reihe hervorragender Weine Weltruf erworben. Barolo, Barbaresco und Barbera sind nur drei Namen, die aber allesamt für höchste Qualität stehen. Doch in piemontesischen Kellereien lassen sich noch andere Schätze entdecken: In der Region werden auch edle Schaumweine produziert, die sich mit den besten Champagnern messen können.

Es wird zwar häufig behauptet, die piemontesische Küche sei eng mit der französischen *cuisine* verwandt, doch dies ist eine kulinarische Halbwahrheit. Man kommt den Tatsachen näher, wenn man von französischen Einflüssen in piemontesischen Kochtöpfen spricht – und umgekehrt von piemontesischen Einflüssen in französischen Kochtöpfen. Dieser rege Gastronomieaustausch hat eine etwa 800jährige Geschichte, denn so lange gehörte Piemont zu dem Savoyer Konglomerat aus heute französischen, schweizerischen und italienischen Gebieten. Der Savoyer Dialekt, den man hier sprach, war französisch geprägt – und so finden sich noch heute viele küchentechnische Ausdrücke frankophoner Herkunft in den piemontesischen Kochbüchern. *Fumèt* steht für geräuchert, *civet* meint Sud, und *cocotte* bezeichnet die gußeiserne Kasserolle. Doch dies – wie gesagt – heißt noch lange nicht, daß die Küche des Piemont ein Ableger der französischen Kochtradition ist, denn sie hält durchaus eigenständige Spezialitäten bereit: *Bagna caoda,* das leckere piemontesische Frischgemüse mit würzigem Sardellendip, Reisgerichte wie *Risotto alla piemontese, Paniscia di Novara* oder Käse von Weltrang wie Gorgonzola oder *castelmagno* – diese Gaumenfreuden sollte man auf jeden Fall kosten.

Vorhergehende Doppelseite: Bei der herbstlichen Trüffelsuche kommt es nicht nur auf den Verstand des Menschen, sondern vor allem auf die gute Nase des Hundes an.

Links: Der Lago d'Orta ist der westlichste der norditalienischen Alpenrandseen. Waldreiche Ufer wechseln sich mit stillen Dörfern ab. In der Mitte des Sees liegt die Insel San Giulio.

Nach dem Gerinnen wird der Käsebruch in Tücher gefüllt und aufgehängt, damit die restliche Molke abfließen kann.

Castelmagno reift zwei bis fünf Monate und schmeckt dann würzig und voll. Käseliebhaber lassen ihn noch älter werden.

CASTELMAGNO

Der *castelmagno* ist eine Spezialität des Piemont. Dieser Käse mit gesetzlich kontrollierter Herkunft (DOC) wird ausschließlich in den Gemeinden Castelmagno, Pradleves und Monterosso Grana der Provinz Cuneo produziert. Den echten *castelmagno* kann man leicht an seinem Markenzeichen erkennen: Auf der Oberseite ragt ein kleines Dreieck in den stilisierten Buchstaben C. Wie sein weitaus bekannterer Verwandte, der Gorgonzola, kann auch der *castelmagno* auf eine stolze Tradition zurückblicken, denn der Käse wird bereits im Protokoll eines schiedsgerichtlichen Beschlusses aus dem Jahre 1277 ausdrücklich erwähnt. Dieses Papier besagt, daß für die Nutzung einer Weidefläche, um die sich damals die Gemeinden Castelmagno und Celle di Macra stritten, eine jährliche Gebühr fällig werde – zahlbar an den Markgrafen von Saluzzo in Form von Käse aus Castelmagno. Dank des Traditionsbewußtseins der Käsehersteller schmeckt der *castelmagno* heute fast genauso wie im 13. Jahrhundert.

Der halbharte Käse hat lediglich 34 Prozent Fett in der Trockenmasse. Er wird meist nur aus Kuhmilch hergestellt, kann aber zusätzlich auch kleine Mengen von teilentrahmter Schafs- oder Ziegenmilch enthalten. Die Milchmasse läßt man zunächst stocken und hängt sie in einem Tuch auf, damit die Molke abfließt. Danach ruht der Teig einige Tage in Holzgefäßen und wird dann in Form gepreßt. Die Laibe müssen zwei bis fünf Monate in gut belüfteten Felsgrotten reifen.

Ein junger *castelmagno* hat eine rötliche Rinde und einen elfenbeinfarbenen Teig. Er schmeckt leicht salzig und hat eine feine Nußnote. Der gereifte *castelmagno* hat eine dunkelrote bis graue Rinde, und sein ockerfarbener Teig ist deutlich von den blau-grünen Adern des Schimmelpilzes durchzogen. Er schmeckt würzig und kräftig. In allen Reifegraden ist der *castelmagno* ein hervorragender Tafelkäse, der sehr gut mit Akazienhonig und einem Likörwein serviert werden kann.

Was bedeutet das DOC-Prädikat beim Käse?

Die Abkürzung DOC bedeutet *Denominazione di origine controllata* und meint damit eine gesetzlich kontrollierte Herkunft, durch die – wie bei guten Weinen – hochwertige Käsesorten vor Nachahmungen minderer Qualität geschützt werden. Um einen bestimmten Käse zu produzieren, schließen sich die Hersteller meist zu einem *consorzio di tutela,* einer Art Kooperative zusammen, die eine genaue Beschreibung des Herkunftsgebiets, der Herstellungsmethode und des fertigen Produkts erarbeitet und in einem selbstauferlegten Kontrollsystem dafür sorgt, daß diese Vorgaben auch eingehalten werden. Außerdem stellt man einen Antrag, damit der Käse mit Herkunft auch offiziell anerkannt wird. Hat der Käse die staatliche Prüfung bestanden, darf er fortan den Namenszusatz DOC tragen, muß sich aber auch immer wieder kritische Proben durch unabhängige Sachverständige gefallen lassen. Inzwischen gibt es in Italien nicht nur Käse in DOC-Qualität, sondern auch Schinken, Essig (Aceto balsamico di Modena DOC) und andere Spezialitäten, die sich einer geschützten Herkunft rühmen dürfen.

Nachdem die Molke abgeschieden ist, wird der Käsebruch in Formen von 25 bis 30 cm Durchmesser gepreßt. Dann darf sich der Käse setzen. Später wird der Käsemeister den Käse immer wieder aus der Form nehmen, um seine Oberfläche einzusalzen.

GORGONZOLA

Der Gorgonzola ist einer der bekanntesten italienischen Exportartikel. Die kleinen, meist in Stanniolpapier eingeschlagenen Ecken bevölkern die Käsetheken der gesamten westlichen Welt. Gorgonzola ist wie viele andere Käsesorten ein DOC-Produkt, doch sein Herstellungsgebiet ist weitaus größer als zum Beispiel das des *castelmagno.* Der Gorgonzola darf aus Provinzen stammen, die teils in der Lombardei, teils im Piemont liegen: Bergamo, Brescia, Como, Cremona, Cuneo, Mailand, Novara, Pavia und Vercelli. Heute ist ein

Die Milch wird auf ungefähr 30 °C erhitzt und durch Zugabe von Kalbslab zum Gerinnen gebracht. Außerdem werden Sporen des Edelschimmelpilzes *Penicillium glaucum* hinzugefügt.

Großteil der Gorgonzola-Produzenten im piemontesischen Novara angesiedelt.

Mit seinen 48 Prozent Fett in der Trockenmasse ist der Gorgonzola ein vollfetter Kuhmilchkäse. Früher wurde er aus unpasteurisierter Milch hergestellt, doch inzwischen verwendet man aus hygienischen Gründen pasteurisierte Milch, der Fermentierhilfen und Edelschimmelsporen *(Penicillium glaucum)* zugesetzt werden. Der Gorgonzola reift zwei bis drei Monate in temperaturüberwachten Natursteinhöhlen oder entsprechenden Lagerräumen.

Gorgonzola ist ein hervorragender Tafelkäse. Er kann als appetitanregender Happen serviert werden oder zusammen mit etwas Brot und einem kräftigen Rotwein eine Mahlzeit abschließen. Auch in der Küche findet er Verwendung. Risotti, Saucen, Füllungen und Farcen bekommen ein wunderbares Aroma, wenn man sie mit zerbröckeltem Gorgonzola würzt.

Gorgonzola gibt es in verschiedenen Reife- und Schimmelgraden. Je durchsetzter der Käse, desto pikanter ist er.

Links: Damit der Pilz den Käse später gleichmäßig durchzieht, verteilt man die Sporen, indem man den Laib zuerst von der einen und nach einer Woche von der anderen Seite mit langen Edelstahlnadeln durchbohrt.

TRÜFFELN

Schon die alten Römer liebten den Trüffelpilz. In »De re coquinaria« (Über die Kochkunst), einem kulinarischen Standardwerk der Antike, das dem römischen Feinschmecker Marcus Gavius Apicius zugeschrieben wird, finden sich einige Rezepte, die die Verwendung von Trüffeln vorsehen. Demnach wurde wohl das eine oder andere Gastmahl der antiken »Schickeria« von dem edlen Pilz gekrönt.

Die Römer glaubten, daß sich Trüffeln unter Bäumen bildeten, in die Jupiter, der Herr der Naturgewalten, zuvor einen seiner Blitze geschleudert hatte. Heute wissen wir zwar, daß es sich bei der Trüffel um einen unterirdisch wachsenden Pilz handelt, der in Symbiose mit dem Wurzelgeflecht von Eichen, Pappeln oder auch Haselnußsträuchern lebt, doch dies hat uns in keiner Weise geholfen, die Vorkommen dieses begehrtesten aller Pilze zu vermehren oder sie gar künstlich zu züchten, wie dies zum Beispiel bei Champignons problemlos gelingt. Selbst wenn man Eichenwurzeln mit den Trüffelsporen präpariert, dauert es immer noch gute zehn Jahre, bis der Pilz heranreift. So bleibt der Feinschmecker auf den professionellen Trüffelsammler, den *trifulau,* wie er im Piemont heißt, angewiesen und wird weiterhin viel Geld für den kostbaren Pilz bezahlen.

Das waldreiche Piemont ist ein klassisches Trüffelgebiet. Hier findet sich die weiße Trüffel *(Tuber magnatum),* die auch Alba-Trüffel genannt wird. Sie ist die aromatischste und begehrteste Trüffel der Welt. Historischen Dokumenten zufolge schenkten die Fürsten von Acaja im Jahre 1380 einer gewissen Prinzessin Bona einige weiße Trüffeln. Einige Jahre zuvor hatte sich bereits Karl V. anläßlich der Belagerung von Alba an einer großen Portion dieser Delikatesse gütlich getan. In den Langhe, einer hügeligen Landschaft um Alba, bricht auch heute noch jedes Jahr im Oktober das Trüffelfieber aus. Dann beginnen die ersten weißen

Die weißen Alba-Trüffeln werden walnuß- bis faustgroß. Viele Areale in den Langhe sind inzwischen jedoch wenig ertragreich, so daß Sammler nach Pavia ausweichen.

Trüffeln dürfen erst kurz vor der Weiterverarbeitung von ihrer Erdkruste befreit werden. Voreiliges Putzen zerstört das Aroma.

Weiße Trüffel, Alba-Trüffel (Tuber magnatum)
Die weiße Trüffel, *Tuber magnatum*, *Tartufo bianco* oder auch Alba-Trüffel genannt, ist die begehrteste Sorte. Sie hat ein intensives Aroma mit deutlichem Knoblauchanklang und einer Note von reifem Käse. Sie wird roh verwendet, indem man sie mit dem Trüffelhobel direkt über das Gericht raspelt. Sie paßt zu Risotto, Ei, Pasta oder rohem Rindfleisch. Die weiße Trüffel ist gelblich, grau oder hellocker gefärbt, hat eine rundliche, aber unregelmäßig geformte Gestalt und zeigt ein rotbraunes Fleisch mit charakteristischer weißer Marmorierung.

Trüffeln zu reifen. Bis zum 31. Dezember, dem Ende der Trüffelsaison, krönt Alba seinen ohnehin schon bedeutenden Ruf als Wein- und Delikatessenhochburg mit einem kulinarischen Feuerwerk an hervorragenden Trüffelgerichten.

Es gibt rund 50 Arten des Trüffelpilzes, doch nur wenige sind eßbar. Da die Trüffel unterirdisch wächst, läßt sie sich nur schwer sammeln. Allein das Einkreisen eines vielversprechenden Suchgebiets erfordert ein gewisses Gespür und diverse Trüffelkenntnisse, die jedoch eifersüchtig gehütet werden. Kein Wunder also, daß man auch schon versucht hat, dem Sammelglück mit magischen Praktiken ein wenig nachzuhelfen. So ranken sich in den Langhe zahlreiche geheimnisvolle Erzählungen, Anekdoten und Riten um die Trüffelsuche.

Doch anstatt auf mystischen Beistand zu hoffen, vertrauen die meisten *trifulau* ganz pragmatisch ihren abgerichteten Mischlingshunden, deren feine Nase viel Geld wert ist. Die Suche mit Schweinen ist zwar auch möglich, doch da diese Tiere sich nicht besonders gut erziehen lassen, hat man große Mühe, sie davon abzubringen, ihre Beute an Ort und Stelle selbst zu verspeisen. Hunde lieben die Trüffel zwar auch, doch in der Regel werden sie auf das Tauschgeschäft, das ihnen ihr Herr vorschlägt, eingehen und den kostbaren Pilz gegen ein oder zwei Kekse abgeben.

Wenn die Mondphase, das Barometer oder geheime Indikatoren günstige Bedingungen verheißen, geht der piemontesische Trüffelsucher am liebsten in finsterer Nacht auf die Jagd nach dem duftenden Wirtschaftsfaktor. Dann kann der Hund sich nämlich am besten auf seinen Geruchssinn konzentrieren. Im Morgengrauen kehrt das Gespann mit den erdverkrusteten weißen Trüffeln, die je zwischen 50 und 100 Gramm wiegen, nach Alba zurück, und der *trifulau* verhandelt dort mit den örtlichen Feinschmeckern, Köchen und Gastronomen über den Wert des Fundes. Je nach Tagesangebot kann der Preis pro 100 Gramm leicht 350 bis 650 Euro erreichen.

Links: Trüffeln sind Vertrauenssache, denn wie in allen Sparten gibt es auch hier zwielichtige Geschäftemacher. Die meisten Küchenchefs und Einzelhändler bleiben deshalb ihrem angestammten *trifulau* treu und kaufen nur seine Ware.

Uova alla piemontese con tartufo bianco

Eier mit weißer Trüffel
(Abbildung oben)

100 g Butter
1 Handvoll feingehackte Petersilie
1 Knoblauchzehe, feingehackt
30 g weisse Trüffel, feingehackt
1/2 Glas trockener Marsala
4 Eier
Salz und Pfeffer

70 g Butter in einer Kasserolle erhitzen. Petersilie, Knoblauch und Trüffel zugeben. Einige Minuten bei niedriger Hitze anbräunen und mit Marsala ablöschen. Die restliche Butter in einer Pfanne erhitzen und Spiegeleier braten. Salzen und pfeffern. Die Spiegeleier auf Tellern anrichten, die Trüffelsauce darüber gießen und sofort servieren.

Carne cruda all'albese

Tatar mit Trüffel

1 kg Kalbsnuss
4 Sardellenfilets
1 Knoblauchzehe
Saft von 1 Zitrone
250 ml Olivenöl extra vergine
Salz und Pfeffer
weisse Trüffel, gehobelt

Das Fleisch kleinschneiden und durch den Fleischwolf drehen. Sardellen und Knoblauchzehe fein hacken und mit dem Zitronensaft in eine Schüssel geben. Olivenöl und etwas Wasser zugeben, mit Salz und Pfeffer abschmecken und die Zutaten gut verrühren. Das Fleisch mit der Sauce vermengen und einige Stunden im Kühlschrank ziehen lassen. Vor dem Servieren noch einmal gut durchmischen und mit Trüffelspänen garnieren.

Uova affogate ai tartufi

Verlorene Eier mit weißer Trüffel

1 l Wasser
Salz
1 EL Essig
6 Eier
4 Sardellen
30 g weisse Trüffel, feingehackt
1 Handvoll feingehackte Petersilie
60 g Butter
Saft von 1 Zitrone

In einer Kasserolle das Wasser zum Kochen bringen, Salz und Essig zugeben. Die Eier aufschlagen und in das siedende Wasser gleiten lassen. Sobald das Eiweiß festgeworden ist, die Eier mit einem Schaumlöffel herausnehmen und zum Abschrecken in ein Gefäß mit kaltem Wasser geben, das Kochwasser vom Herd nehmen. Mit einem Messer die Ränder glattschneiden und die Eier in das inzwischen lauwarme Kochwasser geben.

Die Sardellen säubern, waschen, entgräten und fein hacken. Trüffel und Petersilie in einer Schüssel mit der Hälfte der Butter vermengen. Die restliche Butter in einer Kasserolle erhitzen. Sobald sie aufschäumt, die gehackten Sardellen zugeben und bei schwacher Hitze köcheln lassen. Trüffel und Petersilie ebenfalls in die Kasserolle geben und den Zitronensaft unterrühren. Die »verlorenen Eier« auf Tellern anrichten, die Sauce darüber gießen und servieren.

REISANBAU

Es gibt unterschiedliche Theorien darüber, wie der Reis nach Italien gelangt ist. Während die einen behaupten, daß schon die Römer Reis gekannt hätten, meinen die anderen, das weiße Korn sei in der Zeit der letzten Jahrtausendwende von den Arabern nach Sizilien gebracht worden. In Venedig bevorzugt man die Version, daß venezianische Handelsseefahrer den Reis von ihren Levante-Fahrten mitgebracht haben sollen. Die Entwicklung des gezielten Reisanbaus setzte jedoch erst im 15. Jahrhundert ein, nachdem die mittelalterlichen Pestepidemien und Hungersnöte weite Teile Europas verwüstet hatten. Auch in Italien war man damals auf der Suche nach neuen Nahrungsmitteln und besann sich auf den Reis. Die Zisterziensermönche des Klosters Lucedio in der Nähe von Trino Vercellese entdeckten schnell, daß in der wasserreichen Po-Ebene offenbar günstige Bedingungen für die Reispflanzen vorlagen, und sie dort sehr gut wuchsen. Doch die Bewohner der umliegenden Dörfer wollten von dem neuen Korn zunächst nichts wissen. Sie standen einer Pflanze, die ausschließlich im Wasser gedeiht, skeptisch gegenüber, denn sie glaubten, daß diese Anbaumethode die Ausbreitung schlimmer Krankheiten, wie etwa der Pest, fördere. Die Überredungskunst der frommen Brüder, verbunden mit dem Bedürfnis nach Nahrung, siegte jedoch über derartige Befürchtungen.

Im 19. Jahrhundert begann man in der Po-Ebene mit dem Reisanbau im großen Stil, denn es zeichnete sich ab, daß im Reishandel ein bedeutendes wirtschaftliches Potential für die nicht gerade reiche Region lag. Es wurden große Kanäle gebaut, wie etwa der 1852 eingeweihte Canale Cavour, und ebenso ausgeklügelte wie leistungsstarke Bewässerungssysteme angelegt, so daß immer größere Flächen für den Reisanbau erschlossen werden konnten. Schon bald erfreute sich der italienische Reis auch im Ausland großer Beliebtheit. Das Exportgeschäft blühte. Angeblich ließ sogar Thomas Jefferson, der dritte Präsident der USA, auf seiner Reise durch Italien ein paar Reiskörner mitgehen. Der in der Po-Ebene angebaute Reis war beim Kochen nämlich hitzebeständiger als die Körner, die Jefferson aus seiner Heimat kannte. Also »importierte« er kurzerhand die bißfeste Sorte aus der Alten Welt, die sich in den Anbaugebieten der USA rasch durchsetzen konnte.

Im 20. Jahrhundert war der Reisanbau so weit perfektioniert, daß Italien uneinholbar an der Spitze der europäischen Erzeuger stand. Doch noch in den fünfziger Jahren bezahlte die Po-Ebene die Anwesenheit der mächtigen Reisindustrie und des Wohlstands, die sie für einige Menschen brachte, mit einem ungeheuren Elend der unteren Bevölkerungsschichten, die für einen Hungerlohn in den Feldern arbeiteten. Das Schicksal der *risaroli,* der Saisonarbeiter, und der *mondine,* der Unkrautjäterinnen, ist in zahlreichen Volksliedern und Bühnenstücken festgehalten worden, doch das eindringlichste Zeugnis der mühevollen Feldarbeit liefert wohl der italienische Film »Riso amaro« (Bitterer Reis) des neorealistischen Regisseurs Giuseppe de Santis aus dem Jahre 1949.

Heutzutage ist der Reisanbau zwar weitgehend mechanisiert – das anstrengende Pflanzensetzen, Jäten und Ernten übernehmen modernste Geräte –, aber dennoch ist Reisanbau nach wie vor eine landwirtschaftliche Herausforderung, denn die Felder benötigen einen langsamen, aber stetigen Wasserdurchlauf. Die Anbauflächen müssen deshalb in bestimmten Neigungswinkeln angelegt werden, damit das Wasser weder zu schnell abfließen noch sich zu lange stauen kann, denn beides würde die Pflanzen gefährden.

Der neorealistische Film »Riso amaro« (Bitterer Reis) von 1949 zeichnet ein ungeschöntes Bild der Bedingungen für die Saisonarbeiter auf den Reisfeldern der Po-Ebene. Die *mondine* standen Tag für Tag zehn bis zwölf Stunden barfuß und gebückt im kalten Wasser des Feldes, setzten Pflanzen und zupften Unkraut. Sie waren nicht nur der sengenden Sonne, den Blutegeln und Mücken ausgesetzt, sondern oftmals auch der Willkür und schlechten Behandlung durch die Vorarbeiter.

Nach dem Einsäen werden im März die Reisfelder unter Wasser gesetzt. Das Gebiet zwischen Vercelli, Novara und Pavia gleicht dann fast einer einzigen Wasserfläche.

Im September wird der Reis geerntet. Die Reispflanzen sind dann braun und trocken.

Große Mühlen befreien die Körner von ihren Spelzen. Danach wird der Reis poliert.

REISSORTEN

In Italien wird hauptsächlich Reis der Züchtung *Oryza sativa japonica* angebaut, der beim Kochen einen bißfesten Kern behält. Der schnell durchgarende und anschließend zu Brei zerfallende Langkornreis, *Oryza sativa indica,* hat dagegen kaum Bedeutung. Italienischer Reis wird vom staatlichen Reisinstitut überwacht. Es überprüft regelmäßig die Qualität, den hygienischen Zustand und die Nährstoffzusammensetzung der verschiedenen Sorten. Das Angebot wird in vier Kategorien unterteilt, die auf der Packung angegeben sein müssen: *riso comune* (Haushaltsreis), *riso semifino* (Rundkornreis), *riso fino* (Mittelkorn- oder Standardreis) und *riso superfino* (Spitzenreis).

Da Reisgerichte unterschiedliche Anforderungen an die Konsistenz und das Kochverhalten der Reisart stellen können, widmen norditalienische Köche der Reisauswahl besonders viel Aufmerksamkeit. Langkochende Reissorten wie Razza 77 und Ribe haben große, fast durchsichtige Körner mit wenig Stärke. Sie sind also für Reissalate und gekochte oder gebackene Reisgerichte geeignet. Sorten mit halbhartem Korn wie Arborio, Carnaroli und Vialone haben große Körner mit einem hohen Stärkeanteil. Sie bleiben feucht und saftig und eignen sich daher besonders für Risotto. Weichkochende Sorten wie Maratelli und Balilla haben sehr kleine stärkereiche Körner, die schnell garen, ohne sich dabei aufzulösen. Sie sind besonders für Reissuppen geeignet.

Riso comune (Haushaltsreis)
Dazu gehören die Sorten Balilla, Americano 1600, Elio, Selenio und Originario. *Riso comune* hat kurze, kleine runde oder halbrunde Körner. Er braucht 13 bis 14 Minuten Kochzeit, wird recht weich und eignet sich für Süßspeisen auf Reisbasis, Suppen und *timbale.*

Riso semifino (Rundkornreis)
Zu dieser Gruppe gehören die Sorten Maratelli, Vialone nano, Padano, Lido, Argo, Cripto und Rosa Marchetti. *Riso semifino* hat dicke, halb- oder mittellange, runde oder halbrunde Körner. Er braucht 15 Minuten Kochzeit und eignet sich für Minestrone und andere Suppen, aber auch für *timbale* und als Beilage.

Riso fino (Mittelkorn- oder Standardreis)
Diese Gruppe unterteilt sich in Fino medio (Sorten Europa, Loto, Riva) und Lungo A (Sorten Ariete, Cervo, Drago, Ribe, R.B., Rizzotto, Sant'Andrea, Ringo und Vialone). *Riso fino* hat lange, spindelförmige Körner (außer Vialone, der runde Körner hat). Er kocht 16 Minuten, gart gleichmäßig, ist bißfest und für Risotto, Reissalate, Suppen und als Beilage geeignet.

Riso superfino (Spitzenreis)
Diese Gruppe ist unterteilt in Lungo A (Arborio, Baldo, Roma, Razza 77, Koral, Volano und Carnaroli), zu Lungo B gehören Graldo, Panda, Pegaso und Thaibonnet. *Riso superfino* hat lange, dicke, halbspindelförmige Körner. Er braucht 18 Minuten Kochzeit und ist für Risotto sehr gut geeignet. Insbesondere der kochfeste Carnaroli, der oft doppelt so teuer wie die anderen Sorten ist, ergibt einen hervorragenden Risotto. Außerdem kann man ihn für Vorspeisen, -Salate, *timbale* und Beilagen verwenden.

1 R.B.
2 Riso brillato (polierter Reis)
3 Riso greggio
4 Roma
5 Riso parboiled
6 Balilla
7 Vialone
8 Arborio

Risotto al Barolo

Risotto mit Barolo
(Abbildung oben)

100 g Butter
1 kleine Zwiebel
400 g Reis
250 ml Barolo (Wein)
etwa 1 l Fleischbrühe
50 g Grana, gerieben
frisch gemahlener schwarzer Pfeffer
weisse Trüffeln, nach Belieben

Die Hälfte der Butter in einer weiten, nicht zu hohen Kasserolle erhitzen. Die Zwiebel fein hacken und in der Butter andünsten, aber nicht bräunen. Den Reis zugeben und unter ständigem Rühren kurz anbraten, dann den Wein angießen und einkochen. Nach und nach die heiße Fleischbrühe angießen. Köcheln lassen, bis der Reis die Flüssigkeit aufgesogen hat und gar ist.
Den Topf vom Herd nehmen und die restliche Butter vorsichtig unterrühren. Mit Käse und frisch gemahlenem Pfeffer bestreut servieren. Nach Belieben kann der Risotto mit einigen Trüffelspänen verfeinert werden.

Der Carnaroli-Spitzenreis eignet sich hervorragend für die Zubereitung von Risotto. Er nimmt Feuchtigkeit gleichmäßig auf und bleibt trotzdem bißfest und locker.

Paniscia di Novara

Gemüsesuppe mit Reis

200 g reife Tomaten
2 Stangen Staudensellerie
2 mittelgrosse Möhren
1 kleiner Wirsing
300 g frische Borlotti-Bohnen
50 g Schweineschwarte
Salz
1 kleine Salami d'la duja (eine in Öl eingelegte Wurst)
1 mittelgrosse Zwiebel, gehackt
50 g Speck, gehackt
25 g Olivenöl
300 g Rundkornreis
150 ml Barbera (Wein)

Die Tomaten enthäuten und die Kerngehäuse entfernen. Sellerie und Möhren schälen und in kleine Stücke schneiden. Die äußeren Blätter des Wirsings entfernen und die inneren in Streifen schneiden. Bohnen aushülsen. Die Gemüse mit der Schwarte in einen großen Topf geben, mit Wasser bedecken, salzen und etwa 2 Std. kochen. Salami pellen und kleinschneiden. Zwiebel, Speck und Salami in einer Kasserolle in Olivenöl anbraten. Den Reis zufügen und umrühren. Den Wein angießen und verkochen lassen. Die Gemüsesuppe angießen und bei niedriger Hitze fertig garen (etwa 20 Min.). Einige Minuten ruhen lassen und servieren.

Risotto alla piemontese

Risotto nach Art des Piemont

350 g Risotto-Reis
1 l heisse Fleischbrühe
50 g Butter
40 Parmesan, gerieben
Salz
geriebene Muskatnuss
40 g Bratensauce
Trüffel

Zunächst den Reis bei starker Hitze 15 Min. in der Fleischbrühe kochen. Dabei von Zeit zu Zeit umrühren. Den Topf vom Herd nehmen, Butter, Parmesan, Salz und etwas Muskat zufügen. Einige Minuten ruhen lassen, dann den Reis in eine vorgewärmte tiefe Schüssel geben. Die Bratensauce in die Mitte auf den Risotto gießen und mit dünnen Trüffelscheiben garniert servieren.

Risotto alle spugnole

Risotto mit Morcheln

100 g Sahne
250 ml Wasser
25 g getrocknete Morcheln
2 Schalotten, gehackt
2 EL Butter
200 g Vialone-Reis oder anderen hochwertigen Risotto-Reis
250 ml Weisswein
Salz und Pfeffer
750 ml heisse Hühnerbrühe
60 g Butter
60 g Parmesan, frisch gerieben
feingehackte Petersilie

Sahne und Wasser zum Kochen bringen, über die Morcheln gießen und diese etwa 15 Min. im Sahnewasser quellen lassen. Die Flüssigkeit in ein Gefäß abgießen und beiseite stellen. Pilze unter fließendem Wasser waschen und grob hacken. Die Schalotten in 2 EL Butter andünsten. Pilze und Reis zugeben. Mit Wein ablöschen und mit Salz und Pfeffer würzen. Zuerst die Einweichflüssigkeit, dann nach und nach die Hühnerbrühe angießen, bis der Reis die Flüssigkeit aufgesogen hat und gar ist. Dann Butter, Parmesan und Petersilie untermengen und heiß servieren.

Risotto ai porcini

Steinpilz-Risotto

Für 4–6 Personen

85 g Butter
1 grosse Zwiebel, in feine Ringe geschnitten
300 g frische Steinpilze, in Scheiben geschnitten
Salz
400 g Carnaroli-Reis
1,75 l heisse Hühnerbrühe
60 g Parmesan, frisch gerieben
frisch gemahlener Pfeffer

In einer Pfanne die Hälfte der Butter erhitzen und Zwiebeln sowie Pilze darin weich dünsten. Salzen und den Reis zugeben. Nach und nach die Brühe angießen, bis der Reis die Flüssigkeit aufgesogen hat und gar ist (etwa 20 Min.). Vom Herd nehmen und die restliche Butter sowie den Parmesan zugeben. Mit Pfeffer würzen und sofort servieren.

Risotto alla zucca

Kürbis-Risotto

90 g Butter
1 Zwiebel, feingehackt
300 g Kürbis, gewürfelt
Salz
400 g Arborio-Reis
1,75 l heisse Gemüsebrühe
frisch geriebene Muskatnuss
Pfeffer
60 g Parmesan, gerieben

60 g Butter in einer Pfanne erhitzen, Zwiebel darin glasig dünsten, Kürbis zufügen und weich garen. Mit dem Kartoffelstampfer zerdrücken und salzen. Den Reis zugeben und 1 Min. unter Rühren garen. Nach und nach die heiße Gemüsebrühe angießen, bis der Reis die Flüssigkeit aufgenommen hat und weich und cremig ist. Immer wieder rühren. Die Pfanne vom Herd nehmen, restliche Butter, Muskat, Pfeffer und Parmesan zugeben.

FLEISCH UND GEFLÜGEL

Die Küche des Piemont ist sehr abwechslungsreich und manchmal sogar opulent. So bereiten die Piemontesen eines der berühmten norditalienischen Lieblingsgerichte, nämlich *Bollito misto,* statt mit einer oder zwei, grundsätzlich mit vier oder auch mehr Fleischsorten zu.

Rind- und Hühnerfleisch gehören immer in den Topf. Diese simple Version des *Bollito* läßt sich jedoch mit Kapaun und Rinderzunge anreichern. Strebt man dagegen eine repräsentativere Variante an, sind Kalbszunge und Kalbskeule als weitere Zutaten unerläßlich. Der echte *Bollito misto* erfordert neben den genannten Fleischsorten zusätzlich Kalbskopf, Schweinsfüße und *cotechino,* eine würzige Kochwurst aus Schweinefleisch. Die Zubereitung des *Bollito* ist vergleichsweise einfach: Die Fleischstücke werden entweder nacheinander oder je nach Art und Größe gleichzeitig in einen Topf gegeben und so lange in Wasser gekocht, bis sie weich und gar sind. Lediglich die Würste kommen in einen anderen Topf. Die Fleischteile schneidet man in Scheiben, legt die Würstchen dazu und serviert das Ganze mit *Bagnet verd,* einer grünen Sauce aus Petersilie, Knoblauch, Sardellen und Öl, mit *Bagnet d' tomatiche,* einer süß-sauren Tomatensauce, oder mit der *Mostarda di Cremona,* den scharfen kandierten Früchten in Senfsirup.

Doch nicht nur gekochte, sondern auch geschmorte Fleischgerichte sind im Piemont sehr beliebt. *Bue brasato* ist ein typisch norditalienisches Gericht und besteht aus Rindfleisch, das mit Gemüse, Gewürzen und kräftigem Rotwein langsam durchgeschmort wird. Den Namen verdankt dieses Gericht übrigens seiner Zubereitungsmethode. *Brasato* leitet sich von dem norditalienischen Ausdruck *brasa,* Kohle, ab. Denn früher wurde der Schmortopf auf den Kohleherd gestellt, und damit sich die Wärme gleichmäßiger verteilte, bestückte man auch den Deckel des Topfes mit glühender Kohle.

Bue brasato al Barolo

Schmorbraten in Rotwein
(Abbildung unten)

Für die Marinade:
1 Möhre
1 mittelgrosse Zwiebel
1 Stange Staudensellerie
2 Lorbeerblätter
schwarze Pfefferkörner
1 kleines Stück Zimtstange
Rotwein (Barolo)

1,5 kg Rinderbraten
100 g Butter
Salz und Pfeffer
1 kleines Glas Weinbrand

Möhre, Zwiebel und Staudensellerie kleinschneiden und zusammen mit den Lorbeerblättern, den Pfefferkörnern und einem kleinen Stück Zimtstange in einen großen Topf geben. Das Fleisch zugeben, mit Wein übergießen und 24 Std. an einem kühlen Ort ziehen lassen. Das Fleisch aus der Marinade nehmen, abtropfen lassen und mit Küchenkrepp trockentupfen.
Butter in einer Kasserolle erhitzen, das Fleisch scharf anbraten und salzen. Die Marinade abseihen und mit einer Schöpfkelle über das Fleisch gießen. Zugedeckt bei niedriger Hitze einige Stunden köcheln lassen, bis die Sauce nahezu eingekocht ist.
Das Fleisch herausnehmen, in Scheiben schneiden und auf einer vorgewärmten Platte anrichten. Die Sauce durch ein Sieb streichen und in einem kleinen Topf bei niedriger Hitze noch etwas einkochen, mit Salz und Pfeffer abschmecken. Den Weinbrand zugeben, eindicken lassen und die Sauce über das Fleisch gießen. Mit Kartoffelpüree servieren.

Bollito misto

Gemischtes Siedfleisch

Für 8–10 Personen

1 gepökelte Kalbszunge, etwa 600 g schwer
Salz
Pfefferkörner
1 kg Rindfleisch (Schulter oder Nacken)
1 küchenfertige Poularde, etwa 1,5 kg schwer
3 Möhren
4 Stangen Staudensellerie
1 kleine Stange Lauch
2 Zwiebeln
500 g Kalbfleisch (Nuss)
300 g frische Schweinswurst, mit Knoblauch gewürzt

Die Zunge knapp mit Wasser bedecken und zum Kochen bringen. Die Hitze reduzieren und die Zunge etwa 1 1/2 Std. weich kochen.
In der Zwischenzeit in einem großen Topf 3 l Salzwasser aufkochen, ein paar Pfefferkörner und das Rindfleisch hineingeben. Die Hitze reduzieren und das Fleisch 30 Min. gar ziehen lassen. Danach die Poularde zugeben.
Möhren, Sellerie, Lauch und Zwiebeln kleinschneiden und zusammen mit dem Kalbfleisch in den großen Topf zum Rindfleisch und der Poularde geben. Alles etwa 1 Std. weiterköcheln lassen.
Die Schweinswurst mehrmals einstechen und mit Wasser bedeckt langsam erhitzen. Die fertiggegarte Zunge abschrecken, mit einem Küchenmesser an der Spitze einstechen und die Haut abziehen. Zum übrigen Fleisch in den Topf geben und heiß werden lassen.
Die Fleischsorten in dünne Scheiben aufschneiden, Poularde und Wurst in Portionsstücke zerteilen und alles auf einer vorgewärmten Servierplatte anrichten. Mit den Gemüsen garnieren.
Dazu reicht man *Bagnet verd* (Grüne Sauce, siehe rechte Seite).

Gemüsefondue

Bei dem klassischen piemontesischen Gericht *Bagna caoda* handelt es sich um eine Art Gemüsefondue. In eine heiße Sauce aus Knoblauch und zerdrückten Sardellen wird knackiges, rohes oder kurz blanchiertes Gemüse (Karden, Selleriestangen, Artischockenherzen, Paprikastreifen, Frühlingszwiebeln etc.) getunkt und mit knusprigem Brot verzehrt.

Bagna caoda

Heiße Sauce

50 g Butter
5 Knoblauchzehen, in feine Scheiben geschnitten
250 ml Olivenöl extra vergine
100 g Sardellenfilets, kleingeschnitten

Butter in einem Topf zerlassen und darin den Knoblauch andünsten. Nach und nach das Olivenöl angießen und die Sardellen unterrühren, bis eine cremige Masse entsteht. Etwa 30 Min. köcheln lassen und in einem vorgewärmten Terrakottagefäß auf einem Rechaud anrichten.
Für eine bessere Bekömmlichkeit der Sauce empfiehlt es sich, das Herzstück der Knoblauchzehe zu entfernen oder den Knoblauch vor der Verwendung einige Stunden in Milch einzulegen.

Vitello tonnato

Kalbfleisch in Thunfischsauce
(Abbildung Hintergrund)

700 g Kalbfleisch (vom Filet oder aus der Keule)
Olivenöl zum Braten
500 ml trockener Weisswein
Salz und Pfeffer
2 Lorbeerblätter
2 Stangen Staudensellerie
1 Knoblauchzehe
2 Eigelb
200 ml Olivenöl extra vergine
Saft von 1 Zitrone
200 g Thunfisch in Öl
2 Sardellenfilets, kleingehackt
2 EL Kapern
Kapern und Paprikapulver zum Garnieren

Das Fleisch in einer Kasserolle mit etwas Öl kräftig anbraten. Mit dem Weißwein ablöschen, salzen und pfeffern. Lorbeerblätter, Sellerie und Knoblauch zugeben und bei mittlerer Hitze etwa 50 Min. schmoren. Abkühlen lassen.
Aus den Eigelben, Olivenöl und dem Zitronensaft eine Mayonnaise zubereiten. Die Mayonnaise mit dem Thunfisch, Sardellen und Kapern durch ein Sieb streichen.
Das kalte Fleisch in dünne Scheiben schneiden und anrichten. Mit der Mayonnaise bestreichen und etwa 2–3 Std. kühl stellen. Mit Kapern und Paprikapulver bestreut servieren.

Die Schlacht und das Geflügelragout

Über den Ursprung von *Pollo alla Marengo* gibt es verschiedene, zum Teil widersprüchliche Theorien. Der berühmte Koch Auguste Escoffier (1846–1935) erwähnt das Gericht in seinem Buch »Le livre des menus« (Das Buch der Menüs), und der Historiker Massimo Alberini, der dieses Werk mit einem Vorwort versehen hat, ordnet das Rezept folgendermaßen ein: »Marengo ist einer der wenigen geschichtlich belegten Namen, die mit einem bestimmten Ereignis in Zusammenhang stehen. Am Nachmittag oder Abend des 14. Juni 1800 bereitete der Koch des damaligen Ersten Konsuls, Napoleon Bonaparte, auf die Schnelle ein *Pollo alla Marengo* zu – und zwar mit Hühnern, die man vermutlich einem piemontesischen Bauern gestohlen hatte. Der Koch tranchierte die Tiere und schmorte die Hühnerstücke in Olivenöl, Weißwein und Petersilie, während draußen die Schlacht von Marengo tobte. Später verfeinerte Escoffier, einer der bedeutendsten Köche der Neuzeit, dieses Gericht mit Tomaten, Flußgarnelen, Brotscheiben und Spiegeleiern, lauter Zutaten, die der im Laufe der Jahre ›seinem‹ Huhn treugebliebene Napoleon nie zugelassen hätte.«

Pollo alla Marengo

Poularde nach Art von Marengo
(Abbildung links)

1 küchenfertige Poularde
Weizenmehl
120 g Olivenöl extra vergine
Salz und Pfeffer
500 g reife Eiertomaten, enthäutet und entkernt
2 Knoblauchzehen, zerdrückt
einige Basilikumblätter
500 ml trockener Weisswein
200g frische Pilze, in Scheiben geschnitten
6 Flussgarnelen
6 Scheiben Weissbrot
6 Eier
Saft von 1 Zitrone
30 g Petersilie, feingehackt

Die Poularde waschen, zerteilen und in Mehl wenden. Olivenöl in einer Pfanne erhitzen, zuerst Schenkel und dann restliche Poulardenstücke bei schwacher Hitze anbraten. Ab und zu wenden, salzen und pfeffern. Die Bruststücke aus der Pfanne nehmen und warm stellen. Die Tomaten in Stücke schneiden und zusammen mit Knoblauch und Basilikum in die Pfanne geben. Mit einem Glas Weißwein ablöschen und etwa 15 Min. bei schwacher Hitze zugedeckt schmoren. Poulardenbrüste wieder in die Pfanne geben, die Pilze zugeben und weitere 20 Min. bei schwacher Hitze schmoren. In einer Kasserolle den restlichen Wein erhitzen, Garnelen zugeben und 4–5 Min. kochen. Abgießen und warm stellen. In einer anderen Pfanne die Brotscheiben in wenig Öl so rösten, daß sie innen weich bleiben. In diesem Öl auch die Spiegeleier braten, ohne daß sie ineinanderlaufen. Die Poularde mit Zitronensaft beträufeln, mit Petersilie bestreuen sowie salzen und pfeffern. In der Mitte einer Servierplatte die Fleischstücke mit dem Bratenfond anrichten. Ringsum die Brotscheiben mit je einem Spiegelei belegen. Mit den Garnelen garnieren und servieren.

Prosciutto baciato

Prosciutto baciato – auch *Filetto baciato* genannt – ist eine exquisite piemontesische Spezialität. Sie wird aus dem Filet oder einem anderen mageren Stück des Schweins zubereitet. Das Fleischstück, das 700 bis 800 Gramm wiegen sollte, wird eine Woche in Weißwein und Gewürzen mariniert. Danach stellt man unter Verwendung von reichlich *lardo* (Speck) eine Salami-Paste her, die etwa 1 bis 1,5 Zentimeter dick rundum auf das Filet aufgetragen wird. Das Ganze wird dann von Hand in Naturdärme gefüllt und muß sechs Monate lagern. Aufgeschnitten bietet der *Prosciutto baciato* einen sehr schönen Anblick. Das kräftige Rot des Filets setzt sich klar von der hellen, fast weißen Schicht rundherum ab. Nur sehr wenige Metzgereien stellen diese Spezialität her. Die Jahresproduktion liegt bei etwa 20 000 Stück.

Bagnet verd

Grüne Sauce

1 kleines Bund Petersilie
1 Knoblauchzehe
einige Kapern
2 kleine Essiggurken
2 Sardellenfilets
1 altbackenes Brötchen
3 EL Weinessig
1 hartgekochtes Ei
Olivenöl extra vergine
Salz und Pfeffer
1 TL Zucker

Petersilie, Knoblauch und Kapern fein hacken, Essiggurken und Sardellenfilets kleinschneiden. Das Brötchen in Essig einweichen.
Alles in einen Mörser geben, das Eigelb zufügen und zerstoßen. Durch ein Sieb passieren und das Olivenöl unterrühren. Mit Salz, Pfeffer und Zucker abschmecken. Zu gekochtem Rindfleisch oder *Bollito misto* reichen.

Im Gegensatz zur standardisierten Fabrikware können die Grissini aus der kleinen Backstube an der Ecke eine Länge von bis zu 70 cm erreichen. Damit sie schön lang, dünn, rund und gleichmäßig werden, muß man genau wissen, wie der Teig ausgezogen wird.

Grissini werden aus Weizenmehl, Wasser, Hefe und etwas Salz hergestellt. Damit sie schön knusprig gelingen, muß sämtliche Luft aus dem Teig herausgewalkt werden.

Wenn die Grissini aus dem Ofen kommen, sollen sie lediglich durchgebacken, aber auf keinen Fall zu dunkel sein.

GRISSINI

Im Jahre 1860 übergab das Haus Savoyen seinen territorialen Besitz, also Nizza und Savoyen, an Frankreich und bekam im Gegenzug die Königswürde zugesprochen. Wenig später wurde Vittorio Emanuele II. zum König von Italien gekrönt. Abgesehen von den innenpolitischen Wirren des Einigungsprozesses plagte den König die Sorge um seinen kleinen Sohn. Der Prinz war nämlich ein schlechter Esser, mäkelte und mochte vor allem kein Brot. Der hinzugezogene Leibarzt vermutete, daß dem prinzlichen Widerwillen eine Verdauungsstörung zugrunde liegen könnte, und bat daraufhin den Hofbäcker, ein leichtes, kroß gebackenes Brot ohne weiche Krume herzustellen. Der Hofbäcker dachte nach und ersann schließlich eine lange, dünne, leicht zu brechende Weißbrotstange, die aufgrund ihrer langen Backzeit besonders bekömmlich war. Es ist nicht überliefert, ob der kleine Prinz seine Brotaversion daraufhin überwunden hat, doch das neuartige Backwerk fand zahlreiche Nachahmer unter den Turiner Bäckern, die schon bald darin wetteiferten, wer die längsten und dünnsten Stangen aus dem Ofen zauberte.

Inzwischen haben sich Grissini einen festen Platz auf den Tischen ganz Italiens erobert, und es sind natürlich nicht mehr ausschließlich die Turiner Bäcker, sondern vor allem die großen Fabriken, die in hochtechnisierten Verfahren Grissini tonnenweise herstellen. Die Kritiker der steril abgepackten Brotstangen bemängeln jedoch immer wieder deren faden Geschmack und beziehen ihre Grissini lieber aus einem traditionell arbeitenden Betrieb, von denen es in der Turiner Gegend zum Glück noch einige gibt.

Handgefertigte Grissini schmecken viel aromatischer als die abgepackten Brotstangen aus den großen Fabriken.

DOLCI

Im Hause Savoyen liebte man schon immer zartes Gebäck. Angeblich wurden die *savoiardi,* die leckeren Löffelbiskuits, zum ersten Mal im Jahre 1348 von einem höfischen Küchenmeister gebacken, um damit seiner Herrschaft eine Freude zu machen. Da die länglichen Kekse nicht nur im Piemont, sondern auch in anderen Regionen hergestellt werden, die früher zum Gebiet Savoyens gehörten, reklamiert auch die französische Stadt Yenne diese Spezialität für sich.
Auch die Herkunft der Zabaione oder Zabaglione ist umstritten. Manche behaupten, sie sei im 16. Jahrhundert von Bartolomeo Scappi, einem richtungsweisenden Renaissancekoch, erfunden worden. Andere sind der Meinung, der Name dieser Weinschaumcreme verweise auf den heiligen Pasquale Bayon. Der piemontesische Volksmund macht nämlich aus San Pasquale Bayon gern ein zusammengezogenes *Sanbajun,* was sich mit etwas Phantasie wie *zabagliun* anhören könnte. Das Fest dieses Heiligen wird in Turin alljährlich am 7. Mai gefeiert, und im Jahre 1722 wurde er sogar zum Schutzpatron der *Associazione cuochi di case e famiglie* gewählt.

Zabaione (Zabaglione)

Weinschaumcreme
(Abbildung oben)

12 Eigelb

1 Prise Zimt
400 ml Marsala
1 kleines Glas Rum

In einer Kasserolle die Eigelbe und den Zucker so lange mit dem Schneebesen schaumig schlagen, bis die Mischung nahezu weiß wird. Den Zimt im Marsala auflösen und mit dem Rum aromatisieren. Den Marsala unter ständigem Rühren nach und nach in die Creme gießen. Die Kasserolle in ein Wasserbad setzen und die Creme bei niedriger Hitze vorsichtig verquirlen. Ist die Creme geschmeidig und schaumig, vom Herd nehmen und in Dessertschalen gießen.

Savoiardi

Savoyer Kekse (Löffelbiskuits)
(Abbildung oben)

3 Eier
100 g Zucker
90 g Weizenmehl
Salz
20 g Butter
30 g Puderzucker

Die Eier trennen. Eigelbe mit 75 g Zucker in einer Schüssel schaumig schlagen. Nach und nach 75 g Mehl und 1 Prise Salz zugeben und unterrühren. In einer anderen Schüssel die Eiweiße steif schlagen und vorsichtig unter die Eigelb-Mischung heben.
Ein Backblech mit Butter einfetten und mit Mehl bestäuben. Einen Spritzbeutel mit abgeflachter, glatter Spitze und einer Öffnung von etwa 14 mm Durchmesser mit der Eier-Mischung füllen. Etwa 10 cm lange Stäbchen mit ausreichendem Zwischenraum auf das Blech spritzen.
Den Puderzucker mit dem restlichen Zucker vermischen und die Hälfte davon über die Stäbchen streuen. Etwa 10 Min. warten, bis der Zucker eingezogen ist, dann mit der restlichen Menge erneut bestäuben und wieder ein paar Minuten ruhen lassen.
Die Stäbchen im vorgeheizten Backofen bei 150 °C goldgelb backen. Das Blech aus dem Backofen nehmen, die Löffelbiskuits vorsichtig mit einem Spachtel auf ein Kuchengitter heben und abkühlen lassen.

Bonét

Puddingcreme

4 Eigelb
130 g Zucker
50 g Amaretti
15 g Kakaopulver
250 ml Milch
1 kleines Glas Rum

Die Eigelbe mit 100 g Zucker in einer Schüssel schaumig schlagen. Amaretti zerbröseln und mit dem Kakaopulver, der Milch und dem Rum zu den Eigelben geben. Alles so lange miteinander verrühren, bis eine glatte und cremige Masse entsteht.
Den restlichen Zucker karamelisieren und damit den Boden und die Wände einer Puddingform bestreichen. Die Creme in die Puddingform füllen und im vorgeheizten Backofen bei 180 °C im Wasserbad etwa 1 Std. backen. Darauf achten, daß das Wasser nicht kocht.
Die Form aus dem Backofen nehmen. Den Pudding noch etwa 15 Min. in der Form ruhen lassen und dann auf einen Teller stürzen. Warm oder kalt servieren.

Maronen

Vor gar nicht allzu langer Zeit galt die Eßkastanie in den Gebirgsregionen wie Cuneo und Val de Susa noch als Grundnahrungsmittel, die die Bevölkerung oft sogar vor Hungersnöten rettete. Im Piemont sind nach wie vor zahlreiche Kastaniensorten zu finden, doch die beliebteste ist sicherlich die Marone. Im Gegensatz zu den, für den Menschen nicht genießbaren, Roßkastanien, bei denen sich drei bis fünf Früchte gleichzeitig im Fruchtstand befinden, hat diese veredelte Sorte nur eine Frucht, die aber dafür außergewöhnlich groß und wohlschmekkend ist. Maronen werden nicht nur geröstet oder gekocht, als Knabberei zum Wein oder als Beilage zu dunklem Fleisch oder Wild serviert, sondern auch zu einer inzwischen weltbekannten Spezialität der Konfiserie verarbeitet, zu *Marrons glacés.* Die empfindlichen Früchte müssen dafür zunächst in einem speziellen Verfahren trocknen und danach vorsichtig in konzentriertem Zuckersirup kandiert und glasiert werden. Da während der Herstellung viel Ausschuß anfällt (zerbrochene Kastanien werden sofort aussortiert), ist diese Süßigkeit verhältnismäßig teuer. *Marroni canditi,* wie sie auf Italienisch heißen, ißt man im Piemont gern zu Weihnachten. Sie sind auch ein beliebtes Mitbringsel.

Gianduiotto

KONFISERIE

Seit die Conquistadores von ihren Erkundungsfahrten gen Westen nicht nur die Nachricht von einer Neuen Welt, sondern auch den Kakao mitbrachten, grassiert das Schokoladenfieber. Cortez und seine Mannen konnten im beginnenden 16. Jahrhundert natürlich noch nicht wissen, welche Begeisterung die unscheinbare Bohne auslösen würde. Bereits innerhalb weniger Jahrzehnte hatte sie die europäische Tradition, Mode und Genußkultur tiefgreifend verändert. Im 17. und 18. Jahrhundert war der Kakao so weit verbreitet, daß man in allen venezianischen oder florentinischen Gastwirtschaften heiße Schokolade trinken konnte.

In jener Zeit entwickelten sich Piemont und seine Hauptstadt Turin zu einem bedeutenden Kakao- und Konfiseriezentrum. Um 1800 kamen sogar lernbegierige Schweizer wie François Cailler in die Region. Die bekanntesten Konfiseure Italiens, Peyrano, Streglia, Feletti, Talmone und Caffarel, sind allesamt Piemontesen. Caffarel verdanken wir die Erfindung der berühmten Turiner Haselnußpraline *gianduiotto.* Sie wurde während des Karnevals von 1865 zu Ehren der volkstümlichen Theatermaske Gianduja, einem Wahrzeichen der Stadt, kreiert. Ein echter *gianduiotto* besteht aus Kakao, Zucker, Vanille und Haselnüssen.

Unten: In jeder Frucht des Kakaobaums *(Theobroma cacao)* verbergen sich 30 bis 50 weißliche Samen, die sogenannten Kakaobohnen. Vor der Weiterverarbeitung müssen sie fermentiert, geröstet und zu einer pulverigen braunen Kakaomasse zermahlen werden.

Verpackungsdesign in der ersten Hälfte des 19. Jahrhunderts – die niedlichen Sympathieträgerinnen werben für die drei Standbeine der Firma Caffarel: Kakao, Schokolade und Pralinen.

Wie Schokolade entsteht

Der immergrüne Kakaobaum wird bis zu acht Metern hoch. Seine rötlichen Blüten sind verblüffend klein, gemessen an den großen, gurkenähnlichen gelben oder roten Früchten, die direkt aus dem Stamm oder den Hauptästen sprießen. Kakaobäume brauchen zwar warme bis heiße Temperaturen, können aber keine direkte Sonneneinstrahlung vertragen. Besonders die Sprößlinge sind auf andere Pflanzen angewiesen, die ihnen Schatten spenden. Gleichzeitig verlangen Kakaobäume nach einer hohen Luftfeuchtigkeit.
Etwa zehn Jahre muß der Baum heranwachsen, bis er richtig trägt. Die Früchte reifen ungleichmäßig, so daß alle vier bis sechs Wochen geerntet werden muß.
Unter der halbharten, geriffelten Schale befindet sich zuckerhaltiges Fruchtfleisch, das die Kakaobohne umhüllt. Die frisch geernteten Früchte schlägt man auf und entnimmt die 30 bis 50 weißlichen Samen. Diese Kakaobohnen werden nun in einen Bottich gegeben, wo das sie umgebende Fruchtfleisch zu gären beginnt. Jetzt bilden sich erste Aromastoffe. Danach werden die Bohnen getrocknet und der Rohkakao verladen.
Die Bohnen werden geröstet, geschält und zermahlen, bis eine breiartige Masse entsteht – die Kakaomasse. Zur Herstellung von schwach oder stark entöltem Kakaopulver – als Trinkkakao oder für Kuchen – wird die Masse gepreßt, bis die Kakaobutter abgeschieden ist, und der Preßkuchen anschließend gemahlen.
Die Grundrezepturen für Schokolade beinhalten Kakaomasse, Zucker, Kakaobutter, Milchprodukte wie Kondensmilch oder Milchpulver und Aromastoffe wie Vanille oder Zimt. Die Zutaten werden zunächst in einem Melangeur, eine Art Zerkleinerungsmaschine, gründlich durchmischt. Anschließend muß die Masse 24 Stunden bei 25 bis 50 Grad Celsius reifen, wobei sie eine teigige Konsistenz annimmt. Diese Rohschokolade kann für einfache Schoko-Produkte verwendet werden. Für feine Tafelschokolade jedoch kommt die Masse in eine sogenannte Conche, in deren Rollen sie bei 60 bis 85 Grad Celsius mehrere Tage lang verrieben wird, damit sich alle Aromastoffe vermischen und emulgieren. Danach wird der Brei auf etwa 28 Grad Celsius heruntergekühlt und zu Tafeln gegossen.

Ferrero und die Schokocreme

Die Geschichte der Schokoladenspezialitäten aus dem Piemont wäre unvollständig ohne die Gebrüder Giovanni und Pietro Ferrero aus Farigliano in der Nähe von Cuneo. Der eine am Ende des 19., der andere im noch jungen 20. Jahrhundert geboren, erlebten sie beide Weltkriege und die damit verbundenen Rückschläge. Doch die Familie, die in Alba eine kleine Konditorei besaß, ließ sich nicht entmutigen. Kurz nach dem Zweiten Weltkrieg begannen die Ferreros mit der Herstellung einer neuartigen Nußkakaocreme, die sie auf den Namen Nutella tauften und zu einem sehr günstigen Preis anboten. Das appetitliche Schokoladenaroma und die hohe Qualität der piemontesischen Haselnüsse verhalfen der erschwinglichen, nahrhaften Creme schnell zum Erfolg. Die Nutella-Freunde sollten Ferrero die Treue halten, denn heute steht die Firma an der Spitze der europäischen Süßwarenhersteller und produziert längst auch andere süße Köstlichkeiten.
Doch Nutella ist mehr als nur eine Schokocreme – es ist eine Leidenschaft mit hohem Suchtpotential. So fand am 27. September 1998 in einem Hotel vor den Toren Albas ein Treffen von 350 *nutellomani* statt, um gemeinsam ihrer Liebe zu frönen, die von Millionen Mitsüchtiger auf der ganzen Welt geteilt wird. Natürlich kam nur Alba als Ort der Feierlichkeit in Frage – selbst der Bürgermeister war anwesend und bekannte sich damit öffentlich zu seiner Passion –, denn hier steht jene Ferrero-Fabrik, die noch heute einige Millionen Tonnen Nutella produziert. Der Initiator der Nutella-Party heißt – schicksalhafterweise – Davide Ferrero, ist jedoch nicht mit den »echten« Ferreros verwandt. Der junge Jurist ist außerdem Vorsitzender des *Ciococlub*, der Dachorganisation der Nutella-Fans. Inzwischen besitzt der Club eine eigene Internetseite, die bis dato von etwa 10 000 Adepten besucht worden ist. Als Eintrittspreis für die Nutella-Party wurde den Gästen ein Minimum-Obolus von umgerechnet etwa 10 Mark abverlangt. Der Erlös des Festes war teilweise für wohltätige Zwecke vorgesehen, diente andererseits aber auch dem Ankauf von 50 Kilogramm der Schokocreme, mit der 14 Riesenbrote (je zweieinhalb Meter lang) bestrichen und von den glücklichen Gästen verzehrt wurden. Die Nutella-Party und der *Ciococlub* sind übrigens keine Werbe- oder PR-Gags, und der Vorsitzende betont, daß man weder von Ferrero noch von einer anderen Schoko-Firma gesponsert würde. Die »echte« Familie Ferrero hatte schon im Vorfeld deutlich gemacht, daß sie mit dem Event nichts zu tun haben wolle. Doch das hat die schokoverschmierten Enthusiasten nicht die Kakaobohne interessiert und dem Spaß keinerlei Abbruch getan.

Hernando Cortez (1485–1547)
Kupferstich von Isabella Piccini, tätig um 1665/92, nach einem zeitgenössischen Bildnis koloriert

ALESSI – DESIGN FÜR DIE KÜCHE

Gute Messer, Töpfe, Pfannen, Scheren und sonstiges Küchenzubehör haben im Piemont eine gewisse Tradition. Das Strona-Tal bietet seit jeher geradezu ideale Voraussetzungen für die metallverarbeitende Industrie. Aus den Bergen stürzen kräftige Gebirgsbäche herab, die früher bei entsprechender Nutzung Wasserkraft lieferten – ein wichtiger Aspekt in den Zeiten vor der Erfindung der heutigen Energiesysteme. Am nördlichen Ufer des Orta-Sees gibt es noch heute einige Hersteller von Haushalts- und Küchenwaren aus Edelstahl und anderen Materialien. Einer davon ist Alessi. Der Großvater von Alberto Alessi, dem amtierenden Generaldirektor der dritten Generation, gründete 1921 in Omegna eine kleine Werkstatt. 1928 zog man nach Crusinallo um, wo die Firma noch heute ihren Sitz hat.

Alessi war zwar schon immer für klares und funktionales Design bekannt, doch in den achtziger Jahren wollte die Firma mehr: In der Chefetage träumte man davon, Kochgeschirr herzustellen, das in Form und Funktion darauf ausgerichtet war, den Kochvorgang und damit das Gelingen der Speisen aktiv zu unterstützen. Also entwickelte das Kreativ-Team in Zusammenarbeit mit Designern, Köchen und Historikern neuartige Produkte, die nicht nur Eingang in die italienischen Küchen fanden, sondern sich bald auch jenseits der Alpen größter Beliebtheit erfreuten. Die relativ hohen Preise schrecken kaum einen Kunden ab, denn wer etwas vom Kochen versteht, weiß erstens, daß gutes Werkzeug unerläßlich ist, und zweitens, daß hochwertiges Kochgeschirr so gut wie unverwüstbar und schon deshalb einige Lire, Pesetas, Pfund, Drachmen oder Mark wert ist.

Die Firmengeschichte

Giovanni Alessi

1921
Giovanni Alessi Anghini gründet in Omegna einen metallverarbeitenden Betrieb und führt dort zunächst Auftragsarbeiten durch. 1924 beginnt Alessi mit der Herstellung eigener Produkte.

1928
Die Firma Alessi zieht nach Crusinallo um.

1932
Carlo, der älteste Sohn des Firmengründers, tritt in den Betrieb ein. Der studierte Industriedesigner entwirft unter anderem das Tee- und Kaffeeservice Bombé.

1955
In den Nachkriegsjahren gelingt die Transformation in einen modernen Industriebetrieb. Carlo zieht sich in das Management zurück. Sein Bruder Ettore beginnt die Zusammenarbeit mit Designern wie Luigi Massoni, Carlo Mazzeri und Anselmo Vitale.

Der Firmensitz von Alessi in Crusinallo

1970
Alberto, der studierte Jurist und Enkel des Gründers Giovanni, kommt in die Firma. Sein Ziel ist es, den Gegensatz zwischen Massenproduktion und handwerklicher Qualität aufzuheben.

1972
Alberto beauftragt Ettore Sottsass mit dem Entwurf einiger Menagerien für Essig und Öl.

1977
Richard Sapper wird mit dem Entwurf der ersten *caffettiera* betraut. Es beginnt eine Zusammenarbeit, die zahlreiche Design-Klassiker für die Kaffeezubereitung hervorbringen wird.

1980
Achille Castiglioni arbeitet mit Alessi und entwirft Dry, das erste Besteckservice der Design-Schmiede. Es kommt 1982 auf den Markt.

1983
Das Tee-und-Kaffee-Piazza-Projekt wird ins Leben gerufen. Die Idee: Namhafte Architekten entwerfen ein Tee- und Kaffeeservice, ohne auf die Einschränkung massenhafter Produzierbarkeit Rücksicht nehmen zu müssen. Das Ergebnis: Designobjekte aus edlen Materialien und in limitierter Auflage von Architekten wie Michael Graves, Hans Hollein, Aldo Rossi, Robert Venturi oder Richard Meier.

1986
Philippe Starck arbeitet für Alessi und ihm gelingt auf Anhieb ein Klassiker der Postmoderne, die Saftpresse Juicy Salif. 1989 kommt sie auf den Markt.

1989
Die Designer Stefano Giovannoni und Guido Venturini entwerfen als Design-Duo King Kong die heitere Girotondo-Kollektion.

1993
Beginn des Projekts Family Follows Fiction, einer Serie von Gebrauchsgegenständen junger Designer in von Comic-Figuren und Spielzeug inspirierten Formen.

1997
Enzo Mari reiht sich in die Garde berühmter Designer ein, die für Alessi arbeitet. Es entstehen neue Entwürfe, doch Alessi legt auch einige alte Designs wieder auf, die in den sechziger Jahren für Danese entstanden sind.

Rechte Seite: Saftpresse
Juicy Salif
Philippe Starck, 1989

Set für Essig, Öl, Salz und Pfeffer
Ettore Sottsass, 1978

Espressomaschine La Cupola
Aldo Rossi, 1989

9090 Caffettiera
Richard Sapper, 1979

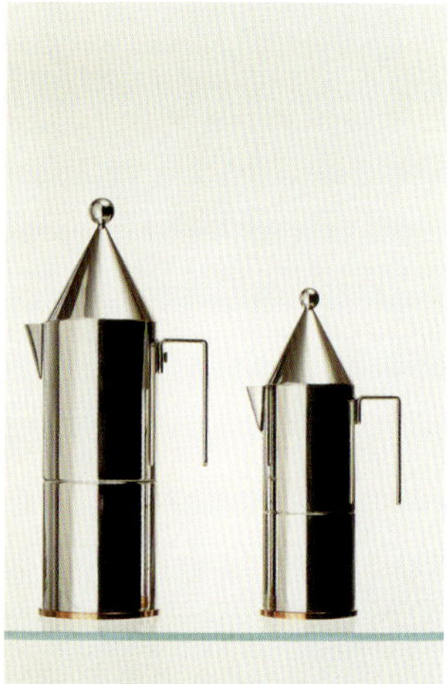

Kaffeekanne La Conica
Aldo Rossi, 1984

Dry
Achille Castiglioni, 1982

Brotkorb
Enzo Mari, 1997

»Singender« Kessel
Richard Sapper, 1983

Knoblauchpresse Nonno di Antonio
Guido Venturini, 1996

Korkenzieher Anna G
Alessandro Mendini, 1994

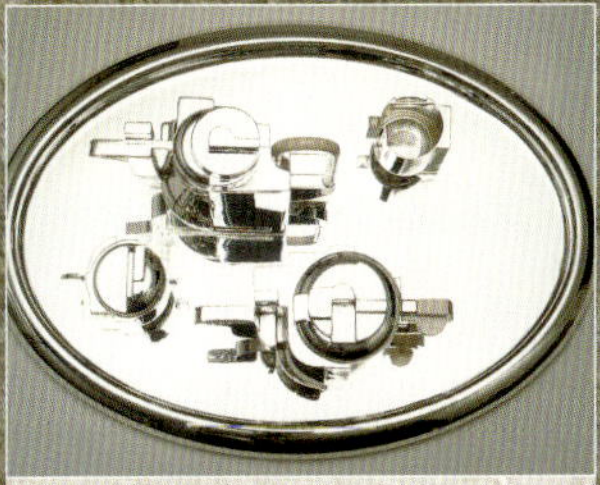

Tee-und-Kaffeeservice Piazza
Hans Hollein, 1983

Tee- und Kaffeeservice Bombé
Carlo Alessi Anghini, 1945

Toasthalter aus der Serie Girotondo
King Kong, 1996

Wasserkessel Il Conico
Aldo Rossi, 1986

Zuckerdose
Michael Graves, 1992

ESSIG

Essig ist ein uraltes Würzmittel. Bereits die Römer kannten den oxidierten Wein, im Mittelalter nahm man ihn als Medizin gegen die Pest, und in neuster Zeit erlebt er selbst in den feinsten Küchen ein Comeback. Früher galt Essig als ungehobelte Zutat, die aufgrund ihrer hohen Säure kaum für zarte Gerichte taugte. Inzwischen begreifen besonders die italienischen Küchenchefs, die sich wieder den Traditionen der Mittelmeerküche zugewandt haben, Essig nicht mehr als geschmackstötenden Feind, sondern als küchentechnischen Helfer, der eine Court-Bouillon verfeinert, Nieren gart, Saucen auffrischt und gekochte Paprika leichter verdaulich macht. In der kalten Küche gehört er sowieso dazu, denn eine Salatsauce aus Öl, Salz und Knoblauch wäre ohne Essig nicht denkbar. Essig wird hergestellt, indem man einem gering alkoholischen Weiß- oder Rotwein Essigsäurebakterien *(Acetobacter aceti)* zusetzt und anschließend abwartet, bis diese den Alkohol durch Oxidation in Essigsäure umgewandelt haben. Als Träger der Bakterien dient meist eine Essigmutter. Diese gelatineähnliche Masse bildet sich in Gefäßen, in denen wiederholt Essig produziert worden ist. Essigmutter galt früher als kostbarer Besitz, denn mit ihrer Hilfe ließ sich immer wieder ein neuer Essigbildungsprozeß in Gang setzen. Die italienische Gesetzgebung sieht vor, daß ein guter Essig aus Wein gewonnen sein muß, mindestens 6 Prozent Essigsäure und höchstens 1,5 Prozent Alkoholrückstand aufweist. Obwohl Essig heute in der Regel am Fließband fabriziert wird, gibt es noch einige Betriebe, die sehr aromatische Weißwein- und Rotweinessige aus handwerklicher Produktion anbieten. Besonders im Piemont wehrt man sich entschieden gegen die Meinung, Essig sei einfach nur »schlechtgewordener Wein«. Unter anderem ist hier die Firma Ponti ansässig, die mit 45 Millionen Flaschen zwar einen großen Umsatz macht, aber dennoch in Europa zu den renommiertesten Produzenten von feinstem Weinessig zählt. Doch neben Ponti gibt es auch die kleinen Essigenthusiasten wie Cesare Giacone vom Restaurant Dei Cacciatori in Alberetto della Torre.

Verglichen mit den anderen Ländern der europäischen Gemeinschaft ist der jährliche Essigverbrauch in Italien recht niedrig, denn er beträgt nur 0,9 Liter pro Kopf gegenüber einem durchschnittlichen Konsum von 1,4 Liter. In Mittel- und Süditalien allerdings wird das saure Würzmittel traditionell zu Hause hergestellt, und diese Mengen tauchen natürlich nicht in den offiziellen Verkaufsstatistiken auf.

Cesare Giacone ist ein Meister des Essigs. Hier prüft er aufmerksam Farbe und Lichtreflexe eines seiner Erzeugnisse.

Da die Reifung des Essigs sorgfältig überprüft werden muß, unterscheidet sich der Essigmacher kaum vom Winzer.

Essig kann sehr alt werden. Er verliert zwar im Laufe der Jahre seine leuchtende Farbe, gewinnt aber an Aroma hinzu.

Essigfässer haben eine kleine Öffnung auf der Oberseite, durch die der Essigmeister in regelmäßigen Abständen Proben entnimmt. Neben der geschmacklichen und olfaktorischen Beurteilung wird auch geprüft, ob der Essig noch Alkohol enthält, denn erst wenn der Alkohol vollständig umgewandelt ist, kann ein Essig als »fertig« gelten.

Honigessig

Essig ist nicht zwangsläufig auf Wein als Grundstoff angewiesen. Schon im antiken Ägypten bereitete man einen Honigessig zu, der wohl als der älteste Essig der Welt gelten darf. Honigessig wird noch heute vorzugsweise aus feinem Akazienhonig hergestellt, der, mit etwas Wasser gestreckt, langsam zu gären beginnt, wobei Temperatur und Luftzufuhr aufmerksam dosiert werden wollen. Der auf diese Weise gewonnene Honigessig wird weder pasteurisiert noch chemisch gereinigt, um die gesunden Enzyme nicht zu zerstören. Sein Säuregrad liegt leicht unter dem des klassischen Weinessigs, was ihn um so magenfreundlicher macht. Er eignet sich vorzüglich für Salate, da seine Mineralsalze mit denen der Rohkost nicht kollidieren. Auch Saucen und Süß-Saures bekommen durch Honigessig einen angenehmen Geschmack. Mit Wasser verdünnt löscht er im Sommer den Durst. Gern wird er auch zum Aromatisieren von Obst-, Reis- und Käsesalaten verwendet.

Sott'aceti

Essiggemüse

1 kg gemischte frische Gemüse der Saison (z. B. kleine Zwiebeln, Brokkoli, Blumenkohl, Möhren, Paprika, kleine Gurken, Zucchini, Auberginen, Sellerie, Kürbis, Artischocken)
1 l Wasser
1 l guter Weinessig
30 g Salz
15 g Zucker
Lorbeerblätter nach Wunsch

Die Gemüse küchenfertig vorbereiten. Große Stücke kleinschneiden. Wasser, Essig, Salz und Zucker und nach Wunsch auch Lorbeerblätter in einem großen Topf verrühren und zum Kochen bringen. Sobald sich Salz und Zucker aufgelöst haben, die Gemüse zugeben. Je nach Größe der Stücke kochen lassen, bis die Gemüsestücke leicht gegart sind, aber noch Biß haben.

Die Gemüse in Einmachgläser füllen und mit dem Sud auffüllen. Gefäße verschließen. Entweder kühl lagern und bald verzehren oder im Ofen bei 90 °C 30 Min. sterilisieren.

Aromatisierter Essig

Exotische Essige, die aus Weinessig und zugesetzten Kräuteraromen bestehen, sind sehr beliebt geworden. Man sollte jedoch mit diesen Zubereitungen vorsichtig umgehen, da sie zum Teil ein völlig anderes Aroma als der gewohnte Weinessig mitbringen und den Geschmack der Gerichte sehr stark beeinflussen oder gar verfremden können. Eine eigene Kategorie stellen die Obstessige dar, denn die Früchte müssen zunächst zu Obstwein vergoren werden, bevor sie zur Essigherstellung genutzt werden können.

Himbeer-, Kirsch- und Waldbeerenessig passen gut in Salate und können Saucen interessanter machen. Knoblauchessig eignet sich für Salate, die ein leichtes Knoblaucharoma erhalten sollen. Estragon-, Lorbeer- und Rosmarinessig passen vor allem zu Fisch, schmekken aber auch im Salat.

Himbeer-, Rosmarin-, Salbei-, Peperoncino-, Estragon-, Minzessig (v.l.n.r.).

Ein Gesetz für den Wein

Wohl kaum ein anderes Weingesetz dieser Welt ist so umstritten wie das italienische. Bei dessen Geburt im Jahre 1963 ging es dem Gesetzgeber vor allem darum, die Winzer vor unlauterer Konkurrenz zu bewahren. Geschützte Herkunftsbezeichnungen sind natürlich auch für den Konsumenten wichtig, dem so garantiert wird, daß der erworbene Wein wirklich aus dem Anbaugebiet stammt, das auf dem Etikett angegeben ist – vordem absolut keine Selbstverständlichkeit. Das Weingesetz definiert aber nicht nur die Anbaugebiete, sondern regelt auch, aus welchen Rebsorten die einzelnen Weine gekeltert und sogar wie sie gemacht werden müssen.

Zur Unterscheidung der Qualitäten hat der Gesetzgeber eine Qualitätspyramide mit vier Stufen geschaffen. Die große Masse der Weine wird als einfacher *Vino da Tavola,* Tafelwein ohne Herkunftsangabe, verkauft. Darüber stehen die *Vini con indicazione geografica (Igt),* Weine mit einfacher geografischer Herkunftsbezeichnung. Qualitätsweine werden in der Kategorie DOC, *Denominazione di origine controllata,* kontrollierte Herkunftsbezeichnung, angeboten, und die allerhöchste Stufe wird in Italien als DOCG, *Denominazione di origine controllata e garantita,* kontrollierte und garantierte Weine also, wobei lediglich insgesamt 18 Herkunftsbezeichnungen zu dieser angesehensten Kategorie gehören.

Wie sich in der Praxis gezeigt hat, sind die fast 300 Herkunftsbezeichnungen Italiens für sich alleine genommen nur selten wirklich eine Garantie für hohe Weinqualität – es gibt leider in vielen DOC- und sogar DOCG-Gebieten Weine von nur mäßiger Qualität und sogar ganze Anbaugebiete, die den Titel Qualitätsweingebiet eigentlich gar nicht verdienen.

Viele Weinfreunde setzen deshalb bei ihrer Weinwahl ausschließlich auf den Namen des Winzers, nicht auf gesetzliche Kategorien, und so kommt es, daß heute – paradoxerweise – auch Tafelweine zu den begehrtesten und teuersten Kreszenzen Italiens gehören können.

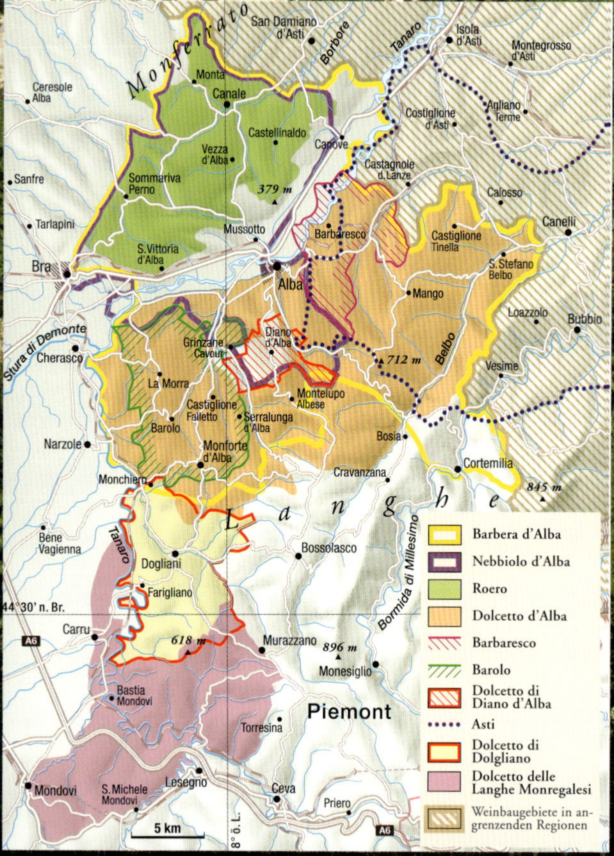

PIEMONT – KÖNIGREICH DES NEBBIOLO

Das Piemont liegt eingebettet zwischen dem nordwestlichen Alpenbogen und dem Apennin, die sein besonderes Klima bestimmen – sehr warme Sommer und fast kontinental kalte Winter. Weinbau wird in fast allen Teilen der Region betrieben, vor allem aber in der Hügellandschaft ihrer südlichen Hälfte, die von den Provinzen Cuneo, Asti und Alessandria gebildet wird. Mehr als 56000 Hektar Rebfläche – ganz Deutschland hat nur doppelt so viel – sind zu 60 Prozent für die Produktion von Qualitätsweinen zugelassen, was einen für Italien sehr hohen Anteil darstellt.

Die verbreitetste Rebe des Piemont ist – natürlich sollte man fast sagen – rot und heißt Barbera. Aus der einstigen Massensorte, die im Zentrum des größten Weinskandals des Landes Mitte der achtziger Jahre stand, ist im letzten Jahrzehnt fast so etwas wie ein Star geworden. Ihre Weine haben ein Qualitätsniveau erreicht, das ihnen die Anerkennung von Weinfreunden in aller Welt sichert. Ihr Prestige verdankt die Region jedoch fast ausschließlich dem Nebbiolo, genauer gesagt den Nebbiolo-Weinen, die auf den Hügeln der Langa oder Langhe in unmittelbarer Nachbarschaft der Trüffel-Hauptstadt Alba erzeugt werden: Barolo und Barbaresco. Die Entstehung der berühmten Nebbiolo-Weine im 19. Jahrhundert gilt in gewisser Weise als Geburtsstunde des modernen italienischen Qualitätsweinbaus überhaupt, wie auch die der Region Piemont als traditionsreichster und solidester Lieferant von Spitzenweinen.

König der Weine und Wein der Könige, so hat man den heute wichtigsten Nebbiolo-Wein, den Barolo genannt – nicht zuletzt, weil dessen »Erfindung« durch den französischen Önologen Oudart im Schloß der Marchesa Giulietta Falletti in Barolo aktiv vom Hause Savoyen unterstützt wurde. Er vereint in idealer Weise die Charaktereigenschaften der Nebbiolo-Traube: Kraft, Eleganz und große Lagerfähigkeit. Guter Barolo entwickelt mit der Alterung Aromanoten von Trüffeln, Teer, Unterholz, Rosen, Tee und Gewürzen und wirkt bei voller Reife im Mund samtig, voll und rund.

Bis zur Zeit von Oudart war der Nebbiolo aus Barolo und den Dörfern der Umgebung meist süß ausgebaut worden. Später ließ man den Most beziehungsweise den Wein so lange auf den Beerenschalen gären, daß die fertigen Produkte in der Jugend oft übertrieben tanninbetont, hart und unzugänglich wirkten und erst mit der Alterung einen gewissen Charme entfalteten. In den achtziger Jahren machte sich eine Gruppe jüngerer piemontesischer Winzer daran, dem Barolo ein moderneres Antlitz zu verschaffen. Sie änderten die Keltermethoden und ließen den Wein in kleinen Fäßchen aus neuem Holz reifen, was ihm noch vielfältigere Aromen und schon in der Jugend eine weichere, zugänglichere Struktur verschaffte. Wie so oft, wenn auf der Welt etwas revolutioniert wird, stritten sich auch im Piemont Modernisten und Traditionalisten darum, wer den echten, wahren und unverfälschten Barolo machte. Auch dieser Streit war im Grunde überflüssig, da die besten Anhänger beider Richtungen hervorragende und alterungsfähige Weine erzeugen – in verschiedenen Stilrichtungen eben.

In unmittelbarer Nachbarschaft des Barolo – auf der entgegengesetzten Seite des Städtchens Alba – wird der Barbaresco hergestellt, ein Wein, dem weniger Kraft, dafür aber noch größere Eleganz und eine gewisse »Feminität« nachgesagt wird. Einst der berühmtere und erfolgreichere der beiden Weine, litt er allerdings unter seinem großen kommerziellen Erfolg, der viele Winzer und Kellereien dazu verführte, immer größere Mengen von immer fragwürdigerer Qualität zu keltern. Erst in jüngsten Jahren hat eine Handvoll Winzer aus Barbaresco und Umgebung dem Wein wieder zu alter Größe verholfen.

Weitere Nebbiolo-Weine aus der Gegend um Asti, die zwar nur als zweite Garde gelten, aber aufsteigende Qualität zeigen, sind der Nebbiolo d'Alba und der rote Roero. Ein ähnliches Schicksal wie der Barbaresco dagegen, mit allerdings weit drastischeren Folgen, erlitten die Nebbiolo-Weine – die Rebsorte wird hier Spanna genannt – aus dem Norden des Piemont, Gattinara und Ghemme, denen auch die jüngst erfolgte Beförderung zu DOCG-Status nicht wirklich neues Leben einhauchen konnte. Nebbiolo wird im Piemont noch in 14 weiteren DOC-Weinen verwendet, die allerdings meist (noch) wenig Bedeutung besitzen. Zu ihnen gehören alte, traditionsreiche, aber in Vergessenheit geratene Namen wie Boca, Bramaterra und Fara ebenso wie die neuen Herkunftsbezeichnungen Langhe, Monferrato und Piemonte, unter denen seit kurzem eine Reihe einstiger Tafelweine von hohem Niveau angeboten werden. In einigen dieser Spitzengewächse wird die Sorte aufs beste von einem mehr oder weniger großen Anteil Barbera ergänzt.

Nicht nur im Piemont

Obwohl der Nebbiolo heute als eine der besten Rebsorten der Welt gilt, hat er im Unterschied zu französischen Renommiertrauben wie Cabernet Sauvignon oder Merlot keine große Verbreitung gefunden. In Italien wird er außerhalb des Piemont fast ausschließlich in der Lombardei kultiviert: Im Veltlin-Tal, wo er die Hauptsorte für die DOC Valtellina stellt, ist er unter dem Namen Chiavennasca bekannt, und in den roten Stillweinen des Franciacorta-Gebiets, der DOC Terre di Franciacorta, stellt er einen kleinen Anteil des Traubenverschnitts. Darüber hinaus wird die Sorte gelegentlich in den USA – vor allem in den kalifornischen Anbaugebieten Sonoma, Paso Robles, Santa Maria und Santa Barbara – und versuchsweise in einigen australischen Weinbergen ausgepflanzt. Seit neuestem experimentiert sogar ein deutscher Winzer mit Nebbiolo-Reben.

Der Nebbiolo braucht im Sommer viel Licht und Wärme. Die kalten Winter des Piemont, hier bei Ivrea, erlauben den Reben optimales Regenerieren.

BARBERA, DOLCETTO, GAVI & CO.

Als Hauptsorte der einfachsten Massenweine des Piemont und Protagonist des größten italienischen Weinskandals der Nachkriegsgeschichte genossen die Barbera – die Rebsorte ist für Piemonteser weiblich – und die auf ihr basierenden Herkunftsbezeichnungen (Barbera d'Alba, Barbera d'Asti, Barbera del Monferrato) lange Zeit einen mehr als zweifelhaften Ruf. Im Verlauf der achtziger Jahre jedoch besann sich eine Gruppe piemontesischer Winzer um Giacomo Bologna und Angelo Gaja der Qualitäten dieser Sorte und begann, unter dem Einfluß von Reiseeindrücken aus Frankreich, Weinbergsarbeit und Kellertechnik radikal umzustellen. Die traditionell meist magere und säurereiche Barbera wurde jetzt einem Säureabbau unterzogen und anschließend in kleinen Holzfäßchen gelagert, was ihr Aromabukett bereicherte und sie geschmacklich verfeinerte. Durch die gleichzeitige starke Begrenzung der Ernteerträge erzielte man konzentrierte und kraftvolle Weine, wie sie bis dahin undenkbar gewesen waren.

Die Gewächse, die so entstanden, besaßen die Kraft und die würzige Frische, die moderne Spitzenweine auszeichnen, und konnten sich schnell einen Platz unter den besten Rotweinen Italiens verschaffen. Reinsortig oder im Verschnitt mit anderen Traubenarten – Nebbiolo, Cabernet Sauvignon und sogar der schwierige Pinot noir eignen sich hervorragend – gelten die besten Vertreter der DOC-Bezeichnungen Barbera d'Asti, Barbera d'Alba, Langhe oder Piemonte heute als ideale Begleiter zu Gerichten der Region.

Eine ähnlich erstaunliche Karriere wie die Barbera durchlief auch der Dolcetto, dessen Weine allerdings nicht – wie es der Name vermuten ließe – süß sind, sondern fruchtbetont und trocken. Dolcetto galt früher im südlichen Piemont, in den Langhe-Hügeln der Provinz Cuneo, als der Alltagswein schlechthin. Kirschen- und Pfefferaromen prägen seinen Duft, und sein Geschmack ist fruchtig-weich, wobei der Wein selbst bei höherem Alkoholgehalt nie zu schwer wirkt. Noch mehr in die leichte, fruchtbetonte Richtung geht Grignolino, dessen Weine mit ihrem charakteristischen Rosen- und Beerenduft sehr verführerisch sein können. Leider findet man nur selten qualitativ hochstehende Produkte aus Grignolino, was auch für die beiden letzten erwähnenswerten roten Sorten Bracchetto und Freisa gilt.

Freisa ist eine alte, traditionsreiche Rebe, deren Weine sehr unterschiedlich ausfallen können. Meist sind sie leicht perlend, eventuell sogar etwas lieblich und werden schon rasch nach der Ernte getrunken. In den letzten Jahren haben engagierte Winzer aber bewiesen, daß man aus Freisa auch Weine mit dichtem, fast üppigem Körper keltern kann, denen sogar eine gewisse Reifezeit im Holzfaß gut tut. Bracchetto-Weine dagegen ähneln in ihren Aromen dem im Piemont weit verbreiteten Moscato oder Muskateller

Dolcetto-Reben galten früher als Lieferanten für den Alltagswein, heute werden aus der Sorte Spitzenprodukte gekeltert.

Süsser Prickler

Die am weitesten verbreitete weiße Rebsorte des Piemont wird nicht für Still-, sondern für Schaumweine verwendet. Es ist der Muskateller oder Moscato, genauer gesagt der Moscato di Canelli – nicht zu verwechseln mit Moscato di Alessandria, Moscato giallo oder Moscato rosa, Sorten, die zur selben Familie gehören, aber sehr unterschiedliche Weine hervorbringen. Die Sorten dieser Familie gehören zu den ältesten überhaupt. Wahrscheinlich werden sie schon seit mehr als drei Jahrtausenden im Mittelmeerraum kultiviert.

Der Wein, der im Piemont, genauer gesagt, in den Provinzen Asti, Alessandria und Cuneo, aus Muskateller gekeltert wird, hört auf den populären, weltweit bekannten Namen Asti, früher Asti Spumante. Eigentlich gibt es zwei Spielarten dieses Weins, den Moscato d'Asti und den Asti. Beide sind leichte, relativ alkoholarme liebliche Schaum- oder Perlweine, unterscheiden sich aber in ihrer Herstellungsart. Beim traditionelleren Moscato d'Asti wird die Gärung des Mosts mehrfach durch Filtration gestoppt und wieder in Gang gebracht, bis das richtige Verhältnis von natürlicher Süße und perlendem Kohlensäuregas entstanden ist.

Der industriell hergestellte Asti entsteht dagegen in großen Gärtanks und wird durch eine reguläre zweite Gärung zu Spumante, das heißt Schaumwein. Er enthält sehr viel mehr Kohlensäure, so daß die Flasche unter höherem Druck als die des Moscato d'Asti steht.

Während der Weinbau im Gebiet des Asti zum überwiegenden Teil von kleinen Winzerhöfen betrieben wird, entsteht der fertige Asti in riesigen Tankanlagen großer Kellereien, die ihren Sitz von allem in der Stadt Canelli haben. Diese Kellereien bauten ihren Erfolg in der Vergangenheit hauptsächlich auf den Export, wobei Deutschland allein zeitweise fast die Hälfte der ausgeführten Mengen abnahm und sich zum größten Absatzmarkt für Asti entwickelte.

In den letzten Jahren bewegte sich die Entwicklungskurve des Asti jedoch stark nach unten, was sich auch durch das Heraufstufen des Massenprodukts zum DOCG-Wein nicht änderte.

Guter Moscato d'Asti und guter Asti sind leichte, fruchtbetonte und frische Getränke, die – gut gekühlt – besonders im Sommer schmecken. In den anderen Jahreszeiten entfalten sie ihre Qualitäten vor allem in der Kombination mit frischen Obstdesserts oder leichtem, süßem Gebäck.

oder auch dem Gewürztraminer. Sie sind allerdings nur schwer mit Speisen zu kombinieren.

Bei den Weißweinen haben in den letzten Jahren zwar Chardonnay und Sauvignon blanc in der Region Einzug gehalten und erste, hervorragende Ergebnisse hervorgebracht, die weißen Traditionsreben des Piemont sind aber nach wie vor Arneis und Cortese. Ersterer besitzt im Roero, das sich an die Hügel der Langhe anschließt, ein eigenes DOC-Gebiet und war eine Zeit lang auf dem besten Wege, zu einer Art Modesorte zu werden. Übertriebene Preise und zu geringe Mengen setzten dem jedoch schnell ein Ende. Die Cortese-Traube wird vor allem im DOC-Wein Gavi verwendet, dem populärsten piemontesischen Weißen. Der frische, weiche, von seinen Aromen eher neutrale Tropfen eignet sich gut als Begleiter für Vorspeisen und Gemüse. Die anderen, im Piemont kultivierten Rebsorten und ihre Weine – Favorita, Bonarda, Erbaluce, Ruché, Pelaverga, Timorasso und wie sie alle heißen – besitzen zumeist lediglich regionale Bedeutung und bringen aber in Ausnahmefällen auch Spitzenweine hervor.

Barolo

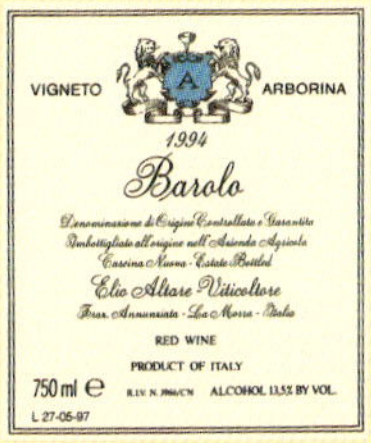

Der König der Weine wird aus Nebbiolo-Trauben von den Hängen südöstlich der Stadt Alba gekeltert. Aus den drei Tälern, die sich in die Hügel der Langa ziehen, kommen recht unterschiedliche Weincharaktere: La Morra liefert weichere, fruchtbetontere, Serralunga und Castiglione dagegen eher klassisch tanninbetonte Weine. Die Weine werden heute meist so vinifiziert, daß sie auch in der Jugend schon recht zugänglich sind, und ihre Tannine nicht mehr so abschreckend wirken, wie in früheren Jahren. Wenn sie ihre volle Reife erreicht haben, zeigen sie ein wunderschönes Bukett, in dem Teeblätter, süßer Tabak, Trüffeln und Leder wahrzunehmen sind. Im Mund sind sie voll und kräftig mit einer samtigen, weichen und runden Struktur und passen hervorragend zu den kräftigen piemontesischen Fleischgerichten.

Vino da Tavola

Obwohl eine Reihe von Produzenten inzwischen ihre einstigen Vini da Tavola unter den Herkunftsbezeichnungen Langhe oder Piemonte verkaufen, gibt es sie noch immer: die exzellenten Tafelweine, die in der Zeit der Qualitätsrevolution in den achtziger Jahren den guten Ruf des italienischen Weinbaus begründen halfen. Im Piemont sind diese Weine oft aus verschiedenen Sorten verschnitten: Nebbiolo und Barbera, Barbera und Cabernet Sauvignon oder Pinot nero, Nebbiolo und Cabernet oder Merlot, etc. Meist kräftig im Geschmack, elegant und vielschichtig in den Aromen, stellen sie die beste Wahl für ein elegantes Diner mit feinwürzigen Fleischgerichten dar.

Barbaresco

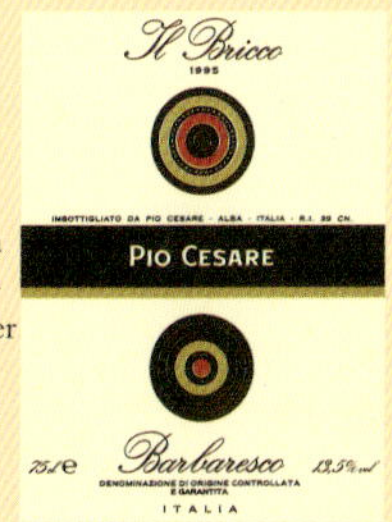

Noch bis in die sechziger Jahre hinein weit berühmter als sein Nachbar Barolo, geriet der Nebbiolo-Wein aus den Lagen nördlich von Alba aufgrund schwacher Leistungen erfolgsverwöhnter Winzer ein wenig in Vergessenheit. Die Tatsache, daß Barbaresco meist dünner und schwächlicher schien, interpretierte man gerne mit seinem »feminineren« Grundcharakter. In den letzten Jahren haben jedoch eine Reihe von Winzern mit kräftigen, vielschichtigen und alterungsfähigen Barbaresco-Weinen auf sich aufmerksam gemacht. Voll ausgereift harmoniert das Bukett herrlich mit den Trüffelgerichten aus den Langhe.

Barbera d'Alba

Auf den Hügeln des Barolo- und Barbaresco-Gebiets im Umkreis der Stadt Alba wachsen die Trauben für die kräftige, recht tanninreiche Barbera d'Alba. Die dichte, rote Farbe, ein schönes, fruchtiges Bukett und der runde, feste Körper machen den Wein zum idealen Begleiter für kräftige Pasta- und Fleischgerichte. Da viele Winzer der Gegend lieber den prestigereichen Barolo oder Barbaresco keltern, lassen die Qualitäten der Barbera-Weine manchmal etwas zu wünschen übrig. Die besten Vertreter dieser Herkunftsbezeichnung gehören jedoch zu den besten Barbera-Weinen ganz Italiens.

Moscato

Der Moscato d'Asti ist die feinfruchtige, elegante Version des berühmten Asti, einst Asti Spumante genannt. Mit reichem Fruchtbukett, in dem Birnen-Aromen überwiegen können, einer angenehm fruchtigen Süße und ihrem leichten, nicht aggressiven Perlen sind diese Weine hervorragende Begleiter von Frucht-Desserts.

Barbera d'Asti

Einst übermäßig säurebetont und in zu großen Mengen produziert, hat sich die Barbera d'Asti heute fast schon zur gleichmäßig besseren der beiden wichtigsten Barbera-Herkunftsbezeichnungen gemausert. Anders als in der Langa, wo die besten Lagen dem Nebbiolo vorbehalten bleiben, gilt die Barbera-Traube in der Provinz Asti als beste rote Sorte und wird entsprechend behandelt. Sie eignet sich hervorragend zum Verschnitt mit vielen anderen Sorten wie Nebbiolo, Spätburgunder oder gar Cabernet und ergibt recht langlebige, kräftige Weine.

Gavi

Gavi oder Gavi di Gavi galt eine Zeit lang als weißer Modewein des Piemont, konnte aber vor allem wegen seines ungünstigen Preis-Leistungs-Verhältnisses keinen durchschlagenden Erfolg verbuchen. Er wird im Gebiet um die gleichnamige Stadt in der Provinz Alessandria aus der Cortese-Traube gekeltert. Die Weine haben ein eher neutrales Bukett und sind weich und geschmeidig im Mund. Sie eignen sich sehr gut als Begleiter zu Gerichten mit Gemüsebeilage.

Langhe

Von den neuen DOC-Weinen Piemonte, Monferrato und Langhe, in denen jeweils eine ganze Reihe roter und weißer Sortenweine zusammengefaßt sind, ist die DOC Langhe die prestigeträchtigste. Das liegt vor allem daran, daß viele Spitzenproduzenten ihre einstigen Vini da Tavola, die unter kein DOC-Statut paßten, weil aus fremden Rebsorten oder nicht den DOC-Vorschriften entsprechend vinifiziert, jetzt unter dieser Herkunftsbezeichnung abfüllen.

WERMUT UND VERMOUTH

Der Wermut, jener nachträglich mit Kräutern und Gewürzen aromatisierte Wein, rangierte einst kaum unter den geschätzten oder gar prestigeträchtigen Getränken. Zwar schien er eine lange Tradition zu haben, geht doch der Name vermutlich auf das althochdeutsche Wort *werimouta* zurück, das ein magenanregendes pflanzliches Bittermittel bezeichnet, doch trinken mochte ihn niemand. Dies sollte sich schlagartig ändern, als Antonio Benedetto Carpano den Gästen seiner Turiner Bar im Jahre 1786 eine eigene Kreation vorstellte, die er Vermouth nannte.

Das neue Getränk wurde sofort begeistert aufgenommen. Carpano hatte es nicht nur geschafft, einheimische Weißweine mit einer besonders raffinierten und streng geheimen Kräutermischung zu veredeln, sondern es war ihm auch gelungen, das bis dahin mäßige Image des Wermuts aufzupolieren und ihn geradezu als Luxuswein zu verkaufen. Dieses Konzept überzeugte auch Carpanos Konkurrenten. Schon bald begannen andere Spirituosenfabrikanten, allen voran Cinzano, mit der Herstellung des aromatischen Likörweins. Martini & Rossi kam 1863 mit seiner Version des Vermouth auf den Markt. Weitere piemontesische Firmen wie Gancia und Cora folgten.

Piemont ist noch immer die Heimat des Vermouth, und Carpano, Cinzano und Martini & Rossi gelten nach wie vor als Inbegriff des aromatischen Getränks. Nur daß sie den Vermouth heute nicht mehr in kleinen Hexenküchen, sondern unter Zuhilfenahme modernster Technologie herstellen. Als Grundzutat dient Weißwein. Während die Vermouth-Pioniere auf Moscato d'Asti oder Moscato di Cannelli zurückgriffen, nimmt man heute Weißweine mit ausgesprochen wenig Eigengeschmack. Ihm setzt man Zucker, Alkohol und eine Mischung aus verschiedenen Kräuterextrakten zu, darunter die Aromen von Beifuß, Wermutblättern, Majoran, Muskatnuß, Thymian, Salbei, Zimt, Anis, Fenchel und Nelke. Der auf diese Weise »gewürzte« Wein wird erhitzt und destilliert. Roter Vermouth wird mit Karamel eingefärbt. Der Alkoholgehalt eines trockenen Vermouth muß bei mindestens 18 Prozent liegen.

Manhattan

(Abbildung links)

4 cl Canadian Whisky
2 cl roter Vermouth
1 Spritzer Angostura
Eiswürfel
Cocktailkirsche

Whisky, Vermouth, Angostura und Eiswürfel in ein Rührglas geben, rühren und in ein vorgekühltes Cocktailglas umfüllen. Mit einer Cocktailkirsche dekorieren. Nach Belieben auch mit einem Stück Limettenschale versehen.

Martini, Carpano, Cancia, Cora, Cinzano – das sind die großen Vermouth-Namen, die in keiner gutsortierten Bar fehlen dürfen. Mit Vermouth werden auch die beiden italienischen Cocktail-Klassiker Americano und Negroni gemixt. Der Negroni verdankt angeblich seinen Namen einem gewissen Conte Camillo Negroni, der den Drink erfand.

Martini dry Cocktail

5 cl Gin
1 cl Vermouth extra dry
Eiswürfel
Olive mit Stein

Gin, Vermouth und Eiswürfel in ein Rührglas geben, rühren und in ein vorgekühltes Cocktailglas umfüllen. Mit Olive dekorieren. Nur Oliven mit Stein, niemals gefüllte Oliven verwenden. Oliven dürfen nicht in Öl, sondern müssen in Salzlake mariniert sein. Zitronentwist ist denkbar.

Alle Rezepte für 1 Getränk

Martini extra dry

6 cl Gin
1 Spritzer Vermouth extra dry

Die Zutaten in ein Rührglas geben, rühren und in ein vorgekühltes Cocktailglas umfüllen. Puristen bestehen darauf, daß dem Gin die Vermouth-Flasche nur gezeigt wird.

Americano

Eiswürfel
3 cl Campari
3 cl roter Vermouth
Sodawasser
Zitronenscheiben

Die Eiswürfel in ein Glas geben. Campari und Vermouth zugeben. Mit Sodawasser auffüllen und kurz umrühren. Mit Zitronenschale dekorieren.

Negroni

2 cl Campari
2 cl roter Vermouth
2 cl Gin
Eiswürfel
Orangen- und Zitronenschale

Campari, Vermouth, Gin und Eiswürfel in ein Rührglas geben, rühren und in ein vorgekühltes Cocktailglas umfüllen. Mit Orangen- und Zitronenschale dekorieren.

LIGURIA

Ligurien

Ligurien
Savona
Genua
Rapallo
Levanto
Corniglia
La Spezia
Albenga
Taggia
Imperia
San Remo

Der Volksmund sagt den Ligurern nach, daß sie Unbekanntem verschlossen gegenüberstehen, sich zu Hause am wohlsten fühlen und am liebsten alles selbst machen. Auch in ihrer Küche nutzen die Ligurer gern jene vertrauten Produkte, die im 350 Kilometer langen Küstenlandstrich mit dem rauhen, bergigen Hinterland selbst produziert oder aus dem eigenen Meer gefischt werden. Die würzigen Kräuter, die knackigen Gemüsesorten, die Meerestiere, die Eier für die *Torta pasqualina* – all das ist *nostrano,* also aus unserer Gegend, wie auf den Verkaufsschildern auf dem Markt zu lesen ist. Selbst der Wein, der unter großen Anstrengungen in den unwegsamen, steil abfallenden Terrassenlagen gezogen und in kleinen, aber äußerst qualitätsbewußten Kellereien liebevoll ausgebaut wird, scheint in Ligurien erfunden worden zu sein, so gut paßt er zu den einheimischen Gerichten.

Pikante Torten sind eine ligurische Spezialität. Neben der *Torta pasqualina* serviert man auch heute noch die altehrwürdige *Torta marinara,* die nicht etwa – wie der Name vermuten lassen würde – ein Gebäck mit Fischfüllung, sondern ein herzhafter Kräuterkuchen ist. Die Frauen der Seeleute bereiteten ihn mit Mangold, Ricotta, frischen Pilzen und Parmesan zu – wohl wissend, daß ihre Männer, nach Monaten auf hoher See und in der Gewalt eines mehr oder minder fähigen Schiffskochs, der meist nur Stockfisch und Zwieback verteilen konnte, in ihren freien Tagen an Land immer einen großen Appetit auf aromatische Kräuter, erdige Pilze und frischen Käse verspürten. Es wundert nicht, daß die ligurische Küche den Beinamen *cucina del ritorno,* Küche der Rückkehr, trägt.

Eine bescheidenere, aber deshalb nicht minder schmackhafte Variante der *Torta salata,* der salzigen Torte, ist die ligurische Focaccia. In manchen Gegenden wird der dünne Brotfladen zusätzlich mit Käse gefüllt, mit reichlich Öl beträufelt und mit Zwiebeln garniert. Besonders in den Hafenstädten war die Zwiebelzugabe sinnvoll, denn die bakterientötende Wirkung und der hohe Vitamin-C-Gehalt der weißen Knolle halfen, die Bevölkerung vor den aus Übersee eingeschleppten Krankheiten zu schützen.

Weil die Ligurer alles gern selbst machen, haben sie sich auch eine eigene Pizza ausgedacht. Die einer Focaccia ähnelnde Spezialität, belegt mit Zwiebeln und Anchovis, stammt aus Oneglia, dem heutigen Imperia, und heißt *Pizza all'Andrea.* Erfunden wurde sie Ende des 15. oder Anfang des 16. Jahrhunderts – und zwar von dem genuesischen Staatsmann und Seehelden Andrea Doria. So jedenfalls will es die Legende.

Vorhergehende Doppelseite: Aromatische Gemüse wie erntefrische Artischocken gehören zu der Küche Liguriens. Hier kontrolliert Züchter Giampiero Navone seinen Bestand.

Links: Die steilen, unzugänglichen Weinterrassen der Cinqueterre, hier bei Corniglia, erlauben keinen Einsatz von Maschinen. Rebpflege und Lese sind Handarbeit.

Alice (Sardelle oder Anchovis) und Sardina oder Sarda (Sardine)

Mit Ausrufen wie »Wunderschöne Sardellen zu verkaufen, frisch und lebendig, als hätten sie Quecksilber im Leib!« oder »Ich verkaufe das Silber des Meers!« preisen die Fischer ihre fangfrische Ware an. Die Sardelle, heute vielleicht besser unter dem Namen Anchovis bekannt, gehört zusammen mit der Sardine zu den Heringsfischen, die auf hoher See vor dem Golf von Genua traditionell gefangen werden. Inzwischen allerdings finden Sardinen und Sardellen – wohl wegen ihres vergleichsweise fetthaltigen Fleischs – immer seltener den Weg in die Kochtöpfe und Bratpfannen, was recht schade ist, denn sie schmecken sehr zart und aromatisch. Sardinen und Sardellen eignen sich für frische Zubereitungen, können aber auch in Öl, Salz oder Marinade schmackhaft konserviert werden. Die preiswerte Sardine wird gern geräuchert verkauft, wenn sie nicht als Ölsardine in der Dose in die Supermarktregale nördlich der Alpen kommt.

Sardelle

Sardine

Aguglia (Hornhecht)

Dieser hochwertige Fisch gehört zwar zur Familie des Kabeljau, sieht aber ganz anders aus. Der Hornhecht hat einen sehr schlanken, langgestreckten Körper und wird bis zu einem Meter groß. Salzwasserhechte kann man zwar das ganze Jahr über fischen, die beste Fangzeit liegt jedoch zwischen September und Januar. Sein feines, festes Fleisch eignet sich zum Schmoren, und in einem *Fritto misto alla ligure* darf dieser wohlschmeckende Fisch nicht fehlen.

Tonno (Thunfisch)

Der Thunfisch der ligurischen Gewässer ist zwar deutlich kleiner als seine Artgenossen an anderen Gestaden, sein nahrhaftes, festes Fleisch schmeckt jedoch mindestens genauso gut. Sehr frischer Thunfisch kann in hauchdünne Scheiben geschnitten und als Carpaccio serviert werden. Doch auch gegrillt ist dieser Fisch eine Delikatesse. In Essig oder Öl eingelegter Thunfisch eignet sich für würzige Saucen und Nudelfüllungen.

Sgombro (Makrele)

Die mit dem Thunfisch verwandte Makrele gehört zu den häufigsten Fischen weltweit. In Italien liebt man diesen schmackhaften, gesunden und preiswerten Fisch ganz besonders. Allerdings muß die Makrele immer sehr frisch auf den Tisch kommen, denn sie verdirbt leicht.

JAGD AUF DEN BLAUEN FISCH

)as Meer im Golf von Genua ist ein unruhiges Ge-vässer. Zwischen der Ponente und der Levante lauern ınzählige Strudel, Untiefen, Stürme und andere ›chrecken, die das Tagesgeschäft der Fischer und See-eute zu einem gefährlichen Abenteuer machen. Ins-›esondere die Fischer hatten – und haben auch heute ıoch – hart um ihr Brot zu kämpfen, denn die Ge-vässer sind nicht besonders fischreich. Um überhaupt ›twas zu fangen, muß man sich weit auf das offene Meer hinauswagen und auf den *pesce azzurro* hoffen.)ieser Speisefisch verdankt seinen Namen dem blau-grünen Schimmer seiner Haut und der Tatsache, daß r weit draußen in den tiefblauen Gewässern der ohen See lebt. Zur Gruppe der »blauen Fische« gehören Heringsarten wie Sardine und Sardelle, aber uch andere Sorten wie Makrele, Thunfisch und ›chwertfisch.

Ligurische Fischgerichte

Gefüllte Sardellen sind zwar einfach in der Zubereitung, machen aber etwas Arbeit, denn es ist gar nicht so leicht, die kleinen Fischkörper mit der würzigen Paste zu füllen. Der Aufwand lohnt sich jedoch allemal, denn diese typisch ligurische Spezialität schmeckt einfach köstlich.
Der *Cappon magro* gehört dagegen zu den etwas komplizierteren Gerichten und seine Zubereitung braucht ein wenig Zeit. Der Reiz des »mageren Kapauns« liegt in der perfekten Verbindung der Zutaten des Meers mit denen des Ackers und des Gartens. Ursprünglich ein simples Seemannsessen, wurde die Zubereitung an Land immer weiter verfeinert, denn schließlich hatte das Gericht auch den Vorteil, daß sich damit das Fastengebot geschickt umgehen ließ. Da Kapaune, kastrierte und gemästete Hähne, sehr fett sind, durften sie während der Fastenzeit nicht verzehrt werden. Die findigen Ligurer wichen also auf den »mageren Kapaun« aus, der zwar – kirchenpolitisch korrekt – aus diversen Fischsorten besteht, es aber kulinarisch durchaus mit der feinen Geflügeldelikatesse aufnehmen kann. Die *Burrida* dagegen ist ein eher einfaches, aber nahrhaftes Fischgericht, das früher in den Fischerdörfern jeden Tag auf den Tisch kam.

Cappon magro

Magerer Kapaun
(Abbildung rechts)

1 küchenfertiger Knurrhahn
1 kleine Languste
12 Scampi
gemischte Meeresfrüchte
Sud aus Zwiebeln und Kräutern
Olivenöl
Saft von 1 Zitrone
Salz
1 Blumenkohl
200 g grüne Bohnen
1 grosse Kartoffel
1 Sellerieherz
2 Möhren
1 Bund Schwarzwurzel
4 Artischocken
Essig
200–300 g Zwieback
1 Knoblauchzehe, halbiert
6 hartgekochte Eier, geviertelt
15 grüne Oliven
100 g Pilze in Öl

Für die Sauce:
2 altbackene Brötchen
Essig
6 gesalzene Sardellen
Basilikumblätter, gehackt
1 Knoblauchzehe, gehackt
1 Bund Petersilie, gehackt
50 g Pinienkerne
20 g Kapern
2 Eigelbe
1 Glas Olivenöl
1/2 Glas hochwertiger Essig

Knurrhahn waschen und entgräten. Languste, Scampi und Meeresfrüchte säubern. Alles zusammen in einem Zwiebel-Kräuter-Sud kochen. In Öl, Zitronensaft und Salz marinieren.
In einem Topf Blumenkohl, Bohnen, Kartoffel, Sellerie und 1 Möhre garen. Getrennt davon die Schwarzwurzeln und die geviertelten Artischocken kochen. Die fertiggegarten Gemüse in kleine Stücke schneiden und mit Öl, Essig und Salz anmachen.
Für die Sauce Brötchen in Essig einweichen. Sardellen abspülen und im Mörser zerdrücken. Basilikumblätter, Knoblauch, Petersilie, Pinienkerne, Kapern, Eigelbe und die Brötchen zugeben und zu einer festen Paste zerdrücken. Die Paste durch ein Sieb streichen und in einer Schüssel mit Öl und Essig verrühren.
Die Zwiebackscheiben mit Knoblauch einreiben und den Boden einer Suppenschüssel damit auslegen. Den Zwieback mit etwas Öl beträufeln und einige Löffel Sauce darüber gießen. Gemüse, Knurrhahn und einen Teil der hartgekochten Eier darüber schichten. Zum Schluß die Languste in die Mitte legen und die Meeresfrüchte drumherum anordnen. Die übrigen Eier hacken und darüber streuen.
Die rohe Möhre in Scheiben schneiden und zusammen mit den Krabben, den Oliven und den Pilzen auf den Salat legen.

Acciughe ripiene al forno

Gefüllte Sardellen

600 g frische Sardellen
1 altbackenes Brötchen
Milch
2 Eier
40 g Parmesan, gerieben
Majoran
1 Knoblauchzehe, gehackt
Salz und Pfeffer
Olivenöl
Paniermehl

Die Sardellen ausnehmen, Köpfe und Schwänze abschneiden, säubern und abtropfen lassen. Das Brötchen in Milch einweichen, einige Sardellen hacken. Für die Füllung in einer Schüssel Eier, Käse, eingeweichte Brötchen, Majoran, Knoblauch und gehackte Sardellen vermischen und mit Salz und Pfeffer abschmecken. Die Sardellen damit füllen.
Eine feuerfeste Form mit Öl einpinseln und mit Paniermehl bestreuen. Die gefüllten Sardellen mit der Füllung nach oben hineingeben und im vorgeheizten Backofen bei 200 °C 12–15 Min. backen, bis die Füllung goldbraun ist.

Burrida

Fischsuppe

1 kg Zwiebeln
2 Knoblauchzehen
5 EL Olivenöl
500 g Tomaten
Salz
1 kg gemischte Meeresfische
500 g Meeresfrüchte (Scampi, kleine Tintenfische)
Pfeffer
1 Bund Petersilie, gehackt
1/2 TL getrockneter Oregano
1 Glas trockener Weisswein

Die Zwiebeln in feine Ringe, den Knoblauch in hauchdünne Scheiben schneiden. In einem Topf etwas Olivenöl langsam erhitzen und die Hälfte der Zwiebelringe und des Knoblauchs darin andünsten. Die Tomaten blanchieren, enthäuten, entkernen und fein würfeln. Die Hälfte auf den Zwiebeln verteilen und salzen.
Fische und Meeresfrüchte ausnehmen und säubern. Fische filetieren, Scampi schälen, Köpfe der Tintenfische abschneiden. Fische und Meeresfrüchte in den Topf geben, salzen und pfeffern. Mit den restlichen Zwiebeln, Tomaten und Knoblauch bedecken und erneut salzen und pfeffern. Die oberste Schicht mit Petersilie und Oregano bestreuen. Den Weißwein angießen und das restliche Olivenöl darüber träufeln. Bei niedriger Hitze die Flüssigkeit soweit einkochen, bis die Suppe eine sämige Konsistenz aufweist.

Links: Das Wahrzeichen der ligurischen Riviera sind die steil ansteigenden Felsenklippen.

KOLUMBUS' KOMBÜSE

Genua war schon in vorrömischer Zeit ein bedeutender Hafen, über den man mit den Griechen, Etruskern und Phöniziern in den Handel trat. Im 11. Jahrhundert avancierte die Hauptstadt Liguriens zu einer Kolonialmacht und zählte neben Venedig, Pisa und Amalfi zu den vier großen Seerepubliken. Ironischerweise verlor Genua seine starke Position auf den Weltmeeren, nachdem ausgerechnet der Genueser Christoph Kolumbus im Jahre 1492 Amerika entdeckt hatte.

Wie sah eigentlich die Schiffsspeisekarte zu Kolumbus' Zeit aus? Wie ernährte sich die Mannschaft auf den wochenlangen, manchmal sogar monatelangen Fahrten zu den überseeischen Kolonien? Die Fahrt auf einer Galeone oder Karavelle war freilich keine erholsame Kreuzfahrt, aber die Schiffsköche bemühten sich nach Kräften, auch während sehr langer Überfahrten einen gewissen Verpflegungsstandard zu sichern – allein schon um Laune und Moral in der Mannschaft nicht allzu tief sinken zu lassen, und letztendlich auch, um die Gesundheit und die Arbeitskraft der Männer zu erhalten. Wenn sich eine Fahrt jedoch länger als geplant hinzog oder die Proviantmengen vorab falsch bemessen worden waren, konnte an Bord durchaus Schmalhans Küchenmeister sein und sogar gefährliche Mangelerkrankungen wie Skorbut ausbrechen.

Hauptnahrungsmittel der Besatzung war der unvermeidliche Schiffszwieback, denn er wog wenig, ließ sich bequem lagern und war extrem haltbar. Die Seeleute aßen ihn aufgeweicht mit etwas Wasser oder Öl, oder er wurde durch weitere Produkte ergänzt, wie etwa Schweinefleisch mit Bohnen oder mit Gemüse. In anderen Quellen wird berichtet, daß es gelegentlich sogar Käse gab. Den Historikern zufolge wurden die Männer an Bord der Schiffe des 15. Jahrhunderts mit einer durchschnittlichen Tagesration von ungefähr 3 900 Kalorien versorgt, die sich aus 70 Prozent Kohlenhydraten, 15 Prozent Fett und 15 Prozent Eiweiß zusammensetzten. Eine Kost also, die durchaus geeignet war, die schwer arbeitende Besatzung fit zu halten. Auch mit Wein ging man nicht sparsam um, abgesehen davon, daß er sich wegen seiner Haltbarkeit ideal als Getränk an Bord eignete. Ein Seemann, der am Ruder Dienst zu tun hatte, bekam pro Tag einen halben Liter Wein, etwa 700 Gramm Schiffszwieback, 50 Gramm gepökeltes Schweinefleisch und 100 Gramm grüne oder dicke Bohnen.

Die Passagiere jener Zeit hatten dagegen für sich selbst zu sorgen. Ihre Proviantkörbe enthielten luftgetrocknetes oder gepökeltes Fleisch oder eingesalzenen Aal. Unter den Historikern gibt es unterschiedliche Auffassungen darüber, ob und wie an Bord der Schiffe um 1400 gekocht wurde, doch im allgemeinen geht man davon aus, daß den Köchen kleine transportable Kohleherde zur Verfügung standen, die bei gutem Wetter und ruhiger See – oder wenn das Schiff im Hafen lag – an Deck gehievt wurden. Bei schlechtem Wetter oder schwerem Seegang wurde hingegen Kaltverpflegung an die Mannschaft verteilt. Für die Vermutung, daß bei günstigen Bedingungen auf offener See durchaus gekocht wurde, sprechen auch die Hinweise, daß die Matrosen unterwegs frischen Fisch angelten, um etwas Abwechslung in den Speiseplan zu bringen und die Proviantbestände zu schonen. Und da man nicht davon ausgehen kann, daß der Fisch roh verzehrt wurde, muß es wohl Öfen oder Feuerstellen gegeben haben. Auch die Zuteilungen von grünen und dicken Bohnen legen nahe, daß an Bord einfache Eintopfgerichte zubereitet wurden.

Die drei Karavellen Pinta, Santa Maria und Nina, mit denen Kolumbus seine erste Entdeckungsfahrt unternahm (Holzstich, um 1860).

Stoccafisso alla genovese

Stockfisch nach Genueser Art
(Abbildung unten links)

1 kg eingeweichter Stockfisch
1 Möhre
1 Zwiebel
1 Stange Staudensellerie
2 Knoblauchzehen
Olivenöl extra vergine
20 g Pinienkerne
25 g getrocknete Pilze, in lauwarmem Wasser eingeweicht
1 Glas trockener Weisswein
Salz
500 g Kartoffeln
3–4 EL Tomatensauce
150 g schwarze Oliven

Den eingeweichten Stockfisch säubern und in Stücke schneiden. Möhre, Zwiebel, Sellerie und Knoblauch schälen, kleinschneiden und in Olivenöl andünsten. Stockfisch, Pinienkerne und kleingehackte Pilze zugeben, den Weißwein angießen, salzen und bei niedriger Hitze etwa 30 Min. kochen.

Dann die geschälten, gewaschenen und in Stücke geschnittenen Kartoffeln zugeben. Die Tomatensauce mit etwas lauwarmem Wasser vermischen, zum Stockfisch geben und weitere 30 Min. kochen.

Kurz bevor der Stockfisch und die Kartoffeln gar sind, die Oliven zugeben. Heiß servieren.

Stockfisch und Klippfisch

Stockfisch war für die Verpflegung auf hoher See sehr gut geeignet. Dieser fertig ausgenommene und an der Luft getrocknete Kabeljau ließ sich mühelos in der Proviantkammer lagern und war lange haltbar, ohne dabei an Nährwert zu verlieren.

Getrockneten Kabeljau gibt es in zwei Varianten: als *stoccafisso* und als *baccalà*. *Stoccafisso* oder Stockfisch wird hergestellt, indem man den Kabeljau nach dem Fang köpft, ausnimmt, paarweise an den Schwänzen zusammenbindet und zum Trocknen aufhängt. Für *baccalà* oder Klippfisch wird der ausgenommene Kabeljau in zwei Hälften geschnitten, seine Rückengräte entfernt und das Fleisch gründlich eingesalzen, bevor es an der Luft austrocknen soll. Der Unterschied liegt also im Salzgehalt.

Stoccafisso und *baccalà* erleben derzeit eine Renaissance in den italienischen Küchen. Ligurische Küchenchefs verwenden fast ausschließlich norwegischen Kabeljau, der in großen Mengen auf den Klippen der Fjorde getrocknet wird. Er muß vor der Zubereitung geklopft werden, damit die Fasern brechen und das Fleisch zart wird. Anschließend läßt man ihn mindestens einen Tag lang wässern.

Klippfisch beim Trocknen

MODERNE BORDKÜCHEN

Wer sich heute in Genua, Livorno oder einer anderen Hafenstadt auf eine Mittelmeerfähre einschifft, braucht sich um die Verpflegung keine Sorgen zu machen. An Bord der Schiffe gibt es häufig gleich mehrere Restaurants, die von einer schnellen Self-service-Mahlzeit bis hin zum mehrgängigen Menü oder einem aufwendig dekorierten Büfett alles aufbieten, was die Gastronomie an Land auch servieren kann.
Die Bordküchen sind naturgemäß mit größeren logistischen, organisatorischen und bisweilen rein physikalischen Problemen konfrontiert als die kulinarischen Wirkungsfelder der Landratten. Allein die Verladung der Vorräte und Zutaten nimmt einige Stunden in Anspruch. Und da die Liegezeiten besonders bei Passagierfähren so kurz wie möglich gehalten werden sollen, muß im Hafen alles bereitstehen, sobald das Schiff einläuft. Während die zahlreichen Feriengäste über Bordtreppen und Laderampen zu Fuß oder in ihren Autos die Fähre verlassen und die neuen Gäste an Bord kommen, muß der Nachschub an Nahrungsmitteln ziemlich rasch in die Vorratskammern gebracht werden. Doch der Raum ist auf jedem schwimmenden Untersatz begrenzt. Ob nun in der winzigen Kombüse einer kleinen Hobbysegler-Jacht oder in der Küche einer großen Passagierfähre – alles muß zwar zweckmäßig und gut erreichbar, aber dennoch platzsparend verstaut werden. Denn der Reeder möchte natürlich lieber noch ein paar zahlende Reisende mehr mit an Bord nehmen, als unnötig große Flächen für die Infrastruktur seines Schiffs zur Verfügung stellen.
Und dann ist da noch der sowohl von magenschwachen Touristen als auch von hochseetauglichen Köchen gefürchtete Seegang. Zwar sind die großen Fähren heutzutage mit sehr effizienten Stabilisatoren ausgestattet, die eine ruhige Überfahrt gewährleisten, doch besonders im Herbst und im Winter kann auch das sonst so friedliche Mittelmeer in Aufruhr geraten. Damit Töpfe und Pfannen dann nicht auf den Kochstellen herumrutschen und womöglich herunterfallen, sind die Herde mit speziellen Rückhaltevorrichtungen ausgestattet. Genauso wie die Küchengeräte und Kochinstrumente in Schrank- und Regalsystemen aufbewahrt werden, die selbst bei größeren Schiffsbewegungen die Dinge sicher an ihrem Ort halten.
Auch die Restaurants sind für Seegang gerüstet. Wer also über die nötige Seefestigkeit verfügt, kann auch bei höheren Windstärken sicher und beruhigt seine Mahlzeit einnehmen. Der Tisch kann nicht umkippen, denn er wird in aller Regel fest mit dem Fußboden verbunden sein, genauso wie die Blumenvase mit der Tischplatte verschraubt ist. Wem es auf dem Weg zum kalten Büfett doch einmal schwindelig werden sollte, der kann rasch nach einem der Messinggeländer greifen, die überall in Reichweite angebracht sind. Der kluge Kreuzfahrer läßt sich seinen Suppenteller übrigens nur bei spiegelglatter See oder im Hafen bis zum Rand füllen. Das schont sowohl die eigene Kleidung als auch die der anderen Gäste.

LIGURISCHE MOGELPACKUNGEN

Da der Golf von Genua ein eher fischarmes Gewässer ist, waren die Ligurer seit jeher auch auf andere Nahrungsmittel angewiesen. Weideflächen für Vieh sind in einer kargen, steinigen Küstenregion allerdings ebenso begrenzt vorhanden wie Äcker für den Getreideanbau. In winzigen Gärten wurden also Obst, Kräuter, Gemüse und Oliven gezogen, an steilen Hängen Reben gepflanzt, und die mangelnde Quantität der Fische durch besondere Qualität in der Zubereitung wettgemacht. Eher schlichte Speisen wurden durch diverse Kunstgriffe wie etwa phantasievolle Füllungen »aufgewertet«. So ist die *Cima ripiena* eine eindrucksvoll mit Bries, Hirn, Gemüse, Knoblauch, Majoran und geriebenem Käse ausgestopfte Kalbsbrust. Nudeln sehen gleich viel imposanter aus, wenn man sie mit Ricotta, Eiern, Spinat oder Kräutern füllt, und der Pesto ersetzte in früheren Zeiten die »exotischen« Tomaten.

CIMA RIPIENA
Gefüllte Kalbsbrust
(Abbildung links)

750 g Kalbsbrust, zum Füllen vorbereitet
1 Knoblauchzehe
2 l Gemüsebrühe
2 Lorbeerblätter

Für die Füllung:
100 g Kalbsfilet, gewürfelt
30 g Butter
100 g Kalbshirn, 2 Std. gewässert und gesäubert
100 g Kalbsbries, 2 Std. gewässert und gesäubert
1 Glas trockener Weisswein
15 g getrocknete Pilze
75 g frische Erbsen
1 EL gehackter Majoran
20 g Pistazien
30 g Parmesan, gerieben
3 Eier
Salz
frisch gemahlener Pfeffer
frisch geriebene Muskatnuss

Die Kalbsbrust waschen, trockentupfen und die Tasche innen mit einer Knoblauchzehe einreiben.
Für die Füllung Kalbfleischwürfel in Butter anbraten, dann Hirn und Bries zugeben und ebenfalls anbraten. Den Weißwein angießen. Die Pilze in lauwarmem Wasser einweichen. Das angebratene Fleisch und die Pilze durch einen Fleischwolf drehen und in eine Schüssel geben. Erbsen, Majoran, Pistazien, Parmesan und die verquirlten Eier zugeben und gut mischen. Mit Salz, Pfeffer und geriebener Muskatnuß abschmecken.
Die Kalbsbrust zu zwei Dritteln mit der Farce füllen, die Tasche mit Küchengarn zunähen, in ein Küchentuch einwickeln und verschnüren. In einen Topf geben und vollständig mit der Gemüsebrühe bedecken. Lorbeerblätter zugeben und zuerst ohne, dann mit Deckel jeweils 1 Std. in der heißen Brühe köcheln lassen. Die Fleischhülle einige Male mit einem Zahnstocher oder einer Nadel einstechen, damit sie nicht aufplatzt.
Die Kalbsbrust aus dem Tuch nehmen, zwischen zwei Teller legen, mit einem Gewicht beschweren und abkühlen lassen. In Scheiben schneiden und mit einer Sauce aus sehr gutem Olivenöl und frischen Kräutern servieren.

TORTA PASQUALINA
Osterkuchen

Für 6–8 Personen

Für den Teig:
250 g Mehl
2 EL Olivenöl extra vergine
1 Glas kaltes Wasser
Salz

Für die Füllung:
400 g Mangold
400 g Spinat
2 Bund Rucola
Olivenöl extra vergine
1 Zwiebel, gehackt
2 Gewürznelken
3 EL Semmelbrösel
300 g Ziegenfrischkäse
50 g Käse, gerieben
6 Eier
Salz
frisch gemahlener Pfeffer
1 EL gehackter Majoran

Mehl, Olivenöl, Wasser und 1 Prise Salz vermischen und etwa 10 Min. kneten, bis ein glatter und geschmeidiger Teig entsteht. In ein Tuch wickeln und einige Stunden ruhen lassen.
Mangold, Spinat und Rucola waschen und in Streifen schneiden. In einem Topf 2 EL Olivenöl und etwas Wasser erhitzen, gehackte Zwiebel und Nelken zugeben und zugedeckt ungefähr 5 Min. dünsten. Die Nelken herausnehmen. Mangold, Spinat und Rucola in den Topf geben, gut durchmischen und zusammenfallen lassen. Die Gemüse aus dem Topf nehmen, abtropfen lassen, ausdrücken, in eine Schüssel geben und mit Semmelbröseln, Frischkäse, Käse und 2 Eiern vermengen. Salzen, pfeffern und den Majoran untermischen.
Eine Springform von 28 cm Durchmesser mit Olivenöl einpinseln. Zwei Drittel des Teiges etwa 2–3 mm dünn ausrollen und damit Boden und Wand der Form auskleiden. Der Teig sollte noch ein wenig den Rand überlappen. Die Form mit der Gemüsemasse füllen. Mit einem Löffel 4 Vertiefungen formen und vorsichtig jeweils ein aufgeschlagenes Ei hineingleiten lassen. Den verbliebenen Teig rund ausrollen und damit die Füllung abdecken. Den am Rand überstehenden Teig über den Deckel schlagen und gut andrücken. Vorsichtig einige Löcher einstechen, dabei die Eier nicht verletzen. Mit Öl einpinseln.
Den Kuchen im vorgeheizten Backofen bei 180 °C etwa $1\frac{1}{2}$ Std. backen. Vor dem Anschneiden ein wenig abkühlen lassen.

OLIVENÖL

Italien ist heute nach Spanien der zweitgrößte Olivenölproduzent der Welt. Außer in der Lombardei und im Piemont, wo sich das Klima nicht für den Olivenanbau eignet, wachsen in ganz Italien Oliven unterschiedlichster Art und Größe, die sehr verschiedene Öle ergeben. Aus Ligurien stammt ein ganz besonders feines Öl. Anders als das manchmal sehr würzige und eher herbe toskanische oder das scharfe, fruchtige Öl aus Apulien ist ligurisches Olivenöl sehr leicht und schmeckt zart aromatisch. Leider ist es außerhalb der Region selten zu bekommen, denn es werden nur geringe Mengen produziert. Anbau und Ernte gestalten sich in dieser bergigen Region mit ihren zahlreichen Steilhängen genauso mühsam wie der Weinbau, da die Olivenbäume auf schmale, schwer zugängliche Terrassen gesetzt werden müssen.
In Ligurien werden vor allem die Sorten Taggiasca und Lavagnina angebaut. Das meiste Öl stammt dabei aber aus der Taggiasca-Olive. Die relativ kleinen Früchte werden im Dezember und Januar in fast reifem Zustand geerntet. Während der Erntezeit ist die ganze Familie auf den Beinen, denn hier pflückt man notgedrungen noch auf die traditionelle Weise, da sich das enge, steile Gelände für den Einsatz moderner Erntemaschinen, wie sie im Flachland üblich sind, nicht eignet. Die Erntemannschaft zieht mit großen Netzen, langen Stangen und hohen Sprossenleitern in die Olivenhaine. Dort werden zuerst die Fangnetze unter den Bäumen ausgebreitet. Dann schlägt man mit den Stangen vorsichtig gegen die Äste, so daß die reifen Früchte herabfallen. Was hängen bleibt, wird manuell abgestreift. Diese Erntemethode erfordert einen hohen Personaleinsatz, der sich später im Preis des Öls niederschlägt. Doch handgeerntete Oliven haben auch einen großen Vorteil: Durch das Pflücken bekommen die Früchte keine Risse und das ölhaltige Fruchtfleisch oxidiert nicht an der Luft, was Geschmack und Qualität des späteren Öls erheblich beeinträchtigen würde. Oxidation, Anstieg des Gehalts an freien Ölsäuren und drohende Gärung sind die Hauptgefahren, denen die frische Ernte ausgesetzt ist. Deshalb müssen die Oliven so schnell wie möglich in die Ölmühle gebracht werden. Da der Weg zur nächsten Hauptstraße oder gar in die Provinzhauptstadt im streckenweise nur bedingt erschlossenen Ligurien sehr weit sein kann, hat man zur Verkürzung der Transportwege in fast allen Dörfern eigene Ölmühlen – *gumbi* genannt – eingerichtet. Diese kleinen Mühlen befinden sich oft in den Kellern von Privathäusern und wurden früher häufig von Eseln angetrieben. Lag das Dorf in der Nähe eines Baches oder Flusses, konnte die Mühle auch mit Wasserkraft betrieben werden. Noch heute arbeiten in Ligurien kleine Ölmühlen und erzeugen auf traditionelle Weise hervorragende Öle.
Zuerst werden die Oliven zwischen wuchtigen Mahlsteinen zu einer bräunlichen Pulpe zerrieben. Danach streicht man die ölige Masse auf runde Matten, stapelt sie übereinander und preßt aus diesem »Turm« das Öl heraus, indem der Druck von oben immer stärker wird. Der Preßsaft enthält das Öl, aber auch Wasser und Fruchtrückstände. Früher – bei einigen kleinen Herstellern kann man dieses Verfahren noch immer sehen – überließ man die Emulsion einfach sich selbst, denn Öl und Fruchtflüssigkeit trennen sich automatisch, indem das Öl aufsteigt und die schwerere Wasserphase am Gefäßboden zurückbleibt. Da aber die Fruchtstücke leicht zu gären beginnen, werden heute meist Zentrifugen zum Trennen von Öl und Wasser eingesetzt. Anschließend kommt das Öl in große Behälter, damit sich die Trübstoffe absetzen können. In Ligurien heißen diese traditionellen Behälter *giare*. Manche Ölmühlen hatten auch regelrechte »Lagertanks«, die innen mit Keramikkacheln ausgekleidet waren. Inzwischen erfolgt die Klärung jedoch meist im modernen Edelstahlbehälter.

Die unterschiedliche Färbung der frisch geernteten Oliven zeigt ihre verschiedenen Reifegrade an. Je dunkler die Früchte, desto reifer sind sie.

Coniglio con olive taggiasche

Kaninchen mit Oliven

1,5 kg küchenfertiges Kaninchen mit Innereien (Leber, Herz und Nieren)
1 kleine Zwiebel
3 Knoblauchzehen
1 Rosmarinzweig
1 Thymianzweig
2 Lorbeerblätter
1 Stück Peperoncino
Olivenöl extra vergine
Salz
750 ml trockener Weisswein (Vermentino)
70 g schwarze Oliven, in Salzlake eingelegt

Das Kaninchen in mittelgroße Stücke schneiden, waschen und trockentupfen. Leber, Herz und Nieren waschen, trockentupfen und beiseite legen.
Die Zwiebel fein hacken, die Knoblauchzehen zerdrücken und die Kräuter hacken. In einer Kasserolle Zwiebel, Knoblauch, Kräuter, Lorbeerblätter und ein kleines Stück Peperoncino in Olivenöl andünsten. Die Kaninchenstücke zugeben und bei starker Hitze von allen Seiten braten.
Die Innereien kleinschneiden und ebenfalls in den Topf geben.
Wenn das Fleisch Farbe angenommen hat, salzen und den Wein angießen. Den Deckel aufsetzen, die Hitze reduzieren und den Wein langsam einkochen lassen. Wenn das Fleisch zu trocken werden sollte, etwas lauwarmes Wasser angießen. Nach etwa 45 Min. die schwarzen Oliven zugeben und etwa 15 Min. mitschmoren, bis der Bratensatz angedickt ist.

Hintergrund: In vielen Gegenden Italiens muß die Olivenernte aufgrund der landschaftlichen Bedingungen nach wie vor mit Hilfe von Fangnetzen und hohem Engagement bewältigt werden.

Ceppo Antiquo – Olio extra vergine di oliva

Gaziello – Olio extra vergine di oliva

Trucco – Olio extra vergine di oliva

Amoretti Carlo – Olio extra vergine di oliva

Ranzo imperia – Olio extra vergine di oliva

Podere L'Alpicella – Olio extra vergine di oliva

Amoretti Carlo – Olio extra vergine di oliva

Trucco – Olio extra vergine di oliva taggiasca

Das einjährige Basilikum hat unterschiedlich große Blätter. Die Stengel werden bis zu 50 Zentimeter hoch.

PESTO UND ANDERE SAUCEN

Pesto alla genovese oder auch *Battuto alla genovese* ist mit Sicherheit die bekannteste Spezialität Liguriens. Auch jenseits der Alpen hat die grüne Würzpaste aus Basilikum, Olivenöl, Knoblauch, Pinienkernen und Käse inzwischen viele Freunde gefunden, obwohl sie dort meist nur als sterile Ware im Glas auf die Nudel kommt. Es lohnt sich aber unbedingt, den frisch zubereiteten aromatischen Pesto kennenzulernen.

Ob man die traditionellen ligurischen Saucen unbedingt im Mörser zubereiten sollte, ist umstritten – fest steht aber, daß sich ein gutes Ergebnis nur mit guten Zutaten erreichen läßt.

Die Meinungen über die Zutaten des Pesto und die Theorien über die einzig richtige Art seiner Herstellung sind vielfältig. Die einen bestehen darauf, daß Pinienkerne unbedingt dazugehören, während die Puristen behaupten, dies sei eine »Abwandlung« aus der Gegend von Savona und habe mit dem ursprünglichen *Pesto alla genovese* nichts zu tun. Strittig ist auch, ob man die Basilikumblätter waschen soll und ob es erlaubt ist, den Pesto im Mixer statt im Marmormörser zuzubereiten. Dazu läßt sich nur soviel sagen: Das metallene Schneideblatt des Mixers kann tatsächlich den Geschmack des Basilikums beeinträchtigen, doch andererseits erzeugt der elektrische Küchenhelfer in kurzer Zeit eine homogene Paste, für die Koch oder Köchin mit traditionellen Hilfsmitteln wie Mörser und Holzstößel eine ganze Weile gebraucht hätten.
In immerhin zwei Punkten sind sich die Experten einig: Der aromatische Geschmack des Pesto ist entscheidend von der Qualität des Olivenöls und der Beschaffenheit der Basilikumblätter abhängig. Verwendet werden sollte ausschließlich bestes ligurisches Olivenöl extra vergine. Billiges Öl verdirbt den Pesto ebenso sicher wie lebloses Gewächshauskraut, das in seinem kurzen Leben noch nie einen echten Sonnenstrahl gesehen hat. Auch das recht kräftige süditalienische Basilikum verfälscht das Aroma, denn es hat oft einen leicht minzigen Nachgeschmack. Am besten geeignet ist zweifellos das kleinblättrige ligurische Basilikum, das in einem winzigen Kräutergarten gezogen und ab und an von einer kräftigen Meeresbrise durchgepustet wurde. Das stärkste Aroma haben die während der Blütezeit geernteten Blätter. Wer das nicht glauben will, dem sei ein Ausflug in die Pesto-Hochburg Genua empfohlen. Die Verkostung vor Ort wird bestätigen, daß ein ligurischer Pesto einfach nirgendwo anders auf der Welt so schmecken kann wie hier.

Die feinen ligurischen Nudelkreationen wären auch undenkbar ohne die leckeren Saucen der Region. Die helle cremige *Salsa di noci* aus Walnüssen, Pinienkernen, Knoblauch, Butter und Sahne ist in Ligurien fast genauso beliebt wie der grüne Pesto. Die Kombination von Nüssen und Sahne oder Joghurt könnte auf einen orientalischen Ursprung des Rezepts hinweisen. Als bedeutende Hafenstadt bot Genua traditionell ein kulinarisches Forum für küchentechnische Einflüsse aus aller Herren Länder. Auch andere ligurische Saucen wie etwa der *Sugo di carciofi*, der mit Artischocken, Pilzen, Zwiebeln, Knoblauch, Tomatenkonzentrat und Weißwein zubereitet wird, schmeckt hervorragend zu *trenette* oder *trofie*. Lediglich den *Bagnum di acciughe*, jenen besonders aromatischen Sud aus Sardellen und Tomaten, verwendet man nicht als Nudelsauce, sondern streicht ihn auf geröstete Weißbrotscheiben.

Pesto alla genovese

Basilikumsauce
(Abbildung rechts)

5 Bund Basilikum
1 Knoblauchzehe
20 g Pinienkerne
grobes Salz
25 g nicht zu kräftiger Pecorino, gerieben
25 g Parmesan oder Grana, gerieben
2–3 EL Olivenöl extra vergine

Das Basilikum vorsichtig waschen und abtropfen lassen, mit dem Knoblauch, den Pinienkernen und 1 Prise grobem Salz in der Küchenmaschine zerkleinern. Nach und nach die geriebenen Käse zugeben und zu einer gleichmäßigen Paste verarbeiten. Zum Schluß langsam das Olivenöl einrühren, bis eine cremige Masse entsteht.
Bevor er über die Pasta – am besten *trenette* – gegeben wird, den Pesto mit etwas heißem Wasser, in dem die Nudeln gekocht wurden, verrühren.

Minestrone alla genovese
Gemüsesuppe nach Genueser Art
(Abbildung S. 178/179: vorne links)

100 g Weisskohl
50 g grüne Bohnen
2 Kartoffeln
2 Möhren
2 Stangen Lauch
2 Tomaten
1 Stange Staudensellerie
2 Zucchini
1 Zwiebel
1 Knoblauchzehe
1 Bund Petersilie
einige Borretschblätter
100 g frische rote Bohnen
1/2 Tasse Olivenöl
1 Stück Rinde vom Parmesan
150 g kurze Nudeln
1 EL Pesto
Salz
geriebener Parmesan

Alle Gemüse und Kräuter putzen und kleinschneiden. In einem großen Topf gut 2 l Wasser zum Kochen bringen. Bohnen, Gemüse und Kräuter zugeben, die Hitze reduzieren und bei geschlossenem Deckel knapp 1 Std. köcheln lassen. Dabei von Zeit zu Zeit umrühren.
Anschließend das Öl angießen, die Käserinde hineinlegen und die Gemüse mit Salz abschmecken. Die Kartoffeln und Bohnen mit einem Holzlöffel oder einer Suppenkelle zerdrücken, damit die Suppe eine sämige Konsistenz erhält. Die Gemüse nicht pürieren. Wenn die Gemüse zerkocht sind, die Nudeln zugeben und so lange mitkochen, bis sie bißfest sind.
Die Suppe vom Herd nehmen, den Pesto hineinrühren und mit Salz abschmecken. Auf Teller verteilen und mit einem Schuß Olivenöl und geriebenem Parmesan servieren.

Salsa di noci
Walnußsauce

18 Walnusskerne
50 g Pinienkerne
1/2 Knoblauchzehe
1 Bund Petersilie
250 ml Sahne
Salz und Pfeffer
3 EL geriebener Parmesan
40 g Butter

Die Walnußkerne blanchieren und anschließend enthäuten. Walnüsse, Pinienkerne, Knoblauch und Petersilie im Mixer fein hacken und in eine Schüssel geben. Unter ständigem Rühren die Sahne langsam einfließen lassen. Mit Salz und Pfeffer abschmecken.
Mit geriebenem Parmesan und zerlassener Butter über die Pasta geben.

Bagnum di acciughe
Sardellen in Tomaten

800 g frische Sardellen
2 Knoblauchzehen, feingehackt
1 Zwiebel, feingehackt
4–5 EL Olivenöl
300 g reife Tomaten, enthäutet und entkernt
Salz und Pfeffer
1 Glas trockener Weisswein
1 Bund Petersilie, gehackt
geröstete Weissbrotscheiben

Die Sardellen säubern, Kopf und Innereien entfernen und trockentupfen. Knoblauch und Zwiebel in Olivenöl andünsten. Tomaten in kleine Würfel schneiden, zugeben, salzen, pfeffern und 10 Min. schmoren lassen. Die Hälfte des Weißweines angießen und bei niedriger Hitze einkochen lassen.
Vorbereitete Sardellen in den Bräter legen, den restlichen Wein angießen, die Sardellen mit etwas Sauce bedecken und mit Petersilie bestreuen. Salzen und pfeffern. Je nach Größe sind die Sardellen in etwa 10 Min. gar. Die gerösteten Weißbrotscheiben mit etwas Knoblauch einreiben, auf Teller legen und die Sardellen mit ihrem »bagnum« darauf verteilen.
Bagnum di acciughe war früher ein Frühstück der Fischer, die von ihrem Fang zurückgekehrt darauf warteten, daß die Netze trockneten. Auf den Schiffen befanden sich kleine Kohleöfen, auf denen sich die Männer das einfache Gericht zubereiten konnten.

PASTA UND FOCACCIA

Wie die Nudel nach Italien gekommen ist, läßt sich heute nicht mehr ganz genau nachvollziehen. Der Mangel an historischen Beweisen wird jedoch durch allerlei verschiedene, sehr detailliert erzählte Geschichten darüber, »wie es sich zugetragen haben könnte«, ausgeglichen.
In Ligurien und besonders in Genua setzt man natürlich auf eine Version, in der die stolze Hafenstadt (*Genova la Superba,* wie sie von den Genuesern liebevoll genannt wird) und der einst blühende Orienthandel eine tragende Rolle spielen. Dieser Anekdote zufolge haben Genueser Seefahrer die Nudel auf ihren Geschäftsreisen in die Mongolei kennengelernt. Die Nomaden verrieten den fremden Besuchern sogar das Rezept, wie man Mehl und Wasser mischen mußte, um daraus Pasta herzustellen. Jene Technik der Mehlverarbeitung war bei den umherziehenden Völkern der Steppe sehr verbreitet, denn die ständige Wanderschaft ließ für Zubereitungen, die auf Hefe angewiesen waren, nicht die nötige Ruhe, die der Teig zum Gehen braucht. Dafür jedoch hatte man entdeckt, daß ein Teig, der nur aus Wasser, Mehl und etwas Salz bestand, an der Sonne rasch trocknete und sich dann um so besser transportieren ließ. Dieser Vorgang ließ sich sogar beschleunigen, indem man den Teig zu langen dünnen Schnüren formte, die dann noch schneller hart wurden. Vor dem Verzehr mußten die getrockneten Schnüre nur in etwas Wasser gekocht werden, damit sie wieder aufquollen. Mit etwas Gemüse oder auch Fleisch serviert, ergaben sie eine deftige Mahlzeit.
Die Genueser nahmen beeindruckt das Nudelrezept mit nach Hause. Daheim in Ligurien gewann das neuartige Gericht schnell viele Freunde, zumal die Nudel sich als sehr nahrhaft erwies, so daß sich mit ihrer Hilfe auch ein etwaiger Engpaß an anderweitigen Nahrungsmitteln überbrücken ließ. Die findigen Ligurer verfeinerten das Rezept, dachten sich die unterschiedlichsten Formen aus und kreierten darüber hinaus die gefüllte Nudel. Noch heute erhebt man in Ligurien Anspruch auf die Urheberschaft von Ravioli, *pansoti, zembi d'arzillo* und anderen gefüllten Köstlichkeiten.
Ravioli, *pansoti* und Co. sind aber nicht die einzigen Erfindungen der ligurischen Küche. Da man in dieser Gegend ein ausgeprägtes Talent dafür hat, aus der Not eine Tugend zu machen, fand man eine ebenso geschickte wie schmackhafte Lösung für das regionale Brotproblem. Die scharfe Salzluft, die den langen Küstenlandstrich beherrscht, machte es nahezu unmöglich, ein gutes Brot zu backen, denn in diesem Klima geht die Hefe schlecht auf, und die hohe Luftfeuchtigkeit sorgt außerdem dafür, daß die Brotrinde nicht hart werden kann, die Krume dafür aber sehr feucht bleibt. Das Brot verschimmelt bereits kurz nach dem Backen. Die Ligurer lösten das Problem, indem sie einen hefefreien dünnen Brotfladen erfanden, der frisch aus dem Ofen verzehrt werden konnte. Die Focaccia war geboren. Um ihr Geschmack zu geben, wurde sie mit Olivenöl beträufelt und mit Salz bestreut. In manchen Gegenden belegte man sie auch mit würzigem Käse und garnierte sie mit Fenchelsamen oder, wie in San Remo, mit gehackten Zwiebeln.

Focaccia
Fladenbrot

200 g Weizenmehl
100 ml Olivenöl extra vergine
1/2 TL Salz
Belag nach Belieben

Mehl und die Hälfte des Olivenöls zu einem Teig verkneten. So viel kaltes Wasser einarbeiten, daß ein glatter Teig entsteht. Diesen in Klarsichtfolie wickeln und 1 Std. ruhen lassen. Dann durchkneten und nochmals 5 Min. ruhen lassen. Mit dem Nudelholz dünn ausrollen, auf einem eingefetteten Backblech verteilen und mit dem restlichen Öl bepinseln oder wie eine Pizza belegen. Im vorgeheizten Backofen bei 220 °C 10 Min. backen.

Panissa
Kichererbsenbrei

250 g Kichererbsenmehl
Olivenöl extra vergine
frische Frühlingszwiebeln, gehackt
Salz und frisch gemahlener Pfeffer

In einem Topf 1 l Wasser zum Kochen bringen, nach und nach das Mehl einstreuen, salzen und mit einem Holzlöffel umrühren. Die Mischung durch ein Sieb in eine Kasserolle streichen und bei niedriger Hitze etwa 1 Std. kochen.
Die *panissa* ist fertig, wenn sich der Brei leicht von den Seitenwänden der Kasserolle löst. Den Erbsenbrei auf Teller verteilen, mit Olivenöl beträufeln und mit Frühlingszwiebeln sowie Salz und Pfeffer bestreuen. Warm oder kalt servieren. Dazu paßt ein guter trockener Weißwein.

Pansoti
Gefüllte Teigtaschen
(Abbildung rechts, vorne)

Für 6 Personen

Für den Teig:
500 g Weizenmehl
3 Eier
Salz

Für die Füllung:
500 g Mangold
500 g Borretsch
250 g Friséesalat
150 g Ricotta
2 Eier
50 g Parmesan, gerieben
2 Majoranzweige
1 Knoblauchzehe

Mehl, Eier und etwas Salz zu einem Teig verkneten und so viel Wasser zugeben, daß er geschmeidig wird. Den Teig ausrollen und in handtellergroße Dreiecke schneiden.
Die Gemüse waschen und ohne Zugabe von Wasser garen, bis sie zusammenfallen. Gut ausdrücken, im Mixer pürieren und mit Ricotta, Eiern und Parmesan vermengen. Majoranblätter und Knoblauchzehe fein hacken und ebenfalls untermischen. Mit einem Teelöffel nußgroße Portionen abstechen und auf die Dreiecke setzen. Die Enden über der Füllung zusammenklappen, so daß bauchige Taschen entstehen. In Salzwasser etwa 10 Min. bißfest kochen und herausheben. Mit Walnußsauce (siehe S. 175) servieren.

Farinata und Panissa

Die Kichererbse wird zwar hauptsächlich im warmen Süden Italiens angebaut, doch auch in der Lombardei, im Piemont und in Ligurien erfreut sie sich größter Beliebtheit. Vor der Zubereitung müssen Kichererbsen sorgfältig eingeweicht und danach rund drei Stunden gekocht werden. Man kann die getrockneten Hülsenfrüchte aber auch zu einem feinen Mehl vermahlen und schmackhafte Kichererbsenkuchen wie *Farinata* oder den Kichererbsenbrei *Panissa* (nicht zu verwechseln mit dem piemontesischen Reisgericht *Paniscia*) daraus backen. Während die *Panissa* eine eher rustikale Angelegenheit ist, zu der ein kräftiger trockener Weißwein schmeckt, gibt es für die *Farinata* einige verfeinerte Rezeptvarianten: In der Provinz Imperia werden gehackte Zwiebeln dem Teig zugegeben, in Savona würzt man ihn mit Rosmarin, und in anderen Gegenden kommt frisch gemahlener Pfeffer hinzu.

Für den *Farinata*-Teig läßt man das Kicherbsenmehl langsam in warmes Wasser einrieseln und rührt dabei beständig um, damit sich keine Klümpchen bilden.

Nicht alle *Farinata*-Pfannen sind so groß wie diese. Ligurische Haushaltswarenläden halten spezielle Kupferformen bereit.

Da die Backzeit der *Farinata* bei 300 °C nur einige Minuten beträgt, ist das Ergebnis besonders lecker.

Ligurische Nudelsorten

Corzetti

Corzetti stammen aus dem Polcevera-Tal. Ursprünglich wurden sie hausgemacht, doch heute gibt es diese Nudeln, die etwas Ei enthalten, auch industriell gefertigt zu kaufen. Sie können einfach mit zerlassener Butter gereicht werden, schmecken aber auch mit Fleisch- und Pilzsaucen.

Pansoti (Abbildung oben)
Pansoti ähneln den Ravioli, sind aber nicht vier-, sondern dreieckig. Sie werden mit einer *preboggion* genannten Kräutermischung gefüllt, deren Zusammensetzung variiert. *Pansoti* schmecken gut mit Walnußsauce.

Piccagge
Piccagge ist die ligurische Übersetzung von *fettucce*, Bandnudeln. Die mit einem Eianteil hergestellten *piccagge* werden am besten von Artischockensauce oder Pesto begleitet.

Trenette

Trenette bestehen aus Vollweizenmehl. Es gibt sie als lange, flache Frischnudeln oder als getrocknetes Produkt. Auch sie werden mit einer Sauce aus Pesto und gekochten Bohnen und Kartoffeln serviert.

Trofie

Trofie sind die ligurischen Gnocchi. Man kann sie aus Vollkornmehl oder hellem Weizenmehl herstellen und dem Teig nach Belieben Kleie oder Kastanienmehl zusetzen. *Trofie* stammen aus der Gegend um Recco und Camogli.
Die spiralförmigen Nocken werden zusammen mit Bohnen und Kartoffelscheiben gekocht, die man später dem Pesto beigibt.

Farinata

Kichererbsenkuchen
(große Abbildung links hinten)

500 g Kichererbsenmehl
Salz
6–8 EL Olivenöl extra vergine
frisch gemahlener schwarzer Pfeffer

Etwa 1,5 l Wasser in einem großen, schweren Topf zum Kochen bringen. Nach und nach das Mehl einstreuen, umrühren und mit Salz abschmecken. Bei schwacher Hitze 1 Std. kochen lassen. Dabei häufig mit einem Holzlöffel umrühren. Die Masse sollte am Ende weich und dickflüssig sein. Die Mischung in eine mit Öl eingepinselte feuerfeste Form streichen, etwas Öl darüber träufeln und im vorgeheizten Ofen bei 200 °C etwa 30 Min. backen, bis die Oberfläche goldbraun ist. Mit frisch gemahlenem Pfeffer bestreuen und sofort servieren.

Erntezeit in der von Gemüsefeldern bedeckten Ebene von Albenga in der Provinz Savona.

GEMÜSE

Beim Gemüseanbau in Ligurien kämpft man mit den gleichen Schwierigkeiten wie beim Wein- und Olivenanbau. Weitläufige Ebenen, die sich für die Anlage von langen, planen Beeten eignen würden, sind vergleichsweise selten zu finden. Statt dessen müssen an manchen Stellen mit viel Geduld kleine und über viele Terrassen verteilte Pflanzungen gehegt und gepflegt werden. Doch das schreckt die Ligurer nicht ab. Im Gegenteil, in Ligurien liebt man junges, knackiges Gemüse und ist stolz auf die regionalen Gerichte, in denen es Verwendung findet. Artischocken, Spargel, Porree und Tomaten gehören neben Tafeloliven und Buschbohnen zu den beliebtesten Gemüsearten.

Das italienische Wort *carciofo* für Artischocke leitet sich wohl vom arabischen *kharshuf* ab – ein Hinweis darauf, daß die Pflanze auch im Vorderen Orient kultiviert wurde. Artischocken wachsen heute im gesamten Mittelmeerraum. Allein in Italien sind unterschiedlichste Varietäten beheimatet. In Ligurien wird vorwiegend die Sorte Spinoso di Liguria angebaut, die man im Herbst und Winter ernten kann. Artischocken sind nicht nur lecker und leicht verdaulich, sondern auch gesund. Egal ob gedünstet, gefüllt oder Blatt für Blatt in eine Sauce getunkt, Artischocken enthalten viele Mineralsalze und Ballaststoffe, regen mit ihren Bitterstoffen die Verdauung an, stärken die Leber, entgiften den Organismus und senken den Cholesterinspiegel.

Neben zahllosen Rezepten für die heiß geliebte Artischocke haben die Ligurer mit dem *Condijun* auch eine passende Antwort auf die *Salade niçoise* der benachbarten französischen Riviera parat. Und aus getrockneten Bohnen und Kichererbsen wird besonders gern in der kalten Jahreszeit eine schmackhafte Suppe, die *mesciua*, gekocht. Der Legende nach wurde diese Spezialität in einer der Hafenstädte erfunden. Angeblich liefen früher die armen Frauen in den Hafen, wenn eine Ladung mit Getreide- oder Bohnensäcken an Bord eines Schiffs gebracht oder aus dem Laderaum gelöscht werden sollte, denn während der Arbeit riß stets einer der Säcke, so daß sie die Körner und Bohnen aufsammeln und ihrer Familie am Abend eine Suppe zubereiten konnten.

Neben der Spinoso di Liguria wird in Ligurien auch der wunderbar zarte Violetto d'Albenga gezüchtet.

Salatvergnügen

An der sommerlichen Riviera favorisiert man knackige Salate, die nach Garten, Meer und Olivenöl duften. Während man mittags in Frankreich eine *Salade niçoise* bestellt, ordert man einige Kilometer weiter östlich einen Genueser *condiggion*, der in anderen Gegenden wiederum *condijun* heißt. Den sprachlichen Unterschieden zum Trotz bestehen all diese Salate gleichermaßen aus frischem Gemüse wie Tomate, Gurke, Paprika und Zwiebel, das mit Basilikum, Knoblauch und einer Sauce aus Essig, Öl und Salz angemacht wird. Garniert wird die knackige Sommermahlzeit mit einem geachtelten hartgekochten Ei und schwarzen Oliven.

Condijun

Bunter Salat
(Abbildung Hintergrund, Mitte)

1 Knoblauchzehe
4 Fleischtomaten, nicht zu reif
2 gelbe Paprikaschoten
1 Salatgurke
2 Frühlingszwiebeln
1 Handvoll schwarze Oliven in Salzlake
2 Sardellen
einige Basilikumblätter
Olivenöl
Essig
Salz
1 hartgekochtes Ei

Eine Salatschüssel innen mit der Knoblauchzehe einreiben. Die Tomaten und Paprikaschoten entkernen und kleinschneiden. Auch die Gurke und die Zwiebeln kleinschneiden. Alles zusammen in die Schüssel geben. Oliven, gesäuberte Sardellen und Basilikumblätter zugeben. Mit Öl, Essig und Salz abschmecken. Nach Belieben ein in Achtel geschnittenes hartgekochtes Ei zufügen.
Alles gut vermengen und vor dem Servieren 10 Min. ziehen lassen.

Mesciua
Hülsenfrüchteeintopf

300 g Kichererbsen
300 g getrocknete weisse Bohnen
100 g Buchweizenkörner
Natron
Salz
schwarzer Pfeffer
Olivenöl

Am Vorabend Kichererbsen, Bohnen und Buchweizen getrennt voneinander in reichlich lauwarmem Wasser, dem jeweils 1 TL Natron zugefügt wurde, einweichen lassen.
Bohnen und Kichererbsen abgießen, in leicht gesalzenem kalten Wasser aufsetzen und etwa 3 Std. kochen lassen. Eine halbe Stunde vor Ende der Garzeit den Buchweizen in einem separaten Topf ebenfalls in leicht gesalzenem Wasser aufsetzen und 30 Min. kochen. Sobald Kichererbsen, Bohnen und Buchweizen gar sind, wird der Buchweizen mit dem Kochwasser in den Topf mit den Kicherebsen und Bohnen geschüttet. Insgesamt sollte etwa 1,5 l Flüssigkeit im Topf sein. Salzen und weitere 15 Min. kochen.
Den Eintopf in eine Terrine gießen und servieren. Schwarzen Pfeffer in der Mühle und Olivenöl auf den Tisch stellen, so daß jeder sich nach Belieben selbst bedienen kann.

Fricassea di carciofi
Artischockenfrikassée

12 Artischocken
10 ml Zitronensaft
3 Eier
30 g Grana, gerieben
1 Knoblauchzehe
20 ml Olivenöl

Die Artischocken säubern, die Stiele abbrechen und die äußeren harten Blätter entfernen. Die Artischocken in Stücke schneiden, das Heu im Inneren entfernen. In eine Schüssel mit Wasser geben, dem Zitronensaft zugesetzt wurde, und beiseite stellen.
Die Eier aufschlagen und den Käse unterrühren. Öl in einer Pfanne erhitzen und die Artischocken zusammen mit dem Knoblauch anbraten. Die Ei-Käse-Masse zu den Artischocken in die Pfanne geben und gründlich umrühren. Sofort sehr heiß servieren.

Carciofi ripieni
Gefüllte Artischocken
(Abbildung Hintergrund, ganz rechts)

8 Artischocken
Zitronensaft
2 Knoblauchzehen
1 Bund Petersilie
einige Majoranzweige
Olivenöl
Salz und Pfeffer
30 g Weizenmehl
2 Lorbeerblätter

Die äußeren holzigen Blätter der Artischocken entfernen, den Boden glattschneiden. Die Blattenden auf dem Hackbrett etwas klopfen, um sie zu lockern. Die Artischocken müssen die Form eines abgeschnittenen Kegels haben. Die Blätter lockern und das Heu herausnehmen. Die Artischocken in eine Schüssel mit Wasser geben, dem Zitronensaft zugesetzt wurde, und beiseite stellen.
Das Heu zusammen mit Knoblauch, Petersilie und Majoran fein hacken. Alles vermischen und in einer Schüssel mit Öl, Salz und Pfeffer verrühren. Die Artischocken damit füllen und dann mit Mehl bestäuben. In einer hohen Pfanne Öl erhitzen und darin die Artischocken mit dem Kopf nach unten braten, bis die Füllung goldbraun wird. Dann heißes Wasser, Salz und Lorbeerblätter zugeben und die Artischocken umdrehen. Bei geöffnetem Deckel etwa 30 Min. weitergaren. Wenn die Flüssigkeit verkocht ist, sind die Artischocken gar. Heiß servieren.

DESSERTS

In der ligurischen Küche vertraut man weder auf imposante Tortengebilde noch auf kompliziert zubereitete Desserts, wenn es darum geht, einen süßen Abschluß des Mahls zu servieren. Hier werden vielmehr kleine, aber feine Backwaren wie Mandelplätzchen, Schaumgebäck (eine klassische Karnevalsspeise) oder zarte Kekse geschätzt. Ebenfalls sehr beliebt sind kandierte Früchte. Die *Biscotti del Lagaccio,* die Kekse vom Lagaccio-See, gelten als besondere Spezialität. Im Jahre 1539 ließ der ligurische Nationalheld Andrea Doria diesen See künstlich anlegen, um dem schönen Neptunbrunnen in seinem Garten zu einer stattlichen Wasserfontäne zu verhelfen. Das scheinbar eitle Projekt brachte allerdings auch einen Nutzen für die Menschen in den umliegenden Dörfern, denn der Aquädukt, der das Wasser vom See in den herrschaftlichen Park brachte, speiste unterwegs eine Schießpulverfabrik und eine Mühle mit dazugehöriger Backstube. Die Lagaccio-Kekse, die man dort buk, wurden begeistert aufgenommen und schon bald in großen Mengen verkauft.

Biscotti del Lagaccio

Zweimal gebackene Kekse

50 g frische Hefe
600 g Weizenmehl
150 g Butter
200 g Zucker
20 g Fenchelsamen
1 Prise Salz

Die Hefe, etwas lauwarmes Wasser und ein Viertel des Mehls zu einem lockeren Teig kneten. An einem warmen Ort den Teig gehenlassen, bis er das doppelte Volumen erreicht hat. Das restliche Mehl zugeben und erneut kneten. Dann die im Wasserbad zerlassene Butter, Zucker, Fenchelsamen und 1 Prise Salz einarbeiten. Wenn nötig, etwas lauwarmes Wasser zugeben, um einen weichen und geschmeidigen Teig zu erhalten. Mit einem Küchentuch abdecken und an einem warmen Ort 1 Std. gehenlassen.
Den Teig mit den Händen zu zwei länglichen Laiben formen und noch einmal 1 Std. gehen lassen.
Die Laibe auf ein Backblech legen und im vorgeheizten Backofen bei 180 °C etwa 30 Min. backen.
Bis zum nächsten Tag ruhen lassen, dann in 2 cm dicke Scheiben schneiden und diese bei sehr niedriger Hitze im Backofen rösten.

Ravioli dolci

Süße Teigtaschen

200 g Ricotta oder Speisequark
1 unbehandelte Orange
150 g kandierte Früchte
300 g fertiger Blätterteig (eventuell tiefgekühlt und aufgetaut)
Weizenmehl zum Ausrollen
Öl zum Ausbacken
Puderzucker

Den Ricotta oder Quark gut abtropfen lassen. Die Orange heiß abwaschen, abtrocknen und die Schale fein abreiben. Die kandierten Früchte fein hacken, mit Ricotta und Orangenschale mischen.
Den Blätterteig auf der leicht bemehlten Arbeitsfläche dünn ausrollen. Bei Verwendung tiefgekühlten Blätterteigs legt man die aufgetauten Platten übereinander und rollt sie dann aus. Mit einem Teelöffel die Ricotta-Orangen-Mischung auf einer Hälfte des Teiges verteilen. Dabei zwischen den einzelnen Häufchen etwa 5 cm Abstand lassen. Die zweite Teighälfte locker darüber klappen. Um die Füllungen herum runde Teigtaschen ausstechen und die Ränder festdrücken.
In einer tiefen Pfanne reichlich Öl erhitzen. Wenn an einem hineingehaltenen Holzstiel kleine Bläschen aufsteigen, hat das Öl die richtige Temperatur. Die Teigtaschen portionsweise hineingeben und goldbraun ausbacken.
Auf Küchenkrepp abtropfen lassen, dünn mit Puderzucker bestäuben und sofort servieren.

Sciumette

»Milch in der Grotte«
(Abbildung rechts, hinten)

4 Eier
80 g Puderzucker
1 l Milch
15 g Weizenmehl
1/2 EL geschälte frische Pistazien
Zimtpulver

Eigelbe und Eiweiße trennen. Die Eiweiße mit 25 g Puderzucker steif schlagen. Die Milch in einer Kasserolle zum Kochen bringen und mit einem Löffel ganz langsam den Eischnee, der sofort gerinnen soll, hineingeben. Die so entstandenen »Schneebälle« ganz kurz kochen, dann mit einem Schaumlöffel herausheben und in einem Sieb abtropfen lassen.
Die Milch vom Herd nehmen, den restlichen Zucker zugeben, das Mehl einrühren und abkühlen lassen.
Die Pistazien zerstoßen, einige Minuten in etwas Milch kochen und durch ein Sieb passieren. Die Eigelbe verquirlen, nach und nach unter die Milch-Mehl-Mischung geben. Zum Schluß das Pistazienpüree untermengen. Die Creme in ein heißes Wasserbad zurück auf den Herd stellen und bei niedriger Hitze etwas eindicken lassen. Dabei darauf achten, daß das Wasser nicht kocht. Die Creme in eine Schüssel füllen, mit den »Schneebällen« dekorieren und mit Zimt bestreuen.
Sciumette werden in Ligurien traditionell zur Karnevalszeit zubereitet.

Cobelletti

Mürbeteig-Törtchen
(Abbildung rechts, vorne)

500 g Weizenmehl
200 g Zucker
300 g Butter
Milch
1 Ei
1 kleines Glas Marsala
Quittenmarmelade

Mehl, Zucker, Butter und etwas Milch zu einem Teig verkneten. Dann das Ei und den Marsala einarbeiten. Den Teig etwa 2 mm dünn ausrollen. Kleine, relativ flache Tortenförmchen mit Butter einfetten, mit dem Teig auskleiden und in die Mitte ein wenig Marmelade setzen.
Aus dem restlichen Teig für jedes Förmchen einen Deckel ausstechen, die Förmchen damit bedecken und an den Rändern zusammendrücken.
Im vorgeheizten Backofen bei 200 °C in etwa 25 Min. goldgelb backen.

Oben: *Sciumette* – »Milch in der Grotte«
Unten: *Cobelletti* – Mürbeteig-Törtchen

Die Konfiserie Romanengo

Wenn die Herzogin von Parma und Giuseppe Verdi heute noch lebten und sich in Genua in die Via Soziglia verirrten, würden sie mit Sicherheit ein Geschäft wiedererkennen: die Konfiserie Pietro Romanengo, schon seit über 200 Jahren bekannt für feinste Spezereien. Pietros Vater gründete im Jahre 1780 in der Via Maddalena eine Kolonialwarenhandlung und erhielt bald darauf die Lizenz als Konfiseur, ausgestellt von der Universität Genua. Als Firmenzeichen wurde eine Taube mit Olivenzweig, als Hommage an den Frieden nach den Napoleonischen Kriegen, gewählt. Für die Konfektionierung seiner Produkte führte Stefano Romanengo jenes blaues Papier ein, das auch heute noch für Zuckerhüte verwendet wird. Er profitierte vor allem durch Genuas Hafen, über den sämtliche orientalische Waren wie Zucker, Früchte und Gewürze importiert wurden. Stefanos Sohn Pietro durfte sich »erster Confiseur-Chocolatier« nennen und baute seine Aktivitäten beträchtlich aus. Hauptprodukte waren Marmeladen und Konfitüren, kandierte Früchte, Sirup und Liköre. Die Herstellungsweise dafür wandelte er von den orientalischen Rezepten ab, die von den Kreuzfahrern schon in das mittelalterliche Genua mitgebracht worden waren. Nach Pariser Vorbild richtete Pietro seinen Laden in der Via Soziglia mit Edelhölzern sowie Marmor ein und produzierte seine Waren mit französischen Maschinen. Damals bezogen die bereits erwähnte Herzogin von Parma und der Komponist Giuseppe Verdi erlesene Spezialitäten aus eben jener Via Soziglia. Verdi erwähnt sie sogar in seinen Briefen.

Auf der Hochzeit von Prinz Umberto mit Margherita von Savoyen im Jahre 1868 erfreute sich die geladene Gesellschaft an Romanengos Süßigkeiten. Die entsprechende schriftliche Bestellung befindet sich im Archiv der Gemeinde Genua, und aufgelistet sind »kandierte Früchte, elegante Bonbons, Bombonieren und gezukkerte Mandeldragees«. Letztere sind in Italien übrigens heute noch bei Hochzeiten beliebt. Sie bestehen aus Mandeln, Pistazien und Pinienkernen und gehören laut dem Buch »L'art du confiseur moderne« von 1879 zu den schwierigsten Arbeiten eines Confiseurs.

1859 waren in der Zuckerindustrie Genuas 200 Arbeiter beschäftigt, die jährlich über 300 000 Kilogramm kandierte Früchte herstellten. Der Hauptanteil wurde nach Holland, Deutschland, Nordeuropa, Nord- und Südamerika und in die Schweiz exportiert.

Heute beschäftigt die Firma Romanengo 24 Angestellte und genauso viele Saisonarbeiter, die alle Produkte in handwerklicher Tradition herstellen. Die Produktionsstätte befindet sich in der Viale Mojon. Hier entstehen noch heute aus frischen, reifen Früchten wie Bitterorangen, Melonen, Quitten und Nüssen sowie Rosenblättern die köstlichsten Marmeladen, Gelees und Sirupe und natürlich die berühmten kandierten Früchte und Dragees. In dem Buch »Il negoziante« des Gian Domenico Pen (1683) werden die Konfitüren und gezuckerten Konserven aus Genua als die »allerbesten auf der ganzen Welt« beschrieben. Zur Fastenzeit gab es eigene Konfiserie-Artikel ohne Fett. 1868 schreibt die Zeitung »Popolo d'Italia«, daß in der Zeit vor Ostern die größte Betriebsamkeit bei Romanengo herrschte, wegen der großen Nachfrage nach seinem unerreichten Fastenmarzipan, das jeder Katholik genießen konnte, ohne Angst zu haben, dem Genußteufel anheim zu fallen.

Der historische Laden in der Via Soziglia ist ein Kleinod in der Altstadt von Genua und seit seiner Eröffnung im Jahre 1814 völlig unverändert geblieben. Hier kann man auch eine Sammlung von alten Geräten und Objekten besichtigen, die damals zur Herstellung und Verpackung von Romanengos Spezialitäten dienten.

WEINBAU IM LAND DER SEEFAHRER

Bereits die Griechen und die Etrusker brachten Weinreben in Italiens schmalste und attraktivste Küstenlandschaft, die sich, eingebettet von Apenninengipfeln und Rivierastrand, von der französischen Grenze bis zu den weißen Marmorfelsen von Carrara zieht. Obwohl hier seit der Antike Reben kultiviert wurden – die Existenz der Dolcetto-Traube, in Ligurien Ormeasco genannt, wurde zum Beispiel bereits im 14. Jahrhundert dokumentiert –, spielte der Weinbau in dieser Region der Seefahrer, ein Wirtschaftszweig, der durch Schwerindustrie und Tourismus ergänzt wurde, eine eher untergeordnete Rolle.

Auch der allgemeine Aufschwung des italienischen Weinbaus seit dem Ende der siebziger Jahre konnte sich in Ligurien nur ansatzweise durchsetzen. Noch immer verschwinden alte, einheimische Rebsorten von der Bildfläche, weil sie von der jungen Generation nicht mehr gepflegt werden, noch immer besitzen nicht einmal fünf Prozent der Weinproduktion Qualitätsweinstatus, und noch immer wird der Großteil der Weine offen an Touristen und Einheimische verkauft. Wahrscheinlich ist es ungerecht, einfach zu verlangen, die Winzer sollten ihre Rebsorten und Weinbergsvielfalt besser pflegen, denn die Arbeit ist wirklich oft sehr mühselig, und der Ertrag steht meist in keinem Verhältnis zum Aufwand. Zu bedauern ist es trotzdem, wenn eine der faszinierendsten Weinlandschaften Italiens immer weiter ausgezehrt oder von der fortschreitenden Urbanisierung verdrängt wird.

Die wirklich empfehlenswerten Weine Liguriens stammen aus den Anbaugebieten Riviera Ligure di Ponente und Rossese di Dolceacqua im Westen, Cinque Terre nördlich der Hafenstadt La Spezia und Colli di Luni an der Grenze zur Toskana, wobei sich das letztgenannte in die Nachbarregion hinein erstreckt – eine Rarität in der italienischen Weinlandschaft.

Unbekannte Rebsorten

Trotz der widrigen Bedingungen kann man auch in Ligurien leckere, interessante Weine finden, die allerdings oft fast unbekannte Namen haben. Einer der besten Tropfen ist der Rossese di Dolceacqua aus der Gegend von Ventimiglia. Die Sorte Rossese stammt ursprünglich aus Frankreich und ergibt mittelkräftige Rotweine, wobei jedoch viele Winzer noch immer zu helle und zu dünne Weine aus ihr keltern. Aus der unmittelbaren Nachbarschaft stammt der Ormeasca. Er erreicht zwar selten die Dichte und intensive Fruchtigkeit seiner verschiedenen piemontesischen Vettern, kann aber vor allem in den Bergen bei Pieve di Teco schöne, runde und weiche Weine hervorbringen.

Der interessanteste Weißwein Liguriens wird aus der Rebsorte Pigato gekeltert. Die Weine können recht kräftig sein und passen hervorragend zu den würzigen Fischgerichten, die man hier am Meer serviert. Gelegentlich werden sie sogar in kleinen Holzfäßchen gelagert, so daß sie noch mehr Kraft und Geschmacksfülle erhalten. Feiner und fruchtiger sind die Weine aus der Vermentino-Traube, die unter den DOC-Bezeichnungen Riviera Ligure di Ponente und Colli di Luni angeboten werden. Wirklich berühmt aber, wenn auch nicht immer besser als die Vermentino-Weine, sind die Weißen von Cinque Terre, insbesondere in ihrer süßen Spielart des Sciacchetrà.

Fünf Dörfer und ein vergessener Sciacchetrà

Cinque Terre, fünf Dörfer oder auch fünf Terroirs, so heißt das mit Abstand bekannteste Anbaugebiet Liguriens. Insgesamt kaum größer als ein einziges mittleres Bordeaux-Weingut, besitzt es einige der dramatischsten Weinberge des Weltweinbaus. Schmale, fast bedrohlich wirkende Terrassenwände ziehen sich an den steil ins Meer abfallenden Hängen empor. Viele der Weinbergflächen sind nur zu Fuß zu erreichen, und die Pflege der Reben ist hier ein mühseliges Geschäft. Gäbe es nicht den Tourismus, der immerhin noch ein schnelles Geschäft mit den einheimischen Weinen garantiert, wären die meisten Flächen schon seit langem aufgegeben worden. Allerdings hat der leichte Absatz offen verkaufter Weine an unkritische Verbraucher bisher auch oft verhindert, daß sich Winzer und Weinmacher der Region wirklich um Qualität bemühen.

Fast schon in Vergessenheit geraten ist die berühmteste Spezialität der Cinque Terre, der Sciacchetrà. Den intensiv strohgelben bis ambrafarbenen, aromatischen und balsamischen Süßwein, der aus der Albarola-Traube gekeltert wird, und mit überraschend würzigem Geschmack aufwarten kann, findet man heute nur noch bei ganz wenigen Winzern in akzeptabler Qualität und nennenswerten Mengen. Bleibt zu hoffen, daß dieses echte Wein-Monument Italiens vor dem Aussterben gerettet werden kann.

Rechts: Auf den schmalen Weinterrassen der Cinque Terre, wie hier bei Levanto, kämpfen die Weinbauern mit schwierigen Arbeitsbedingungen.

Vermentino Riviera Ligure di Ponente
Wie die Vermentino-Weine aus dem südöstlichen Ligurien sind auch die der westlichen Riviera Ligure von den Apennin-Hängen zwischen Genua und Ventimiglia meist angenehm fruchtig. Die Gewächse aus den Bereichen Riviera dei Fiori, Albenga und Finale gelten als besonders gut.

Colli di Luni
Die weißen und roten Weine mit dieser Herkunftsbezeichnung entstehen im Grenzgebiet zwischen Ligurien und der Toskana. Bei den Weißen dominiert die fruchtige Sorte Vermentino und bei den Roten der Sangiovese, wie bei den meisten Weinen der benachbarten Toskana.

Piemont
Ovada
Fossano
8° ö.L.
9°
10°
A6
A26
A7
A10
A12
A15
Tanaro
Demonte
Cuneo
Mondovi
Ceva
Millesimo
Borgo S.Dalmazzo
Limone Piemonte
Appennino Ligure
Monte Antola 1597 m
Monte Maggiorasca 1799 m
Monte Menegosa 1355 m
Torriglia
Emilia Romagna
Arenzano
Genua
Varazze
Albisola Marina
Savona
Ligurien
Nervi
Recco
Rapallo
S.Margherita Ligure
Portofino
Chiavari
Lavagna
Sestri Levante
Pontremoli
Lunigiana
Toskana
Spotorno
Finale Ligure
Pietra Ligure
Loano
Golf von Genua
Ormea
Monte Galero 1708 m
Alpi Marittime
Monte Saccarello 2200 m
FRANK-REICH
44° n.Br.
Pieve di Teco
Riviera Ligure di Ponente
Albenga
Alassio
Diano Castello
Taggia
Imperia Porto Maurizio
Dolceacqua
Camporosso
San Remo
Ventimiglia
Bordighera
25 km
Levanto
Cinqueterre
La Spezia
Sarzana
Riomaggiore
Lerici
Portovenere
Rossese di Dolceacqua
Riviera Ligure di Ponente
Cinqueterre, Cinqueterre Sciacchetrà
Colli di Luni
Weinbaugebiete in angrenzenden Regionen

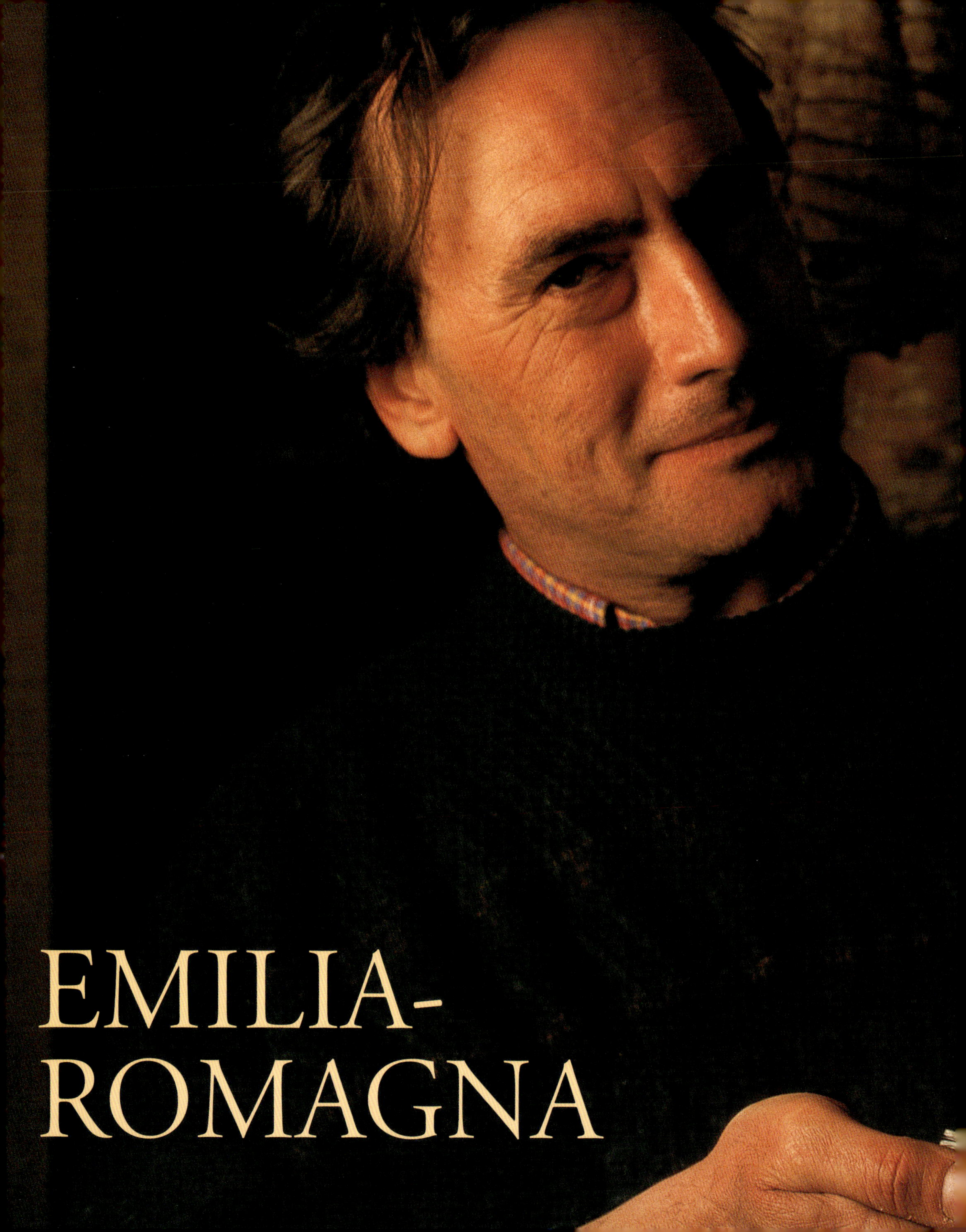

EMILIA-ROMAGNA

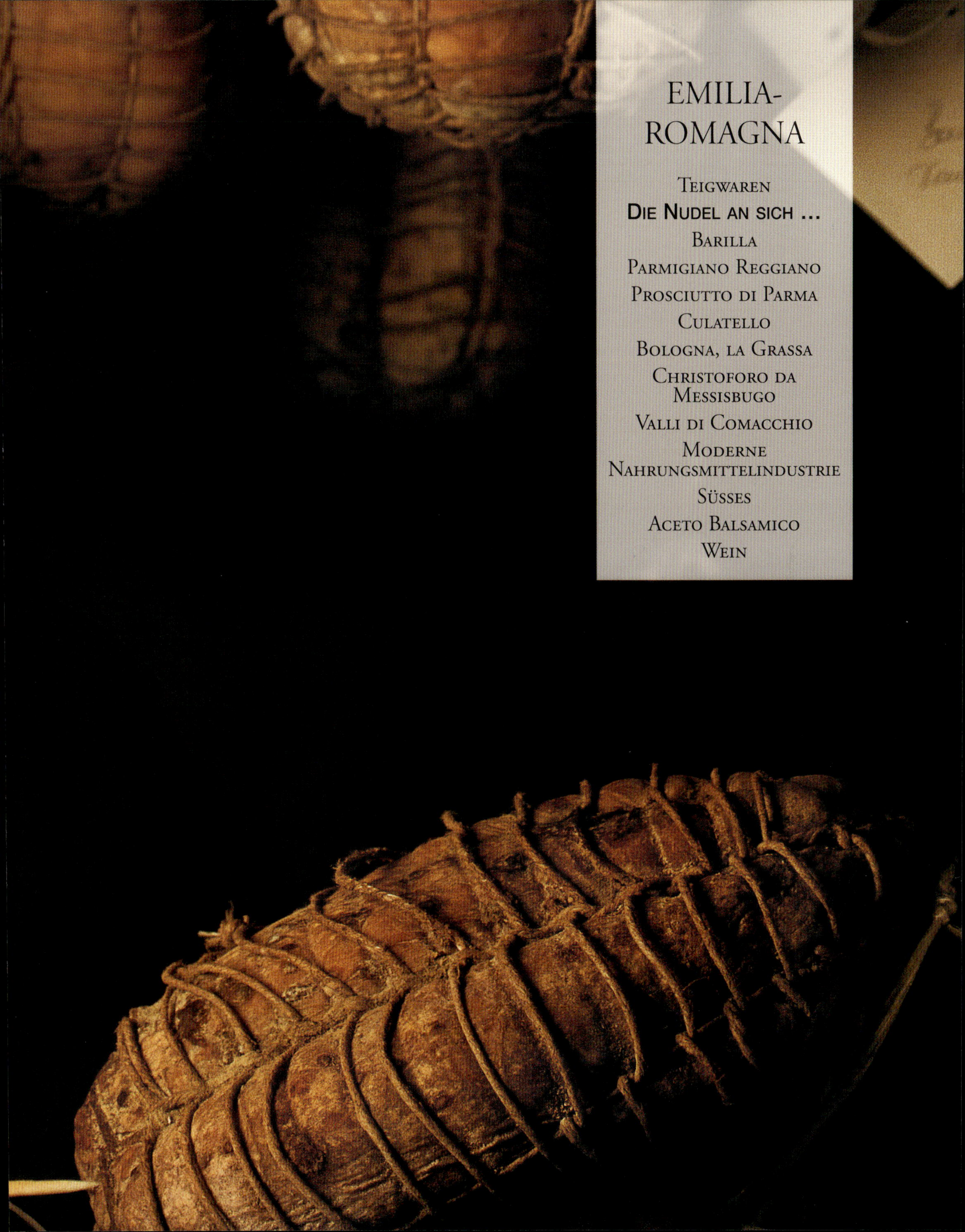

EMILIA-ROMAGNA

Piacenza
Bobbio
Parma
Reggio nell'Emilia
Modena
Emilia-Romagna
Bologna
Ferrara
Comacchio
Valli di Comacchio
Ravenna
Faenza
Forlì
Cesena
Rimini

Die Delikatessenläden und die Küche der Emilia-Romagna bieten alles, was der Gaumen begehrt: herzhaften Schinken und frische Mortadella, würzigen Parmesan, hausgemachte Nudeln in unendlichen Variationen und mit unwiderstehlichen Saucen serviert, üppige Fleischgerichte, aromatisches Wild, süßes oder salziges Gebäck, köstliche Desserts, süffige Weine und nicht zuletzt den edelsten Essig der Welt, den *aceto balsamico tradizionale,* der nur von einer Handvoll alteingesessener Produzenten hergestellt wird.
Die Vielseitigkeit der Küche rührt unter anderem daher, daß die Region aus zwei verschiedenen Landstrichen besteht, aus der Emilia, dem Gebiet zwischen Po-Ebene und der nördlichen Toskana, und der Romagna, dem bergigen Land mit der Adriaküste im Osten. Die fruchtbare Emilia steuert Pasta, Milchprodukte und feines Fleisch bei, während die manchmal fast rauhe und unzugängliche Romagna mit herzhaften Kräutern, aromatischem Wild und Fischgerichten von der Küste aufwartet. Komplettiert wird die Speisekarte durch die Spezialitäten der Städte. Parma ist stolz auf seinen Schinken und *culatello,* in Bologna gibt es die zarteste Mortadella, die beste Lasagne und die leckersten Tortellini der Welt, in Piacenza sind die Tortelloni zu Hause, Reggio Emilia ist berühmt für seinen Schmorbraten und den *erbazzone,* Ferrara ist eine Hochburg der Kochwurst, und in Modena serviert man den unvergleichlich schmackhaften *zampone,* den gefüllten Schweinefuß.
In der Emilia-Romagna lebt man in doppelter Hinsicht vom guten Essen. Einheimische Spezialitäten landen auf dem eigenen Teller – werden aber auch seit jeher für den Export hergestellt und sichern damit den Wohlstand der Region. Bereits im Mittelalter wußte die restliche Welt Parmaschinken und Parmesankäse zu schätzen und in keiner anderen Ecke Italiens findet sich heute eine solche Dichte an kleinen, mittelständischen und großen Lebensmittelfabriken.
Obwohl die Spezialitäten der Emilia-Romagna inzwischen in aller Welt erhältlich sind, lernt man sie doch am besten vor Ort kennen. Bei einem Glas Lambrusco und einer über dem Holzfeuer gebackenen *piadina,* dem traditionellen Fladenbrot, kann man mit Emilianern und Romagnoli gemütlich über die einzig wirklich entscheidende Streitfrage der regionalen Küche plaudern: Welche sind wohl die schmackhafteren Schweinsgrieben? Die eher trockenen der Emilia oder die saftig-fetten, wie sie in der Romagna bevorzugt werden?

Vorhergehende Doppelseite: Mit dem traditionellen Pferdeknochen prüft Fernando Cantarelli den Reifegrad seines Culatello-Schinkens.

Links: Die Sümpfe des Po-Deltas bestimmen das Landschaftsbild der Emilia, während die östlich gelegene Romagna von ihrer Bergwelt geprägt wird.

TEIGWAREN

Die Emilia-Romagna ist ein Nudelparadies. Abgesehen von den zahllosen Varianten der *pasta secca* aus Hartweizengrieß, gibt es überall die hausgemachte *pasta fresca* aus Weizenmehl und Ei zu probieren. Kenner behaupten, daß der frische Nudelteig in keiner anderen Region so samtig und elastisch sei wie hier. In den kleinen und großen Küchen der Emilia-Romagna wird *pasta fresca* in den unterschiedlichsten Formen hergestellt: band- oder rautenförmig, rechteckig oder quadratisch, mit Fleisch- oder Käsefüllung, als Ravioli, Tortellini, Tortelli, als dampfende Lasagne, als *anolini, agnolotti, cappelletti* oder *cappellacci,* mit Sugo oder mit Ragù. Der Phantasie sind keine Grenzen gesetzt.
Der Teig wird dabei nach dem immer gleichen Rezept zubereitet, sorgfältig geknetet und einfach mit der Hand ausgezogen oder mit dem Nudelholz dünn ausgerollt. Jede *rasdora* – so hieß die Hausfrau früher im örtlichen Dialekt – hat ihre eigene Technik und kennt die regionalen Geheimrezepte, was das »Innenleben« der Pasta anbelangt. Aus Parma etwa stammen die mit feinen Kräutern und Ricotta gefüllten *Tortelli di primavera.* In anderen Gegenden füllt man die Pasta mit Kürbis und in den Bergen der Romagna mit Maronen. Die Tortellini, für die es rund 110 verschiedene Rezepte gibt, wurden angeblich in Bologna erfunden. Ihre Form soll den Nabel der Venus symbolisieren!
Doch aus Teig entstehen hier nicht nur schmackhafte Pasta-Sorten, sondern auch gebackene Spezialitäten wie *Torte salate,* pikante Torten, und knusprige Fladenbrote wie *piadina, tigella* und *crescentina.* In Reggio Emilia bäckt man den *erbazzone,* einen würzigen Kuchen mit Spinat- und Mangoldfüllung, und in Modena wird die *tigella* zusammen mit Schmalz, der mit Rosmarin und Knoblauch verfeinert wurde, serviert.

Tortellini romagnoli

Tortellini mit Truthahnfüllung
(Abbildung unten)

Für den Teig:
400 g Weizenmehl
1/2 TL Salz
4 Eier

Für die Füllung:
25 g Butter
350 g Truthahnbrust, in kleine Stücke geschnitten
50 g Ricotta
50 g Bel Paese
25 g Parmesan, gerieben
abgeriebene Schale von 1/2 Zitrone
2 Eier
geriebene Muskatnuss
Salz und frischgemahlener schwarzer Pfeffer

zerlassene Butter
geriebener Parmesan zum Bestreuen

Für den Nudelteig das Mehl auf die Arbeitsfläche sieben und in die Mitte eine Mulde drücken. Salz und Eier hineingeben und mit dem Mehl zu einem geschmeidigen Teig kneten. Diesen zu einer Kugel formen, in ein feuchtes Tuch einwickeln und 30 Min. ruhen lassen.
Die Butter in einer schweren Pfanne erhitzen, das Truthahnfleisch zugeben und bei niedriger Hitze 15–20 Min. braten. Die Truthahnstücke durch den Fleischwolf drehen und mit den übrigen Zutaten für die Füllung vermischen. Mit Muskat, Salz und Pfeffer abschmecken.
Den Teig dünn ausrollen und Kreise mit 5 cm Durchmesser ausstechen. In die Mitte eines jeden Kreises etwas Füllung geben und zu einem Halbmond zusammenklappen. Jedes Stück wie einen Ring um einen Finger wickeln und die Enden zusammendrücken.
Die Tortellini in reichlich Gemüse- oder Fleischbrühe kochen, bis sie an die Oberfläche kommen. Das dauert ungefähr 5 Min. Mit einem Schaumlöffel herausheben und in eine vorgewärmte Schüssel geben.
Mit zerlassener Butter übergießen und nach Wunsch mit geriebenem Parmesan bestreuen.

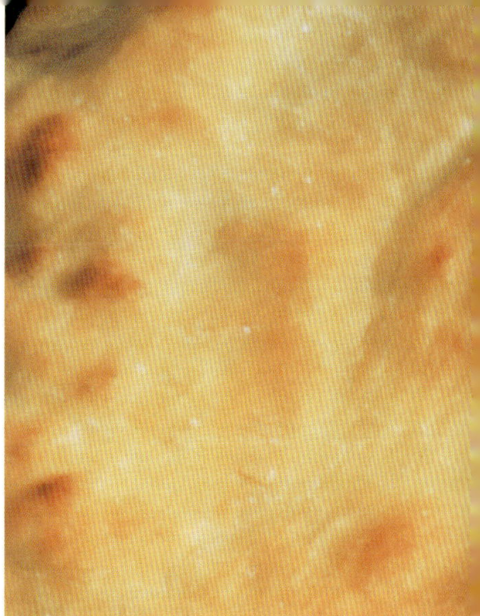

Erbazzone reggiano

Spinatkuchen
(Abbildung Hintergrund)

Für 6 Personen

Für den Teig:
300 g Weizenmehl
1/2 TL Salz
65 g Butter, zerlassen
1 EL Pflanzenöl

Für die Füllung:
1 kg Blattspinat oder Mangold
4 EL Olivenöl
50 g Räucherschinken, gewürfelt
1 EL gehackte Petersilie
1 Knoblauchzehe, zerdrückt
1 Ei
50 g Parmesan, gerieben
Salz
25 g Butter

Mehl und Salz in eine Schüssel sieben und mit der zerlassenen Butter verkneten, bis eine krümelige Mischung entstanden ist. Das Pflanzenöl unterkneten und so viel lauwarmes Wasser zugeben, bis der Teig glatt und geschmeidig wird. An einem kühlen Ort ruhen lassen.
Für die Füllung den Spinat (oder den Mangold) waschen, kurz blanchieren, gut abtropfen lassen und fein hacken oder im Mixer pürieren. Olivenöl in einer Pfanne erhitzen, Schinkenwürfel zugeben und 2 Min. bei niedriger Hitze andünsten. Den Spinat unterrühren und weitere 2 Min. köcheln lassen. Die Petersilie und den zerdrückten Knoblauch zugeben und wiederum 2 Min. dünsten. Das Ei schaumig schlagen. Die Pfanne vom Herd nehmen, Ei und Parmesan unterrühren. Mit Salz abschmecken und kalt stellen.
Zwei Drittel des Teigs mit einem Nudelholz flach drücken und zu einer dünnen, runden Platte ausrollen. Eine Springform von etwa 25 cm Durchmesser mit etwas zerlassener Butter bestreichen, dann Boden und Rand mit dem Teig auslegen. Die Spinatfüllung hineingeben und den überstehenden Teigrand herunterdrücken. Den restlichen Teig zu einem »Deckel« ausrollen, auf die Füllung legen und die Ränder gut zusammendrücken. Den Teigdeckel mehrmals mit einer Gabel einstechen und mit der restlichen zerlassenen Butter bestreichen. Im vorgeheizten Backofen bei 200 °C knapp 1 Std. backen. Heiß oder kalt servieren.

Diese *piadina* wird als *panino* mit Tomaten und Mozzarella gefüllt serviert.

Tigella

Die *tigella* ist ein traditionelles Brot aus der Gegend von Modena. Um es herzustellen, vermengt man Weizenmehl, Wasser und Salz zu einem lockeren Teig. Nach 30 Minuten Ruhezeit wird der Teig in runde Portionen geschnitten und ausgerollt. Zum Backen kommen die Fladen in spezielle flache Formen. Das Wort *tigella* bezeichnete ursprünglich das feuerfeste Material, aus dem dieses Backgeschirr bestand. Im Laufe der Zeit erhielt das Gebäck selbst den Namen.

Piada oder Piadina

In der Romagna heißt das runde Fladenbrot nicht *tigella*, sondern *piada* oder *piadina*. Der Teig besteht aus Weizenmehl, Wasser, Salz und je nach Belieben etwas Öl oder Schmalz. Mit dem Nudelholz wird er auf die Größe der runden Backplatte ausgerollt. Diese tellergroßen Formen gibt es aus Edelstahl oder Terrakotta, man kann aber auch eine gußeiserne Pfanne benutzen. Nach wenigen Minuten Backzeit ist die *piada* fertig. Sie schmeckt köstlich mit Parmaschinken, Käse oder kurz gegartem Gemüse.

Crescentina

Die *crescentina* unterscheidet sich von der *tigella* und der *piada* durch ihren Sauerteiganteil. Ansonsten wird der Teig, wie für die anderen Fladenbrote auch, aus Weizenmehl, Wasser, Salz und etwas Schmalz zubereitet. Damit der Teig durchsäuern kann, muß er eine Stunde ruhen. Danach wird er in kleine runde Scheiben geschnitten und auf einer flachen Platte gebacken. Die *crescentina* kann anstelle von Brot zu allen möglichen Gerichten serviert werden. Am liebsten ißt man sie aber mit Schinken, Käse und Gemüse.

Gnocco fritto

Der Teig wird aus Weizenmehl, Wasser, Schmalz, Salz und einer Prise Backpulver angerührt. Man läßt ihn an einem warmen Ort ruhen, rollt ihn dann flach aus und schneidet ihn in Rauten, die mit der Gabel perforiert werden. Die Teigrauten werden in reichlich Öl fritiert und schmecken ganz heiß serviert am besten.

Erbazzone

Der *erbazzone reggiano* ist wie die ligurische *torta pasqualina* eine *torta salata*, eine salzige, pikante Torte. Im Gegensatz zur ligurischen Ostertorte wird der *erbazzone* aus Reggio jedoch nicht mit Eiern angereichert, sondern mit Schinken oder würzigem Speck. In manchen Berggegenden gibt man der Füllung aus Mangold und Spinat auch gekochten Reis bei.

Das Mehl sollte so frisch wie möglich sein, denn sonst können sich im Teig störende Löcher bilden. In der Regel wird ein Ei auf 100 Gramm Mehl gerechnet, doch dies ist nur als Anhaltspunkt zu verstehen.

In manchen Gegenden Italiens nimmt man für die Herstellung von Pasta nur Eigelb beziehungsweise nur Eiweiß oder aber gar keine Eier, sondern lediglich Weizenmehl, Wasser und eine Prise Salz.

Zuerst werden die Eier in einer Mulde mit wenig Mehl vermischt. Danach knetet man den Teig so kräftig und lange, bis er sehr glatt und geschmeidig ist und sich gut dünn ausrollen läßt.

DIE NUDEL AN SICH ...

In Italien hat fast jede Region ihre eigene Theorie über den Ursprung der Pasta. Die Ligurer gehen davon aus, daß Genueser Kaufleute das Rezept von den Nomadenvölkern der Mongolei abgeschaut und an die heimatliche Riviera gebracht haben. Die Venezianer glauben, Marco Polo habe die Nudel aus China importiert; für den von altklugen Historikern geäußerten Verdacht, der berühmte Reisende habe in Wirklichkeit seine Heimatstadt nie verlassen, interessieren sie sich nicht. In Rom behauptet man, daß schon die alten Kaiser und Senatoren Nudeln gegessen hätten. Die Sizilianer halten daran fest, daß die Nudel entweder mit den antiken Griechen oder den mittelalterlichen Arabern auf die Insel gekommen sei. In Neapel wiederum will man von dieser Geschichte nichts wissen, denn die Kampanier sind der Meinung, daß die Ur-Nudel der Griechen oder Araber allenfalls aus groben Teigstücken bestanden habe und erst die findigen Köche der neapolitanischen Maccheroni-Küchen die Pasta zu dem gemacht hätten, was sie heute ist: eine gesamtitalienische Leidenschaft.

Wie dem auch sei, als gesichert kann gelten, daß heute Pasta in mehr als 300 Variationen daherkommt und zu den beliebtesten Gerichten der italienischen Speisekarte zählt. Man unterscheidet zwei Arten: *Pasta secca* bezeichnet Nudeln aus Hartweizengrieß und Wasser, die als getrocknete Ware in den Handel kommen und nur selten daheim hergestellt werden. *Pasta fresca* oder *pasta fatta in casa* meint hingegen die frische, hausgemachte Nudel, deren Teig aus Weizenmehl, Ei und eventuell etwas Wasser oder Weißwein besteht. Es gibt allerdings auch hausgemachte *pasta fresca,* die auf die Zugabe von Ei verzichtet.

Pasta secca ist ein Fertigprodukt, das sich aufgrund seiner unanfechtbaren Tradition über die Diskussion für oder wider vorfabrizierter Nahrungsmittel elegant hinwegsetzt. Selbst die fleißigste Hausfrau oder der ambitionierteste Koch überließ die Herstellung der Hartweizennudeln grundsätzlich dem *pastaio,* dem Nudelmacher, und in jüngerer Zeit auch gern der Nudelfabrik. Die *pasta secca* bildet zwei Gruppen: *pasta lunga* und *pasta corta.* Zur *pasta lunga* zählen alle Nudelformen über zehn Zentimeter Länge wie Spaghetti, Spaghettini oder Tagliatelle. Unter den Oberbegriff *pasta corta* fallen kürzere Nudelkreationen wie die stattlichen Penne, die mittelgroßen Farfalle oder auch die ganz kleinen Suppennudeln. *Pasta secca* zeichnet sich im allgemeinen durch eine verläßliche *tenuta di cottura* aus, das heißt, daß die Nudel beim Kochen gut zusammenhält und sich nicht etwa in dem brodelnden Wasser auflöst. Obwohl die meisten Hersteller auf den Verpackungen ihrer Nudelkreationen die genaue Kochzeit angeben, zeigt sich eine gute *tenuta di cottura* gleichermaßen darin, daß auch die versehentlich etwas zu lange gekochte Pasta nicht weich oder gar pappig wird, sondern auch nach ein paar Minuten über der empfohlenen Zeit in Form bleibt und ihren bißfesten Kern bewahrt.

Im Gegensatz zur meist industriell hergestellten *pasta secca* ist die *pasta fresca* das individuelle Ergebnis jedes einzelnen Kochs. Es gibt unzählige Tricks und Kniffe, damit der Teig besonders geschmeidig wird oder wie man ihn besonders dünn ausrollt. Doch das Grundrezept bleibt fast immer gleich: Auf 100 Gramm Mehl kommen ein Ei und eine Prise Salz. *Pasta fresca* gibt es *a strisce,* als aus dem glatten Teig geschnittene Nudeln, oder *ripiena,* gefüllt. Die Füllungen sind so verschieden wie die Nudelformen selbst – von Kürbis über Ricotta bis hin zu Fleisch und Fisch findet so gut wie alles in den winzigen Teigtäschchen Platz.

In manchen Gegenden Italiens färbt man den Teig der frischen Pasta um eine *pasta colorata,* eine farbige Nudel, zu erzielen. Das Geheimnis der *pasta nera,* die man in den Küstenregionen zubereitet, ist die Tinte des Tintenfischs. Pürierter Spinat verhilft der *pasta verde* zu ihrem Grün, ein Löffel Tomatenmark läßt den Teig hellrot aufleuchten und etwas Rote-Bete-Saft färbt die Pasta zart rosa. In Sardinien wird Safran benutzt, um den *malloreddus* ihren goldgelben Schimmer zu verleihen. Inzwischen ist auch bunte *pasta secca* im Handel erhältlich. Diese Sorten werden entweder mit einem künstlichen Farbstoff oder mit den gleichen natürlichen Mitteln wie die *pasta fresca* eingefärbt.

Daß Nudeln dick machen, ist nur ein Vorurteil, denn 100 Gramm ungekochte *pasta secca* haben gerade einmal 325 Kalorien, die gleiche Menge *pasta fresca* rund 365 Kalorien. Außerdem liefern Nudeln wertvolle Kohlenhydrate, enthalten lebenswichtige Mineralien und sorgen für die Zufuhr von Vitamin B1, B2 und Niacin. Wenn man die Pasta nicht gerade mit einer sehr schweren Sauce serviert, taugt sie sogar als Diätgericht.

Tagliatelle gehören zu den traditionsreichen Nudelsorten der Emilia-Romagna und werden fast täglich frisch zubereitet.

Wer sich die Mühe sparen will, den Teig selbst auszurollen, kann sich eine Nudelmaschine zulegen, die es mit Kurbel oder sogar auch mit elektrischem Antrieb gibt. Mit den verschiedenen Aufsätzen lassen sich alle erdenklichen Nudelformen herstellen.

Pasta richtig kochen

Pasta ist schnell gekocht und gelingt immer, wenn man ein paar Grundregeln beherzigt. Der Kochtopf sollte möglichst groß und hochwandig sein. Auf 100 Gramm Pasta wird mindestens ein Liter Wasser gerechnet, denn die Nudeln brauchen Bewegungsfreiheit, damit sie nicht zusammenkleben. Auf jeden Liter Wasser kommen außerdem acht bis zehn Gramm Salz.

Bevor die Nudeln in den Topf kommen, muß das Wasser zum sprudelnden Kochen gebracht werden. Auch die gesamte Kochzeit hindurch muß das Wasser sprudeln. Gelegentliches Umrühren stellt sicher, daß alle Nudeln gleichmäßig garen. Gefüllte Nudeln müssen mit etwas Vorsicht gekocht werden, allzu heftig sprudelndes Wasser oder stürmisches Umrühren kann den Teig verletzen, so daß die Füllung austritt.

Die Kochzeit richtet sich nach der Nudelgröße. Sehr kleine oder dünne Nudeln sind schneller gar als größere und dickere Sorten. Pasta aus frischem Teig hat generell eine geringere Kochzeit als *pasta secca*.

Ob die Nudeln gar sind, kann nur durch Kosten festgestellt werden. Italienische Pasta wird *al dente* gekocht, sie muß außen weich, im Inneren jedoch einen bißfesten Kern haben. Sind die Nudeln »richtig«, sollte der Topfinhalt in ein Sieb abgegossen werden.

Grundrezept für Pastateig

Für 6–8 Personen

500 g Weizenmehl
5 Eier
1/2 TL Salz
Mehl zum Bestäuben

Das Mehl auf die Arbeitsfläche sieben. In die Mitte eine Mulde drücken, Eier und Salz hineingeben. Vom Rand aus das Mehl einarbeiten und einen groben Teig herstellen. Den Teig 15 Min. kneten, bis er geschmeidig ist. In Folie wickeln und 1 Std. ruhen lassen.

Die Arbeitsfläche mit Mehl bestäuben und den Teig mit einem bemehlten Nudelholz dünn ausrollen, indem man ihn immer wieder dreht, so daß er von allen Seiten gleichmäßig gedehnt wird.

Lange, breite, flache Nudeln heißen meist Tagliatelle. In der Provinz Parma kennt man eine Variante, bei der ein Gemisch aus Weizen- und Kastanienmehl verwendet wird.

Warenkunde Pasta

Pasta di semola di grano duro secca
Die getrockneten Nudeln aus Hartweizengrieß und Wasser sind bei richtiger Lagerung sehr lange haltbar.

Pastina oder Pasta corta mista
Die kleinen Nudelformen aus Hartweizen eignen sich als Einlage für Brühen und Suppen *(Pasta in brodo)*.

Pasta glutinata
Diese Hartweizennudeln, denen zusätzliches Klebereiweiß zugefügt wurde, werden oft für Kindergerichte verwendet.

Pasta corta oder Pasta tagliata
Hierunter fallen alle mittelgroßen Hartweizennudeln, die man, nur mit etwas Tomatensauce überzogen, als *pasta asciutta,* trockene Pasta, ißt.

Pasta lunga
Lange Hartweizennudeln wie Spaghetti werden ebenfalls als *pasta asciutta* gegessen.

Pasta di semola fresca
Nicht getrocknet, sondern frisch zubereitet werden diese Nudeln aus Wasser und Hartweizen. Sie sind eine Spezialität der südlichen Regionen. Vertreter dieser Sorte sind unter anderem die sardischen *malloreddus.*

Pasta all'uovo secca
Die getrockneten Nudeln aus Hartweizen und Ei werden oft als Bandnudeln hergestellt. Auch fertig zu kaufende gefüllte Ravioli oder Tortellini bestehen aus Eierteig, sind aber nicht so schmackhaft wie hausgemachte Nudeln.

Pasta all'uovo fresca
Die hausgemachten Nudeln aus Weizenmehl (Type 00) und Eiern haben eine geringe Haltbarkeit und sollten daher möglichst bald verzehrt werden.

Pasta speciale
Hierunter fallen gefärbte Nudeln, *pasta colorata,* und Sorten, deren Teig aromatische Beimischungen (Pilze, Trüffeln, Wein) oder zusätzliche Mehlarten (Vollkornmehl,

Abissina rigate (L 35 mm)

Anelli (Ø 8 mm)

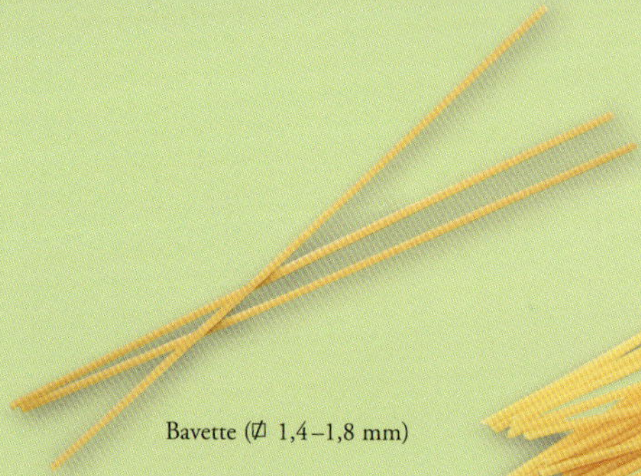

Bavette (Ø 1,4–1,8 mm)

Bucatini (Ø 2,6–2,9 mm)

Cannelloni (Ø 30 mm, L 100 mm)

Capellini (Ø 1,2–1,4 mm)

Cappelletti (Ø 30–40 mm)

Capunti (L 20–25 mm)

Cavatelli (L 20 mm)

Cavatellucci (L 20 mm)

Chiocciole (L 15–20 mm)

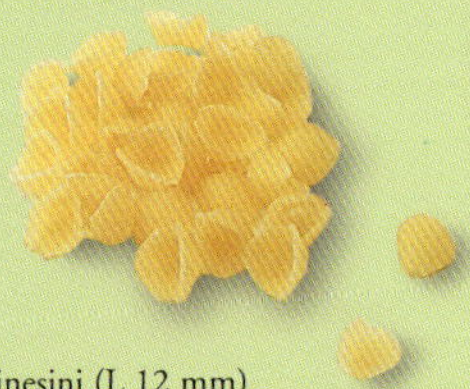

Cinesini (L 12 mm)

Ciriole (Ø 3mm)

Conchiglie (L 35 mm)

Ditali rigati (Ø 4 mm, L 10 mm)

Faresine (Ø 8–10 mm)

Farfalle (L 35 mm)

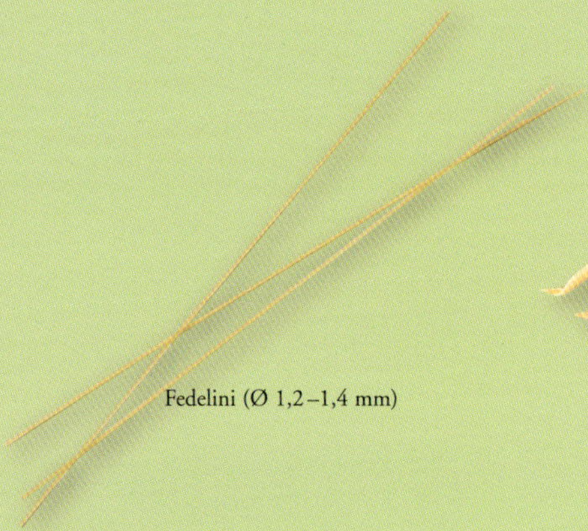

Fedelini (Ø 1,2–1,4 mm)

Fenescècchie (Ø 6 mm, L 40 mm)

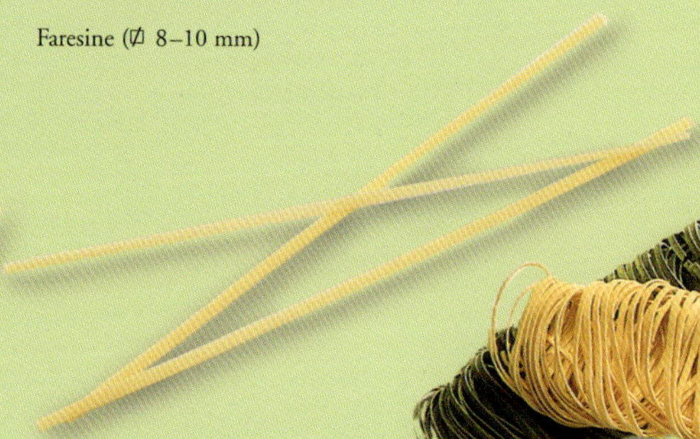

Fettuccelle (Ø 6,0–7,3 mm)

Fettuccine (Ø 8–10 mm)

Fresine (∅ 6,0–7,3 mm)

Fusilli (Ø 5 mm, L 40 mm)

Fricelli pugliesi (L 20 mm)

Genzianelle (L 20 mm)

Gnocchetti sardi
(L 10–20 mm)

Gnocchetti (L 20 mm)

Gnocchi (L 30 mm)

Gramigna (L 25 mm)

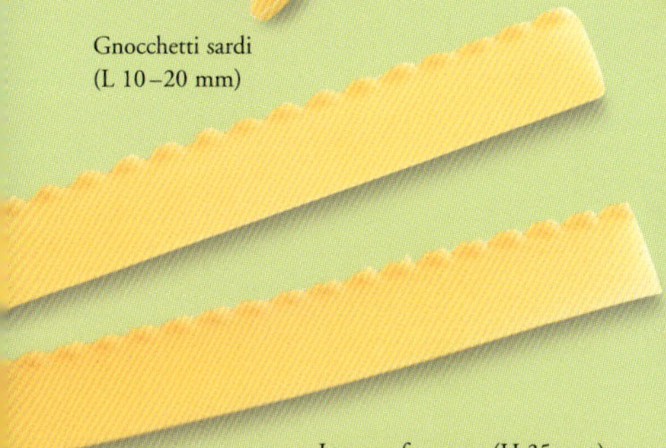

Lasagne festonate (H 35 mm)

Lingue di passero (∅ 2,3–4,0 mm)

Lumache rigate grandi (L 35 mm)

Welche Sauce passt am besten zu welcher Pasta?

)ie Kombination von Pasta und einer schmackhaften Sauce ist ‘ast eine Wissenschaft für sich. Jeder italienische Koch wird ›war gern seine persönlichen Ansichten zu diesem Thema larlegen, es gibt jedoch einige einfache Grundregeln, an lenen man im großen und ganzen festhält.

;efüllte Pastasorten wie Ravioli, *pansooti*, *cappelletti* oder Tor-ellini bringen bereits soviel Aroma mit, daß sie nur mit etwas Salbeibutter oder allenfalls einer ganz leichten Tomatensauce erviert zu werden brauchen. Im Norden werden sie häufig von einer Sahnesauce begleitet.

)ünne *pasta fresca*, wie etwa *tagliolini*, sollte ebenfalls nicht von :iner mächtigen Sauce »erschlagen« werden. Einige Trüffel-aspel, etwas Butter oder ein Löffel geriebener Parmesan eichen völlig aus.

ichwere *pasta fresca*, wie Tagliatelle, kann dagegen besonders gut mit einer dominanten Sauce aus Pilzen, Käse, Sahne, ichinken oder auch mit Fisch auf den Teller kommen.

3ei der getrockneten Pasta sind die Kombinationsmöglichkei-en vielfältiger. Da *pasta secca* keinen starken Eigengeschmack nat, ist sie in besonderem Maße auf die begleitende Sauce ngewiesen. Als Faustregel gilt hier: Je mehr Hohlraum eine Nudel hat, desto mehr Sauce kann sie aufnehmen.

)er kampanische Pastahersteller Voiello hat sogar den Auto-lesigner Giorgetto Giugiaro beauftragt, eine Nudel zu konstruieren«, die ein Maximum am Sauce aufnehmen kann.)as Ergebnis ist die Designernudel Marilla, die besonders gut nit Tomatensauce und Parmesan schmeckt.

egende:
ım = Millimeter
) = Durchmesser
ǀ = Querschnitt
, = Länge
ɪ = Höhe

Pasta-Serviervorschläge im Überblick

Aglio e olio
Olivenöl und Knoblauch passen zu langen Nudeln wie Spaghetti und *linguine*.

Ai frutti di mare
Meeresfrüchte eignen sich für lange und sehr dünne Nudeln wie Spaghettini oder *capelli d'angelo*.

All'amatriciana
Eine Sauce aus Tomaten und Speck paßt zu langen Nudeln mit Hohlraum wie *bucatini* oder Maccheroni.

Alla napoletana
Diese klassische Tomatensauce paßt zu fast allen Nudeln.

Allo spezzatino
Geschmortes Fleisch eignet sich für Bandnudeln.

Burro e salvia
Butter und Salbei bereichern alle Sorten, auch gefüllte Pasta.

Carbonara
Die Sauce aus Speck, Käse und Ei paßt zu langen, dünnen Nudeln.

Pesto
Die Würzpaste aus Basilikum, Olivenöl, Pinienkernen, Pecorino und Knoblauch paßt zu Bandnudeln genauso gut wie zu langen, dünnen Sorten und kann sogar gefüllte Pasta begleiten.

Ragù alla bolognese
Hackfleischsauce, die sich für alle langen Pastasorten und als Füllung für Lasagne eignet.

Salsa di noci
Die ligurische Walnußsauce, paßt zu Bandnudeln.

Sugo di pesce
Der Sugo aus Tomaten und Fisch begleitet Nudeln mit großem Hohlraum wie Maccheroni oder Penne.

Maccheroni (Ø 4 mm)

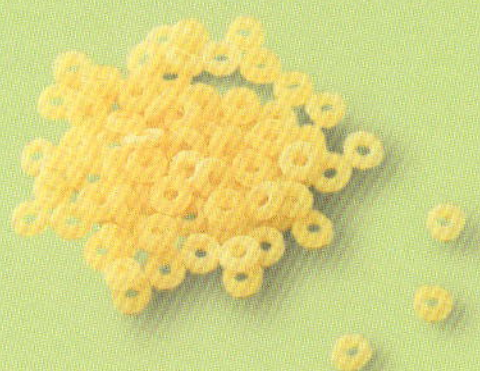

Occhi di pernice (Ø 4 mm)

Orecchiette (Ø 20–25 mm)

Pansooti (50 x 60–80 mm)

Panzerotti di magro (50 x 60 mm)

Pappardelle (Ø 11–15 mm)

Passatelli (Ø 4 mm, L 15–30 mm)

Pasta a riso (L 4 mm)

Penne mezzane (Ø 4 mm, L 25 mm)

Pennette (Ø 5 mm, L 25 mm)

Mezze penne (Ø 5 mm, L 20 mm)

Penne (Ø 8 mm, L 40 mm)

Pennoni rigati (Ø 10 mm, L 35 mm)

Ravioli (L 40–50 mm)

Ravioli alle noci (L 40–50 mm)

Rigatoni (Ø 13 mm, L 60 mm)

Riscossa (L 20–25 mm)

Ruote tricolore (Ø20–24 mm)

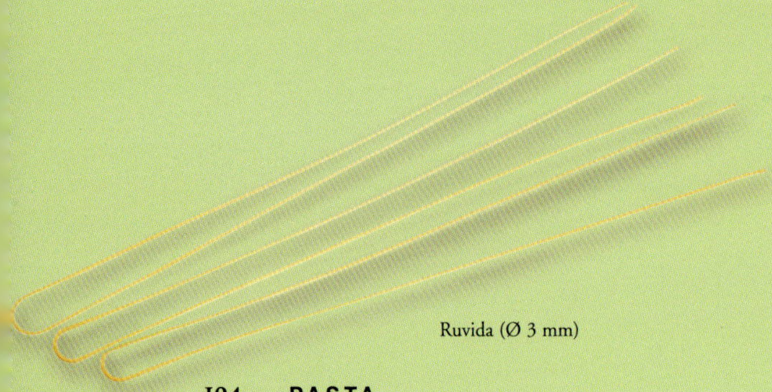
Ruvida (Ø 3 mm)

Schiaffoni (Ø 10 mm, L 55 mm)

Sedanini (Ø 4 mm, L 30 mm)

Spaghetti (Ø 1,8–2,0 mm)

Spiganarda (Ø 3 mm, L 15 mm)

Spirali (Ø 5 mm, L 40 mm)

Tagliatelle con spinaci (⌀ 4,3–5,8 mm)

Strascinati tricolore (L 40 mm)

Taccheroni (L 35 mm)

Tagliatelle all'uovo (⌀ 4,3–5,8 mm)

Taglierini (Ø 3 mm)

Tortelli (⌀ 50 mm)

Tortellini (Ø 45–50 mm)

Tortiglioni (Ø 10 mm, L 50 mm)

Trenette
(⌀ 3,5 mm)

Triangoli di pasta nera al salmone (50 x 60–80 mm)

Trocchi (⌀ 4 mm)

Trofie (Ø 4 mm, L 50 mm)

Trucidi pugliesi (Ø 4 mm, L 20 mm)

Truciolotti (L 20–25 mm)

Tubettini (Ø 4 mm, L 6 mm)

BARILLA

Dove c'è Barilla, c'è casa, »wo Barilla ist, bist du zu Hause« – der Werbeslogan faßt es gut zusammen: Wohl kaum ein Volk bezieht seine Identität derart durch das leibliche Wohl wie die Italiener. Sie denken dabei nicht in erster Linie an Pizza, sondern an Pasta, und zwar an Barilla, die Nudelfabrik aus Parma. Längst liegen *rigatoni, farfalle* oder *bucatini* in den typisch blauen Kartons mit weißem Schriftzug auf rotem Grund in den Regalen der Supermärkte von Moskau und Addis Abeba, Tokio und der Copacabana. Das Hauptwerk von Barilla – weltweit der größte Nudelhersteller und in Italien der unangefochtene Marktführer – bildet das Zentrum des sogenannten italienischen Food Valley zwischen Parma und Modena in der oberitalienischen Po-Ebene, wo sich ein Großteil der italienischen Nahrungsmittelindustrie konzentriert.

Die Spaghettipackungen laufen über ein Transportband im Großverpackungsbereich. Dort werden sie für den Versand in alle Welt konfektioniert.

Die getrockneten Spaghetti müssen auf eine gleichmäßige Länge gebracht werden, damit sie in die Schachtel passen. Rechts: Lange, glatte Nudeln wie Spaghetti hängt man zum Trocknen über ein Gestänge.

Schon im 19. Jahrhundert steht Parma, was die Nudelproduktion in Italien anbetrifft, an dritter Stelle – nach Neapel und Genua –, so schreibt es das »Leipziger Universal Lexicon der Kochkunst« von 1890. Auch Bäcker Pietro Barilla bietet in seinem Geschäft, das er 1877 im Zentrum Parmas eröffnet, Teigwaren an: Eiernudeln und *pasta secca* aus Hartweizen. Er wird als der eigentliche Gründer in die Firmengeschichte eingehen, denn um 1900 investiert er, um den technischen Fortschritt zu nutzen, in eine neue Knetmaschine und eine Teigpresse aus Gußeisen, was die Produktion schlagartig ansteigen läßt. Vor den Toren Parmas entstehen im Jahre 1910 neue Werkshallen, und Pietros Söhne Gualtiero und Riccardo erwerben die allermodernsten Brotöfen sowie Maschinen zum Mehlsieben, Teigkneten, Teigschneiden, Teigfalten, Teigpressen etc. Bald arbeiten dort 100 Arbeiter, die 80 Doppelzentner Nudeln pro Tag produzieren. Das Auftragsvolumen steigt ständig, neue Märkte werden erobert, in anderen italienischen Regionen und auch im Ausland, vor allem in Amerika, wohin sich die italienischen Auswanderer ihre Nudeln schicken lassen. Die Kundschaft bestellte damals auch anhand der Kataloge des Pastificio Barilla, dessen Grafik die verspielte Ästhetik der Dutzende von Pastaformen elegant zum Ausdruck zu bringen verstand.

Von Anfang an ist Produktqualität das oberste Gebot, was in erster Linie von der Qualität des Hartweizenmehls abhängt. Riccardo Barilla pflegte sich Mehl auf den Ärmel seines schwarzen Anzugs zu stäuben. Blieb beim Wegpusten kein Stäubchen liegen, war das Mehl gut, also trocken und fein gemahlen. Die betagteren Bürger Parmas erinnern sich noch heute gern an die sonnengelben, mit frischem Brot und Pasta vollbeladenen Barilla-Karren, die von hellen Kaltblütern früh am Morgen durch Parma gezogen wurden – zur Pflege eines Image, das für die genuine Nahrhaftigkeit von frischen Eiern und Weizen stand und nach wie vor steht.

In den dreißiger Jahren sorgten bereits 700 Beschäftigte für einen Ausstoß von 800 Doppelzentnern Pasta und 150 Doppelzentnern Brot pro Tag. Im Jahre 1952 – der Enkel Pietros, ebenfalls ein Pietro, ist nun am Ruder – wird die Brotbäckerei aufgegeben, und alle Kraft konzentriert sich auf den Durchbruch zum nationalen Marktführer in Sachen Pasta. Mit dem preisgekrönten Werbeslogan *Con pasta Barilla è sempre domenica,* »Mit Barilla-Nudeln ist jeden Tag Sonntag«, wird die Marke zur Ikone des aufstrebenden Italien der fünfziger Jahre. Nach einem amerikanischen Intermezzo in den siebziger Jahren, nach dem Pietro Barilla die Firma wieder zurückkauft, sind heute seine Kinder Guido, Paolo und Luca an der Reihe. In den rund 30 Werken, vier davon im Ausland, ist inzwischen die Plätzchen-Produktion hinzugekommen. Unter dem anheimelnden Markennamen Mulino Bianco (Weiße Mühle) machen die *biscotti* – vom Frühstückstisch der Italiener nicht mehr wegzudenken – mittlerweile über die Hälfte des Umsatzes aus: ein weiteres Erfolgskapitel in der Barilla-Firmengeschichte.

Im Jahre 1877 eröffnete Pietro Barilla im Zentrum von Parma ein Geschäft, in dem er frische Eiernudeln und getrocknete *pasta secca* aus Hartweizen anbot.

Bereits um 1900 investierte Pietro Barilla (1845–1912) in moderne Maschinen, mit denen er seine Produktionsmengen drastisch steigern konnte.

Käsereiben

In zahlreichen Nudelrezepten wird vorgeschlagen, die Pasta samt ihrer Sauce mit geriebenem Parmesan oder, wie in Süditalien üblich, mit geriebenem Pecorino zu servieren. Doch wie bekommt man diese beiden Hartkäsesorten am besten auf den Teller?

Die gute alte Haushaltsreibe leistet recht passable Dienste, allerdings birgt sie auch eine gewisse Verletzungsgefahr, wie jeder bestätigen wird, der sich schon einmal versehentlich die Fingernägel daran abgeraspelt hat. Sehr viel einfacher ist das Käsereiben mit einer Käsemühle. Hierbei wird der Käse in einem Gehäuse plaziert, in dem sich eine zylindrische Reibe befindet. Mit Hilfe einer Kurbel wird die Trommel bewegt und mit etwas Druck läßt sich der Käse dagegenpressen. Doch Vorsicht vor billigen Käsemühlen aus Kunststoff, bei denen nur allzu leicht die Kurbel abbricht. Für welche Reibemethode man sich letztendlich entscheidet, bleibt der persönlichen Vorliebe überlassen. Wichtig ist vor allem, daß der Käse immer ganz frisch gerieben und sofort verbraucht wird. Geriebenen Käse sollte man nicht unnötig lange aufbewahren, und in Plastikbeutel abgepackte Portionen schon fertig geriebenen Käses sind und bleiben indiskutabel!

Mit einer flachen Käsereibe, die den Parmesan nicht zu fein reiben sollte, ist man bestens gerüstet.

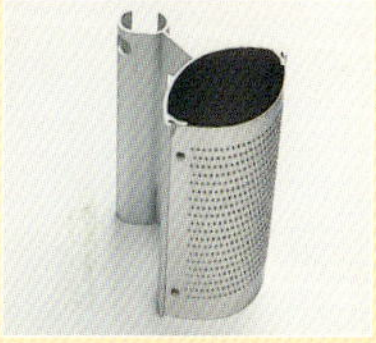

Will man kleine Käsestücke auf einer gewölbten Küchenreibe reiben, sollte man auf seine Finger achten.

Käsemühlen reiben Hartkäse schnell und ohne Verletzungsgefahr. Gute Geräte bestehen aus Edelstahl.

Käsemühlen aus stabilem Kunststoff und mit guten Mahlwerken sind eine oft farbenfrohe Alternative.

Für Parmesan vermischt man Abendmilch und Morgenmilch in der Frühe.

Die Milch wird erhitzt und durch Labzugabe zum Gerinnen gebracht.

Mit dem Dorn wird der Käsebruch so lange zerkleinert, bis er fein gekörnt ist.

Nach erneuter Erwärmung des Bruchs setzt sich der junge Käse ab.

Unter die Käsemasse wird ein Leinentuch gezogen, die erste Molke fließt ab.

Zwei kräftige Männer müssen den frischen Käseteig aus dem Kessel hieven.

Die Käsemasse wird in eine Form gepreßt, damit weitere Molke abfließt.

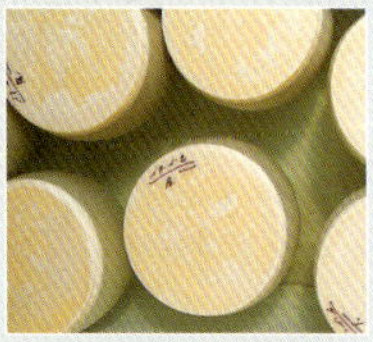

Der junge Käse mit etwas Rinde lagert 3–4 Wochen in einer Salzlake.

PARMIGIANO REGGIANO

Bereits im Mittelalter galten die großen Käselaibe, die in den Käsereien Parmas lagerten, als wahre »Touristenattraktion«. Um 1500 bekamen Pilgernde und Reisende den landestypischen Käse in mundgerechte Stücke geschnitten als Appetitanreger vorgesetzt. Vermutlich im Jahre 1612 wurde das noch heute gültige Warenzeichen des Parmigiano Reggiano von einem gewissen Bartolomeo Riva, dem Schatzmeister der Farnese-Güter unter Herzog Ranuccio I., entworfen. Auch heute wird der Parmesan – nun als DOC-Produkt – nach traditionellen Methoden produziert, die allerdings genauso gesetzlich festgelegt sind wie das Gebiet, in dem er hergestellt werden darf. Den Namen Parmigiano Reggiano darf er nur tragen, wenn er in den Provinzen Parma, Reggio Emilia, Modena, Mantua (rechtsseitig des Po) und Bologna (aber hier nur links des Reno) hergestellt wurde. Außerdem muß die verwendete Milch von freilaufenden Tieren stammen, die nur mit Grünfutter ernährt werden.

In der Käserei läßt man die Milch zunächst über Nacht stehen, damit am nächsten Morgen der Rahm abgeschöpft werden kann. Dann gibt man der entfetteten Milch frisch gemolkene Vollmilch zu. Das Gemisch wird in einem großen Kupferkessel erwärmt. Wenn etwa 33 Grad Celsius erreicht sind, rührt der Käsemeister Lab aus Kälbermägen hinein. Die Fermentierung setzt sofort ein, und innerhalb von 15 Minuten ist die Milch geronnen. Der Käsebruch, die *cagliata,* wird so weit zerkleinert, bis die Quarkteilchen die Größe von Weizenkörnern haben – daher auch der Name *grana* (Korn). Dann wird die Masse erneut erhitzt: zunächst langsam auf 45 und anschließend rasch auf 55 Grad Celsius, so daß der Käse sich von der Molke trennen kann. Dieser bis zu 60 Kilogramm schwere Brocken wird von kräftigen Männern mit

Jeder Käselaib erhält einen Brandstempel des jeweiligen Betriebs.

Der Lagermeister überprüft in regelmäßigen Abständen den Zustand und den erreichten Reifegrad des Käses.

Um seine endgültige Reife zu erlangen, muß der Parmigiano Reggiano lange lagern. Die ältesten Sorten liegen drei Jahre in den Holzregalen.

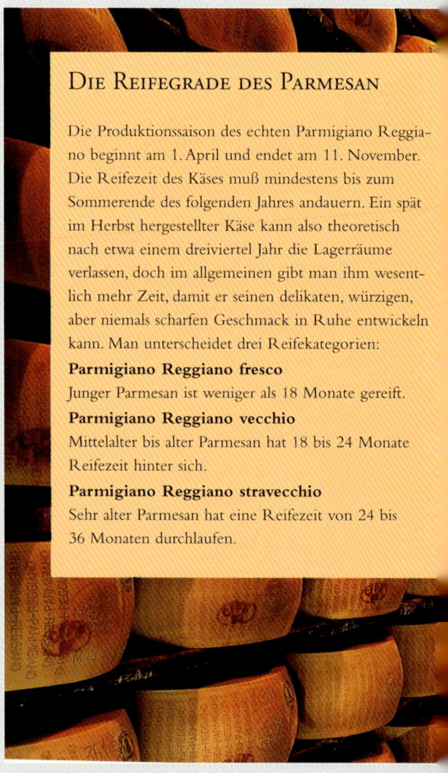

Die Reifegrade des Parmesan

Die Produktionssaison des echten Parmigiano Reggiano beginnt am 1. April und endet am 11. November. Die Reifezeit des Käses muß mindestens bis zum Sommerende des folgenden Jahres andauern. Ein spät im Herbst hergestellter Käse kann also theoretisch nach etwa einem dreiviertel Jahr die Lagerräume verlassen, doch im allgemeinen gibt man ihm wesentlich mehr Zeit, damit er seinen delikaten, würzigen, aber niemals scharfen Geschmack in Ruhe entwickeln kann. Man unterscheidet drei Reifekategorien:

Parmigiano Reggiano fresco
Junger Parmesan ist weniger als 18 Monate gereift.

Parmigiano Reggiano vecchio
Mittelalter bis alter Parmesan hat 18 bis 24 Monate Reifezeit hinter sich.

Parmigiano Reggiano stravecchio
Sehr alter Parmesan hat eine Reifezeit von 24 bis 36 Monaten durchlaufen.

Der Weg des Parmigiano-Reggiano vom Milchkessel bis zum Reifelager wird von Menschen, nicht von Maschinen, bestimmt.

Hilfe eines großen Leinentuchs aus dem Kessel gehievt, halbiert und anschließend in eine hölzerne oder metallene Form gegeben. Die Form schlägt man vorher mit einem Tuch aus, damit sich der frische Käse später wieder schonend herausnehmen läßt. Nun wird die restliche Molke sanft aus der quarkähnlichen Masse gedrückt. Sobald der Käse ein wenig Konsistenz angenommen und den Ansatz einer Rinde gebildet hat, werden das Markenzeichen, der aus kleinen Punkten gebildete Schriftzug »Parmigiano Reggiano«, und die Herstellungsdaten hineingeprägt. Anschließend müssen die Laibe drei bis vier Wochen in einer Salzlauge ruhen. Danach trocknen sie einige Tage an der Sonne, um ihre Rinde weiterzuentwickeln.

Seine endgültige Reife jedoch erhält der Parmesan meist nicht in den Räumen des Käseherstellers, sondern in riesigen Lagerhallen, die von der Genossenschaft oder einem Geldgeber unterhalten werden. Diese sogenannten »Kathedralen« können 50 000 bis 100 000 Laibe aufnehmen. Auch während der Reifung braucht der Käse Betreuung. Im ersten halben Jahr muß er alle vier bis fünf Tage gewendet werden, in den darauffolgenden Monaten immerhin noch an jedem zehnten Tag. Am Ende dieses langwierigen Prozesses wartet immer eine eingehende Prüfung und – bei Bestehen – das Einbrennen des Gütesiegels.

Äußerlich und produktionstechnisch unterscheidet sich der echte Parmesan kaum von den Sorten Grana Padano, Grana Vernenga oder Grana Lodigiano. Ein Grana darf allerdings aus den verschiedensten norditalienischen Gebieten und die für seine Produktion verwendete Milch von weniger hochwertig gefütterten Kühen stammen.

Chizze

Gefüllte Teigtaschen
(Abbildung oben)

Für den Teig:
400 g Weizenmehl
20 g Butter
20 g Schweineschmalz
1 Päckchen Backpulver
1 Prise Salz

200 g Parmesan, feingehobelt
Schweineschmalz oder Öl zum Ausbacken

Das Mehl langsam mit Butter, Schweineschmalz, Backpulver und Salz verkneten. Gegebenenfalls noch etwas lauwarmes Wasser zugeben. Der Teig soll nicht zu feucht sein, damit er beim Ausrollen nicht anklebt, aber auch nicht zu trocken, damit er nicht bricht.

Den Teig auf einer bemehlten Arbeitsfäche etwa 2 mm dünn ausrollen und in 7–8 cm große Quadrate schneiden. Die Teigquadrate mit Parmesan bestreuen und zu Dreiecken zusammenfalten. Ränder fest andrücken und die *chizze* in heißem Schmalz oder Öl ausbacken.

Crostini al Parmigiano

Röstbrot mit Parmesan

2 Eier
150 ml Milch
400 g Parmesan, gerieben
Pfeffer
geriebene Muskatnuss
1 Baguette
30 g Butter
100 ml Rotwein

Eier, Milch und Käse miteinander verrühren. Mit Pfeffer und Muskat abschmecken. Das Brot in Scheiben schneiden und jede Scheibe mit der Käsepaste bestreichen. Butter in der Pfanne erhitzen und die Brotscheiben darin leicht rösten. Nach einigen Minuten den Wein angießen und den Deckel aufsetzen. So lange kochen, bis der Käse geschmolzen ist.

Portafogli di Parmigiano

Parmesantäschchen

6 dünne Scheiben Kalbs- oder Schweinefleisch
gehobelter Parmesan
6 Scheiben Parmaschinken
Weizenmehl
30 g Butter
1 Glas Weisswein
50 ml Sahne
Salz und Pfeffer

Jede Scheibe Fleisch mit Parmesan bestreuen und mit einer Scheibe Schinken bedecken, diese mit Zahnstochern befestigen. Die Parmesantäschchen in Mehl wenden, Butter in einer Pfanne erhitzen und darin das Fleisch bei mittlerer Hitze anbraten. Von Zeit zu Zeit etwas Weißwein angießen, zum Schluß die Sahne zugießen und noch einmal kurz aufkochen lassen. Mit Salz und Pfeffer abschmecken.

PROSCIUTTO DI PARMA

Es ist gar nicht so einfach zu erklären, woher der unvergleichliche Geschmack des Parmaschinkens stammt. Die einen sagen, er käme durch die besonders günstigen klimatischen Bedingungen in und um Parma zustande, die anderen behaupten, allein die gesunde Ernährung der Schweine sei dafür verantwortlich. Ganz abgesehen von weiteren wichtigen Faktoren wie korrekter Zuschnitt der Keule, fachkundiges Einsalzen und eine ausreichend lange Reifezeit.

»Aus jungem Schwein, das möglichst aus dem Gebirge stammen soll, wenig gesalzen, ein wohlduftender Aufschnitt« – so lautet die nahezu warenkundliche Beschreibung des Parmaschinkens, die Bartolomeo Scappi, der Leibkoch von Papst Pius V., bereits im 16. Jahrhundert formuliert hat. In vergangenen Zeiten war es durchaus üblich, Fleisch zum Zwecke der Haltbarmachung einzusalzen und an der Luft zu trocknen. Doch erst im ausgehenden 19. Jahrhundert sollte diese »Konserve« einen wahren Boom erleben. Plötzlich war der aromatische Schinken als Vorspeise in aller Munde. Die Nachfrage stieg schnell, und so entstand um 1870 in Langhirano, einem kleinen Dorf in der Nähe der Provinzhauptstadt Parma, eine hochqualifizierte Schinkenindustrie.

Noch heute stehen in Langhirano und in den umliegenden Dörfern riesige Lagerhallen. Hinter den hohen Mauern reifen Millionen von Parmaschinken, akkurat belüftet durch Jalousienfenster, die je nach Witterung geöffnet oder geschlossen werden. Prosciutto di Parma ist ein DOC-Artikel, also ein Produkt mit gesetzlich geschützter und kontrollierter Herkunft. Über die Einhaltung der Qualitätsrichtlinien wacht ein Konsortium. Bereits die Schweine, deren Keulen später das begehrte Markenzeichen mit der Krone von Parma tragen sollen, unterliegen strengen Vorschriften. Sie müssen aus überprüften Ställen in Nord- und Mittelitalien stammen und dürfen in ihrem Leben nichts anderes gefressen haben als Molke, die bei der Herstellung von Parmesan abfällt, Futtergerste, Mais und Obst. Geschlachtet werden sie im Alter von zehn Monaten, aber nur dann, wenn sie schön fett sind und das vorgeschriebene Mindestgewicht von 160 Kilogramm auf die Waage bringen. Die Fettschicht ist unbedingt nötig, denn sie wird das zarte, feste, rosige Fleisch des Schinkens während der Reifezeit wie ein Schutzmantel umhüllen und vor dem Austrocknen schützen.

In der ersten Produktionsphase wird die frische Schweinekeule, die zehn bis elf Kilogramm wiegt, immer wieder eingesalzen und in Kühlräumen bei null bis vier Grad Celsius gelagert. Das Salz und die Kälte ziehen das Wasser aus dem Fleisch. Zwischendurch wird der Schinken gewalkt, damit das Salz auch in die innersten Fasern dringen kann. Ist dem Schinken genügend Wasser entzogen, wäscht man ihn ab, und die Schnittpartie, die naturgemäß nicht von der Schwarte überzogen ist, wird dick mit einer Fettpaste aus Schmalz, Reismehl und Pfeffer bestrichen, damit sie nicht austrocknet. Jetzt muß der Schinken einige Monate reifen, damit natürliche biochemische Vorgänge aus dem rohen Salzfleisch einen aromatischen Parmaschinken machen können. Am Ende wird sich das Gewicht der Keule auf etwa sieben Kilogramm reduziert haben. Ein echter *Prosciutto di Parma* braucht zehn bis zwölf Monate, er kann jedoch auch wesentlich länger reifen, um dann noch feiner und raffinierter zu schmecken.

Die Hälfte aller Parmaschinken geht in den Export. Da man außerhalb Italiens Schinken ohne Knochen vorzieht, werden die Keulen vorsichtig entbeint und dann in aromasichere Folien eingeschweißt. Die andere Hälfte der Produktion essen die Italiener selbst. *Prosciutto di Parma* kann als *antipasto* nur mit Weißbrot oder Grissini serviert werden, er läßt sich aber auch mit frischer Melone oder reifen Feigen anrichten. Natürlich paßt er auch zu gebuttertem Spargel. Egal, wie er auf den Tisch kommt, wichtig ist, daß er immer sehr dünn geschnitten wird, denn nur dann entfaltet er sein volles Aroma.

Mit Hilfe eines Pferdeknochens, der innen hohl ist, kann man den Reifegrad des Schinkens überprüfen. Er funktioniert ähnlich wie ein Apfelausstecher.

In den Monaten, die die Schinken in mikroklimatisch geeigneten Gewölben hängen (unten), entsteht in natürlichen biochemischen Prozessen der besondere Geschmack.

Über die Qualität des Parmaschinkens wacht ein Schutzkonsortium.

Hochwertiger Schinken sollte kurz vor dem Verzehr aufgeschnitten werden.

Fernando Cantarelli ist nicht nur Schinkenmeister, sondern mit seiner Trattoria Cantarelli in Samboseto auch leidenschaftlicher Wirt. Seine Gäste, darunter auch Prominenz, wissen die Qualität, die er anbietet, sehr zu schätzen.

CULATELLO

Der *culatello* ist gewissermaßen die Quintessenz des Parmaschinkens. Für ihn wird nicht die ganze Schweinekeule zu Schinken verarbeitet, sondern nur das Herzstück, also der wertvolle Kern, der aus weichem, zarten Muskelfleisch besteht. Bei der Schlachtung im Herbst sollten die Schweine, die mit natürlichem Futter aus Molke, Kleie, Mais und Gerste gefüttert wurden, mindestens 14 Monate alt sein, und ihr Gewicht muß über 180 Kilogramm liegen. Die Keulen wiegen zwar etwa 15 Kilogramm, doch mehr als zwei Drittel werden entfernt, so daß ein *culatello* lediglich vier Kilogramm auf die Waage bringt.

Der *culatello* stammt aus Zibello, einem kleinen Städtchen bei Modena. Hier stellt man ihn auch heute noch in handwerklicher Produktion her. Die kleinen, birnenförmig zurechtgeschnittenen Schinkenkerne werden zunächst mit Salzlake behandelt und dann in eine atmungsaktive, darmähnliche Haut gesteckt. Danach beginnt die 14monatige Trocknungs- und Reifezeit.

Culatello hat einen angenehm milden Geschmack und ein sehr zartes Fleisch. Einige hauchdünne Scheiben und etwas Brot bilden eine einfache, aber sehr schmackhafte Vorspeise. Soll der Genuß noch gesteigert werden, zieht man dem Schinken die Haut ab und mariniert ihn zehn Tage in Wein. Die Experten streiten noch darüber, ob Weiß- oder Rotwein sein Aroma besser zur Geltung bringt.

Hintergrund: Der echte *Culatello di Zibello* ist seit 1996 ein geschütztes Markenzeichen.

BOLOGNA, LA GRASSA

Viele italienische Städte tragen einen Beinamen, der historischen Ursprungs ist oder die Stadt ganz besonders treffend charakterisiert. Das ebenso heitere wie herrschaftliche Venedig heißt *Venezia la Serenissima,* Genua ist *La Superba,* also die Stolze, die Ewige Stadt wird *Roma l'Eterna* genannt und Bologna bezeichnet man als *Bologna la Dotta* – Bologna, die Gelehrte – und spielt damit darauf an, daß hier die älteste Universität (1119) Europas beheimatet ist. Doch Bologna hat noch einen zweiten Beinamen: *Bologna la Grassa*. Der Zusatz »die Fette« mag vielleicht ein wenig negativ klingen, doch die Bolognesen haben in der Tat eine Vorliebe für die üppige, deftige Küche ihrer Heimatstadt. Gekocht wird hier nach traditionellen Rezepten und oft mit großem Zeitaufwand, Neuerungen steht man skeptisch gegenüber, und diätisch korrekte Zubereitungen gelten gemeinhin als ungenießbar.
Die Region lebt zu einem großen Teil von der Nahrungsmittelherstellung. Nudeln, Parmaschinken, Parmesan, Rinder- und Schweinezucht, Aceto balsamico, Milch und Milchprodukte – dies alles sind kommunale Wirtschaftsfaktoren. Kein Wunder, daß hier kulinarisch aus dem Vollen geschöpft wird, und jeder Koch die Spezialitäten der Gegend phantasievoll miteinander zu kombinieren weiß. Wer sonst käme auf die Idee, Nudeln üppig mit Schweinelende, Rohschinken und Mortadella zu füllen? Nur dann nämlich verdienen Tortellini, nach Ansicht der Bolognesen, ihren Namen. Serviert werden sie mit einer gehaltvollen Sahnesauce. Auch die deftigen Nudelpasteten sind typische Gerichte dieser Region. Der *Pasticcio di maccheroni* wird mit Nudeln, Kalbsbries, Käse, Schinken, Fleisch und Pilzen zubereitet und so lange im Ofen gebacken, bis sich eine knusprige Kruste gebildet hat. In Bologna wird allerdings der *Pasticcio di tortellini* bevorzugt. Über einen Nudelauflauf ist sich jedoch die gesamte Emilia-Romagna einig: Die Lasagne ist und bleibt genial.

Bologna ist zwar eher ein Wurst- und Käseparadies, doch frisches Obst und Gemüse kommen in den legendären Freßgassen – hier die Via Drapperie – auch nicht zu kurz.

Bolognas Geschäfte haben nicht nur herzhafte Spezialitäten (unten) zu bieten – wer noch ein paar Kalorien vertragen kann, läßt sich in der *pasticceria* (oben) verführen.

Bolognas Fressgassen

Gutes Essen hat für die Bolognesen höchste Priorität. In den 35 Kilometern an Arkadengängen, die Bolognas Altstadt durchziehen, finden sich zahllose kleine Geschäfte, in denen die Spezialitäten der Region angeboten werden. In der Nähe der Kirche San Petronio erstreckt sich zwischen Via Drapperie, Via Caprarie und Via Pescherie ein wahres »Freßviertel«, in dem der unbedarfte Besucher gar nicht weiß, welches Schaufenster und welche bunte Auslage er zuerst bewundern soll. Der traditionsreiche Feinkostladen Tamburini demonstriert eindrucksvoll die Bologneser Philosophie des Genusses. Der Laden ist vollgestopft mit allen erdenklichen Wurstwaren und Käsesorten, und es herrscht ein geschäftiges Treiben. Verkauft werden hier ausschließlich, so wird versichert, Waren aus handwerklicher Produktion, die höchsten Qualitätsansprüchen gerecht werden. Denn nichts würde einem Bolognesen die Mahlzeit mehr verderben als minderwertige Erzeugnisse.

Tamburini (gegründet 1932) verkauft nicht nur Delikatessen. Hier wird auch Leckeres im angeschlossenen Bistro serviert.

Bologna ist nicht nur die größte Stadt der Emilia-Romagna, sondern auch die älteste. Die Arkaden, hier auf der Piazza Santo Stefano, laden zum Bummeln ein.

Lasagne al forno

Lasagne aus dem Ofen
(Abbildung rechts)

Für 6 Personen

300 g frischer Pastateig (siehe S. 191)
Salz
Olivenöl
Ragù alla bolognese (siehe unten)

Für die Béchamelsauce:
3 EL Butter
3 EL Weizenmehl
Salz und frisch gemahlener Pfeffer
500 ml Milch

Butter
100 g Parmesan, frisch gerieben

Den Pastateig etwa 3 mm dünn ausrollen und in große, gleichmäßige Rechtecke schneiden. Diese in kochendem Salzwasser, dem ein paar Tropfen Öl zugegeben wurde, 5 Min. kochen. Vorsichtig herausheben und auf Küchenkrepp abtropfen lassen.
Ragù alla bolognese nach untenstehendem Rezept zubereiten.
Für die Bechamelsauce 3 EL Butter in einem Saucentopf zerlassen, das Mehl hineinstreuen und verrühren. Vom Herd nehmen, salzen und pfeffern. Nach und nach die Milch zugießen und verrühren. Unter weiterem Rühren aufkochen und 5 Min. köcheln lassen.
Eine Auflaufform mit Butter gut einfetten. Den Boden mit einer Lage Lasagneplatten auskleiden und gleichmäßig mit Bechamelsauce bedecken. Darauf eine Schicht *Ragù alla bolognese* verteilen und mit Parmesan bestreuen. Wieder mit einer Lage Lasagneplatten bedecken und so fortfahren, bis die Zutaten aufgebraucht sind. Auf die oberste Schicht Lasagne die restliche Bechamelsauce geben, mit frisch geriebenem Parmesan bestreuen und Butterflöckchen darauf setzen.
Im vorgeheizten Backofen bei 200 °C ungefähr 20 Min. backen.

Tagliatelle al prosciutto

Bandnudeln mit Schinken

Für den Teig:
300 g Weizenmehl
3 Eier
1 Prise Salz
Mehl zum Bestäuben

150 g Parmaschinken oder gekochter Schinken
50 g Butter
1 kleine Zwiebel, feingehackt
Salz und frisch gemahlener Pfeffer
50 g frischer Parmesan, gehobelt

Für den Teig alle Zutaten zu einem geschmeidigen Teig kneten. Mit einem feuchten Tuch bedecken und 30 Min. ruhen lassen.
Den Teig auf bemehlter Fläche sehr dünn ausrollen, in etwa 5 mm breite und 10 cm lange Streifen schneiden. In einem großen Topf mit 3 l Salzwasser in etwa 10 Min. bißfest kochen.
Den Schinken kleinschneiden, dabei den fetten vom mageren Teil trennen. In einer großen Pfanne Butter zerlassen. Die fetten Schinkenwürfel zugeben und leicht anbraten. Zwiebel zugeben und glasig dünsten. Dann die mageren Schinkenwürfel zufügen, unter Rühren braten.
Die gut abtropften Nudeln in die Pfanne geben. Gründlich untermengen, mit Salz und Pfeffer abschmecken und mit frischem Parmesan servieren.

Ragù alla bolognese

Fleischsauce nach Bologneser Art
(Abbildung unten)

1 Zwiebel
1 kleine Möhre
1 Stange Staudensellerie
100 g Bauchspeck
200 g Hackfleisch
3 EL Olivenöl extra vergine
1 kleines Glas Weisswein
200 g Tomatenpüree
2 EL Tomatenmark
Oregano
Salz und Pfeffer
1 Tasse Fleischbrühe

Zwiebel, Möhre und Sellerie hacken, den Bauchspeck kleinschneiden und zusammen mit dem Hackfleisch langsam in Olivenöl anbraten. Den Weißwein angießen und gut verrühren. Tomatenpüree und Tomatenmark zugeben, mit Oregano, Salz und Pfeffer abschmecken. Etwas Fleischbrühe angießen und bei ganz niedriger Hitze mindestens 1 Std. köcheln lassen.
Von diesem Saucenklassiker kennt man in Bologna etwa so viele Variationen, wie es Haushalte gibt; beliebt ist zum Beispiel die Zugabe von gehackter Hühnerleber. Wichtig ist, daß alle Zutaten sehr lange köcheln, denn dadurch erhält die Sauce ihr intensives Aroma.

Mortadella
Die Mortadella, ein echtes Kind Bolognas, das außerhalb der Stadtmauern sogar *bologna* heißt, zählt sicherlich zu den bekanntesten italienischen Spezialitäten. Heute wird sie nicht mehr ausschließlich in den Provinzen Parma und Bologna hergestellt, sondern auch in vielen anderen Regionen.
Mortadella besteht aus gehacktem Schweinefleisch und länglichen Fettstreifen, die ihre typischen weißen »Mosaiksteine« bilden. Dem Schweinefleisch kann man auch andere Fleischsorten wie Rind, Kalb, Esel und Pferd beimengen. Manchmal werden sogar Kutteln, Schwarte oder Grieben dem Wurstbrät zugegeben. Außerdem hat jede Metzgerei ihr eigenes Geheimrezept für die Gewürzmischung, die der Mortadella ihren unvergleichlichen Geschmack verleiht. Je nach Qualität wird mit Wein, Knoblauch, Pfefferkörnern oder Pistazien verfeinert. Die Masse wird in Kunstdarm gefüllt und dann sehr langsam und schonend durchgegart. Die Würste können zwischen einem halben Kilo und einem Doppelzentner wiegen. Mortadella sollte ganz dünn aufgeschnitten werden – denn nur so entfaltet sie ihr volles Aroma – und bald verzehrt werden.

Bologna hat den Beinamen *la Grassa,* die Fette. Ein Blick in eine der gefüllten Wurst- und Käsetheken der einschlägigen Geschäfte läßt den Grund dafür erahnen.

Mortadella und andere Wurstwaren

Salama da sugo
Diese Kochwurst ist eine Spezialität aus Ferrara. Das Wurstbrät besteht aus Leber und Zunge vom Schwein, das in einen Hackfleischmantel aus Schweinenacken, Speck und Schweinskopf gehüllt und anschließend in eine Schweinsblase gefüllt wird. Abgeschmeckt wird mit Salz, Pfeffer, Nelken und Zimt, manchmal auch mit anderen Gewürzen. Je nach Zubereitungsmethode kann man die *salama* auch ein paar Tage in Rotwein – am besten Sangiovese – einlegen. Danach wird die Wurst zum Trocknen aufgehängt und reift bis zu einem Jahr. Manche Metzger bestreuen sie mit Asche, andere übergießen sie immer wieder mit einer Marinade aus Essig und Öl. Vor dem Verzehr wird die *salama* gekocht, damit der köstliche Saft, der Sugo, austritt, dem die Wurst ihren Namen verdankt.

Cappello del prete oder Cappelletto
Bei der Herstellung des *culatello,* jenes begehrten kleinen Schinkens aus dem Kernstück der Schweinekeule, bleibt viel Fleisch übrig. Man wirft es nicht weg, sondern zerkleinert es und füllt es in die Haut der Schweineoberhachse. Beim Zusammennähen erhält die Wurst ihre charakteristische dreieckige Form, die an den Hut eines Priesters erinnert. Der *cappello del prete* muß zwei Stunden kochen und kann wie der *cotechino* mit Linsen serviert werden.

Cotechino
Der *cotechino* ist eine Spezialität aus Modena. Das Wurstbrät besteht aus Schweineschwarte *(cotica),* magerem Schweinefleisch, anderen Teilen des Schweins, Fett und Gewürzen. Während des Garens verwandelt sich die Schwarte in eine gallertartige Masse, die der Wurst eine leicht klebrige Konsistenz, aber auch einen unvergleichlichen Geschmack verleiht. *Cotechino* ist nicht nur in der Emilia-Romagna beliebt, wo man ihn mit Linsen und Sauerkraut serviert. Auch in einem piemontesischen *Bollito misto* darf er nicht fehlen.

Coppa
Diese Delikatesse besteht aus dem muskulösen Teil des Schweinenackens, den man zehn bis 18 Tage in Salzlake einlegt und danach in einen Rinderdarm füllt. Die *coppa* muß rund ein halbes Jahr reifen. Danach wird sie zur Lagerung in ein mit Weißwein getränktes Tuch gewickelt. *Coppa* sollte dünn aufgeschnitten werden und schmeckt mit etwas Brot köstlich als *antipasto.*

Pancetta
Pancetta ist ein durchwachsener Speck aus dem Schweinebauch *(pancia).* Es gibt ihn frisch, geräuchert oder luftgetrocknet und mit Gewürzen wie Pfeffer, Nelken, Zimt, Muskatnuß und Wacholderbeeren aromatisiert.

Salsiccia
Diese klassische Frischwurst wird aus gutem Schweine- oder Rindfleisch unter Beimengung von Brust- und Bauchspeckstücken hergestellt. Je nach Region wird die *salsiccia* unterschiedlich gewürzt. In Bologna aromatisiert man sie mit Salz, Pfeffer, Zimt und einer Prise Salpeter.

Zampone
Der gefüllte Schweinefuß ist eine echte Spezialität der Emilia-Romagna. Das Wurstbrät besteht aus dem Hachsenfleisch selbst, anderen zerkleinerten Schweineteilen und verschiedenen Gewürzen. Vor dem Verzehr kocht man ihn einige Stunden und serviert ihn dann gern mit Linsen. Er schmeckt aber auch gut mit einer *Zabaione cotto.*

Fave stufate
Bohnen mit Mortadella

2 Zwiebeln
25 g ausgelassener Schinkenspeck oder Schmalz
1 kg frische dicke Bohnen
Salz und frisch gemahlener schwarzer Pfeffer
50 g Mortadella
250 ml Hühnerbrühe
100 g Butter
4–6 Scheiben altbackenes Brot

Zwiebeln schälen und in Ringe schneiden. Speck oder Schmalz in einer Kasserolle erhitzen und darin die Zwiebelringe 5 Min. dünsten. Bohnen aushülsen, zugeben und mit Salz und Pfeffer abschmecken.
Die Mortadella in feine Würfel schneiden und zu den Bohnen geben. Die Hühnerbrühe angießen und bei geschlossenem Deckel etwa 20 Min. dünsten, bis die Bohnen weich sind.
Butter in einer großen Pfanne erhitzen und die Brotscheiben von beiden Seiten goldbraun rösten. Das Brot auf einer vorgewärmten Platte anrichten und das Bohnengericht darauf verteilen.

Stufato d'agnello
Lammragout

800 g Lammfleisch ohne Knochen (Schulter oder Keule)
2 EL Butter
2 Zwiebeln, feingehackt
4 grosse Kartoffeln
3 Möhren
Fleischbrühe
12 kleine Kartoffeln
2 EL gehackte Petersilie
Aceto balsamico

Lammfleisch sorgfältig säubern und kleinschneiden. Butter in einem Bräter erhitzen und die Zwiebeln darin andünsten. Das Fleisch zugeben und kräftig anbraten.
Die großen Kartoffeln schälen und fein würfeln, Möhren in Scheiben schneiden. Beides zum Fleisch geben und unter ständigem Wenden mitdünsten. Das Fleisch mit Brühe bedecken und aufkochen lassen. Dann bei niedriger Hitze schmoren. Die kleinen Kartoffeln schälen, waschen und nach 1 Std. ebenfalls zugeben.
Sobald sie gar sind, den Topf vom Herd nehmen. Das Lammragout auf Tellern anrichten, mit Petersilie bestreuen und jede Portion mit etwas Balsamessig beträufeln.

Rognoni alla parmigiana
Nierchen nach der Art von Parma
(Abbildung rechts)

500 g Kalbsnieren
1 EL Butter
2 EL Olivenöl
1 Knoblauchzehe, feingehackt
2 EL gehackte Petersilie
Salz
Saft von 1 Zitrone

Die Nieren mehrere Stunden wässern, damit sie ihren strengen Beigeschmack verlieren. Gut abtropfen lassen und in feine Scheiben schneiden.
Butter und Öl in einer Pfanne erhitzen. Knoblauch und die Hälfte der Petersilie darin andünsten. Die Nierenscheiben zugeben, kräftig anbraten und salzen. Nach 5 Min. herausnehmen, mit Zitronensaft beträufeln und mit der restlichen Petersilie bestreuen.
Dazu gebackene Kartoffeln reichen.

Zampone e lenticchie
Schweinsfuß mit Linsen
(Abbildung oben)

Für 4–6 Personen

1 vorgekochter Schweinsfuss, etwa 1 kg schwer oder 2 kleine Schweinsfüsse à 500 g
300 g Linsen aus Castelluccio
4–5 Salbeiblätter
1 kleiner Rosmarinzweig
einige Sellerieblätter
2 Knoblauchzehen, geschält
2 sonnengetrocknete Tomaten, halbiert
1 kleiner Peperoncino
3 EL Olivenöl extra vergine
Salz und Pfeffer

Den vorgekochten Schweinsfuß in einen Topf mit kaltem Wasser geben und zum Kochen bringen. Dann die Hitze reduzieren und 20 Min. köcheln lassen. (Es sei denn, die Angaben auf der Packung schreiben etwas anderes vor.)
In der Zwischenzeit die Linsen zusammen mit den Kräutern, Sellerieblättern, Knoblauch, Tomaten und Peperoncino in kaltem Wasser aufsetzen, zum Kochen bringen und 20 Min. köcheln lassen, bis sie gar sind. Kräuter und Knoblauchzehen entfernen. Olivenöl zugeben und mit Salz und Pfeffer abschmecken.
Den fertiggegarten Schweinsfuß in Scheiben schneiden und mit den Linsen anrichten.
Den vorgekochten Schweinsfuß kann man auch durch einen schweren, gefüllten, frischen Schweinsfuß ersetzen. Einen frischen Schweinsfuß muß man 3–4 Stunden köcheln lassen.

Cotechino in galera
Gefüllter Rinderbraten

700 g Cotechino
1 Scheibe Rindfleisch aus der Oberschale, etwa 500 g schwer
2 grosse Scheiben gekochter oder geräucherter Schinken
4 EL Olivenöl
1 Zwiebel, gehackt
250 ml Rotwein
250 ml Rindfleischbrühe
Salz und frisch gemahlener schwarzer Pfeffer

Die Wurst mehrmals einstechen, in ein Tuch wickeln und in einem großen Topf vollständig mit Wasser bedeckt 1 Std. leise köcheln lassen. Dann herausnehmen, abtropfen lassen, das Tuch entfernen, die Wurst enthäuten und abkühlen lassen. Das Rindfleisch flach klopfen, Schinkenscheiben nebeneinander darauflegen und den *cotechino* in die Mitte setzen. Das Ganze einrollen und mit Küchengarn gut umwickeln.
Öl in einer Kasserolle erhitzen, Zwiebel zugeben und 5 Min. dünsten. Dann die Fleischrolle zugeben und von allen Seiten gleichmäßig anbraten. Wein und Fleischbrühe angießen, mit Salz und Pfeffer abschmecken und bei geschlossenem Deckel so lange schmoren, bis das Fleisch weich ist. Fleischrolle herausnehmen und kurz abkühlen lassen. Den Faden entfernen und das Fleisch vorsichtig in Scheiben schneiden. Auf einer vorgewärmten Platte anrichten. Mit dem Bratenfond übergießen und sofort servieren.

CHRISTOFORO DA MESSISBUGO

Die Tischmanieren des ausgehenden Mittelalters waren katastrophal. Gegessen wurde aus einem Topf, in den jeder hineinlangte. Fleisch wurde im Stück serviert, und jeder Anwesende schnitt sich ein Stück davon ab. Geflügel kam unzerlegt auf die Tafel, und selbst große Fasane zerriß man mit den Händen. Im 16. Jahrhundert setzte der Ferrareser Christoforo da Messisbugo dem unappetitlichen Treiben ein Ende.

Messisbugo begann seine Karriere als »Vorschneider« und Hofmeister am Hofe der Este, die damals über seine Heimatstadt herrschten. Er schnitt allzu große Speisen nicht einfach plump in der Mitte durch, sondern entwickelte im Laufe seiner Dienstjahre eine derart verfeinerte Tranchierkunst, daß 1533 Kaiser Karl V. ihn zum Dank in den Stand eines Pfalzgrafen erhob. Vor den Augen der staunenden Fürsten und ihrer Gäste zerteilte Messisbugo Braten und andere Speisen so gekonnt, daß er sie niemals mit den Fingern berührte, sondern nur mit den dafür vorgesehenen Messern und Gabeln.

Als Hofmeister unterlag ihm auch die Verwaltung der Güter, die Organisation von Empfängen und Banketten sowie die Aufsicht über ein Heer von Bediensteten, das bei solchen Anlässen Getränke und Handtücher reichte, Gänge auf- und abtrug, verschüttete Speisen diskret verschwinden ließ oder das Büfett überwachte. Außerdem hatte er dafür zu sorgen, daß die Tafeldekoration den ästhetischen Anforderungen des verwöhnten Adels genügte, und er entschied über die Weine und Speisen.

Der Hof der Este war eine Hochburg der feinen Tischsitten und erlesenen Tafelfreuden. Ein Gastmahl diente nun nicht mehr nur, wie es im Mittelalter der Fall war, der Demonstration von Macht und Reichtum, sondern sollte als kurzweiliges Gesamtkunstwerk mehr als nur den Gaumen ansprechen. Schauturniere, Musik- und Gesangseinlagen, künstlerische Darbietungen und Dichterlesungen sorgten für die Unterhaltung der Gäste, während sich die mit Spitzendecken, Silbergeschirr und Florentiner Porzellan gedeckten Tische unter den Köstlichkeiten bogen. Ein Menü mit 120 Gängen war in Ferrara keine Seltenheit.

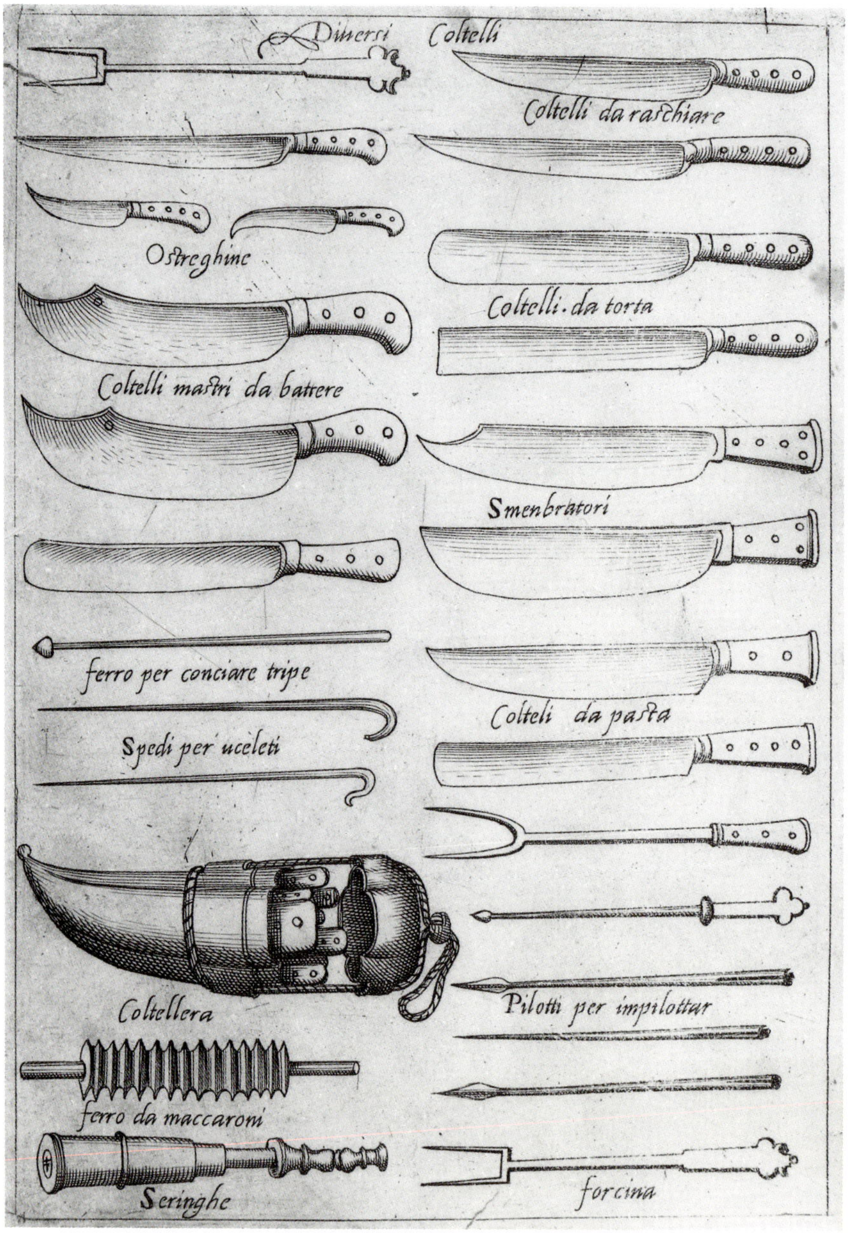

Vor dem 16. Jahrhundert war es nicht üblich, mit Messer und Gabel zu essen. Es gab höchstens einen Löffel für die Suppe. Mit der Einführung gehobener Tischsitten gelangten bald die verschiedensten Bestecke in die Küchen.

Christoforo da Messisbugo hat seine Erkenntnisse in einem Buch festgehalten. In »Bankette, Zusammenstellung von Speisen und Getränken, Organisation im allgemeinen« gibt er wertvolle Tips rund um das höfische Gastmahl. Der Rezeptteil für Teigwaren, Aufläufe, Suppen, Eierspeisen, Fleisch- und Fischgerichte umfaßt traditionelle Zubereitungen der Region, nennt aber auch Spezialitäten aus Mailand, Florenz, Neapel, Sizilien und Venedig, ja sogar aus dem Ausland. Zwischen 1529 und 1548 in Ferrara herausgegeben, wurde das Werk bis 1600 immer wieder aufgelegt und hat die neue Philosophie des Essens als Sinnes- und Geistesfreude an den europäischen Höfen verbreitet.

Cornetti ferraresi

Im Jahre 1287 forderten die Gemeindestatuten Ferraras die Bäcker dazu auf, »Brot zu backen, dessen Ränder sich nicht verbiegen«. Offensichtlich kursierte in jener Zeit ein ziemlich feuchtes, wenn nicht gar aus zu feuchtem Mehl gebackenes Brot in der Stadt. Die findigen Bäcker dachten sich daraufhin die Ferrareser Brothörnchen, die *cornetti ferraresi*, aus. Bei der Beschreibung eines Gastmahls zu Ehren des Herzogs spricht Christoforo da Messisbugo im Jahre 1536 von je einem »gedrehten« Brot pro Gast.

Gramola

Ursprünglich rührten und kneteten die Bäuerinnen der Emilia-Romagna ihren Brotteig in der *madia*, einer rustikalen Anrichte mit aufklappbarer Konsole. Mit der praktischen *gramola* kam die Wende. Dieses Holzgerät erlaubt es, ohne große Kraftanstrengung einen glatten Brotteig herzustellen. Man bedient es zu zweit: Eine Frau hebt und senkt den parallel zur Arbeitsplatte angebrachten Hebel, wodurch der Teig geknetet wird, die andere sorgt dafür, daß unter dem Hebel immer genügend Teig vorhanden ist.

Jüdische Küche in Ferrara

Ferraras Schicksal und Geschichte ist oft von seiner großen jüdischen Gemeinde beeinflußt worden. Das gleiche gilt für die Küche. Die jüdischen Vorschriften für den Umgang mit Fleisch und die religiöse Vorgabe, Gott als alleinigen Spender aller Nahrung anzusehen, ließen ganz besondere Gerichte entstehen, die so gut schmeckten, daß nicht nur die orthodoxen jüdischen Ferrareser sie gern aßen, sondern auch ihre christlichen Nachbarn. Wie präsent die jüdischen Eßgewohnheiten waren, beweist auch Messisbugos Bankett-Buch, denn darin gibt es eine eigene Rubrik mit der Überschrift »Jüdische Fleischgerichte«.

Hamim

Rinderbrust mit Klößen
(Abbildung Hintergrund)

1,5 kg Mangold
Olivenöl extra vergine
700 g getrocknete Bohnen
1 kg Rinderbrust
2 Salsicce
2 Eier
50 g Semmelbrösel
500 g mageres Rinderhack
Salz und Pfeffer
2 hartgekochte Eier

Den Mangold in einer beschichteten Pfanne mit etwas Olivenöl dünsten. Bohnen mit wenig Wasser und etwas Olivenöl in eine Kasserolle geben und bei niedriger Hitze köcheln lassen. Nach 1 Std. Mangold, das Stück Rinderbrust und die *salsicce* zugeben. Zugedeckt bei sehr niedriger Flamme etwa 4 Std. schmoren.
Die Eier aufschlagen und mit den Semmelbröseln zum Hackfleisch geben, gut vermengen, salzen und pfeffern. Aus der Masse kleine, etwa walnußgroße Klößchen formen und in Wasser mit etwas Olivenöl kochen. Die Fleischklöße, sobald sie gar sind, in den Topf zum Mangold geben. Das Rindfleisch in Scheiben schneiden und mit den hartgekochten, ebenfalls in dünne Scheiben geschnittenen Eiern dekorieren. Mit Mangold und Fleischklößen servieren.

Burriche

Gefüllte Blätterteigtaschen

4 Scheiben Kastenbrot
1 Tasse Fleischbrühe
300 g Hühnerfleisch
1 Zwiebel
30 g Gänsefett oder Olivenöl extra vergine
1 Ei
Salz und Pfeffer
300 g Blätterteig

Die Brotscheiben in der Fleischbrühe einweichen, das Hühnerfleisch in kleine Stücke schneiden.
Die Zwiebel hacken und in dem Gänsefett andünsten. Hühnerfleisch zugeben, salzen, pfeffern und bei niedriger Hitze braten. Gegebenenfalls etwas Wasser oder Fleischbrühe angießen. Den Topf vom Herd nehmen, das eingeweichte Brot und das Ei zum Hühnerfleisch geben und gut durchmischen. Die Masse abkühlen lassen, dann fein hacken oder durch den Fleischwolf drehen. Mit Salz und Pfeffer abschmecken.
Den Blätterteig nicht zu dünn ausrollen und Kreise von etwa 10 cm Durchmesser ausstechen. Die Füllung auf die Mitte geben und den Teig zusammenklappen, so daß Halbmonde entstehen. An den Rändern fest andrücken. In eine mit Butter eingefette, feuerfeste Form geben und im vorgeheizten Backofen bei 150 °C etwa 30 Min. backen.

VALLI DI COMACCHIO

Einst erstreckten sich die Valli di Comacchio, eines der größten Brackgewässer Italiens, über imposante 400 000 Hektar. Mit der Trockenlegung des sumpfigen Gebiets gewann man zwar sehr fruchtbares Ackerland, verlor aber auch einen Großteil der noch fruchtbareren Fischgründe. Auf den verbliebenen 13 000 Hektar der Lagunenlandschaft wird jedoch noch heute gefischt, und das Fischerstädtchen Comacchio hat sich sogar etwas von seinem Charme bewahrt. Einige wenige Fischer leben sogar noch in ihren *casoni,* den einfachen Fischerkaten, die man mitten in der Lagune auf künstlich aufgeschütteten Erdhügeln oder ganz einfach auf Holzpfählen errichtete. Neben den *casoni* ragen die primitiv anmutenden, in Wirklichkeit aber sehr effektiven Fangvorrichtungen aus dem Wasser. Der *lavoriero* hat sich seit Hunderten von Jahren bewährt. Es handelt sich hierbei um eine spitz zulaufende Reuse, in deren trichterförmigem Korb sich die Aale verfangen, wenn sie im Herbst hinaus auf das Meer drängen.

In den salzhaltigen Valli leben Seebarsche, Flundern, Krabben, Krebse, Meeräschen und vor allem Aale. Nirgendwo, sagen die Fischer, könne man so große Aale fangen wie hier. Die langen, schlanken Tiere, die in Süß- und Salzwasser leben, werden im Saragossa-Meer geboren, einem großen Becken im Atlantischen Ozean zwischen Antillen und Azoren. Der Golfstrom bringt sie nach Europa, wo sie sich in Seen und Flußmündungen niederlassen. Dort bleiben sie sieben, zehn, manchmal auch zwölf Jahre, bevor sie zum Laichen – und zum Sterben – wieder an ihren Ursprungsort zurückkehren.

Die ganz jungen Aale, die gerade erst die europäischen Gewässer erreichen, nennt man Glasaale. Man fängt sie meist draußen auf hoher See. In Italien heißen sie *cieche,* weil sie geradezu blind sind für die Netze der Fischer. Doch nicht alle Jungaale werden sofort gefangen. In der Lagune von Comacchio wartet man, bis die Fische die brackigen Gewässer erreicht haben, und schließt dann die Aalbecken mit Hilfe spezieller Gitterabsperrungen. Gefangen werden sie erst, wenn sie genügend Gewicht zugelegt haben.

Da Aal in ganz Italien gern gegessen wird, gibt es entsprechend viele regionale Rezepte. Der Fisch läßt sich grillen, braten, schmoren oder in Sauce kochen. Ein stattlicher *capitone,* ein etwa ein Meter langer, erwachsener weiblicher Aal, gilt

Die Fangtechnik ist einfach, will aber technisch beherrscht sein. Zunächst muß das Netz an die Oberfläche geholt werden.

Aus dem abgegrenzten Bereich, den der Netzrahmen bildet, holt der Fischer mit Hilfe eines Keschers seine Beute ein.

Hintergrund: Die typischen Pfahlbauten in der Lagune von Comacchio, hier im Valle della Foce, sind Fischerbehausungen. Sie heißen *casoni* oder *bilancioni,* weil ihre Konstruktion an das Gleichgewichtsprinzip einer Waage erinnert.

n den brackigen Gewässern werden Aale und Meer-
schen besonders oft gefangen. Aus der frischen Beute
ocht man Fischspezialitäten der Region.

nicht nur in der Emilia-Romagna als klassischer Weihnachtsfisch, sondern wird auch in der Hauptstadt Rom und in den südlichen Regionen geschätzt.

Der Besuch der Valli di Comacchio lohnt sich nicht nur in kulinarischer Hinsicht. Ein Teil der Lagune ist inzwischen zum Naturschutzgebiet erklärt worden. Hier können (Hobby-)Ornithologen über 200 Vogelarten beobachten, darunter Schnepfen, Seeschwalben, Reiher und Störche, die aus dem Norden kommend hier Zwischenstation machen, um zu rasten. Sechs Storchenfamilien und einer kleinen Kolonie von Flamingos scheint es jedoch in den Valli so gut zu gefallen, daß sie auf Dauer dort leben und nicht wie ihre Artgenossen in den Süden weiterziehen. Aufmerksamkeit verdient auch das kürzlich eingerichtete Museo delle Valli, das von der Bahnstation Foce – 20 Autominuten von Comacchio entfernt – von Frühling bis Herbst per Boot erkundet werden kann. Zu sehen gibt es die traditionellen *casoni* und die Fanganlagen.

Anguilla dei casoni di valle

Aal im Weinsud

2 Zwiebeln, gehackt
1 Möhre, gewürfelt
Salz
500 ml Rotwein
2 Aale à 600 g
3 Tomaten, enthäutet, entkernt und gewürfelt
1 EL Weinessig
Pfeffer
Petersilie

Zwiebeln und Möhre in einem Topf mit 1 Prise Salz, dem Rotwein und 500 ml Wasser zum Kochen bringen. Die Aale ausnehmen, waschen, Kopf und Schwanz entfernen und in etwa 10 cm lange Stücke schneiden. Aalstücke mit dem gekochten Gemüse in eine feuerfeste Form (am besten aus Terrakotta) schichten. Salzen, pfeffern und den Gemüse-Wein-Sud darüber gießen. Im vorgeheizten Backofen bei 150 °C etwa 45 Min. backen. Kurz bevor die Aale gar sind, die gewürfelten Tomaten und den Weinessig zugeben und mit Petersilie bestreuen. Dazu Polenta reichen.

Paradies Adria

Küstenorte wie Cervia, Cesenatico, Rimini, Riccione oder Cattolica lassen an Touristen, Sonnenöl und nächtliche Diskotheken-Exzesse denken. Heute erfreut sich der Küstenstreifen der Emilia-Romagna, nachdem die Algenpest von 1989 vergessen ist, wieder ungebrochener Beliebtheit bei Badewilligen und Vergnügungssuchenden aller Länder. Dabei hatte alles so harmlos begonnen. Als am 30. Juli 1843 ein gewisser Graf Baldini eine Badeanstalt am Strand von Rimini, das damals noch zum sittenstrengen Vatikanstaat gehörte, eröffnete, besprengte ein Kardinal die sechs Badekabinen mit Weihwasser. 150 Jahre später war Rimini zu einer Hochburg des freizügigen Strandlebens geworden. Die wenigsten Besucher wissen, daß es sich in Rimini und Umgebung auch vortrefflich tafeln läßt. Entlang der Adria wird traditionell viel Fisch serviert. Ravenna und Cervia bieten eine attraktive Küstenküche, die nichts von der Schwere und Üppigkeit der andernorts typischen emilianisch-romagnolischen Kochtraditionen an sich hat, und in Rimini sollte man unbedingt den *Brodetto* probieren, die köstliche Fischsuppe, mit der sich schon Julius Cäsar auf seinem Marsch nach Rom gestärkt haben soll, nachdem er etwas weiter nördlich mit dem vielzitierten Ausspruch *alea iacta est* den Rubikon überschritten hatte.

Die Küsten der Emilia-Romagna mit ihren breiten Sandstränden, hier bei Lignano Sabbiadoro, locken von Frühling bis Herbst ganze Scharen von erholungsbedürftigen und vor allem sonnenhungrigen Touristen an.

MODERNE NAHRUNGSMITTELINDUSTRIE

Die Nahrungsmittelindustrie hat längst auch Einzug in die italienische Küche gehalten, und zwar sowohl in die private als auch in die professionelle. Im hektischen Alltag greifen italienische Hausfrauen inzwischen gern auf Fertigprodukte zurück. Das traditionsreichste Beispiel ist hierbei die *pasta secca,* die es in allen Variationen zu kaufen gibt und die das mühselige Zubereiten des Nudelteiges erspart. Barilla, Buitoni und andere Hersteller lassen keine Nudelwünsche offen. Auch *pomodori pelati,* die leuchtend roten, bereits geschälten Dosentomaten wurden im sonnen- und deshalb tomatenarmen Norden schon immer verwendet. Das aufwendige und kräftezehrende Rühren der Polenta kann mit Hilfe der Instant-Polenta umgangen werden, Käse gibt es fertig gerieben im Beutel zu kaufen, und die Hersteller berücksichtigen sogar regionale Vorlieben: Für Piemontesen und Aostataler wird die *fonduta* als schmelzendes Käsegemisch aus der Dose angeboten, das nur noch erwärmt zu werden braucht und niemals Klumpen bildet, und im Veltlin verkauft man *pizzoccheri,* die berühmten Buchweizennudeln, in der Pappschachtel.

Doch die Verwendung von Fertigprodukten hat in Italien, anders als in vielen anderen europäischen Ländern, nicht zwangsläufig zum kulinarischen Sittenverfall geführt. Dies hängt damit zusammen, daß hier noch immer eisern an der Menütradition festgehalten und die vorbereitete Nudel oder die Pastasauce aus dem Glas nicht als Äquivalent für die »eigene« Sauce verstanden wird, sondern als eine Art Platzhalter. Denn wann immer möglich, wird man viel Zeit für den Einkauf auf dem Markt und die Küchenarbeit einplanen, frische Nudeln der *pasta secca* vorziehen, hausgemachte Spezialitäten auf den Tisch bringen und sich zum Abschluß des Mahls sicher nicht mit einem Dessert aus dem Kühlregal zufrieden geben.

Der hohe Anspruch, den Italiens Profi- wie Freizeitköche an ihre Lebensmittel stellen, und der Wert, den die Genießer nach wie vor Essen und Trinken beimessen, sind dafür verantwortlich, daß italienische Fertigprodukte im Durchschnitt qualitativ besser und schmackhafter sind als ihre europäischen Konkurrenten. So gibt es einige kleinere bis mittelständische Betriebe, die mit großer Sorgfalt Erzeugnisse herstellen, die fast als hausgemacht durchgehen könnten.

In Modena sitzt etwa die renommierte Fini AG. Aus der Nahrungsmittelfabrik am Stadtrand kommen unter anderem Tortelli, Tortellini und Tortelloni, Wurstwaren wie Mortadella und *zampone,* ein zwar industriell hergestellter, aber durchaus schmackhafter Aceto balsamico, sowie der berühmte emilianische Nußlikör Nocino, den inzwischen kaum noch eine städtische Familie zu Hause zubereitet. Die Fini AG betreibt außerdem drei Autobahnrestaurants, ihr gehört eines der besten Hotels der Stadt sowie das berühmte Ristorante Fini – der Ort, an dem alles begann.

Im Jahre 1912 eröffneten Telesforo und Giuditta Fini im Hinterzimmer einer Wurstwarenhandlung ein kleines Restaurant mit gerade einmal sechs Tischen aus altem Nußholz. Giuditta kreierte in der Küche ein wunderbares Pastagericht, *Maltagliati e fagioli,* das sich als Renner erweisen sollte. Das Angebot wurde bald um weitere Gerichte wie Tortellini, *Bollito misto,* Schmorbraten und unnachahmliche *antipasti* erweitert und das Lokal nach und nach ausgebaut. Der Ruf des Lokals war inzwischen so gut, daß auch die Prominenz aus Hollywood und Cinecittà anrückte, wenn sie in Modena Station machte.

Die Firma Fini bietet ein breites Programm an vorgekochten regionalen Spezialitäten wie *zampone.*

Rechts: Restaurantleiter Illiano Bulgarelli empfiehlt frischen *Bollito misto,* den sich der Gast am Wagen zusammenstellt.

Fini betreibt in Modena ein eigenes Restaurant, das sich immerhin mit einem Michelin-Stern schmücken darf. Hier wird natürlich auch mit Fini-Produkten gekocht.

Dolce tipico della casa, Süßes nach Art des Hauses, bildet bei Fini den abschließenden Gang eines Menüs – jedenfalls für alle, die noch etwas Platz im Magen haben.

Nocino

Neben Kampanien ist die Emilia-Romagna der größte italienische Erzeuger von Walnüssen. Zur Erntezeit im September und Oktober ist die ganze Familie auf den Beinen, um die Bäume abzuernten. Doch nicht nur die reife Walnuß ist ein Genuß - auch die jungen, noch grünen Früchte lassen sich zu einer hochprozentigen Delikatesse verarbeiten, die als Nocino bekannt ist. Nocino wird inzwischen fast in ganz Italien hergestellt, und oft kommt er aus industrieller Fertigung. In der Gegend um Modena, wo der Walnußlikör angeblich erfunden wurde, stellen die Bauern ihn jedoch gelegentlich noch heute in Eigenproduktion her. Traditionell werden die unreifen Früchte um den Johannistag am 24. Juli gepflückt. Gesäubert und geviertteilt kommen die Nüsse in eine bauchige Glasflasche, werden mit einer Mischung aus Alkohol, Zucker, Zimt und Gewürznelken übergossen und schließlich an einem sonnigen, warmen Plätzchen für etwa 40 Tage sich selbst überlassen. Mit der Zeit zieht die Flüssigkeit durch und färbt sich dunkelbraun. Zum Schluß wird noch einmal mit Zucker und Gewürzen abgeschmeckt und der Sud eventuell – falls er zu stark geworden sein sollte – mit etwas Wasser verdünnt. Fertig ist ein köstlicher und nach dem Glauben der Anwender hochwirksamer Digestif.

In Modena tritt sogar alljährlich eine eigens gegründete Kommission der privaten Nocino-Hersteller zusammen, um den besten Likör zu prämieren. Das Gremium besteht aus erfahrenen Hausfrauen, die nacheinander die wettstreitenden Produkte verkosten und schließlich den Nocino des Jahres küren. Daß es dabei natürlich nicht bierernst zugeht, legt allein schon der vergleichsweise hohe Alkoholgehalt des hausgemachten Allheilmittels nahe.

SÜSSES

Zuppa inglese mutet dem Namen nach zwar britisch an, ist aber eine traditionelle italienische Nachspeise. Bereits 1552 wurde diese Süßspeise in Siena dem Herzog von Correggio als Dessert serviert. Er war von Cosimo de' Medici in die Stadt des Palio geschickt worden, um die Übergabe der Spanier zu verhandeln, die von den Truppen Enea Piccolominis in der Festung gefangengehalten wurden. In Florenz wurde die *Zuppa inglese* am Hof der Medici bekannt und bei wichtigen Banketten serviert. Im 19. Jahrhundert erfreute das Dessert auch die Gaumen der zahlreichen Engländer, die in der damaligen Hauptstadt Italiens lebten und von denen es seinen Namen erhielt.
Bensone wird traditionell zum Frühstück serviert. In der Gegend um Parma nennt man diesen Kuchen *bosilan*, um Piacenza heißt er *bissolan*, in Reggio Emilia *buccellato* und in Modena *bensone*.

Zuppa inglese

Vanillecreme mit Löffelbiskuits
(Abbildung unten)

350 ml Milch
1 Päckchen Vanillezucker
4 Eigelb
100 g Zucker
50 g Weizenmehl
Salz
100 ml Likör
400 g Löffelbiskuits
Minzeblättchen

Milch mit dem Vanillezucker aufkochen und 30 Min. ruhen lassen. Eigelbe mit dem Zucker so lange verrühren, bis sich der Zucker aufgelöst hat. Das Mehl und 1 Prise Salz unterrühren. Die Eiermischung erhitzen und die Milch unter ständigem Rühren in kleinen Portionen zugeben, bis die Creme fest wird.
Den Likör mit etwas Wasser verdünnen und damit die Biskuits beträufeln. In einer Form eine Lage Creme und eine Lage Biskuits übereinander schichten. Etwa 2 Std. kühl stellen und mit Minzeblättchen garnieren.

Bensone

Frühstückskuchen

500 g Weizenmehl
150 ml Milch
200 g Zucker
100 g Schmalz oder Butter
2 Eier
abgeriebene Schale von 1 Zitrone
Salz
1 Päckchen Backpulver
Vanillezucker

Das Mehl mit der lauwarmen Milch, dem Zucker, dem zerlassenen Fett (Schmalz oder Butter), den Eiern, der Zitronenschale und 1 Prise Salz zu einem Teig verarbeiten. Das Backpulver untermengen und ruhen lassen. Den Teig in eine Backform (z.B. Napfkuchenform) füllen und im vorgeheizten Backofen bei 175 °C etwa 50 Min. backen. Vor dem Servieren mit Vanillezucker bestreuen.

Torta Barozzi o Torta nera

Barozzi-Torte oder Schwarze Torte

Für die Füllung:
200 g geschälte Mandeln
4 Eier
120 g Zucker
100 g Kakaopulver
3 EL Espressopulver
abgeriebene Schale von 1 Zitrone
150 ml Sassolino

Für den Teig:
150 g Weizenmehl
150 g Butter
70 g Zucker
1 Ei
Salz

Für die Füllung Mandeln anrösten und fein hacken. Die Eier trennen. Eiweiße steif schlagen. Eigelbe mit dem Zukker schaumig rühren. Nach und nach Kakao- und Espressopulver sowie Zitronenschale und Sassolino zugeben und gut vermischen. Den Eischnee unter die Masse ziehen und ruhen lassen.
Für den Teig alle Zutaten verkneten und 15 Min. ruhen lassen. Boden und Rand einer eingefetteten Springform mit dem ausgerollten Teig auskleiden. Der Teig sollte etwas über den Rand der Form hinausreichen. Die Mandelmischung einfüllen und an den Rändern mit dem Teig zudecken. Im vorgeheizten Backofen bei 180 °C etwa 40 Min. backen.

Leckere Früchtchen

Die Emilia-Romagna ist ein Obstparadies. Hier wachsen Äpfel, Birnen, Kirschen, Pflaumen, Pfirsiche, Aprikosen, Erdbeeren, Walnüsse und vieles mehr. Obst kommt in Italien traditionell als erfrischendes Dessert nach einem ausgiebigen Essen auf den Tisch. Dabei können die Früchte entweder im Stück oder als Obstsalat serviert werden. Die *Macedonia di frutta* wird immer wieder neu kombiniert – je nachdem, was gerade reif ist und was die bunten Marktstände am Tage zu bieten hatten.
Die Zubereitung dieses Obstsalates ist denkbar einfach: Man schneidet die Früchte in mundgerechte Stücke und beträufelt sie mit einem Dressing aus Orangen- sowie Zitronensaft, Zucker und eventuell einem Schuß Likör – vorzugsweise Maraschino. Im Winter, wenn frisches Obst selten ist, kann eine *Macedonia* auch aus Kompottfrüchten zusammengestellt werden, so zum Beispiel aus eingemachten Pfirsichen, Waldbeeren und Birnen. Wichtig ist auf jeden Fall, den Obstsalat vor dem Anrichten – geschützt unter Frischhaltefolie, damit sich die Früchte nicht verfärben – kurze Zeit ziehen zu lassen, damit sich die Aromen der einzelnen Früchte verbinden können. Allerdings sollte er niemals zu lange aufbewahrt werden, da die Früchte sonst zu gären beginnen. Eine *Macedonia* sollte gut gekühlt, aber nicht gefroren auf den Tisch kommen. Ideale Begleiter sind Waffeln, Kekse und Eiscreme. Auch ein Gläschen Likör oder ein Dessertwein schmeckt gut dazu.

Macedonia di Natale
Weihnachtlicher Obstsalat
(Abbildung oben)

500 g gemischtes Trockenobst (Pfirsiche, Pflaumen, Aprikosen, Ananas, Feigen etc.)
2 dl süsser Weisswein
1/2 l Wasser
300 g Zucker
Schale von 1 Zitrone
Schale von 1/2 Orange
4 Nelken

Trockenobst in eine Schüssel geben und in Weißwein und Wasser einen halben Tag lang einweichen. Obst aus der Flüssigkeit nehmen und separat aufbewahren. Die Flüssigkeit zusammen mit Zucker, Zitronen- und Orangenschale sowie Nelken in eine Kasserolle geben. Unter langsamem Rühren zum Kochen bringen. Dann Früchte zugeben und bei mittlerer Hitze so lange kochen, bis die Früchte weich sind. Den Obstsalat abkühlen lassen und die Zitronen- bzw. Orangenschale entfernen. Obst in Bechern anrichten und mit gehackten Nüssen bestreuen.

Keramik aus Faenza

Die Revolutionierung der Tischsitten an den italienischen Fürstenhöfen der Renaissance führte zwangsläufig zu einem ständig steigenden Bedarf an Tellern, Bechern, Schalen, Platten und Schüsseln. Zum Glück hatte sich die südöstlich von Bologna gelegene Stadt Faenza seit dem 15. Jahrhundert auf die Herstellung von glasierten Keramikwaren spezialisiert, so daß man in Ferrara oder Mantua stets mit dem nötigen Tafelgerät versorgt war und auch keine langen Lieferwege in Kauf nehmen mußte, zumal Kutschfahrten und sonstige Transporte die natürlichen Feinde zierlichen Geschirrs sind.
Die in Faenza hergestellte Ware wurde bald über die Grenzen der Region hinaus bekannt. In Anklang an ihren Herkunftsort war sie auf den Namen Fayence getauft worden. Fayencen bestehen aus einem irdenen Kern, der weiß glasiert und bemalt wird. Die Technik stammt aus dem Vorderen Orient, wo man bereits in vorchristlicher Zeit glasierte Tonwaren benutzte. Mit den Mauren kamen die Fayencen im 14. Jahrhundert nach Spanien. Allerdings hießen sie dort Majolika, denn Mallorca war der Haupthandelsplatz des bunten Geschirrs iberischer Provenienz. In Italien hatte man durch den Handel mit der Levante bereits türkische Fayencen kennengelernt, jetzt studierten die Handwerker zusätzlich die spanischen Erzeugnisse und konnten schließlich in Faenza und später auch in Florenz die Produktion perfektionieren.
An Faenzas Weltruf als Stadt des glasierten Geschirrs erinnert heute das Internationale Keramikmuseum, das neben Fayencen aus Faenza auch andere Majoliken der italienischen Renaissance ausstellt. Außerdem findet jedes Jahr im Sommer ein Wettbewerb der Kunstkeramik statt.

Dieses moderne Service aus Faenza greift auf die traditionellen Dekore zurück.

Semifreddo
Eisgekühlte Schichttorte

Für 8–10 Personen

Für die Tortenböden:
250 g geschälte Mandeln
150 g Puderzucker
2 Eiweiss

Für die Füllung:
3 zimmerwarme Eier
200 g Butter
60 g Puderzucker
2 cl Weinbrand
2 Mokkatassen abgekühlter, starker Espresso
150 g Zartbitter-Schokolade
3 El Mandelsplitter

Für die Tortenböden die geschälten Mandeln sehr fein mahlen und mit dem Puderzucker vermischen. Eiweiße steif schlagen und unter die Mandelmasse ziehen. Den Teig in 3 Portionen teilen, jeweils in der Größe einer Springform (24 cm Durchmesser) zwischen Klarsichtfolie dünn ausrollen. Die drei Böden nacheinander im vorgeheizten Backofen bei 150 °C auf mittlerer Schiene 10–15 Min. backen. Auskühlen lassen.
Für die Füllung Eier trennen und die Eiweiße steif schlagen. Eigelbe mit der Butter und dem Puderzucker schaumig rühren. Den Eischnee eßlöffelweise unterziehen.
Den Weinbrand mit dem Espresso vermischen. Einen der abgekühlten Mandelböden mit einem Drittel der Espresso-Weinbrand-Mischung tränken. Ein Drittel der Eischaumcreme auf den Mandelboden auftragen. Die Schokolade reiben, die Hälfte davon auf die Creme streuen. Darauf wieder einen Tortenboden legen, mit einem Drittel der Espresso-Weinbrand-Mischung beträufeln. Mit einem Drittel der Creme bestreichen und mit der restlichen Schokolade bestreuen. Den dritten Tortenboden darauf geben, diesen mit der restlichen Espresso-Weinbrand-Mischung beträufeln und der restlichen Creme bestreichen.
Die Torte zugedeckt 4–5 Std. im Kühlschrank ziehen lassen. Vor dem Servieren mit Mandelsplittern bestreuen.

ACETO BALSAMICO

Bereits im Mittelalter kannte man *sciroppo acetoso,* zu Essig vergorenen Sirup, der damals allerdings nicht als kulinarische Würzzutat beim Krämer, sondern als pharmazeutisches Produkt in der Apotheke gehandelt wurde. Adelige Familien wie die Este waren stolze Besitzer einer eigenen *acetaia,* eines Dachbodens, auf dem die Essigfässer mit ihren kostbaren Inhalten aufgereiht standen, und im frühen 17. Jahrhundert diskutierten die vornehmen Kreise in Modena über eine als *balsamico* bezeichnete Tinktur, mit deren Hilfe sich angeblich sogar Tote auferwecken ließen. Dies ist zwar starker Tobak, doch die Beschreibung zielt in die richtige Richtung. Wer schon einmal das Vergnügen hatte, echten *aceto balsamico tradizionale* in seiner ganzen Harmonie von Süße, Säure, Samtigkeit und Würze zu kosten, kann sich vorstellen, daß bereits wenige Tropfen davon Fisch, Salat, Fleisch und Käse zu einer ungeahnten Geschmacksfülle verhelfen und geradezu »lebendig« machen können.

Während Weiß- oder Rotwein das Ausgangsprodukt für jeden anderen Essig ist, beginnt die Herstellung von Aceto balsamico mit der Vermostung weißer Trebbiano-Trauben aus Modena oder Reggio Emilia. Der Most wird schonend erhitzt und so lange konzentriert, bis er zu einem dunkelbraunen Sirup geworden ist. Dieser Traubensaft wird nun mit altem Weinessig versetzt, damit die Gärung in Gang kommt. Aceto balsamico wird nicht in kühlen, temperaturkontrollierten Kellern produziert, sondern auf knarrenden Dachböden, in denen es im Winter eiskalt, im Sommer brütend warm und während der Frühjahrsregen oder bei herbstlichem Nebel feucht ist. Diese scheinbaren klimatischen Widrigkeiten braucht der Aceto, um sein Volumen immer weiter zu verringern (aus 100 Litern Most entstehen nur ein paar Liter des kostbaren Essigs), um zu reifen und um sein Aroma zu entwickeln. Etwa drei Jahre dauert es, bis der Aceto seine beiden Gärungen abgeschlossen hat. Zunächst durchläuft er die alkoholische Gärung, bei der sich der Zucker des Mostes in Alkohol umwandelt. Erst danach können die Essigbakterien aus Alkohol Essig machen. Doch nach diesen drei Jahren ist der Aceto noch lange nicht reif. Ein guter Aceto balsamico braucht mindestens zwölf Jahre, nach 30 oder gar 50 Jahren ist er noch besser! Auf dem *acetaia* genannten Essig-Dachboden befindet sich stets eine ganze Batterie unterschiedlich großer Fässer aus verschiedenen Hölzern. Aceto balsamico reift nämlich nicht alleine in einem einzigen Faß, sondern erlangt seinen Geschmack und Charakter in der Essigfamilie. Am Ende der Batterie steht das kleinste Faß, das oftmals nur ein Volumen von zehn bis 15 Litern hat. Hieraus wird der ausgereifte Aceto balsamico in kleinen Portionen abgezapft. Die entnommene Menge füllt man mit dem zweitältesten Essig aus dem zweitkleinsten Faß auf. Das zweitkleinste Faß füllt man mit dem Essig des drittkleinsten auf – und so weiter und so fort. Die teilweise uralten Bodensätze und Essigmuttern, die sich in den Fässern befinden, sind der kostbarste Schatz der Produzenten des Aceto balsamico. Doch auch das Holz der Fässer spielt eine große Rolle. Esche und Eiche kommen für die kleinsten Fässer in Frage, Kastanie und Kirsche für die mittleren, und der noch junge Aceto reift am besten in Maulbeerfässern. Doch jeder Hersteller hat diesbezüglich seine eigenen Ansichten. Es wird von Zimt, Gewürznelken, Mazis, Koriander und Lakritze gemunkelt.

Aceto balsamico wird heute auch industriell hergestellt. Je nach Verfahren lassen sich dabei bisweilen ganz passable Ergebnisse erzielen, die zudem weitaus preiswerter sind sind als die lange gereiften Erzeugnisse aus handwerklicher Produktion. Extrem günstige Angebote sollte man jedoch meiden, denn sie können nicht mehr sein als ordinärer Weinessig, der mit Gewürzen und etwas Zuckercouleur auf balsamico getrimmt wurde. Den echten Aceto balsamico erkennt man erstens am Preis, zweitens an der winzigen Flasche, in die er abgefüllt ist, und drittens an seiner offiziellen Bezeichnung *Aceto balsamico tradizionale di Modena* oder *Aceto balsamico tradizionale di Reggio Emilia.* Das Konsortium in Modena besteht seit 1987 und ihm gehören 270 Familienbetriebe und handwerkliche Essigprodu-

Historische Darstellung einer mittelalterlichen Apotheke, in der Essigsirup verkauft wird, Miniatur aus dem Manuskript »Tacuinum Sanitatis«, Italien, Ende 15. Jh.?, Nationalbibliothek Wien

Aceto balsamico beginnt seine Karriere in einem großen Faß. Im Laufe der Jahre wird sich sein Volumen durch Verdunstung immer weiter reduzieren. Hochkonzentrierter Aceto lagert in kleinen Fässern von zehn bis 15 Litern.

zenten an, die den entscheidenden Namenszusatz *tradizionale* auf ihre Etiketten schreiben dürfen. Auch die Bezeichnung *tradizionale di Reggio Emilia* ist gesetzlich geschützt.

Die Ghirlandina, der 88 m hohe Glockenturm der erzbischöflichen Kathedrale ist weithin sichtbar. Die Modeneser nennen ihn auch den weißen Dom.

Carpaccio all'aceto balsamico

Rinderfilet mit Aceto balsamico

Aceto balsamico
600 g Rinderfilet, hauchdünn geschnitten
Salz und frisch gemahlener Pfeffer
80 g Frühlingszwiebeln, gehackt
100 g Rucola, gehackt
3–4 EL Olivenöl extra vergine

Eine große Servierplatte mit Balsamessig einpinseln und darauf das hauchdünn geschnittene Rindfleisch so verteilen, daß sich die Scheiben nicht überlappen. Leicht salzen und mit Pfeffer bestreuen, dann mit Frühlingszwiebeln und Rucola bedecken und mit Balsamessig beträufeln. Mindestens 15 Min. an einem kühlen Ort ruhen lassen. Dann mit Olivenöl beträufeln und vor dem Servieren weitere 15 Min. ruhen lassen.

Salsa di pomodoro

Tomatensauce

6 vollreife Tomaten
4 EL Olivenöl extra vergine
2 Salbeiblätter
1 EL Aceto balsamico
Salz

Die Tomaten blanchieren und enthäuten. Das Fruchtfleich mit einer Gabel zerdrücken und gut abtropfen lassen. Dann zusammen mit dem Olivenöl und den Salbeiblättern in eine Kasserolle geben. 10–15 Min. köcheln lassen. Den Topf vom Herd nehmen, Salbei entfernen, Balsamessig untermischen und mit Salz abschmecken.
Diese einfache Sauce wird mit einem Stück frischer Butter und mit geriebenem Parmesan zu Nudelgerichten gereicht.

Salsa per pesce

Sauce für Fischgerichte

2 Sardellen
3 Eigelbe von hartgekochten Eiern
1 TL scharfer Senf
1 EL Aceto balsamico
2 Eigelbe von rohen Eiern
Olivenöl extra vergine
Salz und frisch gemahlener Pfeffer

Die Sardellen entgräten und mit den hartgekochten Eigelben in einer Schüssel zerdrücken. Senf, Balsamessig und die rohen Eigelbe zugeben und alles gut verrühren. So viel Olivenöl unterrühren, bis die Masse eine mayonnaiseartige Konsistenz erhält. Nach Geschmack salzen.
Mit frisch gemahlenem Pfeffer bestreuen und zu Fischgerichten servieren.

Der Reifegrad des Essigs in den verschiedenen Fässern wird regelmäßig kontrolliert. Natürlich entnimmt der Essigmeister nur kleinste Proben, um ja nichts von der kostbaren Würze zu verschwenden.

WEIN

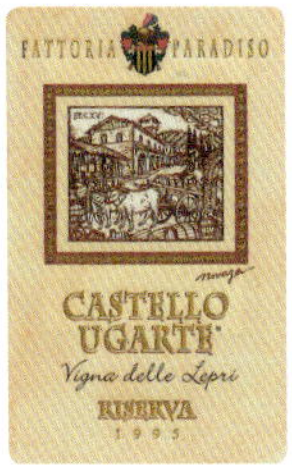

Für ihre Küche ist die Emilia-Romagna, inbesondere ihr emilianischer Teil zwischen Piacenza und Bologna mit Parma im Zentrum, berühmt wie kaum eine zweite Region Italiens. Von den Weinen dagegen kann man das weniger behaupten, denn nur gut zehn Prozent der gesamten Produktion besitzen DOC- oder DOCG-Status. Dabei fehlt es eigentlich nicht an den Voraussetzungen für hochwertige Weine, und insbesondere in der Romagna, deren Weinbau dem der benachbarten Marken ähnlich ist, könnte man durchaus bessere Weine produzieren. Dort wachsen, im Unterschied zur fruchtbaren Po-Ebene der Emilia, die ein Meer von Massenweinen wie den Lambrusco hervorbringt, die klassischen Sorten Italiens, Sangiovese und Trebbiano, und die Hänge am Nordrand der Apenninen verbergen noch so manches unentdeckte Weinjuwel.

Der Grund für die Rückständigkeit der Region in Hinblick auf modernen, qualitätsorientierten Weinbau liegt also nicht in den natürlichen Bedingungen – wie sollte man sonst auch erklären, warum Sangiovese und Barbera meist nur andernorts große Weine hervorbringen können –, sondern wird nur auf dem Hintergrund der sozio-ökonomischen Situation verständlich. Fast ausnahmslos waren und sind die Weinbauern der Region in riesigen Genossenschaften organisiert, die mit ihrer mengenorientierten Marktpolitik und ihrer Konzentration auf einfachste Weinqualitäten in den letzten Jahrzehnten die Richtung des Weinbaus vorgaben. Eine einzige dieser gigantischen Kooperativen verarbeitet beispielsweise Trauben von einer Fläche von 27 000 Hektar – das ist mehr als ein Viertel der gesamten deutschen Weinbaufläche.

In der Emilia-Romagna wird neben dem Lambrusco nur eine kleine Anzahl wirklich interessanter Weine produziert. Der Stolz der Romagnoli, die Albana di Romagna als trockenen Weißen sowie als Süßwein keltern, gehört dazu in der Regel nicht. Dennoch wurde dieser Wein – für Kritiker nicht ganz verständlich – 1987 als DOCG-Wein eingestuft.

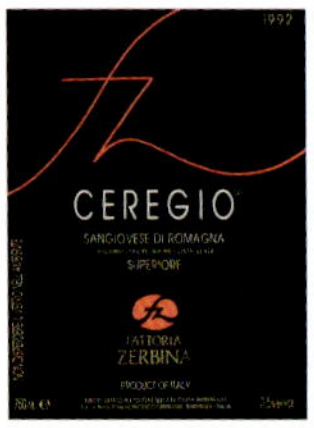

Erwähnenswert sind aber die Roten Sangiovese di Romagna und Colli Bolognesi oder auch der eine oder andere rote Colli Piacentini, die aus reinsortiger Chardonnay, Cabernet oder Pinot nero und als Gutturnio aus Barbera und Croatina gekeltert sind.

Ein Gläschen Weißwein ist in ganz Italien eine willkommene Erfrischung und ein beliebter Aperitif. Man trinkt ihn gern, wie hier in Bologna, in seiner Stammkneipe.

Manchmal besser als sein Ruf – der Lambrusco

Irgendwie scheint man in Parma, Modena, Reggio und Umgebung zu glauben, ausschließlich moussierende, perlende Weine paßten zur lokalen Küche, dem uneingeschränkten Herrschaftsgebiet deftiger Spezialitäten aus Schweinefleisch. Nicht nur der berühmt-berüchtigte Lambrusco, Liebling der Pizza-Fans in den siebziger Jahren und Schrecken aller Liebhaber guter Weine, wird hier mehr oder weniger schäumend verkauft, sondern auch Barbera und eine Reihe anderer Sorten kommen zumindest *frizzante* ins Glas.

Lambrusco ist, wie auch Prosecco, ursprünglich keine Marke und keine Herkunftsbezeichnung, sondern eine Rebsorte, besser, eine ganze Sortenfamilie mit über 40 verschiedenen Varianten. Traditioneller Lambrusco hat wenig mit dem zu tun, was in den letzten Jahrzehnten in Millionen Flaschen die Pizzerien der Welt überrollte; er wurde meistens sogar recht trocken, mit ansprechender Frucht ausgebaut. Der Marktpolitik der großen Genossenschaften war es zu verdanken, daß er zu einem klebrig-süßen Massengetränk verkam.

Der Gipfel dieser Entwicklung war Ende der achtziger Jahre erreicht, als einige der Genossenschaften Lambrusco sogar in Aluminiumdosen füllten und ihn auf dem amerikanischen Markt als Konkurrenz zu Coca-Cola plazieren wollten – ein absolutes kommerzielles Fiasko, wie man sich leicht vorstellen kann. Seine oft fast unangenehme Süße war dabei gar nicht immer das Produkt der Lambrusco-Trauben, sondern eher der weitverbreiteten Ancellotta, eines Massenträgers, dessen massive Verwendung in Lambrusco-Weinen der italienische Gesetzgeber zugelassen hatte.

Seit einiger Zeit hat man sich jedoch auch in der Emilia wieder auf die Qualitäten des echten Lambrusco besonnen. Kleinere Winzerbetriebe bieten unter den DOC-Bezeichnungen Lambrusco di Sorbara, Lambrusco di Castelvetro und Lambrusco Salamino di Santa Croce wieder Weine mit der typischen fruchtig-bitteren Note an, die relativ trocken ausgebaut sind und dann tatsächlich zur einheimischen Küche passen.

Nur sehr wenige Weingüter in der Emilia-Romagna bringen so exzellente Weine hervor wie Castelluccio bei Modigliana.

TOSCANA

TOSKANA

Carrara
Massa
Pistoia
Viareggio
Lucca
Prato
Mugello
Pisa
Arno
Florenz
Prato-
magno
Livorno
Ponte-
dera
San
Miniato
Arezzo
San Gimignano
Siena
Cortona
Toskana
Montepulciano
Piombino
Mte. Amiata
1738 m
Grosseto
Maremma
Orbetello

Ausgewogen, einfach, bodenständig und doch raffiniert – das ist die Küche der Toskana. Ohne großes Aufsehen ist sie geradlinig, ehrlich und dennoch voller Witz und Ironie – eben wie die Menschen, die hier leben. Sanfte Hügel, Olivenhaine und stille Berge duften nach Laub und Kräutern. Der Geruch von frisch gehacktem, harzigem Holz liegt bereits in der Luft, bevor das Feuer für die gegrillten oder am Spieß gerösteten Fleisch- und Wildspezialitäten angefacht wird. Die kulinarische Kultur der großen Städte präsentiert sich zwar etwas luxuriöser als die ländliche Küche, doch das heißt nicht, daß hier mit üppigen Gerichten wie in der benachbarten Emilia-Romagna aufgewartet wird. In Florenz etwa besteht der Luxus lediglich in einem besonders schönen Stück Fleisch, der *Bistecca alla fiorentina,* oder einem *Spiedino toscano,* einem mit Olivenöl und Rosmarin gewürzten Fleischspieß. Ansonsten pflegt man auch hier die toskanischen und streng an den Ideen der noch heute hochgehaltenen italienischen Renaissance orientierten Grundwerte der Einfachheit, Klarheit und Natürlichkeit. Übertrieben verfeinerte Gerichte wird man kaum finden, und selbst in den besten Restaurants wird die obligatorische Suppe in rustikalen Tonschalen serviert. Auf dem Lande pflegt man die schnörkellose Küche erst recht. Hier beherrschen Hülsenfrüchte, Brot, Käse, Gemüse und frisches Obst den Speiseplan. *Ribollita, Panzanella, Pappa col pomodoro* – all das sind typische Gerichte der abgelegenen, bäuerlichen Toskana. Das bewußt salzlos gebackene Brot, das als neutrale Beilage zu den köstlichen Wurstwaren ebenso gut schmeckt wie zu kräftigem Pecorino, ist hier wirklich noch ein Grundnahrungsmittel, das die Toskaner den ganzen Tag hindurch begleitet. Doch trotz aller Bescheidenheit der Zutaten wird niemand behaupten, die toskanische Küche sei ärmlich oder gar langweilig. Denn die Geduld und das Können der Köche ist sprichwörtlich. Selbst die zeitaufwendigste Spezialität wird liebevoll und stets getreu der Traditionen zubereitet. Bei aller Bodenständigkeit leisten sich die toskanischen Gourmets jedoch auch eine kleine Eitelkeit. Sie behaupten unumwunden, das weltberühmte italienische Eis sei hier erfunden worden. Angeblich hat es sich der Renaissance-Architekt Bernardo Buontalenti während der Planung der Befestigungsanlagen von Forte Belvedere einfallen lassen, um damit die Bankette zu bereichern. Die in den anderen Teilen Italiens geteilte Auffassung, die Araber hätten das Eis mit nach Sizilien gebracht, von wo es sich über die gesamte Halbinsel verbreitete, stößt in der Toskana auf taube Ohren.

Vorhergehende Doppelseite: *Panforte senese* ist eine altehrwürdige Spezialität aus Siena. Erste Erwähnungen des süßen Gewürzbrotes gehen auf das 13. Jahrhundert zurück.

Links: Die toskanische Landschaft wird von sanften Hügeln, Olivenbäumen und Weinstöcken geprägt.

BROT

Dante Alighieri, der große Dichter des 13. Jahrhunderts, wurde als kaisertreuer Ghibelline 1302 von den wieder an die Macht gelangten papsttreuen Guelfen aus Florenz verbannt. Schließlich fand der Exilierte Aufnahme in Ravenna, wo er bemerkte »wie salzig das Brot anderer« sei. Abgesehen von der Metapher, die sich möglicherweise hinter dieser Aussage verbirgt, erkennt der Küchenhistoriker hierin sofort einen Hinweis auf den Unterschied zwischen toskanischem und sonstigem mittelitalienischen Brot. Offensichtlich buken die Toskaner bereits im Mittelalter ihr Landbrot *pane sciocco* strikt ohne das sehr kostspielige Salz. Schon damals vertraten die Toskaner wohl die Meinung, daß Brot überhaupt nicht gesalzen zu werden brauche, denn es fungiere schließlich als Beilage von an sich salzigen Spezialitäten wie Wurst, Käse oder Fleischgerichten.

Noch heute ist Brot ein toskanisches Grundnahrungsmittel. Nudeln und Reis gab es früher nur zu besonderen Anlässen, und daran hat sich nicht viel geändert. Bis vor kurzem war es auf dem Lande üblich, einmal in der Woche den großen, freistehenden Backofen einzuheizen und das Brot des ganzen Dorfes zu backen, während die Familien in der Stadt ihren Brotteig zum Bäcker trugen. Das Entgelt für diese unverzichtbare Dienstleistung war sogar gesetzlich festgelegt.

Brot begleitet den Toskaner den ganzen Tag hindurch. Morgens zum Frühstück wird es in den Milchkaffee getunkt, und vor dem Mittagessen regt es als geröstete *bruschetta* oder fein garnierter *crostino* den Appetit an. Knuspriges Brot mit ein paar Tropfen besten Olivenöls ist ein herrlicher Imbiß. Doch auch in der Küche findet Brot Verwendung. Als Zutat steckt es im *Cacciucco,* der traditionellen Fischsuppe, es gehört in Gemüsegerichte, wird auf *pinci,* den hausgemachten Spaghetti, zerkrümelt und bildet eine rustikale Ergänzung zu Bohnen und Kohl. Am Ende der Mahlzeit verführt es dazu, ein wenig Pecorino zu essen, oder schmeckt zu getrockneten Feigen, Nüssen und frischen Trauben. Nachmittags wird das Brot in Wein getunkt, gebuttert oder gezuckert.

Entsprechend groß ist die Auswahl an Brotsorten. Aus den verschiedensten Mehlmischungen werden Landbrote, Vollkornbrote, feine Weizenbrote, Maisbrote und viele andere Spezialitäten gebacken. Sie kommen als *rondeggiante* (runder Brotfladen), als *bozza* oder *pagnotta* (runder, hoher Laib) oder als *filone* (längliche Brotstange) daher. Die zarte *semella* eignet sich für das Frühstück oder einen leichten Imbiß, die *fiorentina* ist eine schmackhafte Brezel, und die *schiacciata all'olio* bezeichnet ein flaches, mit Öl beträufeltes Fladenbrot.

Bozza und *filone,* die beiden gängigsten Sorten, müssen eine knusprige Rinde und eine lockere, löchrige Krume haben, nur dann gelten sie als gelungen. In der Toskana sagt man nämlich *pan bucato e cacio serrato,* was soviel heißt wie »Brot braucht Löcher, Käse nicht«.

Die ansonsten in Italien allgegenwärtige *pasta secca* oder *pasta fresca* spielt in der traditionellen toskanischen Küche eine eher untergeordnete Rolle. So wächst auch in der toskanischen Kornkammer, der Crete, vor allem *grano-tenero*-Weizen – Weichweizen für das allgegenwärtige Brot.

Bruschetta

Geröstetes Brot mit Tomaten
(Abbildung unten)

4 Scheiben Toskana-Brot (Weissbrot)
2 Tomaten
1 Bund Basilikum, grobgehackt
Salz und Pfeffer
1 Knoblauchzehe
3 EL Olivenöl extra vergine

Die Brotscheiben im Toaster oder auf dem Grill rösten. Die Tomaten in kleine Würfel schneiden und in einer Schüssel mit dem grobgehackten Basilikum vermischen. Salzen und pfeffern. Die gerösteten Brotscheiben mit Knoblauch einreiben, Tomaten-Basilikum-Mischung darauf verteilen und reichlich mit Olivenöl beträufeln.

Crostino
Geröstetes Brot mit Geflügelleber

1 kleine Zwiebel
3 EL Olivenöl
250 g Geflügelleber
1 Glas trockener Marsala oder Vin Santo
Salz und Pfeffer
50 g Sardellenfilets
50 g Kapern
50 g Butter
Toskana-Brot (Weissbrot) in Scheiben

Zwiebel fein hacken und in Olivenöl andünsten. Geflügelleber in Stücke schneiden, zu den Zwiebeln geben und einige Minuten anbraten. Marsala oder Vin Santo angießen und so lange köcheln, bis die Flüßigkeit nahezu verdunstet ist. Die Geflügelleber salzen, pfeffern und weitere 5 Min. braten. Leicht abkühlen lassen, dann zusammen mit den Sardellenfilets, den Kapern und der Butter in den Mixer geben und sehr fein pürieren. Brotscheiben im Ofen rösten und dick mit der Geflügelleber-Paste bestreichen.

Panzanella
Brotsalat

500 g altbackenes Toskana-Brot (Weissbrot)
Salz
5 reife Tomaten
1 rote Zwiebel
1 Gurke
1 Bund Basilikum
3–4 EL Olivenöl extra vergine
Pfeffer
1–2 EL Weinessig

Das Brot in kleine Stücke schneiden und in kaltem Wasser mit 1 Prise Salz einweichen. Wenn es sich gut vollgesogen hat, ausdrücken und in eine Salatschüssel geben.
Tomaten würfeln, Zwiebel und Gurke kleinschneiden und zugeben. Das Basilikum grob hacken und ebenfalls unter das Brot mischen. Mit reichlich Olivenöl beträufeln, mit Salz und Pfeffer abschmecken und in den Kühlschrank stellen. Vor dem Servieren den Weinessig zugeben und noch einmal gut durchmischen.
Dieses einfache, sommerliche Gericht wird auf dem Lande sehr häufig zubereitet, um übriggebliebenes Brot zu verwerten.

Pappa al pomodoro
Tomatensuppe mit gerösteten Brotwürfeln

4 EL Olivenöl
1 Zwiebel
3 Knoblauchzehen
750 g Tomaten
1 l Hühnerbrühe
Salz und frisch gemahlener schwarzer Pfeffer
250 g altbackenes Toskana-Brot (Weissbrot) ohne Rinde
einige Basilikumblätter

Die Hälfte des Olivenöls in einem großen Topf erhitzen. Zwiebel und Knoblauch schälen, fein hacken und im heißen Öl glasig dünsten. Tomaten blanchieren, enthäuten und in Würfel schneiden. Die Tomaten zu der Zwiebel-Knoblauch-Mischung in den Topf geben und 5 Min. dünsten. Dann nach und nach die Brühe angießen. Mit Salz und Pfeffer abschmecken und 30 Min. kochen lassen.
Das restliche Olivenöl in einer Pfanne erhitzen, das Brot in kleine Würfel schneiden und im heißen Fett rösten. Die Basilikumblätter hacken.
Die Suppe in Teller füllen und mit den gerösteteten Brotwürfeln und dem Basilikum bestreuen. Sofort servieren.

Pan di granturco
Pan di granturco besteht wie die *ciaccia* der Maremma aus Maismehl.

Filone
Der *filone* ist der klassische, ungesalzene Brotlaib der Toskana.

Pane classico integrale
Das ungesalzene *classico integrale* aus Grießmehl hat eine sehr knusprige Kruste.

Pan di ramerino
Pan di ramerino, Rosmarinbrot, wurde früher in der Karwoche gebacken. Die Laibe wurden mit einem Kreuz verziert und von den *semellai,* den fahrenden Brothändlern, an den Kirchenportalen verkauft. Der Teig wird mit Zukker, Rosinen und gehackten Rosmarinnadeln verfeinert. Da dieses Brot sehr nahrhaft ist, aß man es bald nicht mehr ausschließlich an Ostern, sondern brachte es das ganze Jahr über auf den Tisch. Noch heute ist es sehr beliebt.

Schiacciatina
Die *schiacciatina* besteht wie die *spolettina* aus gesalzenem Teig und wie die *treccina* aus feinem Weizenmehl, Hefe und Olivenöl und ist ein kleines Tafelbrot.

Pane con i grassetti
Dieses Brot ist typisch für die Garfagnana. Der Teig wird mit Schweinegrieben versetzt.

Pane con l'uva
In der Lombardei bezeichnet *pane con l'uva* kleine Laibe oder Brötchen, die vornehmlich an Ostern gegessen werden. In der Toskana dagegen stellt man dieses Traubenbrot her, indem man den Teig wie eine klassische *schiacciata* auf einem Blech ausrollt, üppig mit roten Trauben belegt und mit Zucker bestreut. Hier ist es ein typisches Brot der Herbstmonate. Während der Erntezeit wird es gern anstelle von Süßigkeiten gereicht. In manchen Gegenden kombinieren die Toskaner es mit frischen Feigen.

Toskanische Brotvielfalt

Die toskanische Begeisterung für Brot und Brotspezialitäten ist geradezu unerschöpflich. Neben den genannten Sorten gibt es *pane pazzo,* das »verrückte« Brot mit Pfeffer, *pane di Radicofani* mit Trauben, Honig und Pfeffer, *pan co santi,* das Brot der Heiligen mit Nüssen, Rosinen, Mandeln, Honig, Pfeffer und Öl, *pane dicembrino,* das Dezemberbrot mit Rosinen, Nüssen, Honig und Kürbis, *ciambella di quaresima* oder *quaresimali,* die Fastenbrezel, ganz abgesehen von den diversen Keksen und den vielen Arten des Gewürzbrotes *panforte.*

Carsenta lunigianese
Das Brot aus der Lunigiana, wird im Topf auf einer Schicht von Kastanienblättern gebacken. Es wird am Karfreitag gereicht.
Ciaccia
Das Brot aus der Maremma besteht aus Maismehl und gilt als Brot der Armen.
Donzelle
Um *donzelle* herzustellen, wird der Brotteig mit dem Nudelholz ausgerollt, danach in Rauten geschnitten und schließlich in Olivenöl fritiert. In der Gegend um Prato heißen diese kleinen Brote *ficattole,* und in der Lunigiana werden sie als *sgabei* verkauft.
Fiandolone
Fiandolone war das Brot der Waldarbeiter und Köhler vom Monte Amiata. Der Teig wird aus süßem Kastanienmehl angerührt und, mit feingehackten Rosmarinnadeln bestreut, im Ofen gebacken.
Pan maroko
Pan maroko besteht zu gleichen Teilen aus Weizen- und Maismehl. Der Teig wird mit Öl, Wasser und Hefe angerührt und mit Rosinen und Pinienkernen verfeinert.
Panigaccio
Panigaccio ist eine Spezialität der *lunigiana.* Der Teig aus Weizenmehl, Wasser und Salz wird in rotglühenden Tiegeln gebacken und mit geriebenem Käse und einem Hauch Öl serviert.
Panina gialla aretina
Das gelbe Brot aus der Gegend von Arezzo wird wie die sehr fetthaltige *panina unta* in der Osterzeit gegessen. Man verfeinert es gern mit Rosinen, Safran und Gewürzen und serviert es zu Eiern, die vorher in der Kirche geweiht worden sind.
Panini di San Antonio
Diese süßen Brötchen werden auf dem Lande am Festtag des Heiligen Antonius, dem 17. Januar, gegessen, allerdings erst, wenn sie am Morgen zusammen mit den Tieren und den Feldern ihren kirchlichen Segen erhalten haben.
Schiacciata
Schiacciata wird aus Brotteig hergestellt, den man auf dem Backblech ausrollt, mit Olivenöl bestreicht und großzügig salzt. Phantasievoll werden die Fladen mit Grieben, Gewürzkräutern, Kartoffeln und Tomaten variiert.

MYTHOS ÖL

Der Sage nach konnten sich Athene und Poseidon nicht einigen, wer über Attika herrschen sollte. Göttervater Zeus wurde als Schiedsrichter berufen. Er teilte den Streithähnen mit, daß er die- oder denjenigen zum Sieger erklären würde, der ihm die für die Menschheit nützlichste Erfindung präsentieren könne. Daraufhin befahl Athene der Mutter Erde, einen neuen und außergewöhnlichen Baum wachsen zu lassen, und es entstand der Ölbaum. Zeus war sehr zufrieden und verkündete, daß die Göttin gewonnen habe.
Der Ölbaum stammt ursprünglich aus dem Gebiet zwischen dem Pamir und Turkestan. Von dort aus verbreitete er sich vor 5 000 Jahren über den gesamten Mittelmeerraum und prägte nicht nur die kulinarischen Gepflogenheiten der hier ansässigen Völker, denn der Ölbaum wurde in vielen Regionen auch im religiösen Kult verehrt. Seine Zweige und Früchte, aber auch sein Öl galten als Symbole des Lebens, der Fruchtbarkeit und des Lichts. Besonders in Griechenland hatte der Baum einen hohen Stellenwert. Das Ehebett von Odysseus und Penelope stand der Sage nach in dem ausgehöhlten Stamm eines Ölbaums und die Götterstatuen – von Zeus bis Athene – wurden mit dem kostbaren Öl eingerieben, um die Gottheiten in ihren Standbildern festzuhalten. Griechische Athleten salbten sich mit Olivenöl, und die Sieger der Olympischen Wettkämpfe wurden mit den Zweigen des Ölbaums bekränzt. Die Spartaner betteten ihre Toten auf den Blättern des Olivenbaums zur letzten Ruhe.
Im kaiserlichen Rom entstand um die Olive eine regelrechte Industrie. Das Olivenöl bekam sogar eine eigene Warenbörse, die *arca olearia,* um den schwunghaften Handel zu bewältigen. Plinius berichtet, daß nicht weniger als 15 Sorten zum Verkauf standen.
Die religiöse und wirtschaftliche Bedeutung des Olivenbaums war so groß, daß auch das Christentum ihn nicht ignorieren konnte. Der Ölzweig wurde zum Friedenssymbol, und das Öl selbst fand Verwendung in den Riten, wie etwa in der Letzten Ölung.
Bereits der griechische Arzt Hippokrates hatte den Einsatz von frischem Olivenöl bei verschiedenen Krankheiten empfohlen. Nach dem Untergang des römischen Reichs, als der Olivenanbau weitgehend brach lag, experimentierte man in den Klöstern weiter. Das Öl ließ sich zu Hautpflegemitteln verarbeiten, es linderte zuverlässig den von Brennesseln hervorgerufenen Juckreiz, half gegen Kopfschmerzen, Bauchweh, Ohrenentzündung und notfalls auch gegen den »bösen Blick«. Regelmäßiges Kauen eines Olivenblattes stärkte das Zahnfleisch und hielt die Zähne weiß.
Heute sind die gesundheitlichen Vorteile des Olivenöls wissenschaftlich bewiesen. Es ist leicht verdaulich, wirkt positiv auf Magen und Darm, schützt vor Erkrankungen des Herz-Kreislauf-Systems und spaltet sich – im Gegensatz zu tierischen und anderen pflanzlichen Fetten – auch beim Erhitzen nicht in schädliche Substanzen auf.

Rechts: Der Echte Ölbaum oder Olivenbaum *(Olea europaea)* kann 10 bis 16 Meter hoch und über 1 000 Jahre alt werden. Im Frühjahr öffnen sich die weißen Blüten.

TOSKANISCHES OLIVENÖL

Bereits im 4. Jahrhundert ließen sich florentinische Händler Olivenöl aus Apulien und Kampanien liefern, das sie entweder in ihrer Heimatstadt direkt verkauften oder aber zu einer speziellen Seife für die Wollindustrie weiterverarbeiteten. Aufgrund der hohen Ölpreise und der Schwierigkeiten, genügend Ware auf den europäischen Märkten aufzutreiben, sah man im Laufe der Zeit jedoch ein, daß es wohl sinnvoller wäre, sein eigenes Öl direkt in der Toskana zu produzieren. Um den bis dahin spärlichen Bestand an Ölbäumen zu vergrößern, wurden sogar staatliche Maßnahmen ergriffen. Besitzer von Olivenhainen wurden aufgefordert, ihre Pflanzungen je nach Größe um zwei oder vier Ölbäume jährlich zu erweitern. Die Medici förderten den Olivenanbau in ganz besonderem Maße. Ihren landschaftsplanerischen und wirtschaftlichen Initiativen ist es zu verdanken, daß selbst heutzutage die Toskana nicht nur ein wunderschöner Landstrich, sondern auch ein bedeutender Ölproduzent geblieben ist. Die wirksamste Förderungsmaßnahme der Medici bestand darin, die Abtretung hügeliger, bewaldeter Parzellen an die Gemeinden voranzutreiben, damit diese sie zu einem attraktiven Preis und unter der Bedingung des ausschließlichen Anbaus von Weinstöcken und Ölbäumen an die Bauern verpachten konnten. Da sich diese Agrarpolitik als äußerst erfolgreich erwies, wurde im frühen 16. Jahrhundert toskanisches Öl sogar in andere Regionen exportiert. Seither hat man den Olivenanbau stetig erhöht. In der zweiten Hälfte des 19. Jahrhunderts wurden zum Beispiel die großen Olivenhaine der Maremma und des Val di Chiana angelegt. Die meisten Pflanzungen befinden sich jedoch nach wie vor in den Hügelketten um Florenz, die sich von Siena und Arezzo bis ins Tiefland von Pistoia und das Umland von Lucca und Carmignano erstrecken. Insbesondere nach dem Frost von 1985 nutzten die Landwirte die Gelegenheit, ihre erfrorenen Ölbäume durch geeignetere und nach landwirtschaftlichen Erkenntnissen »modernere« Sorten zu ersetzen. Auch die anfänglich betriebene Mischkultur aus Weinstöcken und Ölbäumen hat man nach und nach aufgegeben und setzt inzwischen eher auf Monokulturen.

In der Toskana werden vor allem die Sorten Frantoio, Leccino, Moraiolo und Pendolino angebaut. Jede Gegend hat ihre eigenen Methoden und Traditionen, die Haine zu bestellen und eine gute Ernte zu sichern, denn die Ölproduktion verlangt vor allem Gewissenhaftigkeit und Erfahrung. Die Eigenschaften, die das fertige Olivenöl später aufweisen wird, hängen hauptsächlich vom Klima und von der Erntezeit der Oliven ab. Ein Öl aus milden, meist am Meer gelegenen Klimazonen, wie etwa um Lucca oder Grosseto, schmeckt weicher, runder, und der typisch erdige Geschmack tritt nicht so deutlich hervor. In den hügeligen Gegenden hingegen und im Vorapennin, wo die Temperaturen niedriger liegen, werden die Oliven nicht so reif. Sie geben ein würziges, fruchtiges Öl mit einem leicht bitteren Geschmack, das dennoch ausgewogen und körperreich ist. Die grüneren Ölsorten werden aus Oliven gewonnen, die »noch nicht dunkel geworden sind«, wie man hier sagt, also relativ unreif geerntet werden. Die Qualität eines Olivenöls wird nach seinem Gehalt an freier Ölsäure bestimmt. Der Säuregehalt bei einem *Olio d'oliva extra vergine* darf einen Prozent nicht überschreiten. Die Werte der besten Öle liegen allerdings noch niedriger, nämlich zwischen 0,2 und 0,5 Prozent. Sie sind transparent, leuchten goldgrün und haben einen vollen, ausgeprägten Geschmack. Gelegentlich weisen sie ein zartes Mandelaroma auf oder duften ganz leicht nach Apfel, Artischocke oder Paprika.

Moraiolo
Moraiolo ist eine der bedeutendsten Olivensorten. Sie stammt aus der Toskana, hat sich aber in ganz Mittelitalien behauptet, insbesondere in der Gegend um Spoleto in Umbrien. Moraiolo gibt ein typisch fruchtiges Öl mit intensivem Aroma und hinterläßt einen leicht bitteren und pikanten Nachgeschmack.

Frantoio
Frantoio ist eine Olivensorte, die ein sehr fruchtiges Öl ergibt. Es hat einen sehr »olivigen« Geschmack, ist dabei jedoch nicht aggressiv und schmeckt auch nicht bitter oder pikant nach. Die Haltbarkeit dieses smaragdgrünen Öls kann durch die Beimischung von Moraiolo und Leccino noch verbessert werden.

Leccino
Aus der Olivensorte Leccino läßt sich ein ausgesprochen mildes, goldgelbes Öl mit zartem Mandelaroma herstellen. Der Charakter dieses Olivenöls ist allerdings nicht besonders stark ausgeprägt, so daß es schnell verflacht. Man versetzt Leccino deshalb gern mit dem besser haltbaren Moraiolo. Umgekehrt profitieren Moraiolo-Öle von einer Leccino-Zugabe, denn sie werden dadurch sehr viel milder, ohne ihre äußerst ausgeprägten Eigenschaften zu verlieren.

Pendolino
Die Sorte Pendolino wird vor allem in der Provinz Florenz als Ergänzung in den Olivenhain aufgenommen und fungiert als Bestäuber. Sie ergibt ein Öl, das dem Leccino sehr ähnlich ist, aber weniger Körper aufweist. Man setzt es in kleinen Mengen den Mischungen aus anderen Sorten zu, um die jeweiligen Eigenschaften zu mildern oder zu betonen, denn es wirkt harmonisierend. Die hohe Kunst der Ölherstellung besteht also auch in der Festlegung der richtigen Mischung.

OLIVENERNTE

In den Wochen zwischen Anfang November und Mitte Dezember werden die Früchte des Ölbaums geerntet. Der genaue Zeitpunkt der Ernte muß sorgfältig gewählt werden, denn die Oliven sollen nicht zu unreif, aber auch nicht völlig durchgereift sein. Auch heute noch wird oft von Hand geerntet. Die abgezupften oder mit einem speziellen Rechen vorsichtig »abgekämmten« Oliven fallen auf Nylonplanen, die vor der Ernte unter den Bäumen ausgelegt wurden. Manche Olivenbauern setzen jedoch auf Technik statt auf Handarbeit und ernten mit Hilfe einer Rüttelmaschine. Dabei erfaßt ein Gelenkarm den Olivenbaum, schüttelt ihn und fängt die Früchte in einem Schirm auf. Die Oliven werden abgesaugt und von Stielen und Blättern befreit. Diese Erntemethode kann allerdings nur in speziell dafür ausgelegten Hainen angewendet werden. Ob maschinell oder manuell geerntet – Oliven müssen so rasch wie möglich eingesammelt und zur Ölmühle gebracht werden, denn wie bei der Weißweinherstellung drohen Oxidation und unkontrollierte Gärung. In der Ölmühle werden die Früchte von Blättern und Stielen getrennt und anschließend gewaschen. Danach werden sie im Kollergang von schweren Granitmahlsteinen zerquetscht. Es gibt zwar durchaus modernere Geräte, doch in der Toskana hält man an den steinernen Ungetümen fest, da sie auch mit den härtesten Olivenkernen spielend fertig werden und so einen sehr gleichmäßigen Olivenbrei garantieren. Nach dem Mahlen wird der Brei »geknetet«, das heißt langsam und vorsichtig umgerührt. Anschließend streicht ihn der Ölmüller in etwa zwei Zentimeter dicken Schichten auf die bereitliegenden Preßmatten, die dann in einem entsprechenden Gestell aufgestapelt werden. Eine hydraulische Presse übernimmt nun den Preßvorgang. Das Gemisch aus Öl und Wasser tritt an den Rändern der Matten heraus und wird aufgefangen. In einer Zentrifuge wird das Wasser abgeschieden. Das frische Öl wird in Terrakotta-Krüge oder in den modernen Mühlen in Stahltanks gefüllt und hat, geschützt vor Lichteinwirkung und Temperaturschwankungen, 30 bis 40 Tage Zeit zum Klären. Danach wird es noch einmal gefiltert.

Inzwischen gibt es einige Ölmühlen, die nicht mehr in allen Schritten nach dem traditionellen System arbeiten. Zwar werden auch in einer solchen modifizierten Produktion die Oliven zunächst zerquetscht, doch der Brei kommt danach nicht in die althergebrachte Presse, sondern wird bei hohen Umdrehungszahlen geschleudert. Die dabei austretende Mischung aus Öl und Wasser wird anschließend in einer Zentrifuge weiterverarbeitet, bis sich das reine Öl abscheidet.

Die jungen Oliven reifen den Sommer und den Herbst hindurch am Baum. Erst im Winter beginnt die Erntezeit.

Riesige Mahlsteine aus Granit zerquetschen sogar die harten Kerne.

Unten: Die Ernte von Hand ist zwar langwierig, hat aber den Vorteil, daß die Früchte nicht beschädigt werden.

Qualitätsstufen

Olio d'oliva extra vergine
Natives Olivenöl extra, Öl aus der ersten Pressung, beste Qualität.

Olio d'oliva vergine
Natives Olivenöl, Öl der zweiten und dritten Pressung, immer noch sehr gute Qualität.

Olio d'oliva
Olivenöl (auch reines Olivenöl), gemischt aus nativem und raffiniertem Öl.

Olio di sansa d'oliva
Oliventresteröl, meist ausschließlich Öl aus Tresterrückständen, gewonnen mit Hilfe von Lösungsmitteln.

Jetzt wird der Olivenbrei auf runde Matten gestrichen. Der Mattenstapel wird gepreßt. Sobald die Presse Druck auf den Mattenstapel ausübt, tritt das Öl aus.

In den Marken kultiviert man zahlreiche Olivensorten. Das ausgewogene Öl zählt zu den besten Italiens.

Das scharfe, fruchtige Öl Apuliens wird aus vollreifen und daher sehr säurehaltigen Oliven gewonnen.

Toskanische Öle schmecken – je nach Herkunft – würzig, nussig und manchmal pfefferig.

Wie das apulische ist auch das sizilianische Olivenöl kräftig und scharf, aber dennoch fruchtig schmeckend.

Das feine Olivenöl aus Umbrien duftet zart nach Kräutern und hat einen ausgeprägten Grünton.

Das Olivenöl aus Molise ist grünlich mit gelben Reflexen. Fein im Geruch, hat es einen weichen Geschmack.

Das smaragdgrüne Olivenöl aus den Abruzzen hat einen fruchtigen Geruch und einen kräftigen Geschmack.

Florenz um 1480, Kopie der Carta della Catena (Ausschnitt), Museo di Firenze com'era, Florenz

Katharinas Köche

Als Katharina de' Medici im September des Jahres 1533 in Portovenere an Bord des Schiffs ging, das sie zu ihrer Vermählung mit Heinrich II. von Frankreich bringen sollte, hatte sie eindeutig mehr als ein Übernachtungsköfferchen dabei. Sicherheitshalber nahm die Florentinerin nicht nur ihre Kleidertruhen und Schmuckkassetten mit, sondern auch zahlreiche Proviantbehälter. In ihrem fürstlichen Gefolge befanden sich neben den immer wieder vermuteten Giftmischern auch Küchenjungen, Mundschenke, Bäcker, Zuckerbäcker und sehr fähige Köche.

Katharinas Skepsis gegenüber der französischen *cuisine* war übrigens durchaus berechtigt, denn im beginnenden 16. Jahrhundert war es um die kulinarische Kultur an der Seine traurig bestellt. Der französische Hof hielt noch immer an den lukullischen Glaubenssätzen des Mittelalters fest, denen zufolge ein Mahl den Reichtum des Hauses widerspiegeln sollte, eine exotische, weil teure Zutat mehr galt als ein frisches einheimisches Produkt, die Speisen von aufwendigsten Zubereitungsprozessen und wahren Würzorgien gequält wurden und am Ende ein heiteres Gesellschaftsspiel stand: »Woraus mag sich wohl dieses Gericht zusammensetzen?«. Zwar war einige Jahre zuvor das Hauptwerk der italienischen Eß- und Tafelkultur, Bartolomeo Sacchis Bearbeitung des »Liber de Arte coquinaria« von Maestro Martino ins Französische übersetzt worden, und der auch unter dem Namen Platina bekannte Humanist hatte sich in seiner Abhandlung »De honesta voluptate et valetudine« außerdem redlich bemüht, die Regeln des gepflegten Speisens verständlich zu machen, doch in Frankreich wußte man damit nicht so recht etwas anzufangen.

Dies änderte sich schlagartig, als Katharina die politische und kulinarische Bühne betrat. Durch ihre Einheirat, die durch das diplomatische Geschick von Papst Klemens VII. meisterhaft eingefädelt worden war, kam endlich Licht in die trüben Saucen der französischen Köche. Katharina, die selbst gern aß und deren Neuerungen nichts mit Askese zu tun hatten, schaffte die Unsitte ab, Süßes und Saures, Scharfes und Salziges gleichzeitig auf den Tisch zu bringen, und regte statt dessen an, Speisen, die tatsächlich zusammenpaßten, miteinander zu servieren. Strukturlose Freßgelage gehörten jetzt der Vergangenheit an, und die Gastmahle wurden zu einer Zeremonie der feinen Gerichte, der Eleganz und des guten Tons bei Tisch. Schwere Pokale mußten eleganten Gläsern aus Venedig weichen, und aus dem italienischen Faenza importierte man glasierte Tonwaren, die sogenannten Fayencen. Selbst den Gebrauch der Gabel führte Katharina ein, wenn auch mit geringem Erfolg bei ihrem Ehemann, aber mit um so größerem bei ihrem Sohn, Heinrich III.

Darüber hinaus verbesserte Katharina den Ruf der »billigen« Grundnahrungsmittel wie Öl oder Bohnen und favorisierte Zubereitungen und Spezialitäten wie Perlhuhn mit Eßkastanien, Frikassee, Schmorbraten, Pasteten, Sorbets und einen Likör, der nach dem Rezept des Klosters Murate hergestellt wurde. Sie brachte Spinat nach Florentiner Art in Mode, ließ jede Menge Artischocken für ihren Gemahl zubereiten und soll, schenkt man einigen Behauptungen Glauben, sogar die Trebbiano-Rebe eingeführt haben. In anderen Quellen wird allerdings behauptet, daß die Medici-Tochter im Gegenzug die Cabernet-Traube von Frankreich in die Toskana schmuggelte.

Kurz und gut, wer in Paris etwas auf sich hielt, bemühte sich, Katharinas Vorgaben nachzuahmen und dinierte *à la mode de la Reine Catharine.* Die küchentechnischen Impulse dankte man ihr noch Jahrhunderte später. Kein geringerer als Antoine Carême (1784–1833), der begnadete Koch Kaiser Napoleons und Talleyrands, war der Ansicht, daß die französischen Küchenmeister die Koch- und Backkunst erst von Katharinas italienischen Köchen lernen mußten, bevor sie daraus die große, französische *cuisine* entwickeln konnten.

Santi di Tito (1536–1603), *Bildnis von Caterina de' Medici, Königin von Frankreich,* 1585/86, Öl auf Holz, 142 x 118 cm, Galleria degli Uffizi, Florenz

Die Küche der Renaissance

Auch die kulinarische Renaissance in Italien wurzelt in der Wiederentdeckung der Antike. In den Küchen der Klöster und der inzwischen zu einigem Wohlstand gekommenen Adelspaläste besann man sich auf die Zeugnisse der griechischen und römischen Kochkunst, vor allem Apicius wurde zu einem oft studierten Autor. Köche und Bankettmeister versuchten nun auch in kulinarischen Dingen, die in der Renaissance hochgehaltenen Ideale von Ordnung, Proportion, Harmonie und Maß umzusetzen. Einflüsse von der Levante, mit der man schwunghaften Handel trieb, sowie aus der arabischen Besetzung Siziliens wurden bereitwillig und vorurteilsfrei aufgenommen. Während man im Mittelalter noch eine ausgeprägte Vorliebe für prestigeträchtige Gerichte hegte, die zuerst gekocht, dann gebraten und zum Schluß unter einer mit möglichst vielen teuren Gewürzen angereicherten Sauce begraben wurden, bemühten sich die Renaissanceköche um die Entwicklung unkomplizierter Rezepte und sanfter Garmethoden, die den Eigengeschmack der Zutaten eher unterstreichen als grob verändern sollten. Opulente Gewürzmischungen und kunstvoll verfremdete Speisen kamen also nach und nach außer Mode und statt dessen konnte jeder Gourmet erstmals ohne großes Rätselraten erkennen, was sich auf seinem Teller befand.

Auch wenn von nun an in Italien nach edel-einfachen Zubereitungen gestrebt wurde, bediente man sich doch nur sehr zögerlich aus der regionalen ländlichen Küche. Lieber adaptierten die Köche neue Zubereitungen aus fernen fremden Ländern. Toskanische Bauerngerichte wie Getreidebrei oder Gemüsepüree und derbe Zwiebeln oder scharfer Knoblauch galten als unfeine Speisen – und das sollten sie auch noch sehr lange bleiben, denn an den Kochtöpfen der weniger Privilegierten zog die Küchenrevolution fast spurlos vorbei.

Die Renaissance ist auch die Zeit, in der erstmals der Gedanke des Pathologischen mit der täglichen Nahrung in Verbindung gebracht wurde. Was bis dahin als selbstverständlich galt, wurde plötzlich von Ärzten und Physiologen beratschlagt, kommentiert, analysiert und letztendlich aus einem völlig neuen Blickwinkel betrachtet: Essen kann gesund machen, aber auch Krankheiten hervorrufen oder bestehende Leiden verschlimmern. So wie man den ins Zentrum des Interesses gerückten Menschen gemäß seiner heißen oder kalten, süßen oder sauren, dicken oder dünnen, grünen, schwarzen oder gelben Körpersäfte als Choleriker, Melancholiker, Phlegmatiker oder Sanguiniker einordnete, untersuchten die Gelehrten nun auch die speziellen Eigenschaften der Speisen und Zutaten nach ähnlichen Kriterien, um bestimmten Gruppen den Verzehr eines Gerichts oder einer Zutat ausdrücklich zu empfehlen oder aber ihnen davon tunlichst abzuraten.

Torta di zucca
Kürbiskuchen
(Abbildung Hintergrund)

500 g Kürbis
600 ml Milch
100 g Zucker
1 Msp. Ingwer
1 Msp. Zimt
3 Eier
1 Prise Safran
50 g Butter
500 g Blätterteig
1 EL Rosenwasser

Den Kürbis schälen. Das Fruchtfleisch in Stücke schneiden, fein raspeln und in 500 ml Milch 15 Min. kochen. Abgießen, gut ausdrücken und mit Zukker, Ingwer, Zimt, Eiern, Safran, Butter und 100 ml Milch mischen. Blätterteig zu zwei dünnen Kreisen ausrollen und einen davon auf ein mit Butter eingefettetes Backblech legen. Die Füllung auf dem Teig verteilen, mit dem zweiten Teigboden bedecken und diesen festdrücken. Im vorgeheizten Backofen bei 180 °C etwa 50 Min. backen. Den Kuchen mit Rosenwasser beträufeln und servieren.

Pesce impanato
Fisch im Teig
(Abbildung unten)

Für den Teig:
200 g Weizenmehl
1 TL Salz
250 ml Weissbier
2 EL Olivenöl
3 Eiweiss

600 g Fischfilets (z. B. Felchen, Egli)
Salz und Pfeffer
2 EL Zitronensaft
Öl zum Fritieren

Für den Teig Mehl und Salz mischen und das Bier unterrühren. Dann das Olivenöl einarbeiten und den Teig 30 Min. ruhen lassen. Anschließend die Eiweiße steif schlagen und behutsam unter den Teig ziehen.
Die Fischfilets waschen, halbieren. Salzen, pfeffern und mit Zitronensaft beträufeln. Die Filets im Teig wenden und im heißen Öl etwa 5 Min. knusprig ausbacken.

Tortellini rinascimentali
Tortellini mit Schweinefleischfüllung

Für den Teig:
600 g Weizenmehl
6 Eier
1/2 TL Salz

Für die Füllung:
50 g gepökeltes Schweinefleisch
300 g Schweinehack
50 g Parmesan, gerieben
50 g Proventura
1/2 TL Zimt
1 Msp. Pfeffer
1 Msp. Nelkenpulver
1 Msp. geriebene Muskatnuss
1 Prise Safran
1 EL Rosinen
1 EL feingehackte Petersilie
2 Eier
2 l Fleischbrühe
Parmesan
Zucker und Zimt

Für den Teig das Mehl auf die Arbeitsfläche häufen und in die Mitte eine Mulde drücken. Eier hineingeben und langsam zu einem Teig verkneten. Das Salz in 3 EL lauwarmem Wasser auflösen und tröpfchenweise zugeben. Den Teig etwa 1 Std. zugedeckt ruhen lassen.
Für die Füllung das Schweinefleisch kleinschneiden, mit dem Hackfleisch, Parmesan und *proventura* (eine Art geräucherter Mozzarella) vermengen und kurz anbraten. Gewürze, Rosinen, Petersilie und Eier zugeben, gut vermischen und etwas abkühlen lassen.
Den Teig auf der bemehlten Arbeitsfläche ausrollen und kleine Kreise ausstechen. In die Mitte eines jeden Kreises ein Häufchen Füllung setzen, ein weiteres Teigstück darauf legen und die Ränder fest zusammendrücken.
In der siedenden, aber nicht sprudelnd kochenden Fleischbrühe etwa 10 Min. gar ziehen lassen. Mit einem Schaumlöffel herausnehmen und warm servieren.
Dazu nach Belieben Parmesan, Zucker und Zimt zum Bestreuen reichen.

Zuppa di funghi
Pilzsuppe

200 g frische Edelpilze (z. B. Steinpilze, Morcheln)
500 ml süsser Weisswein
1/2 TL Pfeffer
100 ml Olivenöl
80 ml herber Most oder Cidre
Salz
Zucker
4 geröstete Weissbrotscheiben
250 ml Orangensaft
1/2 EL Zimt
5 Nelken

Pilze entstielen, in kaltes Wasser legen und mehrmals waschen. Die Pilze mit 250 ml Wein und dem Pfeffer aufkochen, abtropfen lassen und in mundgerechte Stücke schneiden. Das Öl in eine Pfanne geben und darin die Pilze langsam anschmoren. Den Most oder Cidre zugeben und mindestens 15 Min. köcheln lassen. Mit Salz und nach Belieben mit etwas Zucker abschmecken. Pilze mit reichlich Brühe in tiefe Teller geben.
Die gerösteten Brotscheiben in einen Topf zusammen mit 250 ml Wein, Orangensaft, Zimt, Nelken und 5 TL Zucker geben und kurz aufkochen. Die vollgesogenen Scheiben vorsichtig herausnehmen und über die Pilze legen. Warm servieren.

KRÄUTER

Bereits in der Antike wußte man, welche Kräuter zum Verzehr geeignet waren und welche Heilkraft besaßen. Der griechische Arzt Hippokrates hinterließ genaue botanische und heilkundliche Beschreibungen der entsprechenden Pflanzen, und auch der römische Gelehrte Plinius kannte sich nachweislich im Kräutergarten aus. Im Mittelalter war der Kräuteranbau auf einige kleine Klostergärten beschränkt, doch die antikebegeisterte Renaissance entdeckte die Bandbreite der Kräuter und ihre Bedeutung für Küche und Körper neu. Als sich Pisa und Padua im 15. Jahrhundert mit der Anlage von Kräutergärten hervortaten, wollte Florenz nicht abseits stehen, und Cosimo de' Medici ordnete umgehend die Schaffung der *Giardini dei semplici* an. Lucca und Siena schlossen sich dem Beispiel an. Das würzige Grün wurde schon bald zum Kult, denn schließlich ließ sich großer Nutzen für Leib und Seele aus den unscheinbaren Pflänzchen ziehen.

Petersilie galt als Stärkungsmittel, half gegen Nierenleiden, und, wie Plinius behauptet, heilte es sogar die Fische, wenn man es gehackt in den Teich streute. Basilikum kurierte Magenschmerzen und Übelkeit. Salbei wirkte antiseptisch, und Thymian bekämpfte den durch Trunkenheit verursachten Kopfschmerz. Rosmarin stärkte die Nerven, Pfefferminz belebte. Estragon half angeblich, Schlangenbisse zu überstehen. Borretsch brachte Seelentrost, Wagemut und Linderung bei Muskelzerrungen. Fenchel beruhigte Kinder – und so weiter und so fort. Verständlich, daß jeder von der Kraft der Kräuter profitieren wollte.

Heute wird den Küchenkräutern zwar keine allzu große heilkundliche Verantwortung mehr zugemutet, doch vom Herd sind sie keineswegs mehr wegzudenken. Besonders die Toskana ist ein Kräuterparadies, denn hier wachsen viele Arten wild, und in den Städten lassen die Anwohner es sich nicht nehmen, selbst auf dem kleinsten Balkon wenigstens Basilikum, Salbei und Rosmarin in Blumenkästen oder winzigen Tontöpfen zu ziehen, um die duftenden Blätter und Stengel jederzeit für ihren kulinarischen Einsatz parat zu haben.

Rechts: Kräuter spielen in der toskanischen Küche eine große Rolle. Die Marktstände bieten stets ein umfangreiches Sortiment an frischer Ware.

Fenchel
Fenchel *(finocchio)* wächst im Süden Italiens wild am Wegesrand. In der Küche können neben den Knollen auch die Stengel, Blätter und Samen verwendet werden. Fenchel paßt zu Schweinefleisch und würzt die toskanische *finocchiona*.

Petersilie
Einen Menschen, der keine Party und kein Ereignis ausläßt, beschreibt man in Italien als *come il prezzemolo,* wie die Petersilie, denn sie ist auch überall dabei. Das universelle Kraut wird nicht nur in der Toskana geliebt. Petersilie paßt gut zu Fisch, Salat, Gemüse und Pilzen, würzt aber auch Suppen und Innereien.

Minze
In der Toskana kommt vor allen die kleinblättrige Pfefferminzart *mentha nepetella* zum Einsatz. Man gibt die Blätter der Lippenblütergattung an Pilze und schmackhafte Schmorgerichte. Das würzige Kraut darf auch in manchen Salaten, Gemüsegerichten und verschiedenen Kräuterlikören nicht fehlen.

Basilikum
Basilikum *(basilico)* ist ein unverzichtbares Kraut der Mittelmeerküche. Sobald man es berührt oder seine Blätter abzupft, verströmt es seinen charakteristischen Duft. Basilikum gehört an den Salat, an Tomatensauce und an die typisch toskanische *bruschetta,* die kroß geröstete Brotscheibe.

Estragon
Huhn und Fisch schmecken mit Estragon *(estragone, serpentaria* oder *dragoncello)* besonders gut. Man benutzt das Kraut gern, um Essig zu aromatisieren. Die Blätter können aber auch in Tropfteig getunkt und in Öl ausgebacken werden. Der Legende nach wurde Estragon um 744 erstmals von den Franzosen in St. Antimo bei Montalcino angebaut.

Rosmarin
Der Lippenblüter Rosmarin *(rosmarino* oder *ramerino)* wächst in Italien wild. Die schmalen Blätter des Krauts passen zu Braten und Fisch genauso gut wie zu manchen Süßspeisen wie etwa dem *castagnaccio,* der köstlichen Kastanientorte aus der Maremma.

Thymian
Thymian *(timo)* ist ein Kraut für Fleischgerichte und harmoniert besonders gut mit Schwein, Lamm und Wild. Er wächst fast überall und kann ohne langes Suchen leicht gesammelt werden. Thymian würzt auch Saucen und wird in manchen Kräuterlikören verwendet.

Salbei
Salbei *(salvia)* begleitet alles Gebratene, ob Fisch oder Fleisch, und würzt die Marinade vieler Wildgerichte. Gebratene Salbeiblätter schmecken ebenfalls sehr gut.

Borretsch
Die Blüten des Borretsch *(borragine* oder *borrana,* wie die Toskaner sagen) verfeinern Salate. Seine Blätter lassen sich wie Spinat zubereiten oder auch braten.

PINZIMONIO

Die toskanische Küche liebt alles, was aromatisch duftet und knackig frisch auf den Tisch kommt. Kein Wunder also, daß nicht nur würzige Kräuter, sondern auch Gemüse jeglicher Art ganz hoch im Kurs stehen. Artischocken, Tomaten, Staudensellerie, Salatzwiebeln, Lauchzwiebeln, Spargel, Möhren, Paprikaschoten – all das wird zu schmackhaften Gerichten verarbeitet beziehungsweise gehört unbedingt auf die typisch toskanische Rohkostplatte *Pinzimonio.* Die Streifen von jungem Gemüse werden lediglich in eine Sauce aus bestem Olivenöl, Salz und Pfeffer getaucht – und schmecken einfach köstlich. Doch es liegt auf der Hand, daß der Genuß nur dann garantiert werden kann, wenn das Gemüse wirklich jung und frisch ist. In gemütlichen Restaurants reicht man *Pinzimonio* häufig als Vorspeise. Schon mancher hat sich daran so satt gegessen, daß er Mühe hatte, die folgenden Gänge zu bewältigen.

Rohes Gemüse mit kaltem Dip oder heißer Sauce wird auch in anderen Regionen Italiens serviert. Im Piemont tunkt man rohe oder kurz blanchierte Gemüsestreifen in eine heiße Zubereitung aus zerdrückten Sardellen und Knoblauch und nennt dieses Gemüsefondue *bagna caoda,* während die Latiner und Römer, ähnlich wie die Toskaner, eine schlichte, kalte Sauce vorziehen und das Gericht *Cazzimperio* getauft haben.

Pinzimonio

Gemüserohkost mit Dip
(Abbildung Hintergrund)

Staudensellerie
Möhren
Fenchel
Frühlingszwiebeln
Radieschen
Endivien
Paprikaschoten
Olivenöl extra vergine
Salz und Pfeffer

Gemüse waschen, in Streifen schneiden und auf einer großen Platte anrichten, die in die Mitte des Tisches gestellt wird. Für jeden Gast ein Schüsselchen mit Olivenöl, Salz und Pfeffer bereitstellen. Die Gemüse in das Olivenöl tunken und roh verzehren. Dazu frisches Toskana-Brot (Weißbrot) reichen.

GEMÜSE-SPEZIALITÄTEN

In der toskanischen Küche spielt Gemüse eine große Rolle. Die *Ribollita,* die Nochmals-Gekochte oder Aufgewärmte, trägt ihren Namen zu Recht, denn sie schmeckt – wie die meisten Eintöpfe – erst am zweiten Tag so richtig gut. In den toskanischen Landhäusern war es früher üblich, daß immer ein Tof mit dieser Gemüsesuppe auf dem Herd stand. Während man der *Ribollita* Speck und Schinkenknochen zugibt, präsentiert sich die *Acquacotta maremmana* als eine streng vegetarische Variante der Gemüsesuppe. Vielleicht ist ihr Name »Gekochtes Wasser« eine Anspielung auf ihre Magerkeit oder Fleischlosigkeit.
Die Florentiner sind ebenfalls große Gemüsefans. Ihre *Crespelle* füllen sie mit Mangold oder Spinat, begleitet von Ricotta und Parmesan, und ihre Kutteln, die berühmte *Trippa alla fiorentina,* garen sie zusammen mit Gemüse. Kutteln sind Teile des Wiederkäuermagens von Kalb oder Rind, wie Pansen, Netzmagen und Blättermagen. Die vorgesäuberte Ware kauft man am besten beim Metzger seines Vertrauens.

Fagioli all'uccelletto
Gedünstete Bohnen

600 g getrocknete Cannellini-Bohnen
300 g Tomaten
5 EL Olivenöl
3 Knoblauchzehen
4 Salbeiblätter
1 Peperoncino
Salz und Pfeffer

Am Vorabend die Bohnen in kaltem Wasser einweichen. Am nächsten Tag abgießen und in reichlich Wasser in etwa 2 Std. gar kochen. Die Tomaten blanchieren, enthäuten und würfeln. Das Olivenöl erhitzen und darin ungeschälte Knoblauchzehen, Salbei und Peperoncino andünsten. Tomaten zugeben und Peperoncino herausnehmen. Gut 10 Min. köcheln lassen, dann die Bohnen zugeben. Mit Salz und Pfeffer abschmecken und 15–20 Min. köcheln lassen.

Crespelle alla fiorentina
Pfannkuchen nach Florentiner Art

Für die Füllung:
300 g Spinat
200 g Ricotta
50 g Parmesan, gerieben
2 Eier
Salz und Pfeffer
geriebene Muskatnuss

Für den Teig:
60 g Weizenmehl
2 Eier
20 g Butter
125 ml Milch

Für die Béchamelsauce:
50 g Butter
50 g Weizenmehl
500 ml Milch
Salz und Pfeffer
geriebene Muskatnuss
Butter
250 ml Tomatensauce

Für die Füllung den Spinat waschen und ohne Zugabe von Wasser dünsten. Die Flüssigkeit auspressen und den Spinat mit einem Messer grob hacken. Zusammen mit dem Ricotta durch einen Fleischwolf drehen oder so gut wie möglich von Hand vermischen. Parmesan, Eier, Salz, Pfeffer und etwas Muskat zugeben und gut vermengen.
Für den Teig das Mehl mit den Eiern, 1 Prise Salz, der zerlassenen Butter und der Milch verrühren und mindestens 30 Min. im Kühlschrank ruhen lassen.
In einer beschichteten Pfanne etwas Butter zerlassen und darin den Teig zu dünnen Pfannkuchen ausbacken. Die Pfannkuchen gleichmäßig mit der Spinat-Ricotta-Füllung bestreichen, aufrollen und in etwa 4 cm lange Stücke schneiden. Eine Auflaufform mit Butter einfetten und die Pfannkuchenstücke hineinsetzen.
Für die Sauce Butter zerlassen. Das Mehl einrühren und 1 Min. anschwitzen. Dann die Milch angießen und aufkochen lassen. Ständig rühren, bis sie dick wird. Mit Salz, Pfeffer und 1 Prise Muskat abschmecken. Die Sauce über die *crespelle* gießen und im vorgeheizten Backofen bei 150 °C knapp 15 Min. backen. Vor dem Servieren etwas heiße Tomatensauce über die *crespelle* geben.

Ribollita
Aufgewärmte Gemüsesuppe

Für 6 Personen

250 g getrocknete weisse Bohnen
3 EL Olivenöl
100 g durchwachsener Speck, kleingeschnitten
1 kleine Stange Lauch, kleingeschnitten
2 Möhren, kleingeschnitten
2 Stangen Staudensellerie, kleingeschnitten
1 Zwiebel, kleingeschnitten
2 Knoblauchzehen, kleingeschnitten
2 l Fleischbrühe oder Fond
1–2 frische Thymianzweige
1 Schinkenknochen
400 g Wirsing, in Streifen geschnitten
Salz und frisch gemahlener Pfeffer
300 g altbackenes Weissbrot

Am Vorabend die Bohnen in reichlich Wasser einweichen. Am nächsten Tag die Bohnen im Einweichwasser aufkochen und bei niedriger Hitze $1^1/_2$ Std. garen.
Das Olivenöl erhitzen und darin Speck, Lauch, Möhren, Sellerie, Zwiebel und Knoblauch andünsten. Fleischbrühe angießen und die Thymianzweige sowie den Schinkenknochen zugeben. Den Deckel aufsetzen und bei niedriger Hitze 30 Min. garen. Wirsingstreifen zugeben und weitere 30 Min. mitgaren.
Die Hälfte der gekochten Bohnen pürieren. Zusammen mit den ganzen Bohnen in den Topf geben und weitere 15 Min. köcheln lassen.
Den Knochen herausnehmen und die Suppe mit Salz und Pfeffer abschmecken. Das Brot in Scheiben schneiden und mit der Suppe in einen großen Topf schichten. Über Nacht kühl stellen und vor dem Servieren noch einmal aufkochen. Mit Öl beträufeln und mit Thymian, Salz und Pfeffer würzen.

Aquacotta maremmana
»Gekochtes Wasser«

1 Zwiebel
1 Stange Staudensellerie
1 Möhre
2 Knoblauchzehen
Olivenöl
5–6 Mangoldblätter, kleingeschnitten
4 reife Tomaten, gewürfelt
1 Peperoncino, kleingeschnitten
4 Eigelb
4 Scheiben altbackenes Weissbrot
100 g Pecorino, gerieben

Zwiebel, Sellerie, Möhre sowie Knoblauch kleinschneiden und in etwas Olivenöl dünsten. Mangold, Tomaten und Peperoncino zugeben. 1 l Wasser angießen und etwa 20 Min. kochen. Kurz vor dem Servieren die Eigelbe verquirlen und in die Suppe geben. Brotscheiben rösten, nach Belieben mit Knoblauch einreiben, in tiefe Teller geben und die Suppe darüber gießen. Mit geriebenem Käse bestreuen.

Trippa alla fiorentina
Kutteln nach Florentiner Art
(Abbildung unten)

1 Zwiebel
2 Möhren
2 Stangen Staudensellerie
6–7 EL Olivenöl
800 g vorgekochte Kalbskutteln, in Streifen geschnitten
400 g enthäutete und passierte Tomaten
Salz und Pfeffer
100 g Parmesan, gerieben

Zwiebeln, Möhren und Sellerie kleinschneiden. Das Olivenöl erhitzen und die Gemüse etwa 30 Min. bei niedriger Hitze dünsten. Die Kutteln zugeben und unter häufigem Wenden 10 Min. garen. Tomaten zugeben, salzen, pfeffern und gut vermengen. Den Deckel aufsetzen und weitere 20 Min. bei niedriger Hitze köcheln lassen. Etwas Parmesan untermischen und einige Minuten ziehen lassen.
Heiß servieren und noch einmal Parmesan über die Kutteln streuen.

KÄSE

Bei Pecorino denkt man zunächst an die südlichsten Regionen Italiens, doch dieser aromatische Schafskäse ist genauso typisch für Mittelitalien und die Toskana. Der *cacio,* wie man ihn hier nennt, fehlt in keiner Speisekammer. Früher galt er als derbe, bäuerliche Spezialität, die gern mit einem Stück Brot und einem kräftigen toskanischen Wein als Imbiß verzehrt wurde. Inzwischen findet er sich auch in den feinsten Küchen wieder. Die bekanntesten Sorten des Pecorino toscano werden im Herzen der Region, im Chianti, bei Cortona und Casentino, bei Pietrasanta und Lucardo, bei Siena oder in der Maremma hergestellt. Pecorino gibt es in verschiedenen Reifestufen. Als ganz junge Version kommt er nach zwei bis vier Wochen in den Verkauf, während mittelalter Pecorino zwei Monate reift. Alter Pecorino, der anstelle von Parmesan als Reibkäse verwendet wird, braucht sechs Monate, wird aber oft länger gelagert.

Die Toskaner behaupten, daß die würzigen Kräuter, für die die Gegend berühmt ist, dem Schafskäse ein unvergleichliches Aroma schenken. Deshalb achten die Käsemacher darauf, daß die Tiere auf weitläufigen Weiden ungestört grasen können. Pecorino wird von Dezember bis August hergestellt. Zuerst versetzt man die vollfette Schafsmilch mit Kälberlab. Nach einer halben Stunde ist die Gerinnung abgeschlossen und der Käsebruch kann gepreßt werden. Die quarkähnliche Masse darf nun an einem warmen Ort in Ruhe lagern, bevor sie in Formen gefüllt wird. Der junge Käse muß jeden Tag sorgfältig von Hand gesalzen und gewendet werden, damit er seine Rinde entwickeln kann. In manchen Gegenden behandelt man die Rinde mit Tomatenkonzentrat, damit sie orange leuchtet. Andere Verfahren sehen vor, sie mit Lebensmittelkohle grau zu färben oder den Käselaib auf Nußblättern reifen zu lassen, so daß die Rinde eine bräunliche Färbung annimmt. Eine besondere Spezialität ist der *marzolino,* ein kleiner, eiförmiger Pecorino, der aus der ersten Milch im Frühjahr – meist im März, daher auch sein Name – hergestellt wird. Er schmeckt am besten, wenn er noch ganz frisch ist.

Pecorino gibt es in so vielen Varianten, daß in der toskanische Küche kaum Bedarf nach einem anderen Käse herrscht. Gelegentlich serviert man allerdings den *raveggiolo,* einen feinen, milden Käse, der ganz jung und am besten mit etwas Olivenöl gereicht wird. Für pikante Torten, herzhafte Füllungen aller Art, aber auch Süßspeisen und Desserts verwenden die toskanischen Köche – genau wie ihre Kollegen im restlichen Italien – den aus Molke hergestellten, dem Frischkäse ähnlichen Ricotta.

Pecorino con i baccelli

Pecorino mit Bohnenschoten
(Abbildung oben)

Gekochte Bohnenschoten
Frischer Pecorino

Dieses Gericht kann als Imbiß am Nachmittag oder nach dem zweiten Gang serviert werden. Die Bohnenschoten in der Schale in leicht gesalzenem Wasser kochen, das Wasser abgießen. In einem schönen Weidenkorb und den Käse auf einem Holzbrett anrichten. Auf die Tischmitte stellen. Man schält die Bohnen und entfernt die Häutchen, stippt sie in Salz und ißt sie mit einem Stückchen Pecorino. Dazu reicht man selbstgebackenes Brot und ein Glas Chianti.

Ein moderne Variante: Die gekochten Bohnen aushülsen, den Pecorino in kleine Würfel schneiden. In eine Keramikschüssel geben. Eine Sauce aus weißem Schaumwein, Salz, Olivenöl und frisch gemahlenem Pfeffer zubereiten und den Käse und die Bohnen damit marinieren. Köstlich als Vorspeise zu einem bäuerlichen Menü.

PILZE

Pilze sind eine echte mittelitalienische Leidenschaft. In Umbrien, in den Marken, im Latium, aber auch in der Toskana und der Maremma durchstreifen eifrige Sammler vom Spätsommer bis Herbstende die waldreichen Gegenden. Der *porcino,* der beliebte Steinpilz, ist dabei nur eine von zahlreichen Sorten, die alljährlich in den Körben der Pilzfans landen. Pfifferlinge, Morcheln, Edelreizker, Hallimasch und viele andere Arten kann man unter Bäumen und auf Wiesen finden. Die herbstliche Euphorie ging in manchen Gegenden sogar so weit, daß die Behörden sich gezwungen sahen, die Sammelmenge pro Person und Tag von Amts wegen auf drei Kilo zu beschränken.

Funghi misti

Pilzragout

1 kg gemischte frische Waldpilze
1 kleines Bund Petersilie
2 Knoblauchzehen
5 EL Olivenöl
3 EL Weisswein

Pilze säubern, Petersilie waschen und hacken, Knoblauchzehen schälen und vierteln. Das Olivenöl in einer schweren Pfanne erhitzen, den Knoblauch zugeben und kurz dünsten. Die Pilze zugeben und kurz braten. Die Hitze reduzieren und den Weißwein angießen. Die Pilze so lange schmoren, bis sie weich sind. Mit Petersilie bestreut servieren.

Steinpilz (Hintergrund)
Der Steinpilz *(porcino)* ist der italienische Lieblingspilz schlechthin. Seine großen, runden Hüte werden gefüllt, in schmale Scheiben geschnitten begleitet er Fleischgerichte und feingehackt kommt er in Saucen. Der Steinpilz läßt sich sogar in Essig einlegen oder anderweitig haltbar machen, ohne daß viel von seinem Aroma verloren geht.

Die weissen Trüffeln von San Miniato

Anthelme Brillat-Savarin, der große französische Feinschmecker und Autor der 1825 erschienenen »Physiologie des Geschmacks«, bezeichnete die Trüffel als den »Diamant der Küche«. Eine Einschätzung, der man sich in zahlreichen italienischen Regionen gern anschließt. So liebt man natürlich auch in der Toskana nicht nur den Duft der Wälder, Wiesen und Kräuter, sondern auch das Aroma dieses edlen Pilzes.
San Miniato heißt alljährlich das Reiseziel der Trüffelliebhaber. Früher wurden die weißen Trüffeln aus dieser Gegend auf irgendwelchen toskanischen Märkten verkauft oder verschwanden gar in dunklen Kanälen, aus denen sie erst im piemontesischen Alba wieder auftauchten und als die begehrten Alba-Trüffeln zu hohen Preisen verkauft wurden. Um dem entgegenzuwirken, schlossen sich die Trüffelsucher aus San Miniato, Montopoli und Pontedera zusammen. Im Oktober und November organisieren sie ihren eigenen Markt. Die romantischen Gassen von San Miniato, in sanftes Herbstlicht getaucht, bilden dafür die ideale Kulisse.
Die weißen Trüffeln aus San Miniato sind, verglichen mit den Exemplaren aus anderen Regionen, relativ groß und haben einen sehr intensiven Geschmack. In der Küche werden sie roh über die Gerichte geraspelt oder dienen als aromatische Füllung für Spezialitäten wie *Fagiano tartufato,* den getrüffelten Fasan.

San Miniato ist die toskanische Hochburg für weiße Trüffeln. Im Oktober und November findet hier ein Trüffelmarkt statt.

Hallimasch
Der Hallimasch *(chiodino* oder *famigliola buona)* muß immer gekocht werden, denn roh ist er giftig wie einige andere Mitglieder seiner Familie. Richtig zubereitet wird er jedoch zu einem sehr aromatischen und vielseitigen Pilz. Der Hallimasch schmeckt wunderbar süßlich und paßt perfekt in einen Pilz-Risotto.

Wiesenchampignon
Der Wiesenchampignon *(prataiolo)* ist viel aromatischer als der künstlich gezüchtete weiße Champignon, der in dunklen Kellern oder Grotten einsam heranwächst. Für alle Champignons gilt, daß sie niemals geschält, sondern immer nur vorsichtig abgebürstet werden sollten. Nur dann behalten sie ihr feines Aroma.

Kaiserling
Der Kaiserling *(fungo imperiale* oder *amanita cesarea)* ist einer der begehrtesten Pilze Italiens. Er gedeiht besonders gut in warmem Klima. Beim privaten Sammeln ist allerdings Vorsicht geboten, denn in dieser Pilzfamilie gibt es auch einige giftige Vertreter wie der berüchtigte Grüne Knollenblätterpilz.

Morchel
Die Morchel *(spugnola* oder *eleta)* ist ein durchaus interessanter Pilz, der auch getrocknet häufig in der Küche zum Einsatz kommt. Der delikate, schwammige Hut wird besonders in den Feinschmeckerküchen geschätzt. Vor dem Sammeln auf eigene Faust sei in diesem Fall jedoch gewarnt, denn die Verwechslungsgefahr mit seinen giftigen Verwandten ist sehr groß.

Pfifferling
Der Pfifferling *(cantarello* oder *finferlo)* ist weltweit einer der beliebtesten und verbreitetsten Pilze überhaupt. Er schmeckt zart, duftet appetitlich, hat Biß, sieht hübsch aus und paßt perfekt zu Reis oder leichten Fleischgerichten. Auch solo kommt er wunderbar zur Geltung, insbesondere mit Petersilie, milden Zwiebeln und einer Buttersauce.

Edelreizker
Der Edelreizker *(agarico delizioso)* wird wegen seines nussigen Aromas gesammelt. Allerdings ist Vorsicht geboten, denn man darf ihn nicht mit dem giftigen Birkenreizker verwechseln. Außerdem ist er anfällig für Schädlingsbefall, weshalb die Ware vor dem Kauf genau untersucht beziehungsweise vor der Zubereitung gut gereinigt werden sollte.

Austernpilz
Der beliebte Austernpilz *(gelone, fungo ostrica* oder *pleuroto)* wird zwar auch kommerziell im großen Stil gezüchtet, schmeckt dann aber lange nicht so fein wie seine Artgenossen, die auf umgestürzten Baumstämmen wachsen durften. Er läßt sich sehr gut fritieren oder grillen und kann sogar, fein gehobelt, wie ein frischer Salat angemacht werden.

DIE RINDER AUS DEM CHIANA-TAL

Nach Meinung einiger Gelehrter stammt das Chiana-Rind vom *bos primigenius* ab, jenem Rind, das bereits auf den Wandmalereien der prähistorischen Höhlen zu sehen ist. Etrusker und Römer schätzten es nicht nur wegen seines Fleisches, sondern auch wegen seines porzellanweißen Fells, so daß diese schönen Tiere oft auf Festzügen präsentiert und anschließend den Göttern geopfert wurden.

Heute ist das Chiana-Rind eine der begehrtesten und wertvollsten Rinderrassen Italiens. Bei den optimalen Bedingungen, die es im Val di Chiana vorfindet, wächst es schnell heran und wird vergleichsweise groß. Man erkennt es an seiner hellen Färbung, dem leichten Kopf mit den kurzen Hörnern und dem langgestreckten Rumpf mit breiter Rücken- und Lendenpartie.

Fleisch aus dem Chiana-Tal ist fettarm, ohne dabei trocken zu sein, und wegen der natürlichen Weidehaltung der Tiere besonders würzig und aromatisch. Die Toskaner sagen, es schmecke salzig. Die Jungtiere, die ein Gewicht von bis zu 700 Kilogramm erreichen, liefern große Fleischstücke, darunter auch die gewaltigen T-bone-Steaks für die *Bistecca alla fiorentina*. Das Fleisch ist so zart, daß man es nur kurz auf den Holzkohlegrill zu legen braucht und fast roh essen kann. Der Schriftsteller Aldo Santini nennt das *Bistecca alla fiorentina* den Giotto der guten Küche. Das Wort *bistecca* kommt vom englischen *beefsteak*, das Rinderkotelett bedeutet. Einer Legende zufolge wurde 1565 anläßlich eines Festes auf der Piazza San Lorenzo in Florenz ein am Spieß gegrilltes Rind dem Volk gereicht. Unter den Leuten waren auch einige Engländer, die beim Anblick des saftigen Fleischs begannen »Beefsteak, beefsteak« zu skandieren, um ihrem Wunsch nach einem Stück Fleisch Ausdruck zu verleihen. Die Florentiner verwandelten diesen Ausruf sofort in bistecca. Vor diesem Fest wurden die Steaks *carbonate*, Kohlensteaks, genannt, weil sie auf Holzkohle gegrillt wurden. Diese Art der Zubereitung kannte man schon in der Antike: Bereits die Etrusker grillten T-bone-Steaks.

Bistecca alla fiorentina

Florentiner T-bone-Steak
(Abbildung unten)

Für 1–2 Personen

1 Rindersteak mit Knochen, zweifingerdick, mindestens 800 g schwer

Oben: Fleisch aus der Toskana hat einen hervorragenden Ruf. Damit das so bleibt, haben sich die Züchter der Chiana- und Maremma-Rinder zu einem Schutzkonsortium zusammengeschlossen und wachen streng darüber, daß die Rassen ihre Merkmale bewahren und auf traditionelle Weise freilaufend in natürlicher Umgebung gehalten werden. Das Ergebnis dieser Bemühungen sind gesunde und gut gewachsene Tiere, die mageres, schmackhaftes und saftiges Fleisch liefern. Verkauft werden diese hochwertigen Erzeugnisse in ausgewählten Metzgereien. Achten Sie auf den Tintenstempel oder das Brandzeichen des Konsortiums.

Salz
frischgemahlener Pfeffer

Das Fleisch sollte vor dem Grillen Raumtemperatur haben. Das Steak auf ein Grillrost legen und auf Holzglut ohne Flammen so lange grillen, bis es eine schöne Kruste gebildet hat. Das dauert etwa 5 Min. Dann wenden, ohne mit der Gabel in das Fleisch zu stechen. Die schon gegrillte Seite salzen. Die andere Seite ebenfalls so lange grillen, bis sich eine Kruste gebildet hat. Innen muß das Fleisch noch blutig sein. Vom Rost nehmen, salzen und pfeffern und sofort servieren. Dazu passen weiße Bohnen oder Feldsalat.

Ossibuchi alla toscana

Beinscheiben nach toskanischer Art

4 Beinscheiben vom Kalb
Weizenmehl
20 g Butter
3–4 EL Olivenöl
1 Zwiebel
2 Selleriestangen
1 Möhre
1 Glas Rotwein
200 g passierte Tomaten
Salz und Pfeffer
eventuell Fleischbrühe

Die Beinscheiben in Mehl wenden und in Butter und Olivenöl braten, bis sie rundherum gleichmäßig braun sind. Aus der Pfanne nehmen und warm stellen. Zwiebel, Sellerie und Möhre kleinschneiden und in derselben Pfanne andünsten. Mit dem Rotwein ablöschen und die Tomaten einrühren. Das Fleisch nebeneinander in diese Sauce legen und so viel Wasser angießen, daß es ganz bedeckt ist. Den Deckel aufsetzen und etwa 1 Std. schmoren lassen. Die Beinscheiben nach 30 Min. wenden und mit Salz und Pfeffer würzen. Sollte die Sauce zu stark einkochen, etwas Brühe angießen.

Die Rinder der Maremma

Wie sich aus den archäologischen Fundstücken von Cere und dem Stierkopf im Museum von Vetulonia schließen läßt, wurden bereits zur Zeit der Etrusker Rinder in der Maremma gezogen. Als Stammvater gilt das sogenannte Wildrind, von dem bereits Plinius berichtet. Maremma-Rinder sind kräftige, robuste Tiere, die in früherer Zeit, als es noch keine landwirtschaftlichen Maschinen gab, in der Feldarbeit eingesetzt wurden.

Heute züchtet man die grauen Rinder mit den prägnanten Hörnern – die der Stiere sind halbmondförmig und können bis zu einem Meter lang werden, die der weiblichen Tiere sind geschwungen wie eine Lyra – fast ausschließlich wegen ihres zarten, schmackhaften Fleischs. Zur weiteren Veredelung wurden das Chiana-Rind und das französische Charolais eingekreuzt.

Der italienische Fleischschnitt beim Rind

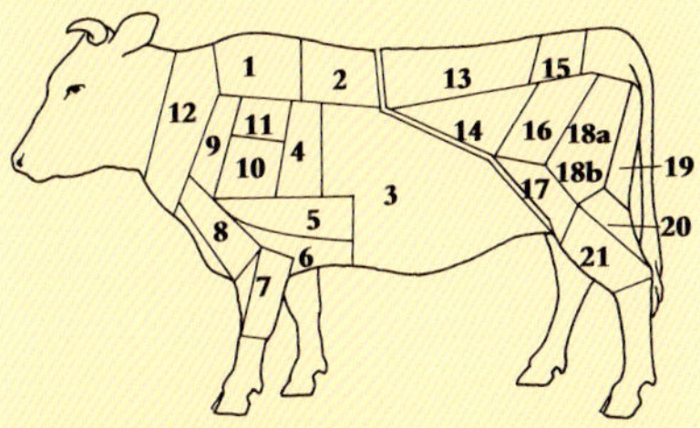

In Italien ist eine verwirrende Vielfalt an Ausdrücken und Bezeichnungen für die verschiedenen Teile des Rindes im Umlauf. Zwar gibt es staatliche Richtlinien hinsichtlich der korrekten Benennung, doch kaum jemand kümmert sich darum. Da Metzger wie auch Kundschaft lieber an ihren angestammten, oftmals dialektalen Begriffen festhalten, sind die im folgenden angegebenen Begriffe lediglich als Anhaltspunkt zu verstehen.

Quarto anteriore (vorderer Teil)
1 *Costata:* Kotelett, Kamm
2 *Sottospalla:* Fehl- und Hochrippe
3 *Pancia:* Bauchlappen
4 *Fesone di spalla:* Querrippe
5 *Reale:* Spannrippe
6 *Petto:* Brust
7 *Muscolo anteriore:* Hesse
8 *Polpa di spalla:* Schulter
9 *Girello di spalla:* obere Schulter
10 *Copertina:* unteres Bugstück
11 *Copertina di sotto:* oberes Bugstück, Schaufelstück
12 *Collo:* Hals

Quarto posteriore (hinterer Teil)
13 *Lombata:* Roastbeef
14 *Filetto:* Filet
15 *Scamone:* oberes Stück
16 *Fianchetto:* Lendenstück aus der Kugel
17 *Noce:* Nuß aus unterer Kugel und Unterschale
18a *Fesa:* Nuß, inneres Keulenstück
18b *Sottofesa:* Nuß, äußeres Keulenstück
19 *Girello:* übriges Stück der Oberschale
20 *Campanello:* Unterschale
21 *Muscolo posteriore:* Hinterhesse

Bezeichnungen der Tiere:
Vitello: Kalb, sehr helles Fleisch, auch
Vitello di latte: Milchkalb.
Vitellone: ein- bis zweijähriges Jungtier, Färsen dürfen noch nicht gekalbt haben.
Manzo: dreijährige Tiere, Bullen sind kastriert, Färsen haben noch nicht gekalbt.
Bue: kastrierter Bulle (Ochse), vier Jahre und älter.
Toro: ausgewachsener Bulle (Stier).
Vacca: ausgewachsene Kuh, die gekalbt hat.

SCHWEINE-FLEISCH

Seit der Zeit der Langobarden im 7. Jahrhundert bildet die Aufzucht von Schweinen einen bedeutenden Wirtschaftsfaktor in Italien. Der mittelalterliche Brauch, die Größe und den Wert eines Waldes nicht in Hektar zu bemessen, sondern daran, wie viele Schweine in ihm leben und sich von ihm ernähren können, zeigt, wie wichtig dieser Fleisch- und Fettlieferant gewesen sein muß. Immerhin konnte eine Familie ein ganzes Jahr lang von einem Schwein leben, und das genügsame Tier hatte den Vorteil, daß es unproblematisch gehalten und mit Küchenresten und anderen Abfällen gefüttert werden konnte. Außerdem ließen sich sämtliche Teile verwerten: Das Fleisch kam entweder frisch auf den Tisch oder wurde zu herzhaften Würsten und Schinken verarbeitet, Schmalz und Fett waren wichtige Energieträger, die Haut konnte gegerbt werden, und die Borsten bekam der Bürstenmacher.

In der Toskana ißt man traditionell gern Schweinefleisch. Etwas kalter Aufschnitt und ein *crostino* werden als *antipasto* ebenso geschätzt wie als kleiner Imbiß zwischendurch. Und noch vor ein paar Jahren wurde in ländlichen Gebieten zwischen Hauptgang und Dessert als Krönung des Mahls und als Zeichen der Wertschätzung eine Wurstplatte aufgetragen.

Bei der Verarbeitung von Schweinefleisch werden zwei verschiedene Produktgruppen erzeugt: zum einen die Spezialitäten, die aus »ganzem« Fleisch bestehen, wie Schinken, Schulterstücke, Bauch, Speck, Halsgrat, Nacken und Lende, und zum anderen die Wurstwaren, die aus durchgedrehtem Fleisch unter Zugabe von Salz, Konservierungsmitteln und Gewürzen hergestellt werden, wie *salsiccia* (Wurst), *soppressata* (Preßsack), *buristo* (Blutwurst), *salame* (Dauerwurst), *finocchiona* und die bröselige *sbricciolona* (zwei typisch toskanische Fenchelwürste). Zwischen Pisa und Arezzo, Prato und Grosseto gibt es noch heute zahlreiche kleine Familienbetriebe, die auf altherkömmliche Weise Schweine schlachten und das Fleisch hochwertig verarbeiten. Viele haben sich darauf spezialisiert, Wurstwaren behutsam reifen zu lassen, damit sie ihr ganz eigenes Aroma entwickeln können. Und weil die Toskana eine weitläufige Region mit unterschiedlichsten klimatischen Bedingungen ist, gibt es entsprechend viele örtliche Spezialitäten. Außerdem ist hier jeder Metzger stolzer Besitzer und Hüter seines eigenen, oft schon vom Großvater geerbten Geheimrezepts, nach dem er das Wurstbrät würzt oder den Schinken räuchert.

Toskanisches Schweinefleisch ist von besonders hoher Qualität, und es hat nichts mit den wäßrigen, in der Bratpfanne auf die Hälfte ihres Volumens schrumpfenden Koteletts zu tun, die leider allzu häufig an den Fleischtheken der Supermärkte nördlich der Alpen angeboten werden. Die einheimischen Arten, die einst die sanften Hügel der Toskana bevölkerten und sich von Eicheln, Bucheckern und von den Früchten und Beeren des Unterholzes ernährten, sind jedoch vom Aussterben bedroht. Eine dieser gefährdeten Rassen ist die Cinta senese, die ursprünglich in den waldreichen Gegenden von Siena beheimatet war. Diese Tiere können nicht in Ställen gehalten werden, da sie dort zu schnell und zu viel Fett ansetzen und Wasser im Gewebe einlagern würden. Die Schweine freilaufend zu halten, bedeutet für die Züchter hohe Kosten. In

Wie auch beim Rind kursieren für die verschiedenen Fleischarten des Schweins unterschiedliche Namen je nach Region. So können auch die folgenden Begriffe nur Anhaltspunkte liefern.

1 *Capicollo, Coppa:* Kamm, Nacken
2 *Guanciale:* Schweinebacke
3 *Spalla:* Bug, Schulterstück
4 *Geretto anteriore:* Vorderhachse
5 *Costine di petto, Puntine di petto:* Vordere Rippchen
6 *Pancia, Pancetta:* Bauchspeck, mager
7 *Geretto posteriore:* Hinterhachse
8 *Cosciotto, Prosciutto:* Hinterschinken
9 *Lonza, Lombo:* Lendenstück
10 *Nodino:* Schweinekotelett mit Filet
11 *Filetto:* Filet
12 *Costoletta, Costina, Braciola:* Kotelett
13 *Zampetto, Piedino:* Fuß
14 *Puntine:* mittlere Schweinerippchen
15 *Lardo:* Speck, fett (der Speck liegt über den Koteletts)

den letzten Jahren ist die Nachfrage nach Fleisch von freilaufenden Tieren allerdings gestiegen.
Inzwischen haben sich einige toskanische Züchter zu einer *Compagnia della Cinta senese* zusammengeschlossen. Sie alle führen einen artgerechten Zuchtbetrieb, in dem die Ferkel ohne jegliche Mastmittel ganz natürlich aufwachsen. Die Züchter wissen, daß sie zur Zeit noch ein Nischenprodukt anbieten, doch sie haben auch die Erfahrung gemacht, daß die Kunden den besonderen Geschmack der Erzeugnisse vom freilaufenden Schwein zu schätzen wissen und durchaus bereit sind, dafür ein bißchen tiefer in die Tasche zu greifen. Bestes Beispiel für den sprichwörtlichen toskanischen Qualitätssinn ist die Familie Chini, die nicht nur eine Metzgerei betreibt, sondern in einem Wald bei Gaiole in Chianti auch eigene Schweine züchtet. Vater Vincenzo Chini kümmert sich hauptsächlich um Schlachtung und Wurstbereitung, sein Sohn Lorenzo ist für die Zucht verantwortlich. Seit Jahrhunderten, genauer gesagt seit 1682, halten die Chini unverdrossen an den traditionellen Herstellungsmethoden für die Wurstspezialitäten der Region fest – und dafür werden sie immer wieder mit Medaillen und Preisen überhäuft.

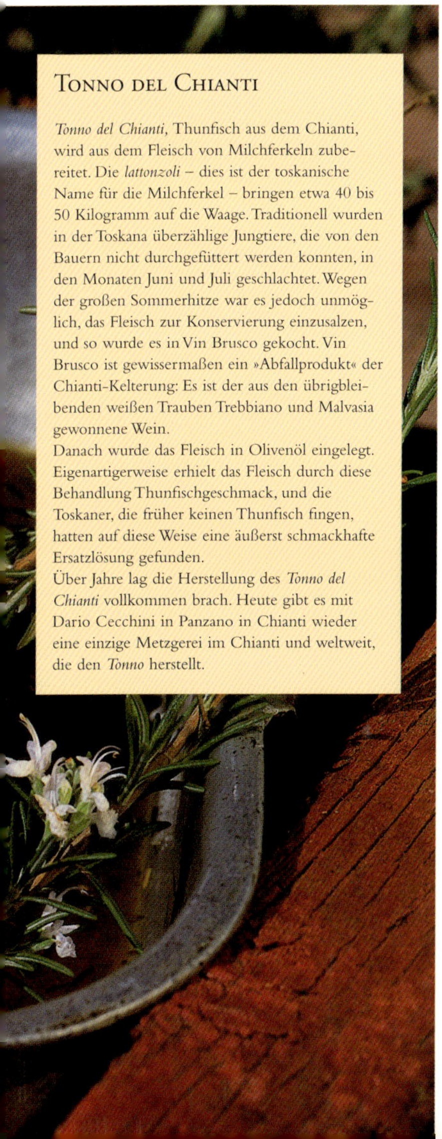

Tonno del Chianti

Tonno del Chianti, Thunfisch aus dem Chianti, wird aus dem Fleisch von Milchferkeln zubereitet. Die *lattonzoli* – dies ist der toskanische Name für die Milchferkel – bringen etwa 40 bis 50 Kilogramm auf die Waage. Traditionell wurden in der Toskana überzählige Jungtiere, die von den Bauern nicht durchgefüttert werden konnten, in den Monaten Juni und Juli geschlachtet. Wegen der großen Sommerhitze war es jedoch unmöglich, das Fleisch zur Konservierung einzusalzen, und so wurde es in Vin Brusco gekocht. Vin Brusco ist gewissermaßen ein »Abfallprodukt« der Chianti-Kelterung: Es ist der aus den übrigbleibenden weißen Trauben Trebbiano und Malvasia gewonnene Wein.
Danach wurde das Fleisch in Olivenöl eingelegt. Eigenartigerweise erhielt das Fleisch durch diese Behandlung Thunfischgeschmack, und die Toskaner, die früher keinen Thunfisch fingen, hatten auf diese Weise eine äußerst schmackhafte Ersatzlösung gefunden.
Über Jahre lag die Herstellung des *Tonno del Chianti* vollkommen brach. Heute gibt es mit Dario Cecchini in Panzano in Chianti wieder eine einzige Metzgerei im Chianti und weltweit, die den *Tonno* herstellt.

Arista alla fiorentina

Florentiner Schweinebraten
(Abbildung links unten)

Für 6 Personen

1,5 kg Schweinebraten mit Knochen
2 Knoblauchzehen
1 Rosmarinzweig
Salz und Pfeffer
Olivenöl
1 kg Kartoffeln

Den Braten vom Knochen lösen. Knoblauch und Rosmarin kleinhacken und mit Salz und Pfeffer vermischen. Die Hälfte der Mischung auf dem Knochen verteilen. Das Fleisch wieder auf den Knochen legen und die andere Hälfte der Kräutermischung mit den Händen in das Fleisch einmassieren. Mit Öl beträufeln und im vorgeheizten Backofen bei 180 °C etwa 1 Std. 20 Min. schmoren. Dabei immer wieder mit der austretenden Flüssigkeit begießen. Die Kartoffeln schälen und in größere Stücke schneiden. Nach 30 Min. zum Braten geben.
Nachdem der Braten aus dem Backofen genommen wurde, mindestens 10 Min. ruhen lassen. Den Knochen auslösen, das Fleisch in Stücke schneiden und servieren.

Crema paradiso

Toskanische Speckcreme

1 kg fester Speck aus dem Rücken
20 g Meersalz
schwarze Pfefferkörner, zerstossen
Weinessig
5–6 Knoblauchzehen, zerdrückt
einige frische Rosmarinzweige, gehackt

Den Speck durch den Fleischwolf drehen. Salz, Pfefferkörner, einige Tropfen Weinessig, Knoblauch und Rosmarin zugeben. Den Speck so lange auf einer Marmorplatte (!) bearbeiten, bis eine leichte, zarte Creme entstanden ist. Auf heißes, geröstetes Brot streichen und dazu Chianti reichen.

Lumache affumiciate con capicollo lardellato

Geräucherte Schnecken mit Speck und Schweinekamm

24 Schnecken
1 Selleriestange, grobgehackt
1 Schalotte, grobgehackt
1 kleine Möhre, grobgehackt
200 ml Weisswein
Salz und Pfeffer

Für die Füllung:
100 g Butter
1 Scheibe gegrillter Schweinekamm à 100 g
50 g Speck
50 g geräucherte Scarmorza
1 Knoblauchzehe
Salz und Pfeffer

Schnecken waschen und säubern, mit Sellerie, Schalotte, Möhre, Wein und reichlich kaltem Wasser in einen Topf geben. Etwa 4–5 Std. kochen lassen, wenn nötig, gelegentlich etwas Wasser nachgießen; erst nach Ende der Garzeit salzen und pfeffern.
Für die Füllung Butter, Schweinekamm, Speck, Käse und Knoblauch in der Küchenmaschine pürieren, bis eine homogene Masse entsteht. Mit Salz und Pfeffer abschmecken. Schnecken in der Kochflüssigkeit abkühlen lassen, abgießen und folgendermaßen zubereiten: Zunächst etwas von der Füllung in eine Schale geben, dann die Schnecke hineinsetzen und mit Füllung bedecken, jedoch nicht ganz bis zum Rand füllen. Bei 200 °C 20–25 Min. im Ofen gratinieren uns sehr heiß servieren.

Fegatelli di maiale

Schweineleber im Netz

500 g Schweineleber
200 g mageres Schweinefleisch
1 Knoblauchzehe
Salz und Pfeffer
200 g Schweinenetz
5–6 Lorbeerblätter
2–3 EL Olivenöl extra vergine
Rotwein oder Fleischbrühe

Für die Füllung Leber, Schweinefleisch und Knoblauchzehe kleinschneiden, salzen und pfeffern. Das Schweinenetz für einige Minuten in kochendes Wasser legen, abgießen und trockentupfen. Das Netz in Stücke schneiden, die so groß sind, daß sie eine faustgroße Füllung aufnehmen können. Die Farce in die Schweinenetze füllen, je ein Lorbeerblatt zugeben und mit einem Zahnstocher verschließen.
In Olivenöl etwa 20 Min. im Backofen garen. Eventuell mit etwas Rotwein oder Fleischbrühe übergießen.

Filetto di maiale gratinato

Gratiniertes Schweinefilet mit Kräutern

100 g Thymian, Rosmarin, Majoran und Salbei
300 g Semmelbrösel
100 g Pecorino, gerieben
50 ml Olivenöl extra vergine
1 Schweinefilet, etwa 700–800 g schwer
Salz und Pfeffer
2 Eier
100 ml Sonnenblumenöl

Sämtliche Kräuter fein hacken. Semmelbrösel, Käse und etwas Olivenöl zugeben und vermengen. Das Filet salzen und pfeffern. Die Eier aufschlagen und verrühren, das Filet darin wenden. Mit der Kräutermasse panieren. In einer vorgewärmten Pfanne mit Sonnenblumenöl etwa 3 Min. von beiden Seiten anbraten. Bei 160 °C etwa 10 Min. im Backofen garen. Das Filet in dünne Scheiben schneiden und mit Wirsing und geräuchertem Speck servieren.

Fegatelli di maiale agli aromi

Schweineleber in Kräutersud

Für 6 Personen

500 g Schweineleber
8 Salbeiblätter
200 g Schweinenetz
100 g Speck, feingewürfelt
1 Zwiebel, in Ringe geschnitten
8 Rosmarinnadeln
100 g frische Petersilie
Salz und Pfeffer
200 ml trockener Weisswein

Die Leber in 8 gleichmäßige Stücke schneiden und einzeln mit einem Salbeiblatt in Schweinenetz wickeln. Speck mit Zwiebelringen, Rosmarin und der Petersilie, die zuvor grob gehackt wurde, in einem flachen Topf einige Minuten anbraten. Leber zugeben und mindestens 20 Min. bei geringer Hitze garen lassen und dabei Salz, Pfeffer und Wein zufügen.
Auf einer gerösteten Scheibe Polenta anrichten und mit geschmorten Bohnen servieren.

Würste

Soppressata
Die *soppressata,* auch *capocchia* oder *coppa di testa* genannt, ist eine gepreßte Wurst. Sie besteht aus Zunge, Bauchspeck, Kopf, Schwarte und unverwerteten Fleischstücken, die man entbeint, kleinhackt, unter Zugabe von Gewürzen kocht und schließlich in einen Jutesack füllt. Es gibt in Italien viele verschiedene Arten der *soppressata,* doch der bekannteste Preßsack stammt wohl aus Siena. Er wird mit den gleichen Würzmitteln wie der *panforte* zubereitet, also mit Nelken, Koriander, schwarzem Pfeffer, Muskatnuß und Zimt. Beliebt ist auch die sogenannte *soppressata in cuffia.* Hierfür wird ein Schweinekopf entbeint und dann mit Brät gefüllt.

Migliacci
Frisches Schweineblut kann man am Schlachttag zu einem wohlschmeckenden Fladen verarbeiten. Ein Liter Blut wird mit 50 Gramm Mehl verrührt und mit den sogenannten »Blutkräutern«, einem Zweig Rosmarin und etwas Fenchel, gewürzt. In einer beschichteten Pfanne erhitzt man ein paar Eßlöffel Öl, gibt die Masse schöpfkellenweise hinein und bäckt sie wie einen Pfannkuchen. Der fertige Fladen wird gesalzen, reichlich mit geriebenem Schafskäse bestreut und heiß serviert. In manchen Gegenden kommen *migliacci* auch süß gezuckert auf den Tisch.

Finocchiona
Die *finocchiona* stammt aus der ländlichen Umgebung von Florenz. Diese grobe Salami aus gutem, mageren Fleisch und Speck oder Schweinebacke bekommt ihren unverwechselbaren Geschmack durch die Zugabe von wilden Fenchelsamen. Man füllt sie in grobe, feste Därme und läßt sie etwa ein Jahr lang abhängen. Auf einem toskanischen *antipasto*-Teller dürfen hauchdünne Scheiben der *finocchiona* nicht fehlen.

Sbricciolona
Sbricciolona wird wie die *finocchiona* aus magerem Fleisch zubereitet, wobei allerdings der Anteil an beigemengtem Fett größer und die Reifezeit wesentlich kürzer ist. Daher weist die *sbricciolana* eine eher weiche Konsistenz auf und krümelt, wenn man sie schneidet – was ihr den Namen »Krümelwurst« eingetragen hat. Sie wird frisch gegessen.

Buristo
Buristo ist eine Blutwurst mit kleinen Fettstückchen, die bei der Herstellung anderer Würste übriggeblieben sind. Diese mit Kräutern gewürzte Spezialität hat einen kräftigen und nachhaltigen Geschmack und hält sich roh acht bis zehn Tage, gekocht etwas länger. Man schneidet sie in Scheiben, brät sie kurz an und kocht sie dann ein paar Minuten in Wein. Für den *Buristo in cuffia* wird ein Schweinemagen mit Blutwurstbrät gefüllt.

Salame
Salame ist eine Dauerwurst und besteht aus bestem mageren Schweinefleisch und einer würzigen Beimengung (25 bis 40 Prozent) aus gewürfeltem Speck, Salz, Pfefferkörnern und Rotwein. Abgefüllt im Naturschweinedarm und von Hand sorgfältig zugebunden, reift sie drei bis sechs Monate.

Salsiccia fresca und Salsiccia secca
Die *salsiccia secca* ist eine luftgetrocknete Wurst, die aus Fleischzubereitungen vom Haus- oder Wildschwein hergestellt wird. Die *salsiccia fresca* ist dagegen eine würzige Frischwurst und wahrscheinlich die Urform der Wurst überhaupt. Aus frischem Fleisch mit kleinen Stücken aus Bauchspeck, vom Nacken und der Schulter hergestellt, baumeln die Würste einladend in langen Reihen über den Verkaufstheken der Metzgereien. Man ißt sie frisch als Brotaufstrich, kann sie aber auch in der Pfanne braten oder grillen. Früher servierten die Bauersfrauen gern zur Erntezeit einen Eintopf aus Bohnen, Trauben und *salsiccia.* Sollen die Würste gebraten werden, empfiehlt es sich, vorher die Haut mit einer Nadel oder einem Zahnstocher einzustechen, damit sie in der heißen Pfanne nicht platzen. In der Gegend von Siena würzt man das Wurstbrät mit Ingwer oder Peperoncino.

Schinken & Co.

Prosciutto (Schinken)
Die hintere Keule des Schweins wird zu Schinken verarbeitet. In der Toskana würzt man das ausgeschnittene Fleischstück gern mit Knoblauch, Nelken und Pfeffer, bevor es für vier Wochen in Salz gelegt wird. Danach beginnt die Reifezeit. Nach etwa einem halben Jahr fängt das Fleisch an, trockener zu werden, so daß es ab jetzt mit einer Schmalzschicht geschützt werden muß. Nach weiteren sechs Monaten stetiger Belüftung und liebevoller Pflege ist der Schinken fertig und kann, hauchdünn aufgeschnitten, mit deftigem Brot serviert werden. Besonders beliebt ist der Schinken aus Casentino; er wird nach dem Pökelvorgang ein zweites Mal mit Knoblauch eingerieben.

Spalla (Schweineschulter)
Die Schweineschulter wird zwar mit den gleichen Würzmitteln behandelt wie der Schinken, reift aber nur drei bis vier Monate. Der Aufschnitt schmeckt kräftig, erreicht aber nicht ganz die Qualität eines Schinkens.

Pancetta (Bauchspeck)
Bauchspeck liegt eine Woche unter Salz und kann schon nach 14 Tagen Reifezeit in zarte Scheiben aufgeschnitten und zu kräftigem Brot gereicht werden. In der Toskana schätzt man besonders den *rigatino,* eine dünne, durchwachsene Speckschwarte.

Capicollo (Schweinenacken)
Der Schweinenacken wird mit verschiedenen Kräutern, Salz und Pfeffer gewürzt und muß, ähnlich wie die *coppa* aus Piacenza, etwa drei bis sechs Monate reifen. Er schmeckt gut als *antipasto.*

Lonza (Lendenstück)
Das Lendenstück des Schweins liegt 48 Stunden in einer Marinade aus Rotwein, Salz, Knoblauch, Nelken, Pfeffer, Rosmarin oder anderen Gewürzkräutern. Dann wird es in einen feinen Hautsack aus Schweinenaturdarm gefüllt und muß ein bis zwei Monate abhängen.

Lardo (Speck)
Speck galt früher als das Fett armer Leute. Zu der ärmeren Bevölkerung zählten auch die Arbeiter in den Marmorbrüchen der Apuanischen Alpen, die seit jeher ihre ganz eigene und sehr leckere Speckvariante herstellten. Noch am Tag der Schlachtung kam der erkaltete Speck in eine Marmorschale, wurde mit Salz, Pfeffer, Knoblauch, Rosmarin, Nelken, Koriander, Wacholder und Muskat eingerieben und mit einer Steinplatte abgedeckt. Das Gefäß lagerte man im Keller, und nach sechs Monaten konnte der Speck in dünne Scheiben geschnitten werden. Er war weich, zart, weiß und überaus herzhaft. Heutzutage wird diese Form der Speckherstellung kaum noch praktiziert, doch es gibt einige handwerkliche Betriebe, die dennoch sehr guten Speck liefern. *Bruschetta,* also kross geröstetes Weißbrot, mit Speck ist eine vorzügliche Kombination.

Grassetti, Ciccioli (Grieben)
Grieben sind gekochte Reste der Schweineschwarte, also kleine, unregelmäßige Stückchen aus dunklem Fleisch. Sie haben einen so deftigen Geschmack, daß sie jedem Genießer das Wasser im Mund zusammenlaufen lassen, und genau aus diesem Grunde werden sie bei rustikalen Mahlzeiten gern als Appetitanreger gereicht. Zusammen mit etwas kräftigem Bauernbrot und einem Glas Landwein ergeben sie einen vollwertigen Imbiß.

Wildschwein und Kleinwild

Die Maremma ist ein rauhes, unzugängliches, vom Tourismus weitgehend unentdecktes Gebiet, in dem ungestört Pilze sprießen und Wildschweine leben können. Doch wie in vielen Bergregionen liebt man auch hier den würzigen Wildgeschmack, so daß sich die Tiere vor den einheimischen Jägern in acht nehmen müssen.
Aus Wildschweinfleisch entstehen nicht nur sehr aromatische Schinken, sondern auch kleine Jagdwürste und schmackhafte Salami. Wurstwaren aus Wildschwein haben generell einen intensiveren Eigengeschmack als die Produkte vom Hausschwein. Die Würste können roh gegessen, aber auch luftgetrocknet und danach in Öl oder Schmalz eingelegt werden.
In der Maremma werden aber auch Hasen und anderes Kleinwild leidenschaftlich gejagt und auf äußerst vielfältige Weise zubereitet.

Pappardelle alla lepre
Nudeln mit Hasenragout

1 Wildhasenhälfte
1 Zwiebel
1 Möhre
1 Stange Staudensellerie
1 Petersilienwurzel
3 EL Olivenöl extra vergine
50 g Butter
Salz und frisch gemahlener Pfeffer
1 Lorbeerblatt
einige Wacholderbeeren, zerdrückt
1 Glas Rotwein
Fleischbrühe
400 g Pappardelle
50 g Parmesan, gerieben

Das Fleisch waschen, parieren und in große Stücke schneiden. Zwiebel, Möhre, Sellerie und Petersilienwurzel kleinschneiden, in Öl und Butter andünsten. Das Fleisch zugeben, von allen Seiten anbraten, salzen und pfeffern.
Lorbeerblatt, zerdrückte Wachholderbeeren und denWein zugeben und zugedeckt schmoren lassen. Wenn das Fleisch weich ist, die Knochen auslösen und das Fleisch kleinschneiden. Die Sauce passieren und mit etwas Brühe kurz aufkochen lassen; das Fleisch wieder zugeben.
Die *pappardelle* bißfest kochen, abgießen und in eine vorgewärmte Schüssel füllen.
Das Hasenragout darüber geben, mit reichlich geriebenem Parmesan bestreuen und servieren.

In der Toskana wird Wildschweinfleisch nicht nur frisch verzehrt, sondern auch zu herzhafter Salami weiterverarbeitet.

Zunächst muß das Fleisch durch den Wolf gedreht werden. Je nach Wurstsorte wird es feiner oder gröber gehackt.

Nachdem der Metzger den Wurstteig nach seinem Spezialrezept gewürzt hat, füllt er ihn in mehrere Meter lange Därme.

Mit Hilfe einer speziellen Maschine wird die Wurst abgebunden. Wildschweinsalami ist meist kurz und klein.

Cinghiale alla cacciatora
Wildschwein nach Jägerart
(Abbildung Hintergrund)

Für 6–8 Personen

2 Zwiebeln
2 Möhren
2 Stangen Staudensellerie
Olivenöl
1 Keule vom jungen Wildschwein, ca. 1,8 kg
1 Rosmarinzweig
625 ml Rotwein
1 kleine Zwiebel, gehackt
1 Knoblauchzehe, zerdrückt
1 Peperoncino, gehackt
200 g enthäutete und passierte Tomaten
Fleischbrühe
Salz und Pfeffer

Zwiebeln, Möhren und Sellerie kleinschneiden und in Olivenöl andünsten. Das Fleisch in eine Deckelterrine setzen, die angedünsteten Gemüse und den Rosmarinzweig zugeben und den Rotwein darüber gießen. Das Fleisch mindestens 12 Std. an einem kühlen Ort in der Marinade ziehen lassen.
In einem Bräter Zwiebel, Knoblauch und Peperoncino in etwas Olivenöl andünsten. Die Keule sowie die Marinade und die passierten Tomaten zugeben. Die Keule im vorgeheizten Backofen bei etwa 200 °C 1 Std. braten, dann bei 175 °C weitere 1–1¼ Std. braten. Gegebenenfalls etwas Fleischbrühe angießen.
Keule aus dem Bräter nehmen und warmstellen. Röststoffe mit einem Pinsel von den Bräterwänden lösen. 1/8 l heißes Wasser zufügen und aufkochen. Die Sauce mit Salz und Pfeffer abschmecken und heiß zur Wildschweinkeule servieren.

STILLEBEN

Der Maler Jacopo Chimenti (1551–1640) war als Genießer, ja als Vielfraß bekannt, so daß seine Freunde ihm gelegentlich, indem sie seinen Beinamen Empoli verballhornten, den Spitznamen Empilo – »füll' ihn ab« – gaben. Dennoch war es nicht unbedingt die Neigung zu gutem Essen und Trinken, die ihn zu seinen Stilleben anregte. Die *natura morta* war im 17. Jahrhundert wegen ihres dekorativen Werts zwar sehr gefragt, stand aber in der Rangskala der Bildthemen so weit hinter den Altarbildern, Historien, Landschaften und Bildnissen zurück, daß sie äußerst gering entlohnt wurde. Nur wenige Künstler verlegten sich ganz auf diese Gattung. Chimentis zehn nachgewiesene Stilleben sind eher Gelegenheitsarbeiten und zeugen davon, daß es dem Künstler vor allem um spezifisch künstlerische Ziele ging. Mit der flachen, den Tiefenraum unterdrückenden Anordnung der Produkte aus Landwirtschaft und Küche nimmt er ältere Vorbilder aus Norditalien auf, läßt sich vermutlich aber auch von spanischen Malern inspirieren. Vordergründig geht es um die Demonstration einer vielfältigen Warenwelt, wie sie auf den florierenden städtischen Märkten der Zeit wohl anzutreffen war. Die Wiedergabe der stofflichen Unterschiede zwischen den einzelnen Produkten war eine so große Herausforderung für die künstlerischen Fähigkeiten des Malers, daß die Konstruktion einer gefälligen, dekorativen Komposition in den Hintergrund rückte. Sein malerisches Ziel erreichte der Künstler allein mit Hilfe des schräg einfallenden Lichts, das das herabhängende Geflügel, die Würste und das Fleisch, die Gefäße und die zubereiteten Speisen auf dem Tisch umfängt. Die dunkle Wand im Hintergrund steigert die Wirkung des Lichts derart, daß man die Textur des Rohen und des Gekochten, ja selbst die Härte des gebrannten Tons und die Kälte des Metalls zu spüren vermeint.

Das Prinzip aller Stillebenmalerei ist eine das Sichtbare übertreffende Wiedergabe der natürlichen Erscheinung, eine Täuschung des menschlichen Auges.

Jacopo Chimenti, gen. d'Empoli (1551–1640), *Vorratskammer,* um 1620–30, Öl auf Leinwand, 119 x 152 cm, Palazzo Pitti, Galleria Palatina, Florenz
Chimenti unterscheidet zwischen auf dem Tisch aufgestellten zubereiteten und rohen Speisen, die von einem Balken herabhängen. Wie die rustikalen, ein wenig ungeordnet aufgereihten Gefäße zeigen, handelt es sich wohl um den gut bestückten Vorrat eines Landhaushaltes.

Michelangelo Merisi, gen. Caravaggio (1571–1609), *Früchtekorb,* 1595/96, Öl auf Leinwand, 31 x 47 cm, Pinacoteca Ambrosiana, Mailand
Caravaggio hat seine Figurenkompositionen häufig mit kunstvollen Früchtestilleben ergänzt. Der Anlaß für sein einziges autonomes Stilleben liegt im Dunkeln. Die detaillierte Wiedergabe zeigt sich bis hin zu den Wurmlöchern in Äpfeln und Birnen, die vielleicht als Anspielung auf die Vergänglichkeit der Natur gedeutet werden können.

Giovanni Battista Recco (1615–ca. 1660), *Stilleben mit Fischen und Muscheln,* 1653, Öl auf Leinwand, 100 x 126 cm, Nationalmuseum, Stockholm
Der Neapolitaner Recco hat häufig die reichhaltige Ausbeute der einheimischen Fischer dargestellt. Mit wenigen, aber sehr differenziert nuancierten Farben verlieh er den schimmernden Leibern der Fische Volumen und Lebendigkeit.

Die künstlerischen Mittel sind die sichere Beherrschung der Perspektive und eine ausgefeilte Beleuchtung, wie sie Michelangelo Merisi, genannt Caravaggio, 1595 mit seinem *Früchtekorb,* dem einzigen selbständigen Stilleben in seinem Werk, demonstrierte. Aus leichter Untersicht gemalt, wird die Plastizität und das Volumen jeder einzelnen Frucht, jeder Ranke und jedes Blatts durch perspektivische Überschneidungen betont, während zur Differenzierung der verschiedenen Oberflächen fein abgestufte Lichtreflexe dienen. Dieses Meisterwerk inspirierte in den folgenden Jahrzehnten zahlreiche Nachahmer. Lombardische Künstler allerdings setzten gegen die Feinmalerei Caravaggios eine dem ländlichen Alltag verpflichtete Malerei. Unter dem Einfluß der flämischen Küchen- und Marktstilleben schufen Maler wie Vincenzo Campi (1535/40?–1591) Stilleben mit Figurenstaffage, in denen sich prall-derbes Alltagsleben und das üppige Angebot der ländlichen Märkte gegenseitig ergänzen. Nur der für das niederländische Stilleben so typische religiös-moralisierende Hintersinn wurde in Italien, wo das religiöse Bild noch eine ungebrochene Tradition besaß, zugunsten eines ausgeprägten Detailrealismus in Handlung und Darstellung unterdrückt. Die Hinwendung zum Diesseitigen blieb ein Kennzeichen des italienischen Stillebens.

Vor diesem Hintergrund entwickelten sich im 17. Jahrhundert zahlreiche lokale Schulen, in deren Darstellungen die regionalen Spezialitäten einen breiten Raum einnehmen. Typisch sind die Gemälde der neapoletanischen Künstler Giovanni Battista (1615–ca. 1660) und Giuseppe Recco (1634–1695), die sich auf Fischstilleben spezialisierten und in der Darstellung der schimmernden Fischkörper größte Virtuosität entwickelten.

Die Wahrnehmung und auf optische Täuschung zielende Wiedergabe der differenzierten Oberfläche und Stofflichkeit von Pflanzen und Tieren wird zu einem zentralen malerischen Anliegen. Auf viele Künstler, besonders in den Schulen von Rom, Mailand und Bologna, üben die üppigen Fruchtarrangements, wie sie etwa Giovanni Paolo Castelli, genannt Spadino (1659–ca. 1730), demonstriert, eine besondere Anziehungskraft aus. Es ist die Kunstfertigkeit der Maler, die Pfirsichen eine fast überirdisch samtige und Trauben eine glänzende Haut verleiht, während Zitrusfrüchte mit betont rauher, schrumpeliger Schale davon abgesetzt werden und aufplatzende Feigen, Granatäpfel oder reife Melonen neben edlen Gefäßen mit glatt-glänzenden Körpern zu liegen kommen, so daß sich das Auge in Einzelheiten verliert. Für andere Maler werden die Schuppenkleider der Fische, das Gefieder der Vögel und die Felle des Wildbrets zum Anlaß für malerische Höchstleistungen. Die zubereitete Speise, bekannt von niederländischen Tischstilleben, findet hier nur vereinzelt, meist in Gestalt von süßem Gebäck wie bei Cristoforo Munari (1667–1720) Platz. Nach und nach wird durch eine kalkulierte Unordnung und eine allmähliche Aufhellung des Bildraumes bis hin zur landschaftlichen Öffnung die Darstellungsweise der Stilleben dem von aristokratischen Idealen bestimmten Geschmack des 18. Jahrhunderts angepaßt. Erst am Ende des Jahrhunderts findet die Bildgattung zu neuen, zukunftsweisenden Inhalten und Formen.

Die Uffizien

An den Fürstenhöfen der Renaissance beschränkte man sich nicht allein auf das Herrschen, sondern wollte auch etwas für die Selbstdarstellung tun. Als eine der frühesten kulturpolitischen Maßnahmen der Geschichte ließen die Medici in Florenz von Baumeister Vasari ein prunkvolles Gebäude errichten, das von Anfang an zu nichts anderem gedacht war, als den Reichtum der Familie zu dokumentieren, ausländische Besucher zu beeindrucken und den Besitz an Kunstschätzen in einem angemessenen Rahmen zu zeigen. Francesco I. gründete die Galerie im Jahre 1581, und bereits zehn Jahre später lobte ein gewisser Bocchi in dem von ihm verfaßten ersten Florenzführer die Uffizien als »so prächtig, so königlich«. Die kunstbeflissenen Reisenden der ersten Stunde folgten der Empfehlung Bocchis gern, denn seit 1591 waren Besucher zugelassen. Die Medici profilierten sich als außergewöhnliche Mäzene. Sorgsam verwalteten sie die Bestände ihres Museums, legten neue Sammlungen an, gliederten Hinterlassenschaften ein – und Lorenzo il Magnifico pflegte auf den Antikmärkten Roms sein Spesenbudget kräftig zu strapazieren, denn in der Renaissance waren Objekte der alten Römer oder Griechen sehr beliebt.

Cristoforo Munari (1667–1720), *Eisbehälter, Majolikakanne und Löffelbiskuits,* um 1710, Öl auf Leinwand, 70,5 x 58,5 cm, Sammlung Molinari Pradelli, Castenaso
Gebäck ist ein häufiger Bestandteil der Bilder Munaris und wird mit Gefäßen, Gläsern, gelegentlich auch Instrumenten zu einem dekorativen Ensemble arrangiert. Der leicht verschattete Raum und die Zerbrechlichkeit der Objekte läßt an eine Vergänglichkeitssymbolik denken.

DER PALIO DI SIENA

Am 2. Juli *(Palio della Madonna di Provenzano)* und am 16. August *(Palio dell'Assunta)* ist ganz Siena auf den Beinen, denn an jenen Tagen werden die berühmten Pferderennen ausgetragen. Bei diesen Reiterfestspielen starten nach Losentscheid alljährlich zehn der insgesamt 17 autonomen Stadtteile, in die Siena seit dem Mittelalter unterteilt ist. Auf der Piazza del Campo wird die Rennbahn aufgebaut, und jede teilnehmende *contrada* fiebert mit ihren Reitern. Die Sieneser fühlen sich dem Bezirk, in den sie hineingeboren sind, so verbunden, daß es in früheren Zeiten zwischen den *contrade* sogar zu shakespeareskenRivalitäten kam.

Auch heute noch haben alle *contrade* ihre eigenen symbolischen Farben, Wappen und Wappentiere: Adler, Schnecke, Welle mit Delphin, Panther, Wald mit Nashorn, Schildkröte, Eule, Einhorn, Muschel, Turm und Elefant, Widder, Raupe, Drache, Giraffe, Stachelschwein, Wolf und schließlich Gans. Früher bereitete

Der Rundkurs auf der Piazza del Campo ist sehr eng. Stürze und Verletzungen bei Reitern und Pferden sind nicht selten. Auch für die Zuschauer ist der Palio gefährlich.

jede *contrada* ihre eigenen Gerichte anläßlich des Spektakels zu. Da in der *Oca*, der *contrada* der Gans, einst die Schlachthöfe angesiedelt waren, kochte man hier Fleischgerichte. In der *Torre*, der *contrada* des Turms, waren Betriebe ansässig, die Schweinefleisch verarbeiteten, folglich gab es Spezialitäten vom Schwein. In der *Aquila*, der *contrada* des Adlers, wurde Risotto mit schwarzen Trüffeln serviert.

Auch an den beiden großen Tagen, an denen die Rennen stattfinden, bleiben die Küchen Sienas nicht kalt. Die Familien, die das Glück haben, direkt an der Piazza del Campo zu wohnen und über ein Fenster oder gar einen Balkon zu verfügen, von dem aus das große Ereignis verfolgt werden kann, laden ihre Freunde ein. Zu essen gibt es dann die typischen sienesischen Traditionsgerichte wie *Panzanella* (Brotsalat), *Crocchette di formaggio* (Reiskroketten), *Timballo di riso con piccioni in salmì* (Reis-Timbale mit Tauben-Salmi), *Crostini rossi alla milza* (Rote Crostini mit Milz), *Brasato al Brunello* (Schmorbraten in Brunello-Rotwein) und als Dessert *Babà allo zabaglione* (Zabaione-Babà). Dazu wird der gute lokale Wein gereicht.

Sobald der Palio vorüber ist, stürzen sich die siegreichen *contrade* in die Vorbereitungen für die *cena della vittoria*, die kulinarische Siegesfeier. An der Ehrentafel sitzen nicht nur die Anführer und Rennreiter der Sieger-*contrade*, sondern auch die Honoratioren der verbündeten Stadtteile. Auch die Pferde, die gewonnen haben, bekommen eine eigene Mahlzeit. Während dieser Festlichkeit, die sich eine ganze Woche lang hinzieht, werden unzählige Bankette und Festessen veranstaltet, an denen alle Bürger teilnehmen können.

Selbst die siegreichen Pferde haben Anteil an der Feierstimmung, denn sie erhalten ihr eigenes Festtagsessen.

Hintergund: Der Palio di Siena ist nicht nur ein sportlicher Reiterwettstreit, sondern auch ein kulinarisches Fest, das sich über eine ganze Woche hinzieht. An den Banketten können alle Bürger Sienas und ihre Gäste teilnehmen.

PANFORTE

Sienas bekannteste Süßigkeit ist unumstritten der *panforte* (starkes Brot) oder auch *panpepato* (gepfeffertes Brot). Die Sieneser lieben es so sehr, daß sie es sogar einem Schutzheiligen anempfohlen haben. Seither gilt der Heilige Laurentius, dessen Namenstag am 10. August gefeiert wird, als Patron der Spezialität.

Bereits in einer lateinischen Rezeptsammlung aus dem 1. nachchristlichen Jahrhundert wird süßes Brot aus Mehl und Honig erwähnt. Der sienesische *panforte* scheint sich jedoch nicht aus dem Honigbrot, sondern aus dem einheimischen *melatello* entwickelt zu haben. Diese einfache Süßspeise bestand aus Mehl, getrockneten Früchten und Wasser, in dem zuvor Äpfel gewaschen wurden, hatte jedoch den Nachteil, daß es rasch schimmelte und sauer, also *fortis* geriet.

Der erste schriftliche Hinweis darauf, daß *panforte* oder *panpepato* traditionell in der Gegend von Siena zubereitet wurde, findet sich in einem Dokument aus dem Jahre 1205, das aus dem Kloster von Montecelso stammt. Darin wird erwähnt, daß die Bauern verpflichtet waren, eine Steuer in Form einer stattlichen Anzahl von Pfefferkuchen oder Honigbroten an die Nonnen zu entrichten. Wenn wir der Überlieferung trauen dürfen, spielt dieses Kloster in der Tat eine große Rolle in der Historie des berühmten Gewürzbrotes. Die Geschichte lautet folgendermaßen:

Nicoló de Salimbeni, ein junger Mann aus einer der besten Familien Sienas, hatte die Verschwendungssucht befallen, und sein Leben entsprach nicht den christlichen Grundsätzen. Eines Tages erkannte er jedoch die Eitelkeit seines Tuns, bekehrte sich zum Glauben und verschenkte sein verbliebenes Hab und Gut: ein Säckchen voller Gewürze, die damals so kostbar waren, daß sie auch als Tauschwährung verwendet wurden, und das Rezept für eine üppige Süßspeise, in dem diese Spezereien reichlich verwendet wurden. Die Beschenkte war eine gewisse Schwester Berta, die als rechtschaffende Nonne im Kloster von Montecelso lebte. Schwester Berta probierte das Rezept zwar aus, kam aber zu dem Schluß, daß diese sinnenfreudige Nascherei nicht das Passende für ein Nonnenkloster sei, und verehrte es der bischöflichen Kurie. So wurde das Rezept für den Gewürzkuchen von Bischof an Bischof weitergegeben, bis es in die Hände des Bruders von Kardinal Ottaviano della Pila gelangte. Er hieß Ubaldino und war ein so exzellenter Koch, daß Dante ihn im »Purgatorio« seiner »Divina Commedia« verewigte. Ubaldino verfeinerte die Zubereitung, indem er Mandeln, Haselnüsse, kandierte Früchte und nur die aromatischsten Gewürze beigab.

Panforte aus Siena geriet rasch zu einem Markenartikel und Exportschlager. Bereits 1370 wurde auch in Venedig das gewürzte Brot zu feierlichen Anlässen verzehrt. Die weithin geschätzte Speise galt aufgrund ihres hohen Gewürzanteils als Aphrodisiakum. Einige Jahrhunderte später kreierte Enrico Righi, der damalige Inhaber des Gewürzkuchen-Geschäfts Panforti Parenti anläßlich des Besuchs der Königin Margherita von Savoyen den *panforte Margherita*. Dieses »weiße Panforte« unterschied sich von den herkömmlichen Sorten durch die neue Methode, die Früchte zu kandieren, sowie durch die Zugabe von Marzipan, wodurch es weicher, saftiger und eben auch heller wurde.

Panforte senese ist eine nahrhafte Süßigkeit aus Mandeln, Haselnüssen, Zitronat, Orangeat, Mehl, Zucker und Honig.

Nicht aus Siena, sondern aus Prato stammt eine andere süße Spezialität, die in der ganzen Toskana geliebt und geschätzt wird. Die *Biscotti di Prato,* die andernorts auch *cantucci, cantuccini* oder *giottini* heißen, bestehen aus Mehl, Eiern, Zucker, Mandeln und Zitronenaroma. Sie werden zweimal gebacken und müssen tatsächlich hart wie Zwieback sein. Zum Dessert tunkt man die knusprigen Kekse in Vin Santo.

Panforte senese

Pfefferkuchen nach Art von Siena
(Abbildung oben)

75 g Haselnüsse
75 g Mandeln
175 g Zitronat und Orangeat
50 g Weizenmehl
25 g Kakao
1/2 TL Zimt
1/2 TL Lebkuchengewürz
100 g Zucker
100 g Honig
2 EL Puderzucker
1 TL Zimt

Die Haselnüsse auf einem Backblech verteilen und im vorgeheizten Backofen bei 190 °C 5–10 Min. rösten. Dann mit einem sauberen Tuch die Haut abreiben und grob hacken. Die Mandeln kurz blanchieren, dann zwischen Daumen und Zeigefinger nehmen und aus der braunen Haut herausdrücken, anschließend grob hacken.

Zitronat und Orangeat fein hacken und zusammen mit Mehl, Kakao, Haselnüssen, Mandeln und den Gewürzen in eine Schüssel geben und alles gut vermischen. Zucker und Honig in einen Topf geben und langsam erhitzen, bis sich beides aufgelöst hat. Dann kochen lassen, bis die Masse eine Temperatur von etwa 115 °C erreicht. Wer kein Zuckerthermometer besitzt, kann die Probe wie folgt machen: Etwas Masse in eine Tasse mit kaltem Wasser tropfen lassen. Wenn sie karamelisiert, ist die Temperatur richtig. Sofort vom Herd nehmen und unter die Nußmischung rühren. Den Teig in eine flache, mit Backpapier ausgelegte Springform von 20 cm Durchmesser füllen und glattstreichen. Der Teig sollte nicht höher als 1 cm sein. Den Kuchen im vorgeheizten Backofen bei 150 °C etwa 30 Min. backen, dann auf ein Kuchengitter stürzen, das Backpapier abziehen und auskühlen lassen. Mit Zimt und Puderzucker bestreuen.

Biscotti di Prato oder Cantuccini

Plätzchen aus Prato

300 g süsse Mandeln, gehäutet und geröstet
500 g Weizenmehl
200 g Zucker
4 Eier
Salz
etwas Vanillezucker
abgeriebene Schale von 1 Zitrone
1 EL Anissamen
Butter
1 Ei

Die Mandeln zerstoßen und mit dem Mehl, dem Zucker, den Eiern und 1 Prise Salz in einer Rührschüssel vermengen. Nach Geschmack mit Vanillezucker, Zitronenschale und Anis würzen. Aus dem Teig Rollen von etwa 2 cm Durchmesser formen und auf ein eingefettetes Backblech legen. Das Ei mit ein wenig Zucker verquirlen und damit die Rollen bepinseln. Im vorgeheizten Backofen bei 120 °C knapp 30 Min. eher trocknen als backen. Die Rollen in daumendicke Scheiben schneiden und diese noch einmal etwa 15 Min. nachbacken.

WEINBAU IN ITALIEN

Die Geschichte des italienischen Weinbaus beginnt um 800 v. Chr., als Griechen in ihrer Kolonie auf Sizilien mitgebrachte Rebstöcke setzten. Lange Zeit blieb Süditalien deren wichtigstes Weinbauzentrum. Im Jahre 79 n. Chr. jedoch wurde die Weinwelt von einer Katastrophe erschüttert: Die Lavamassen des Vesuv begruben nicht nur Pompeji unter sich, sondern zerstörten mit dem bedeutendsten Hafen des Imperiums auch die Grundlagen des Weinhandels mit den Ländern des Mittelmeerraums. Von nun an stieß der Weinbau in immer nördlichere Gefilde vor: zunächst in die Hügel bei Rom, später, vor allem unter Kaiser Probus (276–82), sogar in die entferntesten Provinzen jenseits der Alpen. Die Grundlagen für die heutigen Weinbaugebiete Bordeaux, Mosel und Wachau waren gelegt.

Mit dem endgültigen Niedergang des römischen Reichs im 4. nachchristlichen Jahrhundert verfiel auch die Weinkultur Italiens. Erst im Zeitalter der Renaissance, als sich toskanische Geschäftsleute für den Weinhandel zu interessieren begannen, wurden die Rebkulturen wieder zu einem bedeutenden Wirtschaftsfaktor. Der Rebensaft war ein ganz normales Nahrungsmittel und galt als wichtigster Kalorienspender, selten jedoch als Genußmittel wie im alten Rom.

In der zweiten Hälfte des 19. Jahrhunderts erlebte das Land eine wahre Weinbaurevolution. Unter dem Einfluß der Modernisten, der Garibaldianer und Republik-Gründer, wurden die Weinbau- und Kellertechniken entscheidend verbessert, und es entstanden Weine, deren Popularität bis heute ungebrochen ist: Chianti und Barolo, Valpolicella und Brunello. In der ersten Hälfte des 20. Jahrhunderts erfolgte jedoch ein Rückschlag. Viele Erzeuger setzten bis weit nach dem Zweiten Weltkrieg mehr auf die Produktion von Massenware als auf die qualitativ höherstehenden Kreszenzen. Dies änderte sich erst in den siebziger und achtziger Jahren, und seither ist die Qualität der italienischen Weine so stark gestiegen, daß die besten Produkte den Vergleich mit den großen Namen des internationalen Weinbaus nicht zu scheuen brauchen.

Toskanischer Adel versorgt die Welt

Während sich die mitteleuropäischen Weinbaugebiete Rheingau, Mosel, Burgund und Bordeaux im Mittelalter zu einer ersten Blüte entwickelten, fiel der italienische Weinbau in eine tiefe Krise. Erst im 13. und 14. Jahrhundert ging es wieder ein wenig aufwärts. In der Toskana begannen Adelsfamilien wie die der Marchesi Antinori und Marchesi Frescobaldi – sie gehören auch heute noch zu den Protagonisten des toskanischen Weinbaus – damit, sich neben ihren vielfältigen Aktivitäten als Bankiers und Händler auch dem Weinhandel zu widmen. Wie groß ihr Einfluß war, zeigt die Tatsache, daß die Familie Frescobaldi zeitweise den englischen Hof finanzierte und als Steuereintreiber des Vatikans fungierte.

Schon im Winter, wenn die Reben in der Ruhephase sind, werden die Grundlagen für die nächste Saison gelegt. Jetzt werden die Triebe geschnitten und der Boden gepflügt.

Im September und Oktober wird gelesen. Die Lese sollte möglichst schnell und bei gutem Wetter erfolgen.

Von Dionysos zu den Bacchanalien

Wie schon die Griechen, so hatten auch die Römer ihre Weingottheit. Dionysos war im alten Athen der Gott der Fruchtbarkeit, des Weins und der Ekstase. Da diese Dinge in der Antike als ausgesprochene »Frauenthemen« galten, waren es somit hauptsächlich Frauen, die jeden Winter in langen, ausgelassenen Feiern »ihres« Gottes gedachten und bei diesen Gelegenheiten Wein und alle erdenklichen Rauschmittel in Mengen konsumierten.

Im römischen Reich fanden diese Riten als Bacchanalien – dem Weingott Bacchus gewidmet – ihre Fortsetzung. Sie nahmen zeitweise solche Ausmaße an, daß sie aus Furcht um die öffentliche Ordnung verboten wurden. Erst mit der Durchsetzung des Christentums als offizieller Staatsreligion fanden die Bacchanalien im 7. Jahrhundert unserer Zeitrechnung ein Ende.

Hintergrund: Ende Mai präsentieren sich die Blütenstände in voller Pracht. Jetzt wachsen die Triebe besonders schnell. Damit die Trauben später optimale Bedingungen haben, werden die jungen Triebe erneut angebunden.

Im März und im April treiben die Knospen aus. Die schnell wachsenden Triebe befestigt der Winzer an den vorher gezogenen Drahtrahmen.

Noch läßt sich schwer erkennen, ob es sich bei dieser Sorte um eine weiße oder eine rote Traube handelt, denn bis Juli sehen alle Beeren weitgehend gleich aus.

Die Qualitätskontrolle im Weinberg erfolgt durch das Refraktometer, ein optisches Gerät, mit dem das Mostgewicht ermittelt wird.

Jetzt darf keine Zeit verloren werden, denn unkontrollierte Gärung oder Fäulnisprozesse gefährden die Qualität.

Nachdem der frische Most geklärt und vom Trub befreit wurde, wird die Gärung eingeleitet.

Der Abstich, das Umfüllen, ist notwendig, um den Jungwein von der Hefe zu trennen.

Beim Ausbau von hochwertigen Rotweinen im Holzfaß werden große Fässer und kleine Barrique-Fässer verwendet.

Der Winzer überzeugt sich in regelmäßigen Abständen davon, daß sich der Wein im Faß wie gewünscht entwickelt.

Unetikettierte Flaschen werden im Keller zwischengelagert.

Nach dem Etikettieren gehen die Flaschen in den Verkauf.

SUPERSTAR CHIANTI

Zusammen mit dem Piemont ist die Toskana die renommierteste Weinbauregion Italiens. Im Gegensatz zum Piemont jedoch, das einerseits von noch recht bäuerlichen Produktionsstrukturen geprägt wird, dessen Spitzenweine andererseits ein recht elitäres Image besitzen, erfreut sich die Toskana großer Popularität. Weinnamen wie Chianti, Brunello, Nobile di Montepulciano, Vernaccia di San Gimignano, Galestro oder Sassicaia sind auf der ganzen Welt bekannt, und jeder Weinfreund weiß, was er sich unter ihnen vorzustellen hat. Die Toskana gilt aber auch als die perfekte Verkörperung der Einheit von Wein und Kultur, und nur wenige der großen Künstler der Vergangenheit haben den Ruf ihrer Weine nicht in der einen oder anderen Form besungen und der Nachwelt überliefert. Die Geschichte des toskanischen Weinbaus war immer vom Wechselspiel zwischen den großen Landeignern – Klerus und Adel vor allem – und den *mezzadri,* den Halbpächtern bestimmt, die gegen Abgabe der halben Ernte das Land bewirtschaften und auf ihm leben durften. Als die großen Besitztümer nach dem letzten Weltkrieg aufgelöst wurden, und viele der *mezzadri* in die Städte abwanderten, drohte der Weinbau der Region in Vergessenheit zu geraten. Geschäftsleute und Aussteiger aus den reichen Städten des Nordens und dem Ausland erwarben damals viele der brachliegenden Güter und investierten massiv in ihren Wiederaufbau. Zur Weiterverarbeitung der geernteten Trauben waren sie auf die Hilfe gelernter Önologen angewiesen. Um die Weine zu verkaufen, mußten sie an die gestiegenen Anforderungen der Weinfreunde in aller Welt angepaßt werden. Es wurde mit neuen Keltermethoden experimentiert, mit dem Ausbau, das heißt der Lagerung der Weine in kleinen Fässern aus neuem Holz, mit französischen Rebsorten und mit ungewöhnlichen Sortenzusammensetzungen: Der moderne italienische Wein war geboren – er trug toskanische Namen.

Leider entsprachen diese revolutionären Weine oft nicht mehr den teilweise sehr rigiden Vorschriften des Systems der Herkunftsbezeichnungen, und so kam es, daß die Region, die als eine der ersten in der Geschichte geschützte Herkunftsbezeichnungen verwendet hatte – Carmignano gilt als eine der ältesten überhaupt – ihre Spitzenweine als einfache Tafelweine verkaufen mußte. Den Trend hin zu hochwertigen Produkten konnte jedoch auch dieses Manko nicht aufhalten. Vor allem die Rebsorte Sangiovese, der das fast vollständig hügelige Profil der Region entgegenkommt – die Sorte braucht sowohl die intensive Sonneneinstrahlung der Weinberge am Hang, als auch die ausgeprägten Schwankungen zwischen Tages- und Nachttemperaturen der Höhenlage – wurde hier zum absoluten Superstar.

Der Sangiovese war nicht nur für den berühmten Brunello di Montalcino verantwortlich, sondern stellte auch einen zunehmend großen Anteil im Mischsatz des Chianti dar, der nach einer entsprechenden Gesetzesänderung der neunziger Jahre heute auch reinsortig aus Sangiovese gekeltert werden darf. Er sorgte für die Qualität des Nobile di Montepulciano und des Morellino di Scansano, für den Carmignano und für einige der großen Tafelweine, der sogenannten *Super-Tuscans,* wie die angelsächsische Welt diese Weine treffend benannte. Unter den anderen roten Rebsorten, die hier hervorragende Resultate brachten und bringen, sind vor allem die französischen Provenienzen Cabernet Sauvignon, Merlot und in geringerem Maße auch Syrah und Pinot noir hervorzuheben.

Bei den Weißen dagegen konnte die Toskana weniger überzeugen. Zwar wurde mit dem Galestro in den achtziger Jahren ein erfolgreicher, frischer und unkomplizierter Markenwein aus Trebbiano geschaffen, zwar genießen die Vernaccia di San Gimignano und der weiße Montecarlo einen recht guten Ruf, und auch den einen oder anderen interessanten Chardonnay kann man heute sogar im Herzen des Chianti-Gebiets finden, an das Prestige und die Klasse der Roten aber kamen die weißen Toskaner nie heran.

Weine aus dem Chianti-Rufina-Gebiet besitzen eine erstaunliche Alterungsfähigkeit.

Im Zentrum der Toskana, zwischen Chianti, Brunello und Nobile gebettet, liegt die spektakuläre Landschaft der Crete Senesi.

Rechts: Das Castello di Brolio bei Gaiole im Chianti-Gebiet geht auf das Jahr 1141 zurück. Hier »erfand« Baron Ricasoli im 19. Jahrhundert den modernen Chianti.

Vin Santo

Der Vin Santo, der heilige Wein, ist ein weicher, halbtrockener bis lieblicher Stroh- oder Dessertwein, der 15 bis 16 Volumenprozent Alkohol erreicht. Im Herbst hängt man die frisch gelesenen Trauben zum Trocknen auf und keltert sie erst, wenn sie fast vollständig rosiniert sind. Entsprechend konzentriert und zuckerhaltig ist ihr Most. Nach der Gärung wird der junge Wein halbhoch in kleine Eichen- oder Kastanienfässer gefüllt, die man hermetisch versiegelt. In den Fässern setzt nun aufgrund der Heferückstände aus vorangegangenen Jahrgängen eine zweite Gärung ein. Die Fässer werden unter dem Dach gelagert, damit sich der Wein unter der Hitze des Sommers wie auch der winterlichen Kälte entwickeln kann, was ihm seine reichen Aromen von Nüssen, Aprikosen, Honig, Gewürzen und Blumen verschafft. Nach zwei bis sechs Jahren ist die Reifezeit abgeschlossen. In der Toskana taucht man gern nach dem Essen harte Mandelkekse, *Biscotti di Prato* oder *cantuccini* genannt, in die kleinen Gläser. Guter, alter Vin Santo eignet sich aber auch hervorragend als »Meditationswein«, wie die Italiener sagen, das heißt als Wein für beschauliche Stunden außerhalb der Mahlzeiten.

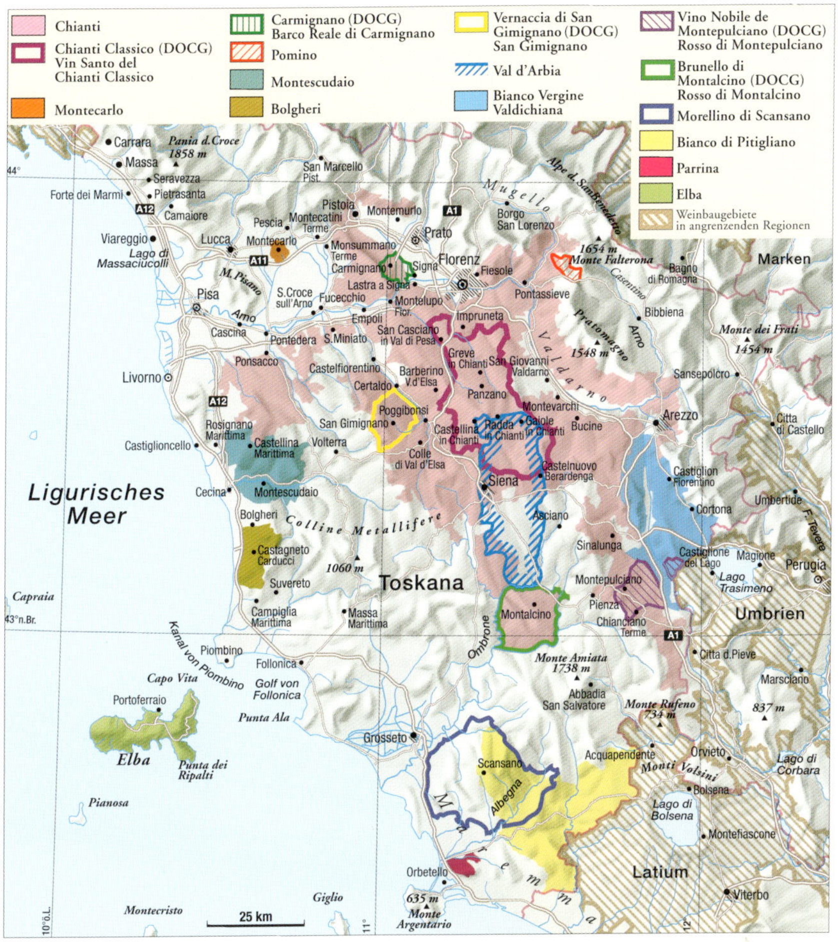

Chianti – der populärste Wein Italiens

Der Chianti ist nicht nur einer der ältesten, sondern vor allem einer der meistproduzierten italienischen Qualitätsweine – noch lange vor Asti, Soave, Prosecco oder Valpolicella. Immerhin fast 1,3 Millionen Hektoliter werden in ertragreichen Jahren unter diesem Namen in Flaschen gefüllt und in die ganze Welt exportiert. Dabei gibt es *den* Chianti gar nicht. Unter dem Oberbegriff verbergen sich recht unterschiedliche Weine, die in den verschiedenen Teilen der Toskana produziert werden. Herzstück und renommiertester, seit kurzem auch durch ein gesondertes Herkunftsgesetz herausgehobener Bereich des Chianti-Gebiets ist der des Chianti Classico, des historischen Kerngebiets der Toskana zwischen Florenz im Norden und Siena im Süden. Hier entwickelte vor über 150 Jahren Baron Ricasoli auf Castello di Brolio seine Rezeptur für den Chianti. Er legte fest, daß der

Wein aus 70 Prozent Sangiovese, 15 Prozent Canaiolo nero, zehn Prozent der weißen Trebbiano Toscano und Malvasia del Chianti und fünf Prozent anderen Trauben verschnitten sein sollte. Sinn dieses Verschnitts war es, den Sangiovese durch Zugabe der anderen Sorten farbintensiver, aromatischer und gleichzeitig schon in der Jugend zugänglicher zu machen.

Erst mit der Weinbaurevolution der letzten 30 Jahre wurde das Rezept Ricasolis hinfällig. Talentierte Weinmacher schafften es, aus dem Sangiovese alle erwünschten Eigenschaften herauszukristallisieren, ohne dabei seinen unverwechselbaren Charakter durch die Zugabe anderer, weniger hochwertiger Sorten verfälschen zu müssen. So gibt es heute mehr und mehr Winzer, die ihren Chianti sogar ausschließlich aus Sangiovese keltern, andere wiederum verzichten auf einen Großteil der traditionellen Verschnittsorten, vor allem, was die weißen betrifft, setzen dafür aber kleine Anteile nobler, importierter Sorten wie Cabernet, Syrah oder Merlot zu.
Moderner, gut gemachter Chianti Classico beweist sich vor allem durch die Vermählung großer Finesse und Eleganz mit guter Kraft und Alterungsfähigkeit. Er paßt nicht nur hervorragend zu den meisten toskanischen Gerichten, sondern durchaus auch zur Küche anderer Länder.
Auch wenn der Name und die verwendeten Rebsorten dieselben sind, so fallen die Gewächse der per Gesetz definierten Zonen des großen Chianti-Gebiets zum Teil recht unterschiedlich aus. Der renommierteste von ihnen ist der Chianti Rufina aus einem kleinen Anbaugebiet östlich von Florenz. Diese Weine sind in der Jugend säurebetonter als der Classico. Dafür besitzen sie eine gute Alterungsfähigkeit. Die Produkte der Chianti-Zonen Colli Fiorentini (bei Florenz), Colli Aretini (bei Arezzo), Colli Senesi (ein riesiges Gebiet südlich von Siena), Colline Pisane (bei Pisa), Montalbano (das Gebiet westlich von Florenz, in dem auch der Carmignano erzeugt wird) und Montespertoli (ein neues Teilgebiet bei der gleichnamigen Stadt) fallen leichter und einfacher aus, als die des Classico- und des Rufina-Gebiets.

Brunello und andere Weine

Wenn der Chianti als populärster Wein Italiens gilt, dann ist der Brunello sicherlich einer der renommiertesten. Im Unterschied zum Chianti wird er einzig aus Sangiovese gekeltert. Die Entstehung dieses Weines ist Feruccio Biondi-Santi zu verdanken. Er füllte nicht nur im Jahre 1888 die erste Flasche, die offiziell Brunello di Montalcino hieß, sondern hatte auch zuvor durch sorgfältige Selektion besonders geeignete Reben zu seiner Produktion ausgewählt. Lange Zeit glaubte man, bei dem, was die Winzer von Montalcino Sangiovese Grosso nennen, handele es sich um eine besondere Art des Sangiovese, aber wahrscheinlich bestand Biondi-Santis Selektion aus nichts anderem als aus den besten Stöcken ganz normaler Reben des Chianti-Gebiets.

Guter Brunello ist ungeheuer kraftvoll, wird in der Jugend von festen Tanninen geprägt und entfaltet nach langer Reifezeit ein wunderbares Aromabukett, das an Gewürze, Wild, Fell und süßen Tabak erinnert. Leider zwangen die DOC-Vorschriften die Winzer lange Zeit dazu, den Wein vier oder sogar fünf Jahre in großen Holzfässern reifen zu lassen, was für schwächere Jahrgänge einfach zu viel war – sie wirkten nach dem Holzlager dünner und ausgezehrter als vorher und verloren beim Altern schnell ihren Schmelz und ihren Charme. Verkürzte Faßlagerzeiten und der Gebrauch von kleinen Barrique-Fässern haben heute auch dem Brunello ein modernes Gesicht verliehen. Der jünger zu trinkende Zweitwein des Anbaugebiets wird unter dem Namen Rosso di Montalcino verkauft. Last but not least wird aus Muskateller-Trauben hier der süße Moscadello di Montalcino gekeltert.

Ein nobler Wein

Prugnolo gentile wird der Sangiovese in der Gegend um das Städtchen Montepulciano genannt, dessen Hauptwein der Vino Nobile di Montepulciano ist. Das mittelalterliche Städtchen thront hoch über dem Chiana-Tal – bekannt für seine Rinder – und über dem Lago Trasimeno. Kräftiger als der Zweitwein des Gebiets, der Rosso di Montepulciano, wirkt er jedoch immer noch blumig und hinterläßt im Mund einen festen, dichten Eindruck, der irgendwo in der Mitte zwischen Chianti und Brunello einzuordnen ist. Natürlich trinkt man ihn am besten zu einem schönen Steak vom Chiana-Rind.

Die älteste Herkunftsbezeichnung der Welt

Auf den Hügeln westlich von Florenz wächst der Carmignano, der bereits im Jahre 1716 von Cosimo III. mittels einer gesetzlichen Herkunftsbezeichnung geschützt wurde – der erste DOC-Wein Italiens in gewisser Weise, vielleicht sogar die erste Appellation der Welt. Er war auch der erste toskanische Wein, in dessen Zusammensetzung offiziell die französische Rebsorte Cabernet Sauvignon zugelassen war. In bezug auf Kraft und Stoff kann der Wein mit dem Nobile di Montepulciano verglichen werden. Weine der Spitzenwinzer aus guten Jahrgängen können mehrere Jahrzehnte lang altern. Auch im Carmignano-Gebiet gibt es eine Art Zweitwein mit DOC-Status, den Barco Reale di Carmignano, in dem kein Cabernet, sondern nur Sangiovese und Canaiolo enthalten sind.

San Gimignano mit seinen berühmten Geschlechtertürmen ist der Geburtsort des ersten italienischen DOC-Weißweines.

Eine zweite toskanische Revolution

Die toskanische Küste zwischen Livorno und Grosseto war lange Zeit weinbaumäßiges Niemandsland. Es gab praktisch nur einen DOC-Wein, den Rosé aus Bolgheri. Seit den siebziger Jahren aber machte ein Tafelwein aus dieser Gegend Karriere, der schnell zum

Zypressen, Weinreben und typische Bauernhäuser – das ist das in aller Welt bekannte und beliebte Bild der Toskana.

bekanntesten Einzelwein Italiens überhaupt werden sollte, der Sassicaia. Er wurde vollständig aus Cabernet-Trauben gekeltert, deren Rebstöcke von den Grafen Incisa della Rochetta direkt aus dem Bordeaux-Gebiet importiert worden waren.

Im Laufe der Zeit fand der Sassicaia viele Nachahmer – unter ihnen seinen Nachbarn Ornellaia, für den Cabernet Sauvignon, Cabernet franc und Merlot verschnitten wurden, und den Grattamacco, der einen großen Anteil Sangiovese enthielt. Inzwischen jedoch wurden die Herkunftsbezeichnungen der Gegend dahingehend verändert, daß auch diese berühmten Tafelweine mit einer DOC-Bezeichnung etikettiert werden können und somit ein anerkanntes Qualitätsgütesiegel tragen.

Weisswein und die Geschlechtertürme

Der bekannteste Weißwein der Toskana stammt aus der Stadt der zahlreichen, hoch emporragenden Geschlechtertürme, San Gimignano. Vernaccia-Trauben werden in dieser Gegend schon seit dem 13. Jahrhundert kultiviert, und die Vernaccia war der erste italienische Weißwein, der DOC-Status erhielt. Der trockene, leicht aromatische Wein paßt hervorragend zu vielen Pastagerichten und Fisch. Seit kurzem besitzen auch die Rotweine von San Gimignano DOC-Status.

Die kleineren Herkunftsgebiete

Der dynamischste Teil der Toskana ist die südliche Provinz Grosseto. Hier wurden noch vor wenigen Jahren nur der Morellino di Scansano, ein fruchtbetonter Sangiovesewein, und der neutrale, leichte Bianco di Pitigliano erzeugt. Seit den 1990er-Jahren aber erlebt die Region einen regelrechten Boom. Hunderte Hektar Rebland wurden neu bepflanzt, und neben dem angestammten Sangiovese macht sich vor allem der rote Merlot breit, der hier exzellente Resultate bringen kann.

Zu guter Letzt müssen noch das Weißweingebiet von Montecarlo aus der Provinz Lucca im Norden der Toskana und das Pominogebiet in den Bergen oberhalb des Chianti Rufina erwähnt werden. Aus Sangiovese, Cabernet und Merlot werden hier hervorragende Rote gekeltert, aus Weißburgunder, Chardonnay und Trebbiano entsteht ein moderner Weißwein, der hervorragend zu den frischen, aromatischen Spezialitäten der Region paßt.

UMBRIA

UMBRIEN

Tiber
L. Trasimeno
Perugia
Assisi
Torgiano
Foligno
Castelluccio
Umbrien
Norcia
Orvieto
Terni

Umbrien – das klingt nach schattigen Wäldern und stillen Seen. Besonders im Herbst scheint die Landschaft wie mit Gold überzogen zu sein. In verwunschenen Hainen hallt das Echo längst vergessener Märchen nach, und in den stillen Einsiedeleien und Klöstern begreift der Besucher, was Franz von Assisi wohl zu seinem »Sonnengesang« inspiriert haben mag. Die Umbrier haben seit jeher ein mystisches und dabei sehr respektvolles Verhältnis zur Natur.

Natürlich beziehungsweise naturbelassen präsentieren sich auch die »franziskanisch« einfachen Gerichte der umbrischen Küche. Aufwendige Füllungen, Pasteten oder Farcen wird man ebenso vergebens suchen wie schwere Sahne- oder Cremesaucen. Gekocht, gebraten, aromatisiert und verfeinert wird hier mit dem leichten, zart nach Kräutern duftenden Olivenöl, einem der besten Italiens, das manchmal so grün ist wie Umbrien selbst.

Auf den Tisch kommt, was die Jahreszeit bereithält. Im Frühjahr und im Sommer gibt es eher Gemüsegerichte, im Herbst und im Winter konzentriert man sich auf die Ausbeute der Jagdsaison und auf die berühmten schwarzen Trüffeln aus Norcia. Das malerische mittelalterliche Städtchen gilt zu Recht als eine kulinarische Hochburg der Region. Ein Besuch lohnt sich aber nicht nur im Spätherbst, wenn das »schwarze Gold« Saison hat, denn hier wurde auch die Kunst des Schlachtens und der Wurstherstellung so weit perfektioniert, daß man die Metzger mit ihrer Stadt gleichsetzte. Das Wort *norcino* bezeichnet dementsprechend sowohl den Einwohner Norcias als auch – und zwar in ganz Italien – den Schweinemetzger und Wurster.

Mit wertvollen Zutaten, Spezialitäten und Delikatessen hantiert man in Umbrien erfrischend unverkrampft. Es wird schlichtweg als selbstverständlich betrachtet, daß man in der einfachen, bodenständigen Küche ausschließlich mit besten natürlichen Ingredienzen arbeitet. Reichhaltige Suppen, Fleisch vom Grillspieß, hausgemachte Nudeln – all dies wird mit viel Liebe und Sorgfalt zubereitet. Und selbst vor den berühmten Trüffeln macht die Lässigkeit nicht halt. Umbrische Köche schneiden sie in Würfel, zerstampfen sie zusammen mit Sardellen und Knoblauch im Mörser, würzen damit nachhaltig ein Ragù für die Pasta, schlagen sie üppig unter die Eier für ein Omelett und verwenden die edlen Pilze sogar für ihre *Torta di pasqua*. Ganz nach dem Motto: Das haben wir schon immer so gemacht, und es schmeckt schließlich gut.

Vorhergehende Doppelseite: Die Norcineria Ansuini in Norcia ist berühmt für ihre handwerkliche Wurst- und Schinkenproduktion.

Links: Das stille Assisi liegt an den Hängen des Monte Subasio. Hier begründete der heilige Franziskus zu Beginn des 13. Jahrhunderts seinen Orden.

NORCINERIA

Der hervorragende Ruf, den umbrisches Schweine- und Wildschweinfleisch genießt, ist zum einen auf die gesunde, natürliche Ernährung der Tiere mit Eicheln, Mais und Getreide zurückzuführen – und zum anderen ist er das Verdienst der Schlachtermeister von Norcia, die in ganz Italien als die besten ihrer Zunft gelten. Das Wort *norcino* ist sogar ein Synonym für Einwohner von Norcia und Metzger. Da man sich nirgendwo anders so gut auf die Kunst versteht, ein Schwein fachgerecht zu schlachten, zu zerlegen und aus den Fleischteilen köstliche frische oder luftgetrocknete Würste oder zart gepökelten Schinken herzustellen, ist Norcia für viele Feinschmecker aus dem Umland Ziel und Höhepunkt ihres kulinarischen Wochenendausflugs. Hier kann man die deftigen Spezialitäten nicht nur in der *norcineria*, dem Geschäft des *norcino*, kaufen, sondern in manchen Restaurants auch in verschiedenen Zubereitungen probieren.
Die Norcineria Ansuini ist einer dieser traditionsreichen Familienbetriebe. Inzwischen steht hier die vierte Generation hinter Schlachttisch und Verkaufstresen – und die fünfte Generation arbeitet auch schon mit. Bei Ansuini kann man sich natürlich mit Würsten und Schinken, darunter auch vom Wildschwein, versorgen, doch es werden ebenfalls beste umbrische Olivenöle, einige Käsesorten und sonstige Delikatessen bereitgehalten. Besonders die auswärtigen Kunden schätzen es, wenn sie beim Einkauf von Fleisch, Wurst und Schinken auch gleich die anderen Spezialitäten der Region kennenlernen und mit nach Hause nehmen können.

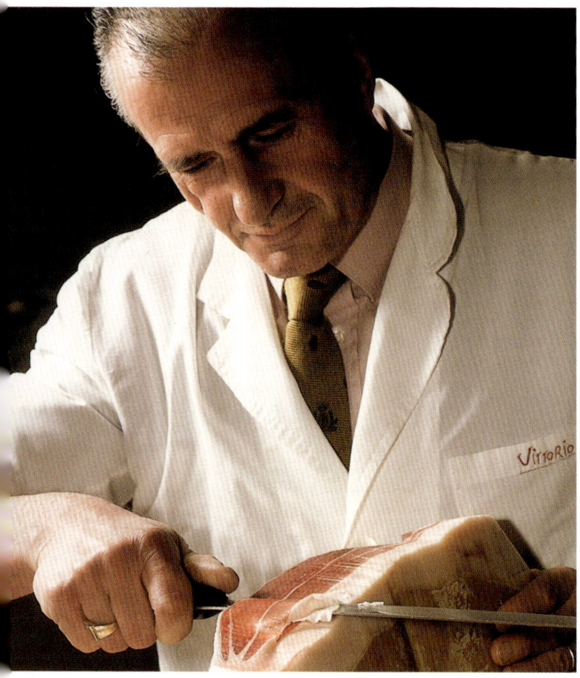

Die Norcineria Ansuini bietet exquisite Schinken vom Schwein und vom Wildschwein an. Wichtig ist, daß die Scheiben frisch und hauchdünn aufgeschnitten werden.

Barbozzo
Barbozzo ist eine gepökelte und gereifte Schweinebacke.

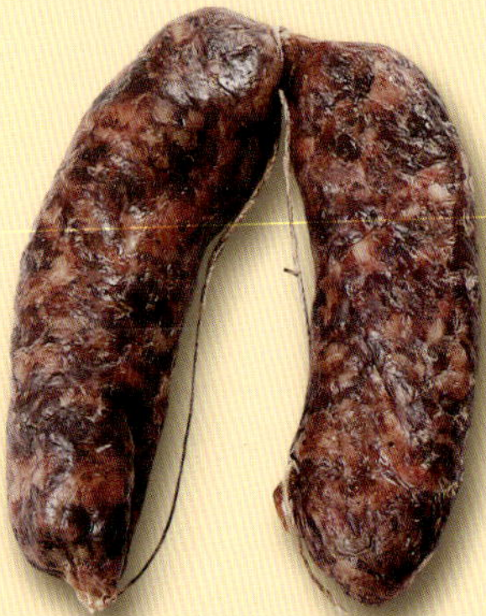

Mazzafegati
Die Würste aus pikant gewürzter Schweineleber gibt es auch in einer süßen Version mit Rosinen, Orangenschalen und Zucker, deren Rezept au die Renaissance zurückgehen soll.

Budellacci
Budellacci sind geräucherte und gewürzte Kutteln, die sowohl roh verzehrt, als auch am Spieß oder auf dem Rost gegrillt werden.

Capocollo
Den *capocollo*, Schweinenacken, nennt man in manchen Gegenden auch *lonza*. Er wird reichlich mit Knoblauch gewürzt und stark gepfeffert.

Coppa
Coppa bezeichnet in Umbr eine Wurst aus Kopffleisch hat nichts mit der *coppa di Piacenza* zu tun.

Prosciutto di Norcia
Der Schinken aus Norcia oder Spoleto ders schmackhaft, denn die *norcini* verwe ausschließlich Keulen von Schweinen, d gesunden Eicheln gemästet wurden. Er mit etwas Salz, Pfeffer und Knoblauch g Der *prosciutto di Norcia* wiegt nach einjäl Reifezeit zwischen acht und zehn Kilog

Im Familienbetrieb Ansuini arbeiten die beiden Brüder und deren Söhne. Schlachten, Wursten, Schinkenmachen – all dies geschieht hier nach alter Tradition. Bei Ansuini begeistert nicht nur der würzige Duft, der dem Laden entströmt und potentiellen Kunden das Wasser im Munde zusammenlaufen läßt, sondern auch die Dekoration samt der präparierten Tierköpfe.

Oben und Hintergrund: Die schwarze Norcia-Trüffel (*Tuber melanosporum*, auch Périgord-Trüffel genannt) kann roh verzehrt werden, würzt aber auch verschiedene Speisen.

DAS SCHWARZE GOLD AUS NORCIA

Die Piemontesen haben Alba, die Toskaner San Miniato, und die Umbrier fahren nach Norcia, wenn sie Trüffeln kaufen wollen. Während im Piemont und in der Toskana die weißen Trüffeln vorherrschen, ist Umbrien für seine schwarzen Trüffeln bekannt, obwohl es auch hier helle Varietäten gibt. Der Streit der Köche und Trüffelliebhaber, welche Art die schmackhaftere sei, wird wohl nie entschieden werden. Fest steht nur, daß die schwarze Trüffel vielseitiger ist als ihre weiße Schwester, denn sie kann roh gegessen werden und eignet sich auch als würzende Beigabe oder Füllung für Saucen, Pasteten und Nudeln, ohne beim Erhitzen ihr Aroma zu verlieren. Die umbrischen Trüffelgebiete erstrecken sich entlang der Flüsse Nera, Corno und Sordo bis hin zu den Monti Martani und den Bergen bei Trevi und Subasio. Die schwarze Pilzknolle wird vornehmlich in der Gegend um Norcia und Spoleto gesammelt, um Gubbio findet man weiße Arten, und in ganz Umbrien kann man auch auf schwarze Winterträffeln sowie auf schwarze und weiße Sommerträffeln stoßen.

Tips für die Trüffelküche

- Weiße Trüffeln immer roh zubereiten.
- Schwarze Trüffeln niemals kochen, sondern schonend erwärmen.
- Trüffeln nicht unbedingt mit Käse kombinieren.
- Salz und bestes Olivenöl extra vergine sind ein Muß.
- Trüffeln nur für Gerichte ohne starken Eigengeschmack verwenden.
- Vor der Zubereitung müssen die Trüffeln mit einer weichen Bürste von Erdresten befreit werden und sollten danach einige Minuten in lauwarmem Wasser einweichen. Neben dem Fruchtfleisch eignet sich auch die Rinde zum Verzehr.

Schwarze Trüffelsorten

Schwarze Norcia-Trüffel
Die schwarze Norcia-Trüffel *(Tuber melanosporum)* wird hauptsächlich in der Gegend um Norcia und Spoleto gesammelt. Sie gedeiht hoch oben auf Hügeln und Bergen und bevorzugt die Nachbarschaft von Eichen, Steineichen und Nußbäumen, in der sie dann kreisrunde, graslose, glatte Flächen, die sogenannten *pianelli*, ausbildet. Die Norcia-Trüffel hat eine schwarze, mit leicht eingedellten Warzen überzogene Haut. Ihr Fruchtfleisch ist schwarz-violett und von einer klaren, weißen Äderung durchzogen. Sie duftet zart und angenehm. Die Suche nach dieser Delikatesse ist nur zwischen dem 1. Dezember und dem 15. März erlaubt.

Schwarze Winterträffel
Die schwarze Winterträffel *(Tuber brumale Vitt.)* (Abb. unten) wächst in verschiedenen Regionen und stellt keine besonders hohen Ansprüche an ihren Standort. Ihre Haut ist dunkel und hat Warzen, die bei Berührung aber nicht stechen. Ihr graues Fruchtfleisch zeigt scharf abgesetzte weiße Adern. Sie hat ein starkes, durchdringendes Aroma. Die Saison für die Winterträffel dauert vom 1. Dezember bis zum 15. März.

Schwarze Muskatträffel
Die schwarze Muskatträffel *(Tuber brumale Vitt. Var. Moscatum, De Ferry)* ist eine enge Verwandte der schwarzen Winterträffel. Auch sie hat eine dunkle, warzige Haut, zeigt jedoch schwärzliches Fruchtfleisch mit breiten, weißen Adern. Außerdem erscheint die Muskatträffel fast duftlos. Gesammelt wird sie vom 1. Dezember bis zum 15. März.

Schwarze Bagnoli-Trüffel
Die schwarze Bagnoli-Trüffel *(Tuber masentericum Vitt.)* ist eine Abart der Norcia-Trüffel und kommt hauptsächlich in Kampanien vor, gedeiht jedoch auch auf den Bergen und in den Buchenhainen anderer Regionen. Sie hat eine schwarze, warzige Außenhaut, ihr Fleisch ist grau und von weißen Adern durchzogen. Nicht jeder mag diese Trüffel, da sie etwas unangenehm nach Teer oder Karbolsäure riecht. Ihre Liebhaber sammeln sie vom 1. November bis zum 15. März.

Trüffeln richtig lagern

- Die Erde nicht gleich entfernen, denn sie wirkt wie ein Schutzschild gegen Geschmacksverlust und Mikroorganismen.
- Jede einzelne Trüffel in Butterbrotpapier einwickeln und in einem geschlossenen Gefäß im Gemüsefach des Kühlschranks oder an einem anderen kühlen Ort lagern.
- Das Papier jeden Tag wechseln.
- Trüffeln lassen sich in Öl braten und anschließend zu einer Sauce verarbeiten, die sich im Kühlschrank über einen Monat hält. Man kann sie aber auch kleinhobeln beziehungsweise -schneiden und mit weicher Butter und etwas Salz zu einer geschmeidigen Paste verrühren, die sich ebenfalls gut im Kühlschrank lagern läßt.

Rechts: Das Olivenöl wird in einer schweren Eisenpfanne erhitzt und die Ei-Sahne-Trüffel-Masse hineingegossen.

Die Eier werden mit der Sahne verquirlt und mit Salz und Pfeffer gewürzt. Dann kommt die gewürfelte Trüffel dazu.

Wenn die *frittata* zu stocken beginnt, wird sie mit einer Gabel vom Rand und Boden der Pfanne gelöst.

Frittata ai tartufi
Trüffelomelett
(Abbildung oben)

1 mittelgrosse schwarze Trüffel aus Norcia
6 Eier
4 EL Sahne
Salz und Pfeffer
1–2 EL Olivenöl
Saft von 1 Zitrone

Die Trüffel abbürsten, mit Küchenkrepp säubern und in feine Scheiben schneiden. Die beiden schönsten Scheiben beiseite legen, die restlichen würfeln. Eier verquirlen, Sahne, Salz, Pfeffer und die Trüffel zugeben. Olivenöl in einer Eisenpfanne erhitzen, die Eimasse hineingeben und stocken lassen. Vorsichtig wenden und auch auf der anderen Seite goldbraun werden lassen. Die *frittata* auf eine Platte gleiten lassen, mit Zitronensaft beträufeln, mit den beiden Trüffelscheiben dekorieren und sofort servieren.

Spaghetti alla norcina
Spaghetti nach Art von Norcia

400 g Spaghetti
4–5 EL Olivenöl extra vergine
2 Knoblauchzehen
3 Sardellenfilets, kleingeschnitten
150 g schwarze Trüffeln, feingehobelt
Salz und Pfeffer

Die Spaghetti in reichlich Salzwasser *al dente* kochen. Das Olivenöl in einem kleinen Topf erhitzen und die Knoblauchzehen darin anschwitzen. Den Knoblauch herausnehmen, Sardellenfilets zum Öl geben und bei niedriger Hitze langsam zergehen lassen. Topf vom Herd nehmen und den größten Teil der feingehobelten Trüffeln unter die Sardellenpaste mengen. Salzen, pfeffern und über die Spaghetti verteilen. Mit den restlichen Trüffelscheiben garnieren.

Crostini umbri
Geröstetes Brot mit Trüffelpaste

100 g schwarze Trüffeln aus Norcia
2 Sardellenfilets
4–5 EL Olivenöl extra vergine
Salz
4 Scheiben Weiss- oder Graubrot

Die Trüffeln unter fließendem Wasser gut abbürsten, trockentupfen und fein reiben. Die Sardellenfilets zerdrücken und mit dem Olivenöl zu einer gleichmäßige Paste verrühren. Die Trüffeln untermischen und ganz leicht salzen. Die Paste auf die frisch gerösteten Brotscheiben streichen.

LINSEN AUS CASTELLUCCIO

Linsen sind eine sehr alte Kulturpflanze, die aus dem Orient in den Mittelmeerraum gelangte. In Umbrien werden Linsen zwar selten angebaut, doch die wenigen Pflanzen sind von außergewöhnlicher Qualität. Auf der Hochebene von Castelluccio wachsen in immerhin 1 400 Metern Höhe die berühmten *lenticchie di Castelluccio,* die begehrtesten Linsen Italiens. Sie sind klein, grün, wegen ihres stattlichen Gehalts an Proteinen und Mineralsalzen sehr gesund – und dabei so zart, daß sie nicht eingeweicht zu werden brauchen und bereits nach einer Kochzeit von 20 bis 30 Minuten gar sind. Leider kommen sie nur in sehr begrenzten Mengen auf den Markt. Auf der Hochebene können lediglich einige 100 Doppelzentner produziert werden, und die Anbaugebiete Annifio sowie Colfiorito steuern noch einmal rund 100 Doppelzentner bei. Wer Gelegenheit hat, diese inzwischen herkunftsgeschützten Hülsenfrüchte zu probieren, sollte unbedingt zugreifen.

Bohnen, Zwiebeln und Sellerie

Die zarten Linsen sind nicht die einzige Spezialität vom Feld, die Umbrien zu bieten hat. Dem Gemüseanbau im allgemeinen widmet man hier seit jeher viel Zeit, Geduld und Sorgfalt.

Cave gehört zur Gemeinde Foligno und liegt mitten in den »Obstgärten« am Topino. Auf dem überaus fruchtbaren und sehr mineralhaltigen Schwemmland dieses Flusses gedeihen Bohnen, die aufgrund der idealen Bodenverhältnisse völlig ökologisch angebaut werden können. Zwei große und 15 kleinere landwirtschaftliche Betriebe produzieren die beiden vorherrschenden Arten. Doch sowohl die grünlichen als auch die gelben Bohnen haben eine weiche Schale und schmecken sehr delikat. Sie eignen sich für Suppen und Vorspeisen, munden aber auch gedünstet und nur mit einem Schuß des zarten umbrischen Olivenöls verfeinert.

Bei Cannara liegt das »Land der Zwiebelbauern«, wie man hier sagt. Zwiebeln waren schon immer unverzichtbar in der umbrischen Küche. Wie aus historischen Dokumenten hervorgeht, wurden sie im 17. Jahrhundert zusammen mit Rüben, Lauch, Kohl und Bohnen serviert. Die Sommer- und Herbstzwiebeln, die man heute in der Gegend anbaut, können roh, aber auch gedünstet, im Ofen gebacken, frisch im Salat, zu Fritiertem oder in Suppen und Saucen gegessen werden. Wer auf Zwiebeln empfindlich reagiert, sollte die Knollen in Scheiben schneiden und vor der weiteren Verarbeitung einige Stunden in kaltem Wasser ruhen lassen. So wird auch die umbrische Zwiebelsuppe, die *cipollata,* zu einem ungetrübten Genuß.

Seit Mitte des 18. Jahrhunderts wird in Trevi schwarzer Sellerie angebaut. Das Gemüse war auf allen Märkten zu finden, bis es nach dem Zweiten Weltkrieg durch den immer häufiger importierten amerikanischen Sellerie weitgehend verdrängt wurde. Doch in Trevi gibt es noch ein paar unerschrockene Landwirte, die an »ihrem Sellerie« festhalten. Der echte, kräftig duftende Trevi-Sellerie hat keine ungenießbar harten Fasern, ist sehr lang, seitlich von dunkelgrüner Farbe und besteht aus einer einzigen Knolle, aus der die blätterförmigen Stiele wachsen. Der Versuch, eine *Parmigiana alla Trevi,* den im Ofen mit Käse überbackenen Sellerieauflauf, mit einer anderen Sorte nachzukochen, mag zwar glücken, schmeckt aber niemals wie das Original.

Sellerie ist übrigens äußerst gesund: Neben wertvollen Mineralien liefert er viel Vitamin B und das Provitamin A.

Lenticchie di Castelluccio con salsicce

Linsentopf mit Würsten
(Abbildung links)

300 g Linsen aus Castelluccio
Salz
80 g durchwachsener Bauchspeck
2 EL Olivenöl extra vergine
1 EL Butter
1 Zwiebel
1 Stange Staudensellerie
150 g passierte Tomaten
1 l Fleischbrühe
4–8 frische Salsicce
Pfeffer

Die Linsen am Vorabend mit etwas Salz in lauwarmem Wasser einweichen. Den Bauchspeck in Streifen schneiden und in einem Topf mit 1 EL Olivenöl und 1 EL Butter anschwitzen.

Zwiebel und Sellerie fein hacken und kurz andünsten. Die gut abgetropften Linsen und die passierten Tomaten zugeben und heiße Fleischbrühe angießen. Den Topf zudecken und die Linsen bei niedriger Hitze 1 Std. garen. *Salsicce* in einer Pfanne mit 1 EL Olivenöl braten. Kurz vor Ende der Garzeit die Linsen salzen und pfeffern und die *salsicce* zugeben.

DINKEL

Schon die alten Römer verwendeten Dinkel als Zutat für ihre *puls latina,* ein Mischgericht aus Getreide und in Wasser gekochten Hülsenfrüchten. Jede Familie besaß eine spezielle Mühle, um das Dinkelkorn von seinen harten, begrannten Spelzen zu befreien.

Der umbrische Dinkel gehört botanisch zur Sorte *Triticum durum dicoccum* und wird vorwiegend in der Gegend um Monteleone und Spoleto angebaut. Mit der Einführung des leichter zu verarbeitenden Weizens verlor der Dinkel, der nach dem Dreschen in einem gesonderten Schälvorgang entspelzt werden muß, rapide an Bedeutung. Angebaut wurde diese genügsame Getreidepflanze nur noch in Regionen, in denen nichts anderes wuchs. In den letzten Jahren hat man jedoch den Dinkel – auch wegen seines hohen ernährungsphysiologischen Wertes – wiederentdeckt, und sein Verbrauch steigt stetig.

Der Gehalt an essentiellen Aminosäuren, an lebensnotwendigen Eiweißbausteinen, liegt beim Dinkel höher als bei vielen Weizenarten. Außerdem liefert er mehr Vitamine und Spurenelemente. Da Dinkel zudem eine beachtliche Portion Kieselsäure enthält, sorgt er nicht nur für schöne Haut und glänzende Haare, sondern steht auch in dem Ruf, den Geist auf Trab zu bringen.

In der Regel muß Dinkel zwölf bis 48 Stunden eingeweicht und dann mehrere Stunden gekocht werden. Heutzutage läßt sich die Garzeit mit Hilfe des Dampfkochtopfs auf die Hälfte verkürzen. Schrotet man das Korn vor der Zubereitung, kann man sich das Einweichen ganz sparen. Die Garzeit beträgt dann nur noch 20 bis 30 Minuten, wobei es genügt, den Dinkel bei schwacher Hitze quellen zu lassen. Die *Minestra di farro,* die Dinkelsuppe, ist eines der traditionellsten Dinkelgerichte, die man auch in Latium kennt. Die beliebte und grundgesunde *Imbrecciata* ist ein Eintopf aus verschiedenen Getreidesorten und Hülsenfrüchten.

Oben: Anders als Weizenkörner, die sich durch Dreschen von ihren Spelzen trennen lassen, müssen Dinkelkörner in speziellen Mühlen herausgelöst werden. Die Spelzen machen ein Drittel des Gesamtgewichts der Ernte aus.

Imbrecciata

Eintopf aus Hülsenfrüchten und Getreide
(Abbildung rechts)

je 50 g Graupen, Mais, Kichererbsen, Fava-Bohnen, Weizen, Dinkel, Wachtelbohnen, Linsen
5 EL Olivenöl extra vergine
100 g Speck, in Streifen geschnitten
2 Zwiebeln, gehackt
1 Bund Majoran, grobgehackt
150 g Tomatenpüree
Salz und Pfeffer
1 l Wasser oder Brühe

Hülsenfrüchte und Getreide über Nacht separat einweichen. Am nächsten Tag abgießen und sämtliche Sorten separat kochen. Dabei beachten, daß die Garzeiten unterschiedlich lang sind.

In einem großen Topf das Olivenöl erhitzen und darin den in Streifen geschnittenen Speck und die gehackten Zwiebeln andünsten. Grobgehackten Majoran und Tomatenpüree zugeben und etwa 15 Min. bei geringer Hitze köcheln lassen. Die Hülsenfrüchte und das Getreide zugeben und gut durchmischen.

Wasser oder Brühe angießen und noch einmal einige Minuten köcheln lassen.

Minestra di farro

Dinkelsuppe

1 Schinkenknochen mit etwas Fleisch, grobzerhackt
1 Bund Suppengrün
100 g geräucherter Schinken, gewürfelt
150 g Dinkel, geschrotet
Salz und Pfeffer
100 g Pecorino, gerieben

Den Schinkenknochen in reichlich Wasser etwa 15 Min. kochen. Herausnehmen und das Wasser wegschütten. Suppengrün putzen und kleinschneiden. Zusammen mit dem gewürfelten Schinken und den Knochen etwa 2 Std. in 3 l Wasser kochen. Dinkel zugeben, salzen, pfeffern und etwa 15–20 Min. bei niedriger Hitze quellen lassen. Die Dinkelkörner sollten nicht völlig weich werden, sondern ein wenig Biß behalten. Mit Salz und Pfeffer abschmecken. Mit geriebenem Pecorino servieren.

SÜSSWASSER-FISCH

Umbrien hat zwar keinen Zugang zum Meer, doch das heißt nicht, daß hier kein Fisch auf den Tisch käme. Der Landstrich wird nämlich von zahlreichen Flüssen und Seen durchzogen, allen voran der eine halbe Autostunde westlich von Perugia gelegene Lago Trasimeno – mit seinen 128 Quadratkilometern eines der größten Binnengewässer Italiens.

Die geringe Besiedlung Umbriens und die weitgehend intakte Natur garantieren saubere Fischereigründe, in denen eifrige Angler die freie Auswahl haben. Es gibt Plötzen (Rotaugen), Aale, Flußbarsche, Forellen, Äschen, Barben, Felchen, Schleien – und angeblich die dicksten Karpfen südlich der Alpen. Die Ausbeute wird gegrillt, im Ofen gebacken oder zu einer herrlichen Süßwasserfischsuppe verarbeitet, die keinen Vergleich mit einer Zubereitung von der Küste zu scheuen braucht.

Regina in porchetta

Karpfen in Fenchelsauce
(Abbildung unten)

1 Karpfen, etwa 1,2 kg schwer
100 g geräucherter Schinken oder Speck
2 frische Rosmarinzweige
1 EL Fenchelsamen
4 Knoblauchzehen
Saft von 1/2 Zitrone
1/2 Glas Olivenöl
Salz und Pfeffer
1 Zitrone

Den Karpfen ausnehmen, schuppen und waschen. Rosmarinblätter von den Zweigen zupfen. Schinken mit Fenchelsamen, Knoblauchzehen und Rosmarin durch den Fleischwolf drehen. Den Karpfen mit der Masse füllen und in eine feuerfeste Form legen. Sollte noch etwas Füllung übrig sein, kann man diese auf dem Fisch verteilen. Im vorgeheizten Backofen bei 200 °C etwa 30 Min. garen. Zitronensaft mit Olivenöl verquirlen und damit den Karpfen von Zeit zu Zeit einpinseln. Zum Schluß salzen und pfeffern. Mit Zitronenscheiben dekorieren und servieren.

Rechts: Der fischreiche Lago Trasimeno lockt besonders an den Wochenenden viele Angler an.

Carpa (Karpfen)
Angler behaupten, in den umbrischen Gewässern gäbe es die dicksten Karpfen Italiens. Man bäckt sie gern im Ofen.

Lasca (Plötze, Rotauge)
Dieser Fisch ähnelt geschmacklich dem Hecht, doch sein Fleisch ist nicht ganz so fest und hat etwas weniger Aroma.

Trota (Forelle)
Diesen beliebten kleinen Fisch serviert man in Umbrien besonders gern als *Trota al tartufo,* als Forelle mit Trüffeln.

Pesce persico (Flußbarsch)
Das feste, schmackhafte Fleisch des Flußbarschs kann fritiert werden, eignet sich aber auch zum Einlegen.

Temolo (Äsche)
Das zarte, aromatische Fleisch der Äsche schmeckt leicht nach Thymian und sollte deshalb nur sparsam gewürzt werden.

Anguilla (Aal)
Süßwasser-Aale werden viel fetter als ihre Kollegen aus dem Meer; die Umbrier grillen oder servieren sie in Sauce.

Barbo (Barbe)
Barben dürfen nie roh gegessen werden, da ihr Fleisch dann giftig ist; gekocht oder gebraten schmecken sie sehr gut.

Alborella (Renke, Felchen)
Dieser hervorragende Speisefisch hat einen süßlichen Geschmack und eignet sich für fast alle Zubereitungsarten.

Tinca (Schleie)
Das zarte, süßliche Fleisch dieses Karpfenfischs schmeckt gebraten oder gebacken.

Angeln

Wer das Angeln für eine typisch nordeuropäische Freizeitbeschäftigung hält, sollte einmal in einer italienischen Stadt oder aber an einem italienischen See spazierengehen. In der Stadt wird der aufmerksame Beobachter zahlreiche Spezialgeschäfte für den beruhigenden Sport mit Gummistiefeln und Fliegenbox entdecken, während am Wochenende Tausende von Angelbegeisterten an die Binnengewässer fahren, ihre Köder präparieren und geduldig warten, daß ein Fisch – die Größe ist fast immer nebensächlich – anbeißt.

In manchen Gegenden ist man sogar schon dazu übergegangen, künstliche Teiche anzulegen und darin in regelmäßigen Abständen Süßwasserfische auszusetzen, damit sich der Ausflug am Wochenende auch lohnt. In Umbrien sind derartige Maßnahmen jedoch nicht nötig, denn die Seen der Region gelten als außergewöhnlich fischreich. Insbesondere zum Lago Trasimeno fahren zahlreiche Angler, denn hier kann man – wie man an den Seeufern stolz berichtet – die dicksten Karpfen Italiens aus dem Wasser ziehen. Doch auch die anderen Arten, die der See zu bieten hat, sind durchaus das Warten wert.

Giotto und Schüler, Fresko aus der Oberkirche von San Francesco, Assisi, um 1290–99
Dieses Freskendetail zeigt die Einladung des heiligen Franziskus beim Grafen von Celano, der jedoch vor dem Essen verstarb. Die an sich traurige Begebenheit versinnbildlicht im christlichen Glauben die Einladung zum Hochzeitsmahl des ewigen Lebens. Gleich beim Betreten der Oberkirche wird der Besucher mit dieser Darstellung daran erinnert, sich auf das Hochzeitsmahl des ewigen Lebens vorzubereiten.

SPIRITUELLES UND LEIBLICHES WOHL

Umbrien ist eine Region der Heiligen. Um 480 wurde in Norcia der heilige Benedikt, der Begründer des abendländischen Mönchtums, geboren. Fast genau 700 Jahre später erblickte der heilige Franziskus in Assisi das Licht der Welt und gründete dort den 1223 von Papst Honorius III. bestätigten Orden der Minderen Brüder. Auch die heilige Klara, die sich mit ihren Klarissinnen den Franziskanern anschloß, war eine Umbrierin. Vom heiligen Franziskus heißt es in der »Legenda Aurea«, einer mittelalterlichen Sammlung von Heiligenlegenden, daß »er las die Würmlein von der Straße, daß sie von den Füßen der Vorübergehenden nicht zertreten würden. Den Bienen ließ er guten Honig und Wein, damit sie in der Kälte des Winters nicht verdürben. Und nannte alle Tiere seine Brüder.« Respekt vor der Natur war eben schon immer eine typisch umbrische Eigenschaft.

Doch Umbrien hat nicht nur eine bisweilen geradezu spirituell anmutende Aura, sondern in dieser Region liebt man auch bunte Feste, auf denen üppig getafelt und viel kräftiger Landwein ausgeschenkt wird.

Alljährlich verwandelt sich das stille Assisi an den ersten Maitagen in einen fröhlichen Festplatz, auf dem man mit historischen Kostümen, lauten Pauken- und Fanfarenklängen und abendlicher Fackel-Festbeleuchtung das mittelalterliche Gesicht der Stadt wieder aufleben läßt. An den Buden und Grillständen wird Spanferkel und anderes frisch geröstetes Fleisch verkauft. Auch Wildtauben vom Spieß sind eine beliebte Köstlichkeit. Wer es beim Essen etwas bequemer haben möchte, hält Ausschau nach einem freien Tisch in einer der malerischen Gassen, wo es deftige Spezialitäten, zubereitet nach Rezepten aus alten Handschriften, zu kosten gibt: Bohnensuppe mit Dinkel, Wildschweinbraten, Pfefferkuchen und vieles mehr.

Palombacce alla ghiotta

Gebratene Tauben
(Abbildung links unten)

4 küchenfertige Tauben mit Innereien
1 Rosmarinzweig
4–5 Salbeiblätter
1 Zwiebel
2 Knoblauchzehen
3–4 EL Olivenöl extra vergine
100 g altbackenes Weissbrot
1/2 Flasche trockener Weisswein
1/2 Flasche trockener Rotwein
Salz und Pfeffer
Saft und abgeriebene Schale von 1 Zitrone
2–3 EL entsteinte schwarze Oliven

Für die Sauce Flügelspitzen, Krägen und Köpfe der Tauben abtrennen, soweit möglich auslösen und kleinhacken. Die Innereien fein würfeln. Rosmarinblätter abzupfen und mit dem Salbei fein hacken. Zwiebel und Knoblauch fein hacken. Etwas Olivenöl in einer Kasserolle erhitzen und die vorbereiteten Zutaten darin unter ständigem Rühren 10 Min. dünsten. Das Weißbrot in Stücke brechen und miträsten. 1 Glas Weißwein beiseite stellen, den Rest zusammen mit dem Rotwein angießen und bei niedriger Hitze köcheln lassen, bis die Flüssigkeit um ein Drittel eingekocht ist.
Einen Bräter mit Öl einfetten. Die Tauben salzen, pfeffern und anbraten. Den restlichen Weißwein angießen, Deckel aufsetzen und die Tauben schmoren, bis sie nahezu gar sind. Nach etwa 45 Min. die Tauben aus dem Bräter nehmen und beiseite stellen. Die Sauce mit dem Taubenklein durch ein Sieb streichen und in einen großen Schmortopf gießen.

Links: Selbst in dem »hochheiligen« Umbrien frönt man ganz profanen Genüssen. Im Sommer wird, wie hier in Assisi, der Kaffee im Freien getrunken.

Den Bratenfond sowie den Saft und die abgeriebene Schale der Zitrone einrühren. Die Tauben in mundgerechte Stücke teilen und zu der Sauce geben. Oliven halbieren und in die Sauce rühren. Nachwürzen und die Tauben in etwa 20 Min. fertig garen. In Portionen anrichten und dazu Weißbrot reichen.

Salsa ghiotta

Hühnerlebersauce

100 g Hühnerleber
7–10 Salbeiblätter
1 EL Kapern
3 Knoblauchzehen, feingehackt
3 Sardellenfilets
1 Rosmarinzweig
2–3 Wacholderbeeren
Salz und Pfefferkörner
4–5 EL Olivenöl extra vergine
2 Gläser trockener Rotwein

Die Hühnerleber säubern und fein würfeln. Salbei, Kapern, Knoblauch, Sardellenfilets, die abgezupften Blätter des Rosmarinzweigs, Wacholderbeeren, Salz und Pfefferkörner in einem Mörser oder einer Schüssel grob zerdrücken. Die Hälfte des Olivenöls in einer Pfanne erhitzen und die Leberstücke kurz anbraten. Die Zutaten aus dem Mörser untermischen und goldgelb braten.

Den Rotwein angießen. Die Sauce um die Hälfte einkochen lassen und in einer Schüssel mit dem restlichen Olivenöl vermengen.

Piccioni allo spiedo

Tauben vom Spieß

2 küchenfertige grosse Tauben mit Innereien
3 EL Olivenöl
Salz und Pfeffer
1 EL Weinessig
1 Glas trockener Rotwein
5 schwarze Oliven
1 Zitrone
4–5 Salbeiblätter
4 Scheiben Weissbrot

Die Tauben ausnehmen, innen und außen waschen. Herz, Leber und Magen säubern und wieder in die Tauben füllen. Die Tauben auf einen Spieß stecken, mit Olivenöl einpinseln, salzen, pfeffern und bei sehr niedriger Temperatur und sehr langsam im Backofen grillen.
In die Auffangsschale des Grills Essig und Wein gießen. Die Oliven kleinhacken, die Zitrone schälen und in dünne Scheiben schneiden und zusammen mit dem Salbei ebenfalls in die Auffangschale geben. Die Tauben während des Grillens immer wieder mit dieser Mischung bestreichen. Wenn sie gar sind, die Innereien herausnehmen und die Tauben warm stellen.
Die Innereien sehr fein hacken und mit einem Holzlöffel in den Saft der Auffangschale einrühren. Die Tauben halbieren, auf einer Platte mit der Sauce übergießen. Dazu geröstete Weißbrotscheiben reichen.

Grillen

Die Methode, Fleisch über dem offenen Feuer zu garen, ist sicherlich eine der frühesten kulinarischen Errungenschaften der Menschheit. In den Anfangszeiten des Barbecue wurden wahrscheinlich Schwerter oder Lanzen zweckentfremdet, mit denen man den Braten in die Flammen hielt. Doch offenbar befriedigte das Ergebnis nicht immer. Abhilfe schuf die Erfindung des manuell betriebenen Drehspießes. Diese einfache, aber geniale Konstruktion bestand aus einem spitzen Metallstab, der an einem Ende mit einer Handkurbel versehen war. Dieser Stab wurde von zwei Auflagestöcken in waagerechter Position gehalten, während man mit Hilfe der Kurbel das Fleisch drehen und somit gleichmäßig durchgaren konnte, ohne sich selbst oder das Grillgut zu gefährden. Doch weil unaufmerksame Grillmeister immer wieder die eine oder andere Stelle ankohlen ließen, nahm sich im 15. Jahrhundert Leonardo da Vinci dieses Problems an. Er konstruierte einen Spieß, der sich, angetrieben durch die Hitze des Feuers, von selbst drehte. Merkwürdig, daß man dieser Erfindung keinerlei Beachtung schenkte und sich lieber weiterhin die Finger an glühenden Kurbeln verbrannte. Heute steht eine Reihe von Grillgeräten zur Verfügung, die das gesellige Fleischrösten noch einfacher machen sollen. Doch die Probleme entstehen meist nicht durch ungeeignetes Werkzeug, sondern dadurch, daß im Zeitalter von Mikrowelle und Elektroherd nur noch die wenigsten wissen, wie man ein Feuer anzündet, die Kohleglut richtig ausnutzt und das Grillgut zubereitet.

Faraona ripiena

Gefülltes Perlhuhn
(Abbildung Hintergrund)

1 küchenfertiges Perlhuhn
2–3 Salsicce
5 Salbeiblätter
etwas Rosmarin
3 Knoblauchzehen
1 TL Wacholderbeeren
Salz und Pfeffer
4 EL Olivenöl
1–2 Gläser trockener Weisswein
Zitrone, in Scheiben geschnitten

Das Perlhuhn säubern, waschen und gut abtrocknen. Die Würste enthäuten und mit Kräutern und Knoblauch durch den Fleischwolf drehen, Wacholderbeeren untermischen. Die Hälfte der Masse salzen und pfeffern und das Perlhuhn damit füllen. Das Perlhuhn mit Olivenöl bestreichen, von außen salzen und pfeffern und zusammen mit der restlichen Wurstmasse in eine Kasserolle geben. Im vorgeheizten Backofen bei 200 °C schmoren lassen. Nach 15 Min. den Wein angießen und so lange braten, bis das Huhn knusprig ist. Das Perlhuhn mit Zitronenscheiben garnieren und mit der Bratensauce servieren.

Serpentone delle monache

Schlangenkuchen
(Abbildung rechts)

3 getrocknete Pflaumen
3 getrocknete Feigen
50 g Rosinen
100 g Mandeln, grobgehackt
50 g Walnüsse, grobgehackt
50 g Pinienkerne, grobgehackt
150 g Zucker
2 Tassen Olivenöl extra vergine
5 EL Vin Santo
400 g Weizenmehl
1 Tasse Wasser
2 Äpfel
1–2 Eigelb
etwas Hagelzucker

Pflaumen und Feigen in kleine Stücke schneiden. Zusammen mit Rosinen, Mandeln, Walnüssen, Pinienkernen, der Hälfte des Zuckers, der Hälfte des Olivenöls und Vin Santo vermischen und etwas ziehen lassen. Aus dem restlichen Zucker, restlichen Öl und Mehl einen Teig zubereiten und eine Weile ruhen lassen. Äpfel schälen und in dünne Scheiben schneiden. Den Teig dünn und rechteckig ausrollen, Apfelscheiben und Nußmischung darauf verteilen und den Teig aufrollen. Zu einer Schlange formen, mit Eigelb bestreichen und mit etwas Hagelzucker bestreuen. Im vorgeheizten Backofen bei 180 °C etwa 45 Min. backen.

Ciaramicola

Kringelkuchen

500 g Weizenmehl
100 g Schmalz oder Butter
150 g Zucker
3 Eier
abgeriebene Schale von 1/2 Zitrone
25 g frische Hefe
2 Eiweiss
100 g Puderzucker
Hagelzucker

Mehl, Schmalz, Zucker, Eier, Zitronenschale und Hefe zu einem Teig verarbeiten. Abgedeckt etwa 30 Min. gehen lassen. Ein Backblech einfetten und darauf 3/4 des Teiges zu einem großen Ring formen. Aus dem restlichen Teig zwei Stangen rollen und gekreuzt über den Kuchenring legen. Im vorgeheizten Backofen bei 200 °C auf mittlerer Schien etwa 30 Min. backen. Eiweiße steif schlagen, den Puderzucker untermischen. Mit dieser Masse den fertigen Kuchen bestreichen und mit Hagelzucker verzieren.

Pinoccate

Pinienkekse

500 g Zucker
2–3 Tassen Wasser
400 g Pinienkerne
abgeriebene Schale von 1 Zitrone
100 g Schokolade, gerieben
20 Oblaten

Den Zucker im Wasser langsam erhitzen. Wenn sich der Zucker auflöst, Pinienkerne, abgeriebene Zitronenschale und Schokolade zugeben und gut durchmischen. Mit einem Löffel jeweils einen Klecks der Masse auf eine Oblate setzen und erkalten lassen.
Man kann die Masse auch auf eine feuchte Marmorplatte geben, mit einem Messer glattstreichen, noch warm in kleine Stücke schneiden und wie Karamelbonbons in buntes Papier wickeln.

Zuccotto

Eisgefüllte Kuppeltorte
(Abbildung links unten)

1 Biskuitboden, etwa 25 x 39 cm gross
80 ml Kirschwasser
3 EL Cointreau
80 ml Rum, Cognac, Grand Marnier oder Maraschino
500 ml Sahne
90 g dunkle Mandelschokolade, feingehackt
165 g kandierte Früchte, feingehackt
100 g dunkle Schokolade, geschmolzen
70 g geröstete Haselnüsse, gehackt
Kakaopulver und Puderzucker zum Verzieren

Eine 1,5 Liter fassende Puddingform mit einem feuchten Tuch auslegen. Den Biskuit mit einem scharfen Messer in 12 spitz zulaufende Keile schneiden. Die Spirituosen mischen und mit der Hälfte davon die Biskuitstreifen bestreichen. Dann locker in die Form legen, so daß die schmalen Enden in der Mitte des Boden zusammenlaufen. Den Biskuit mit der restlichen Likörmischung bestreichen und kalt stellen.
Die Sahne schlagen, bis sich steife Spitzen bilden. In zwei Hälften teilen und unter die eine Hälfte Mandelschokolade und kandierte Früchte ziehen. Die Mischung gleichmäßig auf den Biskuit streichen.
Die übrige Sahne mit der abgekühlten geschmolzenen Schokolade und den Haselnüssen vermischen, in die Mitte der Form geben und verteilen. Oberfläche glatt streichen, dann die Puddingform zugedeckt über Nacht ins Gefrierfach stellen.
Den *Zuccotto* auf eine Servierplatte stürzen und großzügig mit Kakao und Puderzucker bestäuben. Mit einer Pappschablone kann man Kakao und Puderzucker sauber voneinander trennen und hübsche Muster entstehen lassen. Den *Zuccotto* sofort servieren, da die Sahnemischung rasch ihre Festigkeit verliert.

PERUGIA – DIE STADT DER SCHOKOLADE

Perugia genießt zwar ohnehin den Ruf einer Stadt, in der feinste Konfiserie seit jeher zu Hause ist, doch vom 17. bis zum 25. Oktober bricht in der umbrischen Kapitale ein wahres Schokoladenfieber aus. Während dieser neun Tage stellt die Stadt alle öffentlichen Plätze, Räumlichkeiten, ihre Hotels und Gaststätten zur Verfügung, um Schokoladenfans aus aller Welt begrüßen und mit ihrer Lieblingssüßigkeit, der »Speise der Götter«, bewirten zu können. Eurochocolate heißt das Spektakel, das 2004 zum elften Mal gefeiert und sicherlich auch in Zukunft stattfinden wird, denn der Zustrom an Gästen aus Italien, aus dem restlichen Europa und sogar aus Japan und den USA war jedesmal überwältigend.

In diesen für jeden echten Schoko-Süchtigen unvergeßlichen Tagen darf allerorten genascht werden. Weiße Schokolade, braune Schokolade, Bitterschokolade, Trinkschokolade, Hunderte von Pralinen, aus Schokolade gefertigte Kunstwerke – alles kann überall verkostet oder bestaunt werden. Die Eurochocolate ist die europaweit größte Veranstaltung dieser Art. Davon zeugen schon die über 60 000 offiziellen Programmführer, die nicht etwa auf banalem Karton, sondern einem ganz speziellen, mit Kakaoaroma parfümierten Papier gedruckt worden sind. Der echte Schoko-Maniac übernachtet während der Messe übrigens nicht etwa in einem normalen Hotel, sondern bucht frühzeitig ein Zimmer in Perugias Estruscan Chocohotel (drei Sterne) in der Via Campo di Marte, wo sich die gesamte Einrichtung um Kakaoanbau, Schokoladenherstellung und natürlich um die süße Versuchung selbst dreht. So stehen in einigen Zimmern beispielsweise *cioccoscriavanie*, kleine Schreibtische, unter deren Glasplatte der süchtige Gast historische Tassen für Trinkschokolade bewundern kann.

Doch die Eurochocolate ist nicht die einzige Initiative, die man in Perugia zum Wohle der Schokolade betreibt. Die in der Stadt ansässige Compagnia del Cioccolato ist eine Non-profit-Vereinigung, die sich unter anderem bei der Europäischen Kommission dafür einsetzt, daß die so sehr geliebte Süßigkeit stets nach bestimmten Normen hergestellt wird und nicht etwa durch Verunreinigungen mit Palmöl oder sonstigen Zusatzstoffen Qualitätseinbußen erleidet. Die Compagnia del Cioccolato hatte im Jahre 1998 bereits 900 Mitglieder – der jüngste *socio* war bei seinem Beitritt gerade ein paar Monate alt. Die Vereinigung bietet verschiedene Arten der Mitgliedschaft zu unterschiedlichen Mitgliedsbeiträgen an, so daß sich jeder Schoko-Fan seinem Geldbeutel entsprechend die Teilnahme leisten kann. Veranstaltet werden sowohl in Italien als auch im Ausland Seminare und Vorträge über die Schokolade, Kochkurse, schokoladig-gastronomische Wochenenden und regelmäßige Treffen der Schoko-Begeisterten. Der *Inno al cioccolato*, die Hymne auf die heißgeliebte Schokolade, gibt das gemeinsame Credo der Mitglieder in äußerst eindrucksvoller Weise wieder:

»Die Schokolade ist eine der großen Freuden des Lebens. Und dies genügt den wahren Freunden der Schokolade, die diese ›Speise der Götter‹ geradezu kultisch verehren, jegliche Anschuldigungen diätologischer Art entschieden zurückzuweisen. Kalorien, Hautprobleme, Lebervergrößerung, Freisetzung von Histaminen – das sind doch nur dumme Gerüchte. In Wirklichkeit hat die Schokolade zahlreiche Vorzüge und läßt sich vielseitig anwenden. Die Schokolade tröstet: Mißgeschicke, Verrat, die im Laufe des Lebens erfahrenen Ungerechtigkeiten, die Traurigkeit über eine verlorene oder gar nie erlebte Liebe – über all das hilft sie hinweg. Sie bringt die Heiterkeit zurück in die Herzen und erleichtert die Gebeugten für einen Moment von ihrer Last. Doch die Schokolade vermag auch anzuregen. Die wenigsten wissen, daß sie die gleichen Eigenschaften wie der Kaffee hat. Sie erfrischt Geist, Seele und sogar die Muskulatur, sie fördert geniale Einfälle und hilfreiche Einsichten. Sie ist das Kokain der Klugen und das Amphetamin derer, die das Leben lieben. Und die Schokolade kann auch – im Gegensatz zum Kaffee – beruhigend wirken. Sie entspannt die Nerven und bringt den Schlaf der Gerechten für jene, denen tagsüber gelegentlich etwas schiefgeht. Nur die einfachen Gemüter bedienen sich des Kamillentees. Die Schokolade ist somit Mutter, Geliebte und Vater in perfekter Weise. Immer an unserer Seite, wenn es erforderlich ist, und weit weg, wenn wir sie nicht brauchen. Und sie ist – was liebenden Eltern manchmal schwerfällt – ein echter Komplize.«

Überraschungseier

In Italien erfreuen sich Überraschungseier größter Beliebtheit. Sie werden sowohl von kleinen handwerklichen Betrieben als auch in den großen Fabriken der Süßwarenindustrie hergestellt. Meist sind sie in knallbuntes Papier eingewickelt, und es gibt sie in allen nur denkbaren Größen. Im Inneren verbergen sich entweder Süßigkeiten oder aber kleine Geschenke und Spielzeug für Kinder.

Die österlichen Schokoladeneier sind eigentlich ein französischer Einfall, genauer gesagt die Erfindung der hochspezialisierten Zuckerbäcker am Hofe des Sonnenkönigs Ludwig XIV. in Versailles. Auch die Idee, im Inneren eines Eis, sei es nun aus Schokolade oder aus einem anderen Material – man denke an die kostbaren Fabergé-Eier – eine mehr oder minder wertvolle Überraschung zu verstecken, geht auf die Franzosen zurück. Doch dies tut der italienischen Begeisterung für das aufregende Ostergeschenk keinerlei Abbruch.

In der seit 1860 bestehenden Pasticceria Sandri (Hintergrund) auf dem Corso Vannucci in Perugia werden handgefertigtes Gebäck und Pralinen (oben) angeboten.

DAS WEIN-MUSEUM VON TORGIANO

Das 1974 eröffnete Weinmuseum des Weinguts der Familie Lungarotti ist im Herzen Umbriens, genauer gesagt in dem Dorf Torgiano beheimatet. Der ruhige, mittelalterliche, mit Mauern und Türmen bewehrte Ort nahe der umbrischen Hauptstadt Perugia bietet genau die richtige Atmosphäre, um einige gute Weine zu probieren und sich bei einem Rundgang durch das Museum über die Geschichte des Weinbaus zu informieren. Das Museum verdankt seine Entstehung dem Doyen des Weinbaus der Gegend, Giorgio Lungarotti und seiner Frau Maria Grazia, die die Räume ihres Palazzo Graziani Baglioni, eines alten Adelssitzes aus dem 17. Jahrhundert, auch selbst gestalteten.

Die auch unter architektonischen Aspekten interessanten Räume des Museums, die ursprünglich zur *pars argicola,* also zum landwirtschaftlich genutzten Teil des Anwesens gehörten, laden ein zu einer Zeitreise durch die Welt des Weins. Man schlendert durch den Mittleren Osten, wo vor 2500 Jahren die ersten Weinstöcke kultiviert wurden, folgt den Handelswegen zu Wasser und zu Land, über die sich die Rebe im Mittelmeerraum ausbreitete, und entdeckt, nach welchen Methoden um die Zeitenwende vinifiziert wurde.

Besonderes Augenmerk gilt der umbrischen Weinkultur, und das Museum beherbergt neben frühen Zeugnissen der Rebkulturen in der Region auch eine eindrucksvolle Sammlung antiker und neuzeitlicher Weinbehälter. Sie erinnern an die bis ins 18. Jahrhundert hinein blühende Keramikindustrie vieler mittelitalienischer Städte. In einem der Nebenräume steht ein alter umbrischer Holzbrennofen, der gelegentlich sogar noch eingeheizt wird, damit die Besucher ihre eigenen Weinbecher brennen können. Wenn man aus dem kleinen, feinen Museum hinaustritt, glaubt man, verstanden zu haben, warum Wein mehr ist als ein Glas vergorener Rebensaft – eine Kultur, die sowohl die Menschen als auch die Landschaft, in der sie entstanden ist, nachhaltig verändert und prägt.

Oben: Die Familie Lungarotti hat den Wein von Torgiano berühmt gemacht.

Unten: In dem von der Lungarotti-Stiftung betriebenem Weinmuseum in Torgiano lernt man einiges über die historischen Methoden der Weinbereitung.

VON ORVIETO BIS MONTEFALCO

Umbrien wird zwar gemeinhin das grüne Herz Italiens genannt, weinbaumäßig stand die Region aber lange Zeit im Schatten der benachbarten Toskana. Allenfalls kannte man Weine wie den Orvieto, wobei allerdings auch dessen Qualitätsprofil nicht sonderlich ausgeprägt war.

Die Region begann erst die Aufmerksamkeit von Weinfreunden in aller Welt auf sich zu ziehen, als Giorgio Lungarotti aus Torgiano seinen jährlichen, eine Zeitlang vielbeachteten nationalen Weinwettbewerb Banco d'Assaggio ins Leben rief. Zwar war dem Wein von Torgiano, dessen Anerkennung als DOC-Wein, des Torgiano Riserva sogar als DOCG, kein übergroßer internationaler Erfolg beschieden, was wohl daran lag, daß Lungarotti sein alleiniger Produzent blieb. Die Entwicklung des Qualitätsweinbaus der Region war aber von nun an nicht mehr aufzuhalten. Der schon vorher bekannteste Wein der Region, der weiße Orvieto, der noch heute zwei Drittel der regionalen DOC-Weinmengen stellt, setzte sich dabei an die Spitze und wandelte sich von einem meist recht nichtssagenden, dünnen Weißwein, der von den Einheimischen sogar lieblich getrunken wurde, zu einem ausdrucksvollen, trockenen Gewächs, das auch kräftigere Gerichte begleiten konnte.

Obwohl der größte Teil der Produktion von nicht mehr als drei großen Genossenschaften gestellt wird, konnte sich auch eine Handvoll kleinerer und mittlerer Winzerbetriebe mit überraschenden Experimenten und auffallend guten Weinen profilieren. Im Zuge dieser Experimente, die vor allem das geographische Herzstück des Anbaugebiets, den Orvieto Classico betrafen, entstanden exzellente Tafelweine, bei denen die Erzeuger alle Register des modernen italienischen Weinbaus zogen – wie internationale Rebsorten, Weinlagerung in kleinen, neuen Holzfässern, temperaturkontrollierte Gärung und modernste Kellertechnik. Auch die meisten anderen Teile der Region besitzen heute ihre eigenen Herkunftsbezeichnungen, innerhalb derer man gute bis sehr gute Weine findet. Die bekanntesten von ihnen kommen aus dem Gebiet um die umbrische Hauptstadt Perugia und an der Grenze zur Toskana. Unter den Oberbegriffen Colli del Trasimeno und Colli Perugini findet man frische Weiß- und Rotweine, die aus denselben Rebsorten gekeltert werden wie viele bekannte toskanische Weine: Sangiovese, Merlot und Cabernet bei den Roten, Trebbiano, Grechetto und Chardonnay bei den Weißen.

Einen überzeugenden Qualitätssprung haben auch die Weine von Montefalco im nördlichen Teil der Region gemacht, und hier besonders die Roten, die aus der einheimischen Rebsorte Sagrantino und aus Sangiovese entstehen. Die Spielart des reinsortigen Sagrantino di Montefalco, die es sogar zum DOCG-Status gebracht hat, besitzt viel Kraft und Fülle, gepaart mit einem intensiven Duft von Früchten und Gewürzen, und kann mit den ganz großen Weinen Italiens verglichen werden. Die süße Version dieses Sagrantino di Montefalco, der Passito, ist mit seiner üppigen, fruchtigen Fülle eine echte umbrische Spezialität.

Vor der beeindruckenden Silhouette des Doms von Orvieto wachsen die Trauben für den beliebten Weißwein der Stadt.

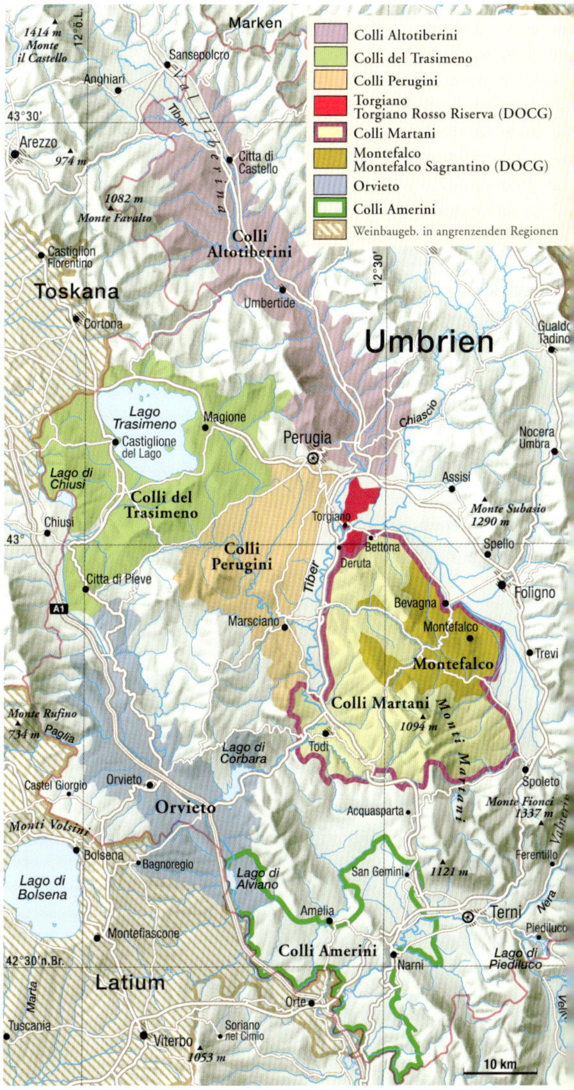

Torgiano Riserva
Der renommierteste Wein Umbriens ist der Torgiano Riserva, der aus Sangiovese und anderen einheimischen Rebsorten entsteht. Der elegante, nicht übertrieben kräftige und alkoholbetonte Wein, der hervorragend zu rotem Fleisch paßt und sehr gut altern kann, wird leider lediglich von einem einzigen Spitzenproduzenten angeboten.

Colli Martani
Colli Altotiberini, Colli Amerini, Colli del Trasimeno, Colli Martani und Colli Perugini sind umbrische Herkunftsbezeichnungen aus dem nördlichen Teil der Region. Die Weißen werden meist aus Trebbiano toscano gekeltert, die Roten aus Sangiovese, der mit Montepulciano, Merlot oder anderen Sorten verschnitten ist. Die Weine sind meist anspruchslos sowie eher leicht und genießen kein großes Prestige.

Sagrantino di Montefalco
Der Sagrantino ist eine Spielart des roten Montefalco, der ausschließlich aus den gleichnamigen Trauben gekeltert wird. Diese sind beim Verarbeiten meist leicht rosiniert und ergeben einen sehr kräftigen, alkoholreichen Rotwein.

Orvieto
Mit Soave und Frascati zusammen gehört dieser Weißwein, dessen Anbaugebiet zum größten Teil in Umbrien liegt – eine kleine Ecke ragt ins Latium –, zu den populärsten Rebsäften Italiens. Die besten Gewächse kommen aus der Classico-Zone und besitzen eine angenehme, milde Frucht mit ein wenig harmonischer Säure.
Gelegentlich werden die Weißweine um die Stadt mit dem berühmten Dom auch im kleinen Holzfaß, dem Barrique, vergoren und ausgebaut. Diese Ausbaumethode bekommt ihnen aber nur dann gut, wenn sie wirklich überdurchschnittlich kräftige und konzentrierte Trauben haben.

MARCHE

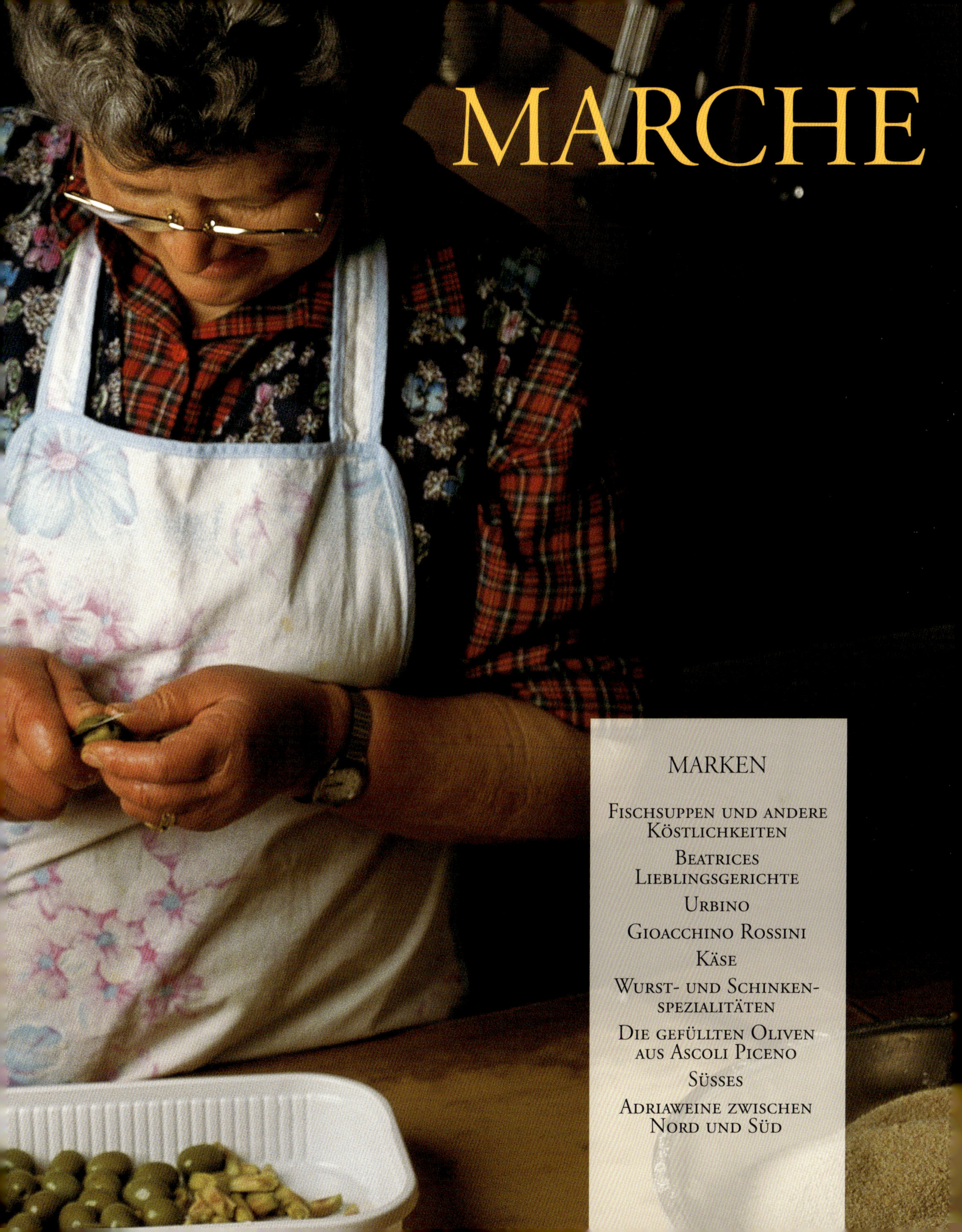

MARKEN

- Fischsuppen und andere Köstlichkeiten
- Beatrices Lieblingsgerichte
- Urbino
- Gioacchino Rossini
- Käse
- Wurst- und Schinkenspezialitäten
- Die gefüllten Oliven aus Ascoli Piceno
- Süsses
- Adriaweine zwischen Nord und Süd

Montefeltro
Pesaro
Fano
Urbino
Ancona
Jesi
Marken
Fabriano
Macerata
San Benedetto del Tronto
Ascoli Piceno

Das Meer, dichte Wälder mit jahrhundertealten Eichen, reizvolle Hügelketten, auf deren Höhen sich mittelalterliche Städte mit Kirchen, Klöstern oder Festungen erheben, und gastfreundliche Menschen, die ihre Heimat über alles lieben – dies alles kennzeichnet die vom Tourismus noch weitgehend unerschlossenen Marken. Auch aus kulinarischer Sicht hat diese Region eine ganz eigene Charakteristik. Während im benachbarten Umbrien eine einfache, geradezu strenge Küche vorherrscht, liebt man in den Marken das Aufwendige und Raffinierte, jedoch ohne sich dabei im Exzessiven zu verlieren. Auch die üppigste Füllung für das Spanferkel bleibt immer auf dem Boden einer herzhaften, bäuerlichen Kochkunst.

Schon zu Gioacchino Rossinis Zeit wurde in den Marken gern und gut gekocht und gegessen. Kein Wunder, daß sich der Komponist den Fragen der *buona tavola* mindestens ebenso intensiv widmete wie seiner virtuosen Musik. Nicht umsonst tragen heute noch zahlreiche und mehr oder minder authentische Gerichte den edlen Namenszusatz *alla Rossini*.

Es ist vor allem eine vielfältige Küche, die sich zwischen Adria und Apennin entfaltet. An der Küste werden Fisch und Meeresfrüchte in phantasievolle Gerichte verwandelt. Man grillt sie am Spieß oder kocht aus ihnen den traditionellen *Brodetto,* eine sämige Fischsuppe, die aus nicht weniger als 13 Fischarten besteht. Auf den Hügeln und Bergen des Hinterlandes schwören die Gourmets auf Wild- und Hausschweine, und die fleißigen Metzger und Wurster verarbeiten ihre saftigen Keulen unter anderem zu einem schmackhaften Schinken, der hier übrigens nicht – wie in allen anderen Teilen Italiens – in dünnen Scheiben, sondern in mundgerechte Happen geschnitten auf den Tisch kommt. Die Marchigiani behaupten, sie hätten das Spanferkel erfunden, und wer die Männer am Feuer sitzen, bedächtig den Spieß drehen und über die Garzeit fachsimpeln sieht, möchte diese Legende fast glauben. Indessen bereiten die Frauen in der Küche die geschmeidig glatten Tagliatelle zu. Diese köstlichen Nudeln aus Eiern, Mehl und etwas Grieß werden entweder mit einer dick eingekochten Sauce gereicht oder aber mit einem herzhaften Ragù gefüllt, denn die Füllung ist eine echte Leidenschaft der Marchigiani. Spanferkel, Huhn und Fisch werden fast immer gefüllt, und auch in den kleinsten Oliven ist Platz dafür, sofern man sich die Mühe macht, vor der weiteren Verarbeitung den Stein der Ölfrucht kunstgerecht zu entfernen.

Vorhergehende Doppelseite: *Olive ascolane* heißen die köstlich gefüllten Oliven aus Ascoli Piceno. Sie sind zwar aufwendig herzustellen, doch die Mühe lohnt sich.

Links: Auf der Piazza del Popolo in Pesaro, deren Herzstück der mächtige Brunnen mit den Seepferden und Tritonen bildet, werden zahlreiche Feste gefeiert.

Fischsuppen und andere Köstlichkeiten

Der Fischfang vor der Küste der Marken deckt immerhin zehn Prozent des italienischen Bedarfs an Fisch und Meeresfrüchten. In den Hafenstädten San Benedetto del Tronto, Fano, Porto San Giorgio und Civitanova Marche legen täglich die Kutter an. An Bord haben sie Sardinen, kleine und große Kraken, Steinbutte, Tintenfische und Drachenköpfe. Auch Krustentiere wie Hummer, Langusten, Heuschreckenkrebse und Meerspinnen lassen sich in der fischreichen Adria fangen. In den oft felsigen Küstengewässern sind darüber hinaus Venusmuscheln, Miesmuscheln, Meerdatteln und Messerscheiden zu finden.

Der *Brodetto* war ursprünglich eine Notlösung. Weil auf jedem Fischerboot immer wieder Fische und Meeresfrüchte anfallen, die für den Verkauf zu klein oder von minderer Qualität sind, erfanden die Fischer der Marken eine sämige Fischsuppe, in der die »B-Ware« auf schmackhafte Weise verwendet werden konnte. Mit etwas Meerwasser, Essig und Olivenöl ließ sich das einfache Gericht direkt an Bord zubereiten. Im Laufe der Zeit fanden auch die Landratten Gefallen am *Brodetto* und verwandelten die simple Fischerskost mit wohl abgestimmten Gewürzen und einer Auswahl hochwertigerer Fische in eine Delikatesse. Je nach Jahreszeit und Fangergebnis schmeckt der *Brodetto* immer wieder anders – und der Fischtopf ist und bleibt eine Herausforderung für jeden Koch, denn die Ingredienzen wollen stets ideenreich und der Jahreszeit entsprechend zusammengestellt werden.

Fast jede Stadt und jeder Ort an der Küste haben ein eigenes *Brodetto*-Grundrezept, von dem die jeweiligen Bewohner fest glauben, daß es das beste der gesamten Region sei. Allerdings lassen sich – abgesehen natürlich von den vielfältigen Variationen – zwei Richtungen der *Brodetto*-Kunst unterscheiden: Auf der einen Seite gibt es den *Brodetto all'anconitana,* der zwischen Pesaro, Monte Conero und Ancona beheimatet ist, und die andere Schule wird durch den *Brodetto portorecanatese* repräsentiert, den man zwischen Porto Recanati und San Benedetto del Tronto, also im Süden der Marken kocht. Der *Brodetto all'anconitana* gilt als der ursprünglichste und traditionellste. Die Köche verwenden für ihn neun bis 13 verschiedene Fische und Meeresfrüchte und würzen ihn mit Tomaten, Zwiebeln, Petersilie, Knoblauch, Essig und Öl.

Es gibt aber auch Rezepte, die ausdrücklich keinen Essig vorsehen, und in Ancona selbst wird gern ein reiner, sehr edler Seezungen-*Brodetto* serviert. Der *Brodetto portorecanatese* ist *giallo dorato,* goldgelb, da er mit Safran gefärbt wird. Der *Brodetto* aus Porto San Giorgio wiederum enthält Peperoncini, die ihn für ungeübte Zungen zu einer echten Feuersuppe machen. Doch dies sind nur ein paar Beispiele. Sämtliche Rezepte aufzuführen, würde hier unweigerlich den Rahmen sprengen. Die Marchigiani sind übrigens so stolz auf ihre klassische Fischsuppe, daß sie zu deren Erhalt einen eigenen Verein gegründet haben: die *Accademia del Brodetto.*

Eine ganz besondere Spezialität, die man nur in dieser Region kennt, sind Salinge. Es handelt sich dabei um Schalentiere, die vor allem in der Gegend um Ancona bekannt sind. In Marotta werden sie *garagoj* genannt, im Dialekt heißen sie *murici.* Die Bauchfüßler waren schon im Altertum nicht nur wegen ihrer gastronomischen Qualitäten bekannt. Sie produzieren ein Sekret, das in der Antike zum Färben benutzt wurde und in dem die Wurzeln der Purpurindustrie liegen. Heute sind die Salinge nur noch vorzügliche Meeresfrüchte, die in den Restaurants meist mit Speck zubereitet werden, und in Marotta findet jedes Jahr ein Saling-Fest statt.

Der Fischereihafen San Benedetto del Tronto versorgt auch die Märkte des Hinterlandes wie etwa Ascoli Piceno.

Brodetto all'anconitana

Fischeintopf nach Art von Ancona
(Abbildung rechts)

Für 6 Personen

1,5 kg verschiedene küchenfertige Seefische und Schalentiere
3–5 EL Olivenöl extra vergine
Weizenmehl
3 Knoblauchzehen
1 Zwiebel, gehackt
2 Lorbeerblätter
1 Stück eingelegter Peperoncino
500 g Tomaten
1 EL gehackte Petersilie
Salz und frisch gemahlener schwarzer Pfeffer
2 EL Weinessig
6 Scheiben Weissbrot

Schalentiere mit 2 EL Olivenöl in eine Pfanne geben und so lange dünsten, bis sich die Schalen geöffnet haben. Das Fleisch aus den Schalen lösen und beiseite stellen. Die Fische säubern, in kleine Stücke schneiden und in Mehl wälzen. Das restliche Olivenöl in einer Kasserolle erhitzen und die geschälten Knoblauchzehen, die gehackte Zwiebel, die Lorbeerblätter und den Peperoncino zugeben. 10 Min. dünsten, dann die Knoblauchzehen herausnehmen. Tomaten enthäuten, in Würfel schneiden und zusammen mit der

Crocette alle erbe

Saling mit Kräutersauce

2 kg Salinge (Schalentiere)
1 Handvoll Dill
2 Knoblauchzehen
1 Rosmarinzweig
1/2 Glas Olivenöl
Salz und Pfeffer
1/2 Glas trockener Weisswein
1 EL Tomatenmark

Die Salinge waschen und an beiden Enden aus der Schale lösen. Dill, Knoblauch und Rosmarin kleinhacken. Das Olivenöl in einen Topf geben und darin die gehackten Kräuter andünsten. Die Salinge zugeben, salzen, pfeffern und mit dem Wein ablöschen. Wenn der Wein verdampft ist, das in etwas Wasser aufgelöste Tomatenmark zugeben und bei niedriger Hitze fertiggaren. Heiß servieren.

Petersilie in die Kasserolle geben. Mit Salz und Pfeffer abschmecken und 20 Min. köcheln lassen. Die Sauce durch ein Sieb gießen, wieder in die Kasserolle füllen und die Fischstücke dazugeben. Bei geschlossenem Deckel 15 Min. ziehen lassen, bis der Fisch gar ist. Schalentiere und Essig zugeben und weitere 5 Min. köcheln lassen.
In jede Suppentasse eine Scheibe Weißbrot legen und mit der Fischsuppe auffüllen.

Calamari ripieni in teglia

Gefüllte Tintenfische
(Abbildung links)

Für 6 Personen

4 Knoblauchzehen
1 Bund Petersilie
einige Minzeblätter
300 g mageres Kalbfleisch
2 EL Semmelbrösel
Olivenöl extra vergine
Salz und Pfeffer
800 g küchenfertige Tintenfische
2 EL Tomatenmark
Saft von 1/2 Zitrone

Einen Topf mit Salzwasser, 3 Knoblauchzehen, der Hälfte der Petersilie und den Minzeblättern erhitzen und darin das Kalbfleisch in etwa 40 Min. gar kochen. Das Fleisch mit den Semmelbröseln durch den Fleischwolf drehen, etwas Öl zugeben, salzen und pfeffern. Die Tintenfische waschen, salzen, pfeffern, mit dem Fleischteig füllen und mit Zahnstochern oder Küchengarn verschließen. In einem großen Topf eine gehackte Knoblauchzehe und die restliche Petersilie kurz andünsten. Das Tomatenmark zugeben, mit Salz, Pfeffer und Zitronensaft abschmecken. Die gefüllten Tintenfische in den Topf geben, mit der Tomatensauce bedecken, den Deckel aufsetzen und bei niedriger Hitze etwa 15 Min. gar kochen. Heiß servieren.

Brodetto di San Benedetto del Tronto

Fischeintopf nach Art von San Benedetto del Tronto

Für 8 Personen

1,5 kg gemischte küchenfertige Fische und Meeresfrüchte (möglichst Tintenfisch, Calamari, Drachenkopf, Angler, Seebarbe, Meeräsche, Petersfisch, Venusmuscheln, Miesmuscheln)
Olivenöl
1 Zwiebel, gehackt
1 kleines Stück Peperoncino
700 g Tomaten
1 Prise Salz
Fischbrühe (aus Fischköpfen, Gräten und Gemüsen zubereitet)
1 Glas Weisswein
8 Scheiben geröstetes Bauernbrot

Fische und Meeresfrüchte säubern. In einem Topf Olivenöl erhitzen und die Zwiebel leicht anschwitzen. Peperoncino, Tomaten, Salz und Fischbrühe sowie Tintenfische und Calamari zugeben und 15. Min. garen.
In einem anderen Topf zunächst die Drachenköpfe, dann die Angler und nacheinander Seebarben, Meeräschen und Petersfisch übereinanderschichten. Jede Schicht mit dem Meeresfrüchtesud mit Einlage begießen. Venus- und Miesmuscheln zugeben, den Wein angießen und im geschlossenen Topf etwa 25 Min. garen. Auf gerösteten Brotscheiben servieren.

Links: *Brodetto all'anconitana* – Fischeintopf nach Art von Ancona (vorne) und *Calamari ripieni in teglia* – Gefüllte Tintenfische (hinten)

BEATRICES LIEBLINGSGERICHTE

Beatrice Sforza (1475–1497), eine Tochter aus dem Hause Este, Herzogin von Urbino und Gattin des Herzogs Ludovico il Moro, förderte nicht nur Künstler wie Bramante oder Leonardo da Vinci und kümmerte sich nicht nur um den Ausbau des Mailänder Kastells sowie der Kartause von Pavia, sondern war auch kulinarischen Genüssen durchaus zugetan. Sie steht sogar in dem Ruf, selbst eine gute Köchin gewesen zu sein. Doch die Gerichte, die heute mit ihrem Namen geschmückt werden, sind nicht unbedingt auf den Einfallsreichtum und die Kochkünste der Herzogin zurückzuführen, sondern wurden von verschiedenen Köchen nach ihrem Gusto kreiert. So wurde der ihr gewidmete »Beilagenteller alla Beatrice« von einem französischen Koch erfunden, der seine Komposition aus Morcheln, glasierten Karotten, Artischockenherzen und neuen Kartoffeln gern zum Braten servierte.

Der mit Hühnerleber verfeinerte Schneckennudeleintopf mit dem Namen *Lumachelle all'urbinate* wird auch *Piatto alla Beatrice Sforza Duchessa d'Urbino* genannt und scheint aus der Blütezeit des Herzogtums Urbino zu stammen. Doch inzwischen vermutet man, daß er seinen Namen nicht so sehr Beatrice verdankt, sondern der einfachen Tatsache, daß nur die Reichen und Mächtigen sich diese Spezialität leisten konnten.

Giovanni Ambrogio de Predis (1455–1508), *Bildnis der Beatrice d'Este*, 2. Hälfte des 15. Jahrhunderts, Pinacoteca Ambrosiana, Mailand

Lumachelle all'urbinate

Gemüsesuppe mit Nudeln
(Abbildung unten)

2 mittelgrosse Möhren
1/4 Weisskohl
2 Salsicce
2 Hühnerlebern
60 g Butter
300 g Tomaten, enthäutet und gewürfelt
1 l Fleischbrühe
Salz und Pfeffer
300 g kleine Schneckennudeln
100 g Parmesan, gerieben

Möhren in kleine Würfel, Weißkohl in Streifen schneiden. *Salsicce* aus der Haut drücken und grob zerkleinern, Hühnerlebern kleinschneiden. Alles zusammen in Butter anbraten, dann gewürfelte Tomaten zugeben und bei niedriger Hitze köcheln lassen, bis die Sauce eingedickt ist. Fleischbrühe zugeben und mit Salz und Pfeffer abschmecken. Schneckennudeln in die Suppe geben und bißfest kochen. Vor dem Servieren mit geriebenem Parmesan bestreuen.

URBINO

Nachdem Urbino in der Mitte des 15. Jahrhunderts zum Herzogtum erklärt worden war, entwickelte sich die Stadt schnell zum Zentrum eines dynamischen und blühenden Staatswesens. Doch anders als an den fürstlichen Höfen der Toskana oder der Emilia-Romagna scheint man im Palazzo Ducale, einem der schönsten Bauwerke der italienischen Renaissance, nur selten prunkvolle Bankette veranstaltet zu haben. Dementsprechend gering blieb der herzogliche Einfluß auf die kulinarischen Traditionen der Region, und nur wenige Gerichte wurden dem Hof gewidmet. Auch in späteren Zeiten zeigten sich die Marchigiani stets unbeeinflußbar – selbst die Opulenz des 18. Jahrhunderts ist spurlos an ihnen vorbeigezogen.
Dennoch gibt es eine Spezialität, die eine »herrschaftliche« Geschichte hat. Der *Vincisgrassi*, ein der Lasagne ähnlicher, üppiger Nudelauflauf mit würziger Fleischfüllung, war einst den reichen Adeligen vorbehalten. Damals nannte man das Gericht *Princisgrassi* und spielte damit auf die Leibesfülle derer an, die sich den Verzehr des teuren Auflaufs leisten konnten. Als im Jahre 1849 österreichische Truppen in die Marken einmarschierten, war ihr Feldherr, Fürst Windischgraetz, von den gefüllten Nudelplatten derart begeistert, daß die Marchigiani, die sich natürlich geehrt fühlten, das Gericht prompt in »Windischgraetz« umbenennen wollten. Da leider kaum jemand den Namen des Fürsten richtig aussprechen konnte, soll es angeblich zu der Verballhornung *Vincisgrassi* gekommen sein.

Die Hochzeit Federigo da Montefeltros und Battista Sforzas im Jahre 1460 war vermutlich der Anlaß zur Errichtung des Palazzo Ducale in Urbino. Er wurde von Luciano da Laurana erbaut und gehört mit seiner prächtigen Fassade und der vorzüglichen Innenausstattung zu den künstlerisch bedeutendsten Schloßbauten Italiens.

Vincisgrassi

Lasagne mit Fleischsauce

Für 6 Personen

Für die Sauce:

3–4 EL Olivenöl
50 g Butter
1 Zwiebel, gehackt
350 g Rinderhack
100 g roher Schinken oder Speck, feingehackt
4 EL Weisswein
4 Tomaten, enthäutet und gewürfelt
geriebene Muskatnuss
Salz und frisch gemahlener schwarzer Pfeffer
350 g Kalbsbries, 2 Std. gewässert

Für die Pasta:

400 g Weizenmehl
1 Prise Salz
150 g Griess
4 Eier
50 g Schweineschmalz
3–4 EL Weisswein

Butter
100 g Parmesan, gerieben
75 g Mozzarella

Für die Sauce Öl und Butter in einer Pfanne erhitzen und die gehackte Zwiebel darin glasig dünsten. Das Hackfleisch und den feingehackten Schinken zugeben und 10 Min. bei niedriger Hitze mitbraten. Den Wein angießen, die Tomaten zugeben, mit Muskat, Salz und Pfeffer würzen und bei niedriger Hitze etwa 1 Std. kochen. Kalbsbries 10 Min. in Wasser kochen, dann die äußere Haut abziehen und das Bries in kleine Würfel schneiden. Diese in die Fleischsauce geben und 5 Min. mitschmoren.
Für die Pasta das Mehl auf eine Arbeitsfläche sieben, Salz und Grieß darüber streuen und in die Mitte eine Mulde drücken. Eier, Schweineschmalz und Wein hineingeben und zu einem geschmeidigen Teig kneten. Eine Kugel formen, in ein feuchtes Tuch einschlagen und 30 Min. stehen lassen. Den Teig dünn ausrollen und in breite, etwa 10 cm lange Streifen schneiden. Die Lasagne in reichlich Salzwasser bißfest kochen und gut abtropfen lassen.
Eine feuerfeste Form mit Butter einfetten, auf dem Boden eine Schicht Lasagne verteilen. Etwas Fleischsauce darüber gießen, mit geriebenem Parmesan bestreuen und einige Scheiben Mozarella darauf legen. Dann wieder eine Schicht Lasagne darüber verteilen. Den Vorgang so lange wiederholen, bis alle Zutaten verbraucht sind. Die oberste Schicht sollte aus Käse bestehen. 50 g Butter zerlassen und darüber träufeln. Die Lasagne im vorgeheizten Backofen bei 200 °C etwa 40 Min. überbacken.

Pollo in potacchio

Brathuhn mit Zwiebeln und Peperoncino

3–4 EL Olivenöl
1 kleine Zwiebel, in Ringe geschnitten
2 Knoblauchzehen, zerdrückt
1 bratfertiges Huhn
1 kleiner Peperoncino
Salz und frisch gemahlener schwarzer Pfeffer
1 EL Tomatenmark
1 Glas trockener Weisswein
einige Rosmarinzweige
6–8 EL Hühnerbrühe

Das Öl in einer Kasserolle erhitzen, die in Ringe geschnittene Zwiebel und die zerdrückten Knoblauchzehen 5 Min. andünsten. Das Huhn in Stücke schneiden und zugeben. Den feingehackten Peperoncino zugeben, mit Salz und Pfeffer abschmecken und das Huhn bei mäßiger Hitze von allen Seiten braun anbraten.
Tomatenmark mit etwas warmem Wasser verrühren und zusammen mit dem Wein zum Huhn geben. Die Temperatur reduzieren, den Deckel aufsetzen und das Huhn etwa 30 Min. schmoren. 1 Rosmarinzweig kleinhacken und über die Fleischstücke streuen. Das Huhn weitere 30 Min. schmoren, bis es gar ist. Dabei gelegentlich ein wenig Brühe angießen. Mit den restlichen Rosmarinzweigen garnieren und servieren.

Passatelli all'urbinate

Spinat-Fleisch-Nudeln

200 g Spinat
300 g Kalbsfilet
30 g Rindermark
30 g Butter
80 g Semmelbrösel
4 Eier
geriebene Muskatnuss
Salz
100 g Parmesan, gerieben
1,5 l Brühe

Spinat waschen, kleinschneiden und ohne Wasser kurz zusammenfallen lassen. Das Kalbsfilet kleinschneiden, mehrere Male durch den Fleischwolf drehen und zusammen mit dem Spinat, Rindermark und der Butter im Mörser pürieren. Diese Masse in eine Schüssel geben. Semmelbrösel, Eier, 1 Prise Muskat, Salz und gut die Hälfte des geriebenen Parmesans zugeben und gut durchmischen. Die Fleischmasse sollte ziemlich fest sein. Daraus dicke, kurze Nudeln *(passatelli)* formen und in der Brühe kochen, bis sie an die Oberfläche kommen.
In einer Suppenschüssel mit der Brühe servieren und mit dem restlichen Parmesan bestreuen.

Oben: Die handschriftlichen Noten stammen aus Gioacchino Rossinis »Der Barbier von Sevilla« (»Il Barbiere di Siviglia«). Die Uraufführung dieser Opera buffa fand im Jahre 1816 in Rom statt.

GIOACCHINO ROSSINI

Im Jahre 1829 schrieb Gioacchino Rossini seine letzte große Oper, den »Wilhelm Tell«. Danach begab sich der 37jährige Komponist und Meister der italienischen Opera buffa auf der Höhe seines Erfolgs in einen selbstgegönnten Ruhestand, um für die kommenden 39 Jahre genügend Zeit und Muße für sein Hobby, die *buona tavola* zu haben. Als Rossini 1868 in Paris starb, hinterließ er einige selbstkreierte Rezepte. Außerdem hatten ihm zahlreiche Köche ihre Kompositionen gewidmet, so daß heute über 100 Gerichte mit dem Zusatz *alla Rossini* in Umlauf sind.

Rossini wurde am 29. Februar 1792 in Pesaro, einer Hafenstadt im Norden der Marken, geboren, verbrachte aber – berufsbedingt – einen Großteil seines Lebens in Paris. Dort stellte er seine Menüs nicht allein aus französischen Delikatessen zusammen, sondern kombinierte sie mit italienischen Spezialitäten, die er sich regelmäßig aus der Heimat in sein Quartier schicken ließ. Eine besondere Schwäche hatte er wohl für Marsala, doch auch Risotto-tauglicher Reis, Trüffeln und sonnengereifte Tomaten wurden angeliefert, um vom Meister persönlich mit den vor Ort verfügbaren Spezialitäten vermählt zu werden.

Ein Originalrezept des Komponisten sind die *Maccheroni siringati*, die gespritzten Maccheroni. Sie verdanken ihren Namen der mühsamen Zubereitungsart, die vorsieht, eine Füllung aus Foie grasse, Creme vom York-Schinken und Trüffeln mit einer winzigen Silberspritze in die gekochten Hohlnudeln zu bringen. Eine leicht modernisierte Variante dieses Rezepts ist heute unter dem Namen *Maccheroni alla pesarese* bekannt.

Es gibt unzählige Anekdoten, die sich um den Gourmet Rossini ranken. So soll er beispielsweise nach der fulminanten Premiere des »Barbier von Sevilla« in einem Brief an die Sopranistin Maria Colbran nicht von seiner erfolgreichen Opera buffa geschwärmt, sondern vielmehr über ein neuentdecktes Trüffelrezept geschrieben haben: »Man nehme Öl der Provence, englischen Senf, französischen Essig, etwas Zitronensaft, Pfeffer und Salz, menge alles gut miteinander und füge einige in Stückchen geschnittene Trüffeln hinzu, deren Wohlgeruch schließlich den Feinschmecker in Ekstase geraten lasse.« Der Colbran scheint es geschmeckt zu haben – sie wurde später Rossinis Frau. Und der apostolische Sekretär, ein Kardinal, den Rossini gerade kennengelernt hatte, ließ es sich nicht nehmen, das sinnenfreudige Rezept zu segnen.

Cannelloni alla pesarese

Cannelloni nach Art von Pesaro

150 g gekochter Schinken, nicht zu mager
1 kleine Zwiebel
100 g mageres Kalbfleisch
100 g Butter
1 Tasse Fleischbrühe
Salz und frisch gemahlener Pfeffer
100 g Hühnerleber
1 schwarze Trüffel
1 Tasse frische Sahne
300 g Cannelloni
100 g Parmesan, gerieben

Schinken, Zwiebel und Kalbfleisch sehr fein hacken und in 40 g Butter bei geringer Hitze einige Minuten anbraten. Mit der Fleischbrühe ablöschen, salzen, pfeffern und bei niedriger Hitze etwa 30 Min. köcheln lassen.
Die Hühnerleber und die feingehackte Trüffel durch ein Sieb streichen, mit einem Holzlöffel verrühren und mit Salz und Pfeffer abschmecken. Nach und nach zwei Drittel der Sahne unterziehen. Die Farce sollte geschmeidig, aber nicht zu weich sein.
Cannelloni in Salzwasser halb garen. Mit kaltem Wasser abschrecken, abtropfen lassen und zum Trocknen auf ein Tuch legen.

Die Hafenstadt Pesaro, der Geburtsort des Komponisten Gioacchino Rossini, liegt im Norden der Marken.

Den Boden einer weiten, feuerfesten Form mit Butter einfetten. Die Farce in einen Spritzbeutel geben und die Cannelloni damit füllen.
Die Form mit der Hälfte der Nudeln füllen. Mit etwas Kalbfleisch-Zwiebel-Sauce bedecken und mit Parmesan bestreuen. Dann eine zweite Lage darauf schichten, mit der restlichen Sauce überziehen und mit dem übrigen Parmesan bestreuen. Mit dem Rest der Sahne begießen und die übrige Butter in Flöckchen darauf verteilen.
Im vorgeheizten Backofen bei 200 °C etwa 15–20 Min. goldbraun und knusprig überbacken.

Filetto alla Rossini

Rinderfilet Rossini
(Abbildung unten)

2 EL Olivenöl extra vergine
40 g Butter
4 Rinderfilets
1 EL Weizenmehl
1/2 Glas Marsala
Salz und Pfeffer
4 Scheiben Gruyère
4 Scheiben roher Schinken
1/2 Tasse Béchamelsauce
4 Scheiben Weissbrot
weisse Trüffel

Olivenöl und Butter in einer schweren Pfanne erhitzen und die Rinderfilets anbraten. Wenn das Fleisch Farbe annimmt, mit Mehl bestäuben, danach mit dem Marsala beträufeln und einkochen lassen. Von beiden Seiten salzen und pfeffern. Das Fleisch schmoren lassen, bis es die Flüßigkeit absorbiert hat. Herausnehmen und in eine feuerfeste Form legen. Käse- und Schinkenscheiben darauf legen, mit der Béchamelsauce begießen und einige Minuten im vorgeheizten Backofen bei 200 °C überbacken. Die Filets auf den in Butter gerösteten Weißbrotscheiben anrichten und hauchdünne Trüffelscheiben darüber hobeln.

Vincenzo Camuccini (1773–1844), *Der Komponist Gioacchino Rossini*, 1. Hälfte des 19. Jahrhunderts, Museo Teatrale alla Scala, Mailand

KÄSE

Wie in ganz Mittel- und Süditalien wird auch in den Marken der Schafskäse Pecorino hergestellt, doch hier ißt man ihn nicht nur, sondern spielte auch mit ihm. Heute wird der *gioco della ruzzola* nur noch in wenigen Gemeinden veranstaltet, und statt eines Pecorinos wird nun ein Holzkäse eingesetzt. Ursprünglich galt es, einen gut abgelagerten, großen Pecorino über die Straße zu rollen. Meist traten Mannschaften aus benachbarten Dörfern gegeneinander an. Jeder Käseroller hatte drei Versuche. Sieger war das Team, dessen Pecorino die längste Strecke zurückgelegt hatte. Mit dem sportlichen Wettkampf wurde an die Legende der »Teufelsbrücke von Tolentino« erinnert.

Nachdem den Tolentinern zum wiederholten Male ihre Brücke eingestürzt war, die in dem schwammigen Boden des Flußbettes einfach keinen Halt fand, schloß der Baumeister, ein gewisser Mastro Bentivegna, in seiner Verzweiflung einen Pakt mit dem Teufel und versprach diesem als Gegenleistung für den Bau einer stabilen Brücke die Seele desjenigen, der sie als erster überschreiten würde. Der Teufel war einverstanden und errichtete die Brücke in nur einer Nacht. Als der heilige Nikolaus in Begleitung eines kleinen Hundes herbeieilte, um das neue Bauwerk zu segnen, holte er plötzlich einen kleinen Pecorino aus seiner Kutte und ließ ihn über die Brücke rollen. Der Hund lief munter dem Käse nach – und war damit der erste Brückengänger. Der Teufel hatte das Nachsehen.

Unten: Das Geschäft des Käsehändlers Antonio Budano liegt am Hafen von Ancona. Dieser Laden ist berühmt für seine Spezialitäten und eine wahre Fundgrube für den Käseliebhaber. Antonio Budano gehört zu den wenigen Händlern, die sich um die Erhaltung und Vermarktung von heute selten gewordenen, regionalen Käsespezialitäten kümmern.

Käse

1 Casciotta d'Urbino
Bereits im Jahre 1545 wird die *casciotta* in einem Kommentar zu den Satzungen der Herzogtümer Urbino und Solone di Campiello erwähnt. Der Renaissancekünstler Michelangelo Buonarroti aß den milden, buttrigen Käse angeblich so gern, daß er sich sogar Ländereien in dieser Gegend kaufte. *Casciotta* besteht aus 70 bis 80 Prozent Schafsmilch und hat einen weißlichen bis strohgelben, porösen Teig. In der Gegend um Castel Durante und Urbino, in der traditionell viel Töpferei betrieben wurde, preßt man den frischen Käse in speziellen Keramikgefäßen, andernorts wurden Preßformen aus Ahorn- oder Buchenholz verwendet.

2 Ricotta
Ricotta ist kein Quark, wie häufig angenommen wird, sondern ein Käse aus der Molke. Man kann ihn aus Kuh- oder Schafsmolke herstellen, und je nach Reifegrad schmeckt er mild oder pikant.

3 Cagiolo
Der *cagiolo* wird heute nur noch in wenigen Käsereien in der Gegend von Osimo produziert. Er ist ein Mittelding zwischen Hartkäse und festem Ricotta. Früher aßen ihn vor allem die Kinder als Zwischenmahlzeit einfach aus der Hand.

4 Slattato
Der *slattato* ähnelt der lombardischen *crescenza* und dem *squacquarone* aus der Romagna. Er ist ein Weichkäse aus Vollmilch, der in dunklen, warmen Räumen gelagert wird.

5 Pecorino in Fossa
Pecorino in fossa läßt sich in etwa mit Gruben-Pecorino übersetzen. Zuerst muß im Frühjahr ein möglichst fetthaltiger Schafskäse erzeugt werden, den man bis zum Sommer lufttrocknen läßt. Mitte August bereitet man die Gruben vor. Nur die Ortschaften Talamello und Sogliano verfügen über den Tuffstein, der sich für die Lagerung des Käses eignet. Man gräbt einen tiefen Schacht ins

2

3

Erdreich, brennt die Grubenwände mit einer Fackel aus und bedeckt den Boden mit Stroh. Danach werden die in Nußblätter und Baumwollsäcke gehüllten Käselaibe in die Grube gelegt. Damit der Reifungsprozeß einsetzen kann, muß die Grube luftdicht verschlossen werden. Nach gut drei Monaten wird der *pecorino in fossa* wie ein Schatz »gehoben«.

6 Biagiotto oder Pecorino nostrano
Ein in den Marken sehr häufig angebotener Weichkäse, der Caciotta d'Urbino ähnlich. Man nennt ihn nach seinem Produktionsgebiet auch *Pecorino di Senigallia*. Er kann aus einem Gemisch aus Kuh- und Schafsmilch bestehen oder rein aus Schafsmilch, wie der hier Abgebildete. Am besten schmeckt er nach zwei Monaten Reifezeit.

7 Barzotto di Grotta
Der *barzotto di grotta* ist ein Weichkäse aus Schafsmilch oder aus einem Gemisch von Kuh- und Schafsmilch. Der Zusatz *di grotta* erklärt sich dadurch, daß dieser Käse in einer luftdurchfächelten Grotte heranreift.

8 Pecorino tartufato
In die Käsemasse dieses frischen Schafskäses von zwei bis drei Monaten Reifezeit werden gemahlene schwarze und weiße Trüffeln untergemischt.

9 Ricotta secca
Damit der Käse aus Schafs- oder Kuhmolke reifen kann, wird er kräftig gesalzen. Danach läßt man ihn abtropfen und trocknen. Nach vier bis fünf Monaten ist er hart geworden. Entweder zerbröckelt man ihn über frische Sommersalate oder man reibt ihn, noch härter und damit schärfer geworden, über heiße Nudelgerichte.

10 Pecorino alle Vinacce
Nach sieben bis acht Monaten Reifezeit in einer Grotte wird dieser Schafskäse weitere drei Monate in ein Bett aus getrocknetem Trester in ausgedienten Rotweinfässern eingeschlossen. Die Temperatur steigt, und der Käse beginnt erneut zu gären. Am Ende hat er eine violette Rinde und ein leicht nach Most schmeckendes, würziges Aroma.

WURST- UND SCHINKEN-SPEZIALITÄTEN

Ciauscolo
Ciauscolo besteht aus Bauch und Schulter vom Schwein. Das Fleisch wird mit 50 Prozent Fett aufgefüllt und mit Salz, Pfeffer, Knoblauch, Fenchel und Orangenschalen gewürzt. Dann dreht man die Masse so lange durch den Wolf, bis ein sehr feinkörniger Teig entstanden ist. Das Wurstbrät wird in Darm gefüllt, in der Räucherkammer getrocknet und danach etwa drei Wochen zum Reifen aufgehängt. *Ciauscolo* schmeckt gut als Brotaufstrich, kann aber auch als ganze Wurst anstelle eines *cotechino* verwendet werden.

Coppa
In der Gegend um Ascoli Piceno bezeichnet der Begriff *coppa* eine Kochwurst aus Kopffleisch, Speck, Pfeffer, Muskatnuß und Orangenschale. Manchmal gibt man auch Pinienkerne oder Mandeln hinzu. Das Wurstbrät wird in dicke Därme gefüllt und kann schon am nächsten Tag verzehrt werden. Länger als 30 Tage sollte man die *coppa* nicht lagern, denn sonst verliert sie ihr Aroma.

Salame lardellato
Das Wurstbrät der *salame lardellato* besteht aus magerem Schulter- oder Keulenfleisch vom Schwein, gewürfeltem Speck, Salz, Pfeffer und ganzen Pfefferkörnern. Die in Mastdarm gefüllten Würste trocknen zuerst anderthalb Tage, werden dann drei bis vier Tage in einen warmen Raum mit offenem Kaminfeuer gehängt, kommen dann für zwei Tage in einen kalten Raum und müssen danach noch zwei Monate in einem gut belüfteten Lager reifen.

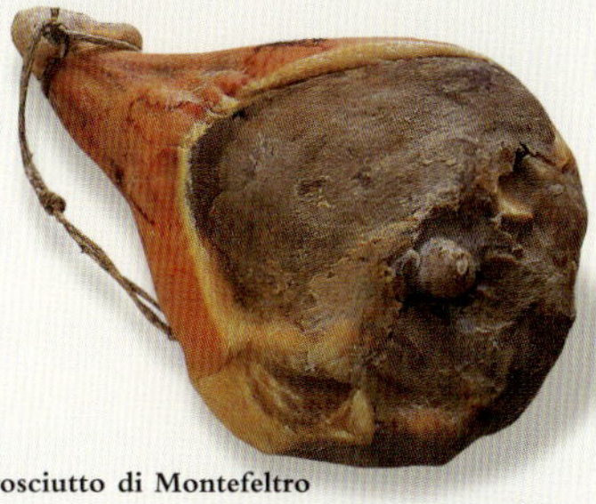

Prosciutto di Montefeltro
Der würzige, birnenförmige *prosciutto di Montefeltro* wird aus dem Fleisch freilaufender, schwarzer Schweine hergestellt. Bevor man ihn in die Räucherkammer hängt, wird er mit Essig abgewaschen und mit gemahlenem Pfeffer eingerieben.

Schinken

In den Marken wurde die handwerkliche Schinkenproduktion schon immer mit besonderer Aufmerksamkeit betrieben. Bevor Nahrungsmittelchemiker und Räuchertechniker ihren klugen Rat erteilen konnten, behalf man sich mit Erfahrungswerten, auf die man teilweise noch heute schwört. Die Bauern in der Gegend um Porto Recanati, die ihre Schinken für den Eigenbedarf über dem Kamin räuchern, sind überzeugt, daß ein Glühwürmchen im Haus Unheil für den Schinken bedeute und ihn verderben lasse. Gehandelt wurden Schinken und Pecorino bereits im Mittelalter. Der Jahrmarkt von Pistia im Grenzgebiet zwischen Marken und Umbrien war damals nicht nur ein dynamischer Handelsplatz, sondern zog auch viele Bänkelsänger an, die mit ihren angeblich glückbringenden Ständchen die Liebespaare erfreuten.

Salame del Montefeltro
Salame del Montefeltro ist eine pikante Wurst aus Keulen- und Lendenfleisch von freilaufenden schwarzen Schweinen. Sie wird unter Zugabe von reichlich gemahlenem Pfeffer und ganzen Pfefferkörnern hergestellt.

Salame da Fabriano
Salame da Fabriano durchläuft die gleichen Etappen wie *salame lardellato,* nur daß ihr Wurstbrät ausschließlich aus gepfefferter und gesalzener Schweinekeule zubereitet wird.

Fegatino
Fegatino ist eine Leberwurst. Wie der *ciauscolo* besteht sie aus Bauch und Schulter vom Schwein, doch anstelle des Fetts wird Leber zugegeben.

Soppressata da Fabriano
Die *soppressata da Fabriano* besteht aus gemischtem, mehrmals durch den Wolf gedrehtem magerem Fleisch, das man mit Speckwürfeln, Salz und Pfeffer würzt. Der Preßsack wird in Naturdarm gefüllt und vor der Reifung geräuchert.

Mazzafegato da Fabriano
Mazzafegato da Fabriano ist eine Mortadella aus fettem und magerem Schweinefleisch, dem Geschlinge (Leber und Lunge) beigemischt wurde. Der feinkörnige Teig wird mit Salz und Pfeffer abgeschmeckt, in Darm gefüllt und geräuchert. *Mazzafegato* ist eine typische Karnevalswurst.

Gefüllte Oliven – so wird's gemacht

Mit einem spitzen, scharfen Messer wird der Kern der Olive herausgelöst. Zum Füllen eignen sich nur großwachsende und dabei kleinkernige Sorten wie die Tenera ascolana.

Wichtig ist, daß das Fruchtfleich der Olive durch das Entkernen möglichst nicht verletzt wird und immer noch in einem intakten Stück zuammenhängt.

Die Füllung besteht aus Rind- und Schweinefleisch, Tomatenmark, Hühnerleber, Ei, Parmesan und Semmelbröseln.

Die durch den Fleischwolf gedrehte feine Masse wird vorsichtig in den Hohlraum gefüllt und die Olive wieder in Form gedrückt.

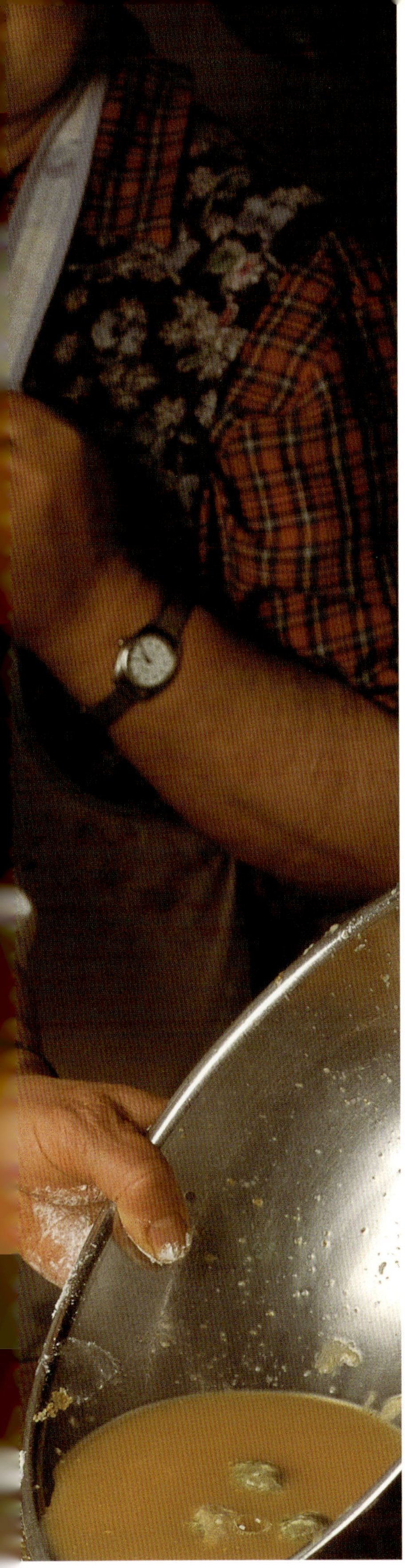

DIE GEFÜLLTEN OLIVEN AUS ASCOLI PICENO

Oliven sind das kulinarische Wahrzeichen von Ascoli Piceno. Schon der römische Schriftsteller Martial berichtet, daß Oliven aus Ascoli als Appetitanreger zu Beginn und als »Mundreiniger« zum Schluß eines jeden Banketts serviert wurden. Plinius hielt diese Olivensorte für die beste Italiens, und der Satiriker Petronius läßt seinen Trimalchio von einem Gelage plaudern, bei dem angeblich Nero und dessem Gefolge besagte Oliven als Vorspeise dargeboten worden seien. Im 18. Jahrhundert kamen die findigen Köche aus der kleinen Stadt in den südlichen Marken auf die Idee, die großen Oliven auch noch zu füllen und anschließend zu fritieren. Eine Delikatesse war geboren.

Zubereiten läßt sich diese aufwendige Spezialität eigentlich nur mit der Olivensorte Tenera ascolana, die rund um Ascoli in einem 100 Hektar kleinen Anbaugebiet auf kalkreichen Böden wächst. Die Ernte fällt zwar vergleichsweise bescheiden aus, doch da die Tenera ascolana ein besonders weiches, mildes Fruchtfleisch und einen recht kleinen Kern hat, eignet sie sich besonders gut zum Füllen. Wer genügend Geduld mitbringt, kann sich jedoch auch an großkernigeren Sorten versuchen.

Ob gefüllt oder ungefüllt, die Oliven müssen vor dem Verzehr etwa zehn Tage kontrolliert gären und dann in einer mit Fenchel angereicherten Salzlake (70 Gramm Salz pro Liter Wasser) marinieren. Nur auf diese Weise erhalten sie ihren zarten, aber dennoch delikaten Geschmack und werden gleichzeitig haltbar gemacht.

Links: In der Villa Cicchi auf der Azienda Agraria Conca D'Oro bei Ascoli Piceno kommen die gefüllten Oliven ganz frisch und ganz heiß auf den Tisch, denn dann schmecken sie am besten.

Unten: Die Oliven müssen in reichlich heißem Olivenöl fritiert werden. Danach läßt man sie kurz auf Küchenkrepp abtropfen.

Olive all'ascolana

Gefüllte Oliven
(Abbildung oben und unten)

Für 6 Personen

Semmelbrösel
1 Tasse Brühe
100 g Speck, feingehackt
2 EL Olivenöl
100 g Schweinefleisch
150 g Rindfleisch
1 EL Tomatenmark
50 g Hühnerleber
1 Ei
50 g Parmesan, gerieben
Zimt
geriebene Muskatnuss
Salz und Pfeffer
etwa 50 grosse, grüne Oliven in Salzlake
2 EL Weizenmehl
2 Eier
Öl zum Fritieren

3 El Semmelbrösel in Brühe einweichen. Den Speck in Olivenöl anbraten, Schweine- und Rindfleisch zugeben und ebenfalls anbraten. Tomatenmark mit lauwarmem Wasser verdünnen und zum Fleisch geben. Wenn das Fleisch gar ist, die Hühnerleber zugeben und weitere 5 Min. braten. Anschließend das Ganze durch den Fleischwolf drehen. Ei, Parmesan und die eingeweichten Semmelbrösel zum Fleisch geben und gut durchmischen. Mit Zimt, Muskat, Salz und Pfeffer abschmecken. Die Oliven entsteinen und mit der Mischung füllen. In Mehl, den verquirlten Eiern und den Semmelbröseln wenden und in reichlich heißem Olivenöl knusprig fritieren. Auf Küchenkrepp abtropfen lassen und heiß servieren.

SÜSSES

Wie ihre Nachbarn in Umbrien backen auch die Marchigiani gern gehaltvolle, süße Kuchen wie etwa den *Bostrengo*, einen mächtigen Reiskuchen, in dessen Teig Rosinen, getrocknete Feigen, Kakaopulver, Maismehl, Rum, Kaffee, Zucker oder Honig sowie frische Früchte gehören. Der *Ciambellone* ist dagegen ein Kranzkuchen, der – natürlich mit regionalen Vorlieben – in vielen Teilen Italiens zum Dessert-Repertoire gehört.

Ciambellone

Kranzkuchen

5 Eier, verquirlt
400 g Zucker
200 g Butter, im Wasserbad zerlassen
1 Glas Milch
1 kg Weizenmehl
1 Päckchen Backpulver
1 kleines Glas Mistrà
1 Prise Natron
50 g Rosinen
Saft und abgeriebene Schale von 2 Zitronen
Butter und Mehl für die Form
2 Eiweiss
Zucker
Saft von 1/2 Zitrone
bunte Zuckerstreusel und silberne Pastillen

Eier, Zucker, Butter und Milch verrühren. Das Mehl mit dem Backpulver vermischen und nach und nach unter ständigem Rühren einarbeiten. Nacheinander Mistrà, Natron, Rosinen, Zitronenschale und -saft untermengen. Alles zügig einarbeiten, denn der Teig sollte nicht zu lange gerührt werden.
Eine Kranzform mit Butter einfetten und mit Mehl bestäuben. Den Teig einfüllen und im vorgeheizten Backofen bei 170 °C 1 Std. backen.
Nach dem Abkühlen den Kuchen mit einer Glasur aus geschlagenem Eiweiß, Zucker und Zitronensaft bestreichen und mit Zuckerstreuseln und Pastillen dekorieren.

Bostrengo

Süßer Reiskuchen
(Abbildung rechts)

500 g Reis
1 l Milch
300 g Zucker oder Honig
3 Eier
je eine abgeriebene Schale einer Orange und Zitrone
300 g Semmelbrösel
200 g Rosinen
3 Gläschen Rum
6 Tassen Espresso
150 g getrocknete Feigen, feingehackt
150 g Maismehl
80 g Kakaopulver
2 EL Olivenöl extra vergine
1 kg Äpfel und Birnen, in Würfel oder Scheiben geschnitten
Puderzucker

Den Reis entweder in Salzwasser oder in Milch bißfest kochen. Alle anderen Zutaten mit Ausnahme des Puderzuckers in einen großen Topf geben und unter ständigem Rühren einige Minuten kochen. Dann den gekochten Reis unterrühren. Sollte er zu trocken sein, etwas lauwarme Milch angießen. Die Masse in eine große, eingefettete Springform füllen und im vorgeheizten Backofen bei geringer Hitze etwa 1 Std. backen. Vor dem Servieren mit Puderzucker bestreuen.

Anisschnaps und Anislikör

Schon die alten Ägypter und Babylonier kannten Anis. Mediziner wie Hippokrates, Celsus und Galenus sagten dem aromatischen Doldengewächs Heilkräfte nach Plinius behauptete, daß es die Verdauung fördere, und in der arabischen Welt wurde Anissaft zur Bekämpfung von rheumatischen Beschwerden eingesetzt. Selbst Karl der Große war ein erklärter Anisfan und ließ die Pflanze in seinen Gärten kultivieren. Über die italienische Halbinsel verbreitete sich der Anis, nachdem die Araber ihn mit nach Sizilien gebracht hatten. Die ersten Liköre wurden – wie viele andere geistvolle Getränke auch – zuerst in den Klöstern gebraut. Im 19. Jahrhundert kam der *anice* richtig in Mode.
Heute gibt es in Italien eine Fülle von Anislikören, die sich besonders in Mittel- und Süditalien großer Beliebtheit erfreuen. Anicione, Sassolino, Sambuca, der wohl bekannteste italienische Anislikör, Anisetta und Mistrà werden hier genauso hochgehalten wie die Norditaliener auf ihre Grappa schwören.
Anislikör wird aus den Früchten der grünen Anispflanze und anderen aromatischen Zutaten destilliert. Er ist klar, milchig weiß oder strohgelb und hat einen nicht ganz ungefährlichen Alkoholgehalt von 40 bis 60, in Ausnahmefällen sogar auch 80 Volumenprozent. Man trinkt ihn mit Wasser verdünnt oder pur, auf Eis oder zimmerwarm. Außerdem ist Anislikör ein traditioneller *ammazzacaffè*, ein »Kaffeetöter«, der entweder gleich in den Espresso gegossen oder nach dem kurzen Kaffee getrunken wird, um den bitteren Nachgeschmack zu vertreiben. Ein Eis mit Anislikör ist einfach unwiderstehlich.

1 Der Sassolino stammt zwar eigentlich aus der Emilia-Romagna, genauer gesagt aus Sassuolo bei Modena, in den Marken ist er aber auch sehr beliebt.
2 Anisetta ist ein aromatisierter Likör aus Sternanis, grünem Anis, Fenchel, Sassafras, Zitronen- und Apfelsinenschalen. Sein Alkoholgehalt liegt, je nach Hersteller, zwischen 40 und 80 Volumenprozent.
3 Sambuca erhält seinen unverwechselbaren Geschmack durch ätherische Dillöle, Anethol, Sternanis und einen Aufguß von Holunderblüten. Es gibt ihn in zwei Varianten: als den mit Kaffee aromatisierten Sambuca Bianca und den mit Schokolade verfeinerten Sambuca Nigra.
4 Der seit Mitte des 19. Jahrhunderts produzierte Mistrà der Brennerei Vernelli gehört zu den mittelitalienischen Anis-Favoriten. Seinen trockenen Geschmack verdankt er der besonderen Vorbehandlung des grünen Anis. Mistrà schmeckt gut im Kaffee (*caffè corretto*), als Likör *(liscio)* oder als milchiger Durstlöscher verdünnt mit Wasser.

Brot oder Wurst aus getrockneten Feigen

Feigen zählen zu den ältesten Früchten der Menschheit – und auch heute noch sehen wir sie gern als Nachtisch auf unseren Tellern, nehmen sie als kleine Zwischenmahlzeit mit auf den Ausflug aufs Land oder pflücken sie im Sommerurlaub, wenn sie reif sind – mehr oder weniger heimlich – von den Bäumen, um sie ganz frisch zu genießen. Es gibt verschiedene Varietäten der Feige.

In den Marken herrschen die Sorten mit schwarzer, grüner und gelber Haut vor. Die Gegend um Recanati ist besonders berühmt für ihre *fichi cori,* ihre herzförmigen Feigen, die außen grün und innen leuchtend rot sind und von denen man sagt, daß sie bereits im frühen 18. Jahrhundert von Papst Innozenz XIII. höchstpersönlich gelobt worden seien.

In Anbetracht der Beliebtheit der Feige haben findige Hausfrauen schon früh dafür Sorge getragen, daß die begehrten Früchte auch in den Wintermonaten zur Verfügung stehen. In den Marken lebt noch immer der alte Brauch fort, Feigen mit Mehl zu bestäuben, sie auf Schnüre oder Stöcke zu ziehen und in der Sonne trocknen zu lassen, um sie haltbar zu machen.

Mit den getrockneten Früchten läßt sich eine ganz besondere Köstlichkeit zubereiten, nämlich die *panetti di fichi secchi,* auch genannt *salame di fichi.* Der Name erklärt sich durch die brot- oder wurstähnliche Form dieser Zubereitung. Selbst der Dichter Giacomo Leopardi, der Zeit seines Lebens an Appetitlosigkeit litt, soll nach dieser Spezialität, die ursprünglich aus dem Ort Monsampolo stammt, geradezu süchtig gewesen sein.

Um *panetti di fichi secchi* herzustellen, braucht man getrocknete Feigen, denen zuvor die Haut abgezogen wurde, damit sie süßer schmecken. Nun wird eine rechteckige oder länglich runde Form am Boden und an den Seiten mit den Früchten ausgekleidet. Anschließend kommen Schichten von gehackten Röstmandeln, Pistazien, Schokoladenstreuseln, kandierten Zitrusfrüchten, Vanille und Minzextrakt dazu, die sich mit den Feigenschichten abwechseln. Die oberste Lage sollte wiederum aus Feigen bestehen. Nun preßt man die Masse noch einmal kräftig zusammen und verschließt die Form mit einem gut sitzenden Deckel. Das Feigenbrot oder die Feigenwurst muß einige Tage durchtrocknen. Danach kann das – zugegebenermaßen nicht gerade kalorienarme – Dessert aus der Form genommen und in Stanniolpapier aufbewahrt werden. Auf diese Weise bleiben die *panetti di fichi secchi* weich und mürbe.

Rimini
Emilia Romagna
13° ö.L.
25 km
44° n.Br.
Riccione
Cattolica
SAN MARINO
San Marino
Marecchia
A14
Pesaro
Fano
Adriatisches Meer
Montefeltro
Foglia
Colli Pesaresi
Mondolfo
Senigallia
Toskana
Urbino
Fossombrone
Urbania
Falconara Marittima
Ancona
1454 m
Monte dei Frati
Chiaravalle
Sansepolcro
Barbara
Marken
Pergola
Jesi
Monte Catria
1701 m
Esino
Osimo
Castelfidardo
Citta di Castello
Sassoferrato
Cupramontana
Loreto
Recanati
Cingoli
Fabriano
Civitanova Marche
Macerata
Matelica
San Severino Marche
Gualdo Tadino
Tolentino
Porto San Giorgio
Nocera Umbra
1571 m
Camerino
Colli Maceratesi
Monte Pennino
Grottamare
43°
Amandola
Falerio dei Colli Ascolani
Monte Sibilla
San Benedetto del Tronto
Monti Sibillini
2176 m
Ascoli Piceno
Martinsicuro
A14
Umbrien
Norcia
Spoleto
Monte Piselli
1676 m
Abruzzen
Teramo
Colli Pesaresi
Bianchello del Metauro
Verdicchio dei Castelli di Jesi
Lacrima di Morro d'Alba
Rosso Piceno
Esino
Rosso Conero
Colli Maceratesi
Verdicchio di Matelica
Vernaccia di Matelica
Vernaccia di Serrapetrona
Falerio dei Colli Ascolani
Weinbaugebiete in angrenzenden Regionen

ADRIAWEINE ZWISCHEN NORD UND SÜD

Die Marken bilden so etwas wie die natürliche, südliche Verlängerung der Romagna oder aber, aus anderer Perspektive gesehen, die nördliche Fortsetzung der Abruzzen. Mit ihren Nachbarn, unter ihnen auch Umbrien und die Toskana, teilen sie eine ganze Reihe von Weineigenschaften, angefangen von den besten Rebsorten bis hin zu den verschiedenen Bodenarten und dem Klima. Wenige Kilometer von den touristischen Stränden Riminis entfernt, genoß die Region lange Zeit das Privileg eines unkomplizierten, einträglichen Weinabsatzes, was aber den Bemühungen um einen arbeits- und kapitalintensiven Qualitätsweinbau nicht unbedingt förderlich war.

Der Weinbau bedeckt große Teile der Hügel im Hinterland der langen Adriastrände und stößt gelegentlich, wie beispielsweise bei den Felsmassiven von Ancona, direkt bis ans Meer vor. Der milde Einfluß des Meeres, der sich hier bemerkbar macht, steht im krassen Kontrast zu den tief ins Landesinnere vorstoßenden Apenninen- oder Abruzzen-Tälern mit ihrem kühleren, rauheren Klima, das seine eigenen Weincharaktere hervorbringt.

Der bekannteste Wein der Marken war lange Zeit der weiße Verdicchio, der seit den fünfziger Jahren in der typischen Amphoren-Flasche verkauft wurde. Daß diese Flasche in Wahrheit keine traditionelle Form darstellt, sondern von Marketing-Spezialisten in Mailand erfunden wurde, tat ihrem kommerziellen Erfolg keinen Abbruch. In den letzten Jahrzehnten jedoch verschob sich das Qualitätsspektrum der Region deutlich von den Weiß- zu den Rotweinen, deren Basis die Rebsorten Montepulciano und Sangiovese sind – letztere bringt in der Toskana einige der größten und berühmtesten Rotweine Italiens hervor.

Rotwein aus Ancona

Der bekannteste, vielleicht auch der beste Rote der Marken ist der Rosso Conero. Zu seiner Produktion können zwar nur Montepulciano-Trauben verwendet werden, aber in dem einen oder anderen Wein spielt wohl auch ein wenig Sangiovese mit.

Links: Auf einer Rebfläche von 27 000 Hektar werden in den Marken jährlich rund 360 000 Hektoliter DOC-Weine wie weißer Verdicchio und roter Rosso Conero produziert.

Er entsteht im Küstengebiet um die Stadt Ancona und hat sich in den letzten beiden Jahrzehnten zu einem wirklich interessanten Produkt entwickelt, das zudem noch recht preiswert zu erhalten ist – eine Eigenschaft, die die meisten seiner renommierteren Brüder aus den anderen Regionen Italiens leider oftmals verloren haben.

Sein Pendant, der Rosso Piceno aus dem Südteil der Region hingegen, ist auch offiziell ein Verschnitt aus Sangiovese- und Montepulciano-Trauben, wobei es ohnehin Weinmacher und Weinbauforscher gibt, die behaupten, der Montepulciano sei nichts anderes, als eine Spielart des Sangiovese. Man sagt, daß in den Verschnittweinen der beiden Sorten der Sangiovese-Anteil für die Finesse und Vielschichtigkeit verantwortlich ist, während der Montepulciano Körper und Fülle mitbringt.

Stilwandel beim Verdicchio

Was die Weißweine der Marken betrifft, so spielt eigentlich nur der Verdicchio aus den beiden DOC-Gebieten Castelli di Jesi und Matelica eine Rolle. Vor noch nicht allzu langer Zeit war der Verdicchio ein ausgesprochen rustikaler, kräftiger Weißwein, dem aber oft die Eleganz, Fruchtigkeit und Frische fehlte, um vor den Weinfreunden Italiens und der Welt bestehen zu können. Seit die Winzer der Marken den Most jedoch nicht mehr auf den angequetschten Beerenschalen stehenlassen, sondern ihn direkt abpreßten, seit sie das alte Verfahren des Governo – dabei werden dem fertigen Wein eingetrocknete Trauben zugefügt, die die Gärung erneut in Gang setzen – aufgegeben haben, ist aus dem Verdicchio ein angenehm-fruchtiger, leichter bis mittelkräftiger Weißwein geworden, der als Begleiter zu einem guten Fischgericht zum Hochgenuß wird.

Zu guter Letzt muß noch erwähnt werden, daß die berühmtesten Winzer der Region Marken ihrer Heimatregion schon vor mehreren Jahrzehnten den Rücken gekehrt haben: Es handelt sich um die Familie Mondavi, die seit den sechziger Jahren im kalifornischen Napa-Valley Wein produziert und inzwischen zu den bekanntesten Namen des Weinbaus weltweit gehört.

LAZIO ROMA

LATIUM · ROM

Monte-
fiascone
Viterbo
Tiber
Civitavecchia
Rom
VATIKANSTADT
Frascati
Alatri
Frosinone
Latium

Rom und das Latium – diese weitläufige Region läßt sich kaum in ein oder zwei küchentechnischen Schlagworten zusammenfassen. Zu unterschiedlich sind die kulinarischen Traditionen der Ewigen Stadt und ihres Hinterlandes. Die Gastlichkeit der Antike wird hier genauso gepflegt wie die Küche der Metzger, die mit deftigen Innereien aufwartet. Raffinierte jüdische Spezialitäten haben den gleichen bedeutsamen Stellenwert wie die einfachen Gerichte aus den Sabiner Bergen.

Rom, die Kapitale des Christentums, hatte schon immer viele Gäste zu versorgen. In den Osterien und Tavernen servierte man Pilgern und Reisenden nahrhafte Speisen aus Nudeln, Brokkoli, Bohnen, Rucola und Schafskäse, die von kräftigem Landwein begleitet wurden. *Bavette alla carrettiera, Spaghetti alla puttanesca* und *Spaghetti alla carbonara* stehen noch heute auf den Speisekarten der urwüchsigen Schankstuben. Aus den großen Schlachthöfen im Herzen der Stadt kommen Spezialitäten, die aus dem sogenannten »fünften Viertel« gewonnen werden. Daß es sich dabei um die weniger begehrten und meist preiswerten Teile des Rinds oder Schweins handelt, würde man nicht vermuten, wenn aus der Küche der verlockende Duft von *Coda alla vaccinara* oder *Rigatoni alla paiata* strömt. Die heutigen feinen Gerichte Roms entstammen wiederum einer völlig anderen Tradition: Im jüdischen Viertel kocht man schon lange nicht mehr nur für sich selbst, sondern bereitet die *Pizza ebraica d'erbe* oder die Endivien mit Sardellen auch für die Besucher aus anderen Stadtteilen zu.

Rom ist auch eine Stadt der Bars, Cafés und Restaurants. Bereits den morgendlichen Cappuccino trinkt man in seiner Stammbar. Wann immer möglich, gehen die Römer mit der Familie oder mit Freunden essen. Daß man in den römischen Privatküchen nicht ganz so gern kocht, mag historische Gründe haben. Wegen der dichten Besiedlung der Stadt und der Angst vor einer Brandkatastrophe war es in den Mietwohnungen des antiken Rom nicht gestattet, ein Feuer zum Kochen anzuzünden. So aß der Durchschnittsrömer bereits vor über 2000 Jahren zu Hause kalt – und vertraute sich, wenn er Lust auf etwas Warmes hatte, einer der zahlreichen Garküchen an. Auch in den Häusern der Wohlhabenden, die über eigene Feuerstellen verfügten, überließ man die Zubereitung der täglichen Gerichte ebenso wie die Ausführung der opulenten Gastmahle lieber den dafür engagierten Spezialisten. Die modernen Caterer und Partyorganisatoren haben anscheinend ihre Wurzeln im alten Rom.

Vorhergehende Doppelseite: Die große Kaffeemaschine ist unverzichtbarer Bestandteil einer jeden italienischen Bar.

Links: Wenn man der Autostraße von Terni nach Rom folgt, erlebt man im Grenzgebiet von Umbrien und Latium ein großartiges Landschaftsschauspiel, wie hier bei Magliano Sabina.

DIE KÜCHE DER ALTEN RÖMER

Bevor Rom zur Weltmacht aufstieg, pflegten die Menschen am Tiber eine eher bescheidene Eßkultur. Die *puls,* eine der heutigen Polenta ähnliche Getreidezubereitung, kam als dicke Grütze oder als in Öl ausgebackener Fladen auf den Tisch. Gemüse servierte man ebenfalls gern breiartig zerkocht, gewürzt wurde mit Zwiebeln und Knoblauch. Eier, Käse, Schweinefleisch und Huhn gehörten zu den kulinarischen Höhepunkten der bessergestellten Haushalte. Am römischen Sozialgefälle konnte das Imperium Romanum zwar nichts ändern – im Kaiserreich war ein Drittel der Bürger so arm, daß die öffentliche Hand es vor dem Hungertod bewahren mußte –, doch auf den Tischen der Wohlhabenden und Arrivierten begann sich ein erstaunlicher Wandel zu vollziehen. Die römischen Legionen eroberten nicht nur neue Provinzen, sondern brachten von ihren Feldzügen stets auch die dortigen Spezialitäten und Köche, die sie zubereiten konnten, mit. In Sizilien, damals eine Kolonie Griechenlands, lernten die eher ungehobelten Römer einerseits die feine Mittelmeerküche kennen und begannen andererseits, die moderne griechische Gelagekultur nachzuahmen, der zufolge ein Gastmahl vor allem der Erbauung der Seele durch Gespräche und künstlerische Darbietungen dienen sollte. In Rom wurde es daraufhin Mode, einen griechischen Koch anzustellen und Gäste zum gepflegten Genuß einzuladen. Daß die Zusammenkünfte meist doch in einer heillosen Orgie endeten, mag an der römischen Weigerung gelegen haben, den Wein – nach griechischer Sitte – zur besseren Bekömmlichkeit mit Wasser zu verdünnen.

Griechenland, Karthago und Ägypten lieferten neue Genußmittel und sicherten, freilich auf Kosten der dortigen Bevölkerung, den Nachschub an den gewaltigen Lebensmittelmengen, die in Rom tagtäglich gebraucht wurden. Bald gehörte es zum guten Ton, Speisen und Zutaten aufzutischen, die von möglichst weit her kamen, entsprechend teuer waren und somit den Reichtum des Hausherrn demonstrierten. Schildkröten importierte man aus Arabien, Schinken aus Gallien, und Lachs mußte aus dem Rhein stammen. Händler und Spediteure ließen sich immer wieder neue Methoden einfallen, um die Ware so frisch wie möglich in die Hauptstadt bringen zu können.

Die »internationale« Küche Roms, die von den Kochkünsten selbst der entlegensten Provinzen reichlich profitiert hat, dürfen wir uns durchaus schmackhaft vorstellen. Es gab ein ausgeprägtes Bewußtsein für qualitativ hochwertige und vor allem frische Produkte. Römische Agronomen konnten im latinischen Umland bemerkenswerte Erfolge im Obstbau sowie in der Gemüsezucht verbuchen, und in den Markthallen gab es sogar, gut gekühlt, lebende Austern. Zum Auftakt eines Mahls servierte man fast obligatorisch eine Eierspeise. Danach ging man über zu Fleisch, Wild oder Geflügel, reichte Gemüse dazu und beendete das Mahl mit einem süßen Dessert oder einem Früchteteller. Auch der kulinarische Tagesablauf eines Durchschnittsrömers ähnelt den heutigen mediterranen Sitten. Zum Frühstück aß er etwas helles Brot, das er in Wein tunkte, und am Mittag gab es Käse, Zwiebeln, Eier und vielleicht etwas kaltes Fleisch. Wer wollte, konnte in eine der vielen Garküchen gehen, die warme Gerichte zum Mitnehmen anboten. In den Mietwohnungen durfte aus Sicherheitsgründen kein Feuer zum Kochen angezündet werden, so daß man zu Hause hauptsächlich die kalte Küche pflegte. Die wichtigste Mahlzeit des Tages wurde am Abend eingenommen – dann ging man zum Essen zu seinen Freunden oder lud sich Gäste nach Hause ein.

Bei dem Fußbodenmosaik, das die Überreste eines Banketts zeigt, handelt es sich um ein sogenanntes Asaroton-Motiv (von griech. *asarotos oikos,* ungefegtes Haus). Das Mosaik stammt aus dem 1. Jahrhundert n. Chr. und befindet sich im Museo Gregoriano Profano im Vatikan. Als seinen Erschaffer weißt es einen gewissen Heraklitus aus.

Der einzige Schwachpunkt der altrömischen Küche lag im Prestigedenken. Häufig entschied der Preis der Zutaten über das Menü – und nicht die Frage, ob das sündhaft teure Essiggemüse aus Hispanien auch tatsächlich mit dem indischen Ingwer und der illyrischen Haselwurz zusammenpaßte. Komplizierte Zubereitungsmethoden erfreuten sich ebenfalls allergrößter Beliebtheit, denn auch damit ließen sich die Gäste trefflich beeindrucken. Die römische Schickeria verfiel mehr und mehr dem Wahn, aus dem Tisch eine Bühne und das Essen zur Show zu machen. »Scheingerichte« waren an der Tagesordnung. Den besten Ruf genossen Köche, die in der Lage waren, ein Kalb so zuzubereiten, daß es wie ein Karpfen schmeckte, und einen Stockfisch ohne Stockfisch zu servieren. Dieser Hang zu teuren, prunkvollen Gerichten und raffinierter Kochkunst – getreu dem römischen Motto »woraus diese Speise besteht, wird niemand erraten« – sollte sich noch einige Jahrhunderte an den fürstlichen und königlichen Tafeln Europas halten. Erst in der Renaissance begannen verdiente Küchenreformatoren zu propagieren, daß auch weniger kostspielige und auf natürliche Art zubereitete Speisen ausgezeichnet munden können.

Doch auch die römische Küche hat ihren Protagonisten. Im 1. Jahrhundert nach der Zeitenwende betrat Marcus Gavius Apicius die kulinarische Bühne Roms. Der Lebemann Apicius, ein Zeitgenosse der Kaiser Augustus und Tiberius, sah sich immer wieder dem Spott und der Häme der zur Mäßigung ratenden Philosophen ausgesetzt: Klemens von Alexandrien, Plinius und Seneca kritisierten, daß sich die Jugend jener Zeit nicht mehr in Rhetorik und Weisheit unterweisen ließ, sondern lieber in Apicius' Küchen herumlungerte. Doch Apicius ließ sich von den asketisch geprägten Angriffen nicht beeindrucken. Er erfand eine Methode, Schweineleber noch schmackhafter zu machen (»man mäste die Tiere mit Feigen und Süßmost«), entwickelte diverse Schneckenrezepte (»man mäste die Tiere mit Milch«) und faßte seine kulinarischen Erkenntnisse schließlich in einem Buch zusammen. Leider liegt uns heute kein Original des lateinischen Küchenklassikers mehr vor, denn Apicius' Werk ist im Laufe der Jahrhunderte immer wieder kopiert, ediert, ergänzt und überarbeitet worden, wobei die meistenteils klösterlichen Herausgeber nicht immer durch Sachkenntnis glänzten. Dennoch vermittelt »Der Apicius« einen Eindruck dessen, was wohl auf den Tafeln und Beistelltischen angerichtet war, wenn die Römer zu Tische lagen.

Das leichte Menü, das hier vorgestellt wird, wäre wohl ganz in Apicius' Sinne gewesen. Es befolgt die Regel für die Speisenfolge *ex ovo usque ad malum*, vom Ei zum Apfel, wobei Apfel jede Art von Obstdessert meint. Der Hauptgang, der Hühnersalat à la Apicius, könnte sogar eine Eigenkreation des Meisters sein.

Sala cattabia Apiciana

Hühnersalat à la Apicius

100 g Kalbsbries
Essig
Salz
1 TL Zitronensaft
1 EL Butter
Pfeffer
200 g Hühnerbrust
1 EL Bratbutter
100 ml Milch
1/4 TL Honig
4 Scheiben Grahambrot oder Toastbrot aus Vollkornmehl
100 g Pecorino, in Würfel geschnitten
2 EL Pinienkerne
1 Salatgurke, in feine Scheiben geschnitten
1 Zwiebel, gehackt

Für die Sauce:
1 TL feingehacktes Selleriekraut
1 TL feingehackte Zitronenmelisse
1 TL feingehackte Minze
1 TL feingehackter Koriander
1/2 TL feingehackte Ingwerwurzel
2 EL Sultaninen
2 TL flüssiger Honig
4 EL Weinessig
4 EL Distelöl

Das Bries in kaltem Wasser etwa 2 Std. einweichen. Danach 1 Std. in 500 ml Wasser mit 1/2 EL Essig legen. Herausnehmen, in 1 l Wasser mit 1 EL Salz und 1 TL Zitronensaft etwa 15 Min. knapp unter dem Siedepunkt garen. In der Kochflüssigkeit abkühlen lassen, dann behutsam die Außenhaut entfernen. Bries in mundgerechte Stücke teilen und in heißer Butter wenden. Mit Pfeffer vorsichtig würzen.

Hühnerfleisch in mundgerechte Stücke schneiden und in Bratbutter gut durchbraten. Mit Salz und Pfeffer würzen. Für die Sauce alle Zutaten mischen.

Das Brot in eine Mischung aus Milch und Honig tauchen und auf jeden Teller 1 Brotscheibe legen. Darauf das erkaltete Bries und Hühnerfleisch mit Pecorinowürfeln, Pinienkernen, Gurkenscheiben und gehackter Zwiebel anrichten. Die Sauce darüber gießen und servieren.

Patina de piris

Birnen-Patina

1 kg Birnen
Salz und frisch gemahlener Pfeffer
frisch gemahlener Kümmel
2 EL Honig
1 EL Distelöl
3 Eier, verquirlt
1 TL Maismehl
3 EL Marsala
1 EL Butter

Die Birnen schälen und entkernen und mindestens 15 Min. in ein wenig Wasser kochen. Gut abtropfen lassen und mit dem Mixer pürieren. Mit je 1 Prise Salz, Pfeffer und Kümmel sowie mit Honig, Öl und den verquirlten Eiern mischen.

Das Maismehl in Marsala auflösen und zugießen. Birnenpüree zugeben, noch einmal gut verrühren und in eine mit Butter eingefettete Auflaufform füllen.

Im vorgeheizten Backofen bei 180 °C etwa 25 Min. überbacken.

In ovis hapalis

Sauce für gekochte Eier
(Abbildung Hintergrund)

50 g Pinienkerne, eingeweicht
Salz und Pfeffer
1 TL feingehackter Liebstöckel
1/4 TL Honig
4 Eier
Essig

Eingeweichte Pinienkerne zerdrücken und mit je 1 Prise Salz und Pfeffer sowie mit Liebstöckel und Honig mischen. 1 l Wasser mit 1 TL Salz und 2 EL Essig erhitzen. Die Eier aufschlagen und 4 Min. im siedenden Wasser garen. Ersatzweise hartgekochte Eier verwenden. Mit der Sauce begießen.

RÖMISCHE GASTLICHKEIT

Rom ist eine gastfreundliche Stadt. Ob christliche Pilger, weltliche Geschäftsleute, Funktionäre der Kirche, Handelsreisende, kunstbeflissene Touristen, Künstler, Literaten oder Glücksuchende aller Art – die Ewige Stadt wird seit jeher von ihren Besuchern förmlich überrannt. Bereits im Altertum zog das Leben auf den sieben Hügeln Neugierige aus sämtlichen römischen Provinzen an. Als sich das Christentum zur Weltmacht entwickelte, wurde Rom, der Nabel der Welt, erst recht zum beliebten Reiseziel. Im Jahre 1300, als Papst Bonifaz VIII. zu einer gigantischen Jubiläumsfeier einlud, strömten rund zwei Millionen Pilger in die Stadt. Diese gewaltigen Besuchermassen stellten sowohl die römische Infrastruktur als auch das Hotel- und Gastgewerbe vor eine große Herausforderung. Wo sollten all diese Menschen untergebracht werden? An welchen Stationen und Höfen würden sie ihre Pferde wechseln können und über welche Straßen gelangten sie in die Stadt? Was will man den Gästen zu essen und zu trinken anbieten und woher bekommt man die benötigten Mengen an Nahrungsmitteln? In den Anfangszeiten des Tourismus übernahmen Klöster und Konvente die Sorge für das geistige und leibliche Wohlergehen der Reisenden, und in den meisten Teilen der christlichen Welt konnten müde oder vom Unwetter überraschte Wanderer immer auf die Hilfe der Ordensbrüder und -schwestern zählen.

In Rom jedoch überstieg das Besucheraufkommen bei weitem die Kapazitäten der frommen Beherbergungsstätten. Es schossen private Hotels und Gastwirtschaften wie Pilze aus dem Boden, denn das Geschäft mit den Fremden war einträglich. Osterien und Tavernen blühten, und in der Zeit zwischen 1500 und 1800 war Rom die Stadt mit der besten und preisgünstigsten Gastronomie.

Historische Darstellung von Pilgern in einer Taverne, Miniatur aus dem Manuskript *Tacuinum Sanitatis*, Italien, Ende des 14. Jahrhunderts, Nationalbibliothek, Wien

In der Mitte des 19. Jahrhunderts gab es mehr als 200 Wirtshäuser, 200 Cafés und rund 100 Herbergen und Unterkünfte. Freilich konnte man damals noch nicht von einem »Hotel« im heutigen Sinne sprechen. In den Gasthäusern gab es nur selten Einzelzimmer, und die wohlhabenderen Reisenden nächtigten in überfüllten Schlafsälen, während die Dienerschaft in den Ställen bei den Pferden ihr Lager aufschlagen mußte. Auch die Küche war recht einfach. Oft kochte die Frau des Besitzers und servierte deftige römische oder latinische Traditionskost mit einem Humpen Tafelwein. Um den Getränkenachschub für die durstigen Gäste zu sichern, brachen die Kutscher bereits nachts in den *castelli* auf und belieferten in aller Herrgottsfrühe die Wirte mit neuen Weinfässern.

Um die Konkurrenz zwischen den Wirten zu entschärfen, kontrollierten verschiedene Körperschaften der Lokalbesitzer und Hoteliers die Einhaltung des Verbots, Angestellte auszuschicken, um herannahende Pilger oder Handelsreisende bereits vor den Toren der Stadt abzufangen und in das eigene Etablissement zu lotsen. Da der Großteil der potentiellen Gäste des Lesens unkundig war, mußten die Unternehmer durch auffällige Schilder oder attraktive Bilder an den Türen und Wänden ihrer Räumlichkeiten für sich werben. So gab es Gasthäuser »Zum Bären«, »Zu den beiden Schwertern«, »Zu den zwei Türmen« oder auch die »Osteria del Gallinaccio«, des Riesengockels (in der Nähe der heutigen Via del Tritone), die berühmt war für ihren Truthahnbraten. Um zu signalisieren, daß es hier auch etwas zu trinken gab, schmückte man Osterien und Tavernen mit Weinlaub oder Zweigen. Jenes *frasche* genannte Blätterwerk hat der *frasca* oder *fraschetta*, der echt römischen Gastwirtschaft, ihren Namen gegeben. Heute müssen diese liebenswerten Institutionen jedoch aufpassen, daß sie nicht von Fastfood-Ketten verdrängt werden. Denn der Kampf um den zahlenden Gast wird am Anfang des 3. nachchristlichen Jahrtausends noch genauso erbittert geführt wie in alten Zeiten.

Abbacchio al forno con patate
Lammfleisch mit Kartoffeln

Für 6 Personen

2 kg Schulter oder Keule vom Lamm
3 Knoblauchzehen
2 Rosmarinzweige
20 g Butter
700 g Kartoffeln, in Würfel geschnitten
Salz und frisch gemahlener schwarzer Pfeffer
3–4 EL Olivenöl extra vergine

Lammfleisch unter fließendem Wasser abspülen, trockentupfen und mit den Knoblauchzehen, die der Länge nach halbiert wurden, sowie den Rosmarinzweigen spicken. Das Fleisch mit der Butter bestreichen und mit den gewürfelten Kartoffeln in eine Kasserolle geben. Salzen, pfeffern, mit dem Olivenöl beträufeln und im vorgeheizten Backofen bei mittlerer Hitze gut 45 Min. garen.
Das Lammfleisch einige Male mit dem Bratenfond begießen.

Saltimbocca alla romana
Kalbsschnitzel auf römische Art
(Abbildung linke Seite, unten)

8 kleine Kalbsschnitzel
8 Scheiben roher Schinken
8–12 Salbeiblätter
50 g Butter
7 EL trockener Weisswein oder Marsala
Salz und frisch gemahlener schwarzer Pfeffer

Auf jedes Kalbsschnitzel eine Scheibe Schinken und darauf die Salbeiblätter legen und mit Zahnstochern feststecken. Butter in einer großen Pfanne erhitzen und die Schnitzel von beiden Seiten leicht anbraten. Den Wein angießen, mit Salz und Pfeffer abschmecken und 6–8 Min. köcheln lassen, bis das Fleisch weich ist.
Schnitzel auf einer vorgewärmten Platte anrichten, die Zahnstocher entfernen. Den Bratensaft mit 1 EL Wasser lösen und über das Fleisch gießen.

Coda alla vaccinara
Ochsenschwanz-Ragout

Für 8 Personen

2 kg Ochsenschwanz
Salz
1 Stange Lauch
2 Stangen Staudensellerie
1 Möhre
1 Lorbeerblatt
1 Thymianzweig
150 g roher Schinken
1 Zwiebel
1 Majoranzweig
3 EL Olivenöl extra vergine
1 Glas trockener Weisswein
1 kg passierte Tomaten
Pfeffer
30 g Bitterschokolade
Zimtpulver
Muskatnuss
1 EL Rosinen
1 EL Pinienkerne

Den Ochsenschwanz in etwa 3 cm lange Stücke schneiden und in Salzwassser 10 Min. überbrühen. Die Fleischstücke in eine Kasserolle geben, mit kaltem Wasser bedecken, salzen und zum Kochen bringen. Lauch, 1 Stange Sellerie, Möhre, Lorbeerblatt und Thymianzweig zugeben und etwa 2 1/2 Std. köcheln lassen.
Schinken, Zwiebel und Majoran fein hacken und in Olivenöl anbraten. Ochsenschwanzstücke aus dem Sud nehmen, gut abtropfen lassen und zum Schinken geben. Weißwein angießen und einkochen lassen. Passierte Tomaten zugeben, salzen und pfeffern, gut durchmischen und 1 Std. köcheln lassen.
Ein wenig von der Sauce aus dem Bräter entnehmen, mit der geriebenen Bitterschokolade verrühren und die Sauce im Bräter damit binden.
Den restlichen Sellerie in Salzwasser blanchieren, in Stücke schneiden und zum Ochsenschwanz geben. Mit einer kleinen Prise Zimt und geriebener Muskatnuß abschmecken. Rosinen und Pinienkerne zugeben und den Topf vom Herd nehmen. Das Ochsenschwanz-Ragout mit dem Sellerie heiß servieren.

Die echte Osteria ist heute vom Aussterben bedroht, nur noch wenige dieser »Schankstuben«, wie hier bei Frascati, können sich halten.

Heute versteht man unter einer Osteria oftmals ein Restaurant mit Weinkeller. In den alten, traditionellen Schänken jedoch wurde lediglich für die Getränke gesorgt. Ihre Speisen, wie etwa Brot, Pizza oder Käse, mußten die Gäste selbst mitbringen. Dafür aber bot die Osteria einen idealen Ort zum geselligen Beisammensein.

Capitone marinato
Marinierter Aal

1 kg Aal
Öl zum Braten
500 ml Rotweinessig
1 Knoblauchzehe
1 Lorbeerblatt
einige schwarze Pfefferkörner
Salz

Den Aal in Stücke schneiden und samt der Haut in heißem Öl braten. In einer Kasserolle den Rotweinessig mit der geschälten und kleingehackten Knoblauchzehe, dem Lorbeerblatt und den Pfefferkörnern erhitzen.
Die gebratenen Aalstücke in eine Porzellanschüssel geben und mit der heißen Marinade übergießen.
Den Aal einige Zeit, am besten 2 Wochen, in der Marinade ziehen lassen.

ANTIPASTI

In Italien unterscheidet man zwischen warmen und kalten Vorspeisen. Wird eine warme Vorspeise – meist eine Pastaspezialität – serviert, gibt es vor dieser noch den einen oder anderen kleinen kalten Happen. Eine vollständige Liste der kalten *antipasti* aufzustellen, ist ein genauso aussichtsloses Unterfangen, wie etwa sämtliche spanischen Tapas aufzuzählen. Die Auswahl ist einfach zu groß – genauso wie die Phantasie der Köche, Hausfrauen und Restaurantbesitzer, die ihre Gäste immer wieder mit einem neuen Amuse-gueule auf die bevorstehende Mahlzeit einstimmen wollen. Während man daheim vielleicht nur ein paar Scheiben Parmaschinken mit etwas Weißbrot reicht, finden sich in den Restaurants meist große Glasvitrinen, aus denen sich der Gast seinen ganz persönlichen kalten Vorspeisenteller zusammenstellen lassen kann. In manchen Lokalen kommt der Kellner sogar mit einem Wagen, auf dem die kleinen Köstlichkeiten appetitlich präsentiert sind, an den Tisch, so daß man nur noch auf die einzelnen Spezialitäten zu zeigen braucht.

Kalte *antipasti* lassen sich grob in sieben Gruppen einteilen: *sott'aceto, sott'olio, sotto sale, a base di carne, a base di pesce, a base di formaggio* und *a base di pane*. Zur Gruppe der Vorspeisen *sott'aceto* gehören die in Essig eingelegten Gemüse wie Essigzwiebeln, Gürkchen, sauer eingelegte Oliven oder Artischockenherzen. Ein *antipasto sott'olio* besteht meist auch aus Gemüse, diesmal in Öl eingelegt. *Sotto sale* meint eingesalzene Vorspeisen, etwa salzige Oliven, getrocknete und gesalzene Tomaten oder andere rohe oder gekochte Gemüse, die in Salz eingelegt wurden. *Antipasti a base di carne* bestehen aus Schinken-, Wurst- oder Fleischprodukten. Es kann sich hierbei um einige Scheiben luftgetrockneter Salami, frischer Mortadella oder exquisiten Schinkens handeln. *Antipasti a base di pesce* sind kalte Vorspeisen auf Fischbasis. Der bekannteste Vertreter dieser Art ist sicher der Meeresfrüchtesalat. *Antipasti a base di formaggio* sind selten, denn Käse wird meist am Ende eines Menüs gereicht. Dennoch schmecken Mozzarella mit Olivenöl oder ein wenig Parmesan als Vorspeise sehr gut. Die *antipasti a base di pane* umfassen die Vorspeisen auf Brotbasis.

Prosciutto di Parma (Parmaschinken)
Parmaschinken wird hauchdünn aufgeschnitten, denn dann entfaltet er seinen süßlichen Geschmack und löst sich förmlich auf dem Gaumen auf.

Cipollini sott'aceto (Essigzwiebeln)
Die kleinen, weißen Zwiebeln werden in Wasser und Essig gekocht oder aber süßsauer mit Zucker, Mehl, Wasser und Essig zubereitet und dann warm oder kalt serviert.

Olive sott'aceto (Essigoliven)
Durch die Marinade in Essig erhalten die Oliven eine ganz spezielle Note.

Olive ripiene (Gefüllte Oliven)
Mit Mandeln und Paprika gefüllt, werden sie al *pasti* überall in Italien angeboten. Als *olive ascola* es gefüllte und fritierte Oliven aus Ascoli.

Melanzane sott'olio (Auberginenscheiben in Öl)
Die Auberginen werden einige Stunden unter Salz eingelegt, getrocknet, gegrillt und schließlich mit Peperoncino, Oregano, Essig und viel Olivenöl gewürzt.

Funghi misti sott'olio (Gemischter Pilzsalat in Öl)
Steinpilze, Pfifferlinge und Champignons werden in weißem Essig gekocht, in Gläser eingelegt, mit Kräutern wie Knoblauch, Loorbeer und Nelken gewürzt und mit viel Öl bedeckt.

Zucchini sott'olio (Zucchinischeiben in Öl)
Die Zucchini werden in Öl fritiert, anschließend mit Pfefferminz und einigen Tropfen Aceto balsamico sowie Salz und Pfeffer gewürzt und kalt serviert.

Prataioli ripieni (Gefüllte Champignor
Die Füllung der Champignons kann aus Ge hacktem, Schafskäse oder Sardellen mit Paniermehl, Knoblauch und Petersilie bestehe

Peperoni sott'olio (Gegrillte Paprikaschoten in Öl)
Paprikaschoten werden gegrillt, anschließend enthäutet, in kleine Streifen geschnitten und mit Öl, Knoblauch und Petersilie gewürzt.

Pomodori secchi sott'olio (Luftgetrocknete Tomaten in Öl)
Die getrockneten Tomaten werden mit Basilikum gewürzt und unter Öl eingelegt. Man kann sie auch zermahlen und als Pastete auf *crostini* servieren.

Crostini di tartufi (Geröstete Brotscheiben mit Trüffeln)
Die Trüffeln werden kurz in Öl mit ein wenig Sardellenfilet, Knoblauch und Zitronensaft gebraten.

Salame (Salami)
Für diesen *antipasto* werden die regionalen Salamispezialitäten wie etwa *salame di Milano* oder *salame del Montefeltro* verwendet.

Mortadella
Die aus Bologna stammende Mortadella ist die bekannteste italienische Frischwurst. Sie wird gern in einer warmen *pizza bianca* als klassisches »Bauarbeiterfrühstück« gegessen.

Insalata frutti di mare (Salat aus Meeresfrüchten)
Der Meeresfrüchtesalat besteht aus gekochten Gambas, Shrimps, Miesmuscheln, Calamari, Tintenfisch und Olivenstücken.

Bottarga (Getrockneter Rogen vom Thunfisch)
Auf Sardinien wird *bottarga* als Vorspeise in dünne Scheiben geschnitten und mit Olivenöl, Zitronensaft, Salz und Pfeffer gewürzt.

Ostriche (Austern)
Austern werden auf einer Platte mit zerstoßenem Eis serviert. Sie sind der perfekte *antipasto* für ein gelungenes Fischessen.

Mozzarella con olio d'oliva (Mozzarella mit Olivenöl)
Echter Büffelmozzarella ist pur, mit ein paar Tropfen Olivenöl, ein wahres Geschmackserlebnis.

Cozze in marinata (Marinierte Miesmuscheln)
Miesmuscheln werden in einer Sauce aus Wein, Tomaten, Salz, Pfeffer, feingehackter Zwiebel, Knoblauch, Lorbeer, Thymian und Petersilie gekocht und in der Schale serviert.

Parmigiano Reggiano (Parmesan)
In Stücke geschnitten, begleitet Parmesan Salate wie die *rughetta,* harmoniert aber auch sehr gut mit Carpaccio oder *bresaola.* Allein wird er auch als Dessert sehr geschätzt.

Focaccia (Fladenbrot mit Knoblauch, Öl und Kräutern)
Das ligurische Fladenbrot muß warm und knusprig sein, damit sich das Aroma der Kräuter wie etwa Salbei oder Rosmarin entfalten kann.

Ricotta salata (Gesalzener Ricotta)
Dieser Ricotta wird auf Sardinien gern als Vorspeise gegessen. Er schmeckt hervorragend in Kombination mit dem seltenen *miele di corbezzolo,* dem Erdbeerbaumhonig.

Frisella con pomodori e basilico (Pizzabrot mit Tomaten und Basilikum)
Diese Spezialität stammt aus Apulien und ist heute in ganz Süditalien verbreitet.

Fagioli bianchi in aceto sott'olio (Weiße Bohnen in Essig und Öl)
Frische Bohnen werden in Knoblauch gebräunt und mit einer Sauce aus Brotkrumen, Essig, Schafskäse, und Pfefferminz gewürzt.

Taralli
Die apulischen *taralli* werden in eine Marinade aus Öl, Essig, Salz und Pfeffer getunkt.

Crostini di capperi (Geröstete Brotscheiben mit Kapern)
Kapern, Rosinen und Pinienkerne sind der Belag dieser leckeren *crostini.*

Carciofini in marinata (Eingelegte Artischockenherzen)
Gekochte Artischockenherzen werden mit Poleiminze, Knoblauch sowie einigen Tropfen Essig gewürzt und in Essig und Öl eingelegt.

Guter Espresso kommt immer aus einer Profi-Maschine, denn nur sie kann den hohen Druck und die konstanten Temperaturen erzeugen, die der kleine Schwarze braucht.

KAFFEE

Möglicherweise verdanken wir den Kaffee abessinischen oder arabischen Ziegen, die – sehr zum Erstaunen ihrer Hirten – außergewöhnlich lebhaft wurden, sobald sie an den Blättern und Beeren eines *kif* oder *koffe* genannten Strauchs knabberten. Der Gedanke, daß die Tiere ihre Energie jenem Gewächs mit den leuchtend roten Früchten verdankten, lag nahe. Von den äthiopischen Hochebenen aus verbreitete sich der Strauch bis in den Sudan und den Jemen. Dort begann man, mit den roten Kapseln zu experimentieren. Die Araber entwickelten schließlich ein Verfahren, die belebende Wirkung in kulinarisch befriedigender Form nutzbar zu machen. Sie lösten die Samen aus den Fruchtschalen, rösteten sie – nach der gleichen Methode, mit der man auch Nüsse behandelte –, gaben sie in die Mühle und gossen das Pulver schließlich mit kochendem Wasser auf. Der erste Kaffee war fertig. Der Koran verbot zwar den Genuß von Alkohol, doch zum Thema Kaffee verlor er kein Wort. Folglich war der Siegeszug des neuen bitteren, aber sehr anregenden Getränks in der arabischen Welt nicht aufzuhalten. In Mekka brachte man damit sogar die müdesten Pilger wieder auf die Beine. Bald blühten in verschiedenen arabischen Gebieten die Kaffeesträucher, in Damaskus und Konstantinopel wurden die ersten Cafés eröffnet, und in Kairo und in Syrien stellten Kunsthandwerker zierliche Gläser und Tassen her, in denen das gewöhnungsbedürftige Getränk serviert wurde. In der Türkei mauserten sich die Cafés rasch zu wichtigen Kommunikationszentren, in denen die Männer bei einer oder mehreren Tassen türkischen Mokkas über die großen und kleinen Themen des Lebens diskutieren und in den Gesprächspausen den Bauchtänzerinnen zusehen konnten.

Der Name Mokka bezieht sich auf den jemenitischen Hafen Moka, von wo aus große Mengen der gelbgrünen Samen nicht nur in muslimische, sondern seit dem Beginn des 15. Jahrhunderts auch in christliche Gebiete verschifft wurden. Norditalienische Kaufleute ahnten früh genug die Marktchancen der Kaffeebohne und ließen riesige Ladungen an der venezianischen Riva degli Schiavoni und im Hafen von Triest löschen. Sie sollten recht behalten, denn das braune Gebräu eroberte Europa in Windeseile. In Venedig gab es einige Geschäfte, die seit langem mit anderen Importartikeln wie den kostbaren Weinen aus Zypern und Candia handelten, jetzt aber das neue Produkt ins Sortiment nahmen und sich fortan *caffè* nannten. Gegen Ende des 17. Jahrhunderts sah sich die Verwaltung der Serenissima sogar gezwungen, die Gesamtzahl der venezianischen Cafés auf 206 zu beschränken, denn auf der Piazza San Marco hatten in kurzer Folge zehn solcher Lokale unter den Procuratie Vecchie und 15 weitere unter den Procuratie Nuove

Der Espresso ist der Italiener liebster Kaffee. Er begleitet den gesamten Tagesablauf – vom Frühstück bis zum letzten Digestif.

eröffnet. Venedig und Triest waren jedoch nicht die einzigen Häfen, in denen Kaffee eine Rolle spielte. Seit 1632 machte man über die neapolitanischen Handelswege auch in Livorno und Genua gute Umsätze damit. Für die moralisch-religiöse Rechtfertigung des okzidentalen Kaffeegenusses haben die Päpste gesorgt. Im ausgehenden 16. Jahrhundert erklärte Klemens VIII. das orientalische Getränk, das zunächst nicht unbedingt als »politisch korrekt« gelten konnte, kurzerhand zu einer christlichen Labung, und Prospero Lambertini, der als Benedikt XIV. von 1740 bis 1758 auf dem Apostolischen Stuhl saß, ließ sich im Garten seiner Residenz auf dem Quirinale sogar ein Kaffeehaus im englischen Stil errichten, damit er sich dort von den Anstrengungen seines hohen Amtes erholen konnte.

1 Caffè con panna
Caffè con panna bezeichnet einen verlängerten Espresso mit einer Haube aus geschlagener, nicht gesüßter Sahne, obendrauf wird Kakaopulver gestreut.

2 Caffè e latte (caffelatte)
Caffè e latte ist ein Milchkaffee. Er besteht zu gleichen Teilen aus »langem«, also verdünntem Espresso und heißer Vollmilch.

3 Caffè corretto
Beim *caffè corretto* wird die anregende Wirkung des Koffeins durch eine alkoholische Zutat »korrigiert«, die entweder direkt in den Kaffee gegeben oder separat getrunken wird. Im Norden wird Grappa bevorzugt, während man in Mittel- und Süditalien besonders gern Anisschnäpse zum Kaffee trinkt.

4 Caffè shakerato
Der *caffè shakerato* wird mit Zucker und Eiswürfeln aufgeschüttelt und im Sommer in ganz Italien, vor allem in den südlichen Regionen, sehr gern getrunken.

5 Caffè macchiato
Ein *caffè macchiato* ist ein gefleckter Kaffee, weil der kleine Schuß Milch, der gern wie beim Cappuccino aufgeschäumt und in den Espresso gegeben wird, tatsächlich nicht mehr als einen kleinen weißen Fleck hinterläßt.

6 Caffè lungo
Beim *caffè lungo* läßt man das heiße Wasser einige Sekunden länger als beim normalen Espresso durch den Filter laufen. Ein kleiner Selbstbetrug, denn der Kaffee schmeckt zwar wässeriger und dünner, ist aber nicht, wie erhofft, leichter. Das längere Durchlaufen des Wassers zieht im Gegenteil mehr Bitterstoffe aus dem Pulver. Der *caffè lungo* wird dennoch gern verlangt

7 Cappuccino
Der Cappuccino erhielt seinen Namen, weil die nußbraune Farbe, die sich aus der Mischung von aufgeschäumter Milch und Espresso ergibt, an die Kutten der Kapuzinermönche erinnert. Man trinkt ihn zum Frühstück und ißt dazu ein Blätterteighörnchen oder etwas anderes aus der Gebäckvitrine der Bar.

Caffè ristretto (ohne Abb.)
Ein *caffè ristretto* ist ein doppelt konzentrierter, entsprechend starker und ziemlich herber Genuß. Die kleine Tasse wird beherzt in einem Zug ausgetrunken.

Caffè doppio (ohne Abb.)
In eine große Tasse kommen zwei Espressi.

Espresso
In Italien heißt Espresso schlicht *caffè*. Ab dem Frühstück trinkt man ihn zu jeder Tageszeit. Selbst spät am Abend kommt er nach einem üppigen Mahl als Digestif zum Einsatz. Ein guter Espresso wird ganz heiß aus einer vorgewärmten Tasse mit meist viel Zucker getrunken. Die zarte *crema*, die hellbraune schaumige Schicht auf der tiefschwarzen Flüssigkeit, signalisiert, daß die Espressomaschine mit dem richtigen Druck und der richtigen Temperatur arbeitet.

Gelato al caffè
Kaffee-Eis
(Abbildung Hintergrund)

Für 6 Personen

12 Eigelb
200 g Zucker
125 ml Espresso

Alle Zutaten mit einem Schneebesen gut verrühren, dann 30 Min. kalt stellen. Danach in eine Eismaschine füllen und zu Eis verarbeiten lassen. Oder man gibt die Masse nach 30 Min. Vorkühlzeit für 2 Std. in das Gefrierfach und rührt sie etwa alle 10–15 Min. mit dem Schneebesen gut durch.

DIE ESPRESSO-MASCHINE

Nach ersten Experimenten um 1937 gelang Achille Gaggia die Herstellung einer Maschine mit Kolbentechnik, die nach einem kombinierten Pump-Druck-Verfahren arbeitet. Dank dieser Methode erhielt der Espresso von nun an seine typische *crema.* Nach dem Zweiten Weltkrieg begann die Serienproduktion dieser Maschine.

Die großen Espressomaschinen, die vom Alpenkamm bis zur Stiefelspitze in jeder italienischen Bar und jedem italienischen Restaurant zu finden sind, arbeiten im Grunde nach dem gleichen Prinzip wie die *moka per il caffè,* denn auch hier jagt man Wasser mit viel Druck durch das Kaffeemehl. Unter rein technischen Gesichtspunkten klingt die Schilderung dieses Vorgangs etwa so: Wasser von 90 bis 95 Grad Celsius wird unter einem Druck von neun Atmosphären in 25 bis 30 Sekunden durch einige Gramm Pulver gepreßt, um 25 Milliliter Kaffee zu ergeben. Doch damit ist das Wesen des Espresso keinesfalls beschrieben. Tief schwarz sollte er sein, und der Schaum, die *crema,* auf seiner Oberfläche muß zartbraun schimmern. So erfrischt er den Geist am besten, wärmt die Seele und lädt zum Träumen wie zum Nachdenken ein.

Italienische Kaffeesorten – und ganz besonders der Espresso – stehen in dem weit verbreiteten Ruf, besonders stark zu sein. Doch das Gegenteil ist der Fall. In Wirklichkeit werden die Bohnen für den italienischen Markt lediglich schärfer geröstet als die Sorten, die für den Verkauf beispielsweise in Deutschland oder den nordeuropäischen Ländern vorgesehen sind. In Italien, wie auch in anderen Ländern, werden die Kaffeesorten gemischt. In den Bars verwendet man bis zu sieben Kaffeesorten, wobei die Arabica die feinste Sorte ist. Durch das spezielle Röstverfahren des italienischen Kaffees werden zwar die Aromastoffe betont, doch gleichzeitig entzieht der Vorgang den Bohnen einen Großteil des Koffeins. Der italienische *caffè,* freilich in Maßen getrunken, ist also auch für kreislaufempfindliche Personen durchaus verträglich.

Rechts: Diese historische Hebelmaschine von Gaggia stammt aus dem Jahre 1948. Bereits um 1937 hatte Achille Gaggia versucht, eine neuartige Kaffemaschine zu entwickeln. Seine Maschine mit Kolbentechnik, die nach einem kombinierten Pump-Druck-Verfahren arbeitet, sollte nach dem Zweiten Weltkrieg in Serienproduktion gehen.

Die Espressomaschine für den Hausgebrauch

Espressomaschinen für den Hausgebrauch funktionieren nach dem gleichen Prinzip wie die großen Geräte in den Restaurants und Bars. Auch bei ihnen wird der Kaffee durch Druck erzeugt, und zumeist verfügen sie ebenfalls über eine Düse, mit der sich die Milch für den Cappuccino aufschäumen läßt. Bei der Maschine für den Hausgebrauch ist wichtig – es sei denn, sie ist im ständigen Dauerbetrieb –, daß die Düse für die Milch stets gereinigt wird, sonst können verbleibende Milchreste sauer werden oder gar die Düse verkleben. Außerdem sollte man darauf achten, daß das Gerät nicht verkalkt. Falls aus der Leitung nur sehr hartes Wasser kommt, ist es ratsam, ein stilles Mineralwasser für die Kaffeebereitung zu verwenden. Wie man seine Espressomaschine entkalkt, falls es doch erforderlich werden sollte, erfährt man beim Hersteller.

No-name-Maschinen locken zwar mit günstigen Preisen und funktionieren meist auch eine gewisse Zeit, doch im allgemeinen ist der Käufer mit einem Markenprodukt besser beraten. Kurioser- oder signifikanterweise hat sich die Espressomaschine für den Hausgebrauch südlich der Alpen nie so stark durchsetzen können wie nördlich davon. Dies mag wohl mit der großen Dichte der Bars und Cafés zusammenhängen, in denen der kleine Schwarze in hervorragender Qualität angeboten wird.

Die Zubereitung des Espresso

In italienischen Haushalten bereitet man Kaffee nach drei verschiedenen Methoden zu: Am heimischen Herd benutzt man die *napoletana* oder die *moka per il caffè,* in der eher modern eingerichteten Küche übernimmt eine kleine, in ihren Dimensionen für den Hausgebrauch ausgelegte Espressomaschine die Arbeit.

In den zahlreichen Bars und Cafés hingegen befindet sich immer ein großes, leistungsfähiges Gerät einer namhaften Firma wie etwa Gaggia, denn nur damit läßt sich die enorme Nachfrage nach dem beliebten kleinen schwarzen Schluck bewältigen.

Das am besten frisch gemahlene Kaffeepulver wird leicht angedrückt, aber nicht fest gepreßt in den Filter gegeben.

Mit Hilfe der Dampfdüse kann Milch aufgeschäumt werden, wenn aus dem Espresso ein Cappuccino werden soll.

Der metallene Filter wird in die Espressomaschine eingehängt und fest ins Gewinde geschraubt.

Die Espressomaschine (links) und ihre Funktionen

1 Dampfdüse links zum Erhitzen und Aufschäumen von Milch, rechts zum Erhitzen von Teewasser
2 Druckregulierung
3 Regelungsknopf für das Überlaufventil (6)
4 Dampfabgabe zum Warmhalten der Tassen auf der Maschine
5 Filterhalter
6 Überlaufventil
7 Regulierhebel für den Wasserdurchlauf
8 Manometer oben (Wassertemperaturmesser), Manometer unten (Druckmesser für Wasserpumpe)
9 zweischnutiger Verteiler für zwei Tassen
10 einschnutiger Verteiler für eine Tasse
11 Anzeige des Wasserstands
12 Wasserzulauf
13 zusätzlicher Anschlußhahn für den Wasserwechsel (zum Entkalken)
14 Kreislauf für die Wasserreinigung (z.B. zum Entkalken)

Kleine Kaffeekunde

Auf dem Weltmarkt sind zwei Kaffeesorten von Bedeutung: Arabica und Robusta. Arabica (Bergkaffee, Coffea arabica) ist von hoher Qualität und wird heute vor allem in Brasilien kultiviert. Während Arabica Höhenlagen zwischen 400 und 1300 Metern braucht und bestimmte Ansprüche an den Boden stellt, ist die zweitwichtigste Sorte, Robusta (Kongo-Kaffee, Coffea canephora) unempfindlicher, bringt allerdings auch einen weniger feinen Kaffee hervor. Robusta wird in Westafrika, Indonesien und Indien angebaut. Ein Kaffeebaum kann vier bis sechs Meter hoch werden, auf den Plantagen zieht man ihn jedoch als niedrigen Strauch heran, um die reifen Kaffeekirschen bequemer ernten zu können. Um an die Kaffeebohnen zu gelangen, trocknet man die Kirschen und schält das Fruchtfleisch maschinell ab. Die Bohnen werden anschließend fermentiert, gewaschen und getrocknet. Das Rösten der Bohnen übernehmen die Großhändler. Gering gerösteter Kaffee ist hell, kaum bitter, eher säurebetont und hat einen dezenten Kaffeegeschmack, aber hohen Koffeingehalt. Die stärker gerösteten Bohnen sind zwar dunkler, haben aber weniger Säure und Koffein.

La Napoletana

Die *caffettiera napoletana* besteht aus vier Teilen: dem Kessel, dem Filtersieb, dem Siebeinsatz, der das Kaffeepulver aufnimmt, und der aufgeschraubten Kanne mit kleiner Tülle. Der Filtereinsatz wird locker mit Kaffeemehl und der Kessel mit Wasser gefüllt. Sobald das Wasser zu kochen beginnt, nimmt man die *napoletana* vom Herd und stellt sie auf den Kopf. Das sprudelnd heiße Wasser dringt nun von oben durch das Kaffeemehl und tropft dank der Schwerkraft als Espresso in die Kanne.

Moka per il caffè

Die Mokkamaschine arbeitet nach einem etwas anderen Prinzip. Zwar muß auch hier das Kaffeepulver locker und ohne Druck in den Filter gefüllt werden, doch die *caffettiera* wird nicht umgedreht. Vielmehr sorgt der Druck, der im Kessel entsteht, wenn die Temperatur steigt, dafür, daß das Wasser durch den Filter mit dem Kaffeepulver nach oben in die Kanne läuft. Sobald die ersten Kaffeetropfen in der Kanne sichtbar werden, sollte man die *moka per il caffè* vom Herd nehmen, denn sonst kann der Espresso leicht »brandig« schmecken.

Links: Die römische Küche wäre ohne Artischocken kaum denkbar. Großkopfige Sorten könnnen gefüllt, aber auch gekocht und Blatt für Blatt gegessen werden.

ARTISCHOCKEN

In ganz Italien ißt man gern Artischocken. Die Römer jedoch lieben sie förmlich. Auf den Gemüsemärkten sind nahezu alle Arten aus der Region und aus anderen Landesteilen vertreten: der große, kegelförmige, dornenlose Romanesco, der ebenfalls dornenlose Catanese, der Violetto, der in der Toskana und auch in der Gegend von Palermo angebaut wird, die weit verbreitete Spinosa sarda und der etwas seltenere Masedu aus Sardinien, der Veneto aus Chioggia und schließlich die kleinen ligurischen Artischocken.

Die alten Römer nannten die Artischocke *cynara,* denn einer antiken Erzählung zufolge soll sich einst ein Mädchen dieses Namens in die hochgeschätzte Pflanze verwandelt haben. Später, als sich der Anbau des schmackhaften Korbblütlers, der zur Familie der Disteln gehört, ausdehnte, ging man in Italien dazu über, sie – in Anlehnung an ihren arabischen Namen *kharshuf* – als *carciofo* zu bezeichnen. In der Renaissance schrieb man der Artischocke therapeutische Kräfte zu. So sollte sie unter anderem das Blut entgiften. Entsprechend teuer wurde sie in Kräuter- und Pflanzenläden gehandelt, und nur die sehr Wohlhabenden konnten sie sich leisten. Heute ist man sich hinsichtlich der Heilwirkung zwar nicht mehr ganz sicher (obwohl viele fest an die leberschützende Wirkung der Pflanze glauben), doch dafür werden Artischocken inzwischen in ganz Italien angebaut und sind für jedermann erschwinglich.

Alle berühmten Küchenmeister haben sich der Artischocke angenommen und mit ihr als Zutat köstliche Spezialitäten kreiert. Bartolomeo Scappi, der Leibkoch von Papst Pius V., riet bereits im 16. Jahrhundert dazu, die Pflanze mit einem Gemisch aus magerem Kalbfleisch, Schinken, Käse, Eiern, Gewürzen, Knoblauch und Kräutern zu füllen.

Wer zum ersten Mal mit einer gekochten und im Ganzen servierten Artischocke konfrontiert ist, wird vielleicht ein wenig unsicher sein, besonders wenn es sich um eine vornehme Tischgesellschaft handelt, wie dem mehr oder weniger stacheligen Gemüse korrekt zu Leibe zu rücken ist. Dabei ist die Artischocke ein absolut unkompliziertes Gericht. Vergessen Sie Messer und Gabel und zupfen Sie einfach mit den Fingern die Blätter ab. Tunken Sie das zarte Ende in die dazu gereichte Sauce und ziehen Sie mit den Zähnen das Fruchtfleisch ab. Die abgeknabberten Blätter deponieren Sie entweder auf Ihrem eigenen oder einem eigens dafür bereitgestellten Teller. Sind alle Blätter abgezupft, können Sie das sogenannte »Heu« erkennen. Es ist ungenießbar (außer bei ganz kleinen und zarten Varianten) und wird mit der Gabel vorsichtig entfernt. Jetzt liegt die eigentliche Delikatesse vor Ihnen: der Artischockenboden. Beträufeln Sie ihn mit etwas Vinaigrette und verspeisen Sie ihn mit Messer und Gabel. Ein einfacher aber unendlich delikater Genuß.

Angelo Valiani und sein Sohn Carciofino

In Rom erinnert man sich bisweilen wehmütig einer Persönlichkeit, die sich Ende des 19. Jahrhunderts als Meister des kalten Büfetts zuerst im Bahnhof des heimischen Orbetello, dann in Grosseto und schließlich auch in Rom einen Namen gemacht hat: Angelo Valiani. Seine Spezialität waren *Carciofini sott'olio,* kleine, saftige und sehr zarte Artischockenköpfchen in Öl, die mild mit leicht bitterem Aroma schmeckten und auf der Zunge förmlich zergingen. Valiani besaß einige Artischockenfelder und kümmerte sich persönlich um Anbau, Ernte und Verarbeitung. Die großen Köpfe verkaufte er, von den kleinen zupfte er die äußeren Blätter ab, nahm das »Heu« heraus, kochte sie in einem Sud aus Wasser, Essig, Bikarbonat und Salz, ließ sie anschließend trocknen und schichtete sie dann sorgfältig zusammen mit Pfefferkörnern und Lorbeerblättern in Glasbehälter, wo sie als Krönung mit bestem Olivenöl extra vergine bedeckt wurden. Tag für Tag drängten sich die Römer in seinem Bahnhofsbüfett, denn jeder wollte die köstlichen Artischocken essen. Seine Spezialität verhalf Valiani zu Ruhm und Ehre und machte aus ihm einen wohlhabenden Mann.
Als sein Sohn geboren wurde, beschloß Valiani, ihn – naheliegenderweise – Carciofino zu nennen. Doch als der Kleine im Dom zu Orbetello getauft werden sollte, weigerte sich der Geistliche, denn er fand, daß ein Kind nicht mit dem Namen einer Pflanze durchs Leben gehen sollte. Meister Angelo hatte jedoch schon eine Antwort parat und meinte lakonisch: »Pater, wenn schon unser Papst den Namen einer wilden Bestie trägt, nämlich Leo XIII., dann darf mein Kind doch wohl nach einer Pflanze benannt werden.« Der Geistliche konnte dem nichts entgegensetzen und beugte sich schließlich dem ausgefallenen Wunsch.

Der purpurfarbene **Violetto di Toscana** ist mittelgroß und sehr zart.

Der **Romanesco** hat große runde Köpfe und ist dornenlos.

Der **Catanese** hat eine länglich zulaufende Form und ist dornenlos.

Puntarelle und anderes Gemüse

Das römische Gemüsegericht par excellence – allein schon, weil man es nur in Rom findet – sind die *puntarelle:* die Triebe einer besonderen Zichoriensorte, der *catalogna.* Die Zubereitung der *puntarelle* ist recht aufwendig, und nur in Rom ist es möglich, sie schon zum Verzehr bereit beim Gemüsehändler zu kaufen. Die Triebe werden in schmale, längliche Stückchen geschnitten und in eiskaltes Wasser eingelegt, damit sie sich ringförmig aufrollen. Angemacht werden die *puntarelle* als Salat nach einem Rezept, das auf das antike Rom zurückgeht. Man bereitet im Mörser einen Pesto aus einem oder auch mehreren Knoblauchzehen, gewaschenen Sardellenfilets, ein wenig Essig und reichlich Olivenöl sowie Salz und Pfeffer. Wer in Eile ist, kann die traditionelle Zubereitung ein wenig abwandeln. Die Sauce läßt sich nämlich auch im Handumdrehen mit Sardellenpaste, zerdrücktem Knoblauch, Essig und einem guten Olivenöl aus der Sabina anrühren. Das Resultat ist gleichermaßen köstlich.
Neben den *puntarelle* wird die Zichorie in Rom in zahlreichen anderen Varianten gegessen. Zunächst gibt es die *cicorietta di campo selvatica,* die wilde Feldzichorie, die man oft auf Roms Märkten findet und einen leicht bitteren Geschmack hat. Man kocht sie einige Minuten, gießt sie ab und schwenkt sie in der Pfanne mit Olivenöl, Knoblauch und Peperoncino. Die gewöhnliche Zichorie findet man das ganze Jahr; sie wird genauso wie die Feldzichorie zubereitet. Der *cicorione* dagegen, der Herbstlöwenzahn, mit den großen kräftig-grünen Blättern wird im Frühjahr roh als Salat verzehrt, im Winter dagegen gedünstet und mit Öl sowie Zitrone angemacht.

Ein paar Zichorienblätter gehören auch in die *Misticanza,* den berühmten römischen Salat. Die *Misticanza* geht auf die Kapuziner zurück, die früher ihren Wohltätern zum Zeichen der Anerkennung einen bunten Strauß von Kräutern aus dem Klostergarten schenkten. Noch heute kann man auf Roms Märkten die schon fertig gemischte *Misticanza* kaufen, die aus elf verschiedenen Kräutern und Salatpflanzen besteht, von Pimpernelle über Rapunzel, Rauke und Kerbel zu Borretsch und Sauerampfer. Anmachen sollte man den Salat unter Befolgung einer alten römischen Weisheit: *Pe' condì bene l'insalata ce vonno quattro persone: un sapiente pe mettece er sale, un avaro l'aceto, uno sprecone l'ojo e un matto che la mischi e la smucini.* Auf deutsch: Es braucht vier Personen, um den Salat gut anzumachen – einen Weisen, der das Salz hineingibt, einen Geizkragen für den Essig, einen Verschwender für das Öl und einen Verrückten, der alles durcheinandermischt.
Doch die römischen Besonderheiten beim Gemüse hören hier nicht auf. Die Ewige Stadt hat eine spezielle Varietät des Brokkoli zu bieten, den Broccolo romanesco, der eher wie ein grüner Blumenkohl aussieht, aber fast wie ein Tannenbaum am oberen Ende spitz zuläuft. Diese Brokkoli werden – ohne sie vorher zu kochen – in der Pfanne mit reichlich Knoblauch und Peperoncino zubereitet und sind auch die Hauptzutat der in Rom am stärksten verbreiteten *Minestra,* die mit Brokkoli, Pasta und magerem ebenso wie fettem Schinken gekocht wird.
Die römischen Zucchini gehören mit ihrer kräftigen, leicht ins bittere tendierenden Note zu den wohlschmeckendsten Zucchinisorten. Man erkennt sie leicht an ihrer helleren Färbung und an ihren »Kanten«: Im Querschnitt sind sie nicht rund, sondern eher sechseckig.
Die besten Zucchinirezepte wie überhaupt die besten römischen Gemüserezepte stammen aus der jüdischen Küche – in Rom lebt schon seit Neros Zeiten eine jüdische Minderheit. In der jüdischen Tradition wurzeln zum Beispiel die fritierten, mit Mozzarella und Sardellen gefüllten Zucchiniblüten und ebenso die in der Mitte längs aufgeschnittenen und mit Hackfleisch gefüllten Zucchini.

Puntarelle in salsa di alici

Zichorien mit Sardellen

800 g Zichorien
1 Knoblauchzehe
8 Sardellenfilets in Öl
1–2 EL Weinessig
4–5 EL Olivenöl extra vergine
Salz und Pfeffer

Die Zichorien putzen. Je nach Größe die Blätter der Länge nach in zwei, drei oder vier Streifen schneiden. Die Streifen waschen und etwa 30 Min. in kaltes Wasser legen, damit sie sich kräuseln. Gut abtropfen lassen.
Den Knoblauch und die Sardellen unter Zugabe von Essig und Olivenöl in einem Mörser zerstoßen oder im Mixer kleinhacken, bis eine dickflüssige Sauce entsteht. Mit Salz und Pfeffer abschmecken.
Zichorien in eine Schüssel geben, die Sauce angießen und zugedeckt etwa 1 Std. an einem kühlen Ort ziehen lassen. Vor dem Servieren mit frisch gemahlenem Pfeffer bestreuen.

Carciofi alla romana

Artischocken auf römische Art
(Abbildung Hintergrund)

8 Artischocken
1 Zitrone
gehackte frische Minze
1 Knoblauchzehe, gehackt
50 g Semmelbrösel
Salz und frisch gemahlener Pfeffer
4–5 EL Olivenöl extra vergine

Die äußeren, holzigen Blätter von den Artischocken entfernen. Die obere Spitze mit den fleischlosen Blättern abschneiden, die inneren Blätter mit einem scharfen Messer kappen, den Boden glattschneiden. Den Stiel auf eine Länge von 4–5 cm stutzen und die Schnittflächen sofort mit Zitrone einreiben, damit sie nicht dunkel werden.
Minze, Knoblauch, Semmelbrösel, Salz, Pfeffer und etwas Öl vermengen. Artischockenblätter mit den Fingern auseinanderspreizen und den Hohlraum mit der Mischung füllen. Die Blätter wieder zusammenlegen, damit die Füllung nicht herausfällt. Die Artischocken kopfüber nebeneinander in eine Auflaufform setzen. Einen Schöpflöffel Wasser angießen, die Form mit eingefettetem Pergamentpapier abdecken und mit dem Deckel verschließen. Im vorgeheizten Backofen bei 250 °C etwa 1 Std. garen. Als Beilage heiß oder als Vorspeise kalt servieren.

EINE NUDEL-PASSION

In Rom scheint die Nudelleidenschaft alle Rekorde zu brechen. Selbst solche Ikonen des italienischen Films wie Gina Lollobrigida und Sophia Loren haben sich stets öffentlich zu ihrer Pasta-Passion bekannt und dabei auf eindrucksvolle Weise bewiesen, daß Nudeln absolut nicht dick oder häßlich machen. Sophia Lorens Ehemann, der Filmproduzent Carlo Ponti, soll seiner Frau sogar ausdrücklich geraten haben, so viel und so häufig Pasta zu essen, wie sie nur wolle, denn die gelegentlichen Nudelabstinenzen der *grande dame* des italienischen Kinos hätten doch nur zu schlechter Laune und häuslichem Unfrieden geführt.

In Rom – jedenfalls behaupten das die Römer – sind weltberühmte Kreationen wie *Spaghetti alla carbonara* (Spaghetti nach Köhlerinart), *Bavette alla carrettiera* (Bavette auf Fuhrmannsart), *Spaghetti all'amatriciana* (Spaghetti nach Art von Amatrice) und *Spaghetti alla puttanesca* (Spaghetti mit Sardellen und Oliven) entstanden. Rom ist eine Stadt voller Gegensätze, Arm und Reich wohnen hier manchmal nur einen Steinwurf voneinander entfernt. Zwar eint sie alle die Liebe zur Nudel, doch für die weniger betuchten Römer, stellt die Pasta ein preiswertes, sättigendes, gesundes und obendrein wohlschmeckendes Gericht dar.

Fastenspeisen

So gern die Römer auch schlemmen und von ihren Spezialitäten nicht genug bekommen können, wenn die Fastenzeit beginnt, halten sich noch heute viele Bürger an die kulinarischen Regeln der Kirche. Für die Fastenzeit wurden in der römischen Küche zahlreiche fleischlose Gerichte erfunden, denn ganz ohne Genuß sollte es schließlich auch in diesen Tagen nicht zugehen. Die meisten dieser *piatti da magro,* dieser »mageren« vegetarischen (denn Fleisch und Fleischprodukte verbietet die katholische Kirche in dieser Zeit) Gerichte wurden also entweder als Fastenspeise oder aber als traditionelles Karfreitagsessen gereicht.

Am Karfreitag, an dem bekanntlich das allerstrengste Fastengebot gilt, besuchen die Römer zunächst die Gräber ihrer Familien und nehmen am Gottesdienst teil. Sobald es dunkel zu werden beginnt, stürzen sich die Hausfrauen in die Küche und treffen die Vorbereitungen für die klassischen Spezialitäten des Karfreitagabend: Es stehen zur Auswahl die berühmte *Zuppa del Venerdi santo* (Karfreitagssuppe), der üppige *Luccio brodettato* (in Brühe gegarter Hecht), die reichhaltige *Zuppa di aragosta* (Hummersuppe) oder *Pasta e broccoli in brodo di arzilla* (Nudeln und Brokkoli in Brühe vom Rochen).

Pasta e broccoli in brodo di arzilla

Nudeln und Brokkoli in Brühe vom Rochen

2 Knoblauchzehen
1 kleine Zwiebel
1 Bund Petersilie, grobgehackt
Salz
1 kg küchenfertiger, frischer Rochen
1 gesalzene Sardelle
30 ml Olivenöl
75 ml trockener Weisswein
1 kleines Stück scharfer Peperoncino
200 g Tomatenfruchtfleisch
300 g Brokkoliröschen
200 g Spaghetti

In einem der Größe des Rochens angemessenen Topf 1,5 l Wasser mit 1 Knoblauchzehe, der Zwiebel, der Hälfte der grobgehackten Petersilie und etwas Salz etwa 10 Min. kochen lassen.

Den Rochen säubern, in den Topf geben und weitere 20 Min. kochen. Den Fisch aus dem Wasser nehmen, filetieren und die Filets beiseite stellen. Die Reste wieder in den Sud geben und noch weitere 20 Min. kochen lassen. Sud durch ein Sieb gießen und die Brühe in einem Topf auffangen.

Das Salz von der Sardelle abwaschen und die Sardelle entgräten. Zusammen mit 1 Knoblauchzehe und der restlichen Petersilie in einer Kasserolle im Olivenöl anbraten. Den Wein angießen und verdampfen lassen. Anschließend den Peperoncino, das Tomatenfleisch und etwas Salz zufügen und 20 Min. köcheln lassen.

Brokkoliröschen waschen, in die Kasserolle geben und die Brühe angießen. 5 Minuten ziehen lassen.

Die Spaghetti in Stücke brechen und in der Brühe *al dente* kochen.

Zum Schluß die Fischfilets in Stücke schneiden, in die Brühe geben und den Eintopf sehr heiß servieren.

Spaghetti alla carbonara

Spaghetti nach Köhlerinart
(Abbildung Hintergrund)

30 g Butter
100 g Bauchspeck oder Schweinebacke
1 Knoblauchzehe
400 g Spaghetti
Salz und Pfeffer
2 Eier, verquirlt
40 g Pecorino, gerieben
40 g Parmesan, gerieben

Die Butter in einer schweren Pfanne erhitzen, den in kleine Würfel geschnittenen Speck sowie Knoblauch zugeben und beides braun werden lassen. Den Knoblauch herausnehmen.

Spaghetti in reichlich Salzwasser *al dente* kochen, abschütten und gut abtropfen lassen. Die Spaghetti zum gebratenen Speck in die Pfanne geben und gut durchmischen.

Vom Herd nehmen und etwas Pfeffer, die verquirlten Eier und die Hälfte des geriebenen Käses unterrühren, bis die Eier zu stocken beginnen. Den restlichen Käse unterheben und sofort servieren.

Spaghetti all'amatriciana

Spaghetti nach Art von Amatrice
(Abbildung Hintergrund)

1 EL Olivenöl
100 g magerer Speck
350 g Tomaten
1 Peperoncino
400 g Spaghetti
Salz
50 g Pecorino oder Parmesan, gerieben

Olivenöl in einer Pfanne erhitzen und den in Würfel geschnittenen Speck 5 Min. ausbraten. Enthäutete und gewürfelte Tomaten sowie Peperoncino zugeben, weitere 10 Min. dünsten und gelegentlich mit einem Holzlöffel umrühren.
Die Spaghetti in reichlich Salzwasser *al dente* kochen, abschütten und abtropfen lassen.
Peperoncino aus der Sauce nehmen. Die Spaghetti in eine vorgewärmte Schüssel füllen, die Sauce darauf verteilen und mit Käse bestreuen.

Gnocchi di semolino alla romana

Grießnocken auf römische Art

1 l Milch
200 g Hartweizengriess
2 Eigelb
100 g Butter
80 g Parmesan, gerieben

Die Milch in einem Topf aufkochen, den Grieß langsam einstreuen und dabei ständig mit einem Holzlöffel rühren. Den Grieß 15–20 Min. kochen, dann vom Herd nehmen. In einer Schale die beiden Eigelbe mit einigen Löffeln Milch verquirlen. Bevor der Grieß auskühlt, die Hälfte der Butter und das verquirlte Eigelb unterziehen. Dabei ständig rühren, um ein Stocken der Eier im heißen Grieß zu vermeiden. Den Grieß auf einen feuchten Teller gießen und zu einer etwa 1 cm dicken Schicht glattstreichen. Einige Stunden auskühlen lassen.
Den Grieß auf eine Arbeitsfläche stürzen und mit einem dünnrandigen Glas kleine Kreise ausstechen. Die Gnocchi nebeneinander in eine mit Butter eingefettete Auflaufform legen. Mit zerlassener Butter beträufeln und im auf 180 °C vorgeheizten Backofen in 20–25 Min. goldbraun backen. Mit geriebenem Parmesan bestreuen und servieren.

Bavette alla carrettiera

Bavette auf Fuhrmannsart

50 g Schweinebacke
50 g Thunfisch in Öl
200 g frische Steinpilze
4 EL Olivenöl
1 Knoblauchzehe, gehackt
Salz und frisch gemahlener Pfeffer
etwas Fleischbrühe
400 g Bavette
50 g Parmesan, gerieben

Die Schweinebacke in feine Streifen schneiden, den Thunfisch zerpflücken. Die Pilze gründlich säubern und in dünne Scheiben schneiden. Knoblauch und Schweinebackestreifen mit Olivenöl in einer Pfanne anbraten, bis die Fleischstücke glasig werden. Die Pilze zugeben, mit Salz und Pfeffer abschmecken und etwa 10 Min. bei niedriger Hitze dünsten. Einige Löffel Fleischbrühe angießen und die Thunfischstücke untermischen.
Nudeln in reichlich Salzwasser *al dente* kochen, abgießen, abtropfen lassen und in einer Servierschüssel mit der Sauce vermischen. Mit geriebenem Parmesan bestreuen.

Spaghetti alla puttanesca

Spaghetti mit Sardellen und Oliven
(Abbildung rechts)

4 gesalzene Sardellenfilets
2 Knoblauchzehen
3–4 EL Olivenöl extra vergine
30 g Butter
150 g entsteinte schwarze Oliven
1 EL gesalzene Kapern
5 reife Tomaten
Salz
400 g Spaghetti
1 EL gehackte Petersilie

Das Salz von den Sardellen abwaschen, die Filets kleinhacken und zusammen mit dem Knoblauch in Öl und Butter bei niedriger Hitze anschwitzen. Tomaten enthäuten sowie würfeln und zusammmen mit Oliven und Kapern zu den Sardellen geben. Salzen und bei niedriger Hitze etwa 20 Min. köcheln lassen.
Spaghetti in reichlich Salzwasser *al dente* kochen, abschütten, abtropfen lassen und in eine vorgewärmte Schüssel geben. Die heiße Sauce darüber gießen und mit Petersilie bestreuen. Durchmischen und heiß servieren.

DIE KÜCHE DER PÄPSTE

Die Oberhäupter der katholischen Kirche zeichneten sich im allgemeinen nicht durch sinnenfeindliche oder gar asketische Tischsitten aus. Während zu Beginn des 13. Jahrhunderts Innozenz III. noch für eine spartanische Verpflegung plädierte und darauf bestand, daß an seiner Tafel nur ein Hauptgericht serviert werde, zeigte Martin IV. gegen Ende jenes Jahrhunderts eine ausgeprägte Vorliebe für Aal, besonders wenn er aus Bolsena kam. Man sagt dem Pontifex nach, er habe sie lebend herbeischaffen und in besonderen Behältern aufbewahren lassen, um sie in Vernaccia getränkt und am Grill geröstet zu verspeisen. Rund 100 Jahre später wurde Pietro Tomacelli zum Papst gewählt. Zwar trug er den Amtsnamen Bonifaz IX., doch man munkelte, die *tomaselle,* jene Leberklößchen, die Seine Heiligkeit für sein Leben gern aß, seien nach ihm benannt worden. Eugenius IV. läutete wieder eine sparsamere Küchenära ein und versammelte zum Beweis seiner Mäßigung sogar unabhängige Beobachter um seine karge Tafel. Im ausgehenden 15. Jahrhundert ließ sich Alexander VI. von seiner Tochter Lucrezia Borgia bekochen, denn niemand wußte besser als sie, welche Süßigkeiten ihr Vater am liebsten mochte. In den Jahren von 1513 bis 1521, als Leo X. amtierte, stand die vatikanische Küche ganz im Zeichen der Florentiner Küche. Über die Festivitäten und erlesenen Bankette des Medici-Papstes sprach bald die ganze Stadt.

Wer in Rom etwas auf sich hielt, begann sich für die gehobene Feinschmeckerei zu interessieren. Bei den päpstlichen Gastmahlen wurde jetzt nicht mehr einfach nur viel gegessen und getrunken, sondern man labte sich an edlen, feinen Genüssen und erfreute sich an Seiltänzern, Musikern und anderen Künstlern, die im Rahmenprogramm auftraten. Leo X. war auch dann und wann einem kleinen Scherz nicht abgeneigt. Einmal ließ er eine Hanfkordel als Aalgericht servieren, das einige unglückselige Gäste unter großem Gelächter ihrer Tischnachbarn auch tatsächlich verzehrten.

Mitte des 16. Jahrhunderts regierte Julius III. im Vatikan. Er liebte gefüllten und gebratenen Pfau und Zwiebeln aus Gaeta. Nachdem sein Nachfolger Marcellus II. für kurze Zeit auf dem Apostolischen Stuhl gesessen hatte, übernahm Paul IV. das Pontifikat. Von ihm ist bekannt, daß er bis zu drei Stunden ohne Unterbrechung am Tisch verweilte und gewöhnlich an die 20 Gänge auftragen ließ. Der später heiliggesprochene Pius V. leistete sich den berühmtesten Koch seiner Zeit. Das Küchengenie war niemand anderes als Bartolomeo Scappi, Autor der »Opera dell' arte del cucinare« und Reformator der abendländischen Cuisine. In seinem kulinarischen Standardwerk von 1570 verzeichnete Scappi auch einige päpstliche Lieblingsgerichte, darunter Fisch aus dem Gardasee oder aus Ligurien und Kaviar aus dem ägyptischen Alexandria. Auch im 19. Jahrhundert wurde in Rom noch kräftig geschlemmt. Gregor XVI. war zweifellos ein versierter Gourmet, und von Pius IX. ist sogar seine bevorzugte Speisenfolge überliefert: Risotto, gebackenes Allerlei, Braten mit Gemüse und Obst, das Ganze begleitet von Bordeaux-Weinen. Abgerundet wurde das Mahl stets von einem Törtchen oder einer Pastete und Kaffee. Doch hier endet die große Zeit der Küchen in den apostolischen Gemächern. Die schlichten Mahlzeiten der modernen Päpste werden außerhalb der ehrwürdigen Mauern des Vatikans zubereitet. Man sagt, daß lediglich gewisse regionale Vorlieben – gemäß der geographischen Herkunft des Kirchenoberhauptes – in gewissem Maße berücksichtigt würden.

Das Konklave

Frontispiz aus »Opera dell' arte del cucinare« von Bartolomeo Scappi, gedruckt 1610 in Venedig. Eine Prozession von Dienern trägt während eines Konklaves Körbe mit kalten Appetithappen aus der Speisekammer, warmen Gerichten aus der Küche und edlen Getränken aus dem Weinkeller herein. Jeder Korb ist mit den Insignien eines Kardinals geschmückt.

Durch die notgedrungen immer wieder abzuhaltenden Konklaven zwecks Wahl eines neuen Heiligen Vaters wurden die vatikanischen Schlemmereien unterbrochen. Der Ablauf des Konklaves war stets streng geregelt. Die Mitglieder des Gremiums durften keinen Kontakt zur Außenwelt unterhalten und um zu verhindern, daß ihnen geheime Nachrichten zugespielt wurden, mußten eigens berufene Kommissare sämtliche Speisen überprüfen, bevor die Dienerschaft sie den kirchlichen Herren vorsetzen durfte. Der überbackene Auflauf, in dessen Inneren man einen Zettel hätte verstecken können, war ebenso verboten wie die Benutzung von Silbergeschirr, das sich zum Einritzen von Botschaften geeignet hätte.

Falls die Wahl länger als acht Tage in Anspruch nahm, sollte – so wenigstens schrieb es der kanonische Kodex vor – den Würdenträgern nur noch Wasser und Brot serviert werden, vermutlich mit der hintergründigen Absicht, damit das Prozedere zu beschleunigen. Um 1700 kamen die christlichen Amtsinhaber jedoch zu der Auffassung, daß eine solche Regelung unwürdig sei, und ließen daraufhin in den apostolischen Gemächern eine bestens ausgestattete Küche einrichten, in der Köche, Zeremonienmeister, Mundschenke und Kellermeister emsig zu Gange waren.

Papst Martin IV. (Pontifikat: 1281–1285)

Papst Bonifaz IX. (Pontifikat: 1389–1404)

Papst Alexander VI. (Pontifikat: 1492–1503)

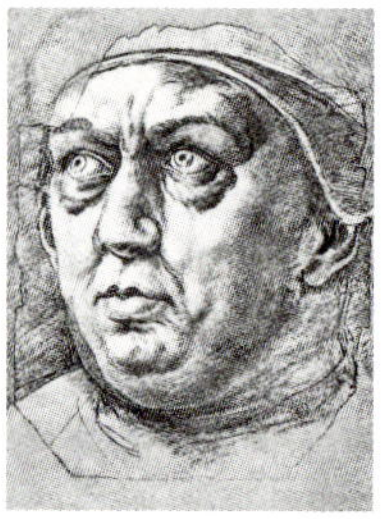

Papst Leo X. (Pontifikat: 1513–1521)

Papst Julius III. (Pontifikat: 1550–1555)

Papst Pius V. (Pontifikat: 1566–1572)

BARTOLOMEO SCAPPI

Neben Maestro Martino und dem Humanisten Platina gehört Bartolomeo Scappi zu den wichtigsten Erneuerern der italienischen Küche. Um 1500 im Veneto geboren, stand er im Alter von Mitte 30 in den Diensten des Kardinals Campeggio und mußte in dessen Auftrag das Festbankett für Kaiser Karl V. ausrichten. Im Jahre 1549 – Scappi arbeitete inzwischen für Kardinal Carpi – trat das Konklave zusammen, um nach dem Tod von Paul III. einen neuen Heiligen Vater zu wählen. Scappi bekochte das Wahlgremium so hervorragend, daß man gute zwei Monate brauchte, um zum *habemus Papam* zu gelangen. Der neue Papst, Julius III., ernannte Scappi zu seinem *cuoco secreto,* zu seinem Leibkoch, und diese Stellung sollte der verdiente Küchenkünstler auch bei den sechs folgenden Kirchenoberhäuptern innehaben.
Dem Zeitgeist der Renaissance entsprechend bemühte sich Scappi vor allem um Harmonie und Ausgewogenheit in seinen Zusammenstellungen. Teure Gewürze, die den Charakter der Speisen eher verdecken als betonen, traten in den Hintergrund. Die Aufmerksamkeit richtete sich auf schonende und »punktgenaue« Gartechniken, die freilich viel größere Anforderungen an den Koch stellten. Im Jahre 1570 erschien in Venedig das Buch »Opera di Bartolomeo Scappi, maestro dell' arte del cucinare, cuoco secreto di Papa Pio Quinto divisa in sei libri«. Das sechsbändige und mit dem Segen des Papstes gedruckte Werk wurde zum kulinarischen Standardwerk der höfischen und wohlhabenden bürgerlichen Küche. Scappi verrät darin nicht nur küchentechnische Tips und Tricks, sondern listet auch eine Fülle von Rezepten auf: Geschmortes, Gebratenes, Pochiertes, Fritiertes, Saures, Herzhaftes, Pikantes und Süßes. Vieles davon findet sich sogar in unseren heutigen modernen Kochbüchern wieder.

Anatra alla Scappi

Ente à la Bartolomeo Scappi
(Abbildung unten)

2 küchenfertige Wildenten mit Innereien, ausser der Leber
250 g gekochter Schinken, kleingeschnitten
1 Flasche Rotwein
100 ml Rotweinessig
30 g Zucker
150 g entsteinte Pflaumen
1/2 TL frisch gemahlener weisser Pfeffer
4 Nelken, gemahlen
etwas Zimtpulver
geriebene Muskatnuss
Ingwerpulver
120 g Rosinen, in lauwarmem Wasser eingeweicht
Salz

Die Enten säubern und mit allen Zutaten – außer dem Salz – in eine Kasserolle geben. Den Deckel aufsetzen und auf dem Herd zum Kochen bringen. Dann die Kasserolle in den vorgeheizten Backofen stellen und bei 150 °C etwa 1 Std. garen. Je nach Größe und Alter der Enten kann die Garzeit auch verlängert werden. Anschließend die Enten auf einer Platte mit den Pflaumen anrichten und warmstellen. Die Sauce auf dem Herd einkochen lassen und salzen. Getrennt vom Fleisch in einer Sauciere servieren.

Jüdische Küche in Rom

Schon vor der Zeitenwende war in Rom eine jüdische Gemeinde ansässig, die sogar eine Synagoge in Ostia besaß. Seit dem 10. Jahrhundert ließen sich die jüdischen Händler und Handwerker bevorzugt in der Nähe der Ponte Fabricio nieder, die später in Pons Judeorum umbenannt wurde. Im Mittelalter wuchs das Viertel rasch heran und erstreckte sich schließlich bis an die Bezirke Regola und Sant'Angelo. In der Mitte des 16. Jahrhunderts jedoch setzte Papst Paul IV. dem blühenden jüdischen Leben ein Ende, indem er in der Nähe des Teatro di Marcello ein Ghetto einrichten ließ. Ein Dekret untersagte den jüdischen Römern, sich außerhalb dieses Gebiets frei zu bewegen. Außerdem wurden die Tore nachts geschlossen. Erst im Jahre 1870 wurde das Ghetto aufgelöst.
Heute leben in dem etwas verfallen wirkenden Viertel einige 100 jüdische Familien. Sie kochen wie eh und je nach den strengen Vorschriften ihres Glaubens: Fleisch von nichtwiederkäuenden Tieren darf nicht gegessen werden, genausowenig Fische, die weder Flossen noch Schuppen haben. Als unrein gelten somit Schwein, Kaninchen, Hase und die Weichtiere des Meeres. Die erlaubten Tiere müssen nach traditionellen Methoden möglichst schmerzlos geschlachtet werden und vor dem Verzehr vollständig ausbluten.
Die jüdische Küche ist zwar einfach, wirkt durch ihre orientalischen Anklänge aber immer wieder neu und interessant: Die schlichten Zutaten werden gern mit Rosinen, Pinienkernen, Zimt und Gewürznelken zubereitet. Inzwischen kommen immer mehr Nichtjuden in das ehemalige Ghetto, um die qualitativ hochwertigen Fleischwaren zu kaufen, sich in der Bäckerei mit köstlichen Süßigkeiten einzudecken oder in einem der koscheren Restaurants zu Abend zu essen.

Pizza ebraica d'erbe

Gemüsekuchen

Für 8 Personen

400 g Spinat
3 Artischocken
Saft von 1 Zitrone
1,2 kg frische Erbsen
1 Zwiebel
1 Bund Petersilie
3–4 EL Olivenöl extra vergine
2 Eier
Salz und Pfeffer
450 g salziger Mürbeteig

Den Spinat waschen, gut abtropfen lassen und in Streifen schneiden. Von den Artischocken die äußeren, harten Blätter entfernen, Stiele abbrechen. Artischocken in feine Scheiben schneiden und in Wasser legen, das mit Zitronensaft gesäuert wurde. Damit wird verhindert, daß sich die Artischocken dunkel verfärben. Die Erbsen enthülsen, Zwiebel und Petersilie fein hacken. Olivenöl in einer Kasserolle erhitzen und das gesamte Gemüse darin garen. Abkühlen lassen, in eine Schüssel geben und mit den Eiern vermischen. Mit Salz und Pfeffer abschmecken.
Den Mürbeteig zu zwei Kreisen ausrollen, von denen einer etwas größer ist. Mit dem großen Kreis den Boden und die Seitenwände einer Springform auslegen, die Gemüsemischung einfüllen und mit der kleinen Teigscheibe bedecken. An den Rändern zusammendrücken und die Oberfläche mit einer Gabel mehrmals einstechen.
Im vorgeheizten Backofen bei 180 °C etwa 45 Min. backen.

DER CAMPO DE' FIORI

Wer als Tourist nach Rom kommt und mehr sehen möchte als den zweifellos interessanten, aber stark bevölkerten Petersplatz oder die Sixtinische Kapelle, der sollte sich einen ausgiebigen Gang über Roms schönsten Markt gönnen, den Markt auf dem Campo de' fiori. Der Besucher wird aber, auch wenn er über gute Kenntnisse der italienischen Sprache verfügt, nicht viel verstehen, denn hier wird an vielen Ständen noch immer im römischen Dialekt gefeilscht, verhandelt, mit den Nachbarinnen geplaudert und die allgemeine politische Lage der Stadt und des Landes diskutiert. Dies ist eben ein Stück lebendiges und unverfälschtes Rom, wie es leibt und lebt. Das Angebot an frischem Obst und Gemüse ist übrigens ausgesprochen gut. Viele der Produkte kommen aus der Region, das heißt, sie werden erst geerntet, wenn sie wirklich reif sind. Die besten Schnäppchen lassen sich gegen Ende der Marktzeit machen, denn dann versuchen die Händler teilweise zu regelrechten Dumpingpreisen den Rest ihrer Ware loszuschlagen. Am nächsten Markttag rollt schließlich wieder ein kleiner Bauernlaster an, der wiederum auf den Punkt ausgereifte Ware anliefert. Neben all den bunten Obst- und Gemüsesorten werden je nach Jahreszeit auch die unterschiedlichsten Kräuter und Gewürze angeboten. Den herrlich intensiven Duft der Spezereien wird vermutlich kein Besucher so schnell vergessen.

Batavia ist eine Variante des in Nordeuropa verbreiteten Eisbergsalats. Er hat gewellte und gekräuselte Blätter.

Lollo bianco, Lollo biondo oder Lollo verde hat stark gekrauste, wellige Blätter mit hellgrünen bis gelblichen Spitzen.

Lollo Rosso zeigt die gleiche Blattform wie sein hellerer Bruder, hat aber einen Nußgeschmack und verträgt ein kräftiges Dressing.

Radicchio (Roter Chicorée, Rote Endivie) schmeckt angenehm bitter. Es gibt in Italien verschiedene Sorten.

Lattuga (Kopfsalat, Grüner Salat) wird in vielen verschiedenen Sorten überall in Italien ganzjährig angebaut.

Romana (Römischer Salat, Sommerendivie, Romana) hat außen faserige, eher harte Blätter, doch sein Herz ist zart.

Indivia belga (Chicorée, Brüsseler Salat, Bleichzichorie) wird im Dunkeln gezogen, damit die Blätter hell bleiben.

Foglia di quercia (Eichblattsalat) hat rötliche Blattenden, die wie Eichenlaub aussehen, und einen nussigen Geschmack.

Dente di leone (Löwenzahn) ist wie *catalogna* oder *puntarelle* ein Zichoriengewächs und im Frühjahr erhältlich.

Indivia (Friséesalat, Kraussalat) hat krause Blätter mit starker Zackung. Er ist aromatisch und fein im Geschmack.

Scarola (Eskariol, Glatte Endivie, Winterendivie) eignet sich für Salat und als Kochgemüse gleichermaßen.

Rucola, Rughetta (Rauke) hat länglich oft ziemlich scharf und nussig schmeckenc Blätter, die als Salatzutat verwendet werde

Gemüse wie Auberginen, Tomaten, Zucchini, Kartoffeln, Lauch, Zwiebeln, Knoblauch, Möhren, Spinat, Karden oder Brokkoli nimmt in der italienischen Küche trotz aller Fast-food-Einflüsse nach wie vor eine bedeutende Stellung ein und macht sie letztendlich so gesund und bekömmlich.

Alloro (Lorbeer) wird zu Fisch- und Fleischgerichten sowie an Suppen gegeben.

Aneto (Dill) würzt Fisch- und Gemüsegerichte.

Anice (Anis) ist eine Zutat für Gebäck, Süßes und Liköre.

Anice stellato (Sternanis) findet sich in Süßem und bei der Sambuca-Herstellung.

Neben dem Campo de' fiori, der von Touristen als Fotomotiv geschätzt wird, gehen die Römer gern auf den großen Mercato Trionfale und den Mercato Testaccio.

Aromi (Kräutersträußchen) sind bei fast allen Gerichten einsetzbar.

Basilico genovese (Basilikum aus Genua) ist kleinblättrig und von zartem Geschmack. Es eignet sich für Pesto.

Basilico napoletano (Basilikum aus Neapel) ist großblättrig und geschmacksintensiv. Es eignet sich für Pizza und Salate.

Camomilla (Kamille) wird für Kräuter- und Heiltees verwendet.

Borragine (Borretsch) gehört in die ligurische Kräutermischung *preboggion*.

Cacao (Kakaopulver) findet sich in Desserts, Kuchen und Süßigkeiten.

Cannella (Zimt) kann sowohl Pikantes als auch Süßes würzen.

Cappero (Kapern) machen Salate, Pasta, Saucen und Thunfisch schmackhaft.

Cardamomo (Kardamom) würzt Liköre, Süßes und Panforte.

Cerfoglio (Kerbel) wird in Gemüsegerichten, Suppen und Eierspeisen verwendet.

Chiodi di garofano (Gewürznelken) passen z[illegible] Fleisch und Eingelegtem.

Coriandolo (Koriander) würzt sowohl Wurstwaren (Mortadella) als auch Süßes und Likör.

Cren, Rafano (Meerrettich) findet sich in norditalienischen Gerichten, die von der österreichischen Küche beeinflußt sind.

Crescione (Kresse) schmeckt besonders gut in kräftigen Suppen und Salaten.

Cumino (Kümmel) wird für die Zubereitung norditalienischer Speisen wie Brot, Kartoffelgerichte und Sauerkraut verwendet.

Erba cipollina (Schnittlauch) paßt zu Eierspeisen und weichen Käsesorten.

Maggiorana (Majoran) ist universell einsetzbar.

Estragone (Estragon) ist in fast allen Gerichten einsetzbar.

Ginepro (Wacholder) gibt man an die Marinade von Fisch und Wild.

Noce moscata (Muskatnuß) gibt man an Braten und Geschmortes.

Pepe (Pfeffer) wird für *panpepato,* Schweinefleischgerichte und Saucen verwendet.

Origano (Oregano) ist überall in der italienischen Küche zu finden.

Menta (Minze) würzt Süßes, aber auch Braten und Geflügel.

Prezzemolo (Petersilie) wird für *Salsa verde* und vieles mehr verwendet.

Salvia (Salbei) paßt zu hellem Fleisch und zu Kalbsleber.

Rosmarino (Rosmarin) würzt Marinaden und Gegrilltes.

Peperoncino (Chilischote) würzt alles, was scharf sein soll.

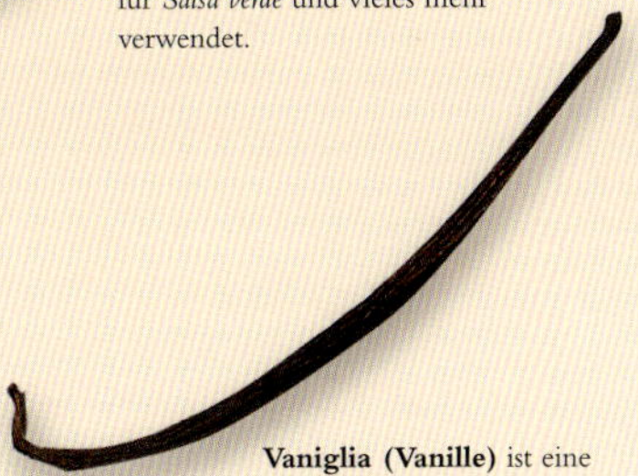

Vaniglia (Vanille) ist eine Zutat der *Panna cotta* und findet sich in Desserts und allem Süßen.

Zenzero (Ingwer) ist unverzichtbar bei der Zubereitung von *panpepato* und Panforte.

Timo (Thymian) wird zu allen Fleischgerichten gegeben und in manchen Likören verwendet.

Zafferano (Safran) findet im *Risotto alla milanese* und zur Gelbfärbung anderer Speisen Verwendung.

LA DOLCE VITA

In früheren Zeiten waren Desserts, süßes Gebäck und Zuckerzeug ein teures Vergnügen und daher an besondere Anlässe gebunden. Zum Glück gab es aber in der Hauptstadt des Christentums und ihren umliegenden Provinzen stets genügend kirchliche Feste, die eine Nascherei rechtfertigten. In den Anfängen der Konditorkunst begnügte man sich mit krümeligen Keksen aus Mehl, Honig und Trockenfrüchten. Um 1300 tauchten Mürbeteig, Schmalzgebackenes und süße Brezeln auf. Außerdem führte die wachsende Verbreitung des Zuckers zur Erfindung von gelierten und kandierten Trockenfrüchten sowie in Sirup eingelegtem Obst. Neben dem neuen Süßstoff wurden auch die exotischen Gewürze ferner Länder populär. Pfeffer, Zimt und Ingwer fanden Eingang in die Backstuben, und *panpepato*, der Pfeffer- oder Gewürzkuchen, wurde zu einer beliebten Spezialität. Um 1500 eroberten Marzipan und der aufwendig herzustellende, knusprig-splitternde Blätterteig, süß oder herzhaft gefüllt, die römischen Festtagstafeln. Die unangefochtene Hauptrolle bei der Zubereitung von Süßwaren und Süßspeisen spielte jedoch das Obst, das jeden Tag frisch aus dem latinischen Hinterland in die Hauptstadt gebracht wurde. Ein Jahrhundert später begann sich der Hefeteig durchzusetzen, aus dem die Römer unter anderem *maritozzi*, süße Rosinenbrötchen mit Pinienkernen, buken.

Anfangs stellte man die Süßigkeiten zu Hause her oder kaufte sie in der Taverne. Als der Kaffee- und Kakaogenuß immer mehr in Mode kam, boten auch die neu entstandenen Cafés süßes Gebäck an. Die Hausfrau konnte sich auch vertrauensvoll an ein Nonnenkloster wenden, denn dort wurden zu den kirchlichen Festtagen traditionell feinste zuckerige Spezialitäten hergestellt.

In Italien fungiert die Bar oft gleichzeitig als Konditorei – und umgekehrt. Das römische Caffè Faggiani in der Via G.B. Ferrari ist für hausgemachte Torten bekannt.

Budino di ricotta

Ricotta-Pudding
(Abbildung links unten)

3 EL Griess
400 g Ricotta
4 EL Puderzucker
4 Eier
40 g Zitronat und Orangeat, feingehackt
1 EL Rosinen, in Rum eingeweicht
1 Prise Zimtpulver
abgeriebene Schale von 1/2 Zitrone
Butter und Mehl für die Form
Vanillinzucker

In einem Topf 1 Glas Wasser zum Kochen bringen. Den Grieß einstreuen, gut verrühren und nach einigen Minuten vom Herd nehmen. Den Grieß auf einen feuchten Teller geben, mit einem Messer glattstreichen und abkühlen lassen. Den Ricotta mit Puderzucker, einem ganzen Ei, 3 Eigelb, Zitronat und Orangeat, Rosinen, Zimt und Zitronenschale verrühren. 1 Eiweiß steif schlagen und mit dem Grieß unter die Ricotta-Masse heben. Den Teig in eine mit Butter eingefettete und mit Mehl bestäubte Puddingform füllen, die ein Fassungsvermögen von etwa 1,5 l hat. Im vorgeheizten Backofen bei 180 °C etwa 1 Std. backen. Aus der Form stürzen und mit Vanillinzucker bestreuen.

Maritozzi

Rosinengebäck

500 g Weizenmehl
1 Hefewürfel
250 ml Milch
3 EL Zucker
50 g Rosinen
30 g Pinienkerne
50 g Orangeat und/oder Zitronat, feingehackt
2 EL Olivenöl extra vergine
1 Prise Salz
Butter für die Form

Das Mehl in eine Schüssel geben und in die Mitte eine Mulde drücken. Die Hefe in der lauwarmen Milch auflösen und mit einer Prise Zucker in die Mulde gießen. Vom Rand her etwas Mehl darüber schichten und diesen Vorteig an einem warmen und vor Luftzug geschützten Ort etwa 30 Min. gehen lassen.

Restliche Milch zugeben, den Teig mit den Händen oder in der Küchenmaschine kneten und zu einer Kugel rollen. In eine Schüssel geben, abdecken, warm stellen und zur doppelten Größe aufgehen lassen.

Den Hefeteig durchkneten und nach und nach alle übrigen Zutaten einarbeiten. Längliche Brötchen formen und auf ein mit Butter eingefettetes Backblech setzen. 1 Std. an einem warmen und vor Luftzug geschützten Ort gehen lassen. Dann im vorgeheizten Backofen bei 200 °C goldbraun backen. Warm oder kalt mit einem Glas Likörwein servieren.

Mascarpone und Ricotta

Mascarpone ist ein sehr sahniger, weicher Frischkäse von zartem Geschmack. Er wird aus Kuhmilchrahm, in südlichen Regionen vereinzelt auch aus Büffelmilchrahm hergestellt. Man erhitzt den Rahm auf 75 bis 90 Grad Celsius und gibt ihm Zitronensaft oder Weißweinessig zu, um den Gerinnungsprozeß in Gang zu setzen. Der Mascarpone ist zum baldigen Verzehr bestimmt, denn er verdirbt schnell. Mit seinem Fettgehalt von über 50 Prozent wird er besonders gern in der Dessertküche verwendet. Als cremige Zutat für das bittersüße Tiramisù tritt Mascarpone auch außerhalb Italiens in Erscheinung. Die *Torta di Gorgonzola* ist dagegen eine pikante Zubereitung mit Mascarpone. Hierfür schneidet man Gorgonzola horizontal in dünne Scheiben auf und füllt jeweils eine Schicht des Frischkäses dazwischen.

Ricotta wird oft mit Quark verwechselt. Quark entsteht jedoch in einer ganz anderen Phase der Milchverarbeitung. Zunächst wird Milch erwärmt und in einem Bottich mit Lab versetzt, damit sie gerinnt und das Kasein ausfällt. Das Ergebnis dieses Vorgangs ist eine ganz junge Käsemasse – der Quark. Zur Herstellung von Ricotta wird die abgeschiedene Molke noch einmal erhitzt (*ri-cotta*, erneut gekocht) und manchmal mit einem Gerinnungsmittel versetzt, so daß sich an der Oberfläche eine schaumige Masse, der sogenannte Molkenkäse, bildet. Ricotta kann aus Kuhmilch- oder Schafsmilchmolke hergestellt werden. Es gibt milde und pikante Varianten. Ganz frischer, milder Ricotta muß rasch verbraucht werden und findet als Füllung für Ravioli und andere Pastasorten sowie als Zutat für Desserts Verwendung. Pikanter Ricotta kann länger gelagert werden, denn man formt die Masse zu Laiben, salzt sie ein und läßt sie etwa zwei Monate reifen. In Mittel- und Süditalien wird gereifter Ricotta anstelle von Parmesan über Nudeln und andere herzhafte Gerichte gegeben.

Zieh mich hoch

Tiramisù, was wörtlich übersetzt soviel wie »Zieh mich hoch« heißt, ist in ganz Italien ein Kultdessert, und zahlreiche Regionen behaupten, es erfunden zu haben. Die Piemontesen verweisen auf die Löffelbiskuits, die *savoiardi*, und finden, daß die savoyischen Kekse Beweis genug für die Abstammung des Gerichts seien. Die Lombarden führen ins Feld, daß der Mascarpone schließlich aus ihren Gefilden stamme und deshalb der Lombardei die Ehre gebühre. Venezianer und Toskaner nehmen ebenfalls gern die Urheberschaft für sich in Anspruch. Und die Römer, als echte Hauptstädter, halten das Dessert für typisch italienisch – also römisch. Entsprechend viele Rezepte für die kühle Frischkäsecreme sind in Umlauf. Die größten Meinungsverschiedenheiten gibt es dabei hinsichtlich der zu verwendenden Spirituose: Von Cognac, Marsala, Amaretto, Whiskey und Rum bis hin zu Kaffeelikör ist alles möglich.

Tiramisù

(Abbildung rechts unten)

200 ml Sahne
5 EL Zucker
4 Eigelb
500 g Mascarpone
200 g Löffelbiskuits
4 EL starker Espresso
4 EL Amaretto
Kakaopulver

Die Sahne mit 1 EL Zucker steif schlagen. Die Eigelbe mit dem restlichen Zucker auf höchster Geschwindigkeitsstufe mit dem Handrührgerät cremig rühren. Löffelweise den Mascarpone und dann, bei verringerter Geschwindigkeit, die Sahne unterrühren.
Eine flache Form mit Löffelbiskuits auslegen. Espresso und Amaretto vermischen und die Biskuits damit beträufeln (nicht zuviel). Eine Lage Creme aufstreichen und diese mit einer Schicht Löffelbiskuits bedecken, mit der Espresso-Amaretto-Mischung beträufeln und die restliche Creme darüber verteilen. Mit Kakaopulver bestreuen und mindestens 1 Std. in den Kühlschrank stellen.

Gelato di ricotta alla romana

Ricotta-Eis

500 g sehr frischer Ricotta
125 ml abgekühlter, sehr starker Espresso
100 g Zucker
4 Eigelb
3 EL Sahne
1 TL Vanillinzucker
4 EL weisser Rum
3 EL gehackte ungesalzene Pistazien

Den Ricotta durch ein feinmaschiges Sieb streichen und dann mit dem Espresso verrühren. Den Zucker mit den Eigelben so lange verrühren, bis die Masse hell und cremig ist. Die Sahne mit dem Vanillinzucker steif schlagen, dann den Rum zugeben. Die Ricotta-Espresso-Masse mit der Eiercreme vermischen und die Sahne vorsichtig unterziehen.
Eine rechteckige Form mit etwa 1 l Fassungsvermögen mit Klarsichtfolie auslegen. Die Creme in die Form füllen, mit Klarsichtfolie abdecken und etwa 3 Std. im Tiefkühlfach gefrieren lassen. Das Ricotta-Eis in Scheiben schneiden und mit den gehackten Pistazien garnieren.

Tiramisù – so wird's gemacht

Der Erfolg eines guten Tiramisù hängt von der Qualität der Zutaten ab. Die Sahne mit 1 EL Zucker steif schlagen.

Die Eigelbe mit Zucker cremig rühren, dann löffelweise den Mascarpone und die Sahne unterrühren.

Eine viereckige Form mit Löffelbiskuits auslegen und diese mit der Espresso-Amaretto-Mischung tränken.

Löffelbiskuits und Mascarpone-Creme abwechselnd in die Form schichten. Den Abschluß bildet eine Mascarpone-Schicht.

DIE NACHFAHREN DES FALERNERS

Das Latium war im Altertum nicht nur die Speisekammer Roms, sondern auch der Weinkeller des Nabels der Welt – hier wurde aus einer Rebsorte namens Aminea der römische Hauswein par excellence, der Falerner, produziert. Angeblich haben bereits die Volsker, die Ureinwohner der Gegend aus vorrömischer Zeit, diesen Wein gekeltert und nach der Stadt Falernum, dem Zentrum des Anbaugebiets, benannt. Falerner gab es den Angaben von Horaz, Vergil, Properz und Martial zufolge als Rot- und Weißwein. Plinius der Ältere kürte ihn zur besten Kreszenz seiner Zeit und berichtet, daß er süß, leicht, aber auch kräftig ausgebaut werden konnte.

Der heutige DOC-Wein Falerno del Massico hat mit dem historischen Vorbild nicht mehr viel zu tun. Nicht nur, daß die Sorte schon vor Jahrhunderten aus dem Rebenspektrum Italiens verschwand, er wird auch nicht mehr im Latium, sondern im benachbarten Kampanien gekeltert. Vor allem der körperreiche rote Falerno, der aus Aglianico- und Piedirosso-Trauben gemacht wird, kann ausdrucksvoll und kräftig geraten, ist aber über die Grenzen der Region hinaus kaum bekannt, und die Römer trinken ihn überhaupt nicht mehr.

Das moderne Latium – mit fast 48 000 Hektar Rebfläche, auf denen zu gut 30 Prozent DOC-Weine wachsen, eine der wichtigsten Weinregionen Italiens – ist vor allem durch seine Weißweine bekannt geworden, die zum überwiegenden Teil aus verschiedenen Spielarten der Sorten Malvasia und Trebbiano gekeltert werden. Mindestens ebenso populär wie der Orvieto, dessen Anbaugebiet sogar ein wenig in die Region Latium hineinreicht, und der norditalienische Soave ist der Frascati, ein jung und kühl zu trinkender Weißer von den Hängen, die sich im Süden Roms zu den Albaner Bergen hinaufziehen. Er erfreute sich Jahrhunderte lang großer Beliebtheit beim römischen Klerus, wurde allerdings damals im Gegensatz zu heute meist lieblich oder sogar süß, als Cannellino, wie die Fruchtzucker beladene Variante hier heißt, getrunken.

Ähnliche Charakteristika wie der Frascati besitzen die DOC-Weine Colli Albani, Colli Lanuvini, Marino und Zagarolo sowie die Weißweine von Castelli Romani, Cerveteri, Cori oder Velletri, von denen es auch rote Versionen gibt. Hier und da findet man in den verschiedenen Anbaugebieten des Latium auch Winzer, die mit importierten Rebsorten experimentieren – darunter Chardonnay, Sauvignon blanc, Cabernet, Merlot und seit neuestem sogar Syrah –, wobei einige der aus ihnen gekelterten Weine recht vielschichtig und alterungsfähig sein können. Ein paar dieser ursprünglich französischen Sorten wurden bereits Anfang des 20. Jahrhunderts von venetischen Siedlern eingeführt, die sich in den damals gerade erst trockengelegten Sumpfgebieten Latiums niederließen.

Die einheimische, rote Standardsorte, der Cesanese, kann qualitativ leider nur selten überzeugen und dürfte in Zukunft einen noch schwereren Stand haben als heute schon. Bereits heutzutage vermindern gute Winzer, wo immer es die Vorschriften der verschiedenen DOC-Weine erlauben, den Cesanese-Anteil in ihren Weinen – meist zugunsten des Sangiovese, der auch hier Bestandteil vieler Rotweine ist, oder aber zugunsten der erwähnten importierten Rebsorten.

Die Weingüter des Latium bringen es zusammen auf rund 60 000 Hektar Rebfläche und eine DOC-Produktion von 515 000 Hektolitern Wein.

In der Provinz Viterbo und nahe dem Lago di Bolsena liegt Montefiascone. Von hier kommt der Est! Est!! Est!!! di Montefiascone.

Herbststimmung in den Weinbergen bei Montefiascone. Die Anbaugebiete des Latium gehören zu den traditionsreichsten Lagen Italiens, hier wurde schon in der Antike Wein gekeltert.

Halt! Hier gibt es guten Wein!

Der Est! Est!! Est!!! di Montefiascone, einer der zahlreichen Weine des Latium, die hauptsächlich aus Malvasia- und Trebbiano-Trauben bereitet werden, stammt aus der Provinz Viterbo und verdankt seine ungewöhnliche Bezeichnung einem namentlich nicht bekannten deutschen Bischof. Die Legende will, daß der Prälat dieses Bischofs auf seiner Reise nach Rom Order hatte, unterwegs nach guten Weinen Ausschau zu halten. Überall dort, wo er welche fände, sollte er die Türen der Kellereien oder Schankstuben mit Est! markieren. Auf diese Weise sollten die später nachreisenden Würdenträger auf die besten Tropfen aufmerksam gemacht werden.

In Montefiascone geriet der deutsche Vorkoster ob der lokalen Weine in derartige Verzückung, daß er nicht nur das ausgemachte Losungswort auf die Holztüren schrieb, sondern – zwecks Hervorhebung der außergewöhnlichen Weinqualität – die dreifache Wiederholung wählte. Der Est! Est!! Est!!! di Montefiascone habe dem Prälaten, so will es die Sage weiter, so gut geschmeckt, daß er in diesem Wein schwelgend später sein Leben aushauchte.

Der heutige Est! Est!! Est!!! di Montefiascone präsentiert sich als klarer, heller Wein, der trocken und ausgewogen schmecken kann. Leider hat auch ihm sein großer Erfolg bei den Romreisenden aller Nationen, Religionen und Hautfarben nicht besonders gut getan – jedenfalls nicht unter qualitativen Gesichtspunkten. Und so muß man vielfach feststellen, daß Nachbar Orvieto, dessen Anbaugebiet hier am Lago di Bolsena ins laziale Territorium hineinreicht, häufig die bessere Wahl ist.

Frascati

Der populärste Wein der Ewigen Stadt entsteht an den Hängen der Colli Albani im Süden Roms. Lange Zeit waren die Weißen von hier die beliebtesten Schankweine bei Römern und Vatikan-Touristen, wobei er oft lieblich, nicht etwa trocken angeboten wurde. Erst mit den modernen Kellermethoden unserer Zeit wurde aus dem Frascati ein fruchtiger, weicher und harmonischer Weißwein, der Fischgerichte gut begleitet.

Marino

Marino ist eines der wenigen Anbaugebiete, das teilweise auf dem Gebiet der Ewigen Stadt liegt. Der Weißwein wird zum größten Teil aus der Sorte Malvasia bianca di Candia gekeltert. Es gibt weniger als eine Handvoll sehr guter Produzenten, die ihren Wein teilweise auch in großen Holzfässern ausbauen.

FRUTTA
PERUGINA
zafferano
PURISSIMO DELL' AQUILA
Una busta contiene 3 bustine
zafferano
PURISSIMO DELL' AQUILA
AMISETTA MELETTI
MELETTI
TORO
PERUGINA

ABRUZZO MOLISE

ABRUZZEN · MOLISE

Teramo
Pescara
Ortona
L'Aquila
Chieti
Abruzzen
Avezzano
Sulmona
Liri
Molise
Isernia
Campobasso

Reizvoll anzuschauen, anregend für die Sinne und unverwechselbar feurig auf der Zunge – das ist der rote Peperoncino, den die Abruzzesen und Molisaner liebevoll *diavolino,* Teufelchen, nennen. Beim Probieren der regionalen Spezialitäten ist Vorsicht geboten, denn hier trifft man auf eine heitere, lebenslustige und oftmals diabolisch scharfe Küche, die alles, außer ihre Desserts, mit zerriebenen Chilischoten würzt. Die frostigen Wintertage, so versichern die kältegeprüften Bewohner der rauhen Bergregion, könne man nur mit Hilfe des Feuers überstehen – und damit meinen sie drei Arten von Wärmequellen: die pfeffrigen Zubereitungen auf ihren Tellern, die offenen Kamine in den gemütlichen Küchen und den Centerbe, einen scharfen, starken Kräuterschnaps aus angeblich 100 Kräutern.

Das Land und der Alltag der Menschen sind von Viehzucht und Ackerbau geprägt. Entsprechend bodenständig gestalten sich die kulinarischen Traditionen. Pasta, Gemüse und Fleisch sind ihre Eckpfeiler. Aus diesen wenigen Zutaten die schmackhaftesten Gerichte zu zaubern, ist seit einigen Jahrhunderten die unübertroffene Stärke der Köche dieser Region. Das Val di Sangro, ein Gebirgstal in der Provinz Chieti, hat ganze Dynastien von Küchenchefs hervorgebracht, und viele große Restaurants, Hotels und Kreuzfahrtlinien profitieren nach wie vor von deren Fähigkeit, Simples und Raffiniertes, Nahrhaftes und Leichtes, Exotisches und Naheliegendes zu überzeugenden Kreationen zusammenzufügen. Ihr Handwerk gelernt haben diese Küchenzauberer sowohl von den Hirten als auch von den Bäuerinnen. Der Weidewirtschaft und dem unsteten Alltag der Schäfer sind köstliche Lammfleischgerichte und aromatischer Käse zu verdanken, während in den Küchen der seßhaften Bauern hausgemachte Pasta mit Hilfe der *chitarra,* eines mit feinen Saiten bespannten Teigschneiderahmens, zubereitet wurden. Eine dampfende Portion *Maccheroni alla chitarra con ragù d'agnello,* Maccheroni mit Lammragout, verbindet die beiden Traditionen auf einfache, aber geniale Weise.

Doch trotz ihrer bodenständigen und genügsamen Wurzeln ist die Küche der Regionen Abruzzen und Molise durchaus zu Ausschweifungen fähig. Hochzeiten werden traditionell im großen Stil gefeiert. Nach alter Sitte bringen die Gäste stattliche Körbe mit, in denen sie alles, was sie im Laufe des Banketts nicht aufessen können, mit nach Hause nehmen dürfen. Je mehr die Festgesellschaft nach den Feierlichkeiten abtransportiert, desto größer ist das Kompliment an den Koch.

Vorhergehende Doppelseite: Naschkatzen sind bestens aufgehoben im Laden der Fratelli Nurzia in L'Aquila. Hier gibt es unter anderem den berühmten Torrone.

Links: L'Aquila liegt am Fuße des Gran Sasso. Die heutige Hauptstadt der Abruzzen wurde Mitte des 13. Jahrhunders von Kaiser Friedrich II. gegründet.

SCHAFE UND ZIEGEN

Die Regionen Abruzzen und Molise werden nicht nur vom Ackerbau geprägt, sondern auch von der Viehzucht. Viele Hirten – obwohl ihre Gesamtzahl ständig sinkt – halten ihre Tiere noch heute in der traditionellen, aber aufwendigen Wirtschaftsform der Transhumanz: In der warmen Jahreszeit läßt man die Herde auf kräuterbewachsenen Gebirgswiesen weiden, und wenn der Herbst kommt, treibt man sie zum Überwintern ins Flachland. Da diese Art der Haltung artgerechter als die Aufzucht im Stall ist, liefern die Tiere aromatischere Milch und besseres Fleisch. Von den Schäfern verlangt sie jedoch die Bereitschaft, über Monate von ihren Familien getrennt zu leben.

Schafe spielen in der Kulturgeschichte des Mittelmeerraums eine bedeutende Rolle. Nicht umsonst war das Lamm eines der wichtigsten Opfertiere sowohl in den alten Mythologien als auch in den Riten des frühen Christentums. Im Christentum steht das Lamm Gottes als neutestamentarisches Sinnbild für Jesus.

Bereits in früherer Zeit lohnte sich die Schafzucht vor allem deshalb, weil die Tiere die für das Überleben der Menschen während der kühlen Jahreszeit wichtige Wolle lieferten, aus der sich wärmende Decken, Kleidungsstücke und andere Textilien herstellen ließen. Aus der Milch konnte man schmackhaften Käse erzeugen, und auch als Schlachttier hatten Schafe und Lämmer einen hohen Wert, denn nahezu alle Teile, bis hin zu den Innereien, konnten genutzt werden.

Gerichte, die die Verwendung von Lamm- oder Schaffleisch vorsehen, kennt man in fast allen südlichen Ländern. Obwohl früher Lamm- und besonders Schaf- oder Hammelfleisch – wohl wegen des manchmal etwas strengen Geruchs – in einigen Gegenden als Speise der armen Leute galt, die sich nichts besseres leisten konnten, hat sich diese Auffassung längst gewandelt, abgesehen davon, daß der Preis eines Milchlamms inzwischen eine pralle Brieftasche erfordert. Dennoch möchte heute kein italienischer, spanischer, türkischer oder griechischer Gourmet auf seine schmackhaften Lieblingsgerichte vom Lamm, Schaf oder Hammel verzichten, ganz gleich ob sie nun *Arrosto di agnello di latte* (Milchlammbraten), *Piernas de cordero con alcachofas* (Lammhachsen mit Artischocken), *Koyun pirzolası* (Gebratene Hammelkoteletts) oder *Arní kléftiko* (Lammfleisch mit Gemüse in der Papierhülle gegart) heißen.

Unten: Das Fleisch von Schaf, Hammel und Lamm spielt besonders in der Küche der mittel- und süditalienischen Regionen eine große Rolle.

Schaffleischsorten

Agnello di latte
Agnello di latte oder *abbacchio,* wie man es in Rom nennt, bezeichnet das junge, nur mit der Milch der Mutter ernährte Lamm. Es wird im Alter von drei oder vier Wochen geschlachtet und hat sehr zartes, unaufdringlich schmeckendes Fleisch.

Agnello
Ein *agnello* wird mit neun bis zwölf Wochen geschlachtet und wiegt bis zu 15 Kilogramm. Wie das *agnello di latte* eignet sich auch das etwas ältere, aber immer noch sehr zarte Lamm für die Zubereitung am Grillspieß.

Agnellone
Die Endung *-one* verweist auf ein größeres und älteres Lamm. Ein *agnellone* wird im Alter von sechs Monaten geschlachtet. Sein Fleisch schmeckt würzig und hat den typischen Lammgeschmack. Es eignet sich für Schmorbraten und Pastasaucen.

Montone
Das Fleisch eines *montone,* eines kastrierten Hammels, hat einen leichten Wildnachgeschmack. Es wird in Italien jedoch nur selten verzehrt.

Castrato
Castrato meint ebenfalls den kastrierten Hammel. Auch sein Fleisch schmeckt etwas streng. *Montone* und *castrato* werden auch in Süditalien eher selten gegessen.

Pecora
Pecora bezeichnet das ausgewachsene Schaf. Wenn das Tier nicht zu alt ist, lassen sich aus seinem leicht streng schmeckenden Fleisch immer noch sehr delikate Gerichte zubereiten.

1. *Collo:* Hals
2. *Spalla:* Schulter
3. *Pancia, Petto:* Bauch oder Brust
4. *Costine, Puntine:* Rippchen
5. *Cosciotto accorciato:* Keule
6. *Sella:* Lammrücken
7. *Costolette lombari con filetto:* Lammkoteletts mit Filet
8. *Costolette primarie:* Koteletts vom Lammrücken
9. *Costolette secondarie:* Koteletts von der Lammschulter
10. *Piedino:* Fuß

Costolette scoperte (parierte Lammkoteletts) aus 4, 8, 9

Agnello all'uovo e limone

Lamm mit Ei und Zitrone

1 Zwiebel
100 g roher Schinken
20 g Schmalz oder Butter
Salz und Pfeffer
Muskatnuss
1 kg Lammfleisch
Weizenmehl
250 ml Fleischbrühe
250 ml trockener Weisswein
2 Eigelb
Saft von 1 Zitrone

Die Zwiebel hacken und den Schinken in Streifen schneiden. Zusammen in Schmalz oder Butter anbraten, salzen, pfeffern und etwas Muskat darüber reiben.
Das Lammfleisch in Stücke schneiden, in Mehl wenden, zu den Zwiebeln geben und kräftig anbraten. Die Fleischbrühe angießen und langsam einkochen lassen. Den Weißwein angießen, noch einmal salzen und pfeffern und bei niedriger Hitze etwa 2 Std. schmoren. Wenn das Lammfleisch gar ist, aus dem Topf nehmen und warm halten.
Die Eigelbe mit dem Zitronensaft verquirlen und in den Bratfond einrühren. Den Topf wieder auf den Herd stellen und bei kleinstmöglicher Hitze weiterrühren, bis die Sauce schaumig ist. Über das Lammfleisch gießen und sofort servieren.

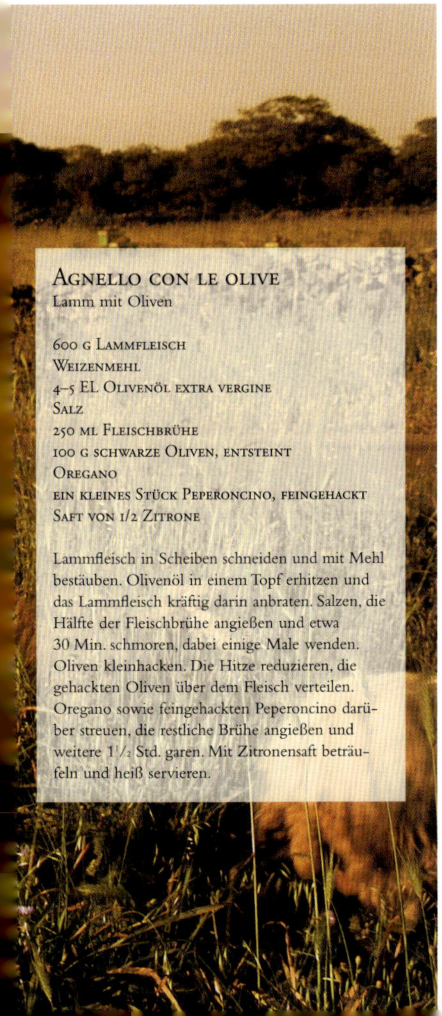

Agnello con le olive

Lamm mit Oliven

600 g Lammfleisch
Weizenmehl
4–5 EL Olivenöl extra vergine
Salz
250 ml Fleischbrühe
100 g schwarze Oliven, entsteint
Oregano
ein kleines Stück Peperoncino, feingehackt
Saft von 1/2 Zitrone

Lammfleisch in Scheiben schneiden und mit Mehl bestäuben. Olivenöl in einem Topf erhitzen und das Lammfleisch kräftig darin anbraten. Salzen, die Hälfte der Fleischbrühe angießen und etwa 30 Min. schmoren, dabei einige Male wenden. Oliven kleinhacken. Die Hitze reduzieren, die gehackten Oliven über dem Fleisch verteilen. Oregano sowie feingehackten Peperoncino darüber streuen, die restliche Brühe angießen und weitere 1 1/2 Std. garen. Mit Zitronensaft beträufeln und heiß servieren.

Ziegen

In Mittel- und Süditalien werden Ziegen vor allem ihrer Milch wegen gezüchtet. Gerade die Bewohner der ärmeren Landstriche halten sich neben dem eigenen Schwein gern auch eine eigene Ziege, denn sie bedeutet – mehr noch als das Schwein – ein Stück Finanzkraft. Sollten ganz schlechte Zeiten anbrechen, kann man die Ziege entweder verkaufen, als Naturalie gegen andere Agrarprodukte eintauschen oder sie selbst schlachten und von dem Fleisch eine Weile leben. Unter weniger argen Umständen sorgt die Ziege dagegen für aromatischen Käse, der entweder von der Familie verzehrt oder auf dem örtlichen Markt zu Geld gemacht wird und damit einen bescheidenen, aber konstanten Nebenverdienst sichert.
Ziegenfleisch kommt in Mittel- und Nordeuropa nur selten auf den Tisch. Während man sich hier inzwischen an Lammfleisch gewöhnt hat, gehört ein schmackhafter Ziegenbraten immer noch zu den eher raren Genüssen.

Ziegen werden meist ihrer Milch wegen gehalten, aus der man aromatischen Ziegenkäse herstellt.

Die Skepsis ist allerdings unbegründet, bringt sie den Gourmet doch um ein interessantes kulinarisches Erlebnis. Ziegenfleisch schmeckt nicht, wie viele vielleicht vermuten, streng oder zäh, sondern hat, insbesondere wenn es sich um ein junges Tier handelt, einen ganz eigenen, zarten Wildgeschmack. In Italien wird Ziegenfleisch gerade in den mittleren und südlichen Regionen recht häufig zubereitet, und in vielen Gegenden ist ein zartes Zicklein das klassische Ostergericht schlechthin. Vor allem im Frühjahr, wenn die Tiere noch jung sind, liefern sie ein besonders aromatisches und zartes Fleisch – getreu dem in den Abruzzen verbreiteten Sprichwort *marz' e aprile, agnell' e caprette ggendile,* was übersetzt bedeutet, daß im März und im April die Lämmer und Zicklein am zartesten sind.

Capra alla molisana

Ziegenfleisch nach Art von Molise
(Abbildung oben)

Für 6 Personen

1 kg Ziegenfleisch
1 l Rotwein
2 Lorbeerblätter
2 Salbeiblätter
2 Rosmarinzweige
1 Pfperoncino
5–6 EL Olivenöl extra vergine
1 Zwiebel, feingehackt
Salz
500 g reife Tomaten

Das Ziegenfleisch waschen, trockentupfen und in kleine Stücke schneiden. In eine Schüssel geben, den Rotwein angießen und den Lorbeer, Salbei, Rosmarin sowie den Peperoncino zugeben. Das Fleisch eine Nacht lang an einem kühlen Ort in der Marinade ziehen lassen.
Olivenöl in einer halbhohen Kasserolle erhitzen und die feingehackte Zwiebel darin andünsten. Das Fleisch zugeben und kräftig anbraten. Nach und nach etwas Wein aus der Marinade angießen. Wenn der Wein verkocht ist, das Fleisch salzen und die enthäuteten, entkernten und in grobe Stücke geschnittenen Tomaten zugeben. Bei geschlossenem Topf weitergaren und gelegentlich etwas kochendes, leicht gesalzenes Wasser angießen. Bei niedriger Hitze so lange köcheln, bis das Fleisch weich und der Bratfond ziemlich dickflüssig ist.

CHITARRA, CEPPA UND RINTROCILO

Es ist nicht bekannt, wer die *chitarra* kreiert hat. Wenn man es jedoch wüßte, wäre der Erfinder oder die Erfinderin dieser ebenso einfachen wie genialen Maccheroni-Maschine heute in den Abruzzen und im Molise sicher eine Berühmtheit. Die *chitarra* besteht aus einem rechteckigen Buchenholzrahmen, auf dem im Millimeterabstand dünne Metallsaiten gespannt sind. Dazu wird ein spezieller Schlüssel geliefert, mit dem man die Saiten anziehen kann, falls sie im Laufe der Zeit an Spannung verlieren, sowie ein Untersatz, in den die fertig geschnittene Pasta hineinfällt. Um *Maccheroni alla chitarra* herzustellen, legt man dünn ausgerollten Teig über die Saiten und fährt mit dem Nudelholz darüber. So wird der Teig zu gleichmäßig feiner, langer Pasta. Entscheidend für das Gelingen der *Maccheroni alla chitarra* ist natürlich, wie bei allen anderen hausgemachten Nudeln auch, die Qualität des Teiges. Für sechs Personen werden 500 Gramm Hartweizengrieß, fünf Eier und eine Prise Salz gerechnet. Das Mehl wird in der Mitte der Arbeitsfläche aufgehäuft. Dann formt man eine Vertiefung in die Mitte, schlägt die Eier hinein und gibt das Salz zu. Jetzt muß die Masse mindestens 20 Minuten von Hand geknetet werden, denn nur ein kompakter und gut durchgearbeiteter Teig stellt sicher, daß sich die Pasta bißfest kochen läßt und die Aromen der Eier und des Hartweizens noch gut herauszuschmecken sind. Hat der Teig die gewünschte Konsistenz, muß er eine Viertelstunde ruhen, bevor man ihn mit dem Nudelholz oder der heute gern benutzten Nudelmaschine dünn – er darf nicht stärker sein als der Abstand zwischen zwei Saiten der *chitarra* – ausrollt.

Maccheroni alla chitarra schmecken besonders gut mit Lammfleischragout, Saucen mit Tomaten und Peperoncini, einer Sauce *all'amatriciana* oder einfach nur mit in Butter gerösteten Speckwürfeln. Man serviert die Nudeln stets mit reichlich frisch geriebenem Pecorino.

In den Abruzzen und im Molise werden neben den *Maccheroni alla chitarra* auch *Maccheroni al rintrocilo* und *Maccheroni alla ceppa* serviert. Die *Maccheroni al rintrocilo* sind eine Spezialität aus Chieti, vor allem aus der Gegend um Lanciano. Sie verdanken ihren Namen dem speziellen Gerät, mit dem sie hergestellt werden. Der *rintrocilo* ist ein entsprechend eingekerbtes Nudelholz, das rechteckige Pastastreifen produziert, wenn man es kräftig über den Teig rollt. *Maccheroni al rintrocilo* sind nicht so dünn wie die *Maccheroni alla chitarra,* denn der Teig wird vor dem Schneiden nicht so dünn ausgerollt. Um *Maccheroni alla ceppa* herzustellen, müssen kleine Teigstücke um einen stricknadeldünnen Holzstock, eben die *ceppa,* gerollt werden. Im Molise nennt man diese langen, leicht »dauergewellt« anmutenden Nudeln auch *fusilli.* Dort werden sie mit einer scharfen Sauce aus Lammfleisch und Peperoncini angerichtet und mit reichlich frisch geriebenem Pecorino gereicht.

Zu *Maccheroni al rintrocilo* und *Maccheroni alla ceppa* passen auch Tomatensaucen oder Ragùs aus Hühnerklein und Kalbfleisch.

In Luisa Pavias Restaurant Italia in Sulmona gibt es täglich frische Pasta. Hier bereitet sie den Teig für die *Maccheroni alla chitarra* zu.

Zur Herstellung der *chitarra* braucht man Schere, Zange, Draht und Schraubenzwingen.

Gabriele Colasante aus San Buceto bei Pescara, einer der beiden einzigen *chitarra*-Hersteller, zieht die Saiten auf.

Die Saiten werden wie bei einer Gitarre gespannt. Kaufen kann man eine *chitarra* auf dem Markt von Sulmona.

In der Regel entstehen Maccheroni, Spaghetti und andere lange Nudeln, indem der Teig unter hohem Druck aus kleinen Düsen gepreßt wird. Es geht aber auch anders: Man kann den Teig über die *chitarra* legen und dann mit dem Nudelholz darüberfahren, so daß die Metalldrähte – ähnlich dem Prinzip des Eierschneiders – wie kleine Messer funktionieren und den Teig zu dünnen Nudeln teilen. *Pasta alla chitarra* hat daher auch einen eckigen Querschnitt, während der von konventionellen langen Nudeln rund ist.

Traditionelle Nudelherstellung in den Abruzzen

Die besten Nudeln der Region kommen aus dem Gebiet um die Ortschaft Fara San Martino am Fuße des Bergmassivs Maiella. Die hier produzierte *pasta secca* verdankt ihre exzellente Qualität unter anderem dem frischen Quellwasser, das mit einer Temperatur von etwa acht Grad Celsius aus dem Felsgestein sprudelt. Zusammen mit hochwertigen Hartweizensorten, die in den eigenen Lebensmittellabors der Hersteller sorgfältig überprüft werden, ergibt das reine, kühle Naß einen besonders guten Nudelteig. Doch auch in anderen Orten der Region wird hervorragende Pasta hergestellt. In der industriellen Massenproduktion werden die Nudeln meist bei sehr hohen Temperaturen getrocknet. Dies geht zwar schnell, kann die Pasta jedoch hart werden lassen.

In den Abruzzen bearbeitet man den Teig nach wie vor mit Hilfe von Zieheisen aus Bronze und läßt die Nudeln 50 bis 60 Stunden bei niedrigen Temperaturen langsam und schonend trocknen. Auf diese Weise erhält die Pasta eine rauhere Oberfläche, so daß Saucen und Ragùs besser an ihr haften, und eine bessere *tenuta di cottura*, um sie problemlos bißfest zu kochen. Obwohl es bereits Hunderte von Nudelformen gibt, kreieren die Pastagenies in den Abruzzen immer wieder neue Nudeln, die sich noch besser mit jeglichem Sugo und Ragù kombinieren lassen.

Zu den besten abruzzesischen Nudelherstellern gehören La Rustichella d'abruzzo in Pianella, Questa Pasta in Atessa, Spinosi in Ascoli Piceno und Delverde in Fara San Martino. Diese Betriebe haben sich der *lavorazione artigianale* verschrieben, der traditionellen handwerklichen Produktion, die mit alten Geräten und unter großem Einsatz von Arbeitskraft und sogar Handarbeit ihre Erzeugnisse herstellt. Es ist offensichtlich, daß diese Nudeln absolut nichts mit industrieller Fließband-Pasta gemein haben.

Das Angebot von La Rustichella vollständig zu beschreiben, würde den Rahmen dieses Buchs sprengen. So seien hier nur die herausragendsten Spezialitäten aufgezählt. Eine der zahlreichen Produktgruppen beinhaltet die *pasta di semola di grano duro trafilata al bronzo.* Es handelt sich hierbei um Hartweizennudeln, die nach der traditionellen Methode über Bronzedrähten ausgezogen und besonders langsam – mindestens 56 Stunden – bei geringen Temperaturen getrocknet werden. Dies verleiht der Pasta eine unvergleichlich rauhe Oberfläche und ein besonders herzhaftes Aroma, so daß sie sogar ganz ohne Sauce oder Ragù gut schmeckt. Eine weitere Spezialität von La Rustichella sind die handgemachten Nudeln. Die Teige für die *orecchiette, strozzapreti* und *cencioni* werden tatsächlich von erfahrenen Pastameistern von Hand angerührt und danach von Hand geformt. Im Zuge der Bewahrung alter Pastawertvorstellungen hat es sich die Firma auch zur Aufgabe gemacht, Nudeln, die früher in den Haushalten der Abruzzen von den Frauen hergestellt wurden und heute praktisch verschwunden sind, wiederzubeleben – so etwa die *pasta al ceppo.* In den Werkstätten von La Rustichella werden jedoch nicht nur Nudeln aus Hartweizengrieß hergestellt, sondern auch *pasta all'uovo,* Eiernudeln. Um eine besonders hohe Qualität zu erreichen, verwendet man hier sechs anstatt der gesetzlich vorgeschriebenen vier Eier auf ein Kilogramm Hartweizen und erreicht somit eine schmackhafte Pasta mit guter *tenuta di cottura* – die Nudeln zerbrechen nicht während des Kochvorgangs. Die schmalen aromatisierten Eierbandnudeln – es gibt sie mit Safran-, Lachs-, Schnittlauch- und Trüffelgeschmack sowie mit zahlreichen anderen Aromen – sind besonders in der Gastronomie begehrt, denn ihre Kochzeit beträgt nur drei bis fünf Minuten. Doch damit ist das Angebot der Pastaschmiede noch immer nicht vollständig aufgezählt. In den letzten Jahren, als die Nachfrage nach vollwertigen Nahrungsmitteln auch in Italien stetig anstieg, hat die Firma Nudeln kreiert, die aus Vollkorn-Hartweizenmehl oder sogar aus Emmer (Zweikorn) bestehen. Diese Pasta ist besonders vitamin- und faserreich und kommt am besten mit einer einfachen Sauce zur Geltung.

Auch die in Atessa ansässige Firma Questa Pasta, die hauptsächlich Nudeln aus Hartweizengrieß herstellt, und der in Ascoli Piceno residierende Hersteller der Marke La Pasta di Vicenzo Spinosi, dessen Produkte – nach eigener Aussage – mit Hartweizengrieß, Eiern, Erfahrung und Leidenschaft für Traditionen gemacht werden, stehen in ihren Qualitätsansprüchen natürlich nicht hinter La Rustichella zurück.

Genausowenig wie Delverde in Fara San Martino. Die Teigwarenfabrik, die zu den größeren der Region gehört, verbindet handwerkliches Können mit modernen Produktionsmethoden, ohne dabei die Pasta zu rascher Trocknung oder sonstigen Prozeduren auszusetzen, die sich ungünstig auf die Qualität des Endprodukts auswirken könnten. Die 27 000 Quadratmeter große Fabrik produziert täglich eine Menge von 3 000 Doppelzentnern Pasta. Die 260 Angestellten, mit denen die Firma arbeitet, stellen Tag für Tag sicher, daß die 170 verschiedenen Nudelsorten, die Delverde anbietet, auch tatsächlich vom Band laufen. Doch der Pasta-Tempel, der sich im übrigen stark für den Naturschutz in seiner Umgebung einsetzt und eisern die selbstauferlegten strengen ökologischen Normen einhält, hat nicht nur Nudeln im Angebot. Inzwischen gibt es auch eine Ölmühle, die reinstes Olivenöl aus ausschließlich abruzzesischen Oliven produziert. Des weiteren liefert Delverde Reis, Frischteigwaren, Mehl und Grieß, fertige Nudelsaucen im Glas, verschiedene Tomatenprodukte, Pesto und *sott'aceti,* Essiggemüse. Die Firma ist auf dem besten Weg, auch im Ausland Fuß zu fassen. Immerhin gehen schon jetzt rund 30 Prozent der Gesamtnudelmenge in den Export. Halten Sie bei Ihrem nächsten Einkauf im italienischen Feinkostladen Ihrer Stadt Ausschau nach den hervorragenden Produkten aus den Abruzzen!

Maccheroni alla chitarra

Schmale Bandnudeln mit Sauce
(Abbildung rechts, vorne)

300 g feiner Hartweizengriess
4 Eier
Salz

Für die Sauce:
50 g Butter
60 g Bauchspeck, in feine Streifen geschnitten
4 reife Tomaten, enhäutet und entkernt
50 g Pecorino, gerieben
frisch gemahlener Pfeffer

Den Grieß mit den Eiern und 1 Prise Salz zu einem sehr elastischen und geschmeidigen Teig kneten, der weicher als ein gewöhnlicher Nudelteig sein sollte. Den Teig sehr gründlich kneten und dann nicht zu dünn ausrollen. Die Stärke sollte etwa dem Abstand zwischen den Drähten der *chitarra* entsprechen. Das Teigstück in Rechtecke teilen, die der Größe der *chitarra* entsprechen. Jeweils eines dieser Stücke auf die *chitarra* legen und mit dem Nudelholz darüber rollen. Dabei soll der Teig durch die Drähte gepreßt und in »vierkantige Spaghetti« geschnitten werden. Anstelle dieses mit dünnen Drähten bespannten Spezialrahmens aus Holz kann auch eine Nudelmaschine verwendet werden. In diesem Fall den Teig relativ dick ausrollen und mit der Einstellung für Tagliatelle durch die Maschine laufen lassen. Die Nudeln in einem großen Topf in Salzwasser *al dente* kochen, abgießen und abtropfen lassen.
Für die Sauce die Butter zusammen mit dem Bauchspeck in einer Kasserolle anbraten. Die Tomaten zerdrücken und zugeben. Die Sauce etwas eindicken lassen, über die Nudeln gießen und mit geriebenem Pecorino sowie frisch gemahlenem Pfeffer bestreuen.

Fusilli alla molisana

Fusilli nach Art von Molise

400 g Fusilli
100 g roher, magerer Schinken
200 g Ricotta
Salz und Pfeffer
2–3 EL Olivenöl extra vergine
70 g Pecorino, gerieben

Die Nudeln *al dente* kochen, abgießen und abtropfen lassen. Den Schinken in Würfel schneiden und gut mit Ricotta vermischen, mit Salz und Pfeffer würzen.
Das Olivenöl in einer Pfanne erhitzen, die Ricotta-Schinken-Masse zugeben und sanft erwärmen. Die Nudeln zugeben und gut durchmischen. Mit geriebenem Pecorino bestreuen.

Sugo di castrato

Hammelsauce

1 Zwiebel
1 Rosmarinzweig
50 g Speck
250 g Hammelfleisch
1 Glas trockener Weisswein
Salz und Pfeffer
350 g reife Tomaten, enthäutet

Zwiebel, Rosmarin und Speck fein hacken. Das Hammelfleisch in kleine Stücke schneiden. Alles zusammen in einer Kasserolle anbraten. Wenn das Fleisch Farbe angenommen hat, den Wein angießen und mit Salz und Pfeffer würzen. Bei mittlerer Hitze etwa 15 Min. schmoren.
Dann Tomaten zerdrücken und zugeben. Den Deckel aufsetzen und mindestens 1 Std. bei niedriger Hitze kochen. Die Sauce paßt gut zu Nudelgerichten.

Olio Santo

Olio Santo, das heilige Öl, ist höllisch scharf, denn es wird mit den überall in den Abruzzen und im Molise geliebten Peperoncini, wie die leuchtend roten Chilischoten in Italien heißen, aromatisiert. Die feurigen Vertreter der *Capsicum*-Familie haben sich jedoch nicht nur als Würzzutat einen Namen gemacht, sondern gelten seit alters her auch als Heilmittel. Rheuma, Haarausfall, schlecht heilende Wunden, zu hoher Cholesterinspiegel – all das läßt sich angeblich oder tatsächlich mit Hilfe der Vitamin-C- und alkaloidreichen pfeffrigen Schötchen beheben. Außerdem steht der Peperoncino wegen seiner durchblutungsfördernden Wirkung in dem Ruf, die Liebesbereitschaft anzuregen – eine ungewöhnliche Eigenschaft für ein »heiliges« Öl.

Vorne: *Maccheroni alla chitarra* – Schmale Bandnudeln mit Sauce
Hinten: *Spaghetti aglio, olio e peperoncino* – Spaghetti mit Knoblauch, Öl und Peperoncino

Cavetelli 'ncatenati

Klößchen mit Speck und Eiern

Für die Klößchen:

400 g Hartweizengriess
lauwarmes Wasser
Salz

Für die Sauce:

5 Eier
100 g Speck
Olivenöl
Salz und frisch gemahlener Pfeffer

Das Grieß auf den Tisch sieben und 1 Prise Salz darüber streuen. Etwas lauwarmes Wasser in kleinen Portionen zugeben und mit dem Grieß langsam zu einem weichen elastischen Teig verarbeiten. Der Teig ist fertig, wenn er nicht mehr an den Händen klebt. Ruhen lassen.
Anschließend kleine Teigmengen mit dem Handballen auf der Tischplatte hin und her rollen, so daß etwa bleistiftdicke Schnüre entstehen. Diese in etwa 2 cm lange Stücke schneiden. Die einzelnen Klößchen in der Mitte mit dem Daumen leicht einkerben und in kochendem Salzwasser bißfest kochen und abgießen.
Eier gründlich verquirlen. Den Speck würfeln und in einer Pfanne in Olivenöl leicht anbräunen. Dann die Klößchen untermischen. Anschließend die Eimasse zugeben und mit Salz und Pfeffer würzen. Zum Schluß alles noch einmal gründlich vermischen und sofort servieren.

Ragù d'agnello

Nudelsauce mit Lamm

200 g mageres Lammfleisch
Salz und Pfeffer
2 Knoblauchzehen
2 Lorbeerblätter
3–4 EL Olivenöl extra vergine
1 Glas trockener Weisswein
2 reife Tomaten, kleingeschnitten
2 rote Paprikaschoten, in Streifen geschnitten

Das Fleisch in kleine Stücke schneiden, kräftig salzen und pfeffern und 1 Std. ruhen lassen. Knoblauchzehen mit den Lorbeerblättern im Öl andünsten. Sobald der Knoblauch Farbe annimmt, herausnehmen. Das Lammfleisch in den Topf geben und von allen Seiten gleichmäßig anbraten. Den Wein angießen und einkochen lassen.
Tomaten und Paprikastreifen zum Fleisch geben. Salzen und zugedeckt etwa 1½ Std. bei niedriger Hitze schmoren. Gelegentlich umrühren und, falls erforderlich, heiße Brühe angießen.

Spaghetti aglio, olio e peperoncino

Spaghetti mit Knoblauch, Öl und Peperoncino
(Abbildung links, hinten)

400 g Spaghetti
3–4 EL Olivenöl
2 Knoblauchzehen
1 Peperoncino
1 EL gehackte Petersilie

Öl in einer Pfanne erhitzen, die geschälten Knoblauchzehen und den in Stücke geschnittenen Peperoncino zugeben. Den Knoblauch braun werden lassen. Die Spaghetti in reichlich Salzwasser *al dente* kochen. Dann abschütten, gut abtropfen lassen und auf einer vorgewärmten Platte anrichten. Knoblauch und Peperoncinostücke aus dem Öl nehmen. Das Olivenöl über die Spaghetti gießen, die Petersilie darüber streuen und behutsam durchmischen. Sofort servieren.

SAFRAN

Betrachtet man die kleinen Portionen, in denen Safran verkauft wird, und die wenigen Rezepte, die heute noch seinen Gebrauch vorsehen, kann man sich kaum vorstellen, daß die Samenstempel des *Crocus sativus* einst eine der begehrtesten Handelswaren des Abendlandes darstellten.

Bereits die Griechen und Römer der Antike liebten Safran und streuten ihn sogar in den Theatern aus, um für die Vorstellung eine angenehme Atmosphäre zu schaffen. Außerdem verwendeten sie die orangeroten Fädchen zum Färben kostbarer Seidenstoffe oder nähten sie in Kopfkissen ein, da ihnen eine schlaffördernde Wirkung nachgesagt wurde. Im Mittelalter stieg Safran endgültig zum Statussymbol auf. In ganz Europa wurde dem optischen Erscheinungsbild einer Speise höchste Bedeutung beigemessen, denn die gedeckte Tafel sollte Macht und Reichtum zur Schau stellen. Folglich wurde jedes Fleischgericht, sei es gekocht oder am Spieß gebraten, »vergoldet«, das heißt mit einer leuchtend gelben Zubereitung auf Safranbasis überzogen.

Aufgrund der hohen Steuerabgaben, mit denen das aromatisch duftende Luxusgewürz belegt war, mußten schon die damaligen Gourmets tief in die Tasche greifen, um die benötigten Mengen zu bezahlen. Aus einem englischsprachigen Dokument aus der Zeit um 1400 geht hervor, daß der Wert von 500 Gramm Safran dem eines Pferdes entsprach.

In der abruzzesischen Stadt L'Aquila, die seit dem späten 13. Jahrhundert lebhaften Handel mit Venedig, Mailand und Marseille trieb, begann man in Anbetracht der hohen Gewinnspannen selbst mit dem Anbau der Krokuspflanzen. Die Erwartungen der Ökonomen sollten nicht enttäuscht werden, denn L'Aquila entwickelte sich zu einem bedeutenden Exporteur. Besonders in Deutschland herrschte eine so hohe Nachfrage nach der teuren Ware, daß dort die Streckung oder Fälschung des Safrans aus den Abruzzen unter Todesstrafe gestellt wurde. Erst 300 Jahre später, als die aufkommende chemische Industrie synthetische Färbe- und Würzmittel bereitstellte, ging die Ära des gelben Puders langsam zu Ende.

Es gibt aber trotzdem noch immer einige traditionelle Gerichte, die sowohl wegen des Geschmacks als auch wegen der Färbewirkung auf echten Safran nicht verzichten können. Der *Risotto alla milanese* wäre ohne sein schönes, sattes Gelb kaum denkbar, und auch die spanische Paella würde ohne Safran ziemlich blaß aussehen.

Safranfäden sollten vor der Verwendung im Mörser zerstoßen und in etwas warmem Wasser aufgelöst werden, damit sich das Aroma entfalten kann. Das oft im Handel angebotene Safranpulver birgt die Gefahr von unerwünschten Beimischungen.

Linke Seite oben: Der Safrankrokus *(Crocus sativus)* wächst selbst auf kärgsten Böden. Seit Jahrtausenden sind seine Samenstempel als Färbe- und Heilmittel begehrt.

Linke Seite unten: Rund 200 000 Blumen sind nötig, um ein Kilogramm Safranfäden zu erhalten. Der fertige Safran ist entsprechend teuer.

Im Oktober ist Erntezeit der Krokusblüten. Da die Pflanzen nur zwei Wochen blühen, muß man sich mit dem Pflücken beeilen.

Safran wird im allgemeinen in winzigen Portionsdöschen oder auch als einzelne Fäden verkauft, da seine Herstellung mühsame Handarbeit voraussetzt.

Mozzarelline allo zafferano

Kleine Mozzarelle mit Safran
(Abbildung oben)

einige Safranfäden
Salz
150 g Weizenmehl
12 kleine Mozzarelle
Semmelbrösel
Pflanzenöl zum Fritieren

Den Safran in 4 EL Salzwasser auflösen. Nach und nach das Mehl und so viel Wasser unterrühren, daß ein leicht flüssiger Tropfteig entsteht.

Die kleinen Mozzarelle durch den Teig ziehen und anschließend in den Semmelbröseln wälzen. Öl in einer hohen Pfanne erhitzen, die Mozzarelle darin goldgelb ausbacken und heiß servieren.

Frittatine di patate e zafferano

Kartoffelküchlein mit Safran

Für 6 Personen

600 g Kartoffeln
1 g Safran
Olivenöl extra vergine
3 Eier
2 EL gehackte Petersilie
Weizenmehl nach Bedarf
Salz und Pfeffer

Kartoffeln kochen, schälen und durch die Kartoffelpresse drücken. Den Safran in 3 EL Olivenöl auflösen. Kartoffelmasse, Eier, Petersilie und das Safran-Öl in eine Schüssel geben und zu einem Teig vermischen, ohne ihn kräftig zu kneten. Gegebenenfalls noch etwas Olivenöl oder Mehl zugeben. Mit Salz und Pfeffer abschmecken. Der Kartoffelteig sollte weich und locker sein. Den Teig löffelweise in eine leicht gefettete Pfanne geben, glattstreichen und bei niedriger Hitze ausbacken.

1 Ventricina di Montenero di Bisaccia
Diese pikant abgeschmeckte Streichwurst aus der Gegend von Campobasso im Molise wird aus magerem Fleisch aus der Schweinekeule hergestellt. Kühl gelagert hält sie sich bis zu eineinhalb Jahren.

2 Guanciale
Die Schweinebacke wird in Wein gewaschen, eingesalzen und gepfeffert, um anschließend 30 bis 40 Tage in einem Steinbottich zu ruhen. Man ißt sie in dünne Scheiben geschnitten auf einer Bruschetta.

3/7 Mortadella amatriciana (Mortadella di Campotosto)
Die Wurst (Abb. rechts) aus der Gegend von Amatrice und Campotosto am Gran Sasso nennt man auch *coglione del mulo,* was aber nicht heißt, daß sie aus Eselshoden besteht, sondern vielmehr aus dem Hinterschinken vom Schwein, wobei ins Zentrum der Wurstmasse fetter Speck am Stück eingefügt ist. Nach zehn Reifetagen in gut belüfteten und gleichmäßig temperierten Räumen hält sich die Mortadella di Campotosto aus Schulter, Lende, Speck und Bauchspeck vom Schwein bei kühler Lagerung etwa vier Monate.

4 Ventricina di Guilmi
Hergestellt aus Filet, Lende und den mageren Reststücken der Schinkenproduktion, wird diese Spezialität zehn bis 15 Tage geräuchert und hält sich kühl gelagert bis zu sechs Monaten.

5 Fegatazzo di Ortona
Diese Wurst, eine weitere Spezialität aus Ortona, wird aus Leber, Lunge, Milz, Bauchspeck und Schweinebacke gemacht und mit Salz, Peperoncino, Orangenschalen und Knoblauch herzhaft abgeschmeckt.

6 Salsicciotto di Guilmi
Die Wurst aus Guilmi (Provinz Chieti) besteht vorwiegend aus Schweinelende, die mit Salz und Pfeffer gewürzt in einen Naturdarm gefüllt wird. Die Wurst muß 20 Tage reifen und kann danach in Schmalz oder Öl konserviert werden.

8 Ventricina di Crognaleto
Diese echte Paprikawurst besteht aus fettem und magerem Schweinefleisch, wird mit viel Paprika und etwas Peperoncino abgeschmeckt und in einen Schweinemagen gefüllt. Da sie sehr lange haltbar ist, eignet sie sich für die Vorratshaltung.

Nicht abgebildet:

Annoia di Ortona
Diese Wurst aus Schweinekutteln, Salz, Peperoncino und Fenchelsamen wird überall in den Abruzzen hergestellt. Am besten soll sie in Ortona in Chieti schmecken.

Fegato dolce
Die »süße« Wurst aus der Gegend von L'Aquila besteht aus Leber und Geschlinge vom Schwein, das mit Salz, Pfeffer, viel Honig, kandierten Früchten, Pinienkernen und Pistazien gewürzt wird.

Saggicciotto
Aus magerem Fleisch und durchwachsenem Speck hergestellt, wird diese Wurst eine Woche geräuchert und hält sich bei kühler Lagerung bis zu vier Monate.

Soppressata di Rionero Sannitico
Aus Lende, Kopf, Nacken und zwei Prozent Speck hergestellt, lagert diese Spezialität aus dem Molise in gut gelüfteten Räumen etwa zehn Tage und kann danach in kühler Umgebung bis zu fünf Monate aufbewahrt werden.

Salsicce di fegato di Rionero Sannitico
Diese Würste werden aus magerem Fleisch, Leber, Herz, Lunge und weichem Speck hergestellt und in warmen, luftigen Räumen fünf Tage gelagert. Sie halten sich 20 bis 30 Tage und können danach in Schweineschmalz konserviert werden.

Sanguinaccio
Diese Wurst aus Schweineblut, Nüssen, Pinienkernen, Rosinen, Orangenschalen, Kakao, vorgegartem Dinkel und durchwachsenem Speck wird eine Stunde gekocht und ist für den sofortigen Verzehr bestimmt.

AUS METZGEREI UND MOLKEREI

Die Abruzzen und das Molise gehören nicht gerade zu den reichsten Regionen des italienischen Stiefels. Die kargen Gebirgszüge und die vergleichsweise kalten Winter in den Bergen haben den Bauern und Viehhirten das Überleben seit jeher schwergemacht. Die Familien waren oft groß und kinderreich, der Acker- oder Viehbestand hingegen eher klein. Das wenige, was man hatte, mußte einerseits als Erwerbsquelle herhalten und andererseits die vielen hungrigen Mäuler stopfen. Es liegt also nahe, daß die Hausfrauen nichts zu verschenken hatten. Wurde ein Schwein oder ein Schaf geschlachtet, achteten sie strengen Blickes darauf, daß Metzger und Wurster auch wirklich alle Teile sorgfältig behandelten und entsprechend verwerteten. Unter keinen Umständen durfte etwas verschwendet oder gar weggeworfen werden.

Die typische Sparsamkeit der armen Landstriche spiegelt sich auch in den Wurstspezialitäten der Region wider. Die *ventricina di Guilmi* etwa demonstriert eindrucksvoll, daß sich auch aus den Resten der Schinkenproduktion eine schmackhafte Wurst herstellen läßt. Auch die *salsiccia di fegato* ist eine »Restewurst«. Sie besteht unter anderem aus Leber, Herz und Lunge des Schweins. Selbst das Schlachtblut goß man nicht etwa fort, sondern bereitete daraus den sogenannten *sanguinaccio*. Diese Blutwurstspezialität wird – wie der Name bereits sagt – aus Schweineblut gemacht. Für mitteleuropäische Gaumen hat diese Wurst ein ausgeprägtes »Weihnachtsaroma«, denn ihr Volumen wird mit Nüssen, Pinienkernen, Dinkel, Kakao und Orangenschalen aufgepolstert.

Heute decken Abruzzen und Molise gemeinsam mit den anderen Regionen des italienischen Südens – also Kampanien, Apulien, die Basilicata, Kalabrien und die beiden Inseln Sardinien und Sizilien – etwas mehr als ein Viertel des Landesgesamtbedarfs an Wurst- und Schinkenspezialitäten. Dabei haben die abruzzesischen und molisanischen Produkte einen besonders guten Ruf, denn hier sind viele Kleinzüchter wieder dazu übergegangen, die Schweine weniger im Stall als immer öfter freilaufend zu halten. Diese Art der Tierhaltung verbessert den Geschmack des Fleisches entscheidend, denn die Tiere suchen sich Futter wie Eicheln und Kastanien in der Natur, anstatt auf die Küchenreste der Familie angewiesen zu sein. Außerdem ist man immer mehr zu den traditionellen Methoden der Schlachtung und der Wursterei zurückgekehrt – und inzwischen haben viele Städter, die sich freilich kein eigenes Schwein halten können, ihren privaten ländlichen Metzger entdeckt, von dem sie naturbelassene und erstklassige Ware beziehen, die es in keinem Supermarkt zu kaufen gibt.

In Mittel- und in Süditalien werden überwiegend Schafskäsearten und *pasta-filata*-Sorten aus Kuhmilch hergestellt. Gelegentlich wird auch Ziegenmilch verwendet, die der Käsemeister jedoch häufig mit Kuh- und/oder Schafsmilch mischt. Lediglich der berühmte *mozzarella di bufala,* eine Spezialität des Südens, besteht aus Büffelmilch. In den Abruzzen und im Molise produziert man hauptsächlich Pecorino, den berühmten Hartkäse aus Vollfettmilch vom Schaf. Doch in der Region werden auch drei *pasta-filata*-Käse: *scamorza, caciocavallo di Agnone* und *fior di latte* erzeugt. Die Bezeichnung *pasta filata* bezieht sich auf die Spezialbehandlung, die man dem Käsebruch angedeihen läßt. Die in warmer Molke gereifte Quarkmasse wird mit heißem Wasser überbrüht und intensiv geknetet, bis ein zusammenhängender, elastischer Teig entstanden ist, der lange Fäden ziehen kann.

Eine weitere Spezialität stellt der *burrino* oder *butirro,* wie er ganz im Süden heißt, dar. Es handelt sich hierbei um einen rundlichen Butterkern, der von einem Käsemantel umhüllt wird. Das Produktionsverfahren ist einfach: Man formt einen innen hohlen *pasta-filata*-Käse, in den man die Butterkugel setzt. Anschließend wird der Käse sorgfältig verschlossen und kann später entweder jung, gereift oder geräuchert genossen werden. Auf diese Weise ließ sich Butter haltbar machen. Ein Vorteil, der früher – als moderne Kühltechnik nur in sehr elaborierten Haushalten zu finden war – besonders in Mittel- und Süditalien geschätzt wurde.

1 Fior di latte
Fior di latte gleicht äußerlich Mozzarella, nur daß er nicht aus Büffelmilch, sondern aus Kuhmilch hergestellt wird. Die Käsekugeln sind weiß bis grauweiß und haben einen kompakten Teig, der in seinen Löchern oft noch Molke enthält. Dieser *pasta-filata*-Käse wird zwar das ganze Jahr über produziert, schmeckt jedoch im Frühjahr und im Sommer am besten.

2 Pecorino di Castel del Monte
Aus Schafsmilch hergestellt, muß dieser zylindrische Käse zwischen 40 Tagen und zwei Jahren reifen. Er hat eine nußbraune Rinde, der Teig ist hellgelb, von intensivem Aroma und pikantem Geschmack. Zwischen Ostern und August werden rund 1 000 Doppelzentner produziert.

3 Fior di monte
Die Milch dieses jungen Pecorino, der maximal 70 Tage reift, stammt von Schafen, die auf der Hochebene von Campo Imperatore am Gran Sasso weiden.

4 Caciocavallo di Agnone
Nach einer Reifezeit von drei Monaten bis drei Jahren bei konstanter Raumtemperatur und ständiger Belüftung weist dieser birnenförmige *pasta-filata*-Käse aus Kuhmilch eine harte, nußbraune Rinde und einen kompakten Teig auf. Sein Aroma ist intensiv, und er schmeckt anfänglich süß und cremig, bei längerer Reifung jedoch pikanter.

5 Scamorza
Scamorza ist ein birnenförmiger Frischkäse aus Kuhmilch, der innerhalb einer Woche verzehrt werden sollte. Er wird nach der *pasta-filata*-Methode hergestellt. Die Käsemasse ist weißlich und hat einen süß-sauren Geschmack. Der Käse wird zwar das ganze Jahr über hergestellt, die Hauptproduktion erfolgt jedoch in den Monaten Juli und August. Wie Mozzarella kann man ihn auch räuchern.

Caciofiore (ohne Abb.)
Caciofiore ist ein typischer Frischkäse Mittelitaliens. Der besondere Trick bei seiner Herstellung besteht darin, daß man nicht etwa das übliche Lab, sondern ein pflanzliches Gerinnungsmittel aus der Artischocke verwendet. In den Abruzzen wird dieser weiche Käse gelegentlich mit Safran angefärbt. Nach etwa zwei Wochen Reifezeit ist er bereit für Teller oder Küche.

Burrino (ohne Abb.)
Der *burrino* ist eine ausgesprochen sinnreiche Erfindung. In seinem Inneren verbirgt sich nämlich ein Herz aus Butter, die ansonsten in den heißen mittel- und süditalienischen Sommern kaum eine Chance hätte, sich länger als ein paar Tage zu halten. Der Käsemantel schützt die Butter jedoch zuverlässig vor dem Verderben. *Burrino* kann frisch, aber auch gereift oder geräuchert gegessen werden.

BONBONS, DRAGEES UND KONFEKT

Bereits im Altertum aßen die Menschen Konfekt: Die Chinesen, die Ägypter und später die Römer umhüllten Früchte, Blüten, Nüsse und Fruchtsamen mit Honig. Als der aus Persien eingeführte Zucker immer populärer wurde, gab man ihn zunächst dem Honigüberzug zu, ließ aber später den Honig ganz weg, um nun ausschließlich mit Zuckerglasuren zu arbeiten.

In Italien unterscheidet man zwischen hartem und weichem Konfekt, danach, ob diese drageeartigen Süßigkeiten einen festen oder einen flüssigen beziehungsweise cremigen Kern haben. Weiches Konfekt wird mit Likör, Mandelpaste oder aromatischen Cremes gefüllt. Manchmal kommen auch gelierte beziehungsweise kandierte Früchte dazu. Das Herzstück des harten Konfekts dagegen besteht aus einer geschälten oder gerösteten Süßmandel, Pistazie oder Haselnuß. Um den Kern zu ummanteln, bedient man sich einer *bassina*. Früher hing dieses halbkugelförmige und stets leicht vorgewärmte Kupfergefäß an einer Kette und wurde von Hand bewegt. Im Jahre 1850 konstruierte ein kluger Erfinder die erste *bassina* mit elektrischem Rührer. Die Nüsse werden zuerst mit Sirup oder Gummi arabicum behandelt, damit die Zuckerschichten halten. Dann werden sie in der *bassina* dragiert. Zunächst ist der Sirup geschmeidig, für die oberen Schichten muß er jedoch zähflüssiger sein. Sind die Überzüge durchgetrocknet, wird das Konfekt geweißt und poliert.

Beim weichen Konfekt muß die flüssige Füllung ins Innere des süßen Happens gegossen werden. Erst wenn dies geschehen ist, wird es mit einer Mischung aus Kakaobutter und Bindemittel (Gummi arabicum) auf Hochglanz gebracht.

Das Zentrum der abruzzesischen Konfektherstellung liegt schon seit der Zeit der Renaissance in Sulmona. Hier entstehen die unterschiedlichsten Dragees und Bonbons, die sich mit Seide, Plastik, buntem Papier, Draht und anderen Hilfsmitteln in Blumen und Blüten, in Getreideähren, in exotische Früchte und viele andere Dinge verwandeln lassen. Auch die Farbe des Konfekts ist wichtig, denn sie hat Symbolcharakter. Zur Hochzeit beziehungsweise zum 25jährigen oder 50jährigen Ehejubiläum gibt es weißes, silbernes oder goldenes Zuckerzeug, zur Taufe eines neuen Erdenbürgers – je nach Geschlecht – hellblaues oder rosafarbenes, zur bestandenen akademischen Abschlußprüfung rotes (in einem kleinen Stoffsäckchen, das die Wappenfarbe der jeweiligen Fakultät anzeigt) und schließlich gelbes Konfekt zur zweiten Eheschließung. Letzterer Brauch ist allerdings nicht besonders weit verbreitet.

Unten: Seit der Renaissance wird in Sulmona Konfekt auch zu Blumen und anderen Gebilden verarbeitet. Die Tradition stammt ursprünglich aus dem Kloster Santa Chiara.

Sulmona ist die Hauptstadt des Konfekts. Sechs Betriebe und zahlreiche Händler sind hier damit beschäftigt, die süßen Spezialitäten zu produzieren und in wunderhübschen Läden an den Käufer zu bringen.

BUNTE KUNSTWERKE

Die Zuckerbäcker aus den Abruzzen zählen nicht nur zu den besten der Welt, sondern sicher auch zu den kreativsten. Zur 500-Jahr-Feier zu Ehren der Entdeckung Amerikas hat die Firma Confetti D'Alessandro eine Karavelle aus Konfekt geschaffen, die sich heute im New Yorker Museum der Kolumbus-Stiftung befindet. Ebenfalls aus dieser Werkstatt stammen ein Baseballschläger, der anläßlich eines Italienbesuchs von Joe di Maggio angefertigt wurde, und die Tischdekoration des G-7-Gipfels in Neapel. Zu den besonderen Spezialitäten von Alessandro gehören die *panelle,* in denen das bunte Konfekt wie in einem Mosaik zu Bildern aneinandergesetzt ist. Wer mehr über die Konfektkunst in Sulmona erfahren möchte, kann das Konfektmuseum in der Firma Confetti Pelino besuchen.

U Dulcit

Der 300 Quadratkilometer große *Parco nazionale d'Abruzzo,* eines der vier abruzzesischen Naturschutzgebiete, hat eine eigene süße Spezialität zu bieten. In Italiens ältestem Nationalpark leben nicht nur Gemsen, Wölfe, Steinadler, Ottern und Luchse, sondern auch der seltene Apennin-Braunbär, der den Bäcker Antonio aus Civitella Alfedena zu seinem Bärenkuchen inspiriert hat. Unter dem Markennamen *U Dulcit – Il dolce del Parco* wird das schokoladenüberzogene Gebäck an seine vielen Fans verkauft.

Diese *panella* (Mosaikbild aus Konfekt) von Confetti D'Alessandro zeigt eine Werbung für die italienische Post.

Confetti D'Alessandro stellte auch diese *panella* zugunsten der Welthungerhilfe her.

Mit glitzernden Sternen verziert und in festlichem Rot und Grün gehalten wird dieser Strauß zum Weihnachtspräsent.

Hochzeitskonfekt muß wie dieser hübsche »Blumenstrauß« natürlich weiß sein.

Torrone von Nurzia

Irgendwann zwischen dem Ende des 18. und dem Beginn des 19. Jahrhunderts zog Gennaro Nurzia, seines Zeichens Fachmann für destillierte Liköre, von dem kleinen abruzzesischen Gebirgsdorf Arischia in die Hauptstadt, nach L'Aquila, wo er einen Laden eröffnete und seine Tätigkeiten bald auf die Süßwarenherstellung – speziell von Torrone – ausweitete. Einer seiner Nachfahren, Ulisse, schuf den *torrone Nurzia tenero al cioccolato,* eine für die damalige Zeit erstaunliche Kreation, die weder bei Wärme schmilzt, noch bei Kälte zu hart wird. Das Geheimnis liegt in einem alten, wohlgehüteten Rezept und in der exakten Dosierung der Zutaten.
Aus der Provinz Chieti wiederum stammt eine andere Torrone-Spezialität, die mit getrockneten Feigen zubereitet wird. Diese geschmacklich sehr kräftige und kalorienreiche Süßigkeit wird in den Abruzzen gern an kalten Wintertagen verzehrt. Inzwischen gibt es sogar Importeure außerhalb Italiens.

ZWISCHEN NORDEN UND SÜDEN

Während die Marken geographisch gesehen zu Mittelitalien gehören und in bezug auf ihre Weine den Übergang zwischen Nord- und Süditalien darstellen, kann man die Abruzzen durchaus zum Süden rechnen, auch wenn das den Abruzzesen manchmal gar nicht recht ist. Die Landschaft des Adria-Gebiets ähnelt weitgehend der der Marken, und auch beim Weinbau gibt es in Form der Montepulciano-Traube große Gemeinsamkeiten zwischen den beiden Regionen.

Wollte man die Abruzzen weinbaumäßig mit zwei Schlagworten charakterisieren, böten sich die Begriffe bergig und sortenarm an. Die Hügel am Fuße des mächtigen Gran Sasso d'Italia, der höchsten Erhebung der mittelitalienischen Bergkette, die als Apennin im Norden beginnt und hier als Abruzzen ihre Fortsetzung findet, sind bis auf eine Höhe von fast 600 Metern mit Rebkulturen belegt. Das führt zu einem guten Gleichgewicht zwischen wärmender Sonne und finessespendender Kühle, wie es im Zusammenspiel mit den richtigen Böden und vor allem Rebsorten große Weine ergibt.

Was die Rebsorten betrifft, so werden die Abruzzen bei den Weiß- wie den Rotweinen von einem Quasi-Monopol beherrscht. Eine Spielart der Trebbiano-Familie bildet das Ausgangsmaterial für die Herkunftsbezeichnung Trebbiano d'Abruzzo, deren Weine meist leicht und neutral ausfallen, wobei einige charaktervolle Vertreter sehr auffällige Aromen zeigen können, die aber wiederum nicht jedermanns Sache sind.

Die rote Sorte Montepulciano d'Abruzzo – nicht zu verwechseln mit den toskanischen Herkunftsbezeichnungen Rosso di Montepulciano und Vino Nobile di Montepulciano, die vorwiegend aus Sangiovese gekeltert werden – belegt den Großteil der abruzzesischen Weinbergsfläche und kann stoffige Weine mit geringer Säure und festen Tanninen hervorbringen. Die Verwechslungsgefahr zwischen dem Montepulciano der Abruzzen und dem Vino Nobile aus der Stadt Montepulciano wird übrigens noch größer, wenn man weiß, daß einige Forscher heute glauben, die Rebsorte Montepulciano sei nichts anderes als eine Spielart des Sangiovese.

Kräftige, körperreiche Vertreter des Montepulciano überraschen oft mit animalischen Aroma-Nuancen, die hervorragend zu Wildgerichten passen. Heutzutage werden die Weine jedoch meist eher fruchtbetont gehalten, man macht sie süffig und rund, anstatt ihre Tanninstruktur übermäßig zu betonen. Besonders ausgeprägt ist diese angenehme Fruchtigkeit bei der Rosé-Variante des Montepulciano, die unter dem Namen Cerasuolo verkauft wird. Die neue, eigenständige Herkunftsbezeichnung Controguerra – ein Gebiet, das früher zur DOC Montepulciano d'Abruzzo gehörte – sieht ebenfalls einige reinsortige Weine aus Reben vor, die früher nicht in dieser Region beheimatet waren.

Obwohl die Weinproduktion des benachbarten Molise das 600fache des Aostatals erreicht, liegt der Ausstoß an Qualitätsweinen nur um ein paar Hektoliter über dem der Alpenregion. DOC-Weine gibt es hier nur ausgesprochen wenige. Das Sortenspektrum wird wie in den Abruzzen von Montepulciano und Trebbiano geprägt, zu denen sich aber in den beiden einzigen Herkunftsbezeichnungen Biferno und Pentro di Isernia auch ein wenig Aglianico und Sangiovese gesellen können. Doch vermutlich greift die positive Entwicklung in den Abruzzen in den nächsten Jahren auch auf das Molise über, denn schon jetzt gibt es den einen oder anderen Erzeuger, der sich für die Wiederentdeckung und Pflege alter Reben sowie für neue Kellertechniken stark macht.

Rechts: In Reih und Glied ziehen die Rebstöcke an den Hängen im Schatten des Gran Sasso empor.

Das sorgfältige Anbinden der kurzgeschnittenen Fruchtruten ist eine traditionelle Weinbergarbeit in den Abruzzen.

Ofena ist eines der typischen kleinen Weinbau-Städtchen im abruzzesischen Hinterland.

In den Abruzzen werden selbst in großer Höhe noch Reben kultiviert.

Centerbe

Der Centerbe ist ein Destillat aus verschiedenen Pflanzen und Gewächsen, die in der Bergwelt der Abruzzen beheimatet sind. Ob nun wirklich 100 Kräuter zu seiner Herstellung gebraucht werden – wie es der Name des grünlichen Gebräus verspricht –, ist nicht bekannt, genauso wie die Mischung der Ingredienzen wohl ewig ein gut gehütetes Geheimnis der Hersteller bleiben wird. Getreu dem abruzzesischen Motto »je schärfer, desto besser«, brennt auch der Centerbe mächtig in der Kehle, und man meint fast, er sei ebenfalls mit Peperoncino gewürzt.

CAMPANIA

KAMPANIEN

Maccheroni und Spaghetti

Tomaten

Pizza

Miesmuscheln und anderes Meeresgetier

Mozzarella

Capri

Nüsse aus Irpinien

Babà und Pastiera

Im Schatten des Vesuv

Wenige Perlen am Vulkan

Benevento
Caserta
Kampanien
Neapel
Vesuv
1281 m
Pompeji
Salerno
Ischia
Eboli
Capri
Cilento

Neapel, das klingt nach buntem Italien – chaotisch, lautstark, sommerlich flirrend und voll ungebremster Lebensfreude, die selbst vulkanischer Bedrohung unerschrocken trotzt. Neapolitaner, so sagt man, verfügen über ein überbordendes Temperament und ein unerschöpfliches Reservoir an guter Laune, die sie die Wechselfälle ihres alles andere als einfachen Lebens mit stoischer Ruhe meistern läßt. Ob dieses Pauschalurteil nun zutrifft oder nicht, feststeht, daß man in der neapolitanischen Küche keineswegs Gelassenheit an den Tag legt. Hier möchte man möglichst schnell schmackhafte Ergebnisse sehen, in Neapel lebt man hektisch und wartet deshalb nicht gern aufs Essen. Kein Wunder, daß sich die kampanische Küche mit herrlich unkomplizierten Spezialitäten einen Namen gemacht hat. Die landwirtschaftlichen Produkte – Tomaten, Paprika, Frühlingszwiebeln, Kartoffeln, Artischocken, Fenchel, Zitronen oder Orangen –, die auf den fruchtbaren Lavaböden am Fuße des Vesuv und großzügig beschienen von der Sonne des Südens heranreifen, sind allesamt so gut, daß sie keine aufwendigen Verfeinerungen benötigen. Fisch und Meeresfrüchte können jeden Tag frisch aus dem Golf von Neapel oder den anderen Gewässern vor der Küste gezogen werden. Den Hartweizen, den man zur Herstellung der weltberühmten neapolitanischen Pasta benötigt, baut man selbst an oder importiert ihn aus dem nahegelegenen Apulien. Die Viehzucht liefert Fleisch für das obligatorische Ragù zur Pasta und sogar Büffelmilch, aus der man den unvergleichlich aromatischen Mozzarella Kampaniens gewinnt.

Nicht mehr und nicht weniger Zutaten brauchen die neapolitanischen Küchenzauberer, um die Glanzstücke ihrer Kochtradition aufzutischen: Gemüsegerichte, Omeletts, würzige Fischsuppen, Kurzgebratenes und natürlich die beiden Grundfesten der kampanischen Küche: Pasta und Pizza. Neapel hat Normannen, Staufer, Aragonesen, Anjou, Bourbonen und Savoyer erlebt, doch keine der fremden Mächte sollte sich in der Küche der Region ein dauerhaftes Denkmal setzen – abgesehen vielleicht von der Frankophonisierung um 1786, die mit der Einführung der französischen Etikette am Hofe einherging und den Wortschatz um küchentechnische Vokabeln wie *ragù* (Fleischsauce), *gattò* (Kuchen) und *crocchè* (Krokette) erweitert hat. Die kampanischen Eigenleistungen wie *Maccheroni alla napoletana, Pizza margherita, Insalata caprese, Mozzarella in carrozza* oder *Costoletta alla pizzaiola* sprechen für sich.

Vorhergehende Doppelseite: Echter Mozzarella wird, wie hier in der Käserei Vannulo, nicht aus Kuh-, sondern aus Büffelmilch hergestellt.

Links: Blick auf den Golf von Neapel, im Hintergrund ist die Insel Capri zu sehen, die jedes Jahr eine kleine, aber feine Gästeschar anzieht.

MACCHERONI UND SPAGHETTI

Auch wenn es immer wieder behauptet wird und sich viele Neapolitaner nur schwer mit der Wahrheit anfreunden können – die köstliche italienische Pasta wurde nicht am Fuße des Vesuv erfunden. Neapel hat die Nudel erst gegen Ende des 18. Jahrhunderts adoptiert und variiert sowie überaus erfolgreich für ihre Verbreitung gesorgt. Doch wer nun genau die Urheberschaft für die Teigwaren in Anspruch nehmen darf, ist bis heute nicht eindeutig entschieden. Die einen halten die Chinesen für die wahren Erfinder, die anderen die Römer. Antiken Quellen zufolge war in Rom eine *langanum* genannte Teigzubereitung aus Wasser und Mehl verbreitet. Ihr Nachfolger, die *langanella*, ist ein trockener Teig ohne Ei, den man noch heute in Kampanien kennt. Doch auch Sardinien und Sizilien warten mit frühzeitlichen Nudeltypen auf. Im 14. Jahrhundert spricht der Schriftsteller und Gelehrte Giovanni Boccaccio in seinem »Decameron« zwar von Nudeln, liefert aber keine genauere Beschreibung des Produkts.

Konkrete Hinweise auf Maccheroni oder Spaghetti im heutigen Sinne finden sich in einer Quelle vom Beginn des 17. Jahrhunderts. Darin wird von einem primitiven aber effizienten Gerät berichtet, mit dessen Hilfe man Pastateig zu langen, dünnen Nudeln ausziehen konnte. Erst zu Beginn des 19. Jahrhunderts etabliert sich in Neapel und Umgebung so etwas wie eine Nudelindustrie. Es ist die Zeit, in der fahrende Nudelhändler durch die Straßen ziehen und ihre Ware den Passanten anbieten. Im Jahre 1833 wohnte Ferdinand II., selbst ein großer Fan von Pizza und Pasta, der Eröffnung der ersten Fabrik bei, in der Teigwaren industriell hergestellt werden konnten. Damit war nicht nur der Grundstein gelegt für den bemerkenswerten wirtschaftlichen Aufschwung der Region, sondern auch für die bis heute andauernden ideologischen Meinungsverschiedenheiten zwischen den Anhängern hausgemachter Pasta auf der einen und den Befürwortern der Fabriknudeln auf der anderen Seite. Das 19. Jahrhundert war auch die Zeit, in der das blühende Neapel Maler, Schriftsteller und Reisende aus allen Teilen Europas anzog. Einer von ihnen, Alexandre Dumas der Ältere, entwirft ein zwar nicht unbedingt schmeichelhaftes, aber kulinarhistorisch um so interessanteres Sittengemälde des neapolitanischen Lebens jener Zeit – die Nudel spielt darin die Hauptrolle, und gierige Bürger schlingen sie unentwegt hinunter.

Die in jener Zeit neu eröffnete Nudelfabrik von Cesare Spadaccini sollte nicht die einzige ihrer Art bleiben. Rasch wurden die Herstellungsmethoden verbessert, und immer neue Betriebe nahmen rund um den Vesuv die Produktion auf. Gragnano, Torre Annunziata und Torre del Greco sind die Örtlichkeiten, die in Sachen *pasta secca* Pionierarbeit leisteten. Von hier aus eroberten kampanische Teigwaren die Welt. Die Nudel mauserte sich zu einer zeitgemäßen Ernährungsform, die man in anderen Teilen Europas zu Recht gern kopierte, denn sie ist bis heute einfach unübertroffen.

Das neapolitanische Straßenbild des 19. Jahrhunderts war geprägt von fahrenden Händlern, die verschiedenste Waren anboten. Sogar Spaghetti wurden auf diesem Wege verkauft.

Ein Wort zur Terminologie

Je nach Standort des Betrachters hat der Begriff *maccheroni* verschiedene Bedeutungen. In Süditalien meint man damit Nudeln in jeglicher Form. So fallen die langen, dicken *ziti* genauso in diese Kategorie wie Spaghetti, Penne und *linguine*. In Mittel- und in Norditalien steht *maccheroni* konkret für kürzere oder längere, recht dicke Hohlnudeln mit oder ohne geriffelter Oberfläche. Außerhalb Italiens benutzt man das Wort manchmal als nicht sehr freundliches Synonym für die Bewohner der Stiefelhalbinsel.

Pasta cacio e pepe

Nudeln mit Käse und Pfeffer
(Abbildung rechte Seite, links oben)

400 g Spaghetti (oder andere Nudeln)
100 g Caciocavallo, gerieben
frisch gemahlener schwarzer Pfeffer

Die Spaghetti *al dente* kochen, abgießen und einige Eßlöffel Kochwasser zurückbehalten. Die Nudeln in einer Schüssel großzügig mit Käse und Pfeffer bestreuen. So viel heißes Nudelwasser zugeben, daß der Käse schmilzt und leicht cremig wird. Gut vermischen und heiß servieren.

Spaghetti con le vongole

Spaghetti mit Venusmuscheln
(Abbildung rechte Seite, rechts oben)

1 kg frische Venusmuscheln
4–5 EL Olivenöl extra vergine
3 Knoblauchzehen, gehackt
200 g reife Tomaten, enthäutet und zerdrückt
400 g Spaghetti
Salz und frisch gemahlener schwarzer Pfeffer
2 EL gehackte Petersilie

Die Muscheln bürsten und mit wenig Wasser so lange kochen, bis sich die Schalen öffnen. Ungeöffnete Muscheln wegwerfen. Das Muschelfleisch auslösen, den Sud durch ein feines Sieb filtern und beiseite stellen. Olivenöl in einer Pfanne erhitzen, den Knoblauch kurz anbraten und wieder herausnehmen. Tomaten und den Muschelsud hineingeben, umrühren und 20 Min. kochen. Die Spaghetti in reichlich Salzwasser *al dente* kochen und abgießen. Die Muscheln mit Pfeffer und Petersilie unter die Tomatensauce mischen. Die Sauce über die Spaghetti geben und servieren.

Maccheroni alla napoletana

Maccheroni mit neapolitanischer Sauce
(Abbildung rechte Seite, rechts unten)

Für 6–8 Personen

1 kg Rindfleisch zum Schmoren
60 g Schweineschmalz
1 Möhre, in Scheiben geschnitten
2 Stangen Staudensellerie, in Scheiben geschnitten
2 Zwiebeln, in Ringe geschnitten
2 Knoblauchzehen, feingehackt
Salz und Pfeffer
500 ml trockener Weisswein
4 EL Tomatenmark
500 g Maccheroni
3 EL Olivenöl
300 g Caciocavallo (ersatzweise Mozzarella)
1 Bund frisches Basilikum
2 EL Butter

Das Rindfleisch mit Küchengarn in Form binden. In einem Bräter Schweineschmalz erhitzen und das Fleisch rundum anbraten. Möhre, Sellerie, Zwiebeln und Knoblauch zugeben und unter Rühren andünsten. Gemüse und Fleisch kräftig salzen und pfeffern. Nach und nach einen Teil des Weines angießen, zur Hälfte einkochen lassen, wieder Wein nachgießen. Tomatenmark einrühren und etwa 500 ml Wasser zufügen, so daß das Fleisch knapp bedeckt ist. Den Deckel halb auflegen und das Fleisch bei niedriger Hitze mindestens 3 Std. ziehen lassen, nur ab und zu sollte der Sud kurz aufköcheln. Den Braten herausnehmen; er kann als Hauptgang gereicht werden. Die Sauce aufkochen und mit Salz und Pfeffer abschmecken – sie sollte dunkel, sämig und kräftig sein. Die Gemüse in der Sauce mit einer Gabel zerdrücken. Die Maccheroni in etwa 5 cm lange Stücke brechen und in reichlich Wasser *al dente* garen. Abschütten und mit 2 EL Öl vermengen. Eine große, feuerfeste Form mit 1 EL Öl bepinseln und eine Lage Nudeln hineingeben. Reichlich mit Fleischsauce bedecken und mit dem in Scheiben geschnittenen Käse und Basilikumblättern belegen. Mit einer Lage Maccheroni bedecken und in dieser Reihenfolge fortfahren, bis alle Zutaten aufgebraucht sind. Einige Basilikumblätter zurückbehalten. Mit Sauce abschließen, darauf Butterflöckchen verteilen. Im vorgeheizten Backofen bei 200 °C etwa 10 Min. überbacken. Mit Basilikumblättern bestreuen und sofort servieren.

Pasta al pomodoro crudo

Nudeln mit rohen Tomaten
(Abbildung rechte Seite, links unten)

400 g Kirschtomaten
1 Knoblauchzehe, gehackt
1 EL gehacktes Basilikum
Olivenöl extra vergine
Salz und Pfeffer
400 g Spaghetti oder Rigatoni
Oregano
1 EL gehackte Petersilie

Tomaten, Knoblauch und Basilikum in eine Schüssel geben gut vermischen. Reichlich Olivenöl zugeben und mit Salz und Pfeffer abschmecken. Die Nudeln *al dente* kochen, abschütten und zu den Tomaten geben. Mit Oregano und Petersilie bestreuen, gut durchmischen und sofort servieren.

Der Süden Italiens versorgt nicht nur die eigenen Landsleute in den nördlicheren Regionen, sondern exportiert seine Tomaten in alle Welt. Die Tomate ist ein wichtiger Wirtschaftsfaktor, und die Investitionen der großen Lebensmittelkonzerne helfen teilweise, die im Süden chronisch angespannte Wirtschaftslage zu verbessern.

TOMATEN

Unter den Gemüsesorten ist die Tomate sicher die von den Italienern am meisten geliebte und am häufigsten verzehrte Vertreterin. Tomaten kommen fast jeden Tag, zu jeder Jahreszeit und in den unterschiedlichsten Zubereitungen auf den Tisch: als Zutat zu einer Nudelsauce, als Salat, als Beilage, gefüllt, gedünstet – den italienischen Köchen und Köchinnen fällt immer wieder etwas Neues ein. Inzwischen existieren weltweit rund 5000 Sorten dieser typisch mediterranen Frucht, und besonders in den Vereinigten Staaten bemühen sich Züchter und Biologen um neue Hybridformen, die noch widerstandsfähiger, schnell wachsender und gesünder sein sollen.

Obwohl die Tomate bereits Mitte des 16. Jahrhunderts aus der Neuen Welt nach Europa gelangte, blieben ihr die Küchentüren in den ersten 200 Jahren verschlossen. Auch im Königreich Neapel hielt man die roten Früchte zeitweise sogar für giftig und kultivierte die Pflanze als exotische Rarität in den Ziergärten. Erst gegen 1750 zogen die Stauden in die Gemüsegärten um – wohl nachdem man erkannt hatte, daß der aromatische *pomo d'oro,* der Goldapfel, sich hervorragend in die kulinarischen Traditionen am Fuße des Vesuv eingliedern ließ. Aus dieser Zeit stammt sogar ein Karnevalslied, in dem die neue Delikatesse erwähnt wird.

Auch wenn man davon ausgehen kann, daß die Tomate Mitte des 18. Jahrhunderts in Kampanien kultiviert wurde, sollte es noch eine Weile dauern, bis sie sich jene unanfechtbare Vorrangstellung erobert hatte, die sie heute zu einem unverzichtbaren Bestandteil der süditalienischen Küche macht. Doch nach und nach erzielten die Gemüsebauern immer bessere Zuchtergebnisse, und die Köche und Köchinnen begannen zu entdecken, wie vielfältig dieses Gartenprodukt verwendet werden konnte. Fortan war die Tomatenbegeisterung nicht mehr zu stoppen. Sogar der Spitzname der Neapolitaner wurde geändert, um den neuen Ernährungsgewohnheiten Rechnung zu tragen: Aus den *mangiafoglie,* den Blätteressern, wurden die *mangiamaccheroni,* denn statt Salat und Gemüse kamen nun hauptsächlich Nudeln mit Tomatensauce auf den Tisch.

Tomaten können nur von Sommer bis Spätherbst geerntet werden. In der restlichen Zeit des Jahres jedoch wollten die Neapolitaner auch nicht mehr auf sie verzichten und begannen Verfahren zur Konservierung zu entwickeln. Aus dem 19. Jahrhundert stammen sogar gelehrte Traktate italienischer Wissenschaftler, die sich mit dem gebührenden Ernst der Frage annahmen, wie eine ganzjährige Tomatenversorgung sicherzustellen sei.

Im 20. Jahrhundert schließlich entstand rund um die Stadt am Vesuv ein ganzer Industriezweig, der sich auf den Anbau und die Weiterverarbeitung der gefragten Nachtschattengewächse spezialisiert hatte. Die besten Sorten der Region wurden durch Auswahl und Züchtung so weit optimiert, daß sie hohe Erträge bei bester Qualität lieferten. Die bekannteste Tomate aus Kampanien ist sicherlich die San Marzano. Diese leuchtendrote Sorte bringt kleine, birnenförmige, fleischige und saftige Früchte mit dünnen Schalen und wenig Kernen hervor, die sich sowohl für die industrielle Weiterverarbeitung als auch für alle häuslichen Zubereitungen eignen.

Tomatenprodukte

Die Emilia-Romagna und Kampanien waren die Vorreiter der tomatenverarbeitenden Industrie. Im nördlichen Parma gibt es sogar einige Maschinenbauer, die sich auf die Herstellung der entsprechenden Großgeräte konzentrieren. Italien ist heute der weltweit führende Lieferant für hochwertige Tomatenkonserven. Allein aus der kampanischen Provinz Salerno wandern jährlich 25 Millionen Zentner der roten Früchte auf die Fließbänder. Insbesondere jenseits der Alpen gehören die eingedosten San-Marzano-Qualitäten zu den Favoriten der Hobbyköche, denn die konservierten Früchte aus dem Süden schmecken oft aromatischer als die frischen Tomaten aus einem jenseits der Alpen gelegenen Gewächshaus.

Neben den *pomodori pelati,* den geschälten Tomaten im Glas oder in der Dose, werden auch *concentrato di pomodoro, passata di pomodoro* und *polpa di pomodoro* angeboten. *Concentrato di pomodoro,* das in den deutschsprachigen Ländern unter dem Namen Tomatenmark rangiert, gibt es in verschiedenen Konzentrationen. Eine sizilianische Spezialität dagegen ist der *estratto di pomodoro* (Tomatenextrakt), der vier- bis sechsfach so stark konzentriert ist wie gängiges Tomatenmark. *Passata di pomodoro* wiederum ist ein Produkt aus abgebrühten, enthäuteten und fein passierten Tomaten, das dicker als Tomatensaft und flüssiger als Tomatenmark ist. Ein im Ausland bislang noch weniger verbreitetes Produkt ist die *polpa di pomodoro.* Sie ähnelt in der Konsistenz der *passata,* enthält jedoch ganze Stücke des Tomatenfruchtfleischs.

Tomatenkonzentrat oder Tomatenmark *(concentrato di pomodoro)* sorgt für extra Tomatengeschmack.

Eine Grundzutat für rasch zubereitete Tomatensaucen sind die konservierten Tomatenstücke, *polpa di pomodoro.*

Geschälte Tomaten *(pomodori pelati)* müssen vor der Weiterverarbeitung meist entkernt und geschnitten werden.

Passierte Tomaten *(passata di pomodori)* sind ein küchenfertiger dicker Tomatensaft.

Italienische Tomatensorten

San Marzano
Die länglichen oder eiförmigen Früchte der Sorte San Marzano verwendet man zum Einmachen und Trocknen oder für frisch zubereitete Nudelsaucen. Die San Marzano hat festes, süßliches Fruchtfleisch.

Sorrento
Diese Variante der bekannten San-Marzano-Tomate ist weicher und wird deshalb ausschließlich zur Herstellung von Tomatenkonserven verwendet, die für den Export bestimmt sind.

Casalino
Casalino ist eine kleine, in Trauben wachsende Tomate mit süßem Geschmack. In früheren Zeiten wurde sie im Keller gelagert, an der Decke aufgehängt und so den ganzen Winter über konserviert.

Pomodoro di Cerignola
Der Pomodoro di Cerignola gehört zur großen Gruppe der Kirsch- oder Cocktailtomaten. Er schmeckt süßlich-aromatisch und kann roh in Salaten oder kurz gedünstet in Saucen verwendet werden.

Marena
Wie die anderen Südtomaten wird auch die Sorte Marena herrlich reif, rot und süß. Allerdings stellt sie recht hohe Ansprüche an die Verhältnisse und braucht neben viel Sonne einen kalireichen Boden.

Roma
Die Sorte Roma braucht ebenfalls kalireiche Böden und ist damit eine typische Tomate des Südens. Sie eignet sich sehr gut zum Konservieren, indem man sie einmacht oder trocknet.

Pachino
Die italienischen Cocktail-Tomaten, auch *ciliegini* genannt, sind nach dem sizilianischen Ort Pachino benannt, weil dort die besten ihrer Art wachsen. Der Geschmack der Pachino ist intensiv und ein bißchen sauer.

Perino
Der längliche Perino mit fester Schale und festem Fruchtfleisch wird gern in der Lebensmittelindustrie verwendet und landet meist als *pomodoro pelato,* als geschälte Tomate, in der Dose.

Sardo
Eine Variante, die in allen Töpfen, Pfannen und Salatschüsseln einsetzbar ist. Sie reift im Winter und ihr ausgesprochen aromatisches Fruchtfleisch empfiehlt sie vor allem für den Verzehr im rohen Zustand. Im Moment versucht man, sie als gelbe Tomate zu züchten.

Ramato
Ihren Namen erielt diese Tomate, weil sie an *rami,* starken Ästen wächst, an denen jeweils mehrere der bis zu 130 Gramm schweren, glutroten Früchte hängen. Sie läßt sich leicht schälen und kann in der Küche vielfältig verwendet werden.

Napoli
Diese Sorte braucht kalireiche Böden, wie etwa die Lavaerde rund um den Vesuv. Sie ist etwas kleiner und runder als die San Marzano.

Palla di Fuoco
Die Palla di Fuoco, was Feuerball bedeutet, ist ebenfalls eine Sorte, die man im Norden bevorzugt. Sie schmeckt besonders gut als Tomatensalat oder im *Insalata mista.*

Cuore di Bue
Ein Cuore di Bue (Ochsenherz) kann ein Gewicht von 250 Gramm erreichen. Diese Sorte ist reich an Fruchtfleisch, hat aber recht wenige Kerne. Cuore di Bue ist eine ausgesprochene Salattomate und wird ausschließlich roh verzehrt. In Norditalien ißt man sie gern auch im noch grünlichen Zustand, wenn sie mehr Säure hat als in der Reife. Das »Ochsenherz« wird mit etwas Öl, Salz und Pfeffer zu einer echten Köstlichkeit.

Tomatenkonserven hausgemacht

Die Herstellung von Tomatenkonserven *alla casalinga* ist in Anbetracht der heutigen Versorgungslage eigentlich gar nicht mehr nötig, denn in ganz Italien stehen hochwertige Industrieprodukte zur Verfügung. Dennoch wird sie immer noch in vielen Gegenden Süditaliens praktiziert. Da Tomaten jeden Tag in der Küche gebraucht werden, bedarf es eines entsprechend großen Vorrats, wenn man Winter und Frühjahr ohne saisonale Engpässe überstehen will. Das Einkochen der aromatischen roten Früchte und die Herstellung von Tomatenpüree sind dabei die arbeitsintensivsten Konservierungsmethoden. Um die anfallenden Tomatenberge zu bewältigen, bitten sich im Spätsommer Freundinnen und Nachbarinnen wechselseitig um Mithilfe, bis in allen Haushalten die Konserven für den Winter hergestellt sind. Als Gegenleistung gibt es nach getaner Arbeit ein gemütliches Abendessen, bei dem der neuste Klatsch und Tratsch aus dem Dorf oder Viertel ausgetauscht wird.

Das Einkochen

Beim häuslichen Einkochen kann eigentlich nicht von einer Sterilisation gesprochen werden, wie sie in den Lebensmittelfabriken unter hohen Druck- und Temperaturverhältnissen erreicht wird, sondern eher von einer sanften Pasteurisierung des Einmachguts durch Hitzeeinwirkung. Man stellt dazu die gefüllten Gläser »bis zum Hals« ins Wasser, das heißt, der Wasserspiegel muß höher liegen als der Tomatenspiegel im Inneren der Behälter, denn nur so ist sichergestellt, daß die Hitze sich gleichmäßig verteilt. Man kann das Wasser auch salzen, um seinen Siedepunkt zu erhöhen und noch effizienter zu pasteurisieren. Die Gläser sollten durch Tücher oder Zeitungsstreifen geschützt werden, damit sie nicht gegeneinanderschlagen und zerbrechen. Bei mittlerer Hitze sollten etwa 40 Minuten Kochzeit gerechnet werden, hat man jedoch sehr große Behälter gewählt, erhöht sie sich entsprechend. Nach der Pasteurisierung dürfen die Gläser nicht sofort aus dem Wasser genommen werden, sondern müssen erst etwas abkühlen. Hat sich die Hausfrau erneut vergewissert, daß alle Deckel festsitzen und luftdicht schließen, können die Konserven kühl und trocken eingelagert werden.

Pomodori pelati – geschälte Tomaten

Das Waschen, Enthäuten und Einkochen von frisch geernteten Tomaten kann gut und gern einen kompletten Arbeitstag in Anspruch nehmen. Außer tatkräftiger Unterstützung benötigt man dazu sehr viel Wasser, um die Früchte vor der weiteren Verarbeitung zu waschen, jede Menge saubere, trockene Glasbehälter mit gut schließenden Deckeln, einige große Schöpflöffel und schließlich geräumige Töpfe und Pfannen, um die Konserven darin zu sterilisieren.

Zunächst werden die Tomaten in kochendem Wasser etwa zehn Sekunden lang überbrüht und danach mit kaltem Wasser abgeschreckt, damit sich die Haut vom Fruchtfleisch löst. Die abgezogenen Tomaten werden möglichst eng in die bereitgestellten Glasbehälter geschichtet, damit keine Luftblasen entstehen. Miteingelegte Basilikumblätter verleihen der Konserve einen unnachahmlichen Duft. Sind die Gläser gut gefüllt, kommen sie ins heiße Wasserbad.

Passata di pomodoro – Tomatenmark aus Eigenproduktion

Um hausgemachtes Tomatenpüree auf Vorrat herzustellen, wählt man die schönsten und saftigsten Früchte aus. Sie werden in grobe Stücke geschnitten und mit Basilikum und Salz in einem großen Topf bei niedriger Hitze so stark eingekocht, daß eine dicke Sauce entsteht. Zum Glück muß man heute die dampfende Masse nicht mehr durch ein Sieb streichen, sondern kann sich kurbelbetriebener Passierhilfen bedienen, die ebenso schnell wie effektiv Schalen, Kerne und Strünke zurückhalten. Die bereitstehenden Gläser sollten randvoll mit der Paste gefüllt und gut verschlossen werden. Danach werden sie wie die Gläser mit den *pomodori pelati* pasteurisiert.

Pasta al pomodoro cotto

Nudeln mit Tomatensauce

7 EL Olivenöl
1 Zwiebel, gehackt
750 g Tomaten, enthäutet
1 EL gehacktes Basilikum
Salz und frisch gemahlener schwarzer Pfeffer
400 g Spaghetti
geriebener Parmesan oder Pecorino

Das Olivenöl in einer schweren Pfanne erhitzen und darin die gehackte Zwiebel glasig dünsten. Die in Stücke geschnittenen Tomaten und das Basilikum zugeben. Mit Salz und Pfeffer abschmecken. Bei niedriger Hitze 30 Min. kochen.

Die Spaghetti in reichlich Salzwasser *al dente* kochen und abgießen. Die Nudeln auf Tellern anrichten, Tomatensauce darüber gießen und mit Käse bestreuen.

Zuppa di pomodoro

Tomatensuppe

1 kg frische, reife Tomaten
2 Zwiebeln
3 Knoblauchzehen
1 Bouquet garni (einige Stengel Petersilie, Rosmarin, Majoran, Basilikum, Thymian und Salbei, mit Küchengarn fest zusammengebunden)
1/4 l Fleischfond oder Gemüsebrühe
Salz
Pfeffer aus der Mühle
4 EL Sahne nach Belieben

Die Tomaten blanchieren, enthäuten, entkernen und in Stücke schneiden. Die Zwiebeln fein würfeln, den Knoblauch hacken. Olivenöl in einem schweren Topf erhitzen und die Zwiebeln darin glasig dünsten. Den Knoblauch zugeben und kurz weiterdünsten. Die Tomaten und das Bouquet garni zugeben und alle Zutaten 30–45 Min. leise köcheln lassen.

Das Bouquet garni entfernen und das entstandene Tomatenmus durch ein Sieb streichen. Fleischfond angießen und die Suppe aufkochen lassen. Mit Salz und frisch gemahlenem Pfeffer abschmecken. Falls gewünscht, Sahne steif schlagen und jeden Teller Suppe mit einem Löffel Sahne garnieren.

Im Zeitalter der Konserve ist selbstgemachtes Gemüse ein Luxus, der leicht gelingt und köstlich schmeckt.

Sauberkeit ist oberstes Gebot. Das Einmachglas und der Dichtungsring sollten in sprudelndem Wasser abgekocht werden.

Die Tomaten werden an der Oberseite kreuzweise eingeritzt. Das geht am besten mit einem scharfen, kurzen Küchenmesser.

Mit Hilfe eines Schöpflöffels läßt man die Tomaten vorsichtig in sehr heißes, aber nicht sprudelnd kochendes Wasser gleiten.

Wenn sich nach kurzer Zeit die Schalen an den eingeritzten Stellen aufrollen und lösen, die Tomaten aus dem Wasser nehmen.

Nun die Tomatenschale vorsichtig abziehen. Je weniger Fruchtfleisch dabei beschädigt wird, desto appetitlicher ist das Ergebnis.

Die gehäuteten Tomaten werden in das Einmachglas geschichtet. Wer möchte, kann Basilikumblätter oder Lorbeer zugeben.

Dann werden die Tomaten mit Wasser, wahlweise auch Essigwasser übergossen und müssen dabei völlig bedeckt sein.

Oben: Im sprudelnd kochenden Wasserbad wird die Tomatenkonserve haltbar gemacht. Unten: Die fertigen hausgemachten *pomodori pelati* halten sich zwar einige Monate, sollten aber, wie andere eingemachte Vorräte auch, kühl und trocken lagern und regelmäßig auf ihren einwandfreien Zustand kontrolliert werden.

Tomaten für den Winter

Um einen Vorrat an frischen, ganzen Tomaten bis weit in den Winter hinein zur Verfügung zu haben, hängt man die kleinen, rundlichen Buschtomaten, die grün geerntet werden, zum Reifen und anschließenden Trocknen an einen luftigen und regengeschützten Ort. Fast alle kampanischen Balkone und Fenster sind in den kalten Monaten mit roten Tomatenzöpfen geschmückt. Mit diesen getrockneten, geschmacksintensiven Früchten lassen sich Tomatensaucen zubereiten und Suppen verfeinern.

Pomodori secchi – sonnengetrocknete Tomaten
Im Gegensatz zu *pomodori pelati* und *passata di pomodoro* sind *pomodori secchi* relativ schnell zuzubereiten. Man schneidet die vollreifen, nicht zu großen Früchte in zwei Hälften, salzt sie leicht ein, legt sie auf ein Rost und überläßt sie an einem sonnigen Plätzchen sich selbst. Schon nach wenigen Tagen sind die saftigen Früchte eingetrocknet und können jetzt, zur Konservierung ihres konzentrierten Geschmacks, in gutem Olivenöl oder in einer ganz individuellen Würzmischung eingelegt werden. Wer die Tomaten aus Platzmangel oder anderen Gründen nicht selber trocknen kann, kauft sich die schrumpelige Ware auf dem Markt – denn die eingelegten Trockentomaten nach dem Rezept von *mamma* oder *nonna* gehören zum kampanischen Winter einfach dazu.

Unten: Sonnengetrocknete Tomaten können zusammen mit Knoblauch und Kräutern in Öl eingelegt werden. Als kleiner Appetithappen rufen sie in den Wintermonaten die Aromen des Sommers auf die Zunge zurück. Vor dem Servieren läßt man sie kurz abtropfen und reicht frisches Brot dazu.

PIZZA

Die Spuren der Pizza lassen sich bis in die Römerzeit zurückverfolgen, als man bereits eine Art Focaccia, die sogenannte *picea*, buk. Um die Wende vom ersten zum zweiten Jahrtausend hatte sich der Name *piza* zwar bereits durchgesetzt, doch das flache, runde Gebilde aus dem frühmittelalterlichen Ofen glich noch sehr einem gewöhnlichen Fladenbrot, und der Weg bis zur echten neapolitanischen Pizza mit Tomatensauce, Sardellen, Kapern und Mozzarella war noch weit. Was Emanuele Rocco in seinem 1858 erschienenen Buch »Usi e costumi di Napoli e contorni« (Sitten und Gebräuche Neapels und der Umgebung) beschreibt, klingt eher nach dem kulinarischen Bestseller, wie wir ihn heute kennen. Roccos Pizzarezept besagt lapidar, daß man einen mit dem Nudelholz ausgerollten oder mit den Händen flachgedrückten, runden Teig mit allem belegen könne, »was einem gerade in den Sinn käme«, Öl oder Schmalz zufügen solle, um dann das Ganze im Ofen zu backen. Dem folgt eine Aufzählung der verschiedenen Zutaten – gehackter Knoblauch, geriebener Käse, einige Blätter Basilikum, feingeschnittene Fische und etliche Scheiben Mozzarella – sowie die Erwähnung der Möglichkeit, den belegten Teig einmal über die Hälfte zu falten, also etwas herzustellen, das wir heute beim Italiener an der Ecke als Pizza calzone bestellen würden.

Der Text aus dem 19. Jahrhundert läßt auch die Backstuben der Pizzabäcker nicht unerwähnt, aus denen traditionell ein so verführerischer Duft strömte, daß selbst Neapels gekrönte Häupter nicht widerstehen konnten. Um herauszufinden, was es mit dieser neuen Spezialität auf sich habe, besuchte der Bourbonenkönig Ferdinand I., entgegen allen Regeln des Protokolls, die Backstube eines gewissen Antonio Testa und kam prompt auf den Geschmack. Da die Königin von der Pizzaleidenschaft ihres Gatten alles andere als begeistert war, sah sich der König gezwungen, sich als einfacher Bürger verkleidet in die Pizzerien der Stadt zu schleichen. Salonfähig wurde die runde Köstlichkeit erst mit dem nächsten Bourbonen. Als Ferdinand II. Don Domenico Testa, einen weiteren verdienten *pizzaiolo*, beauftragte, zu Ehren der Damen des Hofes seine Kunst in den Gärten des herrschaftlichen Anwesens Capodimonte vorzuführen, konnte er sich der vollen Unterstützung seiner Frau sicher sein. Don Domenicos Pizza begeisterte den König sogar so sehr, daß er dem Pizzabäcker den Titel *monzù* gewährte. Diese ehrenvolle Anrede, eine Verballhornung des französischen *monsieur*, war im Neapel des 18. Jahrhunderts eigentlich den in den reichen Haushalten beschäftigten *chefs de cuisine* aus Frankreich vorbehalten. Ferdinand II. soll die Gerichte der kampanischen Küche – allen voran die Pizza – aber so sehr geliebt haben, daß er in unmittelbarer Nähe des Palastes spezielle Pizzaöfen errichten ließ, um jederzeit sich selbst und seine Gäste mit dieser Köstlichkeit verwöhnen zu können.

Nach den Bourbonen übernahmen 1861 die Savoyer die Herrschaft. Italien war auf dem Weg zur nationalen Einigung, und Umberto I. und seine Gemahlin

Im Jahre 1923 erreichen 2 447 italienische Auswanderer per Schiff New York.

Die Heimat verlassen – aus Not

Der italienische Süden gehört bekanntlich zwar auch heute noch zu den ärmeren Regionen Italiens, doch gegen Ende des 19. Jahrhunderts konnte man von regelrechten Hungerepidemien sprechen. Die Äcker gaben nur wenig her, und aufgrund der schwachen industriellen Infrastruktur waren Arbeitsplätze eher selten. Kein Wunder, daß zwischen 1899 und 1910 rund zwei Millionen Süditaliener keinen anderen Ausweg mehr wußten, als ihre Heimat zu verlassen und ihr Glück jenseits des Ozeans zu suchen – in den Vereinigten Staaten.

Etwa 500 000 der Neuankömmlinge blieben in New York und kreierten dort nach und nach ein Viertel, das bald unter dem Namen Little Italy bekannt wurde. Die italienischen Familien, geplagt vom Heimweh, hielten fest zusammen und bemühten sich, auch in der Fremde ihre Traditionen zu wahren. Eine dieser Traditionen war die Kochkunst, die die Leute aus Neapel, Bari und Sizilien mitbrachten. Zunächst versuchten sich die Einwanderer – durchaus erfolgreich – als kleine Importeure von Wurst, Käse und Schinken aus ihrer Heimat. Andere zogen mit Handkarren durch die Straßen New Yorks und verkauften exzellentes Obst und Gemüse. Im Jahre 1930 verbot der damalige Bürgermeister Fiorello La Guardia den Verkauf von Lebensmitteln unter freiem Himmel. Dies hinderte die italienischen Händler jedoch nicht an ihren Aktivitäten. Viele hatten inzwischen so viel Geld zusammengespart, daß sie sich einen kleinen Laden leisten konnten. Der Handel mit importierten Waren sollte allerdings nicht der einzige Geschäftszweig bleiben, in dem sich die Italiener hervortaten. 1905 eröffnete Gennaro Lombardi die erste New Yorker Pizzeria. Der lecker belegte Teigfladen wurde über Nacht zu einem Riesenerfolg, und viele andere *pizzaioli* folgten Lombardis Beispiel.

Pizzateig besteht aus Mehl, Hefe, Wasser und Salz. Wichtig ist, daß er genug Zeit zum Aufgehen bekommt.

Der Teig, der schön elastisch und nicht zu fest sein sollte, wird in gleichmäßige Pizzaportionen unterteilt.

Die Teigportionen werden mit den Handflächen flachgedrückt. Wer möchte, kann auch ein Nudelholz verwenden.

Pizza kann individuell belegt werden, erlaubt sind alle Kombinationen. Hier kommen zuerst Tomaten- und Paprikawürfel ...

... und dann Mozzarellawürfel auf den Teig. Selbst beim Käse kann es Alternativen wie Ricotta oder Parmesan geben.

Die fertig belegte Pizza kann zum Schluß noch mit etwas Olivenöl beträufelt werden. Dann geht es ab in den Ofen.

Margherita wurden in der Stadt am Vesuv anläßlich ihres Besuchs im Jahre 1889 mit allen Ehren empfangen. Als die Königin nach einer Pizza verlangte, buk der Pizzabäcker Raffaele Esposito eine Kreation aus grünem Basilikum, weißem Mozzarella und roten Tomaten – das Werk in den Nationalfarben des entstehenden Staates nannte er Pizza Margherita.

Merkwürdigerweise blieb die Pizza lange Zeit eine regionale Leidenschaft. Während sich andere kampanische Produkte wie etwa die Hartweizennudel oder die Tomate langsam aber sicher nach Norden ausbreiteten, mußte der lecker belegte Teigfladen, den man in Neapel beim Straßenpizzabäcker im Vorbeigehen kaufte und als kleinen Snack zwischendurch aß, erst einen Umweg über New York machen. Dort nämlich eröffnete im Jahre 1905 die erste neapolitanische Pizzeria der USA. Dem kleinen Laden sollte ein gigantischer Erfolg beschieden sein. In den sechziger Jahren hatte sich die Pizza nicht nur in den USA durchgesetzt, sondern wurde auch in Nordeuropa begeistert vertilgt. Nur in Italien kannte man sie – abgesehen von Neapel – immer noch nicht. Erst in den siebziger und achtziger Jahren schaffte der nahrhafte Imbiß den Einzug in Rom und in die nördlichen Landesteile. Inzwischen jedoch ist Pizza sogar im Guinness-Buch der Rekorde verzeichnet, denn die Pizzabäcker-Innung organisiert regelmäßig Schauwettkämpfe, in denen die geschicktesten *pizzaioli* nicht nur für ihre ausgefallenen Kreationen ausgezeichnet werden, sondern auch für ihre bisweilen akrobatischen Fähigkeiten im Hochwerfen und Wiederauffangen der dünnen Teigfladen.

Pizza ist heute weltweit in aller Munde und hat vielleicht sogar den im Ausland als »uritalienisch« betrachteten Spaghetti den Rang abgelaufen. Selbst in den abgelegensten europäischen Städtchen gibt es mindestens eine Pizzeria, und in den Metropolen wirbt inzwischen ein Heer von flinken Pizzakurieren mit bunten Handzetteln um Kundschaft. In den USA haben sich ganze Ketten auf die runde Köstlichkeit aus der Alten Welt spezialisiert – wenn auch mit zum Teil sehr phantasievollen und nicht immer orthodox italienischen Zubereitungen. Die Supermärkte halten Tiefkühlpizza in allen Variationen und Preisklassen bereit, und wer sich selbst als *pizzaiolo* versuchen möchte, kann sich mit den erforderlichen Zutaten wie Mehl, Hefe, Wasser, Salz, Tomaten, Mozzarella, Kapern, gesalzene Sardellen und eventuell Oregano und Basilikum bequem auf dem nächsten Markt eindecken.

Pizzateig

30 g frische Hefe
125 ml lauwarmes Wasser
500 g Weizenmehl
1/2 TL Salz
Mehl zum Ausrollen
Olivenöl

Die Hefe in einer kleinen Schüssel in etwas lauwarmem Wasser auflösen, 2–3 EL Mehl zugeben und zu einem glatten Vorteig rühren. Mit einem Tuch bedecken und an einem warmen Ort 30 Min. gehenlassen.

Das restliche Mehl auf die Arbeitsfläche sieben und mit dem Vorteig vermischen. Leicht salzen und kräftig durchkneten. Es soll ein fester, aber noch weicher Teig entstehen. Den Teig 10 Min. weiterkneten, so daß er sehr elastisch wird. Dabei nach und nach lauwarmes Wasser zugeben. Den Teig in 4 gleich große Stücke teilen, mit etwas Mehl bestäuben und an einem warmen Ort zugedeckt etwa 2 Std. gehen lassen. Die Teigviertel entweder von Hand oder mit einem Nudelholz auf der bemehlten Arbeitsfläche zu 0,5 cm dicke Fladen ausrollen. Ein Backblech mit Öl einfetten, die Pizzen darauf legen, mit den gewünschten Zutaten belegen. Im vorgeheizten Backofen bei sehr hoher Hitze (etwa 280 °C) 15–20 Min. backen.

Links: Pizza schmeckt am besten, wenn sie in einem holzbefeuerten Steinofen gebacken wird, denn nur dort wird die erforderliche Temperatur von rund 400 Grad Celsius erreicht. Ist der Teig kroß und knusprig, der Käse gut verlaufen, ist die Pizza fertig.

Pizza alla napoletana
Pizza aus Neapel

160 g vollreife Tomaten
8 gesalzene Sardellen
120 g Mozzarella
1 EL Oregano
4 EL Olivenöl extra vergine

Die Tomaten enthäuten, entkernen und in kleine Würfel schneiden. Die Sardellen abspülen und entgräten. Mozzarella in Würfel schneiden. Den Pizzateig (siehe S. 345) mit den Zutaten belegen, mit Oregano bestreuen und mit Olivenöl beträufeln.

Pizza alle cipolle
Pizza mit Zwiebeln

100 g vollreife Tomaten
2 Zwiebeln
12 Sardellenfilets
16 entsteinte schwarze Oliven
16 Kapern
8 Basilikumblätter
4 EL Olivenöl extra vergine

Die Tomaten enthäuten, entkernen und in kleine Würfel schneiden. Zwiebeln in feine Ringe schneiden und in einer Pfanne mit etwas Olivenöl andünsten. Die anderen Zutaten mit Ausnahme der Basilikumblätter zugeben. Den Pizzateig (siehe S. 345) mit der Mischung belegen und darauf die Basilikumblätter verteilen.

Pizza Margherita
Pizza mit Tomaten, Mozzarella und Basilikum

150 g Mozzarella
100 g vollreife Tomaten
12 Basilikumblätter
3 EL Olivenöl extra vergine
Salz und Pfeffer

Den Mozzarella in Würfel schneiden, die Tomaten enthäuten, entkernen und in kleine Würfel schneiden. Mozzarella und Tomaten auf dem Pizzateig (siehe S. 345) verteilen, mit Basilikumblättern belegen, mit Olivenöl beträufeln, salzen und pfeffern.

Pizza aglio, olio e peperoncino
Pizza mit Knoblauch, Öl und Peperoncino

4 EL in Scheiben geschnittene Knoblauchzehen
1 EL Oregano
2 Peperoncino, feingehackt
3 EL Olivenöl extra vergine

Knoblauch, Oregano und Peperoncino auf dem Pizzateig (siehe S. 345) verteilen und mit Olivenöl beträufeln.

Pizza al prosciutto
Pizza mit gekochtem Schinken

100 g vollreife Tomaten
150 g Ricotta
150 g gekochter Schinken
2 EL Olivenöl extra vergine

Die Tomaten enthäuten, entkernen und in kleine Würfel schneiden. Ricotta zerbröseln und den Schinken in kleinere Stücke schneiden. Den Pizzateig (siehe S. 345) damit belegen und mit dem Olivenöl beträufeln.

Pizza alla parmigiana
Pizza mit Parmesan

100 g vollreife Tomaten
80 g Parmesan
150 g Ricotta
3 EL Olivenöl extra vergine
Salz

Tomaten enthäuten, entkernen und in kleine Würfel schneiden. Den Parmesan hobeln und den Ricotta zerbröseln. Die Zutaten auf dem Pizzateig (siehe S. 345) verteilen. Mit Olivenöl beträufeln und leicht salzen.

Pizza ai formaggi
Pizza mit verschiedenen Käsesorten

60 g Provolone
60 g Parmesan
60 g Gruyère
60 g Pecorino
100 g vollreife Tomaten
4 EL Olivenöl extra vergine
Salz

Die verschiedenen Käsesorten in Scheiben schneiden oder hobeln. Die Tomaten enthäuten, entkernen und in kleine Würfel schneiden. Zutaten auf dem Pizzateig (siehe S. 345) verteilen. Mit Olivenöl beträufeln und salzen.

Pizza alla rucola
Pizza mit Rucola

100 g vollreife Tomaten
80 g Rucola
100 g geräucherter Scamorza
80 g geräucherter Speck
3 EL Olivenöl extra vergine

Die Tomaten enthäuten, entkernen und in kleine Würfel schneiden. Rucola waschen, Scamorza und Speck in dünne Scheiben schneiden. Alle Zutaten auf dem Pizzateig (siehe S. 345) verteilen und mit Olivenöl beträufeln.

Pizza alla salsiccia
Pizza mit Schweinswurst

100 g vollreife Tomaten
200 g Mozzarella
100 g Salsiccia
40 g Pecorino
3 EL Olivenöl extra vergine

Die Tomaten enthäuten, entkernen und in kleine Würfel schneiden. Den Mozzarella würfeln, die Wurst in dünne Scheiben schneiden und den Pecorino hacken. Die Zutaten auf dem Pizzateig (siehe S. 345) verteilen und mit Olivenöl beträufeln.

Calzone ripieno al forno
Gefüllte Pizza

100 g vollreife Tomaten
200 g Ricotta
150 g Mozzarella
100 g Salami am Stück
3–4 EL gehacktes Basilikum
50 g Schweinefett oder Olivenöl
Salz und Pfeffer
50 g Parmesan, gerieben

Die Tomaten enthäuten, entkernen, in kleine Würfel schneiden und auf dem Pizzateig (siehe S. 345) verteilen. Ricotta zerbröseln. Mozzarella und Salami fein würfeln und zusammen mit dem Basilikum unter den Ricotta mengen. Mit Schweinefett oder Olivenöl geschmeidig rühren, salzen und pfeffern. Die Masse auf dem Pizzateig verteilen und mit geriebenem Parmesan bestreuen. Die Pizze zu Halbmonden zusammenklappen und an den Rändern gut festdrücken.

Pizza alle vongole
Pizza mit Venusmuscheln

100 g vollreife Tomaten
500 g Venusmuscheln
4 EL Olivenöl extra vergine
1 Knoblauchzehe, gehackt
1 kleines Bund Petersilie, gehackt
1 TL Oregano
frisch gemahlener Pfeffer

Die Tomaten enthäuten, entkernen, in kleine Würfel schneiden und auf dem Pizzateig (siehe S. 345) verteilen. Die Pizze backen. Die sorgfältig gebürsteten Muscheln mit 3 EL Olivenöl, Knoblauch und Petersilie in einem Topf ohne Zugabe von Wasser etwa 5 Min. kochen, bis sich die Schalen geöffnet haben. Geschlossene Muscheln wegwerfen. Das Muschelfleisch auslösen und im Muschelsud warm halten.
Die fertiggebackenen Pizzen mit den Muscheln belegen und mit Oregano sowie Pfeffer bestreuen.

Tomatenaroma für die Pizza

Traditionelle Pizzarezepte sehen oft die Verwendung von frischen, vollreifen Tomaten vor. In Mittel- und Nordeuropa kann es aber gerade in den Wintermonaten schwierig werden, entsprechende Ware zu bekommen. Eine gute und zeitsparende Alternative stellen *pomodori pelati* dar, geschälte Tomaten aus der Dose, die man vor der Weiterverarbeitung kurz abtropfen läßt. Alternativ kann auch ein Sugo aus gedünsteten Zwiebeln, Tomatenstückchen, -püree und -mark sowie Oregano hergestellt werden.

Pizza alle cozze
Pizza mit Miesmuscheln
(Abbildung unten)

500 g Miesmuscheln
80 g Kartoffeln
100 g vollreife Tomaten
200 g Ricotta
3 EL Olivenöl extra vergine
Salz und frisch gemahlener schwarzer Pfeffer

Die Miesmuscheln sorgfältig bürsten und ohne Zugabe von Wasser etwa 5 Min. kochen, bis sich die Schalen vollständig geöffnet haben. Geschlossene Muscheln wegwerfen. Das Muschelfleisch auslösen und im Muschelsud warm halten. Kartoffeln schälen, würfeln und in Salzwasser kochen. Tomaten enthäuten, entkernen und in kleine Würfel schneiden. Tomaten, Ricotta, Kartoffeln und Muscheln auf dem Pizzateig (siehe S. 345) verteilen, mit Olivenöl beträufeln, salzen und pfeffern.

In ganz Süditalien gibt es noch heute mobile Verkaufsstände, die rasch auf- und abgebaut sind. Allerdings sinkt ihre Zahl in dem Maße, in dem neue Supermärkte eröffnen.

Vongola verace

Früher war die *vongola verace* im Golf von Neapel beheimatet. Die sogenannte echte Venusmuschel ist größer und schmeckt aromatischer als andere Vertreter ihrer Art. Inzwischen ist die begehrte Meeresfrucht jedoch durch hemmungslosen Raubbau und verschiedene Krankheiten infolge von Umweltproblemen so gut wie ausgestorben. Nur ein paar kleine Muschelbänke konnten in der Tiefe des Golfes überleben. Aufgrund der geringen Erträge, die sie liefern, ist die *vongola verace* zu einem extrem teuren Vergnügen geworden. Um dem Engpaß abzuhelfen, hat man vor kurzem erfolgreich versucht, eine neue Art, die ursprünglich von den Philippinen stammt, im Golf anzusiedeln. Obwohl diese Muschel ihrer beliebten Vorgängerin geschmacklich durchaus ähnelt, halten manche Kenner sie nicht für einen würdigen Ersatz.

Die stark gerillte Venusmuschel *(vongola gialla)* ist am weitesten verbreitet.

Die *vongola verace* (oder *vera*) ist größer und schmackhafter als andere Sorten.

Miesmuscheln und anderes Meeresgetier

Früher fand man die typisch neapolitanischen Austernstände in der Nähe von Trattorien und Restaurants oder an anderen strategisch wichtigen Stellen der Stadt. Meist waren die bunten Holzkonstruktionen mit stimmungsvollen Abbildungen des Golfs von Neapel oder des Vesuv geschmückt und trugen weithin sichtbar die Aufschrift *ostricaro fisico,* was soviel bedeutet wie kräftiger Austernhändler. Um den eigentümlichen Titel zu erklären, muß Ferdinand II. bemüht werden. Beim Besuch des Fischerortes Santa Lucia soll der Bourbonenkönig angesichts eines gutgebauten Neapolitaners ausgerufen haben *tu si nu fisico,* »du hast aber einen sportlichen Körper«. Geschmeichelt beeilte sich der Austernhändler, das ihm vom König verliehene Prädikat auf sein Ladenschild zu schreiben. Seine Kollegen wollten dahinter natürlich nicht zurückstehen, und seitdem waren sie alle »kräftige« oder »sportliche« Austernhändler. Eben *ostricari fisici*.

Heute sind im Angebot der Fischhändler nicht nur Austern – viele Restaurants haben sich wieder auf Austern spezialisiert –, sondern auch andere Schalentiere wie Miesmuscheln, Meerestrüffeln, Venusmuscheln und Seeigel. Sämtliche Meeresbewohner sind der Gesundheit des Menschen äußerst zuträglich, denn sie enthalten neben wertvollem Eiweiß auch Jod und andere Mineralien, Spurenelemente sowie ungesättigte Fettsäuren. Damit der Genuß ungetrübt bleibt, sollte man auf beste Qualität und absolute Frische bestehen. Krustentiere und Muscheln müssen unbedingt aus einwandfreien Gewässern stammen, besonders dann, wenn sie zum Rohverzehr bestimmt sind. Wer in dieser Hinsicht Bedenken hat, kann Rezepte wählen, die das Kochen der Ware vorsehen.

Die neapolitanische Küche wäre ohne *cozze* kaum denkbar, doch gerade Miesmuscheln sollten bei einem vertrauenswürdigen Lieferanten gekauft und vor der weiteren Verarbeitung akribisch geputzt werden. Man bekommt sie kiloweise in Plastiknetze abgepackt, in denen sich gut sichtbar das vorgeschriebene Gesundheitszeugnis und der Nachweis über die bereits erfolgte Vorsäuberung befinden müssen. Nichtsdestotrotz werden die Muscheln in der heimischen Küche zuerst gründlich unter fließendem Wasser abgespült. Dann entfernt man den *bisso* genannten Bart, mit dem sich das Tier unter Wasser an der Muschelbank festgehalten hat. Dabei bedient man sich eines kleinen, scharfen Messers, wobei man aber darauf achten sollte, die Muschel nicht zu verletzten. Mit diesem Messerchen können auch eventuell vorhandene Ablagerungen von der Muschelschale geschabt werden. Nach dieser Prozedur erfolgt ein weiterer Waschgang – und erst wenn das Spülwasser wirklich klar bleibt, dürfen die Tiere in den Topf wandern. Das Reinigen der Muscheln mag aufwendig klingen, doch es geht vergleichsweise schnell, denn Zuchtbetriebe und Händler verfügen über moderne Bürstenanlagen, in denen die Muscheln bereits gründlich vorgereinigt werden.

Neben Muscheln und anderen Meeresfrüchten hat der Golf von Neapel, genauso wie die anderen schönen Buchten Kampaniens, einiges an wohlschmeckenden Fischen zu bieten. Von den flinken, kleinen aber doch sehr fleischigen Sardellen, die sich in diesen Gewässern tummeln, sagt man sogar, daß sie die einzigen seien, die sich in der Auflaufform überbacken oder auch einfach nur mit grüner Paprika in Olivenöl fritieren lassen. Fische aus neapolitanischen Gewässern haben übrigens ihr eigenes, natürliches »Frischesiegel«. Die Fischer bringen die gefangenen Goldbrassen und Seebarsche vor Eintritt der Totenstarre in eine gekrümmte Form, in der sie in den Körben der Fischhändler liegen. So signalisieren sie den Kunden ihre absolute Fangfrische, denn bei älterem Fisch hätte sich die Totenstarre bereits wieder gelöst und der Körper wäre in seine natürliche Haltung zurückgekehrt.

Bereits die Römer bevorzugten Fisch aus dem Golf, und der auf kulinarischem Gebiet ausgewiesene Pionier Lukull betrieb in Neapel sogar eine eigene Fischzucht. Wenn Kaiser Tiberius auf Capri weilte, ließ er sich von den Fischern die besten Fänge bringen. Man munkelte von Riesenbarben, deren Gewicht in Gold aufgewogen wurde. Auch erinnern sich die Neapolitaner an die grausame, wenn auch bisher noch nicht historisch bewiesene Unsitte der Römer, in Seewasserbecken Muränen zu halten, die angeblich mit dem Fleisch bedauernswerter Sklaven gefüttert wurden.

Fritto misto di mare

Gemischte fritierte Meeresfrüchte
(Abbildung unten, links)

500 g frische kleine Tintenfische
4 kleine Rotbarben à 100 g
Salz
500 g frische Sardellen oder sehr kleine Sardinen
250 g grosse Garnelen
Olivenöl zum Fritieren
2 Knoblauchzehen
Mehl zum Bestäuben
2–3 Zitronen

Tintenbeutel, Eingeweide, Kopf und Schulp der Tintenfische entfernen: die Häute abziehen, die Fangarme mit Innereien aus dem Körper herausziehen und dicht hinter dem Kopf abschneiden. Die Fangarme werden verwendet, Tintenbeutel, Innereien und Köpfe wegwerfen. Waschen und trockentupfen. Bei größeren Tintenfischen den Mantel in Streifen schneiden.
Die Rotbarben schuppen, ausnehmen, Köpfe und Flossen abschneiden. Unter fließendem Wasser abspülen und mit Küchenkrepp trockentupfen, dann salzen.
Die Sardellen (oder Sardinen) leicht schuppen und ausnehmen, alle Flossen außer der Schwanzflosse abschneiden. Bei sehr kleinen Exemplaren kann der Kopf mitgegessen werden. Waschen und mit Küchenkrepp trockentupfen, dann salzen.
Die Köpfe der Garnelen abtrennen und den Darm entfernen. Schalen und Schwanz dranlassen. Alternativ kann man die Garnelen ganz aus den Schalen lösen, mit Mehl bestäuben und dann fritieren.
In einer hohen Pfanne oder einem Fritiertopf reichlich Olivenöl erhitzen. Die Knoblauchzehen hineingeben. Das Öl hat die richtige Temperatur erreicht, sobald kleine Bläschen aufsteigen, wenn man einen Holzstiel in das Öl taucht. Knoblauchzehen vor dem Fritieren wieder herausnehmen.
Die Tintenfische ganz dünn mit Mehl bestäuben und portionsweise knusprig ausbacken. Auf Küchenkrepp abtropfen lassen und im vorgeheizten Backofen bei 150 °C warm halten.
Fische ebenfalls leicht mit Mehl bestäuben. Nacheinander das heiße Öl geben und knusprig fritieren. Die Barben brauchen etwa 3–4 Min., die Sardellen 2 Min. Die fritierten Fische mit einem Schaumlöffel herausheben und auf Küchenkrepp abtropfen lassen. Dann ebenfalls im Backofen warm stellen.
Ungeschälte Garnelen werden ohne Mehl ausgebacken. Geschälte Garnelen werden mit Mehl bestäubt und dann fritiert. Auf Küchenkrepp gut abtropfen lassen.
Eine große Servierplatte mit weißen dicken Papierservietten auslegen. Darauf die Fische und Meeresfrüchte anrichten und mit Salz bestreuen. Die Zitronen in Schnitze schneiden, dazulegen und das Ganze sofort servieren.

Impepata di cozze

Muscheln im Sud
(Abbildung rechts, hinten)

1 kg Miesmuscheln
1 Peperoncino
2 EL gehackte Petersilie
1 Zitrone
8 Scheiben Weissbrot, geröstet

Die Muscheln bürsten, waschen und mit etwas Wasser sowie einem gehackten Peperoncino in einer Kasserolle kochen, bis sich die Schalen öffnen. Geschlossene Muscheln wegwerfen. Das Muschelfleisch aus den Schalen lösen und den Muschelsud durch ein feines Sieb filtern. Die Muscheln wieder in den Sud geben und weitere 3 Min. kochen. Mit Petersilie bestreuen und nach Belieben mit Zitronensaft beträufeln. Mit geröstetem Weißbrot servieren.

Acciughe all'origano

Sardinen mit Oregano
(Abbildung unten, vorne, rechts)

800 g Sardinen
5–6 EL Olivenöl extra vergine
1 EL Weissweinessig
2 EL gehackte Petersilie
1 EL Oregano
2 Knoblauchzehen, gehackt
Salz und Pfeffer

Fische entgräten, gründlich säubern und die Köpfe entfernen. Eine feuerfeste Form aus Keramik mit etwas Olivenöl einfetten und die Sardinen hineinschichten. Das Olivenöl, den Weißweinessig, die gehackte Petersilie, den Oregano und den gehackten Knoblauch miteinander verrühren, mit Salz und Pfeffer abschmecken und über die Sardinen gießen. Im vorgeheizten Backofen bei 170 °C etwa 15 Min. backen.
Die Sardinen warm oder kalt servieren.

Vorne, rechts: *Acciughe all'origano* – Sardinen mit Oregano
Vorne, links: *Fritto misto di mare* – Gemischte fritierte Meeresfrüchte
Hinten: *Impepata di cozze* – Muscheln im Sud

Polpi di scoglio alla luciana

Tintenfisch nach Art von Santa Lucia

2 küchenfertige Tintenfische à 400 g
1 Knoblauchzehe, gehackt
3–4 EL Olivenöl extra vergine
1–2 reife Tomaten
1/2 Peperoncino
1 EL gehackte Petersilie
Salz und Pfeffer
Saft von 1 Zitrone
gehackte Petersilie zum Garnieren

Die Tintenfische gründlich waschen und weichklopfen. In einer Kasserolle den Knoblauch mit Olivenöl andünsten und die Tintenfische zugeben.
Tomaten blanchieren, enthäuten und würfeln. Zusammen mit dem Peperoncino und der Petersilie zu den Tintenfischen geben, salzen und pfeffern. Die Kasserolle mit einem Deckel fest verschließen, damit kein Dampf entweichen kann. Bei niedriger Hitze etwa 2 Std. köcheln lassen und den Topf gelegentlich schütteln, um zu verhindern, daß die Tintenfische am Boden festbacken.
Die Tintenfische heiß, lauwarm oder kalt mit etwas Zitronensaft beträufelt und gehackter Petersilie bestreut servieren.

Die Frischkäsespezialitäten Mozzarella und Ricotta gibt es in unterschiedlichen Varianten. So kommt der Mozzarella als schneeweiße Kugel, aber auch zart geräuchert in den Handel. Ricotta ist als ganz junges mildes Produkt zu haben, kann jedoch auch gesalzen und gepreßt werden – und damit verschiedene Reifegrade erreichen.

Echter Mozzarella besteht aus der Milch der schwarzen Wasserbüffel. Bevor der frische Quark zerschnitten wird, läßt man ihn etwa 20 Minuten ruhen.

Um die charakteristische Mozzarellakonsistenz zu erreichen, wird der Käsebruch mit fast kochendem Wasser überbrüht und von Hand geknetet.

Der Teig muß so elastisch sein, daß er Fäden ziehen kann ohne zu reißen. Wegen ihrer Teigkonsistenz bezeichnet man Mozzarella auch als *pasta-filata*-Käse.

Der Teig wird portioniert, indem der Käsemeister gleichmäßig große Mengen abteilt. Dieser *mozzatura* genannte Vorgang hat dem appetitlichen Frischkäse wohl seinen Namen gegeben.

Die Teigportionen werden schnell und geschickt zu kleinen oder großen Kugeln geformt oder zu Zöpfen geflochten. Auch andere »Mozarella-Gebilde« kann man in den auf Milchprodukte spezialisierten Geschäften finden.

Mozzarella kann ohne Reifezeit sofort nach der Herstellung verzehrt werden. Will man die Kugeln aufbewahren, sollte man sie in Molkelake legen, doch auch dann halten sie sich nur wenige Tage.

MOZZARELLA

Frischer Mozzarella ist ein extrem schnell verderbliches Produkt. Am besten schmeckt er, wenn man ihn *di giornata,* also tagfrisch verzehrt. In Molke eingelegt hält er sich bei entsprechender Kühlung einige Tage. Soll er länger genießbar bleiben oder möchte man ihn gar in die nördlichen Landesteile beziehungsweise über die Alpen befördern, gibt es kaum eine andere Möglichkeit, als die kleinen, weißen Kugeln in salzlakegefüllte Kunststoffbeutel einzuschweißen. Doch bevor die Lebensmitteltechnik derartige Verfahren zur Verfügung stellen konnte, war Mozzarella in der Tat ein regionales Vergnügen der kampanischen und apulischen Genießer. Kein Wunder, daß der milchige Käse einigen Nationalgerichten dieser Landstriche zu ihrem unverwechselbaren Charakter verholfen hat. Die neapolitanische Pizza wäre ohne den herrlich weich schmelzenden Mozzarella nicht denkbar – genauso wenig wie Capris auch optisch sehr italienisch anmutende Kombination mit grünem Basilikum, weißem Käse und roten Tomaten.

Wie bei jeder anderen Käseproduktion wird auch bei der Mozzarella-Herstellung zunächst die Milch mit Hilfe von Lab zum Gerinnen gebracht. Dann wird der auf diese Weise entstandene Käsebruch grob zerteilt und anschließend auf 80 bis 90 Grad Celsius erhitzt. Nun rührt und knetet der Käsemeister die dampfende Masse so lange, bis er einen elastischen, lange Fäden ziehenden Teig erhält, von dem er gleichmäßig große Stücke abtrennt. Dieser Vorgang heißt *mozzatura* (Abschlagen, Abschneiden) und hat dem Käse wohl seinen Namen gegeben. Die einzelnen Teigportionen werden zu Kugeln, Zöpfen oder anderen Gebilden geformt.

Aufgrund der großen Nachfrage wird der zarte Frischkäse heute auch aus Kuhmilch hergestellt und sollte sich dann – strenggenommen – nicht Mozzarella, sondern *fior di latte* oder *fiordellatte* (Milchblume) nennen. Die echte und traditionelle kampanische Variante besteht hingegen aus der Milch der schwarzen Wasserbüffel, die in großen Herden hauptsächlich in der fruchtbaren Ebene des Flusses Volturno nordwestlich von Neapel und in dem Dreieck zwischen Salerno, Eboli und Paestum gehalten werden. 1993 wurde die Bezeichnung *Mozzarella di bufala campana* staatlich anerkannt und mit einem DOC-Prädikat versehen. Die Produktionsgebiete liegen nicht nur in Kampanien, sondern schließen auch Provinzen im Latium sowie die Gegend um Foggia in Apulien ein. Zu erkennen ist die authentische Mozzarella-Version an dem Gütesiegel des Schutzkonsortiums.

Wegen seines fädenziehenden Teiges bezeichnet man Mozzarella auch als *pasta-filata*-Käse. In diese Kategorie gehören ebenfalls Spezialitäten wie *provola* und *caciocavallo,* die nach dem gleichen Verfahren wie der Mozzarella hergestellt werden. *Provola* entsteht aus Mozzarella-Masse, die man räuchert und danach einige Zeit reifen läßt. Seine zähe, bräunliche Rinde hat ein wunderbares Raucharoma. *Caciocavallo* ist ein Kuhmilchkäse, den man verhältnismäßig jung essen oder aber bis zu einem Jahr liegen lassen kann. Die ältere Version wird in Süditalien gern an Stelle von Pecorino romano oder Parmesan als Reibkäse benutzt.

Mozzarella in der Kutsche

Mozzarella in carrozza, was sich mit Mozzarella in der Kutsche übersetzen läßt, ist zwar eines der traditionsreichsten kampanischen Gerichte überhaupt, doch inzwischen findet sich die Spezialität auch auf den Speisekarten der Pizzerien in ganz Italien. Im allgemeinen wird *Mozzarella in carrozza* dort mit Kastenbrot und *fior di latte,* einem Mozzarella aus Kuhmilch, hergestellt. Doch das ist eigentlich nicht *comme il faut.* Das kampanische Originalrezept sieht die Verwendung von altbackenem Brot aus der örtlichen handwerklichen Bäckerei und von echtem Mozzarella aus Büffelmilch vor. Der Unterschied zwischen diesen beiden Zubereitungsmethoden könnte nicht größer sein, denn der Büffelmilch-Mozzarella ist fetter und weniger wäßrig, so daß er beim Fritieren zwischen den Brotscheiben haften bleibt und nicht – wie es beim *fior di latte* häufig geschieht – vorzeitig austritt und dem ganzen Gericht einen wenig appetitlichen Anblick verleiht.

Mozzarella in carrozza

Fritierte Sandwichs mit Mozzarella
(Abbildung oben)

3 Eier
Salz
Milch
500 g altbackenes Brot
700 g Mozzarella
Weizenmehl
Öl zum Ausbacken

Die Eier in einer Schüssel mit Salz und einem Schuß Milch verquirlen. Das Brot in 24 etwa 1 cm dicke Scheiben schneiden. Den Mozzarella in 12 gleich große Stücke schneiden. Jeweils ein Stück Mozzarella zwischen zwei Scheiben Brot legen. Jedes Sandwich mit Mehl bestäuben und in der Eiermasse so lange wenden, bis es sich mit Flüssigkeit vollgesogen hat. In sehr heißem Öl goldbraun ausbacken und heiß servieren.

Die Käserei Vannulo in Capaccio bei Salerno verfügt über eine eigene Büffelherde. Von den fast 250 Tieren sind sieben Bullen. Bei Vannulo entsteht der echte *Mozzarella di bufala* in handwerklicher Produktion. Der in den Supermärkten erhältliche Mozzarella hingegen besteht aus Kuhmilch und sollte sich eigentlich *fior di latte* (Milchblume) nennen.

CAPRI

Capri ist nicht erst in jüngster Zeit zu einem Inbegriff touristischer Sehnsucht geworden. Bereits Homer besang die Insel unter dem Namen Antheomoessa (blühendes Land), die griechischen Kolonialisten nannten sie Capros (Wildschwein, wohl ihrer Form entsprechend), die Römer betitelten sie als Capraea (rauhe, felsige Insel) oder Insula Sirenussae (Insel der Sirenen), und für Kaiser Tiberius war sie schlicht die Apragopolis, ein Sanssouci des süßen Müßiggangs. All diese Attribute spiegeln die Gegensätze wider, die den unübertroffenen Reiz der mal schroffen, mal sanften Isola di Capri ausmachen. Bis heute hat diese Ikone des gehobenen Italien-Tourismus nichts von ihrem Charme und ihrem Glanz verloren. In der *alta stagione,* der Hochsaison im August, treffen sich hier Jahr für Jahr die gut betuchten Caprifans zu einem mondänen Ferienaufenthalt, und die informellen Treffen der Wichtigen und Schönen sind genauso fest eingeplant wie die kalorienreichen Sünden, die sie begehen werden.
Ein Tag auf Capri beginnt alles andere als spartanisch. Zur Auswahl stehen duftende Brioches, die so groß sind, daß sie in jedem Fellini-Film als Requisite hätten dienen können, üppige Blätterteighörnchen oder die *babà,* eine gehaltvolle Hefekuchenspezialität mit Rum, Sahne oder Kirschen. Eine Nacht auf Capri wird mit Champagner, Carpano mit Orangensaft, Pfefferminztee oder Likören aus Lorbeer, Myrte oder Zitrone eingeläutet. Für die dazwischenliegenden Tageszeiten gibt es ebenfalls einen verführerischen kulinarischen Fahrplan. Mittags bevorzugt man Trattorien, die einen frischen Luftzug und Erholung bei handfester Küche versprechen. Hier serviert der Chef *bombolotti,* bauchige Nudelbömbchen mit Käse und Tomaten, gebackene Muscheln und Meerdatteln oder auch Fisch, der in Meerwasser gekocht wird, in *acqua pazza,* in verrücktem Wasser, wie man hier sagt. Am Swimmingpool naschen die Feriengäste Kroketten, Artischocken und Totano-Kalmare mit Kartoffeln oder kosten die typischen Nudelgerichte der Insel: *Spaghetti aumm aumm* (mit Basilikum, Mozzarella und Auberginen) und *Spaghetti sciuè sciuè* (mit den köstlichen, auf Capri gezogenen Cocktailtomaten, die in der Pfanne mit etwas Knoblauch und rotem Peperoncino angebraten werden). Nach einem sonnendurchglühten Tag am Strand läßt man es sich unter den großen, weißen Schirmen bei einem Tee gut gehen, löscht mit einem frisch gepreßten Apfelsinensaft seinen Durst oder gönnt sich eine exquisite *granita* an einem der vielen Erfrischungskioske. Am Abend geht die Hautevolee am liebsten in ein stimmungsvolles Restaurant – nicht etwa nur um zu essen, sondern auch um zu sehen und gesehen zu werden. Hier verspeisen die Reichen und Schönen mit Vorliebe *Ravioli capresi* – unbestritten eines der Nationalgerichte der romantischen Insel. Inzwischen haben sich so viele Gourmets und Köche in diese Speise verliebt, daß verschiedene Rezepte in Umlauf sind, die alle mit dem Brustton der Überzeugung als das Original deklariert werden. Natürlich kann jeder die Art der Zubereitung nach seinem Gusto wählen, doch um echte *Ravioli capresi* herzustellen, bedarf es der Befolgung zweier Grundregeln: Der Nudelteig wird immer ohne Eier angerührt (das Ei gehört zum Käse), und die Füllung basiert stets auf der Verwendung von frischer *caciotta.* Puristen bestehen darauf, daß es sich dabei um die *caciotta* aus Capri handeln muß. Andere Köche sehen eine Mischung aus *caciotta caprese, caciotta romana* und Parmesan vor.

Oben: Die *Grotta azzurra,* die Blaue Grotte, verdankt ihren Namen den blauen Lichtreflexen, die an den Felswänden zu sehen sind. Die Deutschen August Kopisch und Ernst Fries erkundeten die Höhle 1826 und berichteten daheim von deren Schönheit – Capri wurde zum Traumziel.

Insalata caprese

Tomaten, Mozzarella und Basilikum
(Abbildung Hintergrund)

4 grosse Tomaten
250 g Büffelmozzarella
Basilikum oder Oregano
frisch gemahlener schwarzer Pfeffer
Olivenöl extra vergine

Die Tomaten und den Mozzarella in Scheiben schneiden und abwechselnd auf Tellern oder einer Servierplatte so anrichten, daß sich die Scheiben etwas überlappen. Kleine, frische Basilikumblätter oder Oregano darüber verteilen und mit Pfeffer bestreuen. Mit reichlich Olivenöl beträufeln und servieren. Dazu Weißbrot reichen.

Ravioli capresi

Ravioli aus Capri
(Abbildung rechts unten)

1 kg Weizenmehl
150 ml Olivenöl

Für die Füllung:
4 Caciotte capresi (Weichkäse aus Capri)
1/2 Caciotta romana (Weichkäse aus Rom)
50 g Parmesan
1 Ei
Pfeffer
Majoran

Das Mehl mit so viel kochendem Wasser verkneten, daß ein geschmeidiger Teig entsteht. Das Olivenöl langsam einarbeiten. Teig in ein feuchtes Tuch schlagen und beiseite stellen. Für die Füllung die Weichkäse kleinschneiden und den Parmesan reiben. Die Käse mit Ei, Pfeffer und Majoran vermengen.
Den Teig zu einem Rechteck dünn ausrollen und halbieren. Auf eine Hälfte kleine Häufchen der Füllung im Abstand von etwa 5 cm setzen. Mit der anderen Teighälfte belegen und um die Füllungen herum leicht andrücken. Mit dem Teigrädchen kleine Quadrate ausschneiden. In reichlich Salzwasser etwa 5 Min. garen. Mit Tomatensauce servieren.

Torta caprese

Kuchen aus Capri

300 g ungeschälte Mandeln
200 g Blockschokolade
200 g Butter
200 g Zucker
6 Eier
1/2 Päckchen Backpulver
2 EL aromatisierter Likör (z.B. Kakao, Strega)
Puderzucker

Mandeln sehr fein hacken und die Schokolade fein zerkleinern. Butter mit dem Zucker in einer Schüssel cremig verrühren. Die Eier zunächst in einer separaten Schüssel gründlich verquirlen und dann zu der Buttercreme geben. Mandeln und Schokolade zufügen, das Backpulver und den Likör unterrühren.
Eine Springform von 28 cm Durchmesser mit Butter einfetten oder mit Backpapier auslegen und den Teig hineinfüllen. Im vorgeheizten Backofen bei 180 °C etwa 50 Min. backen.
Anschließend den Kuchen auf ein Rost stürzen und sobald er abgekühlt ist, mit Puderzucker bestreuen.

Ischia

Die knapp 50 Quadratkilometer große Isola d'Ischia ist für zweierlei bekannt: heilende Thermalquellen und guten Wein. Beides nutzten bereits die wohlhabenden Römer und ließen sich hier von den damaligen Kurärzten für die anstrengenden Tätigkeiten auf ihren kampanischen Landsitzen oder in der Verwaltung des Imperium Romanum in gute körperliche Verfassung bringen. Ischias Thermen haben eine Temperatur von 54 bis 62 Grad Celsius und helfen auch heute noch gegen die Zipperlein der Zivilisation. Angeboten werden Bade-, Fango- und Schwitzkuren, die Jahr für Jahr Patienten aus aller Welt auf die Insel im Golf von Neapel locken.
Wie die Kuranwendungen in den Thermen sind auch die fruchtbaren Böden, auf denen unter anderem der Ischia Bianco wächst, vulkanischen Ursprungs. Wer vom Kurbetrieb genug hat, kann sich eine kleine Trattoria suchen, dort ein gutes Glas Wein genießen und dazu die Spezialität *Coniglio all'ischitana,* einen schmackhaften Kaninchenbraten, oder die frischen Fischgerichte probieren.

Coniglio all'ischitana

Kaninchen in Tomaten und Kräutern
(Abbildung unten)

1 mittelschweres, küchenfertiges Kaninchen
Essig
50 ml Olivenöl
2 Knoblauchzehen
150 ml trockener Weisswein
500 g kleine Tomaten, in Stücke geschnitten
Salz und Pfeffer
gemischte Kräuter: Basilikum, Thymian, Majoran, Rosmarin, Peperoncino

Das Kaninchen in kleine Stücke zerlegen, mit Wasser und Essig übergießen und abtrocknen. Öl in einer weiten Pfanne erhitzen, die ungeschälten Knoblauchzehen darin leicht anbräunen. Den Knoblauch entfernen und nun bei starker Hitze die Kaninchenteile rundherum anbräunen. Den Weißwein angießen und einkochen lassen. Die Tomaten zufügen, salzen und pfeffern. Zum Schluß die Kräuter hacken und zugeben. Etwa 30 Min. köcheln lassen. Lauwarm servieren.

NÜSSE AUS IRPINIEN

Gemeinhin assoziiert man mit Kampanien Schlagwörter wie Neapel, Pizza, Vesuv, Pasta, Capri oder Mozzarella. Daß sich jedoch im Landesinneren ein ganz anderes Land verbirgt, wissen die wenigsten Besucher. Fernab von der Küste liegen stille Regionen mit fremd klingenden Namen wie Irpinien oder Benevent. Irpinien und seine Provinzhauptstadt Avellino gelangten 1980 einige Wochen lang zu trauriger Medienpräsenz, als das schwere Erdbeben, das weite Teile Kampaniens erschüttert hatte, hier besonders schlimme Folgen hatte. 5 000 Tote und eine halbe Million Obdachlose lautete die schreckliche Bilanz. Zwar ist der Schock der Katastrophe noch immer nicht ganz überwunden, doch die Irpinier bemühen sich tapfer, ihre Situation Schritt für Schritt zu verbessern. Der Wiederaufbau steht ganz im Zeichen des irpinischen Credos »hier arbeiten, nicht auswandern«. Einen wichtigen Beitrag zum wirtschaftlichen Überleben der Region leistet traditionell eine kleine braune Frucht mit harter Schale: Bereits in vorchristlicher Zeit kannte man die *avellana,* die schmackhafte Haselnuß aus Avella, einem kleinen Ort in der Nähe der Provinzhauptstadt. Inzwischen liefern die abgelegenen Bergprovinzen Kampaniens etwa die Hälfte der italienischen Gesamternte an Haselnüssen.

Die kleinen Energie- und Nährstofflieferanten sind zwar durch eine dünne, aber recht harte Schale geschützt, Haselnüsse sollten aber, wie alle Nüsse, kühl und trocken gelagert werden, weil sie sonst leicht ranzig werden.

Der wärmeliebende, bis zu fünf Meter hohe Haselnußstrauch *(Corylus avellana)* stammt ursprünglich aus der Türkei. In Irpinien hat er ein weiteres Zuhause gefunden.

BABÀ UND PASTIERA

Eine süße Spezialität Kampaniens bezeichnet man zwar landläufig als *babà napoletano,* doch eigentlich stammt sie aus Polen. Sie geht – so will es jedenfalls die Sage – auf das 18. Jahrhundert und auf König Stanislaus zurück. Angeblich liebte es der Monarch, Stückchen eines deutschen Gugelhupfs vor dem Verzehr in Rum zu tauchen. Um das etwas umständliche Ritual abzukürzen, entwickelten die Hofbäcker ein Rezept, das vorsah, den Kuchen bereits in der Backstube mit dem hochgeistigen Tropfen zu tränken. Anscheinend soll der König davon so begeistert gewesen sein, daß er sein neues Lieblingsdessert nach Ali Baba aus »Tausendundeiner Nacht« benannte. Als Stanislaus den polnischen Thron verlor und zeitweise in Frankreich weilte, gelangte der geistvolle Kuchen zunächst in die französische Küche und von dort aus, zusammen mit der französischen Hofetikette, in das Königreich Neapel. Wer der Anekdote von Ali Baba keinen Glauben schenken mag, hat möglicherweise Recht, denn einen Rumkuchen namens *baba* gab es in Polen wahrscheinlich auch bereits vor dem kuchenbegeisterten König.

Neben dem üppigen *babà* lieben die Neapolitaner eine weitere süße Zubereitung, die sich *Pastiera napoletana* nennt. Es handelt sich hierbei, mit Verlaub gesagt, um eine rituelle Kalorienbombe, die vornehmlich zur Osterzeit hergestellt wird. Sie besteht aus Hartweizen- und Weizenmehl, Ricotta, jeder Menge Rosinen und reichlich kandierten Früchten. Jede kampanische Familie hat natürlich ihr eigenes Geheimrezept, und die Bewirteten machen sich einen Sport daraus, das diesjährige Ergebnis der hausfraulichen Bemühungen zu bewerten, indem man vorgibt, sich ganz genau an die Qualitäten der *pastiera* aus dem Vorjahr zu erinnern.

Babà alla napoletana

Neapolitanischer Hefekuchen
(Abbildung rechte Seite, oben)

Ergibt 6 Portionen

Für den Teig:
40 g Hefe
150 ml Milch
350 g Weizenmehl
6 Eigelb
200 g weiche Butter
20 g Zucker
6 Eiweiss
1 Prise Salz

Für den Guß:
500 g Zucker
1 l Wasser
abgeriebene Schale von 1 Zitrone
40 ml Rum

Die Hefe in ein wenig lauwarmer Milch auflösen und das Mehl in kleinen Portionen langsam einarbeiten. Den Teig an einem warmen Ort etwa 30 Min. gehen lassen, bis er sein Volumen verdoppelt hat.

Eigelbe, weiche Butter und Zucker in eine Schüssel geben und mit dem Handrührgerät bei mittlerer Geschwindigkeit so lange rühren, bis die Masse leicht schaumig wird. Die Eiweiße mit dem Salz steif schlagen. Den Hefeteig zu der Creme geben und langsam einarbeiten. Falls der Teig jetzt zu fest ist, mit einigen Löffeln Eischnee verfeinern. Die Masse in eine Napfkuchenform von 26 cm Durchmesser füllen und noch einmal gehen lassen, bis sie ihr Volumen verdoppelt hat. Im vorgeheizten Backofen bei 180 °C etwa 40 Min. backen.

Für den Guß den Zucker bei niedriger Hitze im Wasser auflösen, etwa 10 Min. leicht köcheln lassen. Etwas abkühlen lassen und die Zitronenschale sowie den Rum unterrühren.

Den Kuchen abkühlen lassen, aus der Form nehmen und auf eine Platte setzen. Den Guß eßlöffelweise über den Kuchen geben, dabei die Flüssigkeit, die sich auf der Platte sammelt, wieder auffangen und erneut über den Kuchen geben.

Der Kuchen wird mit Sauerkirschmarmelade serviert. Dazu passen auch gut Schlagsahne, Erdbeeren oder Zabaione.

Pastiera napoletana

Neapolitanischer Ricottakuchen

Ergibt 12 Portionen

Für die Füllung:
200 g Hartweizenkörner, 3 Tage eingeweicht
500 ml Magermilch
abgeriebene Schale von 1 Zitrone
10 g Zimt
200 g Zucker
500 g Ricotta
4 Eier
40 ml Orangenblütenwasser
150 g kandierte Südfrüchte und Rosinen
30 g Puderzucker

Für den Teig:
300 g Mehl
150 g Zucker
150 g Butter
3 Eigelb
Butter zum Einfetten
Puderzucker

Für die Füllung die Hartweizenkörner 3 Tage in Wasser einweichen, dabei das Wasser jeden Tag wechseln. Anschließend abgießen und die Körner 15 Min. in frischem Wasser kochen. Abgießen und die Körner zusammen mit der heißen Milch, der Hälfte der Zitronenschale, 1 Prise Zimt und 1 EL Zucker in eine Kasserolle geben und so lange bei mittlerer Hitze kochen, bis die Milch vollkommen aufgesogen ist.

Den Ricotta in einer Schüssel cremig rühren. Die Eier trennen. Eigelbe, den restlichen Zimt und Zucker, die restliche Zitronenschale, Orangenblütenwasser, kandierte Früchte, Rosinen und schließlich die Körnermasse unter den Ricotta rühren. Bis zur weiteren Verarbeitung im Kühlschrank ruhen lassen. Vor dem Backen die Eiweiße steif schlagen und unter die Füllung heben.

Für den Teig das Mehl auf die Arbeitsfläche häufen, Zucker, Butter und Eigelbe untermengen und zu einem Teig verarbeiten. 1 Std. im Kühlschrank ruhen lassen.

Eine Springform von 30 cm Durchmesser mit Butter einfetten. Drei Viertel des Teiges zu einer etwa 3 cm dicken Scheibe ausrollen und damit den Boden und Rand der Form auslegen. Den restlichen Teig ausrollen und in Streifen schneiden. Die Füllung in die Springform geben und mit den Teigstreifen belegen, so daß ein Gittermuster entsteht. Im vorgeheizten Backofen bei 180 °C etwa 1 Std. backen. Der Kuchen ist fertig, wenn er eine schöne goldene Farbe hat. Auf einem Kuchengitter abkühlen lassen und mit Puderzucker bestreuen.

Babà alla napoletana –
Neapolitanischer Hefekuchen

Krokant

Hausgemachter Krokant wird in Süditalien vor allem in der Weihnachtszeit hergestellt und traditionell am Heiligen Abend verspeist. Geschickte Hände formen die Krokantmasse, sobald sie ein wenig abgekühlt ist, zu hübschen Schalen oder Körbchen und füllen sie mit kandierten Früchten. Mit bunten Schleifchen oder Tüll verziert, ist *croccante* ein beliebtes winterliches Geschenk für die Familie, die Nachbarn und die engsten Freunde.

Croccante

Krokantnest

250 Mandeln
250 g Zucker
kandierte Früchte und Plätzchen nach Belieben

Die Mandeln blanchieren, dann zwischen Daumen und Zeigefinger nehmen und aus der braunen Haut herausdrücken, anschließend fein hacken. Bei geringer Hitze im Backofen etwa 10 Min. trocknen, dabei ab und zu wenden. Den Zucker in einen nicht verzinnten Kupfertopf geben und bei niedriger Hitze leicht anbräunen, dabei immer wieder mit einem Holzlöffel umrühren. Die Mandeln zugeben und bei sehr geringer Hitze und unter ständigem Rühren einige Minuten rösten. Anschließend die Masse auf ein mit Butter eingefettetes Backblech geben und mit einem eingefetteten Nudelholz (am besten aus Marmor) ausrollen. Sobald die Masse soweit abgekühlt ist, daß man sie mit den Händen bearbeiten kann, einen Korb mit Henkel formen. Nach dem Abkühlen mit kandierten Früchten und Plätzchen füllen.

Benevent

Auch der Benevent fällt unter das »andere Kampanien«. Hier leben stille, ernste Menschen, die mit dem mediterranen Völkergemisch am Golf von Neapel nicht viel anfangen können. Sie betrachten sich vielmehr als Nachfahren der Samniter, eines stolzen Volksstammes, der einst mit den Römern um die Vorherrschaft in der Alten Welt gerungen hat. Zwar verloren die Samniter den Kampf, doch im 6. Jahrhundert ließen sich die Langobarden in der Region nieder – und darauf ist man hier bis heute stolz.

Um ihr kulturelles Erbe zu erhalten, würden die Samniter – so nennen sich die Beneventer – gern einen eigenen Staat – Sannio – gründen. Zumindest in kulinarischer Hinsicht ist ihnen das schon fast gelungen, denn die landwirtschaftlichen Produkte aus der Provinz Benevent werden konsequent unter dem historischen Landesnamen vermarktet. Rund um die Hauptstadt Benevento werden Obst und Oliven angebaut, in kleinen aber feinen Betrieben Torrone und andere Süßwaren hergestellt und in den Kellereien DOC-Weine wie der rote Solopaca produziert.

Doch das bekannteste Aushängeschild des Benevent ist sicherlich der Kräuterlikör Strega, den die Familie Alberti seit beinahe 140 Jahren nach einem streng gehüteten Geheimrezept produziert.

Nach diesem »Hexen«-Gebräu ist auch der renommierte Literaturpreis benannt, den die Firma 1947 zur Förderung der italienischen Gegenwartsliteratur gestiftet hat. Zu den hochkarätigen Preisträgern des *Premio Strega* gehört auch Umberto Eco, der für seinen Bestseller »Der Name der Rose« ausgezeichnet wurde.

IM SCHATTEN DES VESUV

Kampanien war eine der bevorzugten Weinbauregionen der alten Römer. Sorrentino, Calenio, Massico waren den Einwohnern der Ewigen Stadt mindestens ebenso geläufige Begriffe wie Valpolicella, Barolo oder Chianti den Weinfreunden des modernen Italien. Nicht nur die Weinproduktion der Region selbst war strategisch wichtig, mit dem Hafen Pompeji besaß sie auch das bedeutendste Weinhandelszentrum der Antike.

Der Ausbruch des Vesuv im Jahre 79 unserer Zeitrechnung bedeutete jedoch einen tiefgreifenden Einschnitt in der Entwicklung. Mit der Zerstörung des Hafens wurde der Weinfluß aus Griechenland und Kleinasien abgeschnitten, und die Vernichtung großer Rebflächen der Region beraubte die Römer auch einiger ihrer absoluten Lieblingsweine. Als Konsequenz dieser Katastrophe begannen sie, in allen Teilen ihres Imperiums den Weinbau als systematische Wirtschaftsform zu entwickeln, eine Entwicklungspolitik, die erst dann an ihre Grenzen gelangte, als beispielsweise im Latium fast sämtliche kultivierbaren landwirtschaftlichen Flächen zu Weinland umgewandelt waren und der Hauptstadt deshalb Nahrungsmangel drohte.

An seine glorreichsten Jahren konnte Kampanien im Laufe der Geschichte nie mehr anknüpfen. Zwar bescherte der zerstörerische Vesuv mit seinen Lavamassen der Region ideale Weinbergböden, zwar eignet sich das Klima nirgendwo sonst in Italien für Rebkulturen so gut wie hier, zwar gäbe es mit dem Aglianico, dem Greco und weiteren, einheimischen Rebsorten hervorragende Ausgangsprodukte für gute und sehr gute Weine, aber das soziale und politische Ambiente hat praktisch seit dem Mittelalter keine florierende Wirtschaft mehr hervorgebracht – dies gilt in gleichem Maße für den Weinbau. Es gibt jedoch Erzeuger, die sich der historischen Bedeutung bewußt sind und Kampanien wieder zum Weinland machen möchten.

Wandmalereien wie diese aus Herculaneum mit der Darstellung eines Paares bei einem Gelage, 50–20 v. Chr., die sich heute im Nationalmuseum in Neapel befindet, schmückten die Häuser der wohlhabenden Römer.

WENIGE PERLEN AM VULKAN

Trotz der für den Weinbau idealen Voraussetzungen, die bereits den Römern in der Antike bekannt waren, spielt Kampanien im modernen italienischen Weinbau eine kaum wahrnehmbare Rolle. Die Verarmung der Region, die jedem Besucher sofort auffällt, wenn er die touristischen Zentren Amalfi, Neapel, Ischia oder Capri verläßt, hat auch die Weinwirtschaft der Region nicht verschont. Zwar kann diese stolze 27 DOC-, DOCG- oder Igt-Weine ihr eigen nennen, aber wenn man weiß, daß deren Gesamtmenge nur fünf Prozent der regionalen Weinproduktion ausmacht, ist ihre reale Bedeutung leicht zu ermessen.

In der Tat bringen einige der Herkunftsbezeichnungen gerade 500 oder 600 Hektoliter im Jahr auf die Waage, Capri sogar nur 240, was andernorts kaum ausreichen würde, einen einzigen, großen Stahltank zu füllen. Und so darf es nicht verwundern, wenn Namen wie Campi Flegrei, Cilento, Falerno, Galluccio, Guardiolo, Sannio oder auch Solopaca außerhalb der Region vollkommen unbekannt sind. Einige wenige Ausnahmen gibt es jedoch auch diesbezüglich – zum Beispiel in Gestalt des Taurasi. Der einzige DOCG-Wein Kampaniens, aus Aglianico, das heißt aus derselben Rebsorte gekeltert, die auch den Weinen der benachbarten Basilicata ihre Klasse gibt, stammt von den Hügellagen der Provinz Avellino und kann in der Hand guter Winzer zu einer faszinierenden, in Aroma und Geschmack intensiven Kreszenz werden.

Aglianico-Trauben finden auch in den Anbaugebieten des Campi Flegrei, des Cilento, des Costa d'Amalfi, Falerno, Sannio, Sant'Agata de' Goti und Solopaca Verwendung, selten jedoch mit so ausgezeichneten Resultaten wie im Gebiet des Taurasi. Dieselbe Provinz Avellino, Heimat des Letztgenannten, bringt auch die beiden interessantesten Weißweine Kampaniens hervor, den Greco di Tufo und den Fiano d'Avellino. Der Greco aus der Umgebung des Dorfes Tufo wird aus der gleichnamigen Rebsorte gemacht – meist verschnitten mit den Sorten Falanghina und Biancolella –, die als direkter Abkömmling einer griechischen Sortenfamilie mit roten und weißen Familienmitgliedern gilt. Während der kalabresische Greco di Bianco als Süßwein brilliert, überzeugt der trockene Greco di Tufo durch seine charakteristischen Frucht- und Mandelaromen.

Wie der Greco besitzt auch der Fiano aus der Provinz Avellino mehr Charakter als die meisten anderen italienischen Weißweine. Auch diese Sorte ist griechischen Ursprungs, und schon die Römer kannten sie unter dem Namen Vitis Apianae, Bienenwein. Frische und Kraft, Aromen von Pfirsichen und Nüssen, Ausgewogenheit und Vielschichtigkeit prägen die besten Vertreter der Herkunftsbezeichnung. Wollte man Ähnliches über die Küsten- und Inselweißen Kampaniens behaupten, sähe man sich wahrscheinlich mit dem Vorwurf gröberer Flunkerei konfrontiert. Dennoch bringen beispielsweise die Inseln Capri und Ischia angenehme, fruchtige Sommerweine hervor – wenngleich in minimalen Mengen –, die beim Besuch auf den Sonneninseln hervorragend munden können.

Interessante Einzelweine entstehen natürlich auch in einigen der anderen DOC-Gebiete, so der Aglianico del Taburno (aus derselben Sorte gekeltet, wie der Taurasi), der Falerno (im Roten sind Aglianico und Piedirosso vereint, der Weiße ensteht aus Falanghina-Trauben), die verschiedenen Weiß- und Rotweine aus dem Sannio-Gebiet (hier findet man erstaunlicherweise auch reinsortige Vertreter der nord- und mittelitalienischen Rebsorten Barbera, Sangiovese und Trebbiano toscano) und der Sant'Agata de' Goti (Weißweine aus Greco und Falanghina, Rotweine aus Aglianico und Piedirosso). Weniger überzeugend blieben dagegen bis heute so allseits populär anmutende DOC-Namen wie Costa d'Amalfi, Penisola Sorrentina und Vesuvio.

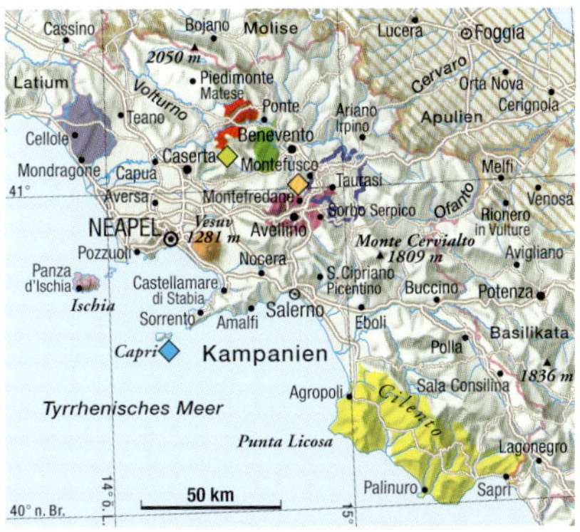

Limoncello

Limoncello oder *limunciel*, wie man ihn hier nennt, ist ein Likör, der mit den berühmten Zitronen von der amalfitanischen Küste aromatisiert wird. Er gehört so unverzichtbar zum Abschluß eines kampanischen Mahls wie andernorts die Grappa oder der Anisschnaps. Wie den Vertretern aus Nord- beziehungsweise Mittelitalien sagt man auch dem Zitronenlikör eine verdauungsfördernde Wirkung nach. Auf jeden Fall ist der Limoncello die intensiv nach Zitrus duftende Krönung eines gemütlichen Abends mit Freunden oder der Familie.

Bereits im 7. Jahrhundert legten die Obstbauern bei Minori, einem kleinen Ort in der Nähe von Amalfi, großzügige Zitrushaine an. Aufgrund der Nähe zum Meer und den günstigen Boden- und Klimabedingungen gediehen die Bäume sehr gut. Man verbesserte ihre Erträge zusätzlich, indem man immer wieder neue Pflanz- und Bewässerungstechniken entwickelte. Außerdem wurde mit verschiedenen Zitrusarten experimentiert, bis die Züchtung einer ganz speziellen Zitronenart gelang, für die die Gegend berühmt werden sollte.

Die Kampanier vermuten, daß es sich bei dem Baum der goldenen Äpfel, den die drei schönen Hesperiden dem göttlichen Beschluß entsprechend zu hüten hatten, in Wirklichkeit nicht um einen Apfel-, sondern um einen Zitronenbaum handelte. Diesem Verdacht schloß sich bereits vor einigen Jahrhunderten der Renaissance-Schriftsteller Giambattista della Porta an, als er – im festen Glauben, den mythischen Garten der Hesperiden aufgespürt zu haben – den exquisiten Geschmack der *limon amalfitanus* besang.

Obwohl heute rund 90 Prozent der italienischen Zitronen aus Sizilien stammen und Kampanien nur einen geringen Teil zur Gesamternte beisteuert, gilt die einheimische Sorte Nostrano als die beste Zitronenart Italiens. Sie liefert natürlich auch das Aroma für den echten Limoncello.

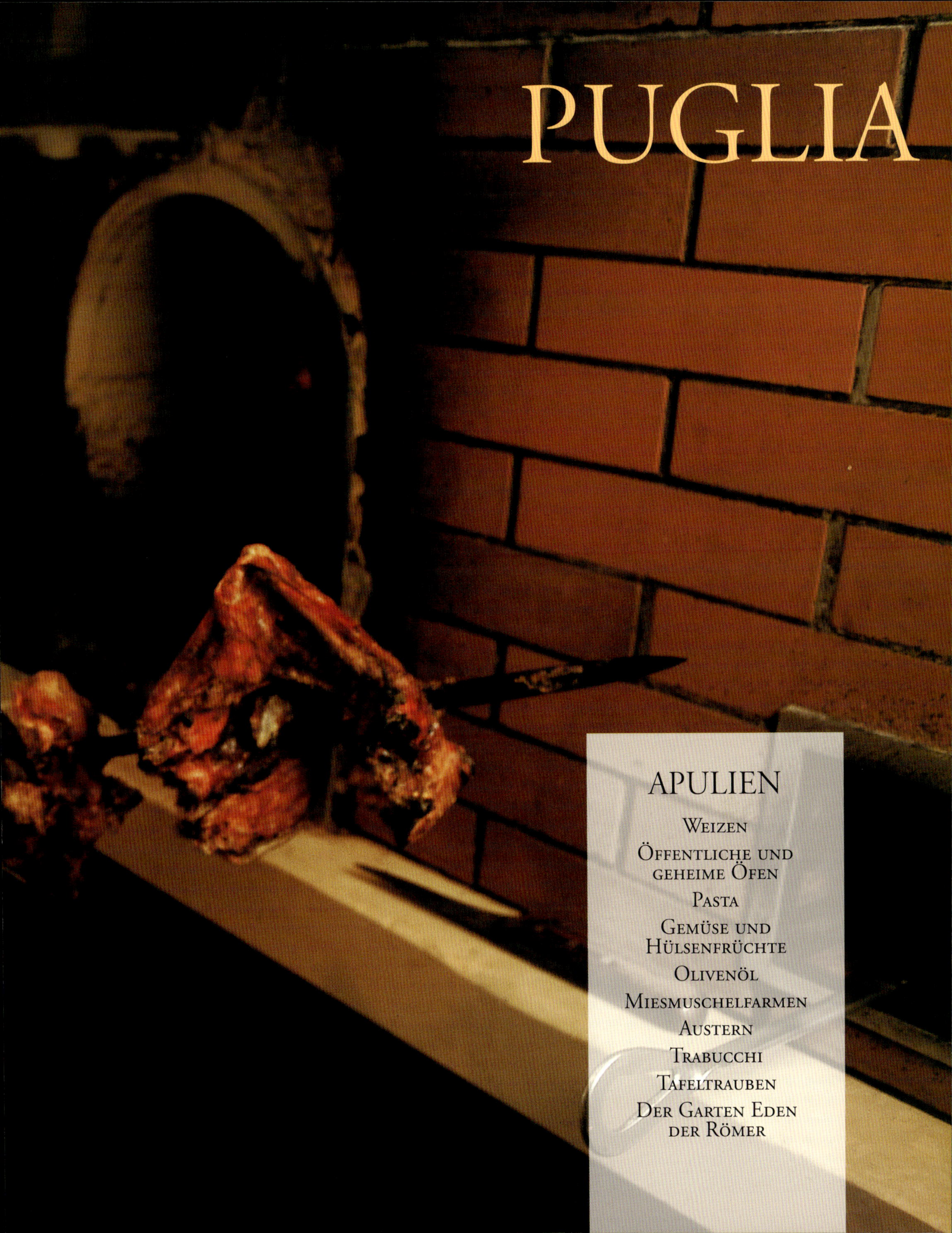

PUGLIA

APULIEN

San Severo
Gargano
Manfredonia
Lucera
Foggia
Cerignola
Ofanto
Bari
Apulien
Altamura
Martina Franca
Brindisi
Taranto
Lecce
Otranto
Kap Sta. Maria di Leuca

Bunt, fröhlich, lautstark – so ist nicht nur das Leben an der tyrrhenischen Küste Kampaniens, sondern auch an der apulischen Adria. Die langgezogene Region – *Puglia*, wie die Italiener sagen – erstreckt sich vom 70 Kilometer weit ins Meer hineinragenden Stiefelsporn bis in die Spitze des Absatzes. Auch wenn Apulien wirtschaftlich bittere Zeiten erlebt hat, lieben die Menschen ihr Land und sind stolz auf ihre bodenständige, ländliche Tradition. Einfach, rustikal und unbeschwert präsentiert sich auch die apulische Küche, wobei allerdings ein deutliches Nord-Süd-Gefälle spürbar und schmeckbar ist. Im Norden Apuliens wird am liebsten mit viel Knoblauch gekocht, die »mittleren« Apulier mögen sowohl Knoblauch als auch Zwiebeln, und ganz im Süden bevorzugt man eindeutig die Zwiebel.

Abgesehen von solchen würztechnischen Feinheiten lassen sich durchaus einige Grundelemente der gesamtapulischen Küche ausmachen. Da Apulien die Kornkammer Italiens ist, liefert die Region einen Großteil des Hartweizens, den man in ganz Italien zur Herstellung der *pasta secca* benötigt. Kein Wunder, daß hier Nudeln – selbstgemacht oder gekauft – und Brotwaren eine große Rolle spielen. In den sorgsam bewässerten Ebenen Apuliens werden Tomaten, Zucchini, Brokkoli, Paprika, Kartoffeln, Spinat, Auberginen, Rosenkohl, Fenchel, Zichorien und Hülsenfrüchte wie Kichererbsen, Linsen und Bohnen angebaut. Gemüse läßt sich somit als die zweite Säule der regionalen Küche ausmachen. Die dritte ist Olivenöl. Apulien, der größte Ölproduzent Italiens, füllt mit seinem würzig-fruchtigen, säurehaltigen Öl aus vollreifen Oliven nicht nur die Regale des Nordens, sondern exportiert sein »grünes Gold« auch ins europäische Ausland. Die vierte Säule der apulischen Küche bildet das Meer. Mit ihren kompliziert anmutenden Fangmaschinen, den *trabucchi,* ziehen die Fischer ihre Beute aus der Adria, und im Mar Piccolo, dem »Kleinen Meer« im Golf von Taranto, haben sich Zuchtbetriebe auf Miesmuscheln und Austern spezialisiert.

Die schlichte Küche Apuliens arbeitet also mit durchaus vielfältigen und hochwertigen Zutaten – und die Philosophie des Genusses hat man sich vor über 2500 Jahren, als Apulien zur Magna Graecia gehörte, von den Griechen abgeschaut. Auch heute noch sind apulische Festtage ein Ereignis für die Sinne: mit viel Fröhlichkeit, knusprigem Lamm- oder Ziegenbraten, herzlicher Gastfreundschaft, würzigem Käse, gutem Wein und unglaublich süßen *dolci*. Ein echtes Symposion eben.

Vorhergehende Doppelseite: In der Altstadt von Martina Franca betreiben die Gebrüder Ricci eine traditionsreiche Metzgerei und Wurstbraterei. Hier bereitet Nino Ricci einen gemischten Wurstspieß vor.

Links: Ausgedehnte Olivenhaine bestimmen weitgehend das Landschaftsbild in Apulien.

Brotsorten

1 Pane di Altamura
Das gut haltbare Sauerteig-Hartweizenbrot mit kompakter, löchriger Krume wird mittlerweile in ganz Italien gern gekauft. In Apulien können die schmackhaften runden, flachen Laibe bis zu 20 Kilogramm auf die Waage bringen.

2 Pane casareccio
Den klassischen Brotlaib Apuliens aus Hartweizenmehl, Salz, Wasser und Hefe, den sich vor nicht allzu langer Zeit jede Familie selbst buk, bekommt man heute genauso schmackhaft und kräftig beim Bäcker.

3 Puccia di pane
Das kleine, weiche, nahrhafte, mit Oliven angereicherte Rundbrot wird nach dem Backen in weißem Mehl gewendet, um der Reinheit Mariens zu gedenken. Dieses Brot ist vor allem in der Provinz Lecce zu finden, doch man kennt es auch in Brindisi und Ostuni.

4 Puddica
Die Grundzutaten, gängiger Brotteig und Kartoffelpüree, werden zu einem homogenen Teig verknetet. Der ausgerollte Fladen wird mit Tomatenhälften belegt, mit Olivenöl, Salz und Oregano gewürzt und im Ofen gebacken.

5 Focaccia ripiena
Die mit Mozzarella, Tomaten, Schinken oder Zwiebeln und Lauch gefüllte und im Ofen gebackene Brotteigtasche wird in Scheiben geschnitten gegessen.

6 Taralli
Weizenmehl, Schweineschmalz, Olivenöl, Bierhefe, Fenchelsamen, gemahlene Peperoncini oder Pfeffer aus der Mühle und etwas Salz sind die Grundzutaten für diese knusprig ausgebackenen Brotkringel, die überall in Süditalien gern zum Aperitif gegessen werden.

7 Crostini
Die im Ofen gerösteten Weißbrotscheiben werden mit frischem Olivenöl beträufelt und mit Oregano bestreut. Man kann sie auch mit Oliven-, Sardellen-, oder Thunfischpaste bestreichen.

8 Friselle
Die kleinen, runden, goldbraunen Brote aus Gersten- und Hartweizenmehl werden in zwei Durchgängen, einmal bei hoher und einmal bei mäßiger Hitze, gebacken. Wenn man sie zur Probe auf den Tisch aufschlägt, muß es hörbar knallen, denn nur dann sind sie richtig hart und richtig gut. Luftdicht aufbewahrt, halten sich *friselle* lange.

Wer die Vielfalt der Brotsorten Apuliens kennenlernen möchte, sollte die Bäckerei Angelini in Martina Franca aufsuchen. Hier werden in authentischer Atmosphäre und mit apulischer Fröhlichkeit *taralli, friselle,* Focaccie und all die anderen schmackhaften Spezialitäten gebacken und zubereitet.

Taralli

Brotkringel
(Abbildung unten, Nr. 6)

500 g Mehl
Salz und Pfeffer
125 g Schweineschmalz
55 g Bierhefe
Fenchelsamen, nach Belieben
Wasser
Olivenöl

Das Mehl mit etwas Salz und Pfeffer vermischen, dann mit Schmalz und Bierhefe und nach Belieben auch mit Fenchelsamen verkneten. Soviel Wasser zufügen, daß ein gleichmäßiger Teig entsteht.
Kleine Teigstücke abschneiden und zu Kringeln formen. Mit etwas Öl beträufeln und auf einem gefetteten Backblech 1 Std. gehen lassen. Anschließend im vorgeheizten Backofen bei 150 °C 1 Std. backen.
Vollständig abkühlen lassen und luftdicht verschlossen aufbewahren.

Weizen

Die große Familie der Weizensorten zählt weltweit rund 360 Arten. Ganz grob wird dieses Getreide in drei Gruppen eingeteilt: Hartweizen liefert schweres Korn, das viel Grieß mit relativ wenig Stärke hergibt. Weichweizen bildet innen weiße Körner, aus denen helles Mehl gemahlen werden kann. Halbharte Arten liegen mit ihren Eigenschaften zwischen den vorangenannten Gruppen. Da sie helles Mehl liefern und die Kleie sich leicht trennen läßt, werden sie oft eingesetzt. In Apulien wird hauptsächlich Hartweizen *(Triticum durum)* angebaut, gelegentlich jedoch auch andere

Weizenarten. Hartweizen hat den Vorteil, daß er in dem trockenen, heißen Klima der Region problemlos gedeiht, während Saatweizen hohe Ansprüche an den Mineralstoffgehalt des Bodens und die Feuchtigkeitsverhältnisse stellt. So hat man dem Anbau von Hartweizen den Vorzug gegeben.

Da sich das Leben in Apulien jahrhundertelang auf den Ackerbau konzentrierte und sich nach den Vorgaben des Erntekalenders richtete, ist es kein Wunder, daß die Verarbeitung der Feldfrüchte mit der gleichen Sorgfalt betrieben und perfektioniert wurde. Hausgemachte, frische Pasta spielt noch heute eine große Rolle auf der apulischen Speisekarte, doch auch die verschiedenen Brotsorten haben ihren festen Platz. Brot aus Apulien gilt sogar italienweit als ein besonders gutes Produkt. Ähnlich wie man in den Küchen eine kaum überschaubare Zahl an Nudelvarianten knetet, rollt, zieht, wickelt oder schneidet, werden in den Backstuben die unterschiedlichsten Brote hergestellt. Mehr oder weniger stark gebacken, frisch zu genießen oder zur Vorratshaltung geeignet, herzhaft oder fein und süß – die Phantasie kennt keine Grenzen.

Die Qualität eines Brotes hängt von verschiedenen Faktoren ab. Welches Mehl oder welche Mehlmischung verwendet der Bäcker? Brot aus Hartweizen wird zwar nicht so schön leuchtend weiß, doch es ist recht gut haltbar und wird nicht so schnell hart. Wie ist das Korn geerntet und wie ist es in der Mühle gemahlen worden? Setzt der Bäcker Hefe oder andere Backtriebmittel zu? In welche Formen bringt er die Laibe? Und schließlich – auf welche Art und Weise bäckt er sie, bei welcher Temperatur und in welchem Ofen? In all diesen Fragen sind die apulischen Bäcker wahre Spezialisten, und ihre verschiedenen Brotsorten haben eines gemeinsam: Sie schmecken alle fabelhaft.

Unten: *Grano duro*, als Hartweizen oder Durumweizen *(Triticum durum)*, wird vor allem in Süditalien angebaut, denn diese Sorte verträgt das trockene, heiße Klima. Gemahlener Hartweizen, also Grieß oder *semolino*, wie er auf Italienisch heißt, ist aus der Küche der Stiefelhalbinsel nicht wegzudenken, denn er bildet den Grundstoff für die Pasta.

In der Braterei der Gebrüder Ricci stehen die Kunden Schlange für die unverfälschten traditionellen Köstlichkeiten.

Die Herstellung der *gnumerelli* erfolgt von Hand. Hier wird das Fleisch in Därme gefüllt.

Beim Aufspießen der *bombette*, der mit Käse gefüllten Schweinefleischröllchen, ist wichtig, daß sie nicht aufgehen können.

Die Garzeiten der einzelnen Spezialitäten variieren natürlich, aber das bringt den Grillmeister nicht aus der Ruhe.

Die Metzgerei und Wurstbraterei Fratelli Ricci in Martina Franca ist unter anderem für ihre *gnumerelli* bekannt. Hierbei handelt es sich um in Darmnetz gewickelte Stückchen aus Lamminnereien, die inzwischen leider nur noch selten in Italien zu finden sind.

ÖFFENTLICHE UND GEHEIME ÖFEN

Die bäuerliche Küche Apuliens ist ohne den Backofen, in dem auch Fleischgerichte gegart werden, kaum denkbar. Früher war es allerdings gar nicht so einfach, sein Brot und Gargut »gebacken zu bekommen«, wie man heute im lockeren Sprachgebrauch sagen würde. Nach den alten städtischen Satzungen war die Errichtung von Öfen in Privathäusern verboten. Die Verwaltung begegnete mit dieser Maßnahme der gefürchteten Brandgefahr und sicherte sich gleichzeitig eine solide Einnahmequelle, indem sie die Bevölkerung zwang, von den unter behördlicher Aufsicht stehenden öffentlichen Backöfen Gebrauch zu machen. Die Überwachung der Öfen oblag oftmals den Universitäten, wie etwa der von Bisceglie oder der von Terlizzi.
Um der lästigen Backsteuer zu entkommen, errichteten die Apulier auf dem Land kleine und unauffällige Steinöfen, in denen sie heimlich, aber dafür gratis buken. Wenn ein Backbeamter aufgetaucht wäre, hätte man das primitive Bauwerk im Handumdrehen abreißen und guten Gewissens behaupten können, der Schutthaufen sei kein Ofen. Die steuerhinterziehenden Landöfen entwickelten sich zum Fokus der apulischen Küche und sind bis heute unerläßlich. So gart man in der *tiella,* einem Tontiegel mit Blechdeckel, auflaufähnliche Gerichte, bäckt verschiedenste Brotsorten und fabriziert *focaccia, calzuni* (ein Mürbeteiggebäck, das mit Zwiebeln, Tomaten, entkernten Oliven und eingesalzenen Sardellenfilets belegt wird) und *panzerotti* (Mürbeteigtaschen gefüllt mit Tomaten, Mozzarella, Sardellen und Zwiebeln). Doch auch für die Zubereitung der apulischen Fleischspezialitäten ist der gute alte holzbefeuerte Ofen unabdingbar.

Links: In Apulien kommt fast alles in den Ofen – Brot, Aufläufe, Wurst oder ganze Fleischstücke.

Tiella alla barese

Auflauf nach Art von Bari
(Abbildung oben)

200 g Reis
700 g Miesmuscheln
1 Knoblauchzehe
400 g Kartoffeln
Olivenöl extra vergine
1 grosse Zwiebel, in feine Ringe geschnitten
70 g Pecorino, gerieben
gehackte Petersilie
frisch gemahlener Pfeffer

Den Reis in Wasser bißfest kochen.
Die Muscheln abbürsten, unter fließendem Wasser abspülen, mit der Knoblauchzehe in einen Topf geben und einige Minuten dünsten. Wenn sich die Schalen geöffnet haben, den Sud durch ein feines Sieb oder ein Tuch filtern und beiseite stellen. Geschlossene Muscheln wegwerfen. Das Muschelfleisch aus den Schalen lösen und beiseite stellen.
Die Kartoffeln schälen, waschen und in feine Scheiben schneiden.
Eine Auflaufform mit Olivenöl einfetten und mit Kartoffeln auslegen. Darauf schichtweise Reis, Zwiebelringe, Pecorino, Petersilie und Muschelfleisch verteilen. Den Vorgang wiederholen, bis alle Zutaten aufgebraucht sind. Die letzte Schicht sollte aus Kartoffeln bestehen. Pfeffern, mit Olivenöl beträufeln, den Muschelsud angießen und im vorgeheizten Backofen bei 180 °C etwa 45 Min. backen.

Pizza di patate

Kartoffelpizza

Für 6 Personen

750 g Kartoffeln
2 EL Olivenöl
Salz
50 g Weizenmehl

Die Kartoffeln garen und mit dem Stampfer zu einer gleichmäßigen Masse verarbeiten. Olivenöl zugeben, salzen und beiseite stellen.
Sobald die Masse abgekühlt ist, mit dem Mehl verkneten. Der Teig sollte nicht zu klebrig sein, man muß gegebenenfalls mehr Mehl als angegeben zugeben. Den Teig auf einem runden Backblech von ca. 28 cm Durchmesser ausrollen.
Wie jede andere Pizza nach Belieben belegen und im vorgeheizten Backofen bei 200 °C etwa 40 Min. backen.

PASTA

In Apulien reiht sich ein Weizenfeld an das andere. Genauer gesagt handelt es sich dabei um Hartweizen, den Rohstoff für die italienische *pasta secca*. In der Kornkammer zwischen Sporn und Stiefelspitze wird dieser Reichtum jedoch nicht nur in den eigenen Fabriken verarbeitet, sondern man beliefert Nudelhersteller im ganzen Land.

Trotz des sehr guten Angebots an industriell gefertigter Pasta hat man in Apulien allerdings nie die Vorliebe für traditionelle, hausgemachte Teigwaren aufgegeben. So pflegt jede Gegend unbeirrt ihren eigenen Kult der *pasta fresca:* In Bari entstanden die kleineren *chianciarelle* und die etwas größeren *paciocche,* die der Rest der Welt als *orecchiette* kennt. In Foggia sind die *troccoli* zu Hause, die den abruzzischen *maccheroni alla chitarra* ähneln. Brindisi ist für seine *stagghiotta* genannte Lasagne-Variante bekannt, und aus Lecce stammen die *turcinelli*. Eine nahezu unerschöpfliche Auswahl an Saucen und Ragús auf Gemüse-, Schweinefleisch- oder Lammfleischbasis, die oft mit dem roten Peperoncino feurigpfeffrig abgeschmeckt werden, sorgen auf dem Tisch für Abwechslung.

Im Namen der Pasta fand 1647 in Bari sogar eine Revolte statt. Die Einwohner der Stadt erhoben sich gegen die spanischen Herrscher, die ihnen eine neu eingeführte Mehlsteuer abverlangten und obendrein Finanzkontrolleure ins Haus schickten, um den Verbrauch des Nudelgrundstoffs zu überprüfen. Der Groll der Baresi, die stolz auf die blühende Nudel- und Brotproduktion ihrer Stadt waren, entlud sich wohl so heftig, daß die Spanier nach acht Tagen aufgaben und die Steuer wieder absetzten.

Cavolfiore e pasta

Blumenkohl mit Nudeln
(Abbildung rechts unten)

8 gesalzene Sardellen
1 kg Blumenkohl
Salz
2 Knoblauchzehen
2 EL Olivenöl extra vergine
300 g frische, hausgemachte Nudeln
30 g Pecorino, gerieben
Pfeffer

Die Sardellen entgräten, waschen und in Stücke schneiden. Den Blumenkohl putzen, in Röschen zerteilen und in kochendes Salzwasser geben. Die Knoblauchzehen ungeschält in einer Pfanne mit Olivenöl anbraten, bis sie Farbe annehmen. Den Blumenkohl kurz bevor er gar ist mit dem Schaumlöffel aus dem Wasser heben und beiseite stellen. Nudeln in das Kochwasser geben und bißfest kochen. Kurz bevor sie fertig sind, den Blumenkohl wieder zugeben. Die Pfanne mit dem heißen Olivenöl vom Herd nehmen und den Pecorino sowie die Sardellen zugeben. Knoblauch schälen und wie die Sardellen mit einem Holzlöffel zerdrücken. Gut mit dem Olivenöl und dem Pecorino vermischen.
Die Nudeln mit dem Blumenkohl im Sieb abtropfen lassen, zu den anderen Zutaten in die Pfanne geben und durchmischen. Salzen, pfeffern, gegebenenfalls noch etwas Olivenöl zugeben und heiß servieren.

Tiella di verdure

Gemüseauflauf
(Abbildung Mitte unten)

300 g Tomaten
2 gelbe Paprikaschoten
2 Auberginen
500 g Kartoffeln
Olivenöl extra vergine
250 g Mozzarella
Salz und Pfeffer
1 Bund Basilikum, gehackt
Semmelbrösel
frischer Oregano, gehackt

Die Gemüse putzen und in feine Scheiben schneiden. Eine Auflaufform (am besten aus Terrakotta) mit Olivenöl einfetten und schichtweise mit Gemüse und Mozzarella füllen, bis alles aufgebraucht ist. Dabei jede Schicht leicht salzen, pfeffern und mit Basilikum bestreuen. Die Semmelbrösel mit Oregano, Salz und Pfeffer vermengen und über den Auflauf streuen. Mit Olivenöl beträufeln und im vorgeheizten Backofen bei 200 °C etwa 1 Std. backen.

Tiella di verdure

Von der *tiella di verdure* wird behauptet, sie sei spanischen Ursprungs, denn der für den apulischen Dialekt merkwürdige Namen erinnert an die spanische Paella. Auch das ursprüngliche Rezept – mit Reis und Muscheln – weist große Ähnlichkeit mit der iberischen Spezialität auf. Später wurde *tiella* zur Bezeichnung aller Gerichte, die in dem besonders geformten Topf gekocht werden. Die *tiella di verdure,* zubereitet mit gemischtem Gemüse, ist ein in Apulien verbreiteter *primo,* der alternativ zur Pasta auf den Tisch kommt.

Strascinati con la mollica –
Nudeln mit Semmelbröseln

Strascinati con la mollica
Nudeln mit Semmelbröseln
(Abbildung links unten)

2 gesalzene Sardellen
4–5 EL Olivenöl extra vergine
150 g Semmelbrösel
frisch gemahlener Pfeffer
400 g Strascinati oder Orecchiette

Die Sardellen entgräten, waschen und in Stücke schneiden. In einer Pfanne das Olivenöl erhitzen und die Sardellen sowie die Semmelbrösel zugeben. Frisch gemahlenen Pfeffer darüber streuen und mit einem Holzlöffel gut verrühren. Die Nudeln in reichlich Salzwasser bißfest kochen, durch ein Sieb gießen, abtropfen lassen und zu den Semmelbröseln in die Pfanne geben. Behutsam durchmischen und heiß servieren.

Chianciarelle
Chianciarelle gleichen den klassischen *orecchiette*, sind allerdings etwas kleiner.

Fenescecchie
Fenescecchie erhält man, indem man Pastateig zu langen Schnüren formt und diese dann um eine Stricknadel wickelt, um so die typische Spiraloptik zu erzielen.

Mignuicchie
Mignuicchie sind kleine Klöße aus Hartweizengrieß.

Orecchiette
Die Öhrchennudeln gehören zu den bekanntesten süditalienischen Nudelsorten, die man auch im Norden ißt und die es auch aus der Fabrik gibt. Um sie von Hand herzustellen, bedarf es einiger Geschicklichkeit.

Paciocche
Paciocche sind etwas zu groß geratene *orecchiette*.

Strascinati
Strascinati sind über ein gerilltes Nudelbrett gezogene Teigvierecke, die dadurch eine glatte und eine rauhe Seite aufweisen. Ihr Name bezieht sich auf den Vorgang des *stracinare*, also des »Darüberziehens«.

Troccoli
Die den abruzzischen *maccheroni alla chitarra* ähnlichen *troccoli* sind eine Spezialität der Provinz Foggia. Ihren Namen verdanken sie dem Gerät, mit dem sie geformt werden, einem mit runden Klingen versehenen Nudelholz, das beim Rollen des Teiges diesen gleichzeitig zerschneidet. Es ist mit dem *ferro da maccheroni* (Makkaronieisen), das man im 16. Jahrhundert benutzte, verwandt.

Tiella di verdure –
Gemüseauflauf

Cavolfiore e pasta –
Blumenkohl mit Nudeln

GEMÜSE UND HÜLSENFRÜCHTE

Knackiges Gemüse und zarte, frische Hülsenfrüchte sind Grundelemente der apulischen Küche. Bereits im Jahre 1171 wird in einer notariellen Urkunde der intensive Anbau in den *ortaggi* genannten Nutzgärten rund um die Städte erwähnt. Egal wie klein das Gärtchen auch war, jede Familie hatte ihre Oliven- und Mandelbäume und zog Hülsenfrüchte für den eigenen Jahresbedarf. Bis zum Ende des 19. Jahrhunderts erntete man vor allem dicke Bohnen (oder auch Saubohnen), gefolgt von Kichererbsen und Linsen. Erst später kamen Erbsen und Stangenbohnen hinzu.

Dicke Bohnen lassen sich hervorragend mit den zahlreichen Zichorienarten kombinieren, die nachweislich bereits im 17. Jahrhundert gesammelt und auf den Speiseplan gesetzt wurden. Neben einigen herkömmlichen Chicorée-Varietäten werden inzwischen auch Löwenzahn und *catalogna* kultiviert. Die *catalogna* (Herbstlöwenzahn) ist eine durch Zucht veredelte Verwandte der wilden Zichorie (*Cichorium intybus,* Kaffeezichorie, Gemeine Wegwarte), die im Grunde wie Löwenzahn aussieht, jedoch bis zu einem halben Meter groß werden kann. Die Varietät *catalogna puntarelle* wächst besonders buschig. Zichorienpflanzen schmecken sehr erfrischend und werden in Apulien gern für klassische Gerichte der südlichen Küche wie beispielsweise *Catalogne racanate* verwendet.

Doch Apulien hat noch weitere Gemüsesorten zu bieten. Tomaten, Zucchini, Paprika, Kartoffeln, Spinat, Auberginen und Fenchel werden nicht nur für den eigenen Bedarf angebaut, sondern auch in den Norden Italiens und in das restliche Europa exportiert, so daß die Gartenfrüchte ein wichtiger Wirtschaftsfaktor für Apulien sind. Mit besonderem Erfolg wird die Kohlzucht betrieben, denn Brokkoli, Rosenkohl, Rübengrün und Blumenkohl finden hier geradezu ideale Bodenverhältnisse vor. Seit die Wissenschaft diesen Pflanzen sogar eine krebsvorbeugende Wirkung bescheinigt, hat sich in Apulien der Absatz an exzellenten Brokkolisorten, schmackhaften *cime di rapa* (Rübengrün) aus Fasano und Blumenkohl sogar noch erhöht. Ein anderer Verkaufsschlager der schmalen Region am Stiefelabsatz sind die besonders zarten, süßen und dornenlosen Artischocken wie etwa die *locale di Mola* sowie die Zwiebeln der wilden Hyazinthe, *lampascioni* genannt, die etwas bitterer als Schalotten schmecken und in letzter Zeit immer beliebter werden.

Purea di fave

Püree aus dicken Bohnen

2 grosse Kartoffeln
300 g dicke Bohnen
Salz
7–8 EL Olivenöl extra vergine

Zichorienarten wie *catalogna* oder *puntarelle* finden in der italienischen Küche häufig Verwendung. Es gibt sie als Wildpflanze *(cicoria selvatica)* und als daraus gezüchtete Salat- oder Gemüsepflanze.

Die Kartoffeln schälen, waschen und in Würfel schneiden. Bohnen enthülsen und mit den Kartoffeln in einen Topf geben. Mit Wasser bedecken und bei geschlossenem Deckel etwa 20 Min. köcheln lassen. Das Wasser abschütten und das Gargut mit frischem Wasser bedecken, leicht salzen und weitere 30 Min. kochen. Das Kartoffel-Bohnen-Gemisch durch ein Passiersieb streichen und zurück in den Topf geben. Mit einem Holzlöffel rühren und nach und nach das Olivenöl zugießen, bis das Püree die gewünschte Konsistenz erhält. Zu frischem Gemüse servieren.

Muersi

Bauernbrot mit Brokkoli und Erbsen

1 kg Brokkoli
Salz
200 g Erbsen
200 g Weissbrot
4–5 EL Olivenöl extra vergine
1 Peperoncino

Den Brokkoli in leicht gesalzenem Wasser blanchieren, abgießen und beiseite stellen. Die Erbsen etwa 10 Min. in Salzwasser kochen.

Das Brot in Stücke schneiden. In einem Topf (am besten aus Steingut) das Olivenöl mit dem Peperoncino erhitzen und die Brotstücke darin rösten. Wenn das Brot eine goldbraune Farbe angenommen hat, den kleingeschnittenen Brokkoli und die Erbsen zugeben. Gut vermengen und 10 Min. dünsten. Heiß servieren.

Catalogne racanate

Überbackener Herbstlöwenzahn
(Abbildung links)

2 Knoblauchzehen
1 Tomate
Salz
1,3 kg Herbstlöwenzahnspitzen
Kapern
Semmelbrösel
Olivenöl

Den Knoblauch und die Tomate klein schneiden und in wenig Salzwasser gar dünsten.

Den Löwenzahn in eine Auflaufform geben, Knoblauch, Tomate und Kapern darüber verteilen. Mit reichlich Semmelbröseln bestreuen und mit Olivenöl beträufeln. Im vorgeheizten Backofen bei 200 °C backen, bis die Semmelbrösel knusprig sind.

er Olivenanbau hat in Süditalien eine lange Tradition.
ie ausgedehnten Haine liefern fast die Hälfte der
esamtitalienischen Produktion.

Die Sortenvielfalt ist zwar groß, doch meist bringen die im Süden angebauten Olivensorten goldgelbe Öle von kräftigem Charakter und leicht nussigem Aroma hervor.

OLIVENÖL

Das intensiv schmeckende, fruchtige und sehr säurehaltige Olivenöl Apuliens ist ebenso unverzichtbar für die Küche wie für die Wirtschaft der Region. Wie kein anderes landwirtschaftliches Erzeugnis hat das duftende Öl die Natur und das Leben der Menschen im äußersten Süden Italiens geprägt. Die kalkreichen Böden und das trockene Klima boten – und bieten immer noch – ideale Bedingungen für einen erfolgreichen Olivenanbau. Tafeloliven wurden als energiereiche Ergänzung zum Brot gereicht, und die Öloliven lieferten einen Rohstoff, den man nicht nur zum Kochen, sondern auch als Brennmaterial für die häuslichen Lampen verwenden konnte.

Auch heute noch ist die Gewinnung von Olivenöl der wichtigste Wirtschaftsfaktor der Region Apulien. Das Olivenöl und die Tafeloliven, die hier erzeugt werden, machen etwa 40 Prozent der italienischen und 15 Prozent der weltweiten Produktion aus. Die Anbaugebiete erstrecken sich über drei Landstriche: die Provinz Foggia, die Provinz Bari und die Halbinsel des Salento, zu der die Provinzen Lecce, Brindisi und Taranto gehören. Doch diese Aufteilung sagt nichts darüber aus, welche Olivenarten in welchen Provinzen vorherrschen, denn zu verschieden sind die Bodenverhältnisse und die mikroklimatischen Bedingungen innerhalb der drei Zonen.

In Apulien kann man heute nicht nur wunderschöne Kunstwerke und historische Bauten bestaunen, sondern auch *trappeti*, die Urformen der modernen Ölmühlen. In den unterirdischen Preßkellern herrschte eine gleichmäßige Temperatur, und die dem karstigen Felsgestein abgerungenen Höhlen verfügten außerdem nur über einen einzigen, nach Süden ausgerichteten Eingang, um den schädlichen Nordwind abzuhalten. Ein weiterer Vorteil des *trappeto* lag in den geringen Baukosten. Die naturgemäß dicken Wände des Felsgewölbes waren stark genug, um den durch die zentnerschweren Mahlsteine bedingten Erschütterungen standzuhalten, ohne daß zusätzliche Befestigungen eingeplant oder komplizierte Bauarbeiten ausgeführt werden mußten. Auch das Bestücken der Pressen war leichter als bei anderen Mühlentypen, da die Oliven einfach durch die dafür vorgesehenen Schächte hinuntergeschüttet wurden. Die Abfälle wurden durch die natürlichen Spalten des karstigen Untergrunds entsorgt. In der Gegend um Gallipoli gab es rund 35 solcher Mühlen.

Links: Die Masseria Serra dell'Isola in Mola di Bari verfügt noch über eine historische Ölmühle.

MIESMUSCHEL-FARMEN

Zwischen Absatz und Sohle des italienischen Stiefels liegt der Golf von Taranto. Die Bewohner der Hafenstadt nennen die Gewässer vor ihrer Küste »Mar Piccolo«. Das »Kleine Meer« mit seinen von Frühjahr bis Herbst relativ warmen Wassertemperaturen eignet sich nicht nur für die Zucht von Austern, sondern auch von Miesmuscheln. Die Meeresbewohner, die auf Italienisch *cozze* heißen, werden fast ganzjährig geerntet. An fest am Meeresgrund verankerten Booten oder Plattformen werden die Miesmuscheln gezüchtet. Von diesen schwimmenden Aufzuchtstationen hängen Netze oder lange Nylonseile herab, an denen 100 bis 200 Kilogramm Muscheln heranwachsen können. Während des Wachstums halten sich die Tiere mit den Byssusfäden, die die Köche »Bart« nennen und die man vor der Zubereitung mühsam entfernen muß, an den Seilen fest. Das Meer spült Mineralstoffe und Algen heran, von denen sich die Miesmuscheln ernähren. Haben sie nach 12 bis 14 Monaten ihre endgültige Größe erreicht, werden die Seile aus dem Wasser gehievt und die Muscheln abgetrennt.

Die bei der Ernte von Algen- und Kalkablagerungen überzogenen Muscheln müssen zuerst in eine Reinigungsanlage gebracht werden. Gleichzeitig erfolgt eine Prüfung durch die italienischen Aufsichtsbehörden, um sicherzustellen, daß die Ware hygienisch einwandfrei ist – eine Kontrollmaßnahme, die vor allem wegen der Umweltbelastungen der Küstenstreifen durchaus sinnvoll ist. Nachdem die blauschwarzen Schalentiere in der Fabrik vorgereinigt worden sind, werden sie in verschiedenen Gewichtseinheiten in Plastiknetze abgepackt und auf den Markt gebracht. Dort warten bereits die Kunden, denn *cozze* sind in Süditalien und auf den Inseln außerordentlich beliebt.

Zuppa di cozze alla tarantina

Miesmuschelpfanne aus Tarent

Vorspeise

1,2 kg Miesmuscheln
1/4 Peperoncino
1 Knoblauchzehe, gehackt
2 EL Olivenöl extra vergine
300 g reife Tomaten, enthäutet und entkernt
1 Glas trockener Weisswein
1 Knoblauchzehe, gehackt
Salz und Pfeffer
geröstete Weissbrotscheiben

Die Muscheln abbürsten und unter fließendem Wasser waschen. Peperoncino und Knoblauch in Olivenöl andünsten. Sobald der Knoblauch braun wird, beides aus der Pfanne nehmen und die kleingeschnittenen Tomaten zugeben. 10 Min. köcheln lassen, dann die Muscheln zugeben. Bei hoher Hitze dünsten, bis sich die Schalen öffnen. (Geschlossene Muscheln wegwerfen.) Die Pfanne dabei gelegentlich schütteln. Den Wein angießen und einkochen lassen. Zuletzt die gehackte Knoblauchzehe zugeben. Salzen und pfeffern. Heiß mit gerösteten Brotscheiben servieren.

Cozze ripiene

Gefüllte Miesmuscheln

Vorspeise

1,2 kg Miesmuscheln
100 ml Olivenöl
1 Knoblauchzehe
400 g passierte Tomaten
4 Eier
200 g Semmelbrösel
100 g Pecorino, gerieben
Petersilie, gehackt
Salz und Pfeffer

Die Muscheln abbürsten und unter fließendem Wasser waschen. Muscheln öffnen, ohne die Schalenteile ganz voneinander zu trennen. Das Olivenöl in einer großen Pfanne erhitzen und die Knoblauchzehe darin goldbraun anbraten. Die passierten Tomaten zugeben und etwa 10 Min. bei niedriger Hitze kochen.

Die Eier in einer Schüssel aufschlagen, Semmelbrösel, Käse und Petersilie untermischen. Die Masse sollte cremig, aber nicht dünnflüssig sein. Die Muscheln damit füllen und die Schalen schließen. Vorsichtig in die Pfanne mit den Tomaten geben und im Backofen bei 200 °C etwa 15 Min. backen.

Cozze gratinate

Überbackene Miesmuscheln
(Abbildung links)

Vorspeise

1,2 kg Miesmuscheln
gehackter Knoblauch
gehackte Petersilie
Semmelbrösel
Olivenöl

Die Muscheln abbürsten und unter fließendem Wasser waschen. Etwa 5 Min. garen, bis sie sich öffnen. Geschlossene Muscheln wegwerfen. Obere Schalenteile entfernen, die unteren Schalen mit dem Muschelfleisch in eine feuerfeste Form geben. Mit Knoblauch, Petersilie und Semmelbrösel bestreuen und mit ein wenig Olivenöl beträufeln.
Im vorgeheizten Backofen bei 200 °C einige Minuten backen.

In dieser typischen Anlage für die Miesmuschelzucht werden die Muscheln in röhrenförmigen Netzen aufgehängt.

Muscheln finden die besten Wachstumsbedingungen in flachen, warmen Gewässern. Sie sollten aber sehr sauber sein, da die Muscheln sonst Schadstoffe aufnehmen.

Die Muscheln werden gesammelt und sortiert. Die größeren Exemplare gelangen in den Verkauf, während die kleineren erneut in den Netzen ausgelegt werden.

Das Mar Piccolo bei Taranto (oben und Hintergund) bietet ideale Bedingungen für die Zucht von qualitativ einwandfreien Miesmuscheln.

Purpurschnecken gehören zur Familie der meerbewohnenden Schnecken. Sie haben starkwandige, auffällige und manchmal sogar stachelige Gehäuse.

Purpur aus Taranto

Purpur war der kostbarste Farbstoff der Antike. Gewonnen aus der Hypobranchialdrüse der Purpurschnecke *(Murex brandaris)*, färbte man damit zunächst ausschließlich die Gewänder der römischen Kaiser. Später durften sich auch reiche Patrizier und hohe Staatsbedienstete in purpurne Gewänder hüllen. Im Jahre 314 wurde Purpur von der Kirche entdeckt: Silvester I. war der erste Papst, der die edle Farbe in seine Amtstracht einbezog.

Der geradezu absurd hohe Preis, den der Farbstoff auf dem antiken Weltmarkt erzielte, erklärt sich durch seine mühsame Gewinnung: Für gerade einmal 1,2 Gramm benötigte man rund 10 000 Purpurschnecken. Die phönizische Stadt Tyrus und das apulische Taranto rivalisierten lange um die Vorherrschaft in der Purpurindustrie, doch schließlich konnten sich die Erzeugnisse italienischer Provenienz durchsetzen. Sie bestachen durch unglaubliche Farbbrillanz und changierten zwischen lebhaftem Violett und glutvollem Weinrot. Horaz beschrieb Purpur aus Taranto als die vollkommene Nachahmung der Farbe von Veilchen.

AUSTERN

Das Mar Piccolo bei Taranto ist eine Hochburg der süditalienischen Muschelzucht. Neben Miesmuscheln züchtet man hier vor allem Austern, da die Weichtiere ideale Bedingungen vorfinden: Die See ist ruhig, und die Wassertemperatur liegt im Sommer konstant über 22 Grad. Schon Plinius schwärmte von den hiesigen Muschelbänken und lobte die Austern aus Taranto, die zum Großteil auf den opulenten Tafeln der römischen Oberschicht landeten.

Unter Kaiser Trajan wurde die Stadt am Golf zum offiziellen Zuchtzentrum und Austernlieferant der Kapitale ernannt. Doch mit dem Untergang des römischen Reichs versiegte das Interesse an den luxuriösen Meeresfrüchten. Erst 1784 ließ der Bourbone Ferdinand IV., der spätere König beider Sizilien, die verwahrlosten Zuchtanlagen wieder in Betrieb nehmen, damit seine Hofküche jederzeit mit Austern und Miesmuscheln beliefert werden konnte.

Auch heute noch werden hier Weichtiere hervorragender Qualität gezüchtet. Die Auster aus Taranto trägt den wissenschaftlichen Namen *Lamellosa tarentina*. Ihre stark gezackten, geschwungenen und grünlich gefärbten Schalen sind gekennzeichnet durch die am Rand sehr zerbrechlichen, zarten Lamellen, während die Muschelhälften im Inneren perlweiß glänzen. Zweijährige Exemplare dürfen sich *stragrossa,* extragroß, nennen. Sie schmecken besonders intensiv und sollten roh und gut gekühlt genossen werden. Auch wenn die Taranto-Austern nicht ganz so bekannt und nicht ganz so renommiert sind wie die berühmten französischen Sorten aus Marenne oder Arcachon, können sie den Vergleich mit ihnen sehr wohl aufnehmen.

Zum Öffnen legt man die Auster mit der konkaveren Schalenhälfte nach unten in die geschützte Handfläche, da die Muschel nicht nur das begehrte Weichtier selbst enthält, sondern auch schmackhafte natürliche Säfte, die nicht verschüttet werden sollten. Dann fährt man mit einem geeigneten scharfen Messer zwischen die Schalen und hebelt diese auf. Nach Durchtrennen des Schließmuskels läßt sich die Auster aufklappen. Wird sie nicht sofort verzehrt, sollte sie auf einem Eisbett zwischengelagert werden. Mit einer Austerngabel, die an einer Seite über eine scharfe Schneide verfügt, läßt sich das Tier leicht aus der Schale lösen. Nun wird die Auster samt Saft in einem Zug aus der Schale geschlürft. Wer möchte, kann vor dem Verzehr einen Spritzer Zitronensaft oder einen Hauch Pfeffer darüber geben. Ideale Begleiter von Austern sind Weiß- oder Vollkornbrotscheiben, die zusammen mit gekühlter Butter gereicht werden. Von weiteren Zugaben ist abzuraten, denn sie übertönen nur den zarten Eigengeschmack des delikaten Meeresbewohners. Es gibt auch Rezepte, die eine weitere Verarbeitung der Austern vorsehen.

Damit der kostbare Saft nicht verschüttet wird, plaziert man die Auster so in der Handfläche, daß die konkavere der beiden Schalen unten liegt.

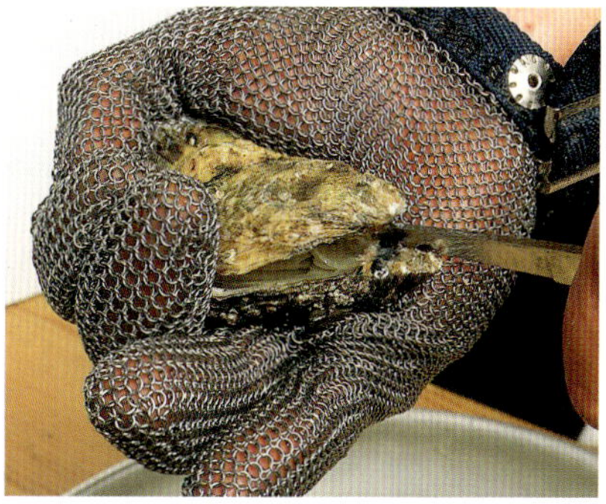

Das waagerecht gehaltene Messer wird zunächst zwischen die beiden Schalenhälften geschoben. Dann hebelt man die Auster auf.

Die obere Schalenhälfte wird nach oben weggeklappt. Das Austernfleisch liegt in der unteren Schale, läßt sich aber noch nicht lösen.

Mit einem Schnitt wird nun der Muskel durchtrennt, damit man die Auster samt Saft bequem aus der Schale schlürfen kann.

Ostriche arrosto

Gegrillte Austern
(Abbildung rechts)

6 Austern pro Person
gehackte Petersilie
2 Knoblauchzehen pro Person, gehackt
Semmelbrösel
Oregano
Zitronensaft
Olivenöl
Salz und Pfeffer

Die Austern öffnen, obere Schalenteile entfernen und die untere mit dem Austernfleisch auf den Grillrost legen. Petersilie und Knoblauch über die Austern verteilen. Die Semmelbrösel darüber streuen, mit Oregano würzen und mit 2–3 Tropfen Zitronensaft und etwas Olivenöl beträufeln. Salzen und pfeffern und 15 Min. grillen.

Links: Austern sind weniger empfindlich als man denkt: Ein drei- bis viertägiger Transport macht ihnen nichts aus.

Oben: *Ombrine al sale* – Umber in Salzkruste
Rechts unten: *Triglie in cartoccio* – Rotbarben in Alufolie gegart

TRABUCCHI

Die Apulier praktizieren zwei Arten des Fischfangs: Entweder fahren sie weit hinaus aufs Meer und fischen mit Leinen und Netzen, oder aber sie bleiben in Ufernähe und erleichtern sich die Arbeit durch den *trabucco*. An der Küste des Gargano, also am Stiefelsporn, bevorzugt man die zweite Fangmöglichkeit.
Die Vokabel *trabucco* leitet sich vermutlich von dem provenzalisch-mallorquinischen Wort *trabajar,* arbeiten, ab. Später bürgerte sich der Begriff als Synonym für ein Fischerboot mit hoher Bemastung und großen Segeln ein. War der Schiffsrumpf aufgrund von Altersschwäche oder Havarien nicht mehr zu gebrauchen, bauten die Fischer die starken Masten ab und konstruierten *trabucchi,* jene Fangvorrichtungen, mit denen sie in Ufernähe fischen konnten. Vor allem an den Küsten des Stiefelsporns kann der Reisende noch heute zahlreiche *trabucchi* bestaunen, deren Ursprung, so vermuten die Historiker, auf die Sarazenen zurückgeht.
Der Fischfang mit dem *trabucco* erfordert die ebenso geduldige wie aufmerksame Meerüberwachung durch einen *raìs,* der – meist mit gehörigem akrobatischem Geschick – auf der Spitze eines der horizontal über dem Meer »schwebenden« Balken nach Fischschwärmen Ausschau hält. In dem Moment, in dem sich die Beute direkt über den am Meeresgrund ausgelegten Netzen befindet, erteilt der *raìs* das Kommando, die Netze rasch hochzuziehen. Dies geschieht mit Hilfe einer Winde, deren Seile über eine mächtige Wickeltrommel laufen. Die teilweise recht skurril anmutenden Fanganlagen mit ihren zahlreichen senkrechten und waagerechten Masten und Pfählen sind sogar von einigen italienischen Künstlern festgehalten worden.
Der mit dem *trabucco* erzielte Fang wird auf schmackhafteste Weise verarbeitet. Die Fischersfrauen garen den Fisch in einer Salzkruste, was ihn wunderbar saftig und würzig gelingen läßt, grillen oder braten ihn. Oder aber man kocht daraus die berühmte *Zuppa di pesce di Gallipoli,* eine Fischsuppe, die in der Gegend von Gallipoli zubereitet wird.
Fischsuppen sind übrigens eine gesamtitalienische Leidenschaft und mithin fast ein durchgängig verbindendes Element dieser regional unterschiedlich geprägten kulinarischen Großlandschaft. Italien ist schließlich das Land der langen Küsten, ganz abgesehen von den beiden großen und den zahlreichen kleinen Inseln, die ebenfalls vom Meer umspült sind. Nur fünf der insgesamt 19 Regionen, nämlich Piemont, das Aostatal, Trentino und Südtirol, die Lombardei und schließlich Umbrien, haben keinen direkten Zugang zum Wasser. Alle anderen Landesteile rühmen sich köstlicher Gerichte aus Fisch oder Meeresfrüchten, und jede Region kocht ihr eigenes Fischsüppchen. In Ligurien und an der Toskanaküste kann man *cacciucco* oder *burrida* probieren, in der Emilia-Romagna den *brodetto* aus Rimini. An der Küste der Marken wetteifern die Hafenstädte um die beste Zubereitung dieser Fischsuppe, und man hat sogar eine Accademia del Brodetto gegründet. Die Neapolitaner lieben die warme Fischmahlzeit, Sardinien hat sein eigenes Rezept, Apulien rührt in der *Zuppa di pesce di Gallipoli,* und in Umbrien gibt es ein Gericht aus Süßwasserfischen.

Seppie ripiene con piselli

Mit Erbsen gefüllte Tintenfische

800 g küchenfertige Tintenfische
40 g Semmelbrösel
Milch
50 g Pecorino, gerieben
1 Ei
2 Knoblauchzehen, gehackt
2 EL gehackte Petersilie
Salz und Pfeffer
3–4 EL Olivenöl extra vergine
1 Zwiebel, gehackt
400 g Erbsen

Die Tintenfische gründlich waschen und abtropfen lassen. Semmelbrösel in etwas Milch einweichen, mit Käse, Ei, Knoblauch und Petersilie gut vermengen und mit Salz und Pfeffer abschmecken.
Die Tintenfische mit der Masse füllen, mit Küchengarn verschließen und mit dem Olivenöl sowie der Zwiebel in eine Kasserolle geben. Bei niedriger Hitze dünsten, die ausgehülsten Erbsen zugeben und etwas Wasser angießen. Salzen, pfeffern und bei niedriger Hitze etwa 45 Min. schmoren.

Zuppa di pesce di Gallipoli

Fischsuppe aus Gallipoli

2 kg gemischte Fische und Meeresfrüchte (z.B. Zackenbarsch, Brasse, Drachenkopf, Tintenfisch, Scampi, Miesmuscheln, Meerbarben)
120 ml Olivenöl
1 Zwiebel, in dünne Ringe geschnitten
600 g Tomaten, entkernt und in Streifen geschnitten
2 EL Weissweinessig
Salz und Pfeffer
geröstete Brotscheiben

Die Fische ausnehmen, waschen und schuppen. Tintenfische von den Innereien befreien und in Ringe schneiden. Die

Miesmuscheln abbürsten und waschen. Geöffnete Muscheln wegwerfen.
Das Öl in einem großen Topf erhitzen und die Zwiebel darin weichdünsten. Die Tomaten, 1 Prise Salz und etwas Pfeffer zugeben und 10 Min. köcheln lassen.
Zuerst größere Fische und Meeresfrüchte zugeben und zum Kochen bringen. Dann kleinere Fische und Meeresfrüchte zufügen, damit alles gleichmäßig gar wird. Bei niedriger Hitze 20–30 Min. köcheln lassen. Nicht umrühren.
Mit Essig, Salz und Pfeffer abschmecken und mit Brot servieren.

Triglie al cartoccio

Rotbarben in Alufolie gegart
(Abbildung unten)

Für 2 Personen

4 mittelgrosse küchenfertige Rotbarben
2 Knoblauchzehen, zerdrückt
Saft von 1/2 Zitrone
Olivenöl
3 Lorbeerblätter
1/2 TL Pfefferkörner
Salz und Pfeffer
50 g schwarze Oliven, entsteint
Alufolie (ersatzweise 4 grosse Bögen Pergamentpapier oder Bratbeutel)

Die Fische schuppen, waschen und in eine Schüssel legen. Den Knoblauch mit dem Zitronensaft und 4 EL Olivenöl verrühren. Die Lorbeerblätter zerkrümeln und die Pfefferkörner zerstoßen. Beides zu dem Zitronensaft-Olivenöl-Gemisch geben. Die Marinade über die Fische träufeln und mindestens 2 Std. im Kühlschrank ziehen lassen. Die Fische einmal wenden.
Den Backofen auf 200 °C vorheizen. Die Alufolie mit 1 EL Öl bestreichen. Die Fische aus der Marinade nehmen, auf die Alufolie legen, salzen, pfeffern und mit der Marinade beträufeln. Oliven kleinhacken und über die Fische streuen. Die Fische einwickeln und die Folienränder umknicken, so daß die »Pakete« fest verschlossen sind.
Im Backofen etwa 8 Min. garen. In der Alufolie heiß servieren.

Ombrine al sale

Umber in Salzkruste
(Abbildung linke Seite oben)

2 Umber (oder Seebarsche) à 500 g
1 kg grobes Salz
frisch gemahlener Pfeffer

Fische ausnehmen und gut waschen, aber nicht schuppen. Die Hälfte des Salzes in eine Backform geben, die Fische darauf legen und mit dem restlichen Salz bedecken. Die Form mit einem Deckel verschließen und im vorgeheizten Backofen bei 200 °C etwa 30 Min. garen. Salzkruste aufbrechen, die Haut abziehen und frisch gemahlenen Pfeffer über die Fische streuen.

Sogliola gratinata

Überbackene Seezunge

4 küchenfertige Seezungen, ohne Haut, Flossen gestutzt
Salz und Pfeffer
8 EL Semmelbrösel
1 Knoblauchzehe, sehr fein gehackt
4 EL feingehackte Petersilie
6 EL geriebener Pecorino
6 EL Olivenöl

Den Backofen auf 220 °C vorheizen. Die Fische entlang der Mittellinie bis zur Hauptgräte einschneiden. Salzen, pfeffern und auf ein Backblech legen. Semmelbrösel, Knoblauch und Petersilie vermengen und zu beiden Seiten der Einschnitte verteilen. Den Pecorino in die Einschnitte streuen und die Fische mit Olivenöl beträufelt etwa 15 Min. garen.

Auf apulischen Hochzeiten gibt es häufig ein Süßspeisenbüfett.

Beliebt ist eine Torte aus Biskuit, Früchten, Baiser und Sahnecreme.

Ein Kellner hilft, das Tortenstück sicher auf den Teller zu bringen.

Vito Colucci ist der heutige Besitzer des 1911 gegründeten Caffè Tripoli in Martina Franca. Eine Reise wert sind seine hausgemachten *crostate*. Auch die Eisspezialitäten werden heute noch nach den traditionellen Konditorregeln hergestellt. Vito Colucci verwendet keine Farbstoffe und anderen synthetischen Zusätze.

Süsswaren

Obwohl in Sporn und Absatz des italienischen Stiefels durchaus ein reger Konditoreibetrieb herrscht, sind apulische Süßwaren außerhalb der Region so gut wie unbekannt. Dabei hatten bereits im Mittelalter die Klosterschwestern und professionellen Zuckerbäcker alle Hände voll zu tun, um zu den Festtagen die erforderlichen Mengen an süßen Köstlichkeiten herzustellen. Diese zuerst *pistores* und später *speziali manuali* genannten Süßwarenmeister leisteten einen entscheidenden Beitrag zur Entwicklung der apulischen Naschhaftigkeit. Doch die Liebe zum oftmals kostspieligen Süßen blieb stets an besondere Ereignisse gebunden, an Weihnachten und Ostern, an das Fest des Schutzheiligen, eine Hochzeit oder auch an ein Begräbnis, bei dem Freunde und Verwandte dem Hinterbliebenen einen *consolo*, einen süßen Trost, brachten.

Im Gegensatz zu anderen süditalienischen Zuckerbäckertraditionen vertraute man in Apulien anfangs nicht unbedingt auf Rosinen, Feigen, Zitronen und Zimt, sondern verwendete in erster Linie zwei typische Produkte der Region, nämlich Ricotta und Mandeln. Inzwischen werden sämtliche Zutatenregister gezogen, und mindestens einmal in der Woche wird in Apulien das Mahl mit einer Süßspeise beendet. Zum Glück gibt es genügend Heilige und sonstige Anlässe, die diesen Luxus rechtfertigen.

Die in heißem Öl fritierten und mit Zucker und Zimt angereicherten *zeppole* waren in früheren Zeiten dem Festtag des Heiligen Joseph vorbehalten. Heute fabriziert man die leckeren Kringel auch an anderen Tagen und bäckt sie im Ofen, damit sie nicht ganz so schwer sind.

An Weihnachten gibt es die *cartellate*, eine sternförmige Gebäckspezialität, deren Teig mit Weißwein angerührt und dann mit Unmengen von Honig oder Mostsirup gesüßt wird. Der dicke, klebrige Mostsirup, *mostocotto*, findet auch bei der Zubereitung der kleinen, mit Mandelbrei oder Marmelade gefüllten, sehr schmackhaften *panzerotti* Verwendung.

Cartellate
Weihnachtsgebäck

500 g Weizenmehl
4–5 EL Olivenöl extra vergine
1 Glas trockener Weisswein
Öl zum Fritieren
300 g Mostsirup oder Honig
Zimt

Das Mehl mit Olivenöl und Weißwein zu einem lockeren, geschmeidigen Teig verarbeiten und 1 Std. ruhen lassen.

Den Teig zu einem etwa 1 mm dünnen Rechteck ausrollen und in 15 cm lange und 3 cm breite Streifen schneiden. Die Teigstreifen schneckenförmig aufrollen und über Nacht trocknen lassen.

Reichlich Olivenöl erhitzen, die Teigschnecken darin ausbacken und auf Küchenkrepp abtropfen lassen.

Den gekochten Most oder Honig erwärmen und die Schnecken sorgfältig vollständig darin eintauchen. Mit einem Schaumlöffel auf eine Platte heben und mit Zimt bestreuen.

Sirup

Zu Sirup eingekochter Weinmost ist in Mittel- und Süditalien unter verschiedenen Namen bekannt: *Mostocotto, sapa, saba* oder *vincotto* heißt das süße, klebrige Produkt, das entsteht, wenn man frischen Most auf die Hälfte oder noch weniger seines Volumens reduziert. *Vincotto* ist dabei eine etwas irreführende Bezeichnung, denn es wird nicht der alkoholhaltige Wein, sondern der unvergorene Most eingekocht.

Schon die alten Römer kannten diese Art des Sirups und genossen ihn mit Schnee vermischt als antikes Sorbet. Im Mittelalter ließen die Küchenmeister ihn einen Monat unter Luftabschluß ruhen, bevor sie ihn in der Süßwarenherstellung verwendeten.

Wie bei volkstümlichen Zubereitungen üblich, hat zwar jedes apulische Dorf sein eigenes Rezept für den *mostocotto*, doch das Grundprinzip ist immer gleich: Man hängt ein sehr feinmaschiges Sieb über einen unverzinkten Kupfertopf und streicht die frischen, reifen Weintrauben hindurch. Die passierte Masse wird langsam über dem Feuer zum Kochen gebracht, wobei der sich bildende Schaum mit einem Schaumlöffel abgeschöpft wird. Hat sich der Traubensaft auf die Hälfte seines Ausgangsvolumens reduziert, ist der Sirup fertig. Man füllt ihn in glasierte Tongefäße oder Glasflaschen, die sorgfältig verschlossen werden müssen, damit der *mostocotto* nicht verdirbt. Den überlieferten Gebräuchen zufolge darf bei der Sirupbereitung weder eine menstruierende noch eine nicht zur Familie gehörende Frau anwesend sein, weil sich der Most dann unweigerlich in zwei Schichten, Zucker am Boden und eine wässerige Lösung darüber, zersetzen würde.

In früherer Zeit bereiteten die Apulier süßen Sirup nicht nur aus Weinmost, sondern auch aus Feigen zu. Natürlich hatte auch hierfür jedes Dorf sein Geheimrezept, doch der grundsätzliche Ablauf darf durchaus kolportiert werden: In der zweiten Augusthälfte ernteten die Bauern die reifen Feigen und kochten sie, am besten über einem Holzfeuer, einige Stunden lang, bis sich der Fruchtbrei um die Hälfte reduziert hatte. Der eingedickte Topfinhalt wurde in einen Stoffsack gefüllt, den man für mindestens 24 Stunden im Freien oder an einer geeigneten Stelle im Haus aufhing, damit der Feigensaft heraustropfen konnte. Der Saft wurde in einen Topf umgefüllt und bei niedriger Hitze etwa 3 Stunden erneut gekocht, bis er sich in einen dickflüssigen Sirup verwandelt hatte. Wie *mostocotto* muß auch der *cotto di fichi* in hermetisch verschlossenen Gefäßen aufbewahrt werden.

Die **Chasselas dorata** hat mittelgroße Trauben, an denen ovale, mittelgroße Weinbeeren hängen, die einen leichten Muskatgeschmack aufweisen.

Die **Italia** ist die führende Sorte der Apenninischen Halbinsel. Sie bringt Trauben mit tropfenförmigen Beeren hervor und wird Mitte September geerntet.

TAFELTRAUBEN

Italien ist ein Traubenland. Hier wachsen nicht nur Weintrauben für die Vinifikation, sondern auch ganz exzellente Tafeltrauben. Apulien deckt dabei mehr als die Hälfte des italienischen Bedarfs an *uva da tavola* ab. Die hier kultivierten Sorten sind wegen der fruchtbaren Böden und des warmen Klimas besonders süß und saftig. Die Sorten Chasselas dorata, Italia, Regina und Baresana werden inzwischen auch in das europäische Ausland exportiert. Zusammen mit anderen Früchten werden Tafeltrauben in ganz Italien als Dessert serviert. Die grünen oder goldenen Beeren gehören auch in die *macedonia di frutta*, den Obstsalat, und als Belag auf Kuchen.

Mostocotto

Eingekochter Traubenmost

Traubenmost aus weissen oder roten Trauben
Zucker nach Belieben
oder
500 ml kräftiger roter oder weisser Landwein
200 g Zucker

Entweder kocht man den Traubenmost mit Zucker nach Belieben zu einem dicken Sirup ein oder befolgt folgende Variante:
Wein und Zucker in einen schweren Topf geben und erhitzen, bis sich der Zucker aufgelöst hat. Die Mischung mindestens auf die Hälfte, besser auf ein Drittel einkochen. Abkühlen lassen, in eine Flasche füllen und im Kühlschrank aufbewahren.

Grano al mostocotto

Perlweizen mit Mostsirup
(Abbildung unten)

300 g Weizenkörner
Salz
50 g Mandelsplitter
50 g Haselnusskerne, gehackt
100 g Schokoladenraspel
100 g kandierte Früchte, feingewürfelt
1 TL Nelkenpulver
1 TL Zimtpulver
200 g reife Granatapfelkerne
Mostsirup

Die Weizenkörner 3 Tage in Wasser quellen lassen und das Wasser täglich wechseln. Die Körner dann in reichlich Salzwasser weichkochen, abgießen, abkühlen lassen und in einen Topf geben. Alle anderen Zutaten zugeben und gut durchmischen. In Portionen teilen und mit Mostirup servieren.

Auch die **Regina** ist Mitte September reif. Die prächtigen Trauben mit großen, süßen, goldschimmernden Beeren schmecken recht süß.

Grano al mostocotto – Perlweizen mit gekochtem Most

Castel del Monte

Castel del Monte, südlich von Andria im Herzen Apuliens gelegen, hat die Form eines perfekten Oktogons. Die seltsam anmutende Burg, die Friedrich II. von 1240 bis 1250 bauen ließ, weist einen achteckigen Grundriß auf, ist mit acht achteckigen Türmen bewehrt und verfügt über acht Zimmer pro Stockwerk. Was der Stauferkaiser mit dem merkwürdigen Bauwerk bezwecken wollte, wissen selbst die Historiker nicht so genau. Spätere Generationen nutzten das Kastell als Gefängnis, Pestburg oder Zufluchtstätte bei Gefahr. Seit dem 19. Jahrhundert wird Castel del Monte regelmäßig restauriert und steht Besuchern offen. Mit dem Namen der Burg wird heute eine Gruppe von DOC-Weinen verschiedener Rebsorten (Aglianico, Uva di Troia, Pinot nero, Chardonnay, Pinot bianco und Sauvignon) bezeichnet, die die qualitative Speerspitze des nördlichen Apulien bilden.

Hintergrund: Castel del Monte (1240–1250) erhebt sich monumental auf einem die Landschaft beherrschenden Hügel.

DER GARTEN EDEN DER RÖMER

Den Römern galt Apulien als ein wahrer Garten Eden oder, prosaischer gesprochen, als Hauptlieferant exzellenter landwirtschaftlicher Produkte und Weine. Vor allem im Südteil der Region ist der Einfluß der griechischen Kultur noch heute unübersehbar, und in ihrem Alltagsdialekt benutzen die Einheimischen sogar noch altgriechische Worte. Neben Weintrauben werden hier große Mengen Tafeltrauben kultiviert, und die den beiden Arten von Rebkulturen gewidmete Fläche ist fast doppelt so groß wie die sämtlicher deutscher Weinberge zusammengenommen.

Apulien ist die Traubenfabrik Italiens. Hier liegen die Erträge so hoch wie in keiner anderen Region, und auf manchen Weinbergen werden bis zu 40 Tonnen Trauben pro Hektar geerntet – das Vierfache dessen, was üblicherweise als absolute Obergrenze für gute Weine betrachtet wird. Neben den hohen Erträgen, die vor allem in den riesigen, maschinell bearbeiteten Rebfeldern der weiten apulischen Ebenen erzielt werden, leidet der Weinbau Apuliens noch an einer zweiten Erbsünde. Obwohl weniger als zwei Prozent der gesamten Weinproduktion DOC-Status hat, das heißt zumindest vor dem Gesetz als Qualitätswein betrachtet wird, besitzt Apulien eine schier unendliche Zahl von DOC-Herkunftsbezeichnungen. Fast jedes Dorf scheint, insbesondere in den Provinzen Brindisi und Lecce, seinen eigenen DOC-Wein zu keltern, und oft gibt es nur ein oder zwei Winzer, die Weine mit dieser Herkunftsbezeichnung überhaupt abfüllen. Der weitaus größte Teil der Trauben und Weine dient lediglich als Rohmaterial für die großen Wermut-Fabriken des Nordens oder zur Produktion von Traubenmost-Konzentrat, das in Italien anstelle von Rübenzucker zur Erhöhung des Alkoholgehalts schwachbrüstigerer Weine verwendet wird.

Dabei hätte Apulien durchaus Pfunde, mit denen es wuchern könnte. Dieses Potential wird aber leider nur von wenigen Winzern und Weinmachern der Region genutzt und ausgeschöpft. Denn in dieser südlichen Region ist nicht nur das Klima für den Weinbau ideal, sie besitzt auch eine Reihe charakteristischer, eigenständiger Rebsorten, die ihren Weinen ein unverwechselbares Profil gibt. Am weitesten verbreitet ist der rote Negroamaro, der in vielen DOC-Weinen enthalten ist, so im Brindisi, Alezio, Leverano oder Salice Salentino, aber auch im süßen Aleatico. Seine Weine sind meist von dunkler Farbe und im Geschmack kräftig, gelegentlich auch etwas rauh und rustikal.

Der ebenfalls rote Primitivo stammt von der kroatischen Rebsorte Crljenak kaštelanski ab, aus der auch die urkalifornische Sorte Zinfandel und der kroatische Plavac mali hervorgegangen sind. Alle drei sind deshalb in ihren Eigenschaften sehr ähnlich, wobei lange Zeit nur der kalifornische Zinfandel wirklich hochwertige, interessante Weine hervorbrachte. Lange Zeit dachte man, Zinfandel stamme von Primitivo ab, aber die italienische Sorte tauchte erst auf, nachdem sich Zinfandel in Kalifornien bereits etabliert hatte. Heute glaubt man, daß Primitivo und Zinfandel sich unabhängig voneinander aus Crljenak kaštelanski entwickelt haben.

Was den Montepulciano d'Abruzzo betrifft, der vor allem in den Abruzzen und in den Marken sehr beliebt ist, so wird dieser in vielen apulischen Weinen zusammen mit Negroamaro verwendet und gibt den Weinen einen angenehm runden, harmonischen Geschmack. Ansonsten wären noch die rote Uva di Troia, ein Bestandteil des Castel del Monte, und der weiße Bombino zu nennen. Die interessantesten Weißweine Apuliens werden derzeit allerdings eher aus den international beliebten, französischen Sorten Chardonnay oder Sauvignon gemacht.

Blendend weiße Trulli, kleine kegelförmige Gebäude, prägen die Landschaft Mittel-Apuliens bei Locorotondo.

Salento

Salento ist eine noch recht junge Bezeichnung für einen Tafelwein mit geographischer Herkunftsbezeichnung (Igt). Diese wurde unter anderem auch deshalb geschaffen, weil einige der besten Weine Apuliens, die den DOC-Bestimmungen in Machart und Sortenzusammenstellung nicht entsprachen, wieder in das Herkunftssystem integriert werden sollten. Unter dem Namen Salento wird heute eine Myriade von Sorten und Weintypen verkauft. Viele der Appellationen werden übrigens sowohl für Weiß- wie auch für Rotweine verwendet, nicht wenige sogar für Rosé, Dessert-, Likör- und Schaumweine, was dem Verbraucher die Orientierung nicht eben erleichtert.

Castel del Monte

Der nördlichste der apulischen Spitzenweine wird im Gebiet um das gleichnamige Stauferschloß im mittleren Apulien erzeugt. Die Roten werden aus Montepulciano d'Abruzzo und Uva di Troia gekeltert und können sehr elegant und vielschichtig sein. Sie begleiten ohne Mühe ein ganzes Mahl der reichhaltigen apulischen Küche.

Salice Salentino

Der Salice Salentino ist einer der ältesten DOC-Herkunftsweine Apuliens und darf nicht mit dem Igt Salento verwechselt werden. Die Ein-Dorf-Appellation aus dem gleichnamigen Ort und seiner unmittelbaren Umgebung existiert in einer Reihe verschiedener Spielarten, darunter nicht nur Rot-, Weiß- und Roséweine, sondern auch süßer Aleatico.

Primitivo di Manduria

Die einzige Herkunftsbezeichnung Apuliens, die einen reinsortigen Wein aus Primitivotrauben benennt, hat erst in den letzten Jahren eine Reihe schöner und interessanter Produkte hervorgebracht. Sie wird für Weine aus zahlreichen Gemeinden der Provinzen Taranto und Bari verwendet. Die Weine sind trocken und fruchtig-weich im Geschmack.

Copertino

Dieser Rotwein aus der Provinz Lecce im äußersten Süden stammt aus einer der zahlreichen Ein-Dorf-Appellationen. Er wird vor allem aus Negroamaro-Trauben hergestellt und ist gelegentlich sogar ein reinsortiger Negroamaro-Wein. Allerdings können auch Malvasia, Montepulciano und Sangiovese Verwendung finden.

Locorotondo

Der einzige, etwas bekanntere weiße DOC-Wein Apuliens stammt aus dem Zentrum der Region. Er wird hauptsächlich aus den Sorten Verdeca und Bianco d'Alessano hergestellt und ist leicht. Gelegentlich kann er angenehm fruchtig wirken. Allerdings gibt es nur sehr wenige Produzenten, die wirklich gute Produkte vermarkten.

Brindisi

Dies ist ein weiterer Rotwein aus Negroamaro, der nach der Provinz seiner Herkunft benannt ist, wobei die Sorte auch hier von verschiedenen anderen Sorten geschmacklich angereichert sein kann. Vom roten Brindisi gibt es ebenfalls eine Riserva-Qualität, für die eine längere Faßreife ebenso vorgeschrieben ist wie ein höherer Alkoholgehalt.

San Severo, Alezio & Co.

Von der großen Zahl der DOC- und Igt-Herkunftsbezeichnungen verdienen der San Severo (Weiß-, Rot- und Roséweine) aus dem äußersten Norden der Region, der Alezio (Rotwein und Rosé aus Negroamaro-Trauben), der süße Aleatico di Puglia, der Gioia del Colle, zu dessen Sortenspektrum auch Primitivo gehört, der Leverano (ein Nachbar und Verwandter des Salice Salentino) und schließlich der Wein mit dem unaussprechlichen Namen Cacc' e mmite di Lucera (Rotwein aus verschiedenen Sorten) Erwähnung.

BASILICATA

BASILICATA

Peperoncino
Die Lucanica
Glückliche Schweine
Brot
Süsswaren
Nudeln hausgemacht
Lamm
Honig
Hellenischer Wein

Potenza
Matera
Basilikata
Metaponto
Pisticci
Agri
M.Sirino
2005 m
Rivello
M.Pollino
2248 m

Die Basilicata ist eine stille und einsame Region. Besucher verirren sich höchst selten in die sonnendurchglühte, unzugängliche, aber dennoch faszinierende Gegend zwischen Absatz und Sohle des italienischen Stiefels. Noch seltener sind jene Reisende, die nur der Küche wegen kommen, obwohl die Basilicata durchaus einige Spezialitäten zu bieten hat. Schon in der Antike, als der Landstrich noch Lucania hieß, lobten römische Schriftsteller wie Cicero, Martial und Horaz die örtlichen Wurstwaren, und der Feinschmecker Apicius lieferte sogar die erste Beschreibung der *lucanica,* einer appetitlichen frischen Schweinswurst, die lukanische Sklaven auf die Tische ihrer römischen Herren brachten. Noch heute spielt Schweinefleisch eine große Rolle in der Küche der Basilicata. Fast jede Familie zieht ihr eigenes Schwein groß, und die Schlachtung wird mit einem großen Fest begangen. Wenn man das Fleisch nicht zu den exzellenten traditionellen Würsten wie *lucanica, pezzenta* und *cotechinata* verarbeitet, röstet man es am Spieß – eine Zubereitungsmethode, die auch für Schaf- und Lammfleisch bevorzugt wird.

Eine weitere Säule der regionalen Küche ist die Nudel. Hausgemachte Pasta besteht hier – wie in den südlichen Nachbarregionen auch – aus Hartweizen und Wasser. Das schlichte, aber nahrhafte Gericht wird durch leckere Saucen und Ragùs zu einem unverwechselbaren kulinarischen Erlebnis. An Festtagen duftet es in der Küche nach dem *Ragù della mamma,* einer geheimen Zubereitung, von der man nur so viel weiß, daß sie aus kräftigen Fleischstücken besteht.

Das markanteste Kennzeichen der Basilicata sind jedoch die Peperoncini. Die knallroten und höllisch scharfen Schoten finden in fast allen Gerichten Verwendung. Zu hübschen Zöpfen geflochten werden sie auf jedem Markt angeboten, und auch die milden Versionen, die Paprikaschoten, gelten in dieser Region seit jeher als gesundes Grundnahrungsmittel. Schweinefleisch, Wurst, Nudeln und Peperoncini – das klingt nach einer deftigen Küche, nicht aber nach einem geeigneten Terrain für Desserts. Doch ganz im Gegenteil: In der Basilicata wird ein Mahl entweder mit einem würzigen Käse beendet, am besten einem *provolone,* der über dem eigenen Kamin reifen durfte, oder einer leckeren Süßigkeit, die mit sehr viel Honig angerührt oder gebacken wurde.

Nach einem üppigen lukanischen Festessen greift man gern auf eine bewährte Verdauungshilfe zurück, den Bitter Amaro Lucano, der heute in ganz Italien geschätzt wird.

Vorhergehende Doppelseite: Auf dem Weingut von Armando Martino in Rionero Vulture (Provinz Potenza) wird Wein für den Transport vorbereitet.

Links: Rivello, unterhalb des Monte Sirino gelegen, gehört zu den schönsten Städtchen in der Basilicata.

PEPERONCINO

In der Basilicata wird temperamentvoll gekocht. Wie in den Abruzzen kann man auch auf den hiesigen Märkten Peperoncini, die im deutschsprachigen Raum auch als Chili- oder Pfefferschoten bekannt sind, in allen Größen und Formen kaufen. Doch egal ob klein und rund oder etwas größer und länglich zulaufend, die Schoten haben eines gemeinsam: ihre leuchtend rote Farbe und ihre feurige Schärfe, die den unvorsichtigen Genießer nach Luft schnappen und eiligst zum nächsten Glas Wasser greifen läßt.

Aus der gleichen Familie wie der Gemüsepaprika stammend sind die atemberaubenden Peperoncini – neben Schweinefleisch – das herausragende kulinarische Wahrzeichen der Basilicata. In der gestrengen botanischen Terminologie gehören die hier vertretenen Sorten zum *Capsicum annuum,* und die Varietäten heißen *Capsicum abbreviatum, Capsicum acuminatum* und *Capsicum fasciculatum.* Dies sind allerdings nur drei Vertreter Hunderter von Varietäten, die es auf der ganzen Welt gibt und die zum Teil ganz unterschiedliche Formen, Größen, Aromen und Schärfegrade aufweisen. Unser Küchenpaprika entsteht zum Beispiel aus einer weniger scharfen Art, während Tabasco seine feurige Wirkung einer sehr pikanten Varietät verdankt.

Doch in der Basilicata kümmert man sich nicht um die botanischen Spitzfindigkeiten und Namensgebungen. Hier liebevoll *frangisella, cersella, pupon* oder *diavulicciu* genannt, würzt die pfeffrige, sonnendurchglühte Schote vor allem die Fleisch- und Wurstspezialitäten der Region sowie das köstliche Ragù für die Pasta, dessen Rezept nur *mamma* und *nonna* kennen. Lukanische Küchen sind archaische, aber anheimelnde Orte, von deren Deckenbalken aufgefädelte Peperoncini herabhängen, damit sie auch an den geschäftigsten Kochtagen, wie etwa einer Hochzeit oder einem kirchlichen Festtag, jederzeit griffbereit sind. Nicht zufällig hat die Basilicata den höchsten Pro-Kopf-Verbrauch an den kleinen roten Teufeln.

Wie der Peperoncino nach Europa gekommen ist, liegt weitgehend im Dunkeln. Die einen vermuten, daß er aus dem Orient – zunächst stückweise als Handelsware und später auch als komplette Pflanze – seinen Weg in die mediterranen Seemetropolen fand, denn schließlich rangierte das Gewürz, das aus den roten Schoten gewonnen wurde, früher unter dem Namen »Indischer Pfeffer«. Andere glauben jedoch, daß diese Bezeichnung nicht wörtlich-geographisch zu nehmen sei, da »indisch« oft synonym für »indianisch« stand, und der Peperoncino somit aus Amerika stammen müßte. Angeblich hat Christoph Kolumbus die Pflanze von seiner zweiten Fahrt in die Neue Welt mitgebracht. Die Karavellen des Entdeckers transportierten also nicht nur Mais, Kartoffeln und Tomaten in den spanischen Heimathafen, sondern wohl auch den Chilistrauch. Für diese These spricht immerhin, daß sich das neue Gewürz zunächst in Spanien verbreitete und erst von dort aus das restliche Europa eroberte. Die genügsamen Sträucher fanden im Mittelmeerraum günstige Bedingungen vor und reihten sich problemlos in die Kulturgärten ein.

Den scharfen Schoten standen auch die Küchentüren offen, denn Peperoncini verliehen den damit gewürzten Speisen nicht nur eine anregende Schärfe, sondern eigneten sich auch als Konservierungsmittel für Fleischzubereitungen, Fisch und Saucen. Darüber hinaus erwiesen sich die kleinen Aromaträger als außerordentlich heilsam. Ihr äußerst hoher Gehalt an Vitamin C, den sie mit ihren milderen Paprikaverwandten teilen, half den armen Bauern, sich vor den gefürchteten Mangelerkrankungen wie Skorbut und Zahnausfall zu schützen. Außerdem erwiesen sie sich als desinfizierend, verdauungsfördernd und potenzsteigernd. Äußerlich angewendet ließen sich damit auch Muskelverspannungen und Ischiasbeschwerden lindern.

Peperoncini spielen in der Küche der Basilicata eine große Rolle. In der Enoteca La Farmacia dei Sani in Maratea kann man neben Wein auch pfeffrig gewürzte Öle kaufen.

Sogar in die Literatur haben die kleinen Scharfmacher Eingang gefunden. In einem von ihm herausgegebenen Kochbuch zitiert Alexandre Dumas d. Ä. den Peperoncino als unverzichtbare Zutat für seinen Lieblingssalat, und sein italienischer Kollege Gabriele D'Annunzio beschreibt die Schoten als »verrückte, knallrote Teufelszähne«. Für die Futuristen um Filippo Tommaso Marinetti galt die Würzpflanze sogar als »intuitive Vorspeise, ein feuriges Hörnchen, das man aus der Hand knabbern sollte«.

Beim Umgang mit den kleinen Teufelchen sollte man allerdings vorsichtig sein. Möchte man die Peperoncini etwas »entschärfen«, kann man die Samen und die weißen Scheidewände entfernen. Nach der Zubereitung ist gründliches Händewaschen Pflicht, denn der für die Schärfe verantwortliche Wirkstoff Capsaicin darf nicht versehentlich in die Augen gerieben werden. Wenn man beim Kochen mit Peperoncini immer im Hinterkopf behält, daß die Schötchen direkte Verbindung zur Hölle haben, kann nichts mehr schief gehen.

Penne all'arrabbiata

Penne mit scharfer Sauce
(Abbildung linke Seite, unten)

500 g reife Tomaten, enthäutet und entkernt
2 EL Butter
100 g durchwachsener Speck, gewürfelt
1 Zwiebel, feingehackt
2 Knoblauchzehen, in Scheiben geschnitten
2 getrocknete Peperoncini, zerbröselt
Salz und Pfeffer
500 g Penne
1 Bund glatte Petersilie, feingehackt
50 g Pecorino, frisch gerieben

Das Tomatenfruchtfleisch kleinschneiden und durch ein Sieb streichen. In einer Pfanne die Butter zerlassen. Speck und Zwiebel zufügen und bei niedriger Hitze unter Rühren anbraten. Knoblauch, passierte Tomaten und Peperoncini einrühren. Mit Salz und Pfeffer abschmecken und köcheln lassen. Inzwischen die Penne bißfest kochen und unter die Sauce mischen. Petersilie untermischen und mit geriebenem Pecorino bestreut servieren.

Patate e sedano

Kartoffeln mit Sellerie

Olivenöl
2 Knoblauchzehen, gehackt
2–3 EL gehackte Petersilie
500 g Tomaten, enthäutet
Salz
1 getrockneter Peperoncino, zerbröselt
1 kg Bleichsellerie, in kleine Stücke geschnitten
1 kg Kartoffeln, geschält und in Stücke geschnitten
geröstete Brotscheiben

Das Olivenöl erhitzen, Knoblauch, Petersilie und Tomaten zugeben, gegebenenfalls mit etwas Wasser verdünnen, salzen und mit Peperoncino würzen. Wenn die Sauce zu kochen beginnt, den Sellerie zugeben und etwa 15 Min. kochen. Danach die Kartoffeln zufügen und so lange weiterkochen, bis sie gar sind. Geröstete Brotscheiben auf tiefe Teller verteilen, den Eintopf darüber geben und servieren.

Peperoncini, auch als Pfefferschoten, Spanischer Pfeffer, Chili oder Gewürzpaprika bekannt, kommen in unterschiedlicher Größe daher. Die schmalen, spitz zulaufenden Sorten werden zwischen drei und 15 cm lang. Es gibt auch runde und vierkantige Formen.
In der Basilicata gelten die kleinen Schötchen als die schärfsten und heißen dementsprechend *diavolicci*, Teufelchen. Doch auch die schlanken, dünnen Exemplare, die man *sigarette* nennt, sind höllisch scharf, und man muß schon an sehr intensiv gewürzte Speisen gewöhnt sein, um die wirklich authentische Küche der Basilicata schätzen zu können. Beim heimischen Experimentieren mit dem Gewürz sollte man vorsichtig zu Werke gehen und eher zu wenig als zuviel nehmen, zumal sich die Schärfe beim Kochen noch verstärkt.
Die Lagerhaltung der scharfen Schoten ist unproblematisch: Man fädelt sie auf und hängt die Schnüre einige Tage oder Wochen in die Herbstsonne. Das Aroma und die Schärfe bleiben trotz des Trocknens erhalten. Vor der Verwendung in der Küche zerstößt man die harten, durch den Wasserverlust federleicht gewordenen Peperoncini im Mörser oder hackt sie mit einem schweren Messer.

Pollo alla potentina

Hähnchen nach Art von Potenza
(Abbildung links)

1 Hähnchen, 1,2 kg schwer
300 g reife Tomaten
30 g Butter oder Schmalz
30 ml Olivenöl
1 Zwiebel, in Ringe geschnitten
150 ml trockener Weisswein
1 Peperoncino, zerstossen
1 EL gehacktes Basilikum
1 EL gehackte Petersilie
50 g Pecorino, zerkrümelt
Salz

Das Hähnchen waschen und zerlegen Die Tomaten enthäuten, entkernen und das Fruchtfleisch achteln. Butter und Öl in einer Pfanne erhitzen, die Zwiebel zufügen und die Hähnchenteile von allen Seiten goldbraun anbraten. Mit Weißwein ablöschen und den Peperoncino darüber streuen. Sobald der Wein eingekocht ist, die Tomatenstücke, Basilikum, Petersilie und Pecorino zugeben und salzen. Etwa 1 Std. bei niedriger Hitze in der geschlossenen Pfanne garen. Wenn nötig von Zeit zu Zeit etwas Wasser zufügen. Dazu Bratkartoffeln reichen.

DIE LUCANICA

Oben: Verantwortungsvolle Züchter bemühen sich um den Erhalt von wildlebenden Schweinerassen wie Cinta senese.

Die *salsicce lucane,* die Schweinswürste aus Lukanien finden sich in verschiedenen Varianten. Die begehrteste wird nur mit Fleisch erster Qualität zubereitet, aus dem Filet und dem Fleisch des Schenkels, das komplett von Fett und jedem noch so kleinen Nervenstrang gesäubert wird. Die Fleischmischung wird entweder mit Salz, Pfeffer und Fenchelsamen oder mit Schmalz, Pfeffer, Salz, Peperoncino und Fenchelsamen gewürzt. Nach der Zubereitung werden die Würste zur Trocknung 20 bis 30 Tage gelagert.

Da die lange, dünne *salsiccia* in ganz Italien gern gegessen wird, streiten sich die Regionen um die Urheberschaft. Daß das leckere Schweinswürstchen auch unter dem Namen *lucanica* gehandelt wird, läßt einen süditalienischen Ursprung vermuten. Die Lombarden allerdings wollen von dieser Theorie nichts wissen und zitieren ihre eigene Überlieferung, derzufolge Theodolinde, die Königin der Langobarden, im 7. Jahrhundert diese spezielle Wurst erfunden habe. Angeblich hat sie später dem Volksstamm nicht nur die berühmte Eisenkrone geschenkt, die heute im Dom von Monza aufbewahrt wird, sondern auch das Rezept für die kulinarische Kreation. Bei den Bewohnern des Veneto erzeugt diese Geschichte nur ein müdes Lächeln, denn sie sind fest davon überzeugt, daß die Schweinswurst auf ihrem Territorium geboren wurde. Gleiches meinen auch sämtliche Mittelitaliener.

Bereits im antiken Rom erfreuten sich die Würste großer Beliebtheit. Varro, ein Zeitgenosse Ciceros, äußerte sich dezidiert über die Herkunft des Würstchens: *Lucanica a Lucanis populis a quibus romani milites primum didicerunt.* (Bei den Lukanern haben die römischen Soldaten eine Wurst namens Lucanica kennengelernt.) Damit wäre der Streit um die Herkunft der Lucanica zugunsten der Basilicata entschieden – doch wer weiß, ob Varro die Wahrheit sagte …

Lucanica - Schweinswurst

DIE ITALIENISCHEN SCHWEINERASSEN

Cinta senese
Die Rasse Cinta senese stammt aus der Gegend von Siena. Sie gehört zu den vom Aussterben bedrohten Arten. Nur in Siena, Florenz und Grosseto gibt es noch ein paar Zuchtbetriebe. Die verhältnismäßig kleinen Tiere sind für die Stallhaltung nicht geeignet und müssen deshalb in kostenaufwendiger Freilandhaltung aufgezogen werden.

Calabrese
Die vor allem in Kalabrien bekannte Rasse Calabrese (Abb. unten) bildet drei Untergruppen: Reggitana, Cosentina und Catanzarese. Die freilaufenden Schweine streifen das ganze Jahr über durch die Wälder und suchen sich ihr Futter am liebsten selbst.

GLÜCKLICHE SCHWEINE

Schweinefleisch gilt in der Basilicata als Grundnahrungsmittel, und die Volksweisheit *Crisc' lu purch'ca t'ung' lu muss* (Ein Schwein gibt dir einen vollen Bauch) ist ein kulinarischer Glaubenssatz. Die Zucht der Tiere wird jedoch selten im großen Stil betrieben. Eher zieht sich jede Familie ihr eigenes Schwein heran, hegt und pflegt es und begeht schließlich seine Schlachtung mit einem großen Fest.

Ein Großteil der Fleischausbeute wird zu schmackhaften Wurstwaren verarbeitet, die der Familie als Vorrat dienen. In schlechten Zeiten kann das gefragte Fleisch auch an wohlhabende Städter verkauft werden. Das Schwein ist in dieser Region also nicht nur ein borstiger Hausgenosse, sondern stellt einen realen ökonomischen Wert dar. Und das ist in der ärmsten Region Italiens mit einer vergleichsweise ertragsarmen Landwirtschaft eine große Beruhigung für die Bauern.

Die in der Basilicata aufgezogenen Schweine werden noch heute fast durchweg mit natürlichem Futter ernährt, wie etwa dicken Bohnen, Mais und Eicheln, die den Geschmack des Fleischs hervorheben. Auch bei der Konservierung setzt man hier auf natürliche Methoden: Würste werden unter einer Schicht Schweineschmalz aufbewahrt. Dies hat zwei Vorteile: Lebensmittelzusätze werden überflüssig, und das Schmalz dringt nicht in die Wurst ein, verändert weder Zusammensetzung noch Geschmack.

Bruschetta alla pancetta

Bauernbrot mit Speck

1 Stange Lauch
50 g geräucherter Speck, gewürfelt
150 g passierte Tomaten
6 entsteinte schwarze Oliven
Salz
1 getrockneter Peperoncino, zerbröselt
einige Weissbrotscheiben
einige Caciocavallo-Scheiben

Den Lauch in kleine Stücke schneiden und zusammen mit den Speckwürfeln in einer Pfanne andünsten. Die passierten Tomaten und die feingehackten Oliven zugeben, mit Salz und Peperoncino würzen.

Die Brotscheiben rösten, mit den Käsescheiben belegen und der Tomatensauce servieren.

Spezzatino di maiale

Schweinegulasch
(Abbildung unten)

600 g mageres Schweinefleisch
1 Rosmarinzweig
5 Knoblauchzehen
2–3 EL Olivenöl extra vergine
Salz und Pfeffer
1 Peperoncino
300 g reife Tomaten

Das Fleisch in Stücke schneiden und mit Rosmarin und Knoblauch in Olivenöl anbraten. Salzen und pfeffern. Sobald das Fleisch braun wird, den Peperoncino und die entkernten und in Stücke geschnittenen Tomaten zugeben. Etwa 1 Std. schmoren lassen und gegebenenfalls etwas lauwarmes Wasser angießen.

Casertana
Gegen Ende des 19. Jahrhunderts war die Rasse Casertana in fast allen Provinzen Kampaniens, von Latium bis Molise und in anderen Gegenden des italienischen Südens verbreitet. Heute sind die Tiere fast ausgestorben und werden nur noch in vereinzelten Zuchtbetrieben des Benevent gehalten.

Mora romagnola
Von der Rasse Mora romagnola gibt es nur noch ganz wenige Tiere. Seit einigen Jahren widmet sich der in Faenza ansässige Züchter Mario Lazzari der Erhaltung des Bestands. Ursprünglich waren diese freilaufenden Schweine in den Provinzen Forlì und Ravenna verbreitet.

Siciliana
Die Rasse Siciliana stammt wahrscheinlich von der Casertana ab. Bis zum Ende des 19. Jahrhunderts waren diese Schweine in ganz Sizilien zu finden. Heute leben nur noch einige wenige Tiere in den ruhigen und unzugänglichen Gebieten wie der Madonia und Nebrodi.

Large white italiano
Die aus Großbritannien stammende Rasse Large white ist weltweit am weitesten verbreitet. Die charakteristisch rosafarbenen Tiere passen sich jeder Umgebung an, eignen sich auch für die Stallhaltung und rasche Mästung. Durch das Einkreuzen von italienischen Rassen kann man heute von einem Large white italiano sprechen.

In der Bäckerei Arena (Trecchina, Provinz Potenza) wird der Teig nach alter Tradition zubereitet (oben) und im Holzofen gebacken (Hintergrund).

BROT

Nn nghè mangiat r' re cchiù sapurit' r rippan lautet ein altes lukanisches Sprichwort, was soviel bedeutet wie »es gibt kein königlicheres Gericht als Brot«. Diese Aussage trifft wie keine andere den Grundgedanken der Kochkunst in der Basilicata: aus wenigen und bescheidenen Zutaten mit viel Liebe eine schmackhafte Speise zu zaubern. Preiswerte und unkomplizierte Teigwaren nehmen dabei eine wichtige Stellung ein. In vielen Teilen der Region wird die *panella,* das traditionelle Brot, auch heute noch von den Hausfrauen im heimischen Ofen gebacken. Der Teig wird aus Weizenmehl, Hefe und gekochten Kartoffeln geknetet, und einer dieser wagenradgroßen und sehr sättigenden Laibe deckt den wöchentlichen Brotbedarf einer Familie.

Pancotto

Brotsuppe
(Abbildung rechts oben)

200 g Tomaten
5–6 EL Olivenöl extra vergine
1 Bund Petersilie
2 Lorbeerblätter
1 Knoblauchzehe
1 Stange Staudensellerie
4 Kartoffeln
Gemüse der Saison, z. B. Mangold
Salz und frisch gemahlener Pfeffer
500 g altbackenes Brot in Scheiben

Die Tomaten grob würfeln und mit Olivenöl, Petersilie, Lorbeerblättern, Knoblauch und gewürfeltem Sellerie in einen Topf geben. Die Kartoffeln schälen und würfeln, das Gemüse putzen und klein geschnitten dazu geben. Alles mit gut 1 l Wasser auffüllen, salzen und pfeffern.
Die Brotscheiben halbieren und etwa 30 Minuten mitkochen. Mit frisch geriebenem Pecorino servieren.

Acquasale

»Gesalzenes Wasser«
(Abbildung rechts unten)

1 Zwiebel
3–4 EL Olivenöl extra vergine
1 Knoblauchzehe
2 EL gehackte Petersilie
1 getrockneter Peperoncino, zerbröselt
Salz
3 Tomaten
4 Scheiben altbackenes Brot
frisch gemahlener Pfeffer

Die Zwiebel in feine Ringe schneiden und in Olivenöl andünsten. Knoblauch, Petersilie und etwas Peperoncino zugeben und leicht salzen. Die Tomaten kurz blanchieren, enthäuten, entkernen und grob würfeln. Sobald die Zwiebel Farbe angenommen hat, die Tomaten und ein wenig kochendes Wasser zugeben. Kurz aufkochen lassen. Brotscheiben auf Teller verteilen, die Tomaten-Zwiebel-Mischung darüber geben und mit frisch gemahlenem Pfeffer bestreuen.

SÜSSWAREN

Zumindest die ganz traditionellen Süßwaren der Basilicata unterscheiden sich von den zuckerigen Versuchungen der Nachbarregionen Kampanien, Apulien, Kalabrien und letztendlich auch Sizilien durch eine etwas bodenständigere Note. Natürlich wird auch in der Basilicata zu Festtagen alles Süße und Klebrige aufgeboten, doch die Desserts eines »normalen« Sonntags fallen vielleicht ein bißchen weniger süß aus, als man es im Süden Italiens vermuten würde. Außerdem sind die lukanischen Zuckerbäcker aufgrund der lange Zeit unübersehbaren Armut ihrer Region seit jeher dazu gezwungen gewesen, aus den einfachsten Zutaten eine kleine Köstlichkeit zu zaubern. Sie kann dann zwar immer noch nicht mit einer opulenten Torte aus Sizilien mithalten, hat aber durchaus ihren eigenen Charme und schmeckt wunderbar.

Copete

Mandelflocken
(Abbildung rechts oben)

120 g Mandeln
2 Eiweiss
Zimt
380 g Puderzucker

Die Mandeln mit kochendem Wasser überbrühen, schälen, im Ofen rösten und fein hacken. Die Eiweiße in einer Schüssel steif schlagen. 100 g Mandeln, etwas Zimt und 360 g Puderzucker zugeben und gut vermischen. Mit einem Löffel etwa 30 Flöckchen formen und auf einem mit Backpapier ausgelegten Blech verteilen, mit restlichen Mandeln bestreuen und im vorgeheizten Backofen bei 200 °C etwa 15 Min. backen. Abkühlen lassen und servieren.

Uova ripiene al cioccolato

Eier mit Schokolade

4 Eier
50 g Puderzucker
30 g Kakaopulver
1 Päckchen Vanillezucker
40 g Bitterschokolade, geraspelt
1 kleines Glas Kräuterlikör (Strega)
1 Eiweiss
30 g Weizenmehl
Olivenöl

Die Eier hart kochen, schälen, der Länge nach halbieren, die Eigelbe entfernen und in eine Schüssel geben. Die Eigelbe zerbröseln und zusammen mit 30 g Puderzucker, dem Kakaopulver, etwas Vanillezucker, der Bitterschokolade und dem Kräuterlikör zu einer feinen Masse verrühren. Das Eiweiß steif schlagen.
Die Hohlräume der Eierhälften mit der Masse füllen, rundherum mit Mehl bestäuben, in den Eischnee tauchen und in reichlich Olivenöl ausbacken. Die Eier mit einem Schaumlöffel herausheben, auf Küchenkrepp abtropfen lassen, mit dem restlichen Puderzucker und Vanillezucker bestäuben und warm servieren.

Wir sind keine Christen …

Der Arzt, Schriftsteller und Maler Carlo Levi (1902–1975) wurde in den Jahren 1935/36 wegen seiner antifaschistischen Aktivitäten nach Lukanien, also in die Basilicata, verbannt. Was er, der gebildete Turiner, dort erlebte, hat er in seinem autobiographischen Werk »Christus kam nur bis Eboli« festgehalten. Besonders in der Südhälfte eines völlig maroden Italiens bot sich in den dreißiger Jahren dem Betrachter ein Bild des Schreckens. In den Bergen hinter Salerno begann damals – nicht nur für Carlo Levi – eine Welt voller unabänderlicher Armut, unheilbarer Krankheit, unstillbarem Elend und urzeitlichem Aberglauben. Doch nicht nur der gebildete Mann aus dem »zivilisierten« Norden erkannte das Grauen, sondern auch die leidgeprüften Menschen, die in der rückständigen Region zu Hause waren.
Auch in der lukanischen Küche der faschistischen Ära ging es ärmlich zu. So berichtet Carlo Levi, daß die Armen das ganze Jahr hindurch nur Brot aßen, das aber keineswegs das schmackhafte Brot des italienischen Südens war, das der Reisende heute mit Genuß verzehrt. Vielmehr handelte es sich um ein derbes Bauernbrot.

1979 wurde Carlo Levis Roman »Cristo si è fermato a Eboli« von Francesco Rosi verfilmt. Inhalt des Films wie des Buchs sind die Lebensumstände im Lukanien der faschistischen Zeit. Eine der Hauptdarstellerinen ist Irene Papas.

NUDELN HAUSGEMACHT

Die Küche der Basilicata ist zwar einfach, aber deswegen noch lange nicht phantasielos. Im Gegenteil, selbst die simpelsten Zutaten werden hier geduldig und liebevoll verarbeitet. Der Grundteig für die auch heute noch oft zu Hause hergestellten Nudeln besteht fast immer lediglich aus Hartweizen und Wasser. Die Zugabe von Eiern ist so gut wie unbekannt. Daß die derbe aber sehr nahrhafte Speise dennoch zu einem kulinarischen Höhepunkt wird, ist dem Einfallsreichtum der lukanischen Köche und Köchinnen zu verdanken, die sich nicht nur würzige Saucen und Ragùs, sondern auch unendlich viele verschiedene, teilweise mit Hilfe einfacher Gerätschaften hergestellte Pastaformen ausgedacht haben.
So gibt es beispielsweise die *cavarola,* ein kleines, meist von Schäfern geschnitztes, hölzernes Schneidbrett mit Rillen, über das der Nudelteig gezogen wird, um die sogenannten *strascinati,* die Gezogenen, zu erhalten. Die *maccarunara* wiederum ist ein spezielles Nudelholz,

Von links nach rechts sind hier zu sehen: *Orecchiette, strascinati* und *ferrettini*.

Strascinati, die Gezogenen, entstehen, indem man kleine Teigportionen über die *cavarola* rollt. Auf diese Weise erhalten die Nudeln ihre charakteristische Musterung.

Oben: Im Restaurant Antica Osteria Marconi in Potenza wird traditionelle lukanische Pasta von Hand hergestellt.

mit dessen Hilfe man die den *maccheroni alla chitarra* ähnlichen *tagliolini* formt. Bei der Zubereitung der *triid* kommt es dagegen allein auf die Fingerfertigkeit an. Diese sehr traditionellen Nudeln stammen angeblich von den sizilianischen *trie* ab und gelangten im frühen 12. Jahrhundert mit dem Normannenfürsten Roger II. auf das süditalienische Festland. Um diese etwa 50 Zentimeter langen Teigschnüre, die andernorts auch als *vermicelli* oder *spaghettini* bekannt sind, zu produzieren, drückt man zunächst ein Loch in die Mitte einer etwa 300 Gramm schweren Teigkugel. Der so entstandene Teigkringel wird nun mit ruckartigen Bewegungen immer weiter auseinandergezogen, so daß sich eine immer längere Schnur bildet. Diese wickelt man wie Wollfäden sorgfältig auf. Die zarten Schnüre dürfen weder abreißen noch miteinander verkleben.

Für die Herstellung der *triid* braucht man viel Erfahrung auf dem Gebiet der hausgemachten Pasta. Aus einem Teigkringel muß ein zusammenhängendes »Teigseil« entstehen.

Das »Teigseil« wird immer weiter ausgezogen, bis es nur noch ein »Teigbindfaden« ist. Die hohe Kunst liegt darin, den Teig nicht reißen zu lassen.

Die *rasola* ist ein Spatel aus Holz oder Metall mit einer scharfen Kante. Er dient dazu, von einer Teigschnur gleichmäßige Portionen abzuteilen.

Orecchiette erhält man, indem man die zuvor abgeteilten Teigportionen zwischen Daumen und Zeigefinger zu einem öhrchenartigen Gebilde formt.

Mit einem speziellen Gerät, der *ferretta*, einem in sich gewundenen Metallstab, werden die *ferretti* oder *ferrettini* hergestellt.

Zunächst wird der dünn ausgerollte Teig um die *ferretta* gewickelt. Dann wird der Teig geschnitten und die rohen Nudeln vorsichtig heruntergedreht.

Strascinati alla menta

Strascinati mit Minze

400 g Strascinati (oder andere hausgemachte Nudeln)
30 g Speck
1 Knoblauchzehe, gehackt
1 Peperoncino, gehackt
3–4 EL Olivenöl extra vergine
einige Minzeblätter

Die Nudeln in reichlich Salzwasser bißfest kochen.
In der Zwischenzeit den Speck in kleine Würfel schneiden und mit Knoblauch und Peperoncino in Olivenöl anbraten.
Kurz bevor die Nudeln gar sind, die Minzeblätter zum Speck geben.
Die Nudeln abgießen, abtropfen lassen, auf Teller verteilen und die Sauce darüber geben.

Käse

Cacciocavallo

Die Basilicata präsentiert eine Käseauswahl, die für Süditalien typisch ist. Ricotta wird als frisches Produkt oder als gesalzener und gereifter Hartkäse verwendet. Mozzarella, *scamorza* und *provolone* spielen eine große Rolle, genauso wie der *butirro*. Hierbei handelt es sich um einen Mozzarella, dessen Kern aus frischer Butter besteht. Der Käse hält sich etwa zwei Monate und schützt das ummantelte Fett vor dem Verderben. Auf diese Weise konnte man schon vor der Erfindung des Kühlschranks auch in den sommerlich-heißen Monaten Butter genießen. Neben den *pasta-filata*-Sorten sind die Schafskäsesorten stark vertreten: *Caciocavallo* und Pecorino gibt es in verschiedenen Reifestadien, wobei die milden Varianten gern als Tafelkäse serviert und die älteren Arten in der Küche als Reibkäse genutzt werden. Eine Spezialität ist der Pecorino aus Moliterno. In manchen Gegenden pflegen die ländlichen Käsemeister den *caciocavallo* mit Hilfe von Käsemodeln in Form von Damen und Kavalieren zu verschönen.

Agnello sott'aceto

Lamm in Essig eingelegt

500 ml Wasser
500 ml Weissweinessig
1 kg Lammfleisch, in Stücke geschnitten
Salz
1 getrockneter Peperoncino, zerbröselt

Wasser und Essig in einen Topf gießen und das Lammfleisch darin garen. Anschließend das Lammfleisch in eine Glasschüssel mit Deckel geben und so viel von dem heißen Essigsud zufügen, bis die Fleischstücke vollständig bedeckt sind. Mit Salz und Peperoncino würzen und den Deckel schließen. Auf diese Weise ist das Lammfleisch etwa 1 Woche haltbar.

LAMM

Noch vor wenigen Jahrzehnten war in der Basilicata ein Lamm eine wahre Kostbarkeit, das schönste Geschenk, das man einem Freund machen konnte. Zu arm waren die Schafhirten, um sich den Verzehr der von ihnen selbst aufgezogenen Lämmer leisten zu können. In den Zeiten der Armut und des Hungers galt das delikate, fettarme Fleisch als ein unfehlbares Heilmittel: Wenn ein Anghöriger schwer erkrankte, tauschte die Familie ihre Habe gegen ein Lämmchen ein.
Auch heute noch ist das Fleisch sehr begehrt. Vor allem zu hohen Feiertagen wie Ostern oder Weihnachten wird versucht, ein mit Korn gefüttertes Lamm zu ergattern. Das ist allerdings alles andere als einfach, denn viele Höfe in der Basilicata werden mittlerweile von apulischen Bauern geführt, die ihre Tiere vorzugsweise nach Apulien verkaufen.
Auch das Fleisch des erwachsenen Schafes wird in dieser Region gern gegessen. Oft wird aus ihm ein Gemeinschaftsessen für zehn bis 20 Personen gekocht. Nach der Arbeit, bei der Olivenernte oder der Weinlese, sitzen alle zusammen und essen die *pecora*. Stundenlang lassen die Lukanier das Fleisch mit Tomaten, Kartoffeln, Zwiebeln und Sellerie in einem Tontopf köcheln, damit es die nötige Zartheit erlangt – und noch nach Tagen hängt das schwere Aroma der *pecora* in der Luft.
Zu Weihnachten ließen es sich auch die armen Lukanier gutgehen. Traditionell wurden 13 verschiedene Gerichte aufgetragen, von der Zichoriensuppe über Stockfisch mit Paprika zum gebackenen Lamm, das als *piatto forte* im Mittelpunkt dieses vergleichsweise opulenten Festessens stand.

Schafe spielen in der Küche der mittel- und süditalienischen Regionen nicht nur eine Rolle als Fleischlieferant, sondern werden auch ihrer Milch wegen gehalten, aus der Käsespezialitäten wie Pecorino oder *caciocavallo* hergestellt werden.

Agnello alla pastora

Lamm mit Kartoffeln
(Abbildung links)

800 g Lammfleisch
500 g Kartoffeln
300 g reife Tomaten
3–4 EL Olivenöl extra vergine
2 EL gehackte Petersilie
1 Rosmarinzweig
1 TL Oregano
1 Zwiebel, in feine Ringe geschnitten
1 Knoblauchzehe, gehackt
Salz und Pfeffer
50 g Pecorino, gerieben

Das Lammfleisch in Stücke schneiden. Die Kartoffeln schälen, waschen, grob würfeln und mit dem Lammfleisch in eine hohe, feuerfeste Form geben. Die Tomaten enthäuten, entkernen, kleinschneiden, in eine Schüssel geben und mit Olivenöl, Kräutern, Zwiebel und Knoblauch vermengen. Mit Salz und Pfeffer abschmecken und zum Lammfleisch geben. Mit dem geriebenen Pecorino bestreuen.
Die Form mit Alufolie abdecken und das Lamm im vorgeheizten Backofen bei 170 °C knapp 2 Std. garen.

Pignata di pecora

Lammragout

Für 6 Personen

1 kg Lammfleisch
1 Knoblauchzehe, gehackt
Olivenöl
300 g Zwiebeln
1 Stange Staudensellerie
200 g Tomaten
300 g Kartoffeln
100 g Schweinepressack
Salz und frisch gemahlener Pfeffer
50 g Pecorino, gerieben

Das Fleisch grob würfeln, den Knoblauch hacken und beides zusammen in Olivenöl anbraten.
Die Zwiebeln und den Sellerie fein hacken, die Tomaten enthäuten, entkernen und grob würfeln. Kartoffeln schälen und in kleine Stücke schneiden. Den Schweinepreßsack kleinschneiden, mit den Gemüsen zum Lammfleisch geben, salzen, pfeffern und 1 Glas Wasser angießen. Den Deckel aufsetzen und das Lammfleisch etwa $1^1/_2$ Std. bei mittlerer Hitze schmoren.
Mit geriebenem Pecorino bestreuen und heiß servieren.

HONIG

Honig war der klassische Süßstoff des mediterranen Raums. Im Mittelalter verwendete man das begehrte Produkt fleißiger Bienenvölker nicht nur in den Werkstuben der Konditoren und Likörbrauer, sondern stellte daraus auch Arzneimittel her, da der klebrigen Substanz krankheitsvorbeugende Kräfte zugeschrieben wurden. Schließlich schimmerte Honig wie Bernstein und glänzte wie Gold – und diese Stoffe galten ebenfalls als gesundheitsfördernd und unheilabwendend. Doch im 17. Jahrhundert, als der damals prestigeträchtige Rohrzucker nach Europa gelangte, begann der Honigstern zu sinken. Mit der Einführung des weißen Industriezuckers im 20. Jahrhundert wurde Honig endgültig als altmodisch abgeschrieben. Erst in den achtziger Jahren, als man sich in der Küche verstärkt auf gesunde und natürliche Zutaten besann, begann man wieder, Honig zu schätzen. Inzwischen erfreut er sich steigender Beliebtheit.

Honig besteht aus Blütennektar, den die Biene in ihrer Sammelblase mit enzymhaltigen Drüsensekreten anreichert und im Bienenstock durch Entwässerung und Fermentierung heranreifen läßt. Das süße Endprodukt, dessen Ernte für den Menschen seit jeher eine stachelige Angelegenheit ist, hat in der Tat eine energiespendende und entzündungshemmende Wirkung.

In Italien gibt es heute rund 85000 Imker, deren Bienenvölker jährlich 11000 Tonnen Honig produzieren. Millefiori-Honige bestehen aus dem verwandelten Nektar verschiedener Blüten, während monoflorale Sorten – in Deutschland heißen sie Trachtenhonige – überwiegend aus dem Nektar einer einzigen Pflanzenart gewonnen werden. Letztere sind zwar teurer, schmecken aber oft besser und lassen die Charakteristika der Blüte erkennen. Die besten Erzeugnisse von der Apenninischen Halbinsel sind an dem Siegel Miele Italiano (Italienischer Honig) zu erkennen. Unter diesem Markenzeichen haben sich einige Imker zusammengeschlossen, die freiwillig die hohen Qualitätsanforderungen des Konsortiums erfüllen. Ihre meist sortenreinen Honige stammen aus streng kontrollierten Gebieten, sind besonders frisch, haben eine dichte Textur, bilden feine, gleichmäßige Kristalle und werden ausschließlich in Gläsern verkauft.

In Italien gibt es für jeden Geschmack den richtigen Honig. Von den hellen, leichten Sorten wie Zitrus- und Akazienhonig bis hin zu den schweren, dunklen und sehr intensiven Spezialitäten wie Tannen-, Meerkirschen- und Thymianhonig ist alles vertreten. Gewonnen wird die leckere Süßigkeit in sämtlichen Regionen, wobei der gebirgige Norden – das Piemont und die Lombardei sind zahlenmäßig die größten Produzenten – seiner Flora gemäß andere Sorten hervorbringt als die Hügel der Toskana oder gar die Macchia des heißen Südens. Doch besonders die Regionen im unteren Teil des Stiefels glänzen mit exotischen Honigen, die man jenseits der Alpen kaum kennt: Zitrushonig, Eukalyptushonig und Hahnenkammhonig sind jedoch auf jeden Fall eine Kostprobe wert.

Punch al miele

Honigpunsch

6 Eier
125 g Honig
1 l Milch
frisch geriebene Muskatnuss

Die Eier mit einem Schneebesen gründlich verquirlen, dann den Honig langsam zufügen und so lange weiterschlagen, bis die Masse schaumig ist. Anschließend die heiße Milch in sehr kleinen Portionen zugießen, so daß die Eier nicht gerinnen.

Mit Muskat bestreuen und sehr heiß servieren. Ein ideales Getränk für einen kalten Winterabend!

Honig und Ricotta

Die Mischung aus Honig und frischem Ricotta – zwei Aromen, die sich perfekt verbinden – ist eine uralte Süßigkeit beziehungsweise Zutat für Süßspeisen, die bereits den alten Römern geschmeckt hat. So bestand das Dessert *suavillum*, von dem schon Cato berichtet, aus den beiden Zutaten. Auf diese antike römische Verlockung gehen unsere heutigen Zubereitungen wie Cassata, die Füllung für die sizilianischen *cannoli*, die sardischen *sebadas* und letztendlich auch der angelsächsische *cheese cake* zurück.

Der von Bienen gesammelte Blütennektar wird im Stock durch Umschichtung, Fermentierung und Entwässerung zu Honig gemacht.

In Italien werden jährlich rund 11 000 Tonnen Honig hergestellt, darunter auch Miele di nettare di Arancio (links) und Miele millefiori (Mitte und rechts).

Miele e ricotta

Honig mit Ricotta
(Abbildung Hintergrund)

500 g frischer Ricotta
2 Eier
3 Eigelb
100 ml dünnflüssiger Honig
1 Prise Zimt
50 g kandierte Früchte, gewürfelt
1 EL abgeriebene Zitronenschale
3 Eiweiss
10 ml Marsala

Den Ricotta durch ein Sieb streichen, in eine Schüssel geben. Eier, Eigelbe, Honig, Zimt, kandierte Früchte und Zitronenschale hinzufügen und gründlich verrühren. Die Eiweiße steif schlagen und zusammen mit dem Marsala vorsichtig unterheben.

Die Masse in eine gefettete, feuerfeste Form geben und im vorgeheizten Backofen bei 150 °C etwa 30 Min. backen.

Miele d'abete (Tannenhonig)
Der sehr dunkle, fast schwarze Tannenhonig stammt aus den Alpengebieten oder den Apenninzügen in der Toskana und der Romagna. Er duftet leicht harzig, mit einer Note von verbranntem Holz und karamelisiertem Zucker. Tannenhonig schmeckt weniger süß als Nektarhonig und hat einen malzigen Beiklang.

Miele di agrumi (Zitrushonig)
In Süditalien und auf den Inseln Sardinien und Sizilien wird der sehr helle und weiß auskristallisierende Zitrushonig produziert. Er hat einen intensiven Orangenduft, und sein sehr aromatischer Geschmack changiert zwischen Blüten und Früchten.

Miele di castagno (Kastanienhonig)
Der je nach Produktionsgebiet bernsteinfarbene bis fast schwarze Kastanienhonig wird in allen italienischen Hügelregionen hergestellt. Die durchdringend duftende Spezialität schmeckt zunächst scharf auf der Zunge und entfaltet dann einen mehr oder minder bitteren Nachgeschmack.

Miele di corbezzolo (Erdbeerbaumhonig)
Der bernsteinfarbene, leicht grau-grünlich schimmernde Meerkirschenhonig wird vor allem in der mediterranen Macchia Sardiniens und in Mittelitalien produziert. Sein Duft erinnert an Kaffeesatz, sein Geschmack ist bitter.

Miele di lavanda (Lavendelhonig)
Aus Ligurien kommt der helle bis bernsteinfarbene Lavendelhonig. Er duftet intensiv nach Lavendel, und sein Geschmack erinnert an die Passionsfrucht.

Miele di robinia (Akazienhonig)
Der sehr helle Akazienhonig stammt vornehmlich aus den lombardischen Voralpen, wird aber auch in vielen anderen hügeligen Gegenden Italiens hergestellt. Er duftet delikat nach den Blüten des Baums und hat ein zartes Vanillearoma.

Miele di rododendro (Rhododendronhonig)
Der sehr helle und weiß auskristallisierende Rhododendronhonig wird ausschließlich in den Bergen produziert. Er duftet zart und schmeckt nach wilden Früchten.

Miele di erica (Heidekrauthonig)
Von Ligurien bis nach Kalabrien wird in der frühlingshaften Macchia der bernsteinfarbene, orange leuchtende Heidekrauthonig gewonnen. Er riecht und schmeckt nach Karamel.

Miele di eucalipto (Eukalyptushonig)
Der satt bernsteinfarbene und grau auskristallisierende Eukalyptushonig stammt aus Mittel- und Süditalien. Seltsamerweise duftet er kaum nach Eukalyptus, und sein intensiver Geschmack erinnert eher an englische Lakritzbonbons.

Miele di girasole (Sonnenblumenhonig)
Überall wo Sonnenblumen angebaut werden, stellt man auch den hellgelben Sonnenblumenhonig her. Er duftet zart nach Stroh und Wachs, sein Geschmack hat eine leichte Kräuternote.

Miele di tiglio (Lindenhonig)
Der je nach Herkunft sehr helle bis sehr dunkle Honig von der wilden Linde wird an den Alpenhängen produziert. Oft ist er als Mischung mit Kastanienhonig erhältlich. Er duftet nach Menthol und hat einen leicht »medizinischen« Nachgeschmack.

Miele di timo (Thymianhonig)
Italiens Flora beheimatet eine ganze Reihe unterschiedlicher Thymiangewächse, und Thymianhonig ist in vielen Mischhonigen enthalten. Im bergigen Hinterland Siziliens produziert man dagegen einen reinsortigen Thymianhonig. Er zeigt eine satte Bernsteinfarbe, duftet durchdringend und schmeckt intensiv.

HELLENISCHER WEIN

Die Basilicata besitzt zwar fast so viel Weinbergfläche wie die renommierte norditalienische Doppelregion Trentino-Südtirol, aber ihre Qualitätsweinproduktion macht nicht viel mehr als zehn Prozent von deren DOC-Mengen aus. Die ausgesprochen bergige Region, die nur im Südosten zum Meer hin abfällt, ist eine der ärmsten Italiens und besitzt nur eine einzige Herkunftsbezeichnung, die sich in qualitativer Hinsicht nicht zu verstecken braucht, die des roten Aglianico del Vulture. Der größte Teil der Produktion aber wird als anonyme Tankware vertrieben und bereichert wohl nicht selten so manch renommierten Tafelwein aus den nördlicheren Regionen Italiens.

An den Hängen des Monte Vulture, eines erloschenen Vulkans im Norden der Basilicata, wachsen in 450 bis 600 Meter Höhe die berühmten Aglianico-Reben, deren Ursprung auf die alten Griechen zurückgehen soll – Aglianico ist nichts anderes, als eine Ableitung von *ellenico,* dem italienischen Wort für griechisch – und die die Basis für den wahrscheinlich bekanntesten und wichtigsten DOC-Wein Süditaliens bilden. Mit ihrer dunklen Farbe, ihrem starken Duft und ihrem kräftigen Körper müssen die besten Weine aus Aglianico – richtige Weinbergpflege und sorgfältige Kellerarbeit vorausgesetzt – auch die Konkurrenz von Sangiovese- und Nebbiolo-Weinen nicht fürchten. Sogar für die Barrique-Lagerung eignen sie sich, und in dem einen oder anderen Betrieb kann diese Form des Ausbaus bereits auf eine erfolgreiche Tradition von mehr als zehn Jahren zurückblicken.

In die hohen Lößwände der Täler des Monte Vulture haben die Winzer ihre Keller gegraben.

Eine in Italien einzigartige Besonderheit der zerklüfteten Landschaft um die Orte Barile (italienisch für Faß) und Rionero sind die Erdkeller, die in die teilweise Dutzende Meter hohen Lößwände der kleinen Flußtäler gegraben wurden. Ebenso charakteristisch für den Weinbau der Region ist die alte, fast pyramidenartig wirkende Pfahlerziehung der Reben, die das Bild der meisten Weinbergflächen noch heute prägt und die nach Meinung vieler Winzer wesentlich besser für hochwertige Aglianico-Trauben geeignet ist als moderne, produktive und rationell zu bearbeitende Drahtrahmenanlagen.

Der Aglianico spielt außer in der Basilicata nur noch in Kampanien und Apulien eine bedeutendere Rolle. Hier werden – reinsortig oder im Verschnitt mit anderen Sorten – der berühmte Taurasi und der Castel del Monte aus seinen Trauben gekeltert. Die übrigen DOC-Weine Italiens, in denen Aglianico-Trauben enthalten sind, wie beispielsweise der Taburno, der Cilento, der Sant'Agata de' Goti oder der Lacryma Christi, spielen auf den Weinmärkten dieser Welt nur eine sehr untergeordnete Rolle.

Oben: Die Jahresproduktion der Basilicata liegt zwar bei stattlichen 470 000 Hektolitern, doch fast 90 Prozent werden als Verschnittweine in andere Regionen verkauft.

Rechte Seite unten: Amaro Lucano heißt der beliebte Bitter der Basilicata. Seine Liebhaber sagen ihm wundersame Kräfte nach.

Likör

Noch heute stellen in der Basilicata viele Familien ihren Likör (Hintergrund) selbst her. Sehr beliebt sind Zubereitungen wie Nocino, Amarello und Rosolio. Der Nocino gilt zwar eigentlich als eine Spezialität aus der Emilia-Romagna, doch auch hier im Süden ist er sehr beliebt. Er besteht aus unreif geernteten Walnüssen, die man in hochprozentigem Alkohol weich werden läßt. Nach etwa 40 Tagen hat sich der Aufsatz in einen bräunlichen und sehr wirkungsvollen Digestif verwandelt.
Der Rosolio verdankt seinen Namen den Rosenblättern, die man zusammen mit Waldbeeren oder anderen Aromaträgern in gesüßtem Alkohol ziehen läßt. In der Basilicata gibt man am liebsten Zitrusfrüchte dazu.
In dem kleinen lukanischen Städtchen Pisticci wird der Amaro Lucano hergestellt. Diesen renommierten Bitter aus der Basilicata findet man heute in jeder gut sortierten Bar in Mailand, Venedig, Rom oder Neapel.

CALABRIA

KALABRIEN

Corigliano
Calabro
Acri
Rende
Cosenza
Kalabrien
Crotone
Lamezia Terme
Catanzaro
Vibo Valentia
Tropea
Bagnara Calabra
Reggio
di Calabria

Kalabriens strategisch günstige Lage mit freiem Zugang sowohl zum Tyrrhenischen als auch zum Ionischen Meer hat seit jeher fremde Herrscher auf den Plan gerufen. Im 8. Jahrhundert v. Chr. regierten hier die Griechen, nachdem sie Sohle, Spann und Spitze des italienischen Stiefels ihrer westlichen Großkolonie einverleibt hatten. Die Kalabresen profitierten nicht nur vom kulinarischen Wissen ihrer Besatzer, sondern übernahmen auch deren Sitten und Gebräuche. Manche Gewohnheiten haben sich sogar bis heute erhalten. Wird ein Schwein geschlachtet – was allein schon ein Grund zum Feiern ist –, läßt man es sich nicht nehmen, aus den Eingeweiden des Tieres die Zukunft des Hauses oder das Geschlecht eines erwarteten Babys zu lesen.

Rund 500 Jahre nach den Griechen kamen die Römer nach Kalabrien und freuten sich vor allem über die Weinkultur, die ihre Vorgänger in der Region heimisch gemacht hatten. Nach dem Zusammenbruch des Imperium Romanum gaben sich Germanen, Goten, Langobarden, Franken, Sizilianer, Sarazenen, Franzosen und Spanier buchstäblich die Klinke in die Hand. Natürlich haben sie alle ihre Spuren auf der kalabrischen Speisekarte hinterlassen. Die Araber brachten Apfelsinen, Zitronen, Rosinen, Artischocken und Auberginen mit – heute allesamt wichtige Elemente der regionalen Kochkunst. Die Zisterziensermönche, die über große Landbesitzungen in der Gegend von Sibari verfügten, führten neue landwirtschaftliche Techniken und die hohe Kunst der Milchverarbeitung ein. Zu Zeiten der Anjou und später Napoleons wurden französische Einflüsse assimiliert, und auch die Spanier hinterließen ihre Handschrift. Die Bezeichnung für Kuchen, *gatò,* ist vom französischen *gateau* abgeleitet, und die deftige Fleischpastete *murseddu* oder *mursiellu* verweist auf das spanische Wort *almuerzo* (Frühstück, Gericht).

Trotz all dieser fremden Einflüsse besitzt die kalabrische Küche durchaus ihre eigene Identität. Oft genug haben sich die Bewohner der Stiefelspitze vor den Eindringlingen in die Berge geflüchtet und dort ihre traditionelle Küche gepflegt, die auf den einfachen Produkten einer kargen Landwirtschaft und der gelegentlichen Viehzucht basierte. Fremde Genüsse wurden zwar oft nur nach langem Zögern aufgenommen, doch wenn sich die Kalabresen durchringen, etwas in ihr Herz zu schließen, dann tun sie das gründlich. Die Aubergine profitiert von der enormen Gastfreundschaft genauso wie jeder Besucher, der erst ein wenig kritisch beäugt, dann aber mit Herzlichkeit umsorgt wird.

Vorhergehende Doppelseite: Die Fischersfrauen von Bagnara Calabra, die *bagnarote,* preisen an den Vormittagen ihre Ware an.

Links: Ein Schwertfischboot – *luntru* im kalabrischen Dialekt – läuft in den Hafen von Bagnara ein.

AUBERGINEN

Melanzane alla parmigiana klingt wie eine Spezialität aus Parma. Doch das beliebte Gemüsegericht, bei dem Auberginenscheiben üppig mit Parmesan bestreut und im Ofen überbacken werden, stammt mitnichten aus der Emilia-Romagna, sondern wurde in Kalabrien erfunden. Bevor jetzt allerdings Kampanier, Sizilianer, Sarden und Apulier protestieren, sei die Behauptung schnell dahingehend relativiert, daß es sich eben um eine typische Zubereitung des *mezzogiorno,* des italienischen Südens, handelt.

Seinen Namen verdankt der leckere Auflauf nicht seiner geographischen Herkunft, sondern lediglich der Verwendung des norditalienischen Hartkäses. Auf der Suche nach neuen Spezialitäten haben die südlichen Feinschmecker irgendwann ihre Vorliebe für den Parmigiano Reggiano entdeckt, während die Nordlichter Italiens in ihren Küchen gern den gereiften Pecorino aus der Stiefelspitze als Reibkäse verwenden. Übrigens sind die Kalabresen phantasiebegabt genug, sich auch noch andere leckere Auberginenrezepte auszudenken: Auberginenmus zum Beispiel. Natürlich behaupten die Köche Kalabriens, sie hätten dieses Gericht erfunden, doch es ist als Bestandteil der *mezzès* genannten Vorspeisenplatte auch in griechischen, türkischen und ägyptischen Restaurants zu finden – eben eine typische Leckerei der Mittelmeerküche. Eine Verkostung wert sind unbedingt auch die *Melanzane al pomodoro.* Hierbei handelt es sich um ein unwiderstehliches Gericht aus Auberginen und Tomaten, das mit geriebenem Käse gewürzt wird.

Nicht immer gelang der inneritalienische Spezialitätentransfer so problemlos wie bei den eingangs erwähnten Angewohnheiten des »Käsetauschs«. Bis in das späte 19. Jahrhundert hinein begegnete man in Mittel- und Norditalien der Aubergine mit größtem Mißtrauen, da sie in dem Ruf stand, Schwachsinn und andere Geistesstörungen auszulösen. Im Süden dagegen erfreute sich das Nachtschattengewächs steigender Beliebtheit und wurde so schmackhaft zubereitet, daß hier kaum jemand verstand, warum es in Turin oder Mailand als fade bekrittelt wurde. Möglicherweise lag dies schlicht daran, daß die Auberginen, die im kühlen, eher sonnenarmen Norden gezogen wurden, tatsächlich nicht besonders geschmacksintensiv gerieten. Die Kalabresen sind dagegen um so verrückter nach ihren Auberginen. Die Frucht, die vermutlich aus China oder Indien stammt und von den Arabern, die sie *badigian* nannten, gegen Ende des 16. Jahrhunderts nach Italien gebracht wurde, fand und findet hier geradezu ideale Bedingungen. Das trockene Klima, der siliziumreiche, fast kalklose Boden und die hohen Temperaturen gestatten zwar nur ein beschränktes Wachstum, verhindern aber gleichzeitig die Ablagerung von Bitterstoffen im Fruchtfleisch und fördern die Aromakonzentration. Um eventuell doch noch vorhandene Bitterstoffe zu entziehen, werden die Auberginenscheiben vor der weiteren Zubereitung in Salzwasser eingelegt.

Auberginen werden von Juni bis Oktober geerntet. Färbung und Gestalt der Früchte variieren je nach Sorte. Das weiche und von zahlreichen kleinen, weißen Kernen durchsetzte Fleisch ist weißlich, beige oder grünlich. Die langen, eher großen Sorten schmecken intensiv, die kleinen rundlichen dagegen eher mild. Zu den bekanntesten und am weitesten verbreiteten Sorten gehören Violetta di Firenze, Bellezza nera, Violetta lunga di Napoli sowie Larga morada.

Rechts: *Melanzane alla menta,* Auberginen mit Minze, schmecken am besten, wenn sie etwa drei Stunden nach der Zubereitung gegessen werden. Der Duft der Kräuter hat so genug Zeit, sich mit der Öl-Essig-Emulsion zu verbinden.

Die Aubergine blüht im Mai. Das bis zu einem Meter hohe Nachtschattengewächs stammt ursprünglich aus Indien und gedeiht heute im gesamten Mittelmeerraum.

Auberginen werden von Juni bis in den Oktober hinein geerntet. Bei der Ernte muß das Fruchtfleisch noch kompakt sein.

Die **Asmara** ist eine der zahllosen Auberginen-Varietäten, um die sich in Italien eine ganze Industrie dreht.

Die **Nubia** gehört zur Familie der sogenannten *Violette.* Sie hat mildes Fruchtfleisch.

Die **Larga morada** (ohne Abb.), eine spanische Varietät, zeigt eine rosarote, von lila Streifen durchzogene Färbung.

Zum Einlegen in Öl eignet sich die Varietät **Slim Jim** (ohne Abb.), die kleine, nur wenige Zentimeter große Früchte hervorbringt.

Die **Mostruosa di New York** entwickelt, wie der Name schon sagt, besonders große, violett glänzende Früchte.

Über 20 Zentimeter lang kann die dunkelviolette, keulenförmige Frucht der **Violetta lunga di Napoli** werden.

Melanzane alla menta

Auberginen mit Minze
(Abbildung Hintergrund)

5 lange Auberginen
Öl zum Braten
Salz
3–4 EL Olivenöl extra vergine
2 Knoblauchzehen, gehackt
10 Minzeblätter, gehackt
Essig
4 EL Semmelbrösel

Die Auberginen waschen, der Länge nach vierteln, ein wenig von dem Fruchtfleisch entfernen und dann in etwa 1 cm dicke Stäbchen schneiden. Auberginen in reichlich Öl braten, abtropfen lassen und leicht salzen.
Das Olivenöl mit den Knoblauchzehen und den Minzeblättern in einer flachen Schüssel vermischen. Nach einigen Minuten die Auberginen zugeben, mit etwas Essig beträufeln, gut durchmischen. Die Semmelbrösel zugeben und einige Stunden ziehen lassen. Kalt servieren.

Melanzane al pomodoro

Auberginen mit Tomaten

1 kg lange Auberginen
Öl zum Braten
400 g Eiertomaten
1 Knoblauchzehe
30 ml Olivenöl
1 Bund Basilikum
geriebener Parmesan oder Pecorino

Die Auberginen waschen, in Scheiben schneiden und in Öl braten. Um das überschüssige Öl zu entziehen, die Auberginen auf Küchenkrepp legen. Tomaten enthäuten, leicht pressen und in Stücke schneiden. Zusammen mit den Auberginen, dem Knoblauch und dem Olivenöl 15 Min. bei starker Hitze kochen.
Einige Basilikumblätter beiseite legen, die anderen Blätter, zu den Auberginen geben, das Ganze salzen und weitere 5 Min. kochen. Den Topf vom Herd nehmen und den Käse unterrühren. Mit den restlichen Basilikumblättern garniert servieren.

Parmigiana di melanzane alla calabrese

Auberginenauflauf

2 kg Auberginen
2 EL Mehl
Öl zum Ausbacken
500 g Tomaten, enthäutet
6–7 EL Olivenöl extra vergine
10 Basilikumblätter
200 g Rinderhack
5 Eier
3 EL Semmelbrösel
2 EL gehackte Petersilie
Salz und Pfeffer
200 g Caciocavallo
100 g Salsiccia
100 g Parmesan, gerieben

Die Auberginen waschen, in feine Scheiben schneiden und leicht salzen, um ihnen die etwas bittere Flüssigkeit zu entziehen. In ein Sieb geben und abtropfen lassen. Mit etwas Mehl bestäuben und in reichlich Öl ausbacken. Mit Küchenkrepp abtupfen und zur Seite stellen. Die enthäuteten Tomaten passieren, mit dem Olivenöl und dem Basilikum in eine Kasserolle geben, leicht salzen und bei geringer Hitze zu einer Sauce einkochen.
Das Hackfleisch in eine Schüssel geben, mit 3 Eiern, den Semmelbröseln sowie der gehackten Petersilie zu einem Teig vermischen. Mit Salz und Pfeffer abschmecken. Aus dem Teig kleine Kroketten formen und in Öl ausbacken. Die beiden anderen Eier hart kochen und in dünne Scheiben schneiden. Auch den *caciocavallo* und die *salsiccia* in dünne Scheiben schneiden.
Etwas Tomatensauce auf dem Boden einer feuerfesten Form verteilen, die Hälfte der Auberginenscheiben darauf legen, etwas Parmesan darüber streuen und die Hackfleischkroketten, Eier-, Wurst- und Käsescheiben darauf verteilen und mit etwas Tomatensauce übergießen. Mit den restlichen Auberginenscheiben bedecken, mit Parmesan bestreuen und die restliche Tomatensauce darüber gießen. Den Auflauf im vorgeheizten Backofen bei 200 °C etwa 30 Min. überbacken und heiß servieren.

Pitta arriganata con l'origano

Pitta mit Sardellen und Oregano
(Abbildung oben)

Für 6 Personen

500 g Pitta-Teig
8 gesalzene Sardellenfilets
zerstossene Pfefferkörner
30 g Kapern, in Essig
Olivenöl extra vergine
Oregano

Den Teig zu einer runden Platte ausrollen und auf ein mit Öl eingefettetes Backblech legen. Darauf die Sardellen, Pfefferkörner und Kapern verteilen. Mit ein paar Tropfen Olivenöl beträufeln, mit Oregano bestreuen und im vorgeheizten Backofen bei 220 °C etwa 20–30 Min. backen.

Auch die *pitta secca* kann bunt belegt werden.

Pitta

Grundrezept für Pitta-Teig

30 g frische Hefe
600 g Hartweizenmehl
3 EL Olivenöl extra vergine
Salz
Wasser

Die Hefe in etwas lauwarmem Wasser auflösen. Das Mehl auf eine Arbeitsfläche sieben, die Hefe, das Olivenöl, 1 Prise Salz und so viel Wasser zugeben, daß sich ein geschmeidiger Teig kneten läßt. Den Teig zu einer Kugel formen und bei Raumtemperatur etwa 1 Std. gehen lassen, bis sich das Teigvolumen verdoppelt hat. Den Teig in eine mit Öl eingefettete Schüssel geben und ein zweites Mal gehen lassen.

Pitta coi pomodori

Pitta mit Tomaten

Für 6 Personen

300 g reife Tomaten
2 grüne Paprikaschoten
6 Basilikumblätter
Olivenöl extra vergine
500 g Pitta-Teig
10 schwarze Oliven
2 EL Kapern
geriebener Pecorino

Die Tomaten und Paprikaschoten entkernen, in Stücke schneiden und mit den Basilikumblättern in Olivenöl andünsten. Den Teig zu einer runden Platte ausrollen und auf ein mit Öl eingefettetes Backblech legen. Darauf die Tomaten-Paprika-Mischung, die Oliven und Kapern verteilen und reichlich mit geriebenem Pecorino bestreuen. Mit ein paar Tropfen Olivenöl beträufeln und im vorgeheizten Backofen bei 220 °C etwa 20–30 Min. backen.

Rechts: Rodolfo und sein Kollege vom Fornaio Albino Mandera in Rende haben *pitta fresca* (links) und *pitta secca* (rechts) gebacken.

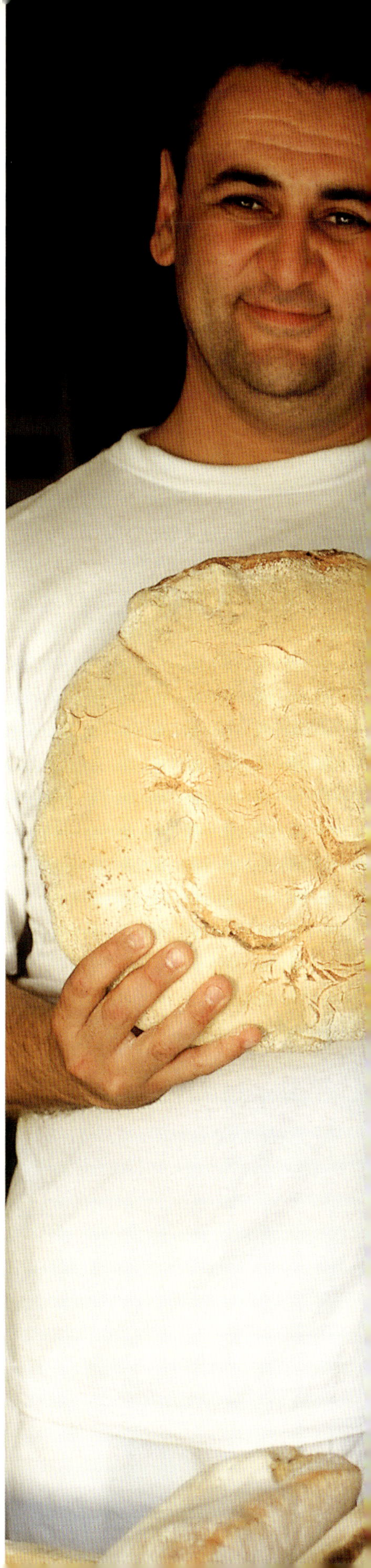

Früher hat man die Pitta bei der Schlachtung eines Schweins gebacken. Die Grieben wurden auf die frische Pitta gelegt und zerschmolzen auf dem warmen Teig.

Die friselle halten 15 Tage und länger. Zum Aufweichen werden sie kurz in Wasser getaucht und dann mit frischen Tomaten belegt.

VOM RITUS DES BROTBACKENS

Die karge Region Kalabrien beschenkt ihre Bewohner nicht gerade üppig. Da man viel Geduld braucht, um dem Boden einen gewissen Ertrag abzuringen, sind die Früchte des Feldes sehr wertvoll und werden mit entsprechend großem Respekt behandelt. Früher hing von der fachgerechten Bearbeitung des Brotes nicht selten das Wohlergehen der ganzen Familie ab, denn einen verdorbenen Teig oder ein ungenießbares Backergebnis konnte sich kaum jemand leisten. So mußte auch der Bäcker, dem man die Laibe zum Backen anvertraute, wenn man keinen eigenen Ofen besaß, eine absolut vertrauenswürdige Person sein.

In manchen abgelegenen Gegenden ist das Brotbacken noch heute eine zwar gesellige, aber dennoch ernste Angelegenheit. Schon in den Nachmittagsstunden des Vortages beginnen die Vorbereitungen, indem die Frauen den vom letzten Backen übrigbehaltenen Hefelaib mit frischem Mehl und lauwarmem Wasser wieder zum Leben erwecken. Am Backtag selbst wird bereits in aller Herrgottsfrühe das Feuer im Ofen geschürt, so daß das aufgeschichtete Holz langsam verbrennen kann und glühende Asche hinterläßt. Ist der Ofen gut durchgeheizt, wird er mit Eisenschiebern, Schrubbern und feuchten Lappen gründlich gereinigt. In der Zwischenzeit treffen weitere Frauen im Haus ein, denn die Arbeit mit dem Hefeteig wird nur Spezialistinnen anvertraut. Sie kümmern sich um die richtige Mischung von Hefe, Mehl und Wasser, kneten die Masse und legen sie in hölzerne Gefäße, wo sie, mit frischen Leinentüchern bedeckt, ruhen muß.

Während der Wartezeit murmeln die Frauen geheimnisvolle Formeln und führen bedeutungsvolle Gesten aus, in denen sich heidnische Kulte mit christlichen Ritualen und einer nicht geringen Portion Aberglauben durchdringen. Diese Riten sollen das Böse abwenden und das Brot gelingen lassen. Wer auch immer den Raum betritt, muß den heiligen Martin um Unterstützung anflehen, und das Entfernen der Leinentücher wird wiederum von magischen Sprüchen begleitet. In den aufgegangenen frischen Teig werden drei Kreuze eingeritzt. Sobald die ersten Laibe geformt sind, kommen sie in den Ofen, und unter weiteren Lobpreisungen für San Martino und unter inbrünstigen Bittsprüchen um gutes Brot und einen immer gefüllten Backofen wird die Ofentür schließlich geschlossen.

Die alten Römer pflegten während des Brotbackens kleine Weizenfladen mit in den Ofen zu legen. Diese der Focaccia ähnlichen *pictae* boten sie den Göttern als Dankopfer dar. In Kalabrien hat sich diese Sitte erhalten, auch wenn man die kleinen Nebenprodukte nicht mehr den Göttern, sondern den Nachbarinnen schenkt. Neben den regulären Brotlaiben verlassen also auch immer wieder duftende Kringel den Ofen, die gesalzen, mit Olivenöl bestrichen oder mit Ricotta gefüllt, an Ort und Stelle warm verzehrt werden. Auch die Pitta, der typische flache Hefefladen Kalabriens, wird gern am Rande der Brotbereitung mitgebacken.

FRÜHSTÜCKEN GIBT KRAFT

In Anbetracht der gängigen italienischen Frühstückskultur erscheint es geradezu zweifelhaft, daß die wichtigste Tagesmahlzeit der Kalabresen das Frühstück ist. Üblicherweise nehmen die Bewohner der Stiefelhalbinsel nicht mehr als einen Milchkaffee zu sich, in den sie allenfalls etwas Weißbrot oder Gebäck tunken. In Kalabrien jedoch halten die Leute nichts von derartigem Minimalismus, und wahrscheinlich ist diese extrem südliche Region die einzige auf der italienischen Landkarte, die sich mit dem Gedanken an ein englisches *cooked breakfast* anfreunden könnte. Hier glaubt man fest an die stärkende Funktion eines deftigen Tagesauftakts, und ein altes Sprichwort lautet *chi mangia de bon'ura ccu nu pugno scascia nu muru*, was soviel bedeutet wie, »wer zu früher Stunde gut ißt, kann mit einem Faustschlag eine Mauer durchbrechen«.

Das bevorzugte Frühstücksgericht, das den Kalabresen die notwendige Durchschlagskraft für den Tag verleiht, heißt *murseddu, marsieddu* oder *mursiellu*. Der Name ist eindeutig spanischen Ursprungs und geht auf das Wort *almuerzo* zurück, was soviel bedeutet wie Frühstück. Es handelt sich hierbei um eine kräftige Fleischpastete, die aus feingehacktem Schweinefleisch und/oder den Innereien vom Schwein besteht. Das Hack wird bei niedriger Hitze langsam in ausgelassenem Speck gegart. Dann würzt man es mit Tomaten und Kräutern. Damit auch die müdesten Schlafmützen wach werden, wird das Ganze üppig mit *pipazzu* oder *pipazellu*, wie die feuerroten und höllisch scharfen Peperoncini hier heißen, abgeschmeckt. Das fertige Ragù wird als Füllung in eine Pitta gegeben. Am liebsten essen die Kalabresen ihr *murseddu* im Kreise von Freunden und Verwandten in der nächstgelegenen Gastwirtschaft.

Die *nduja* ist eine weiche, grobe Wurst aus der Gegend um Tropea. Sie besteht aus gehacktem Schweinefleisch von den weniger edlen Teilen, die nach der Herstellung von Schinken, Salami und *salsicce* übriggeblieben sind. Diese mit gemahlenen Peperoncini scharf gewürzte Spezialität wird auf Brot gestrichen, zum Verfeinern von Nudelsaucen benutzt oder findet als Zutat im *murseddu* Verwendung.

Murseddu
Fleischpastete
(Abbildung Hintergrund)

Für den Teig:
10 g Hefe
250 g Weizenmehl
Mehl zum Ausrollen
Salz

Für die Füllung:
150 g Schweineleber
150 g Kalbsleber
250 g Schweinenacken
1 Zwiebel
2 Knoblauchzehen
2 EL Schweineschmalz
1 Peperoncino
1 TL Oregano
Salz und frisch gemahlener Pfeffer
4 EL Tomatenpüree oder Tomatenmark

Sonstiges:
Olivenöl
1 TL Oregano

Für den Teig die Hefe mit 2 EL lauwarmem Wasser und 2 EL Mehl zu einem Vorteig verrühren. Das restliche Mehl in eine Schüssel geben, in die Mitte eine Mulde drücken, 1 Prise Salz und den Vorteig hineingeben. Mit einem Tuch bedecken und an einem warmen Ort 30 Min. gehen lassen. Danach mit etwa 125 ml lauwarmem Wasser zu einem glatten, elastischen Teig kneten. Noch einmal abdecken und etwa 1 Std. gehen lassen, bis sich das Volumen des Teiges verdoppelt hat.
In der Zwischenzeit für die Füllung die Schweine- und Kalbsleber sowie den Schweinenacken in 1 cm große Würfel schneiden. Die Zwiebel und die Knoblauchzehen fein hacken. In einem großen Topf das Schweineschmalz erhitzen, die Leberstücke kurz anbraten und wieder herausnehmen. Zwiebel, Knoblauch und Peperoncino in das heiße Schmalz geben und unter Rühren andünsten.
Die Temperatur erhöhen und die Schweinenackenwürfel kräftig anbraten. Mit Oregano, Salz und Pfeffer würzen. Das Tomatenpüree mit 4 EL Wasser glattrühren und angießen. Zugedeckt 10 Min. garen. Die Leberstücke untermischen und weitere 10 Min. schmoren. Danach im offenen Topf köcheln lassen. Den Peperoncino entfernen, mit Salz und Pfeffer abschmecken.
Eine Springform von 26 cm Durchmesser mit Olivenöl einfetten. Zwei Drittel des Hefeteigs auf einer leicht bemehlten Arbeitsfläche 0,5 cm dick ausrollen. Die Springform mit der Teigplatte auslegen, dabei die Teigränder seitlich überlappen lassen. Das Fleischragout in die Form füllen und die überhängenden Teigränder nach innen einschlagen. Den restlichen Teig zu einer runden Platte ausrollen und die Pastete damit abdecken. Den Rand ringsum fest andrücken. Den Teigdeckel mit einer Gabel einige Male einstechen, mit Olivenöl bestreichen und nach Belieben mit Oregano bestreuen. Im vorgeheizten Backofen bei 175 °C etwa 50 Min. backen.

BOHNEN

Dicke Bohnen, die auch als Ackerbohnen oder Saubohnen bezeichnet werden, und weiße Bohnen sind wichtige Elemente der kalabrischen Küche für kalte Tage. Hier werden die schmackhaften Hülsenfrüchte nicht, wie in den nördlichen Regionen üblich, mit Würsten, Speckwürfeln, Schweinsfüßen, dominanten Gewürzen oder anderen eher geschmacksverfremdenden Zutaten kombiniert, sondern dürfen neben ihren milden Begleitern wie Tomaten, Staudensellerie, *catalogna* und viel Olivenöl ihr eigenes Aroma entfalten. Während Bohnensorten wie Cannellino und Borlotto, die ursprünglich eher im Norden geschätzt wurden, inzwischen auch im Süden Freunde gefunden haben, hat sich die dicke Bohne *(fava)* längst stiefelaufwärts verbreitet. Das Hauptanbaugebiet ist und bleibt jedoch der warme Süden. Im Frühjahr, wenn die etwa einen Meter hohen Stauden zarte Früchte hervorbringen, werden Gerichte mit frischen Bohnen gekocht. In der restlichen Zeit des Jahres wird auf getrocknete Bohnen zurückgegriffen. Sie müssen allerdings mindestens über Nacht in Wasser eingeweicht werden und brauchen danach noch etwa zwei Stunden, bis sie gar sind.

Macco di fave
Bohneneintopf

500 g getrocknete dicke Bohnen
Salz
Basilikumblätter
1 scharfer roter Peperoncino
1 EL Tomatenmark
Olivenöl
geriebener Pecorino
geröstete Brotscheiben

Die Bohnen über Nacht in lauwarmem Wasser einweichen. Das Einweichwasser abgießen und die Bohnen mit reichlich Wasser, Salz, zerdrückten Basilikumblättern, Peperoncino und Tomatenmark zum Kochen bringen. So lange kochen, bis die Bohnen sämig werden. Mit Olivenöl und Pecorino würzen.
Auf gerösteten Brotscheiben servieren. Am besten schmeckt selbstgebackenes Brot dazu.

Minestrone di fagioli, cavolo e patate
Minestrone aus Bohnen, Kohl und Kartoffeln

200 g getrocknete Bohnen
1/2 mittelgrosser Kohlkopf
400 g Kartoffeln
300 g Schweinespeck
1 EL Schmalz oder Butter
1 Peperoncino
Salz

Die Bohnen über Nacht in Wasser einweichen. Das Einweichwasser abgießen und die Bohnen mit frischem Wasser gar kochen. Den Kohl säubern, waschen und in Streifen schneiden. Die Kartoffeln schälen, waschen und in Würfel schneiden. Kartoffeln und Kohl in Salzwasser kochen und anschließend die Bohnen zufügen, wobei nur noch wenig Kochflüssigkeit im Topf sein sollte.
Den Speck würfeln und in Schmalz oder Butter ausbraten. Zum Eintopf geben. Erst kurz vor dem Anrichten mit kleingehacktem Peperoncino und Salz würzen.

Luntru heißt im kalabrischen Dialekt das typische Boot für den Schwertfischfang. Es hat einen 20 Meter hohen Mast und einen fast gleichlangen Steg am Bug.

Ein Matrose muß vom Mastkorb aus den Schwertfisch sichten. Auf seinen Ruf *U' pisci spada!* hin wird die Verfolgung aufgenommen.

Einer der Fischer postiert sich auf dem Bugsteg und attackiert den Schwertfisch so lange mit der mehrzackigen Harpune, bis er aufgibt.

SCHWERTFISCHFANG

Kalabrische Fischer haben die Wahl: An der Westküste der Region erstreckt sich das Tyrrhenische Meer, an der Ostküste das Ionische Meer. Seit moderne Transportmittel frische Lieferungen selbst in die entlegensten Dörfer ermöglichen, ißt man nicht mehr nur an der Küste gern Fisch. Im Mai und im Juni wird im Golf von Sant'Eufemia zwischen Pizzo und Tropea der Thunfisch gejagt. Den ganzen Sommer hindurch fangen die Fischer in stockdunklen, mondlosen Nächten Hornhechte. Im Ionischen Meer legen sie Netze für Sardinen und Sardellen aus, die die Fischersfrauen in der Gegend zwischen Ciro und Crotone zu einem *mustica* bezeichneten Gericht verarbeiten, dessen Name auf arabischen Ursprung hindeutet.

Eine besondere Leidenschaft hegen die kalabrischen Fischer allerdings für den Schwertfisch. Von März bis September werden die bis zu vier Meter langen Fische entlang der Küste zwischen Cannitello, Scilla, Bagnara und Palmi gefangen. In Bagnara feiert man sogar jedes Jahr im Juli ein großes Fest samt Schiffsprozession zu Ehren des *pesce spada*.

Der Schwertfischfang in der Straße von Messina hat eine lange Tradition. Nicht nur kalabrische, sondern auch Fischer vom sizilianischen Ufer machen seit jeher Jagd auf die begehrte Beute, die bereits im 18. Jahrhundert der sizilianische Historiker Antonio Mongitore in seiner »Biblioteca Sicula« wie folgt beschreibt: »Die Fischer bereiten ihr *luntre* genanntes Boot gründlich vor – der eigentümliche Name stammt wohl vom lateinischen *linter* (Kahn) ab. Dieses besondere Boot ist 22 Spannen lang, acht Spannen breit, fünf Spannen hoch und bietet Platz für viele Menschen. Auf dem Vorschiff, das ausladender als das geräumige Heck ist, wird mittig ein 20 Spannen langer Mast mit Klettersprossen aufgepflanzt, ein Ausguck zum Erspähen der Beute. An zwei mächtigen, mit eisernen Spitzen bewehrten Harpunen wird ein 120 Schritt langes Seil befestigt. Um schon von weitem die Fischschwärme auszumachen und die Mannschaft auf dem Fangboot rechtzeitig darauf aufmerksam machen zu können, fahren zwei weitere Boote mit hinaus, auf deren Mastspitzen zwei weitere Männer Wache halten. Ist die Fangmannschaft auf der *luntre* über das Herannahen der Schwertfische informiert und kennt auch die Richtung, aus der sie kommen, eilen sie dem Schwarm entgegen und verfolgen ihn. Nun ist es die Aufgabe des kühnen Fischers auf der Plattform des Vorschiffes, den richtigen Moment für den Stoß mit der Harpune abzupassen, was große Geschicklichkeit und Mut verlangt. Der von der Harpune getroffene und verwundete Fisch versucht zu fliehen, das Seil, in der Umgangssprache *calom* genannt, spult sich ab und spannt sich, bis der vom Kampf erschöpfte Fisch aufgibt und an Bord gehievt wird. Manchmal sucht das verwundete Tier nicht das Weite, sondern […] greift voller Wut und Verzweiflung die *luntre* an.«

Die Leidenschaft für den Schwertfischfang teilten das östliche Sizilien und das westliche Kalabrien – beide lediglich durch die Straße von Messina getrennt – mit dem byzantinischen Konstantinopel. Auch in den Küchen der drei Regionen kann man nahezu identische Schwertfischzubereitungen finden. Der Fang am Goldenen Horn unterscheidet sich kaum von den Methoden in der Straße von Messina. Und so spricht der italienische *intinneri,* der von seinem hohen Mast aus als erster den Fisch erblickt, immer noch in byzantinisch geprägten Ausdrücken von der herannahenden Beute. Wahrscheinlich haben Genueser und sizilianische Seeleute, die im Hochmittelalter in Byzanz verkehrten, diese Begriffe mit nach Italien gebracht.

An den Fangmethoden hat sich bis heute wenig geändert, außer daß der Mast für den Ausguck höher und die Plattform des Fischers, der vom Bug des Bootes aus die Harpune schleudert, länger geworden sind. Bei der Harpunenjagd werden tatsächlich nur erwachsene Tiere erlegt, während bei der Fischerei mit Schleppnetzen, wie sie zum Teil von den japanischen Fangflotten betrieben wird, sich auch immer wieder Jungtiere verfangen. Da Schwertfische paarweise auftreten, versuchen die Fischer zuerst das Weibchen zu treffen, da das Männchen nicht von seiner Seite weicht und somit eine leichte zweite Beute darstellt. Der Sänger Domenico Modugno hat der Treue des Schwertfischs zu seiner verwundeten Gefährtin ein Denkmal gesetzt – auch die Fischer in der Straße von Messina kennen das rührende Lied, die *Canzone del pesce spada*.

Hat der schmackhafte Schwertfisch den Kampf aufgegeben und ist erlegt, holen die Fischer ihn mit einem kleinen Ruderboot ein.

Der Schwertfisch wird für den Verkauf vorbereitet. Anschließend wird er mit der *luntru,* dem großen Fischerboot, im Hafen angelandet.

Die Verarbeitung und das Tranchieren des Fischs beginnt schon auf dem Boot. Das beste Stück, das Flossenfleisch, wird sofort verspeist.

Bagnara Calabra

Anfang Juli – und damit zum Ende der Schwertfischsaison – wird in Bagnara Calabra das Schwertfischfest gefeiert. An diesem Tag wagt sich keines der etwa acht traditionellen Fangboote, die es noch gibt, mit leerer Ladefläche in den Hafen zurück. Das ist auch gut so, denn die zahlreichen Gäste aus der Umgebung sowie von der anderen Seite der Straße von Messina, also aus Sizilien, kommen extra angereist, um Spezialitäten vom Schwertfisch in allen denkbaren Varianten zu kosten. Die Besucher stehen geduldig Schlange am Schwertfischbüfett und zahlen für die gebotenen Delikatessen auch gern ein paar Lire mehr. Ein absolutes Muß sind die Pasta mit Schwertfisch (*della scozzetta,* also mit dem köstlichen Nackenfleisch), die *Filetti di pesce spada alla griglia* und natürlich die berühmten *Involtini di pesce spada,* die Schwertfischröllchen. Nachdem der größte Hunger gestillt ist, haben die Anwesenden Zeit, Muße und Kraft, dem fulminanten Höhepunkt des Festes entgegenzusehen. Um Mitternacht wird am Meer ein großes Feuerwerk gezündet.

Noch heute zählt Bagnara 2 000 Fischer auf 11 000 Einwohner, und der große Festplatz, der im täglichen Leben Piazza Marconi heißt, steht symbolisch für die Bedeutung des Schwertfischs in diesem Landstrich. Hier haben die Männer des Städtchens ein Denkmal für ihre Frauen, die *bagnarote,* errichtet. Die *bagnarote* waren immer diejenigen, die durch ganz Kalabrien reisten, um den von ihren Männern gefangenen Fisch zu verkaufen oder gegen Öl, Wein, Fleisch und Stoff einzutauschen. Noch heute eilt den *bagnarote* der Ruf voraus, sie seien die besten fahrenden Fischhändlerinnen überhaupt.

Hintergrund: Der frisch gefangene Schwertfisch wird ausgeladen und zum Wiegen an Land gebracht. Oft steht der Käufer schon im voraus fest. Notfalls wartet er auch einige Stunden im Hafen, bis seine Ware endlich einläuft.

Kulinarische Feste

Ganz Süditalien ist eine Hochburg der kulinarischen Festlichkeiten. Diese Feste, die mal mehr und mal weniger offen ihre heidnischen Wurzeln zeigen, werden zwar von der Kirche toleriert, aber nicht immer gern gesehen. Doch das stört die Schlemmer nicht, die sich alljährlich zu gewissen Terminen versammeln, um einer bestimmten Köstlichkeit zu frönen. Im kalabrischen Bagnara wird zum Beispiel im Juli das Fest des Schwertfischs gefeiert, bei dem die eingebrachte Beute nicht nur gebührend bestaunt, sondern auch in verschiedenen Zubereitungen verspeist wird.

Jene Feste, von denen sogar schon altrömische Schriftsteller wie etwa Ovid und Makrobius berichten, gehen auf eine – für uns heute fast unvorstellbare – Zeit zurück, in der der Lebensrhythmus der Menschen von den Arbeiten auf Feld oder Viehweide bestimmt wurde. Im Frühjahr feierte man die Aussaaten und freute sich über die neugeborenen Lämmer, im Sommer genossen die Leute den Segen der reifen Früchte, im Herbst wurde für eine gute Ernte gedankt, und im späten Winter versuchte man mit allerlei magischen Zeremonien, die Kälte zu vertreiben.

Heute besinnen sich immer mehr Gemeinden auf ihre alten Bräuche, konsultieren die Chroniken und versuchen, das traditionsreiche Spektakel mit viel Liebe wieder auf die Beine zu stellen. Dies freut zwar einerseits die Touristen, die dann meinen, ein ganz besonders authentisches Stück Italien zu erleben, doch es hilft vor allem der Dorf-, Orts- oder Stadtgemeinschaft, einen Teil ihrer Kultur neu zu beleben und ihr vielfältiges Land vor der Gleichmacherei von Supermarktketten zu bewahren.

Wer Lust hat, bei seinem nächsten Italienbesuch eine typische *fiera* oder *sagra* zu besuchen, der sollte sich einige – hier natürlich nur exemplarisch ausgewählte – Termine vormerken. Es stimmt übrigens nicht, daß nur in Süditalien »Freßfeste« gefeiert werden. Dort sind sie allerdings ein wenig lustiger, bunter und ganz gewiß lauter als im eher zurückhaltenden Norden.

Im Juli feiert Casalfiumanese das Fest der Aprikose, im agrigentinischen Ribera steht im April die Orange im Mittelpunkt. Wer ein Liebhaber des *bollito misto* ist, sollte sich im September nach San Damiano d'Asti aufmachen. Die Eßkastanie ist im Herbst der Star in Marradi bei Florenz, während man Gnocchi im Juni in Castel del Rio bei Bologna probieren kann. Freunde der schlanken Linie kommen im Dezember beim Salatfest in Treviso auf ihre Kosten. Im August feiert man in Norcia die berühmten Linsen aus Castelluccio und in Eboli den Mozzarella. Wer jetzt noch nicht satt ist, besucht – ebenfalls im August – das Pizza-Fest in Albanella in der kampanischen Provinz Salerno. Torrone kann in Cremona beziehungsweise Faenza im Oktober und November gekostet werden. Im August kann man auf Sardinien unter anderem das Fest der Tomate (Zeddiani, Provinz Oristano) oder des Vernaccia (Nurachi, ebenfalls Provinz Oristano) besuchen, bei dem die sardischen Trachten getragen werden.

Hintergrund: Das Dorf Bagnara wird zum Fest des Schwertfischs mit Lichterketten geschmückt. Zahlreiche Besucher strömen wegen dieses spektakulären Anlasses aus der ganzen Region und auch aus dem benachbarten Sizilien in den kleinen Ort.

Involtini di pesce spada
Schwertfischröllchen

Für 6 Personen

600 g frischer Schwertfisch, in dünne Rechtecke von 6,5 x 10 cm geschnitten
100 g in Dampf gegartes Schwertfischfleisch
50 g Caciocavallo, frisch gerieben
60 g Semmelbrösel
12 entsteinte schwarze Oliven, gehackt
Zwiebelringe
Lorbeerblätter

Salsa salmoriglio:
100 ml Olivenöl
1 Handvoll gehackte Petersilie
2 Knoblauchzehen, gehackt
gehackte Kapern, nach Belieben
1 TL Oregano
Salz und Pfeffer

Die Schwertfischrechtecke auf ein Marmorbrett legen und klopfen, dabei aufpassen, daß sie nicht reißen. Das in Dampf gegarte Schwertfischfleisch in Stücke schneiden und mit *caciocavallo,* Semmelbröseln und Oliven vermengen. Auf die Fischscheiben verteilen und diese aufrollen. Die Röllchen abwechselnd mit Zwiebeln und Lorbeerblättern auf einen Spieß stecken und über Holzkohle grillen. Dabei mit *Salsa salmoriglio* einpinseln.
Für die *Salsa salmoriglio* 4 EL heißes Wasser mit dem Olivenöl verrühren und mit Petersilie, Knoblauch, Kapern, Oregano, Salz und Pfeffer abschmecken.

Pesce spada alla ghiotta
Schwertfischrouladen in Tomatensauce
(Abbildung unten, vorne)

200 g passierte Tomaten
4 Basilikumblätter
Salz
250 g Semmelbrösel
100 g entsteinte schwarze Oliven, gehackt
3 EL Kapern
1 kleines Bund Petersilie, gehackt
1 Peperoncino, gehackt
1 kg Schwertfisch, in dünne Scheiben geschnitten
3–4 EL Olivenöl

Die Tomaten mit Basilikum in einer Kasserolle zu einer Sauce einkochen, salzen und beiseite stellen. Semmelbrösel, Oliven, Kapern, Petersilie und Peperoncino in einer Schüssel vermengen, ein wenig Wasser zugeben und salzen. Die Farce auf den Schwertfischscheiben verteilen, zu Rouladen rollen, mit Zahnstocher feststecken und in Olivenöl braten. Die Tomatensauce angießen und die Fischrouladen bei niedriger Hitze einige Minuten ziehen lassen. Heiß servieren.

Pesce spada in salmoriglio
Marinierter Schwertfisch vom Grill
(Abbildung unten, hinten)

Für die Marinade:
Olivenöl extra vergine
Saft von 1 Zitrone
Oregano
1 kleines Bund Petersilie
1 Knoblauchzehe
Salz und Pfeffer
1 EL Kapern, gehackt
etwas abgeriebene Zitronenschale

800 g Schwertfisch, in 4 Scheiben geschnitten

In einer Schüssel Olivenöl, Zitronensaft, reichlich Oregano, gehackte Petersilie und gehackten Knoblauch zu einer Marinade verrühren und mit Salz und Pfeffer abschmecken. Die gehackten Kapern und ein wenig abgeriebene Zitronenschale zugeben.
Den Schwertfisch mit Olivenöl beträufeln und auf einem sehr heißen Rost grillen. Mit der Marinade beträufeln und heiß servieren.

MEERESFRÜCHTE VORBEREITEN

Kalmare

Zuerst wäscht man die Tintenfische und zieht ihnen von unten zum Kopf hin die Haut ab.

Nun faßt man Körper und Fangarme mit den Händen und zieht sie vorsichtig auseinander.

Indem man langsam zieht, kann man Kopf und Eingeweide aus dem Körperbeutel lösen.

Dabei muß man äußerst behutsam vorgehen, um den Tintenbeutel nicht zu beschädigen.

Dann trennt man mit einem scharfen Messer den Kopf von den Fangarmen (Tentakeln) ab.

Den silbergrauen Tintenbeutel sollte man aufbewahren. Man braucht ihn bei manchen Gerichten für die Sauce.

Zum Schluß zieht man den Schulp (den transparenten Rückenpanzer) aus dem Körper heraus.

Will man den Tintenfisch in Ringen zubereiten, so schneidet man zuletzt die verbleibenden verwertbaren Teile klein.

Garnelen

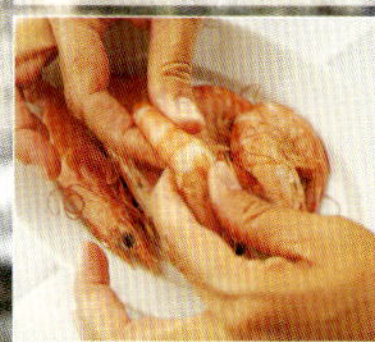

Eine Garnele wird zwischen Daumen und Zeigefinger gehalten.

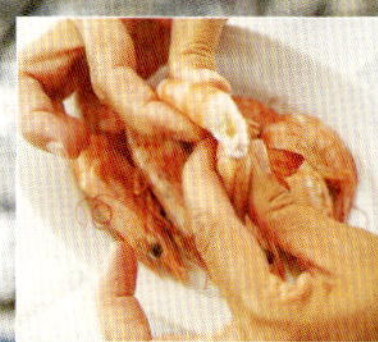

Mit einer leichten Drehbewegung wird der Kopf abgelöst.

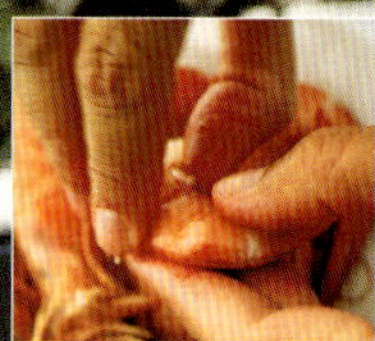

Der Körperpanzer wird entlang der unteren Seite aufgebrochen.

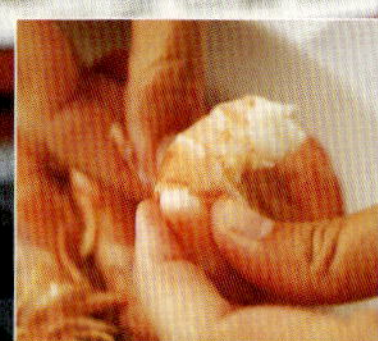

Das Schwanzende kann dekorativ stehengelassen werden.

Nun löst man die Schale vollständig vom Körper ab.

Das feine delikate Fleisch ist zum Genuß bereit.

Hummer

Der Länge nach halbiert, ohne Darm an der Oberseite wird der Hummer angerichtet.

Das Schwanzfleisch liegt frei und ist problemlos mit Messer und Gabel zu lösen.

Die Schere wird beginnend am unteren Glied mit einer Hummerzange aufgebrochen.

Mit der dünnen Hummergabel läßt sich das Fleisch mühelos herausziehen.

Das Ansetzen der Hummerzange an der Schere mag etwas kniffig anmuten.

Ist die Schere einmal geöffnet, liegt das schmackhafte Fleisch frei.

Languste

Die gekochte Languste wird halbiert, der delikate Rogen entfernt.

Das Fleisch läßt sich vorsichtig im ganzen aus dem Panzer lösen.

Seeigel

An der flachen Seite öffnet man vorsichtig mit einer Schere den Mund des Seeigels. Unter der stacheligen Schale liegt eine Art Bindegewebe, das man durchtrennt.

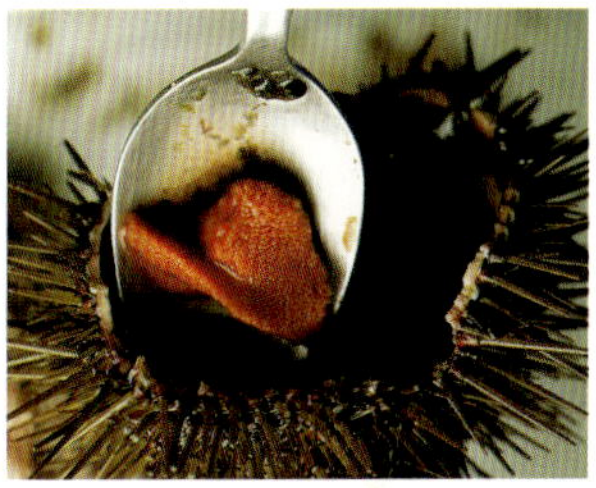

Nachdem man mit einer Pinzette ein großes Loch geöffnet hat, kann man mit einem Teelöffel leicht das orangefarbene, eßbare Stückchen herausheben.

Seespinne

Am besten läßt sich das innen am Panzer festsitzende Fleisch mit einer Gabel lösen.

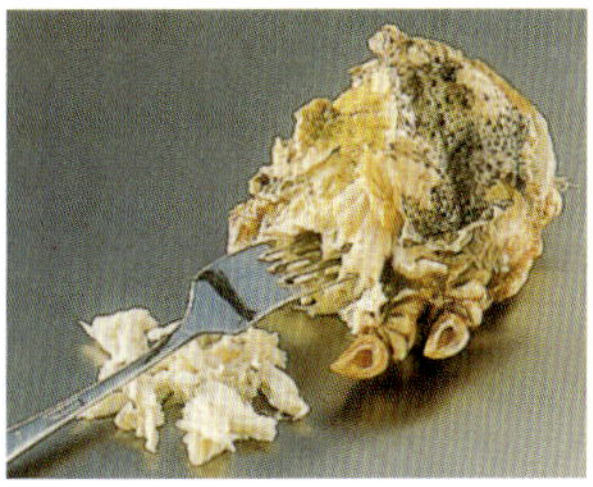

Auf diese Weise abgelöst, kann man nun das Fleisch Stück für Stück herausziehen.

ZITRUSLIKÖRE

Direkt hinter Sizilien, das in Anbau und Export von Zitrusfrüchten fast alle Rekorde hält, belegt Kalabrien – wenn auch mit großem Abstand – immerhin Platz zwei. Die typischen Kennzeichen der kalabrischen Orange, die von April bis Mai geerntet wird, sind ihr milder Geschmack, ihre glatte Schale und ihr festes, saftiges und fast völlig kernloses Fruchtfleisch. In der Gegend um Reggio Calabria werden hauptsächlich Bergamotten gezogen. Die Früchte gelangen zwar zum großen Teil in die Parfümherstellung und in die Süßwarenindustrie, manche Hausfrauen kochen jedoch noch heute aus ihnen köstliche Marmeladen.
Auch die Zitronatszitrone, die bis zu einem Kilo schwer werden kann, liefert Aromen für Parfüme und Süßigkeiten. Die zwei bis drei Zentimeter dicke Schale wird kandiert zu Zitronat. Ganz besonders gern stellt man in Kalabrien selbstgemachten Likör aus den Zitrusfrüchten her. Fast alle Arten sind dafür geeignet, und selbst die zarten Orangenblüten ergeben ein köstliches Gebräu. Das Verfahren ist denkbar einfach. Die Zitronen-, Mandarinen-, Limetten- oder Zedernschalen müssen in Alkohol ziehen, bis sich die aromatragenden ätherischen Öle in ein bis zwei Wochen gelöst haben. Den aromatisierten Alkohol versetzt man dann mit Zuckerwasser und filtert die Mischung bei Bedarf durch ein feines Tuch. Um die Haltbarkeit muß man sich keine Gedanken machen, denn man kann den Likör entsprechend hochprozentig gestalten.

Cedro di Calabria, Zedernlikör, wird auch verwendet, um einige Süßspeisen wie etwa die *crema pasticcera* schmackhafter zu machen.

Liquore di mandarini
Mandarinenlikör

Schale von 5 Mandarinen
500 ml guter Kornbranntwein
300 g Zucker

Die Mandarinenschalen in kleine Streifen schneiden und 15 Tage in dem Alkohol an einem dunklen Ort ziehen lassen. Anschließend die Schalen herausnehmen, durch ein Tuch pressen und die Flüssigkeit auffangen. Diesen Saft wieder zum Alkohol schütten.
Den Zucker in 200 ml kochendem Wasser einrühren und so lange kochen, bis sich der Zucker aufgelöst hat. Abkühlen lassen und den aromatisierten Alkohol hinzufügen. Durch Filterpapier in Flaschen gießen.

Liquore di zagare
Orangenblütenlikör

100 g Orangenblüten
800 g Zucker
1 l guter Kornbranntwein

In einem braunen, verschließbaren Glasbehälter abwechselnd die Orangenblüten und den Zucker in Lagen schichten. 12 Std. an einem kühlen, dunklen Ort lagern. Anschließend den Alkohol angießen, das Glas verschließen und so lange schütteln, bis sich der Zucker komplett aufgelöst hat. Die Flüssigkeit durch Filterpapier in eine Flasche gießen und diese verschließen. Nach einigen Tagen den Likör in eine andere Flasche filtern. Falls notwendig noch einige Male filtern, bis die Flüssigkeit ganz klar ist.

Liquore di limette
Limettenlikör

Schale von 4 Limetten
1 l guter Kornbranntwein
700 g Zucker
Saft von 2 Limetten

Die Limettenschalen in kleine Stifte schneiden und 7 Tage im Alkohol an einem dunklen Ort ziehen lassen.
Den Zucker in 1 l kochendem Wasser einrühren und so lange kochen, bis sich der Zucker aufgelöst hat. Den Limettensaft zugeben und abkühlen lassen. Den Alkohol durch ein Sieb in das Zuckerwasser gießen, die Limettenschalen wegwerfen. Den fertigen Likör durch Filterpapier in Flaschen gießen.

Liquore di limoni
Zitronenlikör

Schale von 5 sehr frischen Zitronen
500 ml guter Kornbranntwein
450 g Zucker

Die Zitronenschalen von der weißen Haut befreien und in kleine Stifte schneiden. Mit dem Alkohol vermischen und 6 Tage an einem dunklen Ort ziehen lassen.
Den Zucker in 450 ml kochendem Wasser einrühren und so lange kochen, bis sich der Zucker aufgelöst hat. Dann abkühlen lassen. Die Zitronenschalen aus dem Alkohol nehmen und in das Zuckerwasser geben. 2 Tage ziehen lassen, dann die Schalen aus dem Sirup entfernen. Den Alkohol hinzufügen und den Likör einige Male durch Filterpapier gießen, dann in Flaschen abfüllen.

Unten: In Sizilien und Kalabrien werden 75 Prozent der italienischen Ernte an Klementinen und Mandarinen erzeugt, die vor allem in der Weihnachtszeit gegessen werden.

SÜSSES

Die Süßigkeiten Kalabriens tragen, genauso wie ihre Verwandten aus den anderen süditalienischen Regionen, ihren Namen zu Recht, denn Zucker, Honig und kandierte Früchte werden in den kalabrischen Konditoreien gleich tonnenweise verarbeitet. In den Schwelgereien der italienischen Stiefelspitze spiegeln sich sizilianische und orientalische Einflüsse. So ist zum Beispiel die *cubbaita,* ein weicher Torrone aus Zucker und Sesam, nahezu identisch mit der Sesamsüßigkeit, die man in Griechenland und in der Türkei kennt.

Die Kalabresen lieben darüber hinaus die aus dem benachbarten Sizilien stammenden *cannoli,* also süß gefüllte Teigröhren, Mandelgebäck und verschiedene Torrone-Varianten auf Mandelbasis. Besonders beliebt ist der *torrone gelato,* bei dem es sich nicht etwa um einen gefrorenen Torrone handelt. Diese zylinderförmige oder längliche Spezialität kommt ohne Kühlschrank aus, denn sie hat mit Speiseeis nichts gemein. Die zuckersüße, klebrige und knallbunte Angelegenheit kann man rund um Reggio Calabria in jeder Konditorei kaufen. Die gehackten Stücke von Zitronat, kandierten Orangen und kandierten Mandarinen werden von Mandelteig und farbenfroh eingefärbtem, geschmolzenem Zucker zusammengehalten. Abschließend wird das Ganze mit Schokolade überzogen.

Fichi secchi ripieni

Gefüllte trockene Feigen
(Abbildung oben)

60 g Haselnüsse
60 g Mandeln
abgeriebene Schale von 2 Zitronen
8 grosse getrocknete Feigen
Honig

Die Haselnüsse im Backofen bei 190 °C 5–10 Min. rösten. Mit einem Tuch die Haut abreiben und hacken. Die Mandeln blanchieren, zwischen Daumen und Zeigefinger nehmen, aus der Haut herausdrücken und hacken. Nüsse, Mandeln und Zitronenschale vermengen. Die Feigen in der Mitte aufschneiden und mit der Mischung füllen. Gefüllte Feigen auf ein gefettetes Backblech setzen, mit Honig beträufeln und im vorgeheizten Backofen bei 180 °C etwa 10 Min. backen.

Mostaccioli calabresi

Kalabrische Honigplätzchen
(Abbildung rechts)

250 g Weizenmehl
250 g Honig, am besten Feigenhonig
50 g Butter
1 EL Anislikör

Alle Zutaten zu einem festen Teig verkneten und diesen etwa 1 cm dick ausrollen. Mit einem Messer kleine Tier- und Puppenformen ausschneiden, auf ein gefettetes Backblech setzen und im vorgeheizten Backofen bei 150 °C goldbraun backen.

Der Dottato di Cosenza ist die begehrteste unter den insgesamt mehr als 700 Feigensorten. Um sie haltbar zu machen, sollten Feigen zwei Wochen an der Sonne trocknen.

Wassermelonen schmecken am besten, wenn sie richtig reif sind. Den Reifegrad kann man an der Färbung des Fruchtfleischs erkennen. Je intensiver das Rot, desto süßer die Frucht.

Große Wassermelonen sind so schwer wie Medizinbälle. Wer sich seine frisch erstandene Ware zuwerfen läßt, sollte wissen, was da – wortwörtlich – auf ihn zukommt.

Die Melonenauswahl beim Händler ist groß. Neben Wassermelonen in diversen Größen werden auch verschiedene Sorten von Honigmelonen angeboten.

Reifeprüfung

Um herauszufinden, ob die Früchte reif sind, reichen ein paar kleine Tests:

Druckprobe
Stielansatz und Blütenansatz müssen etwas weicher sein als die restliche Schale.

Klopftest
Wenn man mit den Fingerknöcheln sanft gegen die Frucht klopft, sollte ein runder, satter Ton zu hören sein.

Gewichtsprüfung
Reife Melonen sind schwer, Leichtgewichte unbedingt liegenlassen.

Aussehen
Eine unversehrte, glatte Schale garantiert, daß die Frucht keine faulen Stellen hat.

Olfaktorische Probe
Riecht die Frucht appetitlich nach Melone oder hat sie einen faden, fauligen oder gar schnapsigen Akzent?

Hintergrund: Der Stand von Franco Moriello befindet sich ganz in der Nähe einer Schnellstraßenkreuzung, die Kalabrien und die Basilicata mit den Regionen Kampanien und Apulien verbindet. Neben Melonen kann man hier auch andere Früchte, Gemüse, verschiedene Gewürze und eingelegte Spezialitäten kaufen. Als besonderen Service für die Fernfahrer, aber auch für die Einheimischen und ihre Sommergäste hat Franco rund um die Uhr geöffnet.

Melonen

Wie die Zucchini gehören auch die Melonen zu den Kürbisgewächsen. Die aus Südasien und Äquatorialafrika stammenden Früchte werden in verschiedenen Sorten in ganz Mittel- und Süditalien sowie auf den Inseln angebaut. Als herrlich erfrischender Proviant werden sie häufig auf dem Weg zum Strand beim fahrenden Händler gekauft – und besonders die Kinder lieben es, nach ein paar Stunden im Sand oder im Wasser in eine kühle saftige Wassermelonenscheibe zu beißen.

Ganz grob kann man Melonen in Honigmelonen und Wassermelonen einteilen. Honigmelonen haben ein weißliches, hellgelbes, orangefarbenes oder hellgrünes Fruchtfleisch und kommen in gelben oder grünen Schalen daher, die manchmal von weißen oder grauen Netzmustern überzogen sind. Die meist etwas größeren Wassermelonen sind an ihren grünen oder grünweißen Schalen und ihrem leuchtend roten Fruchtfleisch mit den zahlreichen Kernen zu erkennen. Am besten schmecken Melonen einfach aus der Hand gegessen, in einer *macedonia di frutta*, einem Obstsalat, oder in der klassischen Kombination mit Parmaschinken.

Nichts für schwache Obstkäufer ist die **Charleston Gray** mit ihren fünfzehn Kilogramm.

Die **Wassermelone** *(Anguria)* besteht zu 95 Prozent aus Wasser und schmeckt daher besonders an heißen Sommertagen wunderbar erfrischend.

Auch die **Crimson Sweet** ist ursprünglich eine Amerikanerin. Sie kann bis zu fünf Kilogramm schwer werden

Die sommerreife **Cantaloupe** hat orangefarbenes Fruchtfleisch.

Das Fruchtfleisch der **Tendral verde** hat einen Stich ins Grünliche.

Die **Piel de sapo** reift bis in den Herbst hinein, und ihr helles Fruchtfleisch wird gern in den Obstsalat geschnitten.

Die **Invernale Giallo** ist eine im Herbst zu erntende Sorte mit weißem Fruchtfleisch.

KALABRIENS WEINE

Kalabrien ist die Heimat der Rebsorte Gaglioppo, auch Montonico nero genannt. Ihre farbintensiven Weine mit gutem Stoff und festen Tanninen stellen nicht nur die Basis für den Großteil der DOC-Weine, sondern eignen sich auch gut zum Verschnitt mit anderen Sorten. Obwohl die Region mit fast 29 000 Hektar eine beachtliche Weinbaufläche – mehr als ein Viertel der Rebflächen Deutschlands – ihr eigen nennt, spielt sie auf dem nationalen und internationalen Weinmarkt eine untergeordnete Rolle. Das hat vor allem historische und soziale Gründe: Kalabrien stellte in den sechziger und siebziger Jahren die größten Kontingente italienischer Arbeitsemigranten und verlor dadurch nicht nur den Anschluß an die allgemeine wirtschaftliche Entwicklung des Landes, sondern geriet auch im Weinbau ins Hintertreffen. Dabei sind die Voraussetzungen für qualitativ hochstehende Weine durchaus vorhanden, und nicht umsonst genossen Kalabriens Kreszenzen schon in der Antike – es war genau dieser Teil Italiens, den die Griechen anfänglich *Oinotria* nannten, bevor der Begriff auf den gesamten Stiefel ausgedehnt wurde – einen hervorragenden Ruf. Die klimatischen Bedingungen sind allerdings in weiten Teilen der Region recht schwierig. Da das Land zu 90 Prozent von Bergmassiven gebildet wird, liegen die Rebflächen oft so hoch, daß im Winter und Frühjahr nicht selten Frostgefahr besteht.

Cirò, Pollino, Savuto und Greco di Bianco sind die einzigen Herkunftsbezeichnungen, die sich einer gewissen Bekanntheit erfreuen können, und der Cirò wird fast als einziger dieser Weine in geringen Mengen exportiert. Er wird im Ausland allerdings meist von ausgewanderten Landsleuten getrunken. Daneben gibt es noch eine Handvoll weiterer DOC-Weine wie Lamezia, Sant'Anna di Isola Capo Rizzuto und Melissa, die allerdings nicht einmal regionale Bekanntheit vorweisen können. Die wirklich guten Weine in Kalabrien sind in der Regel rar und nur vereinzelten, individuellen Anstrengungen zu verdanken.

Hintergrund: Die Hügel von Cirò galten bereits in der Antike als hervorragende Weinlagen.

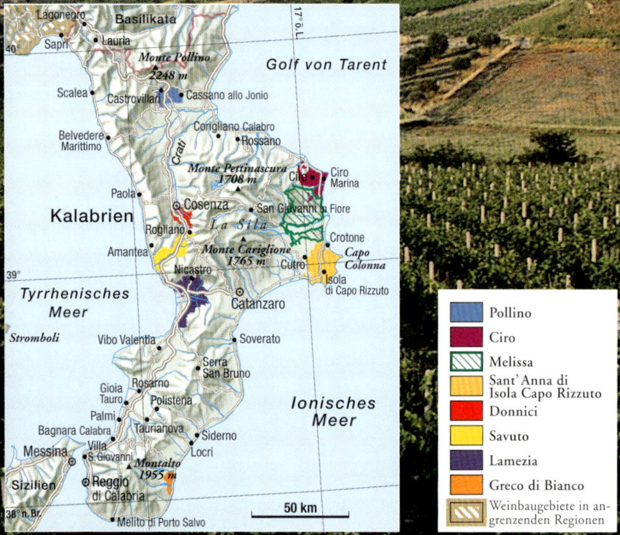

Cirò

Ob der Cirò wirklich direkt auf den Krimisa oder Cremissa zurückgeht, den Prestigewein der Antike, der den Siegern von Olympia gereicht wurde, ist umstritten. Tatsache ist, daß der trockene Rote aus der Gaglioppo-Traube von den Terrassen am östlichen Hang des Sila-Massivs heute den bekanntesten Namen im Weinspektrum Kalabriens hat. Eine kleine Zahl von Erzeugern konnte aus dem früher recht kratzigen und säurebetonten Wein ein modernes, kräftiges und harmonisches Produkt machen, das gelegentlich sogar im Barrique-Faß ausgebaut wird. Die besten Weine sind dunkelrot, würzig und tanninhaltig und in gewissem Maß lagerfähig.

Pollino

An den Südhängen des Pollino-Gebirges wachsen die Gaglioppo-Trauben für diesen trockenen Rotwein, der fast ausschließlich von der großen Genossenschaftskellerei des Gebiets gekeltert und vermarktet wird. Der Wechsel zwischen heißen Sommertagen und kühlen Nächten sorgt für den ausgeprägten Duft der Weine.

Savuto

Das größte Qualitätspotential aller DOC-Weine Kalabriens hat wahrscheinlich nicht der erfolgreiche Cirò, sondern der fast unbekannte Savuto vom entgegengesetzten Hang des Sila-Massivs.
Das gemäßigte Klima der höheren Lagen sorgt für feine, ausdrucksvolle Weine, vor allem wenn der Gaglioppo mit anderen Rebsorten wie zum Beispiel Sangiovese verschnitten wird. Leider gibt es nur ein oder zwei wirklich ernst zu nehmende Produzenten in diesem Anbaugebiet.

Greco di Bianco

Der beste Dessertwein Kalabriens stammt von der äußersten Stiefelspitze Italiens, und zwar aus dem Gebiet um das Städtchen Bianco. Hier wird aus teilgetrockneten Trauben der Rebsorte Greco ein bernsteinfarbener, dichter Wein mit schönen Fruchtaromen und ausgeprägter Würze gekeltert.

OINOTRIA – DAS WEINLAND

Die alten Griechen nannten das südliche Italien *Oinotria,* Weinland, und die Römer weiteten die Bedeutung der lateinischen Übersetzung, *Enotria,* auf den gesamten Stiefel aus – nicht zufällig, wie wir wissen, denn Italien ist von der Antike bis heute eines der bedeutendsten Weinbauländer der Welt gewesen. In kaum einer Provinz des Stiefels werden keine Reben kultiviert, und in vielen der insgesamt 20 italienischen Regionen stellt der Weinbau trotz Industrialisierung und post-industrieller Revolution noch immer einen bedeutenden Wirtschaftszweig dar.

Italien besitzt mit fast einer Million Hektar (Deutschland 100 000) der Welt drittgrößte Rebfläche – hinter Spanien und Frankreich – und teilt sich mit Frankreich das Primat der größten weinproduzierenden Nation. 50 oder 60 Millionen Hektoliter Wein werden, je nach Jahrgang, erzeugt und auch zum großen Teil getrunken, denn Italiens Bevölkerung liegt beim Pro-Kopf-Verbrauch zusammen mit Frankreich an der Spitze. Gut 60 Liter Wein konsumiert der Durchschnittsitaliener im Jahr, fast das Dreifache dessen, was die Deutschen, das Doppelte dessen, was Österreicher und immerhin fast das Achtfache dessen, was US-Amerikaner trinken. Das ist gegenüber den sechziger Jahren sogar noch wenig, denn bis zu dieser Zeit galt Wein den meisten Italienern nicht etwa als Genußmittel, sondern als täglicher Kalorien-Lieferant, und im Durchschnitt wurden mehr als 120 Liter im Jahr getrunken.

Klima und Böden eignen sich in allen italienischen Regionen und Provinzen für den Weinbau. Im Norden herrscht eher kontinentales Klima, das von kalten Wintern und warmen Sommern geprägt ist und besonders aromabetonte Weine hervorbringt. Im Süden hingegen, wo die Sonne tagsüber heiß brennt und auch die Nacht wenig Abkühlung bringt, werden kräftige, alkoholreiche Weine erzeugt.

Da große Teile Italiens von Bergen und Hügeln gebildet werden, wachsen auch die Reben oft in Hanglagen – eine wichtige Voraussetzung für qualitativ hochstehendes Traubengut. Die Bodenvielfalt, die die verschiedenen Anbaugebiete des Landes prägt, sorgt zusammen mit den zahlreichen Rebsorten für charaktervolle Weine mit den unterschiedlichsten Geschmacksmerkmalen.

Die wichtigsten Weinbauregionen sind, wenn man die Produktionsmengen zugrunde legt, Sizilien und Apulien, aber bei den Qualitätsweinen dominieren Mittel- und Norditalien. Toskana und Piemont bringen unumstritten die renommiertesten Weine des Landes hervor – Barolo, Brunello, Chianti und Barbaresco, um nur einige zu nennen. Das Friaul, Trentino-Südtirol, Venetien, Umbrien, die Marken und die Lombardei folgen mit einigem Abstand, während in den übrigen Regionen der Weinbau mehr auf die Erzeugung großer Mengen als auf hohe Qualitäten ausgerichtet ist.

Obwohl vor allem die norditalienischen Regionen auch eine Reihe hervorragender Weißweine aus Chardonnay, Sauvignon blanc oder Pinot grigio hervorbringen, liegt die Stärke des italienischen Weinbaus in der Erzeugung roter Tropfen. Das Land besitzt zwei rote Rebsorten, die heute zu den besten der Welt gerechnet werden, Nebbiolo und Sangiovese. Ersterer wird vor allem im Piemont kultiviert, letzterer ist die wichtigste Sorte der toskanischen Weine Chianti, Brunello und Vino Nobile. Daß beispielsweise ein Barolo aus Nebbiolo-Trauben gekeltert wird, wissen dabei meist nur eingefleischte Weinfreunde, denn die Rebsorte steht in Italien nur selten auf dem Etikett. Herkunftsbezeichnungen mit Rebsortenangabe wie Barbera d'Asti oder Chardonnay Collio sind die Ausnahme.

Italien hat in den achtziger und neunziger Jahren große Fortschritte bei der Entwicklung des Qualitätsweinbaus gemacht. Dennoch besitzt das Land noch immer unentdeckte Reserven, sowohl in Form wenig genutzter Rebsorten wie die friaulischen Schioppettino oder Refosco, die sizilianischen Grillo oder Nero d'Avola und die apulischen Primitivo und Negroamaro, als auch in Form noch wenig entwickelter Weinbauregionen mit großem Qualitätspotential, wie Sizilien, die Marken, Kampanien oder Apulien. Die Zukunft wird zeigen, ob Italiens Winzer es schaffen, diesen hochwertigen Sorten und den unentdeckten Gebieten zum Durchbruch zu verhelfen und aus ihnen Weine zu keltern, die neben Nebbiolo und Sangiovese bestehen können.

Das richtige Anbinden der Fruchttrauben im Winter ist entscheidend für die Entwicklung der Trauben.

Zum Anbinden per Hand verwendet man junge, biegsame Weidenruten, meist aber moderne Heftzangen.

Um Windbruch zu vermeiden, werden die Ruten am Drahtrahmen befestigt, der zwischen die Reben gespannt ist.

Statt der kunstvollen Knoten des traditionellen Weinbaus sieht man heute meist maschinelle Heftungen.

Ende April sprießen die jungen Triebe aus den Fruchtknospen des einjährigen Holzes.

Für das kräftige Wachstum der Triebe ist das jährliche Beschneiden im Winter unerläßlich.

SICILIA

Sizilien

Liparische Inseln
(Äolische Inseln)
S.Vito lo Capo
Palermo
Trapani
Favi-gnana
Marsala
Mazara del Vallo
Sizilien
Messina
Str. von Messina
Ätna
3350 m
Enna
Catania
Caltanisetta
Agrigento
Francofonte
Syrakus
Ragusa

Unter Lebenskunst fällt in Sizilien neben Werten wie Geselligkeit, Familiensinn und ein sonniger Tag am Meer in erster Linie die Kunst des kulinarischen Genießens. Wie wichtig gutes Essen und gute Weine hier sind, läßt sich nicht zuletzt an der Aufmerksamkeit ablesen, die dem leiblichen Wohl sogar von den schönen Künsten entgegengebracht wird. In seinem Roman »Der Leopard« – der eigentlich ein ganz anderes Thema behandelt, nämlich die innenpolitischen Wirren des noch ungeeinten Italiens – porträtiert Giuseppe Tomasi di Lampedusa die Tischgewohnheiten des sizilianischen Adels ebenso minutiös wie liebevoll. Und der Sänger Domenico Modugno – der selbst, entgegen eigener Behauptung, kein Sizilianer ist – hat die Schwertfischjagd zu beiden Seiten der Straße von Messina in einem Lied verewigt.
Die Vorliebe für kulinarische Genüsse hat auf Sizilien eine lange Tradition. Bereits in prähistorischer Zeit, als man im Mittelmeerraum noch die Dea Madre verehrte, wurden rituelle Törtchen zu Ehren der großen Muttergottheit gebacken. Dann kamen die Griechen, kolonialisierten das östliche Mittelmeer, ließen die weiblichen Gottheiten in der Versenkung verschwinden und kümmerten sich vor allem um das Kultgetränk des Dionysos. Mit den Römern gelangten extravagante Gänserezepte auf die Insel, die Byzantiner brachten ihre Vorliebe für Süß-Saures mit, und die Eroberung durch die Araber zwischen dem 9. und dem 11. Jahrhundert sorgte sogar für eine kleine Küchenrevolution: Noch heute sind Aprikosen, Zucker, Zitrusfrüchte, süße Melonen, Reis, Safran, Rosinen, Muskatnuß, Nelken, Pfeffer und Zimt Grundpfeiler der sizilianischen Küche. Die Normannen und die Staufer wiederum optierten für Fleischgerichte, und die Spanier ließen Sizilien großzügig an ihren innovativen Errungenschaften aus der Neuen Welt teilhaben: Kakao, Mais, Truthahn sowie Tomaten und andere Nachtschattengewächse. Und dann waren da noch die Bourbonen, die Italiener »vom Kontinent«, und viele andere Völker, die an der sizilianischen Speisekarte mitgeschrieben haben.
Essen und Trinken im Herzen des Mittelmeers bedeutet also immer auch eine Zeitreise in die Kultur vergangener Epochen. Die Phantasie der sizilianischen Köche stellt dabei sicher, daß es sich um eine höchst individuelle Interpretation einer Vielvölkerküche handelt: bunt, süß, herzhaft, duftend, exotisch, bodenständig und manchmal sehr geheimnisvoll. Eben so, wie die Insel selbst.

Vorhergehende Doppelseite: Nicht nur in Sizilien bringen Straßenstände mit Eis und *granita* spontane Erfrischung.

Links: Die sizilianische Landschaft, hier bei San Vito lo Capo, präsentiert sich ebenso rauh wie romantisch.

THUNFISCH

Thunfische können bis zu vier Meter lang und einige Zentner schwer werden.

Ein altes Fischerlied besingt das Meer vor Scopello, Castellammare und Magazzinacci als die reichsten Gewässer Siziliens und spottet über die armseligen Fangstellen bei Sicciara, an denen man vergebens auf den Fisch von der Levante wartet. Doch inzwischen sind auch für die ehemaligen Hochburgen des Thunfischfangs harte Zeiten angebrochen, und der Gesang ist den wenigen verbliebenen Fischern fast vergangen. Die wachsende Umweltverschmutzung an den Küsten und die hochtechnisierten japanischen Fangflotten, die allzeit am Rande der Hoheitsgewässer lauern, lassen kaum noch Thunfische in die warmen Laichgebiete an den sizilianischen Gestaden vordringen. Nur in Favignano, dem Hauptort der Ägadischen Inseln, dreht sich noch alles um den großen Fisch, auch wenn er heute in bedeutend geringerem Umfang gefangen wird. So stirbt langsam aber sicher einer der ältesten Erwerbszweige dieser Insel aus, der früher vielen Menschen eine bescheidene, aber verläßliche Existenz sicherte: Netze mußten geknüpft, ausgebessert und schließlich in den Fanggebieten ausgebracht werden, gefangene Tiere galt es zu erlegen, die Beute wollte ausgenommen werden, und zahlreiche Fabrikarbeiter produzierten aus dem reichhaltigen Fleisch jene köstlichen Spezialitäten, die in alle Welt exportiert wurden. Den Krisen zum Trotz betreibt man die Jagd auf den begehrten Fisch noch heute nach althergebrachten Methoden. Thunfischfleisch eignet sich zum Einlegen in Salzlake oder Öl, kann aber auch sehr gut frisch zubereitet werden. Außerdem ist *tonno* ein beliebter Konservenfisch. Früher salzte man ihn in riesigen Fässern als Wintervorrat ein.

Die Mattanza

Die Mattanza, der traditionelle sizilianische Thunfischfang, ist ein recht blutiges Spektakel und ganz sicher nicht für zartbesaitete Zuschauer geeignet. Das uralte Inselritual geht auf die Zeit der spanischen Herrschaft zurück und ist wichtig für die Kultur und Identität Siziliens.

Besonders die südlichen Küstenstreifen der Insel, an denen starke Strömungen herrschen, schenken ihren Anwohnern Fisch und Meeresfrüchte im Überfluß: Garnelen, Langusten, Kalmare, Seebarsche und Rochen. Vor allem die Gewässer um Syrakus und um die Ägadischen Inseln an der Westspitze Siziliens ziehen zwischen Frühjahr und Sommer große Thunfischschwärme an, die – aus den Meeren Nordeuropas kommend – in der Wärme laichen wollen. Seit jeher haben die Fischer deshalb hier ein ausgeklügeltes System von Netzen ausgebracht, in denen sich die Tiere verfangen sollen. Eine archaische Fangmethode übrigens, die sich keinerlei moderner Technik bedient. Mittlerweile bringt die Mattanza immer weniger Thunfisch ein.

Gleichzeitig ist die Mattanza auch ein folkloristisches Fest für das ganze Dorf. Das große Spektakel beginnt mit einer morgendlichen Messe, in der die Fischerboote gesegnet werden, mit denen später die Männer die *rizza*, das Fangnetzsystem, ausbringen werden. Unter alten Gesängen beginnen die Fischer mit dem Aufbau der verschiedenen Fangkammern, aus denen es für die Fische kein Entrinnen geben wird. Diese Kammern werden mit Hilfe von schweren Steinen auf dem Meeresboden verankert. Nun heißt es warten. Es ist die ehrenvolle Aufgabe des *raìs*, des erfahrensten Fischers, das Startsignal für den tatsächlichen Beginn der Mattanza zu geben. Wenn die ersten Schwärme in Sicht sind, fahren die Fischer mit ihren Booten frühmorgens hinaus, um die Kammern, in die die Fische hineingeschwommen sind, immer enger zu schließen. Schließlich befindet sich der gesamte Schwarm in der *camera della morte*. Es ist erneut der *raìs*, der bestimmt, wann die Tiere zu harpunieren sind. Das Meer färbt sich blutrot, und die Fische werden mit Hilfe der Netze an Bord gezogen. Wie in einer Prozession fahren die Boote nun ans Ufer zurück, wo die Fische gewogen, gewaschen und ausgenommen werden. Thunfisch muß sehr rasch verarbeitet werden, denn er verdirbt schnell. Neben Favignana bemühen sich auch einige Dörfer bei Syrakus, Marzamemi, Porto Palo, Sampieri und Donnalucata um die Bewahrung dieser Tradition.

Die Mattanza ist die traditionelle Form des Thunfischfangs. Noch heute finden im Frühsommer große Schlemmerfeste zu Ehren dieses Fischs statt, auch wenn er für die örtliche Industrie an Bedeutung verloren hat.

Thunfisch läßt sich nicht nur frisch zubereiten oder als rohes Fischfilet wie ein Carpaccio in dünne Scheiben aufschneiden, weitere Thunfischdelikatessen sind:

Bottarga di tonno
Diese auch »sizilianischer Kaviar« genannte Spezialität besteht aus den sorgfältig gepreßten und gesalzenen Eiern des Thunfischweibchens. *Bottarga* wird in Scheiben geschnitten und kann roh verzehrt, fritiert oder gedämpft werden. Zum Würzen der ohnehin schon salzigen Delikatesse empfiehlt sich Öl, Petersilie, Knoblauch und Peperoncino.

Musciuma
Musciuma, das in Salz eingelegte Thunfischfilet, muß 30 Tage reifen, bevor es als Zutat für bestimmte Salate verwendet werden kann.

Occhi rassi
Mit den »fetten Augenringen« sind die festen, blauen Augenknochen gemeint, an denen sehr schmackhaftes Fleisch haftet. Die *occhi rassi* werden in Fässern eingesalzen und passen mit Pfeffer zu wildem Fenchel.

Curri, Surra, Vintrisca, Ventresca
Der Bauchspeck des Thunfischs, der unterschiedliche Bezeichnungen hat, wird in lange Streifen geschnitten, gesalzen und gepreßt.

Große Meeresbewohner wie Thunfisch und Schwertfisch werden selten im Stück angeboten. Der Fischhändler besorgt das Ausnehmen und Portionieren.

Tonno alla palermitana

Thunfisch nach Art von Palermo
(Abbildung unten)

1 Glas trockener Weisswein
Saft von 1 Zitrone
1 Rosmarinzweig, gehackt
1 Knoblauchzehe, zerdrückt
Salz und frisch gemahlener Pfeffer
600 g frischer Thunfisch
4 EL Olivenöl extra vergine
3 Sardellen, entgrätet

Aus Wein und Zitronensaft unter Zugabe von Rosmarin, Knoblauch, etwas Salz und Pfeffer eine Marinade bereiten. Den Thunfisch in Scheiben schneiden, gründlich waschen und einige Stunden in die Marinade einlegen.
Fisch aus der Marinade nehmen, abtropfen lassen und auf dem Grill von beiden Seiten braten. Dabei mit der Marinade beträufeln.
Währenddessen in einer Pfanne das Olivenöl erhitzen, die Sardellen zugeben und mit einer Gabel zu einer Paste zerdrücken. Diese über den Thunfisch geben und servieren.

Tonno alla marinara

Thunfisch mit Oliven

4 Scheiben frischer Thunfisch
4–5 EL Olivenöl extra vergine
400 g reife Tomaten
1 Bund Basilikum, gehackt
80 g schwarze oder grüne Oliven, entsteint
30 g Kapern
Salz und frisch gemahlener Pfeffer
2 EL Semmelbrösel

Thunfischscheiben gründlich waschen, enthäuten und abtropfen lassen. Die Hälfte des Olivenöls in eine feuerfeste Form geben und die Fischscheiben nebeneinander hineinlegen.
Die Tomaten blanchieren, entkernen und zerkleinern. Zusammen mit Basilikum, gehackten Oliven, Kapern, etwas Salz, reichlich Pfeffer und Semmelbröseln zum Fisch geben. Mit dem restlichen Olivenöl beträufeln und die Form im vorgeheizten Backofen bei 160 °C etwa 30 Min. backen, bis der Fisch gar und die Sauce etwas eingedickt ist.
Heiß servieren.

Thunfisch wird meist in Scheiben geschnitten und gegrillt, doch auch roh als Carpaccio mit einer Zitronenmarinade angemacht ist er ein delikater Genuß.

FISCH AUS DREI MEEREN

Sizilien verfügt über drei große Küstenabschnitte. Das östliche Gestade, das die Fischer auf das Ionische Meer hinausführt, beginnt mit der Straße von Messina, in der traditionell Schwertfisch gefangen wird, und reicht hinunter bis nach Capo Passero. Die Riviera dei Ciclopi, die Zyklopenküste zwischen Aci Trezza, Aci Reale und Catania, ist reich an Zackenbarsch, Sägebarsch, Brasse, Muscheln und einer Alalunga (Langflügel) genannten Gattung der Makrele. Zwischen Pozallo und Marsala erstreckt sich die Südküste. Hier liebt man vor allem die Zahnbrasse, die nach Agrigenter Art oder mit Orangenmayonnaise serviert wird. An der Westspitze Siziliens befindet sich eine Hochburg des Fischfangs: Vom Thunfisch bis zur Sardelle wird hier alles aus dem Wasser gezogen, was der Zusammenfluß von Ionischem und Tyrrhenischem Meer zu bieten hat. An den nördlichen Gestaden findet sich die Marmorbrasse, ein beliebter Speisefisch, den man das ganze Jahr über fängt und der auch an den anderen Küsten lebt. Das reichhaltige Angebot eines jeden Fischmarkts wird durch Tintenfische, Kalmare, Krustentiere und Muscheln vervollständigt.

Fisch und Meeresfrüchte haben einen festen Platz auf der sizilianischen Speisekarte. Sie werden gekocht, gebacken oder gegrillt – erlaubt ist, was gefällt. Doch Fisch kommt nicht nur als Hauptgang auf den Tisch, sondern sorgt in einer Nudelsauce oft auch für einen schmackhaften ersten Gang. *Pasta e pesce* ist eine Lieblingskombination der Inselbewohner – allerdings können manch ungewöhnliche Zubereitungen, wie die Anekdote von einer unglücklichen Toskanerin beweist, durchaus Verdruß stiften. Die dunkle Sauce aus der Tinte der Sepia war in der Tat der Auslöser für eine tragische Geschichte. Giselda, eine junge Lehrerin aus Florenz, zog um die Jahrhundertwende in Begleitung des veristischen Schriftstellers und gebürtigen Sizilianers Giovanni Verga nach Catania, um dort an einer Mädchenschule zu unterrichten. Schon bald wurde der Dichter Mario Rapisardi auf sie aufmerksam und begann, ihr den Hof zu machen. Schließlich heirateten sie, und die junge Braut mußte mit ins Haus der Schwiegermutter einziehen. Noch während der Flitterwochen beging sie einen unverzeihlichen Fehler, als sie sich angewidert weigerte, auch nur einen Bissen der von der Schwiegermutter zubereiteten Spaghetti mit dunkler Sauce vom Tintenfisch zu kosten. Die Hölle auf Erden begann. Am Ende fing der dichtende Ehemann – wohl aufgrund des desolaten Hausfriedens – auch noch eine Liebschaft mit der Contessa Lara an. Giselda jedoch wußte sich zu helfen und besann sich auf ihren ehemaligen Freund Verga. Eines Tages entdeckte Rapisardi einen feurigen Liebesbrief des schreibenden Kollegen an seine Frau, den dieser ihr leichtsinnigerweise nur in eine Zeitung gehüllt hatte zukommen lassen. Der umgehend einberufene Familienrat im Hause Rapisardi beschloß einstimmig, die Untreue aus dem Norden zu verstoßen. Giselda suchte und fand zunächst erneut Trost bei Verga, der sie jedoch ebenfalls kurz darauf fallen ließ. Das von allen Cataniern so sehnsüchtig erwartete Duell blieb allerdings aus. Vermutlich versöhnten sich die beiden Dichter über einer großen Schüssel mit dampfenden *Spaghetti al nero di seppia*.

Das Städtchen Mazara del Vallo hat einen der größten Fischereihäfen Italiens.

Oben: *Dentice al forno con cipolle e brodo di carne* – Zahnbrasse mit Zwiebeln und Fleischbrühe

Dentice al forno con cipolle e brodo di carne

Zahnbrasse mit Zwiebeln und Fleischbrühe
(Abbildung links)

1 Zahnbrasse, etwa 500 g schwer
1 Zwiebel
2 Knoblauchzehen
1 frischer Rosmarinzweig
1 frischer Thymianzweig
Olivenöl
Salz
1 Peperoncino, gehackt
1 Gemüsezwiebel, in Ringe geschnitten
1 dicke Kartoffel, gewürfelt
100 g Staudensellerie, in Stücke geschnitten
1 l Fleischbrühe
Pfeffer

Den Fisch schuppen und ausnehmen. Für die Füllung Zwiebel, Knoblauch, Rosmarin und Thymian hacken und alles miteinander vermischen. Die Zwiebel-Kräuter-Mischung mit Olivenöl tränken, mit Salz und Peperoncino würzen und den Fisch damit füllen.
Die Zwiebelringe in Olivenöl andünsten und mit der restlichen Füllung und dem Öl in eine Auflaufform geben, den Fisch darauf legen. Mit den Kartoffel- und Selleriestücken bestreuen und im vorgeheizten Backofen bei 180 °C etwa 25–30 Min. garen. Nach und nach insgesamt 1 l gut gesalzene und gepfefferte Fleischbrühe angießen.

Sarago di porto alla brace o sulla piastra

Weiße Brasse auf einem Grill oder heißen Stein gebraten

1 weisse Brasse
Salz

Salsa salmoriglio:
50–100 ml Olivenöl
1 Knoblauchzehe, gehackt
1 Handvoll gehackte Petersilie

1 Zitrone, in Scheiben geschnitten
1 Bund Radieschen

Die Brasse ausnehmen, aber nicht schuppen. Leicht salzen. Auf einem heißen Stein oder noch besser in einem Fischrost auf Holzkohle grillen.
Für die *salsa salmoriglio* 2–4 EL heißes Wasser mit 50–100 ml Olivenöl anrühren sowie mit Knoblauch und Petersilie abschmecken. Damit die auf beiden Seiten gegrillte Brasse bepinseln. Mit Zitronenscheiben und Radieschen servieren.

Spaghetti al nero di seppia

Schwarze Spaghetti

4 Tintenfische, nicht ausgenommen
400 g Spaghetti
2 Knoblauchzehen, feingehackt
1 Zwiebel, feingehackt
2 EL Olivenöl
2–3 Tomaten, enthäutet und feingehackt
Salz und Pfeffer

Die Tintenfische ausnehmen, dabei darauf achten, daß die Tintenbeutel unversehrt bleiben. Die Tinte in ein Glas geben, beiseite stellen. Die Tintenfische kleinschneiden. Die Spaghetti in reichlich Salzwasser *al dente* kochen. In der Zwischenzeit den Knoblauch und die Zwiebel im heißen Öl andünsten. Tomaten und Tinte zu den Fischen geben. Mit Salz und Pfeffer abschmecken. Einige Minuten köcheln lassen und die Sauce über die Spaghetti geben.

Weiße Brasse (sarago)
Die Weiße Brasse gehört zu den beliebtesten Speisefischen des Mittelmeerraums. In Catania nennt man den Fisch *sarago di porto,* Hafenbrasse, und fängt ihn sogar mit minderwertigen Ködern, wie etwa der Haut der Kaktusfeige, anstelle der sonst üblichen Sepiaköder. Die Weiße Brasse schmeckt am besten über Holzkohle gegrillt.

Zahnbrasse (dentice)
Die Zahnbrasse kann 30 bis 90 Zentimeter lang werden und 10 bis 12 Kilogramm wiegen. Ihr wohlschmeckendes Fleisch eignet sich besonders zum Kochen. Man kann die Zahnbrasse jedoch auch mit Zwiebeln und Fleischbrühe im Ofen schmoren.

Zackenbarsch (cernia di fondale)
Der Zackenbarsch gehört zur Familie der Serranidae. Er hat eine durchgehende, stark gezackte Rückenflosse und einen verlängerten Unterkiefer. Die Fischer gaben ihm den Spitznamen *a'ddottò,* Doktor, da die Zeichnung seiner Schuppen an Hieroglyphen erinnert. Zackenbarsche können 150 Zentimeter lang und 70 Kilogramm schwer werden. Die Fischersfrauen kochen aus dem exzellenten Fleisch eine köstliche Suppe oder bereiten damit Hauptgerichte zu.

Marmorbrasse (mormora)
Die Marmorbrasse lebt im schlammigen Brackwasser in Küstennähe. Sie wird das ganze Jahr über gefangen, ist an den zwölf senkrecht über den gelben oder grauen Seiten verlaufenden Streifen zu erkennen und kann eine Größe von 25 bis 35 Zentimeter erreichen. Marmorbrasse eignet sich für fast alle Zubereitungsarten.

Tintenfisch (seppia)
Tintenfisch und Kalmar *(calamaro)* sind eßbare Kopffüßler mit birnenförmigem Körper und zehn Fangarmen. Sie besitzen einen Beutel mit tintenartigem Farbstoff, den sie in Gefahrensituationen entleeren, um ihre Angreifer zu überraschen und ihnen die Sicht zu nehmen. In der sizilianischen Küche schneidet man diese Krakenarten gern in Meeresfrüchtesalate. Man kann sie aber auch grillen, fritieren oder füllen. Die Tinte wird zum Einfärben von Reis- und Nudelgerichten verwendet. Die etwas merkwürdig aussehenden schwarzen Gerichte sind jedoch nicht jedermanns Sache. Wer vor ungewöhnlichen Farben nicht zurückschreckt, sollte *Spaghetti al nero di seppia* probieren.

Schwertfisch (pesce spada)
Der Schwertfisch zählt zu den beliebtesten Fischsorten Siziliens. Man fängt ihn vor allem in der Straße von Messina. Die traditionelle Jagd mit der Harpune wird auch im gegenüberliegenden kalabrischen Bagnara betrieben und ist nicht ganz ungefährlich, denn oft greifen die bis zu vier Meter langen und rund 200 Kilogramm schweren Tiere die kleinen Fischerboote an. Schwertfischfleisch sollte vor dem Verzehr einige Tage abhängen, damit es weich wird und an Aroma gewinnt. Ein typisches Gericht sind *Involtini di pesce spada,* Gefüllte Schwertfischröllchen.

SALZ

Ohne Salz könnte der Mensch nicht leben. Natriumchlorid sorgt dafür, daß seine Muskeln und Nerven funktionieren, daß er Nahrung verdauen kann und daß sein Wasserhaushalt stimmt. Ohne Salz würde er an Zahnausfall, Herzstörungen und Schwäche leiden. Der urzeitliche Mensch deckte seinen Salzbedarf, indem er viel Fleisch zu sich nahm. Die benötigten Mengen zwangen ihn, ein Leben als Jäger und Wanderhirte zu führen. Die tierischen Salz- und Eiweißlieferanten bestimmten den Lebensablauf. Erst als man erkannte, daß die grauweißen Kristalle, die man aus Meerwasser gewinnen oder aus natürlichen Vorkommen abbauen konnte, ebenfalls eine ausreichende Versorgung mit dem überlebenswichtigen Stoff sicherzustellen vermochten, war an eine Ernährungsumstellung zu denken. Der Mensch wurde seßhaft, aß die Früchte seines Feldes und reicherte seine täglichen Mahlzeiten mit Salz an. Doch eine weniger fleischhaltige und eher auf salzarmes Getreide und Gemüse ausgerichtete Kost brachte automatisch die Abhängigkeit von dem »weißen Gold« mit sich. Salz wurde zum wichtigsten Handelsgut der frühen zivilisierten Welt, und der Bedarf erhöhte sich drastisch, nachdem findige Köche entdeckt hatten, daß der kristalline Stoff mit dem charakteristischen Geschmack Fleisch, Fisch und Gemüse vor dem raschen Verderben bewahren konnte – die Konservierungskunst, eine neue, wichtige Kulturleistung, war geboren, denn nicht zuletzt ermöglichten eingesalzene Proviantrationen zeitintensive Feldzüge und Eroberungsfahrten. Die Städte entlang der Salzstraßen blühten, ein Salzboykott konnte eine ganze Region ins Verderben führen, und die Landesfürsten unternahmen jede Anstrengung, um sich Zugang zu den Quellen des Salzes zu verschaffen. Salz fungierte auch als Zahlungsmittel – unser heutiger Begriff »Salär« erinnert daran.

Sizilien ist in besonderer Weise mit Salz gesegnet. Bei Trapani, Marsala und Augusta wird Meersalz gewonnen, während sich bei Cattolica Eraclea weitläufige Steinsalzminen befinden. An der Westspitze der Insel liefen früher die großen Handelsschiffe ein, um sizilianisches Salz für den Weltmarkt zu laden.

Die traditionellen Methoden der Meersalzgewinnung haben sich in den letzten 140 Jahren nicht wesentlich verändert, und so lohnt es sich durchaus, den sizilianischen Gelehrten Giuseppe Pitrè zu Wort kommen zu lassen, der Ende des 19. Jahrhunderts in seinem Werk »La famiglia, la casa, la vita del popolo siciliano« (Familie, Haus und Leben des sizilianischen Volkes) die Salzgärten von Trapani beschrieb: »Eine große Fläche im Südosten Trapanis ist in viele Quadrate aufgeteilt und untereinander mit kleinen Kanälen verbunden, durch die das Meerwasser langsam bis ganz nach hinten, fern vom Strand, in die letzten Becken im Inneren des Geländes vordringt und dabei seine Farbe wechselt. Anfangs rötlich, dann bläulich und schließlich weißlich dort, wo unter der glühenden, afrikanischen Sonne das Wasser verdampft und sich eine Schicht aus Salzkristallen bildet, die wie ewiges Eis in leuchtendem Weiß erstrahlen.«

Hintergrund: Die großen Salzgewinnungsanlagen und Salzmühlen bei Trapani liegen an der Via del sale, der Salzstraße, die an der Küste zwischen Trapani und Marsala verläuft.

Das weisse Gold

Salz ist das älteste Konservierungsmittel der Menschheitsgeschichte. Kein anderer Stoff hat Küche und Lebensgewohnheiten derart stark beeinflußt. Transportable, eingesalzene Vorräte bedeuteten Mobilität, Unabhängigkeit von Versorgungsengpässen und Schutz vor Mangelerkrankungen. Dies war vor allem wichtig für Seefahrer, Soldaten und Siedler in noch nicht urbar gemachten Gebieten. Doch auch die Daheimgebliebenen profitierten von den neuartigen Konserven. Klippfisch, Salzhering, im Faß eingesalzenes Gemüse und salzige Fleischspezialitäten wie Schinken und Würste veränderten die kulinarische Landschaft. Trapani hatte als Lieferant für den kristallinen Wertstoff eine bedeutende Stellung inne.

Inzwischen hat sich die Lage gewandelt, denn überall auf der Welt wird kostengünstiges Industriesalz hergestellt. Vorbei sind die Zeiten, als zuerst die Phönizier am sizilianischen Gestade ihre wendigen Schiffe mit Salz beluden. Ihnen folgten die Boote der Griechen und Römer. Dann kamen die Feluken der Araber, bis die hochseetüchtigen Schiffe der Normannen anlegten. In der Folgezeit wurde das kostbare sizilianische Salz in der Bretagne, in England und später auch in den Städten des Hansebundes bekannt. Die großen Heringsfänge hätten ohne den weißen Rohstoff gar nicht verarbeitet werden können, und auf den Lofoten, einer norwegischen Inselgruppe, wurde das Salz zur Bereitung des Klippfischs und Stockfischs gebraucht. Das gesalzene und in der kalten nördlichen Luft getrocknete Kabeljaufleisch fand rasch seine Anhänger im Mittelmeerraum, und so kam das sizilianische Salz, nach einem Ausflug in den Norden, wieder – in Form von Klippfisch – in seine Heimat zurück. Normannische Schiffe lieferten den harten, aber schmackhaften Fisch nach Süditalien und nahmen im Gegenzug Zitrusfrüchte, Marsala, Wein und natürlich wieder das »weiße Gold« an Bord.

Mit der Einführung moderner Kühlmethoden und industrieller Konservierungstechniken wie Sterilisierung und Pasteurisierung verlor sich die Bedeutung des Meersalzes aus Trapani. Inzwischen erlebt es allerdings eine kleine Renaissance, denn immer mehr Köche entdecken die großen Kristalle als Hagelsalz nicht nur für Focaccia oder andere Fladenbrote wieder.

Etwa ein Jahrhundert zuvor hatte ein englischer Reisender die Salzgewinnungsprozesse in der Saline noch genauer beschrieben: »Die Saline ist in zahlreiche Becken gegliedert, wobei das von der Sonne noch nicht erwärmte Meerwasser durch eine Schleuse in das größte, das sogenannte ›kalte‹ Becken eindringt, das auch als ›Mutter‹ bezeichnet wird. Hier beginnt der Verdampfungsprozeß, bevor das inzwischen schon etwas wärmer gewordene Wasser in das nachfolgende Becken strömt, das aus diesem Grunde *frittedda,* also ›das nicht mehr ganz so kalte‹ genannt wird: Hier bleibt es 15 Tage lang stehen und wird dann durch einen Kanal in ein drittes, ebenfalls dreifach untergliedertes Becken namens *ricauda* oder *idicauda,* also ›lauwarm‹, geleitet. Mit Eimern oder Schöpftassen wird das Wasser nunmehr in einen Bottich befördert, aus dem es dann in die *casa calda,* das ›warme Haus‹, ein erneut dreifach unterteiltes Becken geschüttet wird. Von hier aus geht es zur vorletzten Station, in die *caldissima,* also das ›heiße‹ Becken. Der Weg des Meerwassers endet schließlich in der letzten Saline, wo sich aus fünf Zoll Wasser eine ungefähr zwei Zoll dicke Salzschicht herauskristallisiert. Das Wasser … wird mit Hilfe eines Schleusensystems durch die Kanäle in das jeweils gewünschte Becken dirigiert. Die gewonnenen Salzkristalle werden außerhalb der eigentlichen Saline pyramidenförmig aufgehäuft und ein Jahr lang der Luft ausgesetzt, wobei sich eine den Inhalt schützende Kruste bildet. Mit Hilfe eines an einem Pfosten angebrachten und sich senkrecht drehenden Mühlrads wird das Salz zermahlen, wobei die zu groben Brocken herausgesiebt werden.«

Außerhalb der Sommersaison werden die hohen Salzhügel mit Terrakottaziegeln beschwert.

PRIMI PIATTI AUS NEUN PROVINZEN

Der erste Gang, also das, was nach einem appetitanregenden Antipasto den größten Hunger lindern und gleichzeitig die Sapnnung auf das Hauptgericht steigern soll, wird auch in Sizilien sehr ernst genommen. Die *primi piatti* sind fast so etwas wie eine gesamtsizilianische Leidenschaft. Dennoch oder gerade deshalb lassen sich die kulinarischen Vorlieben der neun Provinzen, in die sich die Insel aufteilt, besonders gut an ihren unterschiedlichen »ersten Tellern« ablesen. In der Provinz Enna, der Kornkammer im Herzen der Insel, serviert man Polenta mit Gemüse. Auch bei den Nachbarn in Caltanissetta liebt man es bodenständig und bringt Gnocchetti mit Schweinefleischsauce auf den Tisch. In Messina, der Hochburg des Schwertfischfangs, kocht man eine entsprechende Pasta-Sauce. Palermo ist für seine Sardellenzubereitungen bekannt, und Trapani votiert für unkomplizierte, aber äußerst schmackhafte Nudeln mit Schafskäse. In Agrigento liebt man hausgemachte Maccheroni mit roter Sauce und Auberginen, und Catania hat seine berühmte *Pasta alla norma*. In Ragusa verwendet man Bohnen, und Siracusa wiederum ist stolz auf seine *Pasta fritta alla siracusana* – eines der ältesten Nudelrezepte Siziliens.

Maccaruneddi con salsa rossa e melanzane

Makkaroni mit Tomaten-Auberginen-Sauce

Agrigento

2 mittelgrosse Auberginen, gewürfelt
Salz
Mehl
Olivenöl
500 g Makkaroni
500 ml Tomatensauce

Die Auberginen mit Salz bestreuen und etwa 1 Stunde Wasser ziehen lassen. Auberginen trockentupfen, mit etwas Mehl bestäuben und in reichlich Olivenöl goldbraun fritieren. Die Makkaroni in reichlich Salzwasser *al dente* kochen und mit der heißen Tomatensauce und den Auberginenwürfeln servieren.

Cavatieddi – Gnocchetti di semola al sugo di maiale

Nudeln mit Schweinefleischragout

Caltanissetta

1 Bund Suppengrün, gehackt
Olivenöl
300 g Schweinefleisch, in Würfeln
1/2 Glas Rotwein
4 Tomaten, gehackt
Salz und Pfeffer
500 g Gnocchetti
100 g Ricotta, durchgesiebt

Suppengrün in Olivenöl andünsten. Fleisch zufügen und rundherum anbraten. Rotwein angießen und Tomaten zufügen. Schweinragout zugedeckt weich kochen, mit Salz und Pfeffer abschmecken. Gnocchetti in reichlich Salzwasser *al dente* kochen. Nudeln und Ricotta mischen und mit dem ragout servieren.

Spaghetti alla trapanese

Spaghetti nach Art von Trapani

Trapani

400 g Spaghetti
Salz
1 kg reife Tomaten, enthäutet
2 Knoblauchzehen, in kleine Stücke geschnitten
1 kleines Bund Basilikum, grobgehackt
sizilianischer Schafskäse, zerbröckelt
1 Glas Olivenöl extra vergine
frisch gemahlener Pfeffer
etwas gehobelter Parmesan

Spaghetti in Salzwasser *al dente* kochen und abgießen. Die enthäuteten Tomaten fein würfeln und zusammen mit Knoblauch, Basilikum, Schafskäse und Olivenöl vermengen. Mit Salz und Pfeffer abschmecken und mit den Spaghetti servieren. Mit gehobeltem Parmesan bestreuen.

Rigatoncini con maccu di fave

Rigatoncini mit Bohnenpüree

Ragusa

300 g getrocknete dicke Bohnen
1/2 Sellerie, gewürfelt
1 Tomate
350 g Rigatoncini
Olivenöl
Salz und Pfeffer

Die Bohnen über Nacht in Wasser einweichen. Am nächsten Tag zusammen mit dem Sellerie und der Tomate kochen. Die Rigatoncini in reichlich Salzwasser *al dente* kochen. Wenn die Bohnen sämig sind, zerdrücken und die *rigatoncini* zufügen. Das Gericht darf nicht zu flüssig sein. Es wird mit reichlich Olivenöl, Salz und Pfeffer abgeschmeckt.

Pasta fritta alla siracusana

Fritierte Fadennudeln

Siracusa

3 Eier
Salz
150 g Semmelbrösel
600 g Fadennudeln
Schweinefett
150 g Thymianhonig
1 Glas Orangensaft

Eier mit ein wenig Salz verquirlen und in eine große Schüssel geben. Die Semmelbrösel in eine andere, ebenfalls große Schüssel geben. Fadennudeln in Salzwasser *al dente* kochen und abgießen. Mit einer Nudelzange die Nudeln portionsweise zuerst in den Eiern, dann in den Semmelbröseln wenden. In heißem Schweinefett ausbacken, bis sie eine goldene Kruste bekommen. Den Honig mit dem Orangensaft im Wasserbad erwärmen und die fritierten Nudeln damit benetzen. Eine orientalische Gaumenfreude!

Pasta alla norma
Nudeln mit Auberginen

Catania

3–4 kleine Auberginen
4–5 EL Olivenöl
2 Knoblauchzehen
500 g passierte Tomaten
1 kleines Bund Basilikum
Salz und frisch gemahlener Pfeffer
400 g Rigatoni, Maccheroni oder Tagliatelle
4 EL frisch geriebener Pecorino

Die Auberginen waschen, der Länge nach in etwa fingerdicke Scheiben schneiden, salzen und die austretende, leicht bittere Flüssigkeit abtropfen lassen. Nach 30 Minuten unter fließendem Wasser abspülen und mit Küchenkrepp trockentupfen. Olivenöl in einer Pfanne erhitzen und die Auberginen darin braten. Den Knoblauch in hauchdünne Scheiben schneiden und mit den Tomaten sowie einigen grobgehackten Basilikumblättern zu den Auberginen geben. Mit Salz und Pfeffer abschmecken und noch 10–15 Min. schmoren lassen.
Die Nudeln in reichlich Salzwasser *al dente* kochen, abgießen, mit Tomatensauce anrichten und mit Pecorino bestreuen.

Frascatula di polenta di grano e verdure
Gemüsepolenta

Enna

Für 6 Personen

500 g Maisgriess
500 g Brokkoliröschen
200 g Kartoffeln, gewürfelt
Olivenöl
2 Zwiebeln, in Ringe geschnitten
800 g Zucchini, in Stücke geschnitten
250 g Tomaten, enthäutet
Salz und Pfeffer

Den Maisgrieß mit 1,5 l Wasser zu einer Polenta verarbeiten (siehe Grundrezept S. 19). Die fertige Polenta abkühlen lassen und in Stücke schneiden.
Brokkoliröschen und Kartoffeln in 2,5 l leicht gesalzenem Wasser garen, dann abgießen. In einer großen Pfanne das Öl erhitzen und die Zwiebeln mit den Zucchini und den Tomaten andünsten, mit Salz und Pfeffer abschmecken und köcheln lassen. Die Polentastücke auf Teller verteilen. Brokkoli, Kartoffeln und die Sauce aus Zwiebeln, Zucchini und Tomaten darüber geben.

Pasta ai quadrucci di pesce spada
Nudeln mit Schwertfisch

Messina

Für 6 Personen

2 Tomaten
Olivenöl
2 Knoblauchzehen, gehackt
1 Bund Petersilie, gehackt
Salz und Pfeffer
400 g Schwertfisch
1/2 Glas Weisswein
600 g Sedanini (kurze Nudeln)
12 Minzeblätter, gehackt

Tomaten enthäuten und vierteln. Das Olivenöl in einer Kasserolle erhitzen und die Tomaten zusammen mit Knoblauch und Petersilie andünsten. Mit Salz und Pfeffer abschmecken. Die Fischscheiben in Stücke schneiden, in die Sauce geben und den Wein angießen. Zugedeckt etwa 20 Min. köcheln lassen.
Die Nudeln in reichlich Salzwasser *al dente* kochen, abgießen und zur Sauce geben. Mit gehackten Minzeblättern garnieren.

Pasta con le sarde
Nudeln mit Sardinen

Palermo

4 frische Sardinen
250 g Fenchel
Salz
2 Zwiebeln
Olivenöl extra vergine
1 Prise Safran
Salz und Pfeffer
3 Sardellenfilets
400 g Spaghetti
50 g Rosinen
50 g Pinienkerne

Die Sardinen waschen und filetieren. Den Fenchel grob würfeln und in reichlich Salzwasser garen. Mit einem Schaumlöffel herausheben und beiseite stellen. Die Kochflüssigkeit aufbewahren. Die Zwiebeln würfeln und in Olivenöl andünsten. Etwa eine Tasse »Fenchelwasser« über die Zwiebeln gießen und aufkochen lassen. Wenn die Flüssigkeit fast verkocht ist, den Safran einrühren. So viel Olivenöl zugeben, bis die Masse sämig ist, dann salzen und pfeffern. Die Sardellenfilets in einer Pfanne mit heißem Olivenöl zerfallen lassen. Die Sardinen zu den Sardellenfilets geben und bei milder Hitze anbraten.
Die Nudeln im »Fenchelwasser« (gegebenenfalls noch etwas Salzwasser angießen) *al dente* kochen und abgießen. In einer Schüssel mit der Safransauce und den Sardinen vermengen. Rosinen und Pinienkerne zugeben und alles gut mischen. Kurz ziehen lassen und servieren.

Lucchino Visconti verfilmte den Roman »Der Leopard« von Giuseppe Tomasi di Lampedusa mit großem szenenbildnerischen Aufwand und hochkarätigen Schauspielern wie Claudia Cardinale und Burt Lancaster.

Oben: Das Kloster San Nicola in Catania war im 19. Jahrhundert die zweitgrößte Abtei der Welt.

OPULENTE KÜCHE

Bevor Italien in den siebziger Jahren des 19. Jahrhunderts zu einem liberalen Einheitsstaat wurde, herrschte in Sizilien das Majoratsrecht, das Erbrecht des Erstgeborenen. Jüngeren Geschwistern war somit die Mittellosigkeit gewissermaßen in die Wiege gelegt, selbst wenn sie aus einer reichen, adeligen Familie stammten. Der Gedanke an Gelderwerb mittels Berufsausübung war weitgehend unbekannt, und so blieb den Blaublütern der zweiten Reihe oft nur der Ausweg in die kirchliche Karriere. Um die Härte ihres Schicksals ein wenig abzumildern, achteten die Söhne und Töchter der sizilianischen Fürsten, Barone und Grafen natürlich auf einen angemessenen Lebensstil innerhalb der klösterlichen Mauern. So ist es auch zu erklären, daß die feudale Küche im Sizilien des 19. Jahrhunderts zwei Stilrichtungen aufweist, die sich in vielen Punkten jedoch überraschend ähnlich sind. Auf der einen Seite steht die küchentechnische Prachtentfaltung der großen Paläste und auf der anderen die üppige Cuisine der Klöster, die sich gern einen französischen *monzu,* eine Art Sterne-Koch der damaligen Zeit, leisteten.

Eines der mächtigsten und reichsten Klöster war San Nicola in der Hafenstadt Catania, nach dem portugiesischen Cisneros die zweitgrößte Abtei der Welt. Federico de Roberto zeichnete 1894 in seinem Monumentalroman »Die Vizekönige« ein entlarvendes Bild des frommen Tuns: »Die Mönche lebten nach dem Motto ›Trinken, gut essen und Lustwandeln nicht vergessen‹. Nach dem Aufstehen las jeder Mönch seine Messe in der Kirche, meist bei verschlossenem Portal, um ungestört zu sein. Zurückgekehrt in die Zelle, nahm man in Erwartung des Mittagessens, um das sich in riesengroßen Küchen oft nicht weniger als acht Köche nebst Gehilfen kümmerten, eine kleine Zwischenmahlzeit zu sich. Damit das Feuer in den Küchenherden nie erlöschen möge, wurden jeden Tag vier Ladungen Eichenholzkohle angeliefert. Der Kellermeister stellte allein für die fritierten Gerichte täglich vier Blasen Schmalz zur Verfügung, jede à zwei Rotolo, wie auch zwei Kafis Öl, eine Menge also, die im Haushalt eines Fürsten sechs Monate ausgereicht hätte. Rost und Feuerstellen boten Platz für ein halbes Kalb oder aber einen Schwertfisch in seiner gesamten Länge. An der Raspel arbeiteten zwei Küchenjungen eine Stunde lang, um zwei Käselaibe zu reiben. Auch der Hackklotz aus Eiche war so gigantisch, daß ihn zwei Männer mit ihren Armen nicht umgreifen konnten. Außerdem mußte jede Woche ein Tischler – gegen ein Entgelt von vier Tari und einem halben Fäßchen Wein – ein zwei Finger dickes Stück abhobeln, damit die Oberfläche wieder glatt werde. So sehr wurde der Klotz beansprucht. In der Stadt war die Küche der

Benediktiner mit ihren üppigen Delikatessen in aller Munde. Da gab es den *Timballo di maccheroni,* einen Nudelauflauf mit Mürbeteigkruste, die *arancini* genannten Reisbällchen, so groß wie Melonen, dazu noch gefüllte Oliven und honigsüße *crespelle* ... Und für Eis, wie etwa *spumone* und die gefrorene *cassata,* ließen die Mönche doch tatsächlich, man glaubt es kaum, Don Tino, den jungen Mann aus dem Caffè Benvenuto in Neapel, kommen.«

Laut Literaturgeschichte hätte es ohne die »Vizekönige« keinen »Leopard« gegeben, also kein Buch des Fürsten von Lampedusa über das Leben des fiktiven Fürsten Salina. Giuseppe Tomasi di Lampedusa wußte offensichtlich, wovon er schrieb. Aufgewachsen bei seinen Großeltern mütterlicherseits im Palazzo Cutò-Filangieri in Santa Maria Belice und auf dem Schloß von Palma di Montechiaro, kannte sich Lampedusa mit der Küche seiner Zeit bestens aus. Sein Roman liest sich dementsprechend wie ein Traktat über die gastronomischen Gepflogenheiten des sizilianischen Adels, der sich nach langen Jahren der Bourbonenherrschaft auf der Schwelle zu einem neuen, vereinten Italien wiederfindet. Der Fürst von Salina, der Leopard, wird von König Ferdinand nach Neapel zitiert, da sein Neffe Tancredi neumodisch liberale Ideen verbreitet. Nachdem der Monarch seine – durchaus berechtigten– Vorwürfe verlautbart hat, gewährt er dem sizilianischen Gast auf leutselige Art seine Gnade und seine Verzeihung, indem er ihn zu einem kleinen privaten Imbiß unter vier Augen – natürlich mit Maccheroni und angenehmer weiblicher Tischgesellschaft – einlädt und ihm so zu verstehen gibt, daß er wünscht, die Sache damit auf sich beruhen zu lassen.

Als Garibaldi mit seiner Schar der Tausend bei Marsala an Land geht, ziehen sich die Salinas einfach auf ihre Sommerresidenz nach Donnafugata zurück, als wäre nichts geschehen. Am Abend der Ankunft findet ein Gala-Essen statt, das der Leopard zu Ehren des Bürgermeisters und des örtlichen Kleinadels gibt. Lampedusas Beschreibung des Banketts liest sich wie ein Exzerpt aus der kulinarischen Sittengeschichte eines Italiens, dessen Oberschicht durchaus für die verfeinerte adelige Lebensart – wie sie andernorts in Europa gepflegt wird – zu haben ist, in erster Linie aber satt werden möchte und deshalb nichts von neumodischen Experimenten hält. Der Fürst von Salina trägt diesem Umstand Rechnung, indem er die gültigen Regeln der Haute Cuisine kurzerhand außer Kraft setzt und nahrhafte sizilianische Hausmannskost auftischen läßt. Voller Spott beschreibt Lampedusa, daß die Gäste zu Beginn des Banketts nur eine einzige Sorge umtreibt: Wird etwa als erster Gang eine klare, fade Brühe serviert werden, wie dies in letzter Zeit Mode geworden ist? Suppe als Vorspeise für die Lokalprominenz von Donnafugata und Umgebung ist ein unerträglicher Gedanke, von einem »grauenvollen, fremdländischen Brauch« ist sogar die Rede. Doch alle Befürchtungen erweisen sich als unbegründet, als die livrierten Diener einen riesigen Nudelberg hereintragen, der sich als *Timballo di maccheroni,* als Maccheroniauflauf entpuppt. Leider liefert Lampedusa kein Rezept für dieses Kunstwerk, doch anhand des Textes können wir uns vorstellen, daß es sich um eine recht mächtige Angelegenheit gehandelt haben muß.

Il timballo del Gattopardo

Sizilianische Pastete
(Abbildung unten)

250 g tiefgefrorener Mürbeteig
1 kg getrocknete Bohnen

1 l Salsa spagnola:
500 g Kalbsknochen
2 l Fleischbrühe

Für die Sauce:
100 ml Marsala Vergine Soleras
Olivenöl
25 g Zwiebeln, gewürfelt
25 g Möhren, gewürfelt
50 roher Schinken, gewürfelt
50 g Hähnchenbrust, in kleine Stücke geschnitten
25 g Leber, in kleine Stücke geschnitten
80 g gewürfelte, hartgekochte Eier
Zimt
Nelken
30 g Tomatenmark
Weizenmehl
Butter
Salz und Pfeffer
Trüffel oder Steinpilze

250 g tiefgefrorener Blätterteig
1 kg Penne rigate
geriebener Parmesan oder Caciocavallo
1 Eiweiss, steif geschlagen
1 Eigelb
Milch
frische Blüten zum Garnieren

Den aufgetauten Mürbeteig dünner als 1 cm ausrollen. Den Boden und die Ränder einer Springform von 33 cm Durchmesser mit dem Teig auslegen. Den Teig mit Aufolie bedecken und die Folie ein paar Mal mit einer Gabel einstechen. Um den Teig während des Backens zu beschweren, 1 kg getrocknete Bohnen in die Form geben und im vorgeheizten Backofen bei 180 °C 15 Min. backen. Dann die Bohnen und die Alufolie entfernen und den Teig weitere 10 Min. backen. Abkühlen lassen und die Springform vorsichtig ablösen. Die Teigform bis zur Weiterverwendung im Kühlschrank aufbewahren.

Für die *salsa spagnola* bräunt man die Kalbsknochen im Backofen, löscht sie mit Fleischbrühe ab und läßt die Flüssigkeit auf 1 l einkochen.

Für die Sauce 1 l *salsa spagnola* bei niedriger Hitze langsam reduzieren. Abkühlen lassen und den Marsala Vergine Soleras oder einen anderen guten trockenen Marsala angießen. Inzwischen in einer Pfanne Öl erhitzen, Zwiebeln, Möhren, Schinken, Hähnchen, Leber und Eier anbraten. Mit Zimt und Nelken würzen und mit dem in wenig Wasser aufgelösten Tomatenmark verlängern. Nach Belieben etwas Mehl in Butter anbräunen, ablöschen und zu der Gemüse-Fleisch-Mischung geben. Salzen und pfeffern und die reduzierte *salsa spagnola* zugeben. Noch weiter einkochen lassen. Zum Schluß Butterflöckchen, Trüffel- oder Steinpilzscheiben hineingeben.

Die aufgetauten Blätterteigscheiben etwa 3 mm dünn ausrollen. Die Nudeln in reichlich Salzwasser *al dente* kochen, abgießen und sofort mit Käse bestreuen und vermischen. Die Sauce unter die Nudeln rühren.

Den gebackenen Mürbeteig aus dem Kühlschrank nehmen und die heißen Nudeln hineinfüllen. Wenn die Nudeln lauwarm sind, die Ränder des Mürbeteigs mit Eischnee bestreichen. Nun die Nudeln mit den Blätterteigplatten bedecken. Dabei den Blätterteig an den mit Eischnee bepinselten Rändern der Mürbeteigform festdrücken. Die Pastete kann mit aus Mürbeteig ausgestochenen Motiven dekoriert werden, beispielsweise mit sizilianischen Wahrzeichen. Ein Eigelb mit etwas Milch und Salz verquirlen, die Pastete damit bepinseln und im vorgeheizten Backofen bei 170–180 °C etwa 45–50 Min. backen. Mit frischen Blüten der Saison garniert servieren.

Il timballo del Gattopardo – Sizilianische Pastete

Farsumagru

Gefüllte Kalbsroulade
(Abbildung links unten)

100 g Schinken oder Speck
175 g Salsiccia
100 g Caciocavallo
2 Knoblauchzehen
1 EL gehackte Petersilie
1 Ei
Salz und frisch gemahlener Pfeffer
600 g Kalbfleisch für eine grosse Roulade
2 hartgekochte Eier
1 Prise getrockneter Majoran
4 EL Olivenöl extra vergine
1 Zwiebel
1/2 Möhre
1 Lorbeerblatt
125 ml Rindfleischbrühe
1 Glas Rotwein

Schinken, Wurst und Käse in Würfel schneiden und mit einer zerdrückten Knoblauchzehe, der gehackten Petersilie und dem verquirlten Ei zu einer Farce vermischen. Mit Salz und Pfeffer abschmecken.
Das Kalbfleisch vorsichtig flach klopfen und mit der Füllung bestreichen. Die hartgekochten Eier in Scheiben schneiden und auf die Farce legen. Das Fleisch aufrollen, mit Küchengarn fest umwickeln und mit Majoran bestreuen. Das Olivenöl in einer feuerfesten Kasserolle erhitzen und die Kalbfleischroulade von allen Seiten anbraten. Die in Ringe geschnittene Zwiebel, die gewürfelte Möhre, das Lorbeerblatt und den restlichen Knoblauch zugeben. Die Hälfte der Rindfleischbrühe angießen, die Kasserolle zudecken und das Fleisch im vorgeheizten Backofen bei mäßiger Hitze etwa 1 Std. schmoren, bis es weich ist. Dabei hin und wieder mit dem Bratensaft übergießen und, falls nötig, noch etwas Brühe angießen.
Das Fleisch auf eine vorgewärmte Platte legen und warm halten. Die Kasserolle wieder auf den Herd stellen, den Wein angießen und köcheln lassen, bis die Flüssigkeit zur Hälfte eingekocht ist. Das Lorbeerblatt herausnehmen. Die Fleischroulade in Scheiben schneiden, auf einer vorgewärmten Platte anrichten, mit dem Bratensaft übergießen und servieren.

Arancini alla siciliana

Reisbällchen mit Fleischfüllung
(Abbildung Mitte unten)

2 reife Tomaten
1/2 Zwiebel, gehackt
Olivenöl extra vergine
100 g Rinderhack
250 g frische Erbsen
Salz und Pfeffer
250 g Reis
50 g Butter
50 g Pecorino, gerieben
2 Eier
50 g Semmelbrösel
Öl zum Ausbacken

Die Tomaten blanchieren, enthäuten und durch ein Sieb passieren. Die gehackte Zwiebel in Olivenöl andünsten, das Hackfleisch und die Erbsen zugeben und kurz anbraten. Die Tomaten zugeben, mit Salz und Pfeffer abschmecken und bei geringer Hitze langsam einkochen lassen.
Den Reis in Salzwasser kochen, abgießen und mit der Butter, dem geriebenen Pecorino und 1 Ei vermengen. Die Masse kalt werden lassen, dann kleine Taschen formen, mit dem Fleischragout füllen, gut verschließen und zu Kugeln drehen. Die Reisbällchen in verquirltem Ei und Semmelbröseln wälzen und in heißem Öl ausbacken. Auf Küchenkrepp abtropfen lassen und warm oder kalt servieren.

Farsumagru – Gefüllte Kalbsroulade

Cannelloni ripieni

Gefüllte Nudelröllchen
(Abbildung rechts unten)

Für 4–6 Personen

Für den Teig:
150 g Mehl
150 g Hartweizengriess
2 Eier
1/2 TL Salz
Mehl zum Ausrollen

Für die Füllung:
500 g geschmorter Rinderbraten mit kräftiger Sauce
Salz und frisch gemahlener Pfeffer
Muskatnuss
100 g Caciocavallo oder Pecorino

5 EL Olivenöl
2 Eier

Für den Nudelteig Mehl und Hartweizengrieß mischen, auf die Arbeitsfläche häufen und in die Mitte eine Mulde drücken. Eier und Salz zugeben und mit etwa 100 ml lauwarmem Wasser zu einem glatten Teig kneten. Mit einem Tuch bedecken und 20 Min. ruhen lassen.
Die Arbeitsfläche mit Mehl bestäuben und den Teig 2 mm dünn ausrollen. Mit einem Teigrädchen 10 x 10 cm große Quadrate ausschneiden. In einem großen Topf 3 l Salzwasser mit 2–3 EL Öl zum Kochen bringen. Darin die Teigquadrate portionsweise 5 Min. garen. Mit dem Schaumlöffel herausnehmen, kurz unter kaltem Wasser abschrecken und abtropfen lassen.
Den fertig geschmorten Rinderbraten sehr klein würfeln oder durch den Fleischwolf drehen. Mit der Hälfte der kräftigen Sauce in einen Topf geben und zu einem sämigen Ragout einkochen. Mit Salz, Pfeffer und frisch geriebener Muskatnuß abschmecken.
Eine große, feuerfeste Form mit 3 EL Olivenöl einfetten. Den Käse reiben. Auf einen Randstreifen eines Teigquadrats 2 EL Fleischragout häufen, mit Käse bestreuen und die Teigplatte aufrollen. Mit den anderen Teigplatten ebenso verfahren. Die Teigröllchen dicht nebeneinander in die gefettete Form legen. Sollte Fleischsauce übrig sein, diese über die Teigröllchen verteilen und mit dem restlichen Käse bestreuen. Zum Schluß 2 EL Olivenöl darüber träufeln. Im vorgeheizten Backofen bei 200 °C 15 Min. garen. Die Eier verquirlen, über die Cannelloni gießen und weitere 5 Min. überbacken, bis sich eine knusprig braune Kruste bildet.

Cannelloni ripieni –
Gefüllte Nudelröllchen

Arancini alla siciliana –
Reisbällchen mit Fleischfüllung

Kürbis und Zucchini

Die Familie der Kürbisgewächse, in die sich die verschiedenen Gartenkürbisse ebenso einreihen wie Gurken, Melonen und Zucchini, ist aus der italienischen Küche nicht wegzudenken. Geschmort, gebraten, in Mehl gewendet und fritiert, gegrillt, gefüllt, als Salat oder als Zutat einer Süßspeise – die Verwendungsmöglichkeiten sind grenzenlos. Dabei hatten die Früchte einen schweren Start in der Alten Welt. Von den spanischen Conquistadores importiert, blieben sie zunächst als Schauobjekt den Ziergärten vorbehalten. Ein Schicksal, das der Kürbis mit Tomate und Aubergine teilte – letztere nannte man sogar *mela insana*, ungesunder Apfel, woraus wohl der italienische Begriff *melanzana* für die violette Frucht entstand.

Das Wort *zucca* hatte zunächst auch keine unbedingt schmeichelhafte Bedeutung. Der Volksmund bezeichnete damit Hohlköpfe, Streithansel und Blödmänner. Doch wie so häufig siegte am Ende der Gaumen, und seit der Kürbis und seine Verwandten küchenfähig geworden sind, kann sich niemand mehr daran erinnern, daß man ihnen ursprünglich ablehnend gegenüberstand.

Zucchiniblüten und andere Blüten der Kürbisfamilie gibt es fast überall in Italien zu kaufen. Man kann sie füllen und ausbacken oder einfach ungefüllt fritieren.

Besonders die länglichen, grünen Zucchini haben eine beispielhafte Karriere hinter sich. Und das nicht nur innerhalb der Stiefelhalbinsel, sondern auch außerhalb Italiens, wo sie heute vielfach als ein Symbol der mediterranen Küche gelten.

Die Zutaten für die gefüllten Zucchiniblüten bereitlegen.

Käse, Schnittlauch und Ei verquirlen. Mit Gewürzen abschmecken.

Gefüllte Blüten in den Ausbackteig tunken und fritieren.

Fett mit Küchenkrepp aufsaugen und die Blüten heiß servieren.

Zucchini al pomodoro e basilico

Zucchini mit Tomaten und Basilikum

1 kg reife Tomaten
1 kg Zucchini
4 Knoblauchzehen
1 Bund Basilikum
Olivenöl
Salz

Die Tomaten blanchieren, enthäuten, entkernen und würfeln. Die Zucchini waschen und würfeln. Den Knoblauch schälen und hacken. Das Basilikum hacken. Den Knoblauch im heißen Olivenöl leicht andünsten. Tomaten, Basilikum und die Zucchiniwürfel zugeben. Bei niedriger Hitze durchziehen lassen, bis die Zucchini gar, aber noch bißfest sind. Mit Salz abschmecken.

Fiori di zucca ripieni

Gefüllte Kürbis- oder Zucchiniblüten
(Abbildung links)

2 Eier
50 g Mehl
12 Zucchiniblüten
275 g Ricotta
1 Prise frisch geriebene Muskatnuss
1 Bund Schnittlauch, gehackt
1 Ei, verquirlt
4 EL frisch geriebener Parmesan
Salz und frisch gemahlener Pfeffer
Olivenöl

Für den Teig die beiden Eier in einer Schüssel verquirlen. Nach und nach das Mehl zugeben und verrühren. 4 EL kaltes Wasser unterrühren, so daß ein gleichmäßiger Teig entsteht. Den Teig beiseite stellen.

Die Zucchiniblüten sorgfältig reinigen, indem man sie außen kurz unter fließendem Wasser abspült und innen von eventuellen Insekten befreit. Vorsichtig trockentupfen.

Für die Füllung Ricotta, Muskat, Schnittlauch, Ei, Parmesan sowie Salz und frisch gemahlenen Pfeffer vermischen und die Blüten damit füllen. Die Blüten vorsichtig zudrehen, damit die Masse nicht herausfällt.

Reichlich Öl in einer großen Pfanne erhitzen. Die Blüten in den Teig tauchen und nacheinander im heißen Öl goldbraun ausbacken, dabei gelegentlich wenden. Auf Küchenkrepp gut abtropfen lassen und dann servieren.

SIZILIANISCHE GEMÜSEKÜCHE

Der *Maccu di San Giuseppe* ist eines der ältesten Rezepte Siziliens. Trotz des katholischen Namens wurde das Gericht schon in der Antike von den Römern nach Sizilien gebracht. Zubereitet wird der *Maccu* mit trockenen, geschälten dicken Bohnen, die während des Kochens mit einem Holzlöffel zerquetscht werden. Angeblich leitet sich von dieser Prozedur das sizilianische Dialektwort *maccari,* zerquetschen her – und von ihm wiederum der Name der Maccaroni. Der *Maccu* wäre damit zumindest ethymologisch Vorvater unserer Nudeln. Erst später trat der Zusatz San Giuseppe zu dem Namen, weil es in der Gegend von Syrakus üblich war, zum Fest des Heiligen Joseph den armen Mädchen einen Teller *Maccu* zu spendieren.

Auch die *Caponata* – ein weiteres für Sizilien typisches Gericht – hat eine lange, bewegte Geschichte hinter sich. Heute besteht die *Caponata* nur aus Gemüsen, doch ursprünglich war sie als Fischgericht entstanden, serviert in den *caupone,* den Tavernen der sizilianischen Hafenstädte, zubereitet mit Tintenfisch, Sellerie und Auberginen, abgeschmeckt mit einer süß-sauren Sauce. Die merkwürdigste Variante ist die *Caponata San Bernardo:* Die Auberginen werden mit einer Sauce aus bitterer Schokolade, Mandeln, Zucker, Essig und gerösteten Semmelbröseln gewürzt.

Caponata

Auberginen mit Tomaten und Oliven
(Abbildung rechts oben)

500 g Auberginen
Salz
500 g Zwiebeln
100 g Staudensellerie
150 g grüne Oliven
500 g Tomaten
4 EL Pflanzenöl
6 EL Olivenöl extra vergine
frisch gemahlener schwarzer Pfeffer
25 g Zucker
7 EL Weinessig
2 EL Kapern

Die Auberginen waschen, in Scheiben schneiden, mit Salz bestreuen und auf einem Sieb abtropfen lassen. Die Zwiebeln fein hacken, den Sellerie kurz blanchieren und in Würfel schneiden. Die Oliven halbieren und entsteinen, die Tomaten blanchieren, enthäuten und durch ein Sieb passieren. Die Auberginen unter fließendem Wasser waschen, abtropfen lassen und trockentupfen.

Das Pflanzenöl in einer Pfanne erhitzen, die Auberginenscheiben von beiden Seiten goldgelb braten und mit Küchenkrepp abtupfen.

Das Olivenöl in einem Topf erhitzen und die Zwiebeln andünsten. Sellerie, Oliven und Tomatenpüree zugeben, mit Salz und Pfeffer abschmecken und 5 Min. köcheln lassen. Zucker, Essig, Kapern und Auberginenscheiben zugeben und weitere 10 Min. schmoren, bis der Essig eingekocht ist. Das Gemüse abkühlen lassen und servieren.

Maccu di San Giuseppe

Bohnenpüree mit Fenchel

400 g getrocknete dicke Bohnen
100 g getrocknete Linsen
100 g getrocknete Erbsen
150 g getrocknete Kastanien
250 g Fenchel
1 Sellerieknolle
3 getrocknete Tomaten
1 Zwiebel
Salz und Pfeffer
Olivenöl extra vergine

Die getrockneten Hülsenfrüchte und die Kastanien am Abend vorher in Wasser einweichen. Das Einweichwasser abgießen und die Bohnen, Linsen, Erbsen und Kastanien mit frischem Wasser in einen ausreichend großen Topf geben. Den Fenchel und die Sellerieknolle grob würfeln, die getrockneten Tomaten und die Zwiebel in kleine Stücke schneiden und alles zu den Hülsenfrüchten in den Topf geben. Salzen, pfeffern und etwa 3 Std. bei niedriger Hitze zu Püree kochen.

Auf tiefe Teller verteilen, jeweils ein paar Tropfen Olivenöl beträufeln und mit Weißbrot servieren.

Kapern

Der robuste und genügsame Kapernstrauch wächst überall entlang der italienischen Küste und bevorzugt trockene, steinige Böden beziehungsweise altes, marodes Mauerwerk, um zu sprießen.

Kapern sind nicht etwa die Früchte, sondern die noch geschlossenen Blütenknospen des Kapernstrauchs. Nach der Ernte im Frühjahr – am besten sind die kleinsten Knospen – müssen die Kapern erst einmal genießbar gemacht werden. Um ihren bitteren Geschmack zu vertreiben, legt man sie einige Tage in Essigwasser oder Salzlake ein. Beide Lösungen eignen sich auch zum längeren Konservieren der Knospen. Vor dem Verzehr sollten die Kapern gewässert werden, damit an ihnen nicht zuviel Essig oder Salz haften bleibt und dann das Gericht dominiert. Die aromatischen kleinen Knospen passen zu Salaten, Tomatensaucen, Nudelgerichten und Gemüsespezialitäten. Als Würzzutat der Thunfischsauce für das berühmte *Vitello tonnato* sind sie unverzichtbar. Kapern sollten allerdings nie mitgekocht werden, sondern erst ganz zuletzt an die Speisen gegeben werden, denn sonst verlieren sie ihr Aroma. Die besten Kapern wachsen auf den Liparischen Inseln und auf Pantelleria vor der Südküste Siziliens.

Goethe in Italien

Die Eindrücke, die der Italienfreund Johann Wolfgang von Goethe im ausgehenden 18. Jahrhundert auf seinen Exkursionen im europäischen Süden sammelte, hat er unter anderem in einem Tagebuch festgehalten. Die »Italienische Reise« unterrichtet uns unter einem Eintrag vom 13. April 1787 über einige Gedanken, die der Geheimrat während des Aufenthalts in Palermo über das Wetter, die kulinarischen Spezialitäten und die Bedeutung Siziliens im allgemeinen anstellte: »Italien ohne Sizilien macht gar kein Bild in der Seele: hier ist erst der Schlüssel zu allem. Vom Klima kann man nicht Gutes genug sagen: jetzt ist's Regenzeit, aber immer unterbrochen; heute donnert und blitzt es, und alles wird mit Macht grün. Der Lein hat schon zum Teil Knoten gewonnen, der andere Teil blüht. Man glaubt in den Gründen kleine Teiche zu sehen, so schön blaugrün liegen die Leinfelder unten. Der reizenden Gegenstände sind unzählige! ... Vom Essen und Trinken hierzulande hab' ich noch nichts gesagt, und doch ist es kein kleiner Artikel. Die Gartenfrüchte sind herrlich, besonders der Salat von Zartheit und Geschmack wie eine Milch; man begreift, warum ihn die Alten Lactuca genannt haben. Das Öl, der Wein alles sehr gut, und sie könnten noch besser sein, wenn man auf ihre Bereitung mehr Sorgfalt verwendete. Fische die besten, zartesten. Auch haben wir diese Zeit hier sehr gut Rindfleisch gehabt, ob man es gleich sonst nicht loben will.«

Elf Tage später, am 24. April, lernt Goethe bei einem Aufenthalt in Girgenti die örtliche Methode der Nudelherstellung kennen: »Da es hier keine Gasthöfe gibt, so hatte uns eine freundliche Familie Platz gemacht und einen erhöhten Alkoven an einem großen Zimmer eingeräumt. Ein grüner Vorhang trennte uns und unser Gepäck von den Hausgliedern, welche in dem großen Zimmer Nudeln fabrizierten, und zwar von der feinsten, weißesten und kleinsten Sorte, davon diejenigen am teuersten bezahlt werden, die, nachdem sie erst in die Gestalt von gliedslangen Stiften gebracht sind, noch von spitzen Mädchenfingern einmal in sich selbst gedreht, eine schneckenhafte Gestalt annehmen. Wir setzten uns zu den hübschen Kindern, ließen uns die Behandlung erklären und vernahmen, daß sie aus dem besten und schwersten Weizen, Grano forte genannt, fabriziert würden. Dabei kommt viel mehr Handarbeit als Maschinen- und Formwesen vor. Und so hatten sie uns denn auch das trefflichste Nudelgericht bereitet, bedauerten jedoch, daß grade von der allervollkommensten Sorte, die außer Girgent, ja, außer ihrem Hause nicht gefertigt werden könnte, nicht einmal ein Gericht vorrätig sei. An Weiße und Zartheit schienen diese ihresgleichen nicht zu haben.«

Johann Heinrich Wilhelm Tischbein, *Goethe in der Campagna,* 1787, Öl auf Leinwand, 164 x 206 cm, Städelsches Kunstinstitut, Frankfurt am Main

ZITRUSFRÜCHTE

Auf Goethes Frage »Kennst du das Land, wo die Zitronen blühn, im dunklen Laub die Goldorangen glühn« antwortet der Sizilien-Reisende mit einem tief aus dem Herzen kommenden »natürlich«. Keine andere italienische Region hat aufgrund einer einzigen Fruchtart so großen Ruhm erlangt. Das Handelsprädikat Zitrusfrüchte aus Sizilien sicherte bereits im Mittelalter höchsten Genuß und verhalf der Insel zu einer verläßlichen Einnahmequelle.

Der arabische Dichter Ibn Zaffir, der am Hofe des Stauferkönigs Friedrich II. lebte, liebte es besonders, die Zitrusbäume in den Gärten von Palermo zu besingen: »In Sizilien haben die Bäume ihren Kopf im Feuer und ihre Füße im Wasser.« In der Tat waren die Araber stolz auf ihre Bewässerungsanlagen, die sie den Sizilianern nach dem Ende ihrer Herrschaft zurücklassen sollten. Mit arabischem Know-how gehegt und gepflegt, machten Zitronen- und Apfelsinenbäume Furore auf der Mittelmeerinsel. Die eigentliche Heimat der Zitrusfrüchte liegt anscheinend im Fernen Osten, in China und Japan, wobei jedoch die bitter schmeckende Orangenart wahrscheinlich aus Indien stammt und zusammen mit der Zeder schon den Griechen und Römern vertraut war. Auch die Zitrone könnte in Nordindien beheimatet sein, wo sie bereits vor dem 8. vorchristlichen Jahrhundert bekannt gewesen zu sein scheint.

Dank der Araber wurden zwischen dem 11. und 12. Jahrhundert Zitronen- und Apfelsinenbäume mit bitteren Früchten in Sizilien fest etabliert. 500 Jahre später pflanzten Ordensbrüder erstmals süß schmeckende Sorten an. Die Ebene bei Palermo erwies sich dabei als besonders geeignetes Gebiet und wurde von da an nur noch als die *Conca d'Oro,* das goldene Becken, bezeichnet. Mit dem Anbau der von der Insel Samoa stammenden Mandarine begann man dagegen erst zu Beginn des 19. Jahrhunderts. Die Pampelmuse wurde im gleichen Jahrhundert erstmals in Ostindien gezüchtet und gehört heute, zusammen mit der Klementine, zu den noch vergleichsweise jungen Früchten der sizilianischen Gärten.

Heute liefert die Insel 70 Prozent der Orangen und 90 Prozent der Zitronen italienischer Provenienz. Doch obwohl diese Zitrusfrüchte einen hervorragenden Ruf genießen, müssen Zitronen- und Orangenbauern immer härter um ihre Existenz kämpfen, denn Importe aus Nordafrika und anderen Staaten mit niedrigerem Lohnniveau, aber auch Früchte aus anderen Ländern der Europäischen Gemeinschaft drücken die Preise.

Biondo comune
Die »gemeine Blonde« ist eine der traditionsreichsten sizilianischen Orangensorten. Aufgrund ihrer zahlreichen Kerne wird sie jedoch mehr und mehr von der Ovale und der Washington Navel ersetzt.

Ovale
Die Ovale mit ihren kompakten, saftigen Fruchtspalten läßt sich gut lagern. Sie reift spät, von April bis Mai.

Sanguigno comune
Diese Sorte, die man überall auf der Insel findet, wird von Januar bis April geerntet.

Washington Navel
Diese ansehnliche, appetitlich duftende und kernarme Sorte wurde in den vierziger und fünfziger Jahren aus Brasilien eingewführt. Sie wird hauptsächlich bei Ribera und Sciacca angepflanzt und kann von November bis Januar geerntet werden.

Tarocco
Blutorangen machen über drei Viertel der gesamten sizilianischen Orangenproduktion aus. Tarocco ist eine beliebte, schnellwüchsige Sorte, die von November bis Januar in Catania, Siracusa und Francofonte geerntet wird.

Tarocco dal muso
Die Tarocco dal muso ist an ihrer charakteristischen Glockenform zu erkennen. Die schnellwüchsige Sorte ist vor allem in den Gärten bei Francofonte zu finden.

Sizilien produziert zwar 90 Prozent der italienischen Gesamternte an Zitronen, doch Kenner behaupten, daß die besten sauren Früchte aus dem kampanischen Amalfi stammen.

Insalata di finocchio ed arance
Fenchel-Orangen-Salat

2 große reife Orangen
3 Fenchelknollen
2 kleine rote Zwiebeln
Saft von 1/2 Zitrone
6–8 EL Olivenöl
1 Msp. englisches Senfpulver
Meersalz, weisser Pfeffer
3 EL grobgehackte Walnüsse

Die Orangen mit einem scharfen Messer so schälen, daß dem Fruchtfleisch keine weiße Haut mehr anhaftet, dabei den Saft auffangen. Die Orangen filetieren.
Fenchel und Zwiebeln in dünne Scheiben schneiden, etwas von dem Fenchelgrün beiseite legen. Die Fenchelscheiben und Orangenfilets auf einer großen Platte fächerförmig anrichten, die Zwiebelringe darüber verteilen.
Den Orangensaft mit Zitronensaft, Olivenöl, Senfpulver, Salz und Pfeffer vermischen und über den Salat geben. Mindestens 30 Min. ziehen lassen, dann das Fenchelgrün fein hacken und mit den Walnüssen über den Salat streuen.

Sanguinello
Die Sorte Sanguinello hat längliche Früchte mit einem angenehm bitteren Geschmack und wird von Januar bis April in Paternò Santa Maria di Licodia, Palagonia, Scordia und Francofonte geerntet.

ncia
auch in der Süßwaren-
strie verwendete Valencia
lt der Sorte Ovale.

Moro
Diese Sorte hat purpurrotes Fruchtfleisch und wird bei Lentini, Scordia und Francofonte angebaut. Die Erntezeit dauert von Mitte Januar bis Ende April.

Sorbetto d'agrumi del sultano

Sultans Südfrüchtesorbet

500 ml Mandarinensaft
500 ml Orangensaft
500 ml Saft von reifen Zitronen
250 ml Saft von grünen Zitronen
400 g Zucker
200 ml Rum

Die Säfte filtern und miteineinander vermischen. 500 ml Wasser angießen und den Zucker unterrühren. Zum Schluß den Rum zufügen. Das Ganze in eine Eismaschine füllen und fest werden lassen.

Wenn Sie keine Eismaschine besitzen, gießen Sie die Flüssigkeit in eine flache Metallschale, und frieren Sie das Ganze einige Stunden im Tiefkühlfach an. Wenn die Masse halbgefroren ist, in eine gut gekühlte Schüssel geben und kräftig durchschlagen, wieder in die Eisschale füllen und weitergefrieren lassen. Diesen Vorgang noch ein- bis zweimal wiederholen.

Verdello
Durch intensiven Anbau reift diese Sorte von Mai bis September.

Femminello
Diese Zitronensorte, die größtenteils in den Provinzen Catania, Siracusa, Messina und Palermo angebaut wird, macht 80 Prozent der sizilianischen Zitronenernte aus.

Monachello
Der »kleine Mönch« verträgt Dürreperioden besser als die Sorte Femminello und wird von Oktober bis März geerntet.

Comune
Comune ist eine weit verbreitete Mandarinensorte.

Tardivo Ciaculli
Tardivo Ciaculli ist die zweite Mandarinensorte Siziliens.

KAKTUSFEIGEN

Die Kaktusfeige heißt auf Italienisch *fico d'India,* indische Feige, denn die Kakteenart, an der sie wächst, stammt aus Mittelamerika. Mit »indisch« und »indianisch« haben es die früheren Botaniker nicht immer so genau genommen. Der robuste, langlebige Kaktus mit den fleischigen, stacheligen Blättern verbreitete sich rasch über ganz Süditalien und die Inseln. Er lieferte nicht nur schmackhafte Früchte, sondern eignete sich auch als Markierung der Grundstücksgrenze oder als stacheliger Zaun, um Haus und Hof vor Eindringlingen zu schützen. In Sizilien, wo einige Orte der Kaktusfeige sogar ein eigenes Erntedankfest widmen, gibt es verschiedene Sorten, die unterschiedliche Früchte tragen. Surfarina ist eine verbreitete und sehr beliebte Sorte, Sanguigna hat kleine, karmesinrote und sehr geschmackvolle Feigen, und die schneeweißen bis leicht grünlichen Früchte der Muscaredda werden am liebsten eisgekühlt verzehrt. Den Hauptanteil der Produktion bestreiten jedoch Kaktusfeigen mit gelbem Fruchtfleisch. Hat man die delikaten Früchte erst einmal aus ihrem stacheligen Mantel befreit, serviert man sie in Sizilien gern in Scheiben geschnitten und mit trockenem Marsala übergossen. In Biancavilla, Belpasso und San Cono, im Hauptanbaugebiet am Fuße des Ätna, wird aus dem Fruchtfleisch auch eine Art festes Mus zubereitet.

Den Feigenkaktus, der den botanischen Namen *Opuntia* trägt, kennt man übrigens auch in anderen Gebieten des Mittelmeerraums. Ursprünglich diente die Pflanze nicht der Produktion von Kaktusfeigen, sondern der Gewinnung eines begehrten Färbemittels. Opuntien sind die natürlichen Wirte der Cochenille-Laus. Sie produziert einen leuchtend roten Farbstoff, der in der Textilindustrie Verwendung fand.

Mosto di fico d'India

Most aus Kaktusfeigen

4 kg reife Kaktusfeigen, geschält
1 l frischer Traubenmost
400 g Weizenmehl
100 g Speisestärke
1 Zimtstange
Mark von 1 Vanilleschote
Zitronensaft
kandierte Orangenstücke, nach Belieben
geröstete Mandelstücke, nach Belieben

Das Feigenfruchtfleisch durch ein Sieb streichen, um die Kerne zu entfernen. Das Feigenmus zusammen mit dem Traubenmost aufkochen. Darin Mehl und Stärke auflösen und unter ständigem Rühren mit einem Holzlöffel noch einmal aufkochen. Zimt und Vanille zugeben. Bitte keinen Zucker! Wenn die Masse nicht mehr dünnflüssig, aber auch noch nicht steif ist, vom Herd nehmen, die Zimtstange entfernen und die Masse in kleine Keramikformen füllen, die vorher mit Zitronensaft beträufelt wurden. Nach Belieben kandierte Früchte und Mandeln darüber streuen. Wenn die Nachspeise abgekühlt ist, kann sie aus den Formen gestürzt werden.

Rechts: Der Feigenkaktus gehört in Sizilien zum Straßenbild: Es gibt keine wirkungsvollere Methode, Grund und Boden vor Eindringlingen zu schützen.

Die stacheligen Kaktusfeigen sticht man zum Schälen am besten auf eine Gabel.

Mit einem spitzen, scharfen Messer ritzt man die Frucht im oberen Drittel ein und schneidet …

… die Schale spiralförmig vom Fruchtfleisch herunter. Profis schälen die Spirale in einem Zug.

Die fertig geschälte Frucht kann solo gegessen werden, sie paßt auch in einen Obstsalat.

HEUTE WIRD'S WAS GEBEN …

In der Nacht zu Allerheiligen, also vom 31. Oktober zum 1. November, sind die sizilianischen *bambini* besonders schwer in ihre Betten zu bekommen, denn in diesen geheimnisvollen Stunden kehren die Verstorbenen in die Wohnungen ihrer Familien zurück. Dies wäre vielleicht noch nicht unbedingt ein Grund, aufbleiben zu wollen, doch die nächtlichen Besucher aus dem Jenseits bringen Süßigkeiten und Geschenke mit – und das macht die Sache dann auch für die Kleinsten interessant. Genauso wie nördlich der Alpen die Kinder zu gern einmal dem Nikolaus auflauern würden, möchten die kleinen Sizilianer und Sizilianerinnen unbedingt wissen, wie die großzügigen Ahnen eigentlich aussehen. Um der Wahrheit die Ehre zu geben – in den meisten Fällen sind es wohl die Eltern, die für ihre Sprößlinge kleine Überraschungen im Haus verstecken. Während der morgendlichen Suche sind besonders die *ossa dei morti,* ein hartes, sehr süßes Gebäck, begehrt. Genauso beliebt sind die *pupi di zuccaro.* Diese naturgetreu gestalteten Püppchen, Ritter oder Tänzerinnen bestehen aus reinem Zucker. Sie werden hergestellt, indem man flüssigen Zucker in spezielle Formen gießt, erstarren läßt und anschließend liebevoll von Hand bemalt.

Da die italienischen und insbesondere die süditalienischen Weihnachtsbräuche nicht unbedingt jene großen Geschenkaktionen vorsehen, die man in Mittel- und Nordeuropa veranstaltet, bietet die Novembernacht, die im englischsprachigen Raum als Halloween gefeiert wird, eine gute Gelegenheit, den Kindern eine Freude zu machen. Die Institution des Weihnachtsmannes ist gerade im Süden weitgehend unbekannt. Wenn es weihnachtliche Geschenke geben soll, so werden diese nicht am 24. Dezember, sondern erst am 6. Januar, dem Dreikönigstag überreicht. Das ausführende Organ ist, wie gesagt, kein Herr mit weißem Bart und rotem Mantel (obwohl man im Norden Italiens durchaus den Babbo Natale, den Weihnachtsvater, kennt), sondern die Weihnachtshexe La Befana. Statt die Geschenke wie ihre nordischen Kollegen auf einen praktischen Schlitten zu packen, balanciert sie sie auf ihrem Besenstil, mit dem sie durch die Lüfte saust.
Eine andere liebenswerte Figur, die Kinderaugen zum Leuchten bringt, ist der Topolino. Dieses Mäuschen, das zum Ärger der Kleinen wie alle anderen Zaubergestalten den Nachteil hat, noch nie gesichtet worden zu sein, und nur in der Stille der Nacht operiert, interessiert sich für ausgefallene Milchzähne. Vor dem Schlafengehen legt man den Zahn auf die Fensterbank und schläft dann brav ein. Am nächsten Morgen findet man ein kleines Geschenk vor, das Topolino im Austausch gebracht hat. Diese überaus beliebte Form des »Zahnersatzes« wird noch heute in manchen Teilen Italiens praktiziert.

Pasta garofolata per ossa dei morti o agnellini pasquali

Nelkengewürzteig für Totenknochen oder Osterlämmer (Abbildung unten)

Die Mengenangaben gelten für beide Formen. Lämmer backt man zu Ostern, gekreuzte Knochen zu Allerheiligen.

1 kg Zucker
1 kg Weizenmehl
10 Nelken, gemahlen
Mandelöl

In einer Kasserolle den Zucker mit ein wenig Wasser aufkochen. Wenn der Zucker sich aufgelöst hat, die Hitze reduzieren und mit einem Holzlöffel unter ständigem Rühren das Mehl durch ein Sieb zugeben. Darauf achten, daß sich keine Klumpen bilden. Das Mehl darf auf keinen Fall braun werden, sondern muß schneeweiß bleiben. Das Nelkenpulver zugeben und unterrühren. Wenn das Mehl vollständig eingerührt ist und die Masse schön weiß ist, den Teig vom Herd nehmen.
Sobald der Teig soweit abgekühlt ist, daß er mit den Händen bearbeitet werden kann, kleine Teiglämmer und Knochen modellieren. Oder entsprechende Backformen mit Mandelöl auspinseln und mit dem Teig füllen. An einem trockenen Ort einige Tage ruhen lassen.
Dann den Teig aus den Formen lösen. Die Unterseiten mit Wasser anfeuchten. Auf ein Backblech legen und im vorgeheizten Backofen bei 180 °C backen. Wenn der Zucker aufsteigt und den charakteristischen Farbton einer Mönchskutte annimmt, während der Rest des Teigs schneeweiß bleibt, ist das Gebäck fertig.

Die *ossa dei morti* (Totenknochen) sind ein stark zuckerhaltiges Gebäck, mit dem man die Kinder in der Nacht vom 31. Oktober zum 1. November überrascht. Sehr beliebt sind auch die nicht minder süßen, aber dafür leuchtend bunten Püppchen, Ritter und Tänzerinnen aus gefärbtem Zuckerwerk.

Cannoli, die fritierten Teigröllchen mit der appetitlichen Füllung aus süßem Ricotta, Schokolade und kandierten Früchten, waren ursprünglich eine Leckerei der Karnevalszeit – doch wer wollte schon das restliche Jahr auf sie verzichten?

DAS SÜSSE KIRCHENJAHR

In Sizilien feiert man gern. Neben den überregionalen Festen, die das Kirchenjahr beschert, begeht jede Gemeinde diverse Erntedankfeierlichkeiten und zelebriert die Namenstage ihrer Schutzheiligen. Hinzu kommen Kirchweihen – und die beliebten Dorffeste, zu deren Veranstaltung ein x-beliebiger Grund ausreicht. Bei all diesen Festen darf außergewöhnliches Gebäck nicht fehlen. In grauer Vorzeit fungierte einfaches Brot als Votivgabe. An diese Art der Opfergabe erinnern noch heute Kuchen, Torten, süße Kringel, Figuren aus Zucker oder Mandelteig und viele andere mehr oder weniger aufwendige Spezialitäten, die besonderen Anlässen vorbehalten sind.

Beim *Circu di pani* in Calatafini trägt ein Reiter eine Trophäe aus kleinen Brotlaiben hoch zu Roß durch den Ort, und im Valle del Belice bäckt man zum Martinstag am 11. November *muffulette,* kleine Hefeteighappen, die auch bei der Verkostung des jungen Weins gereicht werden. Am 8. Dezember, dem Tag der Unbefleckten Empfängnis Mariens, gibt es *sfinci,* süßes Schmalzgebäck, während man fünf Tage später, am 13. Dezember, den Namenstag der Heiligen Lucia feiert und dazu *Occhi di Santa Lucia* serviert. »Lucias Augen« bestehen aus in Milch weichgekochtem Weizen, gesüßtem Ricotta und Kürbiswürfeln. Zwischen Weihnachten und Neujahr herrscht Hochbetrieb in den Backstuben und Konditoreien. Die *Cuccidatti di Natale* sind mit Feigen und Mandeln gefüllte Hefe-

Cannoli

Gefüllte Teigröllchen
(Abbildung oben)

Für 16 Stück

25 g Butter
25 g Zucker
1 Ei
3 1/2 EL trockener Weisswein
2 EL Vanillezucker
1 Prise Salz
150 g Weizenmehl
1 Ei, verquirlt
Schmalz oder Pflanzenöl zum Fritieren
Puderzucker

Für die Füllung:
500 g frischer Ricotta
100 g Zucker
1 EL Vanillezucker
2 EL Orangenblütenwasser
50 g gemischte kandierte Zitrusschale (Orangeat und Zitronat), feingehackt
40 g kandierte Engelwurz (Angelika), feingehackt
50 g kandierte Kirschen
90 g Bitterschokolade, feingehackt

Für den Teig Butter und Zucker schaumig schlagen. Ei, Wein, Vanillezucker und Salz unterrühren. Das Mehl einarbeiten und den Teig 5–10 Min. kneten, bis er glatt und elastisch ist. Abgedeckt mindestens 2 Std. an einem kühlen Ort ruhen lassen.
Den Teig 2 mm dick ausrollen und in 16 Quadrate à 12 cm Seitenlänge schneiden. Bambus- oder Metallrohre (15 cm Länge, 2 cm Durchmesser) diagonal auf die Quadrate legen und die beiden gegenüberliegenden Ecken um das Rohr schlagen. Die Ecken mit dem verquirlten Ei verbinden. Soviel Schmalz oder Öl in einem großen Topf erhitzen, daß die *cannoli* beim Hineinlegen ganz bedeckt sind. Wenn das Öl sehr heiß ist, vorsichtig 3 oder 4 *cannoli* hineingeben und goldbraun fritieren (etwa 1 1/2–2 Min.). Die fertigen *cannoli* auf Küchenkrepp abtropfen lassen. Wenn sie vollkommen ausgekühlt sind, vorsichtig die Rohrstücke herausziehen.
Für die Füllung den Ricotta mit einer Gabel verrühren, dann Zucker, Vanillezucker und Orangenblütenwasser untermischen. Den Ricotta soll eine cremige Konsistenz bekommen. Orangeat, Zitronat, Engelwurz, Kirschen und Schokolade unterziehen.
Die Mischung in die *cannoli* füllen und diese auf einem Teller anrichten. Mit Puderzucker bestreuen und kalt servieren, aber nicht in den Kühlschrank stellen.

kränze, und die in ganz Süditalien verbreiteten *mustazzoli* – die klassischen Weihnachtskekse – werden in Sizilien statt mit Weinmost gern mit Kaktusfeigenmost hergestellt.
Früher aß man traditionell nur im Karneval *cannoli.* Doch die fritierten Teigröllchen, die mit süßer Ricotta, Vanillecreme oder Schokoladenmasse gefüllt werden, sind so beliebt, daß Bars und Bäckereien sie inzwischen das ganze Jahr hindurch bereithalten.
Zum Fest des Heiligen Joseph am 19. März werden aufwendige »Josephsbrote« und die *spera di pani,* ein Altaraufsatz aus Brot hergestellt. Der nächste liturgische Höhepunkt ist Ostern, ein Fest, das ohne süße Ostertorten und Teiglämmer nicht vollständig wäre. Dann kommen die Sommerfeste, und im Herbst, zu Allerheiligen, beschenkt man die Kinder mit Zuckerwerk.

Ohne süße Nachbildungen des *agnello pasquale* wäre das sizilianische Osterfest unvollständig. Die süßen Lämmer gibt es aus Kuchenteig und aus Marzipan.

Cassata

Die Cassata, die man hierzulande im allgemeinen nur als Eisdessert kennt, ist in Wirklichkeit wie die echte *Cassata alla siciliana* eine reichhaltige Festtagstorte, die zu besonderen Anlässen wie etwa an Ostern oder bei einer Hochzeit oder Taufe serviert wird. Das kunstvolle Gebilde besteht aus Biskuitböden, zwischen die eine cremige Mischung aus gesüßter Ricotta, gewürfelten kandierten Früchten, Schokoladensplittern, Nüssen und geschmolzenem Zucker geschichtet wird. Je nach Rezept und Vorliebe des Konditors gibt es zusätzliche Marzipanschichten, oder aber die Torte wird später mit einem Marzipanmantel überzogen. Ansonsten erhält sie einen dicken Zuckerguß. Die Dekoration besteht aus ganzen oder in appetitliche Segmente geschnittenen kandierten Früchten, denn die bunten Farben heben sich vom Weiß des Zuckers oder des Marzipans wunderschön ab.
Die echte *Cassata alla siciliana* hat vor kurzem ihren 1000. Geburtstag gefeiert. Der leckere Kuchen wurde in seiner heutigen Form bereits im Jahre 998 in Palermo gebacken, in jener Stadt, die von den damals herrschenden arabischen Emiren zur Hauptstadt der Insel gekürt worden war. In der Kapitale, die als »Freizone« der Verbote und Regeln des Korans galt, blühten in jener Zeit mehr als 300 Nachtlokale, in denen auch alkoholische Getränke aus dem Destillierkolben, einer weiteren arabischen Erfindung, gereicht wurden und attraktive Damen den Bauchtanz vorführten. Sie wetteiferten erfolgreich mit den Jungfrauen, die dem islamischen Glauben nach im Paradies den Gläubigen zur Frau gegeben werden. In einer Zeit, in der das christliche Abendland mit der Befürchtung »Tausend und keines mehr« der Jahrtausendwende entgegenzitterte, gönnten sich die Muselmanen in Palermo eine vom Islam geduldete »Auszeit« für die Krieger. Doch das gemütliche Leben sollte bald ein Ende finden, denn die Araber zogen gegeneinander zu Felde, was wiederum den Normannen Tür und Tor zur Herrschaft über Sizilien öffnete.
Den Normannen gelang es sogar, im Hochmittelalter Europas ersten multikulturellen Staat zu errichten – und dies auch in kulinarischer Hinsicht. Zwar brachten sie auch eigene Rezepte mit, doch sie behielten die traditionellen sizilianischen Gerichte ebenso bei wie die Künste der arabischen Zuckerbäcker. Eloisa Martorana, eine normannische Edeldame, sollte sich schon bald um die Verfeinerung der Marzipanherstellung verdient machen. Und die *frutti di Martorana* schmecken Naschkatzen noch heute.

Cassata

Biskuitkuchen mit Ricotta und Aprikosengelee

100 g Aprikosengelee
1 Biskuitboden à 350 g
600 g Ricotta
300 g Zucker
120 g Zartbitterschokolade, in kleine Stücke gebrochen
350 g kandierte Früchte, feingewürfelt
40 g geschälte Pistazien oder Pinienkerne
Zimt
1–2 Gläser Maraschino
200 g Puderzucker

Eine Backform mit Pergamentpapier auslegen und darauf das Aprikosengelee verteilen. Den Biskuitboden horizontal halbieren und einen der Böden auf das Aprikosengelee legen.
Den Ricotta in einer großen Schüssel cremig rühren. Den Zucker, die Zartbitterschokolade, die kandierten Früchte, die Pistazien oder Pinienkerne vermengen und unter die Ricottacreme heben. Mit 1 Msp. Zimt und etwas Maraschino aromatisieren. Die Creme in die vorbereitete Form füllen und mit der zweiten Biskuitbodenhälfte abdecken.
Mindestens 2 Std. in den Kühlschrank stellen und durchziehen lassen. Dann aus dem Kühlschrank nehmen und auf eine Tortenplatte stürzen. Das Pergamentpapier vorsichtig abziehen und das Aprikosengelee glattstreichen. Etwas Puderzucker mit dem restlichen Maraschino verrühren und die Cassata damit glasieren. Die Glasur fest werden lassen und servieren.

Cassata in den verschiedensten Interpretationen gibt es zwar inzwischen in aller Welt, doch wer eine echte Cassata-Torte probieren möchte, sollte sich lieber an einen sizilianischen *pasticcere* wenden.

MARZIPAN AUS MARTORANA

Die Kunst der Zuckerbäckerei haben die Sizilianer von den Arabern gelernt. Nach dem Abzug der Muselmanen wurde die Umsetzung der süßen Rezepte vor allem in den mittelalterlichen Klosterküchen gepflegt und weiterentwickelt. Glücklicherweise hatten die ehemaligen Besatzer einige Destillierkolben zurückgelassen, denn dieses nützliche Gerät ermöglichte die Herstellung einer »Orangenwasser« genannten Essenz, die bei der Marzipanbereitung nicht fehlen durfte. Die frommen Konditoren zerstießen Mandeln im Mörser, mischten diesen Brei mit Zucker, kochten das Ganze in Orangenwasser, aromatisierten das Ergebnis mit etwas Vanille – und fertig war das sizilianische Marzipan.

Der Name der Süßigkeit ist vom arabischen *manthaban* abgeleitet, womit man anfangs nur das Gefäß benannte, in dem süßer Mandelteig aufbewahrt wurde. Später wurde diese Bezeichnung für die Maßeinheit des richtigen Verhältnisses von Zucker und Mandeln im Marzipanteig verwendet. Marzipan eroberte sich so schnell einen Stammplatz auf der Tafel der Könige, daß die Sizilianer der Zubereitung einen entsprechenden Spitznamen gaben: *pasta reale*, königlicher Teig.

Um die Herstellung und Verarbeitung dieser Spezialität machte sich besonders das Martorana-Kloster verdient. Im Jahre 1143 ließ Georg von Antiochien, ein getreuer Admiral Rogers II., des ersten Normannenkönigs, eine Kirche bauen und übergab sie griechischen Schwestern. Die Nonnen bewohnten ein nahegelegenes Konvent, in dem sie sich vor allem der Herstellung von süßen Figürchen für Allerheiligen und Allerseelen widmeten. Eingefärbt wurden die schon damals berühmten Naschereien mit Farbstoffen aus Rosen, Safran und Pistazien. Etwa 50 Jahre später erbaute Eloisa Martorana ein weiteres Kloster und vereinte es mit dem Gebäudekomplex der griechischen Ordensfrauen. Die gesamte Anlage wurde von nun an kurz »Martorana« genannt, und genauso hießen auch bald die Süßigkeiten. Daran sollte sich selbst 1435 nichts ändern, als Benediktinerinnen die Räumlichkeiten übernahmen.

Obwohl die Geheimnisse der Marzipan- und Zuckerbäckerei im Laufe der Zeit bis in die Küchen der Laien gelangten, konnten die klösterlichen Produktionen ihren Platz stets behaupten. Die hohe Nachfrage führte sogar so weit, daß die Schwestern rund um die Uhr mit der Herstellung von Marzipan und anderen festlichen Süßigkeiten beschäftigt waren. Im Jahre 1575 sah sich die Diözesansynode von Mazara del Vallo sogar gezwungen, die fromme Süßwarenherstellung zu verbieten, damit die Nonnen nicht länger von ihren religiösen Pflichten in der Karwoche abgehalten würden. Doch die Herren hatten nicht mit dem Widerstand der Schwestern gerechnet. Konditorinnen aus Leidenschaft, weigerten sie sich, dem synodalen Befehl Folge zu leisten, fabrizierten weiterhin ihre *frutti di Martorana* und kreierten neue Süßigkeiten. Leider ist nicht überliefert, was der Bischof zu den klösterlichen *minni di Virgini*, den mit winzigen kandierten Kirschhälften verzierten Jungfrauenbrüstchen gesagt hat.

Die freischaffenden Zuckerbäcker Palermos vertrauten indessen eher auf heidnische Glücksbringer und wetteiferten miteinander, wer wohl am 20. Januar, dem Tag des Heiligen Sebastian, das schönste Marzipanschwein präsentieren würde. Die appetitlichen Ferkel stürmten schnell über die Alpen nach Norden – heute kann man sie vor allem zur Jahreswende und in der Karnevalszeit in jeder Konditorei kaufen.

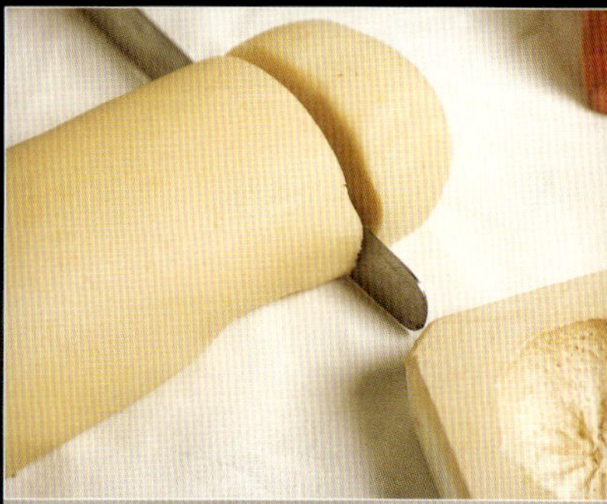

Der Marzipanteig wird zu einer dicken Rolle geformt und in Stücke geschnitten. Die Größe der Stücke richtet sich nach den nachzubildenden Gegenständen.

Der Teig wird in die Form gedrückt. Mit den Fingern wird der überschüssige Teig zu einem U geformt und mit einem Messer abgetrennt.

Oben: Die Martorana – eine Marzipan-Hochburg.
Hintergrund: Die vermeintlichen Mandarinen faszinieren große und kleine Feinschmecker.

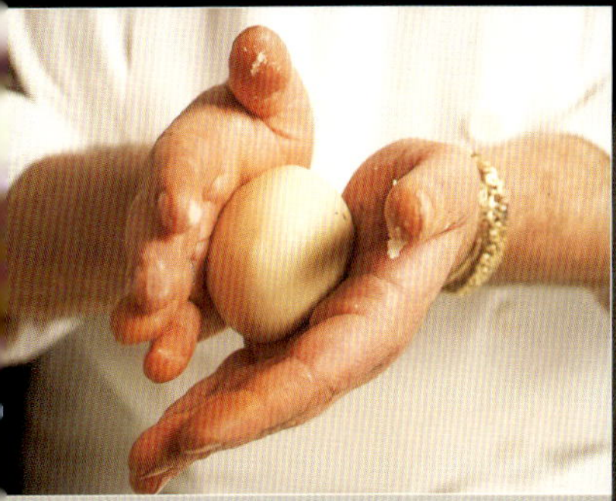

Der in Stücke geschnittene Teig wird wie eine Frikadelle zwischen den Händen gerollt, damit er rund und glatt wird.

Die Marzipanfrucht muß mehrere Tage trocknen. Wenn sich eine dünne Kruste gebildet hat, darf man die Farbe auftragen. Frisches Marzipan würde die Farbe aufsaugen.

Hintergrund: Der Konditor der palermitanischen Bar Italico, Giuseppe Caruso, präsentiert einen Korb mit frischem Obst – oder sind es Marzipanfrüchte?

Oben: Es gibt kaum einen sizilianischen *gelataio*, der weniger als 30 Sorten zur Auswahl bereithält.

Der mobile Eiswagen gehörte jahrzehntelang zu den festen Größen des italienischen Sommer- und Strandlebens.

EIS

Die Urheberschaft des Eises ist ähnlich umkämpft wie die der Nudel. Während man in den norditalienischen Dolomiten darauf pocht, die kalte Köstlichkeit zuerst hergestellt zu haben, halten die Toskaner sie für eine Erfindung der Renaissance und behaupten, Katharina de' Medici habe sie anläßlich ihrer Hochzeit mit Heinrich IV. nach Paris gebracht. Die Sizilianer wiederum sind stolz, die Eisbereitung im 9. oder 10. Jahrhundert von den Arabern gelernt und anschließend stetig weiterentwickelt zu haben.

Wie dem auch sei, am Anfang der Geschichte des Eises dürfte das Sorbet gestanden haben. Es ließ sich leicht herstellen, indem man sauberen, weißen Schnee aus den Bergen – oder wie in Sizilien vom Ätna – mit Fruchtsaft, Most, Wein oder Honig vermischte. In Transport und Lagerung dieser Erfrischung lagen in jenen kühlschranklosen Zeiten die weitaus größeren Probleme: Man behalf sich mit frostigen Höhlen und unterirdischen Eisgruben, in denen der eisige Rohstoff einen gewissen Zeitraum überstehen konnte. Die erste »Eisdiele« jenseits der Alpen wurde 1668 von dem Sizilianer Francesco Procopio de' Coltelli eröffnet: In seinem Pariser Café Procope, einer ehrwürdigen gastronomischen Institution, die noch heute besucht werden kann, begeisterte sich das vornehme Publikum sehr schnell für die verschiedenen eiskalten Köstlichkeiten.

Mit fortschreitender Kühltechnik wurde die Eisherstellung immer weiter perfektioniert. Neben den herkömmlichen Sorbets, also den Fruchteissorten, kam nun auch Milcheis auf den Tisch. Die Experten streiten sich noch, ob die Entwicklung der ersten Eiscreme auf der Basis von Milch, Rahm, Zucker und Ei dem legendären Procopio oder aber dem Leibkoch des englischen Königs Karl I. zu verdanken ist, der sich in der Mitte des 17. Jahrhunderts mit diesem revolutionären Dessert hervorgetan haben soll.

Die Tatsache, daß im 19. und 20. Jahrhundert Eis »in aller Munde« war, hat jedoch weniger mit englischen oder sizilianischen Eiskünstlern zu tun, sondern ist auf die Geschäftstüchtigkeit vieler kleiner Einzelunternehmer aus dem Veneto zurückzuführen. Im Zuge der Industrialisierung stand das traditionelle metallverarbeitende Handwerk vor dem Aus. Doch die arbeits-

Warenkunde Eissorten

Gelato mantecato (Milcheiscreme)
Unter diesen Oberbegriff fallen alle Eissorten, die mehr oder minder auf dem Grundrezept aus Milch, Zucker und Eigelb beruhen. Durch die Zugabe von verschiedenen Aromastoffen entstehen die einzelnen Geschmacksrichtungen.

Sorbetto (Fruchteis)
Bei der Zubereitung von Sorbet wird auf Milchprodukte und Eier verzichtet. Diese etwas kalorienärmere Eisversion besteht statt dessen aus »Wassereis«, das mit Fruchtsaft, Fruchtmark, Fruchtstückchen, Sirup, Wein, Spirituosen, Zucker und anderen Geschmacksträgern versetzt wird.

Gelato perfetto (Parfait)
Der Unterschied zum *gelato mantecato* besteht darin, daß anstelle von Milch sahniger Rahm verwendet wird, um diese zartschmelzende Köstlichkeit zu kreieren. Aromatisiert wird sie jedoch wie die Sorten aus Milcheiscreme.

Bomba (Eisbombe)
Eisbomben kombinieren mehrere Eissorten miteinander. Ein nördliches aber allgemein bekanntes Beispiel ist das Fürst-Pückler-Eis mit Schichten von Vanille-, Erdbeer- und Schokoladeneis. In Sizilien fertigt man üppige, phantasievolle Eisbomben, die unter der Bezeichnung *cassata gelato* verkauft werden.

Frullato
Bei dieser Art von Milchshake wird kühle Milch mit Obst oder Fruchteis kombiniert.

Frappé
Der belebende Drink aus eiskalter Vanille- oder Kaffeemilch wird über zerstoßene Eiswürfel gegeben.

Granita
Die ultimative Erfrischung überhaupt: säuerlicher Fruchtsaft, Sirup oder schwarzer Kaffee auf zerstoßenem Eis.

losen Schmiede aus den Dolomitentälern tauschten kurzerhand Hammer und Amboß gegen Kochlöffel und Eismaschine ein und spezialisierten sich mit ungeahntem Erfolg auf die Speiseeisproduktion. Sommer für Sommer zogen sie mit ihren Eiswagen durch Städte und Badeorte dies- und jenseits der Alpen. Und viele von ihnen machten ein kleines Vermögen. Wo die Stadtverordnungen keine fahrenden Eisverkäufer dulden wollten, ließen sich die *gelatai* nieder und eröffneten feste Geschäftsräume. Die Namen der populären Eisdielen erinnern noch heute an die Heimatregion ihrer Besitzer: Ein Eiscafé Venezia oder eine Gelateria Rialto findet sich selbst in den verschlafensten aller Provinznester. Schätzungen haben ergeben, daß venetische oder venezianische Geschäftsleute rund 80 Prozent des Umsatzes mit der eiskalten Leckerei bestreiten.
Verglichen damit sind sizilianische Eissorten eher lokale Spezialitäten geblieben. Neben den gängigen Arten von Sorbet, Granita und Milcheis wird hier gern die *gramolata* serviert. Möchte man Gäste bewirten, nimmt man einfach die doppelte Menge und serviert das zart nach Vanille duftende Eisdessert auf Mandelbasis zusammen mit Keksen. Kaffeegäste werden danach kaum noch Hunger auf ein üppiges Abendessen verspüren. Ebenfalls geeignet für die Bewirtung von Gästen sind die großen Eisblöcke, die seit dem 17. Jahrhundert den Spitznamen *acqui tesi*, starre Wässer, tragen. Sie reichen für acht bis zehn Personen und werden dekorativ in Scheiben aufgeschnitten.
Im Sommer, wenn die Yachten der Urlauber im Hafen von Riposto am Fuße des Ätna anlegen, herrscht beim Eismacher Costanzo Hochbetrieb, denn jeder Besucher möchte das köstliche *spumone* probieren, ein Schokoladeneis, das einen goldenen Kern aus Zabaione umschließt. *Cassata gelata* ist die eisige Version der berühmten sizilianischen Festtagstorte. Es gibt zwar verschiedene Zubereitungsarten, doch meist finden sich in dieser Eisbombe Vanilleeis, kandierte Früchte, Pistazieneis und Marzipan oder Mandelaromen. Eine ganz besondere Spezialität aus Trapani, also aus dem Westen der Insel, ist das Jasmineis, das an die Wohlgerüche des nahen Nordafrika erinnert. Die exotische Spezialität ißt man als morgendlichen Muntermacher in süßem Gebäck wie Brioche oder Hörnchen. Auch Zitronen- und Mandelsorbet sind willkommene Zutaten dieses eiskalten Frühstücks.

Italienische Eissorten

Limone – Zitrone
Fragola – Erdbeere
Menta – Minze
Arancia – Orange
Mora di rovo – Brombeere
Lampone – Himbeere
Yoghurt – Joghurt
Caffè – Kaffee
Mandorla – mit Mandelstückchen
Pistacchio – Pistazie
Amaretto – mit Mandellikör
Cioccolato – Schokolade
Stracciatella – Vanilleeis mit Schokoladenstückchen
Vaniglia – Vanille
Amarena – mit Kirsche
Crema – extra sahnig
Nocciola – Haselnuß
Albicocca – Aprikose
Cassata – Cassata
Torrone – mit Nougat, Mandeln oder weißem türkischen Honig

Gelato

Grundrezept für Eiscreme

4 Eigelb
100 g Zucker
500 ml Milch oder Sahne

Die Eigelbe mit dem Zucker schaumig schlagen. In einen Topf geben und bei niedriger Hitze vorsichtig unter Rühren erwärmen. Nach und nach die Milch zugeben, dabei unablässig rühren. Die Masse vollständig erkalten lassen, gelegentlich umrühren. Creme in die Eismaschine oder das Tiefkühlfach geben und erstarren lassen.

Gelato di gelsomino

Jasmineis

Für 6 Personen

50 g Jasminblüten
150 g Zucker
1 Stück Scursunera-Wurzel, ersatzweise 1 Zimtstange
1 kleines Glas Rum
4 Eiweiss

Die Scursunera-Wurzel ist in der Gegend um Trapani als Gegenmittel gegen Schlangenbisse bekannt. Sie kann bei diesem Gericht durch eine Zimtstange ersetzt werden.
Zuerst die Jasminblüten ohne Stiele in einer Schüssel mit 500 ml Wasser einweichen. Nach 3 Std. das Wasser filtern und in eine Kasserolle gießen. Zucker, Scursunera-Wurzel bzw. Zimt und Rum zufügen und aufkochen. Dann abkühlen lassen. Die Eiweiße steif schlagen und vorsichtig unterheben.
Abschließend die Masse im Tiefkühlfach oder in der Eismaschine erstarren lassen

Gelato di campagna

Falsches Eis

Für 6 Personen

100 ml mit Vanille aromatisiertes Wasser
1 kg Zucker
150 g Mandeln, gemahlen
150 g Mandeln, geschält
150 g Pistazien
80 g kandierte Früchte, gewürfelt
1 Msp. Zimt
Lebensmittelfarben rot, grün und braun

Das aromatisierte Wasser mit dem Zucker in einen Topf geben und aufkochen. Sobald der Zucker Fäden zieht, die gemahlenen Mandeln unter ständigem Rühren zugeben. Hitze reduzieren und die geschälten Mandeln, Pistazien, kandierten Früchte und den Zimt untermischen. Die Masse auf 4 verschiedene Schüsseln verteilen und 3 davon mit je einer Lebensmittelfarbe einfärben. In Formen füllen und einen Tag lang in das Tiefkühlfach stellen.
Danach aus den Formen nehmen und in halbrunde Stücke schneiden.
Diese Kaltspeise wird bei allen Festen auf Sizilien an Straßenständen verkauft.

Granita

Die *granita* ist eine herrliche Erfrischung, ohne die man den heißen sizilianischen Sommer wohl kaum überstehen könnte. Ähnlich dem Sorbet enthält sie lediglich gefrorenes Wasser und Fruchtsaft beziehungsweise andere Aromaträger. Die Verwendung von Milch, Sahne und Ei ist den *gelati mantecati*, den Milcheiszubereitungen, vorbehalten.
Die ebenso einfache wie geniale Idee, Kaffee über zerstoßenes Eis zu gießen, hat schon Millionen von Sizilianern und ebenso vielen erschöpften Touristen wieder auf die Beine geholfen.

WEINBAU UND MYTHOLOGIE

Sizilien war schon in der Antike berühmt für seine landwirtschaftlichen Produkte, in erster Linie für seinen Wein. Noch vor den Griechen brachten die Phönizier Weinreben aus dem Nahen Osten auf die Insel, wo zuvor nur wilde Reben wuchsen. Nach den Phöniziern kamen die griechischen Siedler, die neben innovativen Keltertechniken neue Rebsorten wie etwa den Grecanico mitbrachten. Mit ihren Weinen hielt auch die griechische Mythologie Einzug. Der Kult des Dionysos und seiner Mänaden, bei den Römern später Bacchantinnen genannt, breitete sich aus, und auch die von ihrer Heimatinsel Lesbos vertriebene Dichterin Sappho soll hier Wein angebaut haben. Ihre berühmten Hochzeitslieder galten dem Brautpaar, das bei der Vermählungsfeier Wein aus ein und demselben Kelch trank, um den Segen von Eros und Aphrodite zu erbitten. Die Stadt Erice in der Nähe des heutigen Trapani besaß ein Heiligtum, in dem der Tempelprostitution nachgegangen wurde. Wie die zahlreichen Amphorenscherben beweisen, tranken Priesterinnen und Pilger vor dem Opfer Wein. Im römischen Reich galt der sizilianische Wein als willkommene Abwechslung zum Falerner, und Cäsars Lieblingstropfen soll gar der Mamertino aus Capo Peloro gewesen sein.

Selbst unter der Herrschaft der Araber erlebte die sizilianische Weinkultur keinen Rückschlag. Trotz eines ehernen Alkoholverbots im Koran duldeten die neuen Machthaber nicht nur das Kultivieren der Reben, sondern sie führten sogar die Technik des Destillierens von Wein zu Alkohol mit Hilfe des Brennkolbens ein. In verschwiegenen Klosterkellern brauten die Sizilianer fortan geheime Elixiere, die an zahlungskräftige Kunden abgegeben wurden. Dabei hätten die Äbte es gar nicht nötig gehabt, sich auf das Brennen zu verlegen. Der unermeßliche Reichtum der Kirche gründete nicht zuletzt auf dem Besitz riesiger Weingüter und der daraus resultierenden Monopolstellung.

Die Weine genossen bald über die Insel hinaus einen hervorragenden Ruf, und Sante Lancerio, der Mundschenk von Papst Paul III., lobte sie in einem 1559 an Kardinal Guido Ascanio Sforza gerichteten Schreiben über alle Maßen. Der Stern des sizilianischen Weinbaus begann erst zu sinken, als die spanischen Vizekönige das Heft in die Hand nahmen. Statt Wein wurde jetzt Weizen angebaut. Erst 1773 gelang es Sizilien, seinen angestammten Platz in der Weinwelt zurückzuerobern. Durch Zufall hatte der Engländer John Woodhouse den Marsala entdeckt und ihm zum Durchbruch verholfen. Ein weiterer Absatzmarkt für die Weine der Insel schien sich 1870 zu eröffnen, als die Reblaus so gründlich in Frankreichs Weinbergen wütete, daß die Winzer des Landes Faßwein importieren mußten. Doch allzu schnell wanderte der Schädling über die Alpen und setzte sein Zerstörungswerk bis ins ferne Sizilien fort. Binnen weniger Jahre waren alle Hoffnungen zunichte gemacht, und wieder gestaltete der Neuanfang sich ungemein mühsam.

Auf dem heutigen Weltmarkt hatte es der sizilianische Wein lange Zeit schwer, denn billige Massenprodukte wirkten sich negativ auf seinen Ruf aus. Dennoch ist es einigen Weinbaubetrieben und Kellereien in den letzten Jahrzehnten gelungen, eigenständige Qualitäten zu entwickeln und sich Schritt für Schritt auf dem italienischen und einigen der wichtigen ausländischen Märkte zu etablieren.

Einweihungszeremonien in die Dionysischen Mysterien, Wandmalerei aus der Villa dei Misteri in Pompeji, um 50 v. Chr.

AUF DEM WEG ZUM MODERNEN WEINBAU

Die Lagen zwischen Selinunte und Castelvetrano, südwestlich von Marsala, bringen über neun Millionen Hektoliter Wein hervor.

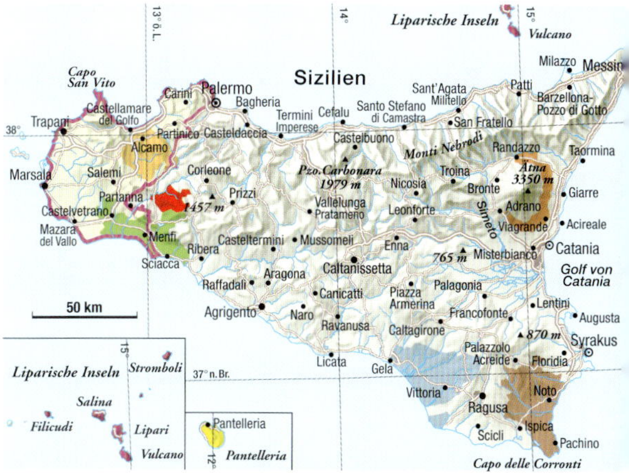

Sizilien ist, was seinen Weinbau betrifft, sicherlich eines der erstaunlichsten Gebiete Italiens. Die Region teilt sich nicht nur mit Apulien das Primat der Rebflächen – von gut 130 000 Hektar Fläche, 20 Prozent mehr als in Deutschland, werden jedes Jahr neun bis zehn Millionen Hektoliter Wein erzeugt, etwa 15–20 Prozent der italienischen Gesamtproduktion –, sondern sie hat auch seit mehr als einem Jahrzehnt ihre Berufung für Spitzenweine entdeckt. Und das, obwohl hier jahrzehntelang fast ausschließlich einfachste Verschnittware und riesige Mengen süßlich-pappiger Marsala-Weine gekeltert worden waren.

Die Region, deren entfernteste Vorposten Pantelleria und Lampedusa näher an Tunesien, als an Italien liegen, bietet dabei optimale Voraussetzungen für den Weinbau: Karge Böden, viel Sonne und Wärme und geringer Niederschlag sorgen für perfekte Reifebedingungen, wobei die bis zu 900 Meter hoch gelegenen Hanglagen des zentralen Berglands starke Schwankungen zwischen Tages- und Nachttemperatur verzeichnen, was die Ausbildung der fruchtigen Aromen in den Trauben begünstigt. Der größte Teil der Rebflächen liegt in der westlichsten Provinz, Trapani, wo auch der Marsala, Siziliens bekanntester Wein, produziert wird. Auch die Landschaften an der Nord- und der Südflanke der Insel werden von riesigen Weinbauflächen geprägt, während im Osten die Produktion von Tafeltrauben überwiegt.

Als Folge des unübersehbaren qualitativen Aufschwungs stützt sich Siziliens Weinwirtschaft heute auf eine ganze Reihe hervorragender Winzer und Kellereien – und das, obwohl von den insgesamt mehr als 100 000 Weinbaubetrieben nur etwa 120 ihr Produkt selbst abfüllen und vermarkten. Dabei kommen sowohl einheimische Rebsorten wie die weißen Catarratto, Inzolia und Grillo oder die roten Nero d'Avola und Nerello Mascalese zum Tragen wie auch die sogenannten »internationalen« Sorten Cabernet Sauvignon und Chardonnay, aus denen eine kleine Zahl von Betrieben inzwischen einige der begehrtesten »modernen« Weine Italiens keltert.

Catarratto und Grillo, vor allem in der Provinz Trapani kultiviert, wo sie im Marsala Verwendung finden, können auch zu trockenen, recht kräftigen Weißweinen ausgebaut werden. Ein größeres Qualitätspotential hat allerdings die ebenfalls weiße Inzolia, die auch in höheren Lagen gute Resultate bringt. Malvasia ist eine uralte griechische Sorte oder besser gesagt eine ganze Rebfamilie mit unendlich vielen, verschiedenen Spielarten, die in fast allen Regionen Italiens existiert und auf den Liparischen Inseln die Basis für einen seltenen, hochkarätigen Dessertwein bildet. Das größte Qualitätspotential der einheimischen roten Rebsorten hat der Nero d'Avola, auch Calabrese genannt, aus dem Weine gekeltert werden, die gleichzeitig elegant und kräftig sind.

Modernität ist das Zauberwort in der Weinbergsarbeit und im Keller. So verdrängten auf den großen Rebflächen moderne Drahtrahmenanlagen die althergebrachten, buschartig geschnittenen Rebstöcke, und in der Kellertechnik hielten Stahltanks, Computer und Kühlaggregate Einzug, mittels derer die Gärung präzise kontrolliert und gesteuert werden kann. Viele der Top-Weine werden heute in kleinen, neuen Holzfäßchen, den sogenannten Barriques ausgebaut und können sich mit den besten Kreszenzen aus der Toskana oder dem Piemont messen.

Was die Inselgruppen betrifft, die das sizilianische Hauptland umringen, so haben sie erfolgreich an die alte Süßweintradition der Region angeknüpft. Aus Malvasia und Zibibbo (Moscato) entstehen hier dichte, üppige Tropfen mit intensiven Aromen und einem reichen, süßen Geschmack. Im Zuge des generellen Aufschwungs schließlich haben sich selbst die Produzenten des Marsala auf ihre alten Tugenden besonnen und können wieder mit vielschichtigen, konzentrierten Produkten überzeugen. Daß es in Siziliens Weinbau wieder aufwärts geht, haben inzwischen auch Winzer und Kellereien aus Norditalien gemerkt, die seit einigen Jahren massiv auf der Insel investieren. Die Zukunft der Region hat gerade erst begonnen!

Sizilianische Weine

Alcamo

Alcamo oder Bianco d'Alcamo heißen die Weine des mit über 2100 Hektar flächenmäßig größten DOC-Gebiets Siziliens in der Provinz Trapani. Obwohl hier lange Zeit fast ausschließlich qualitativ nicht wirklich aufregender Faßwein gekeltert wurde, hat sich in den letzten Jahren eine kleine Zahl Winzer mit schönen, frischen und modern gemachten Produkten hervorgetan. Die vom Charakter her eher neutrale Rebsorte Catarratto, auch eine der Grundlagen des Marsala, belegt den Löwenanteil der Rebflächen, liefert aber bei entsprechender Begrenzung der Ertragsmengen kräftige, volle und trockene Weißweine, die hervorragend zu Fisch und Antipasti munden.

Cerasuolo di Vittoria

Die Rotweine aus der Südostecke Siziliens werden vor allem aus den einheimischen Sorten Frappato – er kann auch reinsortig verarbeitet werden – und Calabrese gewonnen. Sie sind gelegentlich recht alkoholbetont, und ihre besten Vertreter besitzen ein schönes, fruchtiges Aroma, das an Weichselkirschen erinnert.

Malvasia delle Lipari

Von den Vulkanhängen der vor Messina liegenden Liparischen Inseln stammen die Trauben für diese DOC-Herkunftsbezeichnung, die in den letzten Jahrzehnten ein zaghaftes Comeback erlebte. Eine Malvasia-Spielart und der autochthone Corinto nero bilden die Grundlage für den üppigen Dessertwein, dessen balsamische Aromanoten ihm einen unverwechselbaren Charakter verleihen. Die Malvasia delle Lipari muß in ihrer Normalversion nur acht Grad Alkohol haben, existiert aber auch als aufgespriteter Liquoroso und als Passito aus getrockneten, rosinierten Trauben mit bis zu 20 Volumenprozent Alkohol: je nach Weintyp ein guter Aperitif oder Dessertwein.

Moscato di Pantelleria

Der Moscato di Pantelleria von der gleichnamigen Insel, die auf halbem Weg zwischen Sizilien und Tunesien liegt, wird aus der Rebsorte Moscato di Alessandria gekeltert, die hier Zibibbo genannt wird. Der goldgelbe Dessertwein, der nur in kleinen Mengen hergestellt wird, hat inzwischen so viele Liebhaber gefunden, daß es dem Weinbau der Insel mittlerweile wieder recht gut geht. Er existiert wie die Malvasia delle Lipari auch in einer aufgespriteten Liquoroso-Version, die kräftig und fast ölig süß geraten kann.

MARSALA

Wir schreiben das Jahr 1770, als ein Sturm den jungen Engländer John Woodhouse in den Hafen Marsh-allà trieb. Der Ankerplatz mit dem arabischen Namen, der soviel bedeutet wie Hafen Gottes, gehörte zur westsizilianischen Stadt Marsala – und Woodhouse sollte hier eine Entdeckung machen, die den Weltweinmarkt gründlich veränderte. Eigentlich war der Kaufmannssohn aus Liverpool mit mehr oder weniger großem Ehrgeiz auf dem Weg nach Mazara del Vallo gewesen, um dort Soda-Asche zu kaufen. Doch nun saß der Fast-Schiffbrüchige, während draußen ein Unwetter tobte, erst einmal fest. Was lag also näher, als eine Erkundungstour durch die örtlichen Pubs zu wagen? Bereits in der ersten Hafenkneipe, die Woodhouse ansteuerte, wartete eine Überraschung auf ihn. Als man ihm den einheimischen Wein kredenzte, war ihm schnell klar, daß dieses Getränk keinen Vergleich mit den teuer gehandelten spanischen und portugiesischen Erzeugnissen Sherry oder Madeira zu scheuen brauchte. Um eine Bestätigung für seine Eindrücke zu erhalten, ließ er seine Verlobte nachkommen, die in einer Kellerei auf Madeira arbeitete. Nach intensiven Verkostungen waren sich beide über die Möglichkeiten des Weins von Marsala einig: Er war in der Lage, Madeira und Sherry Konkurrenz zu machen und damit das portugiesische und spanische Monopol für aufgespritete Weine zu brechen.

Vor Woodhouse lag jedoch noch ein ganzes Stück Arbeit. Sizilianische Trauben waren zwar günstig zu haben, und auch die Arbeitskraft vor Ort war nicht teuer, doch es bedurfte einer dreijährigen Versuchsphase, bevor die Marsala-Produktion im großen Stil anlaufen und Woodhouse die erste Ladung nach England schikken konnte. Der neuartige Wein fand dort rasch Freunde. Schon nach kurzer Zeit mußte Woodhouse einen regelmäßigen Schiffsdienst zwischen Marsala und dem heimischen Liverpool einrichten, um den wachsenden Bedarf zu decken.

Nach sieben schwierigen Jahren kam der Durchbruch in Form einer Staatsorder. Admiral Nelson erteilte 1800 einen schriftlichen Auftrag über die jährliche Lieferung von gut 500 Fässern Marsala für die im Mittelmeer agierende englische Flotte mit Stützpunkt auf Malta. Nur fünf Jahre später gewannen unter Nelsons Führung die Seeleute Ihrer Majestät die entscheidende Schlacht von Trafalgar indem sie die vereinigten Flotten Spaniens und Frankreichs vernichtend schlugen. Der sizilianische Wein hieß von nun an in England – und bald auch in der restlichen Welt – Marsala victory wine.

Als in Folge der großen Nachfrage die Trauben knapp zu werden begannen, hatte Woodhouse eine andere geniale Idee. Um die Anlage weiterer Weinberge zu fördern, begann er, interessierten Bauern das nötige Kapital vorzustrecken. Dafür behielt er sich vor, die Preise für abgelieferte Trauben oder Grundweine zu bestimmen. Offensichtlich hatte er während seines langen Aufenthalts auf der Insel das sizilianische Sprichwort *nenti ppi nenti nuddu fa nenti*, von nichts kommt nichts, gründlich verinnerlicht. Die Bauern sahen die Sache ähnlich und arbeiteten gern mit dem Engländer zusammen.

Auch andere Unternehmer aus dem alten England versuchten, auf der Erfolgswelle des Marsala victory wine zu schwimmen. 1806 kam Benjamin Ingham, ein 22 Jahre junger, geschäftstüchtiger Mann nach Marsala. Im Jahre 1812 eröffnete er am Lungomare Mediterraneo, in angemessenem Abstand zur Hochburg der Woodhouse-Gebäude, einen neuen, größeren und technisch wesentlich besser ausgerüsteten Betrieb. Ingham wußte, daß auch er auf die Mithilfe der Bauern angewiesen war, und so startete er seine eigenen PR-Aktionen: Zur Erntezeit tauchten – unter Trommelwirbeln – überall in den Weinbaugebieten in und um Marsala Ausrufer auf, die den kleinen Weinbauern ein Rundschreiben mit Erntetips zur Verbesserung der Weinqualität vorlasen. Ingham hatte zehn Gebote zur Qualitätssicherung aufgestellt, die von den Traubenproduzenten der Gegend zum Teil noch heute befolgt werden.

1833 nahm dann endlich auch ein sizilianischer Unternehmer die Geschicke des Marsala in die Hand. Unter dem Decknamen eines Freundes erwarb Vincenzo Florio ein riesiges Gelände am Lungomare, das

Marsala-Weine lagern häufig viele Jahre in großen Holzfässern, bevor sie abgefüllt werden, und heißen dann Fine, Oro oder Stravecchio.

Fine, Oro und Vergine Stravecchio

Marsala wird in sehr unterschiedlichen Stilrichtungen hergestellt, von denen aber einige – so der berüchtigte und oft minderwertige Marsala all'uovo, – zum Glück aus der Mode gekommen sind. Die alkoholärmsten Versionen sind der Oro aus weißen und der Rubino aus roten Trauben. Cremovo heißt die auf verschiedene Arten aromatisierte Variante, aber die wirklich interessanten Qualitäten findet man unter den Namen Fine, Superiore, Vergine oder Vergine Stravecchio. Es sind Weine, die bis zu 18 Prozent Alkohol besitzen und vier, sechs oder gar zehn Jahre im Faß gereift sein müssen, bevor sie in Flaschen gefüllt und verkauft werden dürfen. Die verschiedenen Stilrichtungen des Marsala eignen sich sowohl als Aperitif wie auch als Dessertwein.

auf der einen Seite an den Stammsitz von Woodhouse, auf der anderen an den Inghams angrenzte. Unter dem Markenzeichen des trinkenden Löwen begann der unaufhaltbare Siegeszug von Marsala Florio S.O.M. In der Gründungsurkunde der Gesellschaft Vincenzo Florios und seines Vertrauten, Raffaele Barbaro, die am 20. Oktober 1834 unterzeichnet wurde, ist allerdings kurioserweise noch immer von einem Wein nach Madeira-Art die Rede. Obwohl John Woodhouse die Ehre des Entdeckers und Vermarkters gebührt, haben doch erst Ingham und Florio den Marsala zu einem wirklich marktfähigen Produkt gemacht, das Jahr für Jahr bessere Zahlen schrieb. Trotz anfänglicher Schwierigkeiten konnte Florio nach und nach die örtlichen Traubenproduzenten um sich scharen. Der Welterfolg des Marsala war gesichert.

Melone cantalupo al Marsala

Cantaloupe-Melone mit Marsala
(Abbildung unten)

Für 2 Personen

1 Cantaloupe-Melone
trockener Marsala nach Belieben

Die Melone in der Mitte horizontal aufschneiden, die Kerne und den überschüssigen Saft entfernen. Die Melonenhälften stabil auf geeigneten Schalen plazieren. Mit einem Kugelformer aus dem Fruchtfleisch Kugeln ausstechen, diese in die Melonenhälften geben. Mit einem Schuß guten, trockenen Marsala tränken und bis zum Servieren im Kühlschrank kühlen.
Als Vorspeise oder als Dessert servieren.

Scaloppine al Marsala

Kalbsschnitzel in Marsala

500 g Kalbsschnitzel, in 5 mm dicke Scheiben geschnitten
Mehl zum Wenden
6 EL Olivenöl extra vergine oder 50 g Butter
150 ml guter, trockener Marsala
Salz, schwarzer Pfeffer aus der Mühle

Die Schnitzel in Mehl wenden, überschüssiges Mehl abklopfen. Öl oder Butter in einer großen schweren Pfanne erhitzen. Die Schnitzel portionsweise auf jeder Seite einige Minuten braten. Herausnehmen, beiseite stellen.
Wenn alle Schnitzel gar sind, die Schnitzel wieder in die Pfanne legen. Den Marsala sowie etwas Salz und Pfeffer zugeben. Einige Sekunden rühren. Das Fleisch soll durch die Mischung von Wein und Mehl dünn mit Sauce überzogen sein.

SARDEGNA

SARDINIEN

Porto Cervo
Gallura
Olbia
Porto Torres
Sassari
Logudoro
Alghero
Bosa
Tirso
Nuoro
Macomer
Santu Lussurgiu
Abbasanta
Monti del Gennargentu
Barbagia
Oristano
Arborea
Sardinien
Carbonia
Cagliari

Sardinien, die vom italienischen Festland am weitesten entfernt liegende Insel, ist ein einsames Eiland. Umgeben vom klaren, smaragdgrünen Meer, reich an majestätischen Bergen und fruchtbaren Ebenen, durchzogen von kühlen Gebirgsbächen und sauberen Flüssen, wirkt die touristisch eher spärlich erschlossene Region auf den Besucher fast wie ein Paradies – und in der Tat behaupten die Sarden, der Schöpfer habe auf ihrer Insel besonders großzügig gewaltet, damit Fischer und Bauern, Hirten und Seeleute einen Ort hätten, an dem sie miteinander glücklich und friedlich leben könnten.

Doch von einer »Insel der Seligen« kann nicht die Rede sein. Sardiniens strategisch günstige Lage hat im Laufe der Geschichte Eroberer nicht nur aus dem Mittelmeerraum angezogen. Von den Phöniziern und Karthagern überfallen, von den Römern vereinnahmt, von den Arabern überrannt, dann Zankapfel zwischen Pisa, Genua, den Päpsten, Aragon, Österreich und Savoyen, hatten die Sarden Grund genug, ihr Inselmotto »alles Schlechte kommt vom Meer her« zu prägen. Und auch wenn man diese Erkenntnis heute mit einem Augenzwinkern kommentiert, werden Einflüsse von außen nach wie vor eher reserviert betrachtet. Dies gilt auch für unbekannte Gesichter. Sobald die Insulaner sich jedoch davon überzeugt haben, daß der Besucher nicht mit finsteren Hintergedanken gekommen ist, sondern einfach nur die bezaubernde Insel sehen möchte, kennt die sprichwörtliche sardische Gastfreundschaft keine Grenzen.

Doch wie gesagt, in früherer Zeit gab es sehr wohl Gründe, die Nähe des Meeres zu meiden und sich statt dessen in die sicheren, weil für den Ortsunkundigen kaum durchdringbaren Bergregionen im Hinterland zurückzuziehen. Fisch und Meeresfrüchte konnten sich daher erst relativ spät einen festen Platz auf der sardischen Speisekarte erobern. Die eigentlichen und ursprünglichen kulinarischen Spezialitäten der Insel basieren unverkennbar auf der Küche der Viehhirten und Bauern. Spanferkel und Wildschwein am Spieß, rustikale Topfgerichte mit wildem Gemüse und deftigen Bohnen, das trockene, haltbare Fladenbrot *carta da musica,* eine ausgeprägte Vorliebe für frische Kräuter wie Myrte oder Minze – dies alles sind traditionelle Elemente einer Jahrtausende alten Küche, wie sie sich im Landesinneren bis heute bewahrt hat. In den Städten hingegen hat man auch in die Töpfe der fremden Herrscher geschaut und übernommen, was für gut und schmackhaft befunden wurde.

Vorhergehende Doppelseite: Fette Beute – solche Prachtexemplare kann Luigi Ledda, Fischer aus Bosa, aus den sardischen Gewässern ziehen.

Links: Daniele Licheri betreibt mit seiner Frau Rita nicht nur den Ferienbauernhof Azienda Mandra Edera bei Abassanta, sondern betätigt sich auch als Schafhirte und Pferdezüchter.

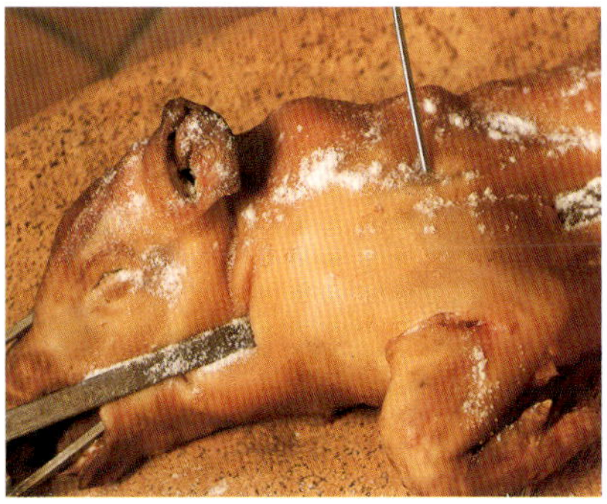

Kräftig gesalzen bekommt das Spanferkel eine krosse Haut, doch das Fleisch bleibt schön zart.

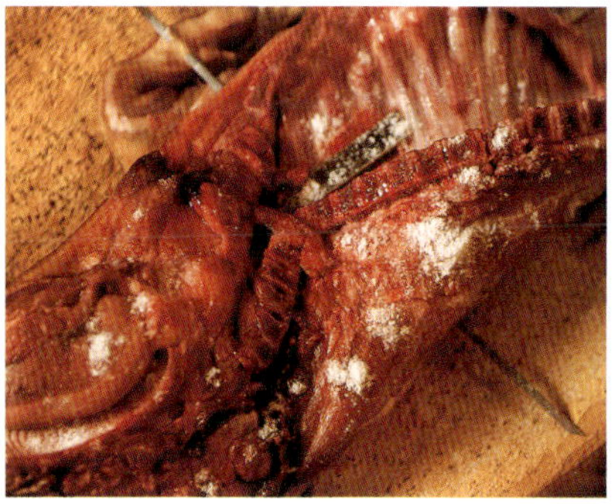

Das ausgenommene und gesäuberte Spanferkel wird für das Rösten über dem Feuer mit kleineren Spießen fixiert.

Würzige Kräuter und der Rauchgeschmack des Brennholzes sorgen für das unverwechselbare Aroma.

HIRTENKÜCHE

Wenn die Schafhirten mit ihren Herden auf Wanderschaft gingen, blieben sie oft monatelang in den Bergen, fernab von ihren Familien – und fernab von gut ausgestatteten Küchen. Unterwegs mußte mit einfachsten Mitteln gekocht werden, wollte man Käse, Wurst und trockenes Brot nicht die einzige Mahlzeit sein lassen. Da die Männer weder Töpfe und Pfannen noch ausgesuchte Gewürze mitnehmen konnten, rösteten sie Fleisch an einem aus duftenden Holz geschnitzten Spieß. Wilde Kräuter vom Wegesrand lieferten das Aroma. Auf diese Weise konnte Fleisch – Schwein, Kalb, Zicklein und Lamm eigneten sich für diese Garmethode gleichermaßen – schmackhaft und zugleich einfach zubereitet werden. Noch heute hat Gegrilltes und Geröstetes, auch bei den seßhaften modernen Stadtmenschen, einen festen Platz auf dem Speiseplan, und ein frisch zubereitetes Spanferkel stellt den Höhepunkt eines jeden Dorffestes dar.

Übertroffen werden kann diese Köstlichkeit höchstens von einem *carraxiu,* wie man es vor allem in Villagrande in der Provinz Nuoro kennt. Hierfür wird ein ausgeweidetes Stierkalb mit einer zubereiteten Ziege gefüllt, in der wiederum ein Ferkel steckt, das in seinem Inneren einen Hasen birgt, der seinerseits ein Perlhuhn mit einem kleinen Vogel im Bauch beherbergt. Vor dem Garen wird der Dorfschuster geholt, der mit dicker Nadel und kräftigem Zwirn das Stierkalb zunäht. In manchen Gegenden heißt diese aufwendige Spezialität daher auch *toro del ciabattino*, Stier des Schuhflickers.

Eher bescheiden mutet dagegen der *pastu mistu* an, denn für dieses »gemischte Gericht« wird lediglich ein Truthahn mit einem Huhn, einem Hasen oder einem Kaninchen gefüllt.

So lieben die Sarden ihr *porchetto:* saftiges, rosiges Fleisch, das auf der Zunge zergeht, und knusprige Schwarte.

Rechts: Sardiniens Küche wird weniger von den Fischgerichten seiner Küsten geprägt als vielmehr von den Genüssen des Landesinneren. Das saftige Spanferkel erfreut sich ungebrochener Beliebtheit. Wer etwas zu feiern hat, sichert sich rechtzeitig sein *porchetto.*

Ein Spanferkel verträgt keine Eile, denn das Fleisch muß langsam bei nicht zu großer Hitze eher durchziehen als braten.

Costa Smeralda

Aus leidvoller Erfahrung mißtrauen die Sarden allem, was über das Meer kommt. Zu oft mußte das Inselvolk erleben, daß Fremde sie beherrschen, ausbeuten oder berauben wollten. Diese Fremdenfeindlichkeit war gegenüber dem Aga Khan Karim IV. nicht angebracht, denn er kam in den 60er Jahren gewiß nicht auf die Insel, um sich auf Kosten der armen Bevölkerung zu bereichern. Wir haben es hier wohlgemerkt mit einem Mann zu tun, der noch nie sein angestammtes Vorrecht beansprucht hat, sich einmal im Jahr von seinen Anhängern in Gold aufwiegen zu lassen. Der Aga Khan hatte es eher auf die Geldbeutel einer Klientel abgesehen, die es an Zahlungskraft durchaus mit ihm aufnehmen kann. Ihr öffnete er die Augen für die Schönheit der Insel – freilich nicht ganz unentgeltlich, denn sein Plan sah vor, daß die Millionäre dieser Erde den Zauber Sardiniens von einem 5000 Hektar großen, am Meer gelegenen Stück Weideland aus, das ihm gehört, genießen sollten. Er nannte dieses bis dahin völlig unbekannte Areal »Costa Smeralda«. Der attraktive Phantasiename, der sich mit »Smaragdküste« übersetzen läßt, lockte in der Folgezeit Erholungsbedürftige auf die Insel, deren Namen für die internationale Leserschaft der Boulevardpresse eine ähnliche Anziehungskraft hat wie für die Hoteliers der exklusiven Ferienkolonie.

Es bedurfte wahrscheinlich wirklich eines Mannes wie des Aga Khan, um einen Ferienort zu schaffen, der nicht nur für die Happy Few erdacht wurde, sondern den diese auch sofort begeistert annahmen. Besser als jeder Marketingstratege kennt der schwerreiche Prinz die Bedürfnisse der Agnellis, Flicks und ihresgleichen – ein luxuriöses Strandparadies direkt vor den Toren Europas, aber fernab der längst von den Massen überlaufenen Küsten mit Beinamen wie »Blanca« oder »Brava«. Tatsächlich bewies der Aga Khan Weitblick, als er 1963 bei den Planungen auf Hochhäuser verzichtete und statt dessen von den Architekten Jacques Couelle und Luigi Vietti einen der Natur und Landschaft angepaßten Baustil verlangte.

Mit den Reichen kamen auch Devisen in die Region, und die Befürchtungen der Sarden vor den im Gefolge des Aga Khan ins Land strömenden Fremden erwies sich als weitgehend unbegründet. Schließlich bleiben die Leute an der Costa Smeralda am liebsten unter sich – und scheuen meist auch Ausflüge ins Hinterland. Dennoch ist ein Rest von Skepsis gegenüber den Fremden geblieben: Obwohl die Reichen sehr viel Geld auf die Insel bringen, konnten sie sich auf diese Weise die Zuneigung der Sarden nicht erkaufen. Aber die geradezu heilige Gastfreundschaft der Inselbewohner würde es verbieten, dies die betuchten Urlauber jemals spüren zu lassen.

In Porto Cervo und Umgebung liegen die Preise zwar hoch, doch dafür erhält man Qualität und Service.

Die »Smaragdküste« ist nicht das einzige Paradies, das Sardinien zu bieten hat. Hunderte von kleinen, romantischen Buchten lassen sich entdecken, wenn man sich ein wenig abseits der Städte auf die Suche macht.

SARDISCHES BROT

Die traditionellen sardischen Speisen waren – und sind in manchen abgelegenen Ortschaften noch heute – von praktischen Erfordernissen geprägt. Genauso wie Fleisch vornehmlich am Spieß geröstet wurde, weil die Hirten kein schweres Kochgeschirr mitnehmen konnten, waren auch viele Brotarten auf die Bedürfnisse der Männer ausgerichtet, die oft viele Wochen in der Einsamkeit der Berge und damit abseits von Nachschubquellen verbrachten. Das Brot mußte leicht sein, durfte nicht zuviel Feuchtigkeit enthalten, damit es nicht schimmelte, und sollte sich nach Möglichkeit schnell und vielfältig in eine komplette Mahlzeit verwandeln lassen. *Carta da musica* oder *pane carasau*, wie es auf Sardisch heißt, erfüllte sämtliche Anforderungen: Die einfach gebackenen Fladen konnte man zusammenrollen und in die Hirtentasche stecken, die zwiegebackene Ausführung war praktisch immun gegen Fäulnis.
Pane fratau ist die »belegte« Version der *carta da musica*. Hierfür wird der knusprige Brotfladen mit gehackten Tomaten, Eiern, Pecorino oder anderem Käse und Kräutern in eine vollwertige Mahlzeit verwandelt.
Doch Brot war auch für die seßhaften Bauern und die Städter ein wichtiger Bestandteil ihres Speiseplans, nur daß sie schwereres und feuchteres Backwerk bevorzugten: Die Laibe der *moddizzosu*- oder *mazzosu*-Sorten konnten bis zu zehn Kilogramm wiegen.
Ob Proviantbrot oder Brot der Städter, an der sardischen Liebe zu den rustikalen Erzeugnissen aus Hartweizen-, Weizen- oder Gerstenmehl hat sich bis heute nicht viel geändert. Ein Blick in eine örtliche Bäckerei entkräftet alle Behauptungen, denen zufolge Südländer nur weiches Weißbrot essen würden.
Ebenfalls sehr beliebt ist die Ciabatta, die es inzwischen auch nördlich der Alpen zu kaufen gibt. Ciabatta ist zwar keine typisch sardische Brotsorte, doch es gibt kaum eine Bäckerei – weder auf Sardinien noch im restlichen Italien –, die das aromatische Weizenbrot mit der mehlbestäubten, stets etwas zähen Kruste nicht führen würde. Ciabatta besteht aus Mehl der Type 0, ist also nicht so fein und nicht so weiß wie Brote aus Mehl Type 00, hat dafür aber mehr Biß und Geschmack. Die dennoch weiche und ein wenig feuchte Krume weist große Löcher auf. Sie entstehen während der rund sechsstündigen Gehzeit des Teiges.

CARTA DA MUSICA

Das charakteristische Brot Sardiniens heißt eigentlich *pane carasau*. Die alte sardische Bezeichnung gerät jedoch immer mehr in Vergessenheit, da es die Besucher vom Festland *carta da musica* nannten. Die dünnen und fast durchsichtigen Brotfladen erinnern in der Tat an pergamentartiges Notenpapier, genauso wie das Brechen der knusprigen Scheiben ein gewisses Geräusch, eben *musica* erzeugt.
Die Herstellung von *pane carasau* nach dem traditionellen Rezept ist relativ aufwendig. Zuerst wird ein Teig aus Hartweizengrieß, Weizenmehl, Hefe, Wasser und etwas Salz bereitet, der einen halben Tag lang gehen muß. Danach wird er erneut geknetet und muß wiederum gehen. Dann wird der Teig in Kugeln aufgeteilt und zu hauchdünnen Fladen ausgerollt. Nach einer weiteren Ruhezeit von mehreren Stunden kommen die Brote endlich in den Ofen. Sobald die Fladen in der Hitze wie Luftballons aufgehen, werden sie herausgenommen und horizontal aufgeschnitten. Anschließend werden die Hälften so lange gebacken, bis sie eine appetitlich goldbraune Farbe annehmen.
In Anbetracht der aufwendigen Zubereitung überläßt man in Sardinien die Herstellung des musikalischen Brotes gern dem Bäcker. Dieser bietet es als Stapel von wahlweise zehn oder 20 Brotfladen an. Um die empfindliche Ware zu schützen, wickelt er sie sorgfältig in Packpapier ein.
Carta da musica kann einfach so geknabbert werden. Man kann es aber auch mit Öl bepinseln und einmal kurz aufbacken, wodurch es noch knuspriger wird. In Wasser eingeweicht erhalten die Fladen ihre ursprüngliche Elastizität zurück und können dann zu einer Art Lasagne mit verschiedenen Füllungen in eine ofenfeste Form geschichtet werden. Die beliebteste Zubereitungsart ist aber wohl *pane fratau*. Hierfür bestreicht man die Fladen mit Tomatenpüree, setzt pochierte Eier oder Spiegeleier darauf und bestreut den Imbiß reichlich mit geriebenem Käse.
Inzwischen hat *pane carasau* seinen Weg auch in die teuren Restaurants der renommierten Touristenorte gefunden. Hier wird das Brot in Stücke gebrochen, leicht geölt und mit grobkörnigem Salz bestreut – der Suchteffekt ist mit dem von Crackern und Kartoffelchips zu vergleichen: Hat man einmal angefangen, sie zu knuspern, gibt es – genau wie beim *pane carasau* – kein Halten mehr.

Civraxiu
Diese Brotspezialiät aus Cagliari wird aus Hartweizenmehl gebacken. Um ein geschmeidiges, homogenes Ergebnis zu erzielen, muß der Teig kräftig geknetet werden. Sobald er aufgegangen ist, wird er zu etwa kiloschweren Laiben geformt und im Holzofen gebacken. Da die Zubereitung von Ort zu Ort variiert, gibt es *civraxiu* in harten und weichen, in dünnen und in dicken Ausführungen.

Coccoi pintatus oder pintau
Der Teig für diese ausgesprochen hübschen Brote wird aus Hartweizenmehl, lauwarmem Wasser und Hefe angerührt, und oft – um ein gutes Gelingen zu erwirken – mit einem Kreuz versehen. Dann formen geschickte Hände mit Hilfe von Scheren, Messern und Schneidrädchen unendlich viele Gestalten aus der Welt der Pflanzen und Tiere: Zu sehen sind Fische, Vögel, Schweinchen, Schildkröten, Rosen und vieles mehr. Die kleinen Kunstwerke werden vornehmlich für Festtage produziert.

Pistoccu
Das aus Hartweizenmehl hergestellte *pistoccu* ist wie die *carta da musica* ein Proviantbrot. Der nur mit Wasser angerührte Teig wird zu kleinen rechteckigen Laiben geformt, die mit der Gabel mehrfach eingestochen, damit sich keine Luftblasen bilden, und zweimal hintereinander gebacken werden. Dieses Brot ist in und um Cagliari verbreitet und begleitet die Hirten auf ihren langen Wanderungen, da es sich sehr gut hält. Man reicht es auch gern zusammen mit Tomaten, Basilikum, Oregano, Knoblauch und herzhaftem Käse.

Carta da musica

Fladenbrot
(Abbildung Hintergrund und links unten)

250 g Weizenmehl
250 g Hartweizengriess
Wasser
Salz
20 g Hefe

Weizenmehl und Hartweizengrieß mit lauwarmem Salzwasser zu einem Teig verkneten. Das Wasser in kleinen Portionen zugeben. Den Teig sorgfältig mit den Händen und den Fäusten kneten, so daß er sehr geschmeidig wird. Die Hefe zufügen und weiterkneten, bis sie vollständig in den Teig eingearbeitet ist. Anschließend den Teig mit einem Tuch bedecken und an einem warmen Ort gehen lassen. Danach noch einmal sorgfältig durchkneten und den Teig zu einer dünnen, runden Teigplatte ausrollen.
Im vorgeheizten Backofen bei 240 °C backen, bis sich die Teigplatte aufbläht. Dann rasch herausnehmen und in der Mitte horizontal durchschneiden, so daß man zwei große Brotfladen erhält. Diese noch einmal im Backofen kurz backen.

Die Sardin Anna Nieddu führt in ihrer Küche vor, wie echte *malloreddus* zubereitet werden.

Zunächst wird der Safran im Wasser aufgelöst. Das Wasser wird mit dem Mehl und dem Salz vermischt.

Der Teig wird in der Schüssel geknetet, bis das Mehl vollständig eingearbeitet ist.

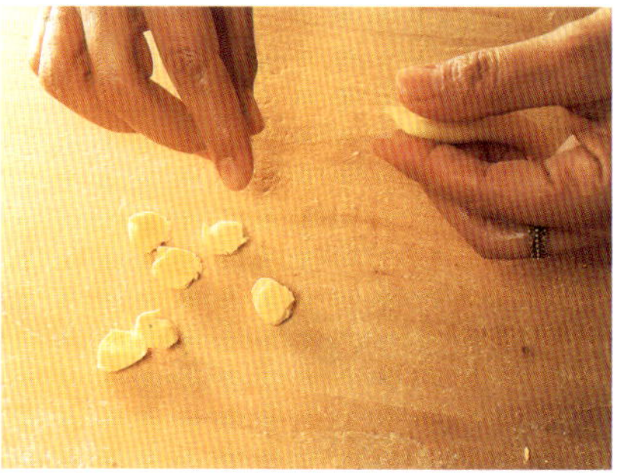

Von diesen Teigwürsten werden wiederum kleine Portionen abgenommen und zu halbrunden »Öhrchen« geformt.

Ihr Muster erhalten die *malloreddus* auf einem kammartigen Rahmen oder einem gerillten Brettchen.

DIE FESTTAGS-NUDEL

Nudeln spielen in der sardischen Küche eine fast so große Rolle wie Brot. Noch heute lassen es sich sardische Köchinnen und Köche nicht nehmen, zumindest an hohen Feiertagen traditionelle Pasta aus eigener Herstellung zu servieren. Die *malloreddus* dürfen dabei als die sardische National-Festtagsnudel schlechthin bezeichnet werden. Angeblich waren die *gnocchetti sardi,* wie die kleinen Spezialitäten außerhalb des sardischsprachigen Raums genannt werden, bereits im Altertum auf der Insel verbreitet.

Der Teig besteht aus Hartweizengrieß, der mit Salz und lauwarmem Wasser angerührt wird. Ihre charakteristische gelbe Farbe verdanken die *malloreddus* dem zugefügten Safran. Ist der Teig sorgfältig durchgeknetet und schön elastisch geworden, teilt man ihn zunächst in gleichmäßig kleine Portionen und rollt diese zu dünnen Teigstangen. Danach beginnt die handwerkliche Herausforderung. Mit einem geschickten Dreh müssen die von den Teigstangen abgenommenen Nüdelchen erst flachgedrückt, dann mit dem Daumen leicht gerollt und dabei über ein Sieb oder ein gerilltes Brett gezogen werden, damit sie ihre typische geriffelte Oberfläche erhalten.

Begleitet werden die kleinen Kunstwerke traditionell von einer einfachen Tomatensauce oder einem Ragù aus Lammfleisch oder Wurst. Wer es ganz klassisch mag, reicht die *malloreddus* mit etwas Butter und geriebenem Pecorino.

Malloreddus

Grießnudeln mit Safran
(Abbildung Hintergrund)

1 Prise Safran
Salz
400 g Hartweizengriess

Safran und etwas Salz in 150 ml lauwarmem Wasser auflösen. Den Grieß auf die Arbeitsfläche häufen und in die Mitte eine Mulde drücken. Das Safranwasser hineingießen und zu einem Teig kneten. Gegebenenfalls noch etwas lauwarmes Wasser zufügen, der Teig sollte aber eher fest sein. Aus dem Teig Rollen von etwa 0,5 cm Durchmesser formen und davon etwa 1 cm lange Stücke abtrennen. Diese unter leichtem Druck mit dem Daumen über eine Reibe, ein gerilltes Arbeitsbrett oder über die Zinken einer Gabel abstreichen, so daß sie sich wölben und auf einer Seite streifenförmige Einkerbungen erhalten.
Die *malloreddus* mindestens einen halben Tag trocknen lassen, bevor sie gekocht werden. In kochendem Salzwasser bißfest garen.

Hintergrund: *Malloreddus* schmecken gut mit Tomatensauce, können aber auch mit einem kräftigen Lamm-Ragù kombiniert oder einfach nur mit Butter und Pecorino serviert werden.

Nun wird der Teig mit den Handballen portionsweise zu dünnen Teigwürsten gerollt.

In einer langsamen Abwärtsbewegung läßt man die Nudel vorsichtig über den Daumennagel abrollen.

PASTA

Unter dem Namen *sa fregula* kennt man auf Sardinien eine Art Grieß, der unter anderem in Nordafrika zur Zubereitung von Couscous verwendet wird. Auf Sardinien werden die winzigen Kügelchen jedoch als Suppeneinlage oder als Beilage zu Geschmortem serviert. Der Teig wird aus Hartweizenmehl und Wasser angerührt und dann mit viel Fingerfertigkeit zu zierlichen Kügelchen gerollt, die nicht größer als Pfefferkörner sein sollten. Anschließend werden sie an der Sonne getrocknet oder im Ofen gedarrt. Die gelbliche Färbung verdankt *sa fregula* – genauso wie die *malloreddus* – dem zugefügten Safran.

Filindeu gehören zu den nur noch selten zubereiteten Nudelsorten. Lediglich in der Barbagia sind sie recht häufig zu finden, denn hier werden die hauchdünnen, fast durchsichtigen Spaghetti jedes Jahr den Pilgern gereicht, die zum Fest des heiligen Franziskus nach Lula kommen. Gekocht werden die *filindeu* in einer Ziegenfleischbrühe, in die man kleine Stücke Pecorino hineinbröselt. Leider gibt es nur noch wenige Könner, die sich auf die Herstellung von *filindeu* verstehen. Der Teig aus Hartweizengrieß, Olivenöl, Wasser und Salz muß nämlich mit einer hohen Fingerfertigkeit bearbeitet werden, um daraus derart feine Nudeln zu zaubern.

Die *culingionis* (oder *culurzones* beziehungsweise *culurgiones*) ähneln in verblüffender Weise den Ravioli aus Ligurien oder Venetien. Allerdings nur in ihrer Form, denn in Sardinien werden die Teigtaschen ganz anders als im hohen Norden gefüllt. Die gängigsten Füllungen sind folgende: junger Pecorino; Mangold und Ricotta; Kartoffelpüree, reifer Pecorino und Schweineschmalz; durch den Wolf gedrehtes Lamm-, Schweine- und Kalbfleisch; eine Mischung aus Ricotta, Auberginen und geriebenem Pecorino.

Sa fregula

Couscous

350 g Hartweizengriess für Couscous
3 Eigelb
Salz
1 Prise Safran

Sa fregula ist die sardische Bezeichnung für Hartweizengrieß, der in Wasserdampf gegart für die Zubereitung von Couscous benötigt wird.

In einen großen, tiefen Teller den Grieß häufen und in die Mitte eine Mulde drücken. Die Eigelbe mit 1 Glas leicht gesalzenem Wasser und dem Safran verrühren. Von dieser Mischung ein wenig in die Mulde geben. Mit den Fingerspitzen durch den Grieß fahren und diesen am Schüsselrand abstreifen, so daß sich gerade pfefferkorngroße Kügelchen bilden. Sobald sich eine kleinere Portion Kügelchen gebildet hat, diese aus der Schüssel nehmen und beiseite stellen. Mit dem restlichen Grieß gleichermaßen weiterverfahren, bis er aufgebraucht ist.

Die Kügelchen auf einem Leinentuch über Nacht trocknen lassen, hin und wieder wenden.

Am nächsten Tag bei gutem Wetter an der Sonne weitertrocknen lassen, ansonsten im heißen Backofen darren. Die Tür sollte geöffnet bleiben, damit der Dampf abziehen kann. Auf diese Weise sind die Kügelchen in wenigen Minuten trocken.

Filindeu

Zur Herstellung von hauchdünnen *filindeu* wird Hartweizengrieß mit Olivenöl vermischt, gesalzen und mit so viel lauwarmem Wasser verdünnt, daß ein geschmeidiger, eher fester Teig entsteht. Mit der Hand oder der Nudelmaschine schneidet man den Teig in dünne Spaghetti die danach miteinander verflochten werden. Anschließend kocht man sie in Schaffleischbrühe, in der Stücke von säuerlichem Schafskäse geschmolzen wurden.

Culingionis

Sardische Ravioli
(Abbildung unten)

Für 6–8 Personen

Für die Füllung:
800 g Kartoffeln, gekocht und zerdrückt
200 g frischer milder (junger) Pecorino, gerieben
50 g reifer Pecorino, gerieben
120 g Parmesan, gerieben
2 1/2 EL Olivenöl
2 1/2 EL feingehackte frische Minze

Für den Teig:
300 g Weizenmehl
1 Eigelb
120 ml Wasser

50 g Butter
8 Salbeiblätter
1 Prise Safran, in etwas heissem Wasser aufgelöst
frisch geriebener Parmesan oder Pecorino

Für die Füllung die Kartoffeln mit Käse, Öl und Minze vermischen und beiseite stellen.

Für den Teig das Mehl auf die Arbeitsfläche häufen und in die Mitte eine Mulde drücken. In diese das Eigelb und 90 ml Wasser geben. Wasser und Eigelb mit einer Gabel verrühren, dann langsam in das Mehl einarbeiten. Falls nötig, das restliche Wasser zugeben. Den Teig, der nicht zu fest sein sollte, etwa 20 Min. kneten, bis er glatt und elastisch ist.

Den Teig von Hand oder mit der Nudelmaschine sehr dünn (etwa 2 mm dick) ausrollen, dann Kreise von etwa 10 cm Durchmesser ausstechen. Die Teigreste zusammenkneten und noch einmal ausrollen. Weitere Teigkreise ausstechen.

Zum Formen der *culingionis* einen Teigkreis auf den Handteller legen und 1 TL Füllung in die Mitte setzen. Den Teig über der Füllung zusammennehmen, fälteln und zusammendrücken. Die *culingionis* sollten wie kleine Beutel aussehen. Sie schmecken auch mit Tomatensauce.

Da der Teig sehr dünn ist, muß zügig gearbeitet werden. Ausgestochene Teigkreise zwischendurch mit Folie abdekken, damit sie nicht austrocknen.

Butter, Salbeiblätter und Safranwasser in einem großen Topf langsam erhitzen, bis die Butter geschmolzen ist.

In der Zwischenzeit die *culingionis* in reichlich gesalzenem Wasser bißfest garen. Abtropfen lassen, sorgfältig mit der heißen Salbei-Safran-Butter vermischen, anrichten und servieren.

Nach Belieben mit frisch geriebenem Parmesan oder Pecorino bestreuen.

KÄSE UND WURST

Casumarzu

Der Madenkäse *casumarzu* ist eine sardische Spezialität, die sich garantiert nicht für Vegetarier eignet. Im Grunde genommen handelt es sich um einen harmlosen, bereits leicht gereiften Pecorino. Zum Objekt der Skepsis wird der Käse allerdings durch die Bewohner, die ihm eingeimpft werden. Von der Oberseite bohrt man in den Käseteig einen Kanal, durch den kleine weiße Maden eingeschleust werden. Um die Neuankömmlinge fit zu halten, gibt man ihnen anfangs immer wieder ein paar Tropfen Milch. Im Laufe einiger Tage gewöhnen sich die Maden jedoch an ihre neue – schließlich nicht unappetitliche – Umgebung und beginnen, den Pecorino von innen her zu verspeisen. Wenn der Laib vollständig von Maden durchsetzt ist, bricht ihn der *casumarzu*-Liebhaber auf und kratzt mit einem Stück Brot die Mischung aus Käse und Maden heraus.

Der **Pecorino sardo** ist eine inseleigene und durch das DOC-Prädikat geschützte Variante des in Mittel- und Süditalien produzierten Schafskäses.

In sardischen Käseläden findet man gelegentlich auch *pecorino romano.* Wurde er außerhalb Roms hergestellt, heißt er **Pecorino tipo romano.**

Der **Calcagno** ist ein herzhafter, tischer Schnittkäse aus Rohmilch, Tisch serviert oder in der Küche Reiben verwendet werden kann.

Die Milch für den **Semicotto** wird mit Kälberlab zum Gerinnen gebracht. Als junger Tafelkäse schmeckt er mild, mit zunehmendem Alter wird sein Aroma immer strenger.

Der **Pepato** ist ein milder, mit zunehmendem Alter pikant schmeckender Schnittkäse. Hergestellt unter Verwendung von Ziegenlab, bezieht sich sein Name auf die Pfefferkörner in seinem Teig.

Der **Dolce di Macomer** ist ein tionsreicher Kuhmilchkäse aus Sar Käsemetropole Macomer. Die rela arme Spezialität mit der weichen, Rinde schmeckt angenehm mild.

Würste und luftgetrocknete Salamis aus Macomer zählen zu den führenden Fleischerzeugnissen Sardiniens.

Macomer

Jeder Sarde kennt das kleine Städtchen Macomer, das auf halbem Weg zwischen Oristano und Sassari liegt. Es ist so etwas ähnliches wie das Tilsit der Mittelmeerinsel – nur daß Macomer dem Besucher nicht eine, sondern viele verschiedene Käsespezialitäten zu bieten hat. Da hier bereits 1907 die erste Käseproduktionsgenossenschaft ins Leben gerufen worden sein soll, kann dieser Wirtschaftszweig auf eine relativ lange Geschichte zurückblicken. Relativ, weil Macomer als Stadt eine ungleich längere Historie hat. So stammt die Pfarrkirche San Pantaleo aus dem 16. Jahrhundert. Es ist jedoch nicht überliefert, ob die Gemeinde jenes Gotteshauses schon damals Käse aus örtlicher Produktion verzehrte, wahrscheinlich ist es aber.

Und auch einige 100 Jahre vorher, als Mitte des 12. Jahrhunderts Bernhard von Clairvaux Zisterziensermönche nach Sardinien sandte, um etwa zehn Kilometer westlich von der Stadt des Käses die Abtei Santa Maria di Corte gründen zu lassen, mag die Speise aus geronnener Milch auf die Tafel der Gottesleute gekommen sein. Angesichts einer solch bedeutenden Vergangenheit wirkt die rund 100jährige Käseproduktionsgenossenschaft noch vergleichsweise jung. Doch wenn man menschliche Zeitmaßstäbe anlegt, dann haben seit 1907 rund vier Generationen Käse aus Macomer genossen. Der anhaltende Erfolg beim Kunden ist der beste Beweis für die Qualität, die Macomer zu liefern vermag. Das Städtchen ist jedoch nicht nur auf Käse spezialisiert. Wer aromatische luftgetrocknete Salami mag oder andere authentische Wurstwaren aus Sardinien probieren möchte, sollte nach Macomer fahren, denn hier wird er in jedem Fall fündig.

Links: Der Laden Buon Gustaio in Macomer bietet eine große Auswahl an Käse- und Wurstspezialitäten.

Pecorino sardo

Etwa die Hälfte Sardiniens wird als Weideland genutzt. Ein Drittel aller italienischen Schafherden lebt auf der Insel, und die Viehwirtschaft ist eine Haupteinnahmequelle für die rund 1,6 Millionen Bewohner. Daran angeschlossen ist eine sehr produktive und renommierte milchverarbeitende Industrie: Der *pecorino sardo* gehört zu den begehrtesten Käsesorten auch »auf dem Kontinent«, wie die Sarden das italienische Festland nennen.

Hintergrund (links): Nachdem die Molke abgeschöpft ist, kann der Käsebruch aus dem Trog genommen und zum Pressen in ein zylindrisches Sieb gegeben werden.

Für *pecorino sardo* wird ausschließlich Schafsmilch verwendet.

Kälberlab wird vorsichtig dazugegeben und dann verrührt.

Die Molke, die sich inzwischen abgesetzt hat, wird abgeschöpft.

Die gestockte Milch, der Käsebruch, wird in ein Sieb gedrückt.

Die restliche Molke ist entfernt, der junge Käse zeigt Form.

Der Pecorino wird vorsichtig in Salzlake gewaschen.

Bottarga von der Meeräsche

Der Fang von Meeräschen lohnt sich im August und September ganz besonders, denn in diesen Monaten haben die Weibchen die Bäuche voller Fischeier. Die wertvolle *bottarga di muggine* wird um einiges höher gehandelt als die *bottarga* vom Thunfisch, die auch schon nicht besonders preiswert ist. Kein Wunder also, daß man die weiblichen Tiere nur mit äußerster Sorgfalt öffnet, um nichts von der begehrten Beute zu zerstören. Die Fischeier werden zur Konservierung gesalzen und mit Holzbrettern in die charakteristische länglich-eckige Form gepreßt. Nach einer drei- bis viermonatigen Lagerung in kühlen, gut belüfteten Räumen sind die Eier zu einer nußbraunen oder bernsteinfarbenen, festen, aber nicht zu trockenen Masse herangereift, die ein unvergleichliches Meeresaroma hat. In dünne Scheiben aufgeschnitten, reicht man *bottarga di muggine* zusammen mit etwas frischem Weißbrot gern als Antipasto. In kleine Stücke zerbröselt und mit etwas hochwertigem Olivenöl verrührt, wird aus der noblen Delikatesse eine wunderbare Sauce für Spaghetti oder andere lange Nudeln.

Die weltweit über 100 Arten von Meeräschen lieben die Nähe zur Küste und fühlen sich sogar in Brackgewässern sowie meeresnahen Flußläufen wohl.

Echte *bottarga di muggine* gibt es heute nur noch in gut sortierten Delikatessengeschäften. Die Fischeier werden sofort nach dem Fang entnommen und in Salz gelegt.

Muggini in teglia

Meeräsche in Essig und Öl

4 Küchenfertige Meeräschen à 350 g
3–4 EL Olivenöl extra vergine
Salz
4 EL Rotweinessig
1 Glas trockener Weisswein
frisch gemahlener Pfeffer

Die Meeräschen unter fließendem Wasser abspülen, abtropfen lassen und in eine leicht geölte, feuerfeste Form geben. Die Fische salzen, mit Olivenöl bestreichen, mit 2 EL Rotweinessig beträufeln und im vorgeheizten Backofen bei 160 °C etwa 15 Min. garen. Den restlichen Essig und den Weißwein angießen und die Fische weitere 15 Min. garen. Die Sardinen herausnehmen, mit Hilfe eines Löffels filetieren und auf einer Platte anrichten. Den Fond über die Fische verteilen und mit frisch gemahlenem Pfeffer würzen.

FRISCHER FANG

Die sardischen Spezialitäten sind von der Küche der Hirten und Bauern geprägt. Ans Meer zog es die Sarden noch nie, denn sie sind kein Seefahrervolk. Doch Fischer – wie sollte dies auf einer Insel auch anders sein – gab und gibt es natürlich. Die sardische Küche der Fischer kommt schlicht und unverfälscht daher. Sie vertraut auf die Frische und das zarte Eigenaroma der verwendeten Meeresbewohner. Das darf sie auch guten Gewissens tun, denn das Meer um Sardinien hat, abgesehen vielleicht von den Küstenstreifen rechts und links der großen Häfen, eine sehr hohe Wasserqualität zu bieten. Wo sich Touristen in blaugrün schimmernden, feinsandigen und glasklaren Buchten von der Hektik des Alltags erholen, fühlen sich ein paar 100 Meter weiter draußen auf See auch die Fische wohl. Sardinen, Meeräschen und Thunfische gehen den Fischern am häufigsten ins Netz.

Die kleinen, besonders aromatischen Sardinen werden nach sardischer Art nur sorgfältig gewaschen, nicht aber geschuppt und ausgenommen. Mit reichlich Salz eingerieben, werden sie gegrillt. Sie sind so zart, daß man sie im wahrsten Sinne des Wortes »mit Stumpf und Stiel« essen kann. Auch für fritierten Fisch haben die örtlichen Köche einen patenten Tip parat: Mit Grieß gelingt die Panade viel knuspriger als mit Mehl. Die frischen Meeräschen, deren begehrteste Vertreter aus den Gewässern bei Cabras im Westen der Insel stammen, werden ebenfalls gern im Ganzen zubereitet. Neben zartem, aromatischem Fleisch liefern sie auch eine kostbare *bottarga,* eine Art Kaviar, die nur in den besten Delikatessenläden zu finden ist.

Der Süden der Insel lebte früher vom Thunfisch. Die damals noch reichlichen Thunfischbestände sicherten die Verarbeitung in den ortsansässigen Fabriken zu Konserven. Inzwischen jedoch stehen die Fließbänder weitgehend still: Der Thunfisch aus den Ozeanen und insbesondere aus Japan hat die sardischen Produkte ins Abseits gedrängt. Ein paar Familienbetriebe, die sich im kleinen Maßstab der Herstellung edler Spezialitäten für die Feinschmeckermärkte widmen, haben in den letzten Jahren jedoch wieder Aufwind bekommen. Besonders *ventresca,* der Bauchspeck des großen Fischs, und *tarantello,* eine Art Bauchspecksalami, die auch in Kampanien, Kalabrien und Apulien bekannt ist, werden inzwischen von Küchenchefs und Gourmets neu entdeckt.

Auf dem Fischmarkt von Oristano wird sowohl importierte Ware als auch Fisch von den sardischen Gestaden verkauft. Aus den Sümpfen des nahegelegenen Cabras kommen Meeräschen – und *bottarga.*

Sardine al pomodoro
Sardinen mit Tomaten

1 Zwiebel
Olivenöl extra vergine
400 g Tomaten
500 g kleine küchenfertige Sardinen
Salz
Mehl

Die Zwiebel fein hacken und mit ein wenig Olivenöl in einer Pfanne andünsten. Tomaten enthäuten, in kleine Würfel schneiden, zu den Zwiebeln geben und etwa 20 Min. mitdünsten.
Die Sardinen waschen, abtropfen lassen, leicht salzen und mit Mehl bestäuben. In einer anderen Pfanne reichlich Olivenöl erhitzen, die Sardinen darin fritieren und mit Küchenkrepp abtupfen. Die Sardinen auf einer Servierplatte anrichten, mit der Tomatensauce bedecken und einen Tag lang im Kühlschrank ziehen lassen. Kalt servieren.

Tonno alla catalana
Thunfisch auf katalanische Art

4 Scheiben Thunfisch à 150 g
7–8 EL Olivenöl extra vergine
250 ml trockener Weisswein
3 reife Tomaten
Salz
1 rote Zwiebel
2 Kartoffeln
1/2 gelbe Paprikaschote
1/2 rote Paprikaschote
1/2 Peperoncino

Die Thunfischscheiben unter fließendem Wasser abspülen, dann trockentupfen. 2 EL Olivenöl in einer Pfanne erhitzen und die Thunfischscheiben auf beiden Seiten anbraten. Den Wein angießen und nach einigen Minuten die enthäuteten und pürierten Tomaten zugeben. Weitere 10 Min. köcheln lassen, leicht salzen und dann warm stellen.

Das restliche Olivenöl in einer Pfanne erhitzen und darin die in feine Ringe geschnittene Zwiebel andünsten. Die Kartoffeln schälen, in kleine Würfel schneiden und zu den Zwiebeln geben. Die Paprikaschoten in Streifen schneiden und ebenfalls zugeben. Mit Salz abschmecken und den halben Peperoncino zugeben. Bei niedriger Hitze kurz dünsten. Den Thunfisch mit dem Gemüse auf Tellern anrichten, etwas Fond angießen und vor dem Servieren mit frisch gemahlenem Pfeffer bestreuen.

Cassola
Fisch-Kasserolle

Für 6 Personen

4 EL Olivenöl
1 Zwiebel
1 Knoblauchzehe
1 Peperoncino
500 g Tomaten
1 Glas trockener Weisswein
Salz und frisch gemahlener schwarzer Pfeffer
250 g Tintenfisch
1,3 kg verschiedene küchenfertige Seefische
6 Scheiben Weissbrot

2 EL Olivenöl in einer großen Kasserolle erhitzen. Zwiebel, Knoblauchzehe und Peperoncino fein hacken und 5 Min. im Olivenöl dünsten. Die Tomaten enthäuten, in Würfel schneiden und in die Kasserolle geben. Den Wein angießen, mit Salz und Pfeffer abschmecken und langsam zum Kochen bringen.
Den Tintenfisch in Stücke schneiden, im restlichen Olivenöl 4–5 Min. braten, dann zu den Tomaten in die Kasserolle geben und bei geschlossenem Deckel etwa 30 Min. schmoren.
Die Seefische filetieren, ebenfalls in Stücke schneiden, in die Kasserolle geben und etwa 15 Min. lang ziehen lassen.
Das Weißbrot toasten oder im Backofen rösten, auf tiefe Teller verteilen und mit dem Fischeintopf übergießen.

FISCH VORBEREITEN

Rundfische

Vom Schwanz des Fischs ausgehend alle Flossen und, falls vorhanden, Bartfäden mit einer Küchenschere entfernen.

Die Schwanzflosse sorgfältig parieren, um ihr eine schöne »Fischschwanz-Form« zu geben.

Den Fisch am Schwanzende festhalten und alle Schuppen mit einem Fischschupper oder einem scharfen Messer entfernen.

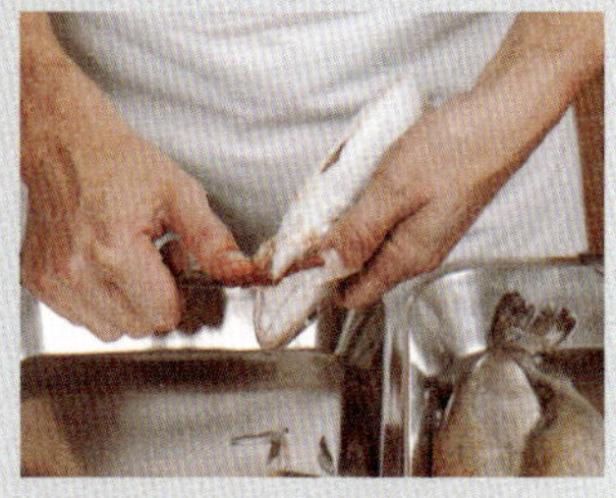

Die Kiemendeckel anheben, die Kiemen mit einem kleinen Küchenmesser auslösen und vorsichtig herausziehen .

Den Fisch teilweise durch die Kiemenöffnung ausnehmen. Darauf achten, Kopf oder Körper nicht zu beschädigen.

Die Bauchhöhle von der Afteröffnung in Richtung Kopf ca. 2-3 cm tief einschneiden. Den Fisch vollständig ausnehmen.

Den ausgenommenen Fisch gründlich unter fließendem kaltem Wasser außen und innen abspülen.

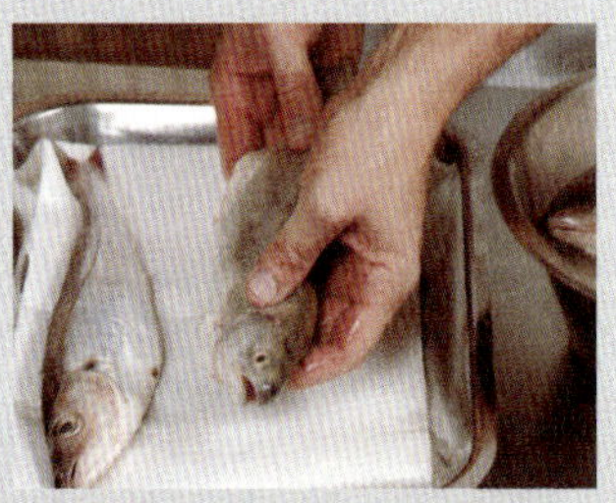

Den ausgenommenen Fisch abtropfen lassen und mit Küchenkrepp vorsichtig trockentupfen.

Lachs filetieren

Entlang der Mittelgräte die obere Hälfte des Lachses auslösen.

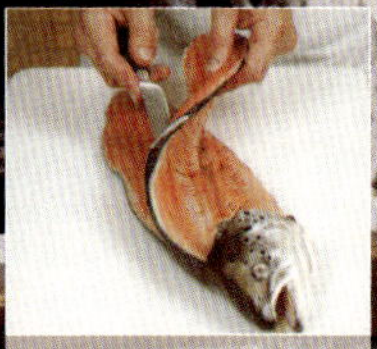

Mit einem scharfen Messer die Mittelgräte samt Kopf entfernen.

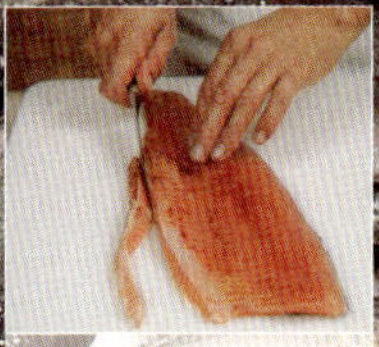

Gräten und fetthaltiges Fleisch an der Oberseite wegschneiden.

Querliegende Gräten im Filet mit Hilfe einer Pinzette entfernen.

Mit einem flachen Messer vorsichtig die Haut entfernen.

Danach Hautreste und minderwertiges fetthaltiges Fleisch entfernen.

UTENSILIEN ZUR FISCHZUBEREITUNG

Austernzange mit gekrümmten Griffen (tenaglia Inox per ostriche)
Diese Zange ist auch nützlich beim Zerlegen von Krebsen und Hummern.

Schwere Pfanne aus Eisen (padella in ferro)
In dieser antihaftbeschichteten Pfanne kann Fisch ohne Fett zubereitet werden.

Schwere, ovale Pfanne aus Eisen (padella in ferro nero ovale)
Sie ist für Schollen und andere flache Fische geeignet.

Zange zum Entfernen der Gräten (molla levalische)
Sie leistet gute Dienste beim Entfernen von noch im Filet verbliebenen Gräten.

Schuppenmesser mit Auffangbehälter für die Schuppen (squamapesce)
Die Schuppen lassen sich abschaben, ohne daß sie durch die ganze Küche spritzen.

Schuppenmesser (squamapesce)
Geschuppt werden nur größere Fische wie Meeräschen oder Karpfen. Andere Fische haben zu kleine Schuppen.

Seeigelzange (tenaglia per ricci di mare)
Mit dieser Zange zerlegt man einen Seeigel in zwei Hälften und vermeidet Verletzungen durch die Stacheln.

Hummerzange mit Pinzette (pinza per astice)
Die Hummerzange dient dazu, den kräftigen Panzer der Scheren aufzubrechen.

Hummerpinzette (pinza per astice)
Nach dem Aufbrechen der Scheren kann man mit der Pinzette das Fleisch auslösen.

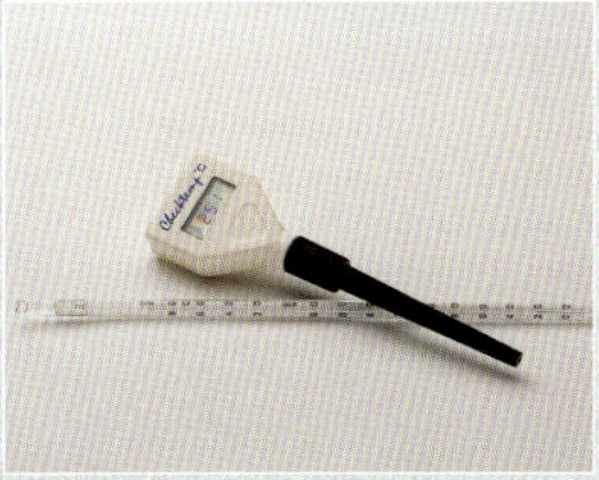

Fritierthermometer (termometro per frittura)
Beim Fritieren ist die Öltemperatur wichtig.

Flexibler Spatel (spatola flessibile)
Mit diesem Küchenhelfer kann man Fisch wenden, ohne daß er zerfällt.

Filetiermesser mit Holzgriff und flexibler Klinge (coltello per filettare)
Hiermit kann Fisch sauber filetiert werden.

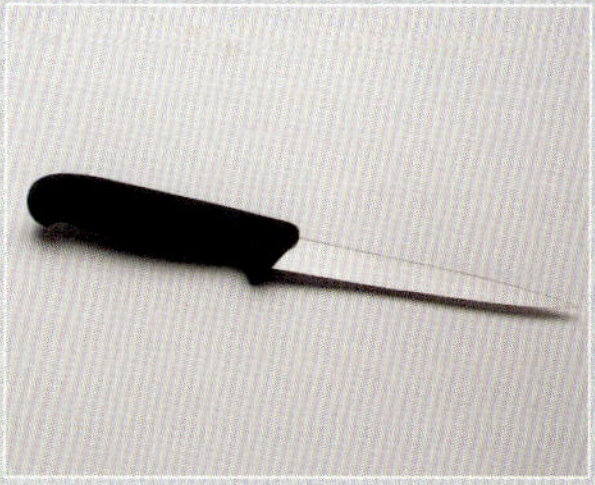

Filetiermesser (coltello per filettare)
Mit diesem Messer können auch rohe Muscheln geöffnet werden.

Langusten kann man mit Hilfe spezieller Reusen oder mit Netzen fangen. Hier holt Marco Sotgiu, in der Hoffnung auf Beute, vorsichtig das Netz ein.

Um die Langusten nicht zu verletzen, wird das Netz, das bis zu anderthalb Kilometer lang sein kann, über eine Spule (siehe auch Hintergrund) geführt.

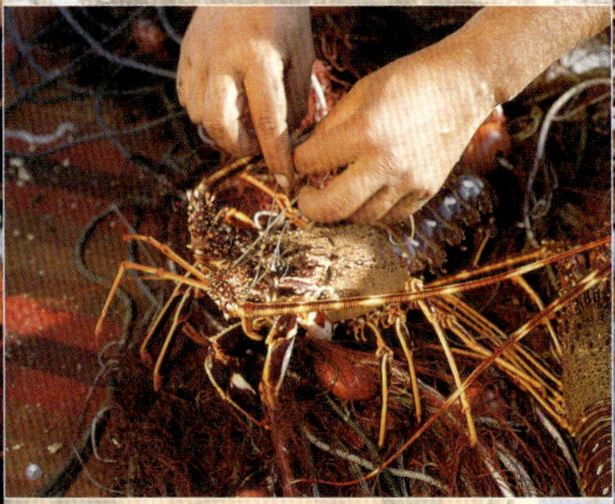

Geschickte, erfahrene Hände befreien die 400 bis 600 Gramm schweren Langusten aus dem Netz, das dabei heil bleiben soll.

Fangfrische Langusten sind eine Delikatesse. Auf dem Markt oder im Geschäft warten sie in einem Wasserbecken auf ihre Käufer.

LANGUSTEN

Nur ein kleiner Teil Sardiniens ist für seine Langusten berühmt: ein Streifen der Westküste, der im Norden bei Capocaccia beginnt und sich über Alghero bis Bosa im Süden erstreckt. Ein Reich köstlicher Fische, ein Reich auch der Langusten, die sich an die malerischen Felsklippen klammern.

Schon Capocaccia, wohl einer der schönsten Orte des Mittelmeers, ist für Langustenjäger genauso wie für Seeigelsucher ein Paradies. Alghero, die Stadt, die den Golf dominiert, präsentiert sich als wahres Schmuckstück, in dem sich das Blau des Meeres und das Gold der Kalksteinfelsen treffen; Bosa schließlich mit seinen bunten Häuschen ist ein malerischer Fischerort. In dieser Ecke Sardiniens fühlt man sich eigentlich gar nicht so recht sardisch, sondern katalanisch, denn schon vor 1000 Jahren nahmen katalanische Eroberer die Gegend um Alghero in Besitz. Während die Sarden ein Hirtenvolk sind, und die kulinarische Tradition Sardiniens das Meer und seine Fauna vom Speisezettel verbannt hat, waren die Katalanen aus Alghero – Barcelloneta genannt –, Bosa und Capocaccia seit Menschengedenken Fischer, lebten sie immer in direktem Kontakt zum Meer.

Seit jeher werden die Langusten mit besonderen Netzen gefangen, den *nasse*. Sie bestehen aus großen Felgen – früher aus Binsen, heute aus Eisendraht gefertigt –, über die das Netz so gezogen wird, daß es einen Schlauch formt. Die Langusten schwimmen in die große, sich zum Netzinneren trichterförmig verengende Öffnung, oft angelockt durch kleine Calamari-Köder. Früher banden die Fischer die *nasse* mit den gerade gefangenen Langusten am Boot fest und stellten auf diese Weise sicher, daß die Tiere bis zum Verkauf am Leben blieben. Heute haben häufig Kühleinrichtungen auf den modernen Schiffen die traditionelle Frischhaltemethode ersetzt.

In Alghero werden Langusten auf die verschiedenste Weise zubereitet. Was heute ein nicht ganz billiger Leckerbissen ist, war den Fischern von Alghero ein bisweilen bis zum Überdruß konsumiertes Grundnahrungsmittel. Abwechslung in die immer gleiche Langustenmahlzeit zu bringen, wurde so zum Imperativ der Küche von Alghero – und wer es sich leisten konnte, brachte einen Langustentopf, angereichert mit kostbaren Kartoffeln und Gemüse, auf den Tisch.

Woran erkennt man wirklich frische Meeresfrüchte?

Wie für Frischfisch gilt auch bei den teilweise sehr empfindlichen und leicht verderblichen Meeresfrüchten, daß man sie am besten beim Händler seines Vertrauens kauft. Doch selbst dort kann eine Überprüfung der Ware nicht schaden.

Zweischalige Muscheln müssen immer ganz fest geschlossen sein. Schon ein kleiner Spalt zwischen den Muschelhälften weist darauf hin, daß die Tiere nach dem Fang angetrocknet und folglich verdorben sind. Geöffnete Muscheln gehören in den Abfall und nicht in den Kochtopf, genauso wie jene Exemplare, die im Waschwasser sofort an die Oberfläche steigen oder sich später beim Kochen nicht öffnen wollen.

Krebse, Hummer oder Garnelen sollten einen intakten Panzer haben, sich schwer anfühlen und appetitlich duften. Man kann sich dabei ruhig auf seine Nase verlassen. Schon die geringste unangenehme Duftnote muß den potentiellen Käufer skeptisch werden lassen. Kaufen Sie auf keinen Fall fischig riechende Ware.

Im Mai hat der Langustenfang vor den Küsten Sardiniens Hochkonjunktur. Die begehrte Ware verlangt nicht viel Raffinesse in der Zubereitung, da das hochwertige Fleisch von sich aus ein wunderbares Meeraroma mitbringt. Langusten lassen sich gut grillen oder nur mit etwas Oliven, Salz, Pfeffer und Rosmarin im Ofen garen.

Scampi a zuppetta
Scampi mit Tomatensauce

1 kg Scampi
1 Zwiebel, gehackt
1 Knoblauchzehe, gehackt
4–5 EL Olivenöl extra vergine
2 Lorbeerblätter
1 kleines Stück Peperoncino
100 g Tomatensauce
Salz
1 Glas trockener Weisswein
1 EL gehackte Petersilie

Die Scampi der Länge nach halbieren und sorgfältig unter fließendem Wasser waschen. Zwiebel und Knoblauch im Olivenöl andünsten. Lorbeerblätter und feingehackten Peperoncino zugeben. Die Tomatensauce angießen und bei niedriger Hitze einige Minuten köcheln lassen. Dann die Scampi zugeben und mit etwas Salz abschmecken. Den Wein angießen und einkochen lassen. Ein wenig Wasser zugeben und zugedeckt etwa 10 Min. köcheln lassen.
Die Scampi auf einer Platte anrichten, mit dem Fond beträufeln und mit der Petersilie bestreuen.

Aragosta al forno
Gebackene Languste
(Abbildung unten)

1 Languste, etwa 1 kg schwer
50 g Mehl
100 g Butter
1 EL Pflanzenöl
Salz und Pfeffer
1 Rosmarinzweig
1 Glas trockener Weisswein

Die Languste der Länge nach halbieren und den Darm entfernen, der sich vom Schwanzende bis zum Rumpf zieht. Die Langustenhälften unter fließendem Wasser waschen, mit Küchenkrepp abtupfen und mit Mehl bestäuben.
In einer Kasserolle Butter und Öl erhitzen. Die Languste zugeben, salzen, pfeffern und auf beiden Seiten anbraten. Den Rosmarinzweig zugeben, den Wein angießen und die Languste im vorgeheizten Backofen bei 180 °C etwa 10 Min. garen.
Sofort servieren.

Spaghetti all'aragosta
Spaghetti mit Languste
(Abbildung rechts)

1 Languste, etwa 500 g schwer
3–4 EL Olivenöl extra vergine
4 Knoblauchzehen, gehackt
1 Zwiebel, gehackt
4 Lorbeerblätter
1 Glas trockener Weisswein
1/2 Peperoncino
1 EL gehackte Petersilie
200 g Tomatensauce
400 g Spaghetti
Salz

Die Languste der Länge nach halbieren und den Darm entfernen, der sich vom Schwanzende bis zum Rumpf zieht. Languste in kleine Stücke schneiden und wenn möglich die Schale entfernen.
Das Olivenöl in einer Kasserolle erhitzen und Knoblauch und Zwiebel andünsten. Die Languste mit den Lorbeerblättern zugeben und anbraten. Den Weißwein angießen, zerriebenen Peperoncino, Petersilie und Tomatensauce zugeben und bei niedriger Hitze 30 Min. schmoren.
Die Spaghetti in reichlich Salzwasser bißfest kochen, abgießen, in eine Schüssel geben und mit dem Langusten-Sugo vermischen.
Heiß servieren.

Calamari ripieni –
Gefüllte Tintenfische

Meeresfrüchte

Entlang der sardischen Küstenstreifen, die zusammen stolze 1 340 Kilometer Länge aufweisen, findet sich ein reiches Angebot an Meeresfrüchten. Überall stößt man auf Krebse und Garnelen, und selbst der unerfahrenste Fischer kann zarte Kraken erbeuten – er braucht praktisch nur ins Wasser zu greifen. In den Trattorien können die Inselbesucher die köstlichen Muscheln aus Marceddi kosten, und auch die Tintenfischsaison sollte man nicht verpassen. Künstlich angelegte Zuchtbänke für Miesmuscheln und, wenn auch in kleinerem Maßstab, für Austern liefern beste Qualitäten, ohne die ein typisch sardischer *Antipasto misto di mare* unvollständig wäre.

Calamari ripieni

Gefüllte Tintenfische

800 g frische Tintenfische von gleicher Grösse
Saft von 1 Zitrone
Salz
2 Eier
50 g Semmelbrösel
2 Sardellen, in kleine Stücke geschnitten
1 Knoblauchzehe, gehackt
1 EL gehackte Petersilie
30 g Pecorino, gerieben
Pfeffer
30 ml Olivenöl

Tintenbeutel, Innereien, Kopf und Schulp der Tintenfische entfernen. Waschen und trockentupfen. Die Fangarme kleinschneiden und in mit Zitronensaft angesäuertem Salzwasser etwa 15 Min. kochen. Abtropfen lassen. Die Fangarme mit den Eiern, Semmelbröseln, Sardellen, Knoblauch, Petersilie und Käse in eine Schüssel geben. Salzen und pfeffern und gründlich vermengen. Damit die Tintenfische füllen und die Öffnungen mit einem Spieß oder mit Küchengarn verschließen. Die Tintenfische in eine mit Öl gefettete Auflaufform legen und im vorgeheizten Backofen bei 160 °C etwa 20 Min. backen. Abkühlen lassen, in 2 cm dicke Scheiben schneiden und servieren.

OBST UND GEMÜSE

Die fruchtbaren Ebenen Sardiniens bieten ideale Voraussetzungen für den Anbau von Obst und Gemüse. Auf großen und kleinen, kommerziellen wie privaten Feldern und Beeten wächst alles, was in der Mittelmeerküche Verwendung findet. Selbst mitten in den Städten trifft man auf geheimnisvolle Grundstücke, die hohe Mauern umgeben. Gelingt es einem doch einmal, einen Blick durch die sorgsam verriegelte Holz- oder Eisentür zu werfen, eröffnet sich ein schattiger, kühler und wohlbewässerter Garten, der seinen stolzen Besitzer mit Feigen, Orangen, Zitronen, Kirschen, Pflaumen, Granatäpfeln, Melonen, Kastanien, Haselnüssen und Mandeln versorgt.
Die in ganz Sardinien beliebten Kaktusfeigen braucht dagegen niemand zu züchten, denn die dickblättrigen Kakteen wachsen fast überall wild am Straßenrand. Wer sich bedienen möchte, sollte allerdings vorsichtig mit Handschuhen bewaffnet zu Werke gehen. Vom Pflücken insbesondere der oberen Früchte mit Hilfe von wackeligen Leitern ist abzuraten, denn ein Sturz in die stachelige Pflanze gehört zu den unangenehmen Erfahrungen im Leben eines Feinschmeckers.

Sardisch – eine romanische Sprache

Est tundu e non est mundu,
est rubiu e non est fogu,
est birde e non est erba,
est abba e non est funtana.
(su forastigu)

Auch für all jene, die im Lateinunterricht bestenfalls mit halbem Ohr gelauscht haben, wird anhand dieses alten sardischen Rätselreims deutlich, wie sehr das Sardische eine romanische Sprache par excellence ist. Man möchte fast meinen, hier einen Römer der Antike zu hören. Unter den Sprachforschern gilt Sardisch deshalb nicht etwa als italienischer Dialekt, sondern als eigenständige Sprache, die bis zum heutigen Tage eng mit dem Lateinischen verbunden ist. So haben sich Wörter erhalten, die im Italienischen längst durch andere Ausdrücke verdrängt worden sind.
»Haus« heißt auf Lateinisch *domus*, auf Sardisch *domu* und auf Italienisch *casa*. Das Wort »Tür« ist das lateinische *janua*, das sardische *janna*, aber das italienische *porta*. Und auch das Beispiel »groß« zeigt die lateinische Ausprägung des Sardischen im Vergleich zum Italienischen: *magnus* lateinisch, *mannu* sardisch und *grande* italienisch.
Doch nun für alle Nicht-Lateiner die Übersetzung des Rätsels – samt Auflösung natürlich:

Es ist rund, aber es ist nicht die Erde,
es ist rot, aber nicht das Feuer,
es ist grün, aber kein Kraut,
es ist Wasser, aber keine Quelle.
(die Wassermelone)

Pomodori ripieni –
Gefüllte Tomaten

Minestra di piselli con ricotta –
Erbsensuppe mit Ricotta

Sardische Gemüsegärten stehen den Obstpflanzungen an Vielfalt nicht nach. Hier wachsen Artischocken wie etwa die dornenlosen Arten Violetto di Provenza und Violetto di Toscana oder die dornige Spinoso sardo. Letztere zeichnet sich durch besondere Zartheit und unaufdringlichen Wohlgeschmack aus und wird sogar in größerem Umfang auf dem Festland vertrieben. Auch die mit der Artischocke verwandte Karde wird erfolgreich auf Sardinien angepflanzt. Ebenfalls zu sardischen Nationalprodukten sind in den letzten Jahrzehnten Tomaten geworden, die man heute auch auf den Märkten von Turin und Mailand findet. Die fleischigen, saftigen, fast kernlosen Früchte schmecken außergewöhnlich herzhaft und haben eine feine, glatte Haut.
Überhaupt scheint in Sardinien das Gemüse grundsätzlich ein bißchen mehr Aroma zu entwickeln als anderswo. Viele traditionelle Salatrezepte beinhalten daher nur etwas Salz, denn ein Dressing aus Essig und Öl ist meistens gar nicht nötig. Der Sellerie ist so schmackhaft, daß man ihn sparsam verwenden muß, damit er das Gericht nicht dominiert. Radieschen (vor allem die längliche Sorte Arreiga) passen – nur mit etwas Salz bestreut – zu einem herzhaften Braten. Die Erbsen sind besonders weich, saftig und mild. Die Auberginen halten mühelos mit Konkurrenzprodukten aus Kalabrien mit, während die Bohnen sich nicht hinter denen aus Apulien zu verstecken brauchen. Außerdem werden Gewürzpflanzen wie Safrankrokus, Minze, Rosmarin, Basilikum, Knoblauch, Salbei, Lorbeer und Majoran angebaut.

Aromatisches Gemüse und gartenfrisches Obst spielen in der sardischen Küche eine große Rolle. Da jede Hausfrau einen großen täglichen Bedarf daran hat, wird Kauf und Verkauf – wie überall auf der Welt – unkompliziert geregelt. Man geht entweder auf den Markt oder wendet sich an ein Geschäft in der Nähe. Wem unterwegs einfällt, daß er die eine oder andere Zutat vergessen hat, besorgt sie beim fahrenden Händler an der Land- oder Ausfallstraße.

Pomodori ripieni

Gefüllte Tomaten
(Abbildung links oben)

4 grosse, feste Tomaten
2 Eier
60 g Pecorino, gerieben
100 g Semmelbrösel
1 TL Zucker
Salz und Pfeffer
1 Prise Muskat
Olivenöl extra vergine

Die Tomaten waschen, einen Deckel abschneiden und die Samenkerne entfernen.
In einer Schüssel die Eier verquirlen und den geriebenen Pecorino, die Semmelbrösel und den Zucker zugeben. Mit Salz, Pfeffer und einer Prise Muskat abschmecken und gut durchmischen. Tomaten mit der Masse füllen und mit dem Deckel wieder verschließen.
Die Tomaten in eine mit Olivenöl gefettete Form geben und im vorgeheizten Backofen bei 160 °C etwa 30 Min. backen.

Tortino di carciofi

Artischocken-Gratin

6 Artischocken
Saft von 1 Zitrone
4 Eier
3–4 EL Olivenöl extra vergine
3 EL gehackte Petersilie
50 g Parmesan oder Grana, gerieben
Salz und Pfeffer
Butter
Semmelbrösel

Die holzigen Außenblätter von den Artischocken entfernen. Von den übrigen Blättern die Spitzen abschneiden. Artischocken in dünne Scheiben schneiden und in eine Schüssel mit Wasser und Zitronensaft legen. In einer zweiten Schüssel die Eier mit dem Olivenöl verquirlen. Petersilie und Käse zugeben und mit Salz und Pfeffer abschmecken. Eine feuerfeste Form mit Butter einfetten und mit Semmelbröseln bestreuen. Die Artischocken abtropfen lassen, trokkentupfen und mit der Eimischung in der Form verteilen. Mit Semmelbröseln bestreuen und im vorgeheizten Backofen bei 160 °C etwa 30 Min. backen. Das Gratin in Stücke schneiden und warm oder kalt servieren.

Minestra di piselli con ricotta

Erbsensuppe mit Ricotta
(Abbildung links unten)

1 grosse Zwiebel, feingehackt
3–4 EL Olivenöl extra vergine
2 kg frische Erbsen
40 g Tomatenmark
Salz
200 g kleine Nudeln
200 g Ricotta

Die feingehackte Zwiebel in Olivenöl andünsten. Erbsen enthülsen, zu der Zwiebel geben und etwa 15 Min. dünsten. Gelegentlich mit einem Holzlöffel umrühren. Tomatenmark und etwas Wasser zugeben. Salzen und weitere 20 Min. kochen lassen. Die Nudeln zugeben und bei geschlossenem Topf bißfest kochen.

Den Ricotta zerbröckeln und auf tiefe Teller verteilen. Die Suppe darüber gießen und mit dem Ricotta verrühren.

Favata

Bohneneintopf

250 g getrocknete Bohnen
1 Zwiebel
1/2 Stange Staudensellerie
1 Möhre
250 g Wirsing
250 g Schweinefüsse und Schwarte
200 g etwas ältere Salsiccia
40 g getrocknete Tomaten
1 Knoblauchzehe, zerdrückt
1 Bund Dill
Salz
geröstete Brotscheiben
geriebener Pecorino

Bohnen über Nacht einweichen. Am nächsten Tag in einen großen Topf mit etwa 3 l Wasser geben. Die Gemüse kleinschneiden und zusammen mit dem Fleisch, den Tomaten und dem Knoblauch zu den Bohnen geben. Bei kleiner Hitze etwa 40 Min. kochen. Dann den Dill zugeben, salzen und so lange weiterkochen, bis die Bohnen gar sind. Dieser Bohneneintopf schmeckt am besten, wenn man ihn einige Stunden durchziehen läßt. Dann aufwärmen, die gerösteten Brotscheiben auf tiefe Teller verteilen, den Eintopf darüber geben und mit geriebenem Pecorino bestreut servieren.

An manchen Festtagen wird auf Sardinien noch heute gelegentlich die traditionelle Tracht aus dem Schrank geholt – wie hier bei der Cavalcata in der Provinz Sassari.

SÜSSIGKEITEN

Sardische Süßigkeiten tragen ihren Namen zu Recht, denn sie sind wirklich ausgesprochen süß. Biskuit-, Mandel-, Gewürz-, Hefe-, Marzipan- und Blätterteig, die selbst bereits sattsam mit Zucker oder Honig gesüßt sind, bilden die Basis für die kleinen Köstlichkeiten. In dekorative Formen gebracht, wie etwa Würfel, Bällchen, Romben oder auch Tiere und Figuren, überzieht man die Gebilde, die an französische *petits fours* erinnern, mit dicken, bunten Zuckerglasuren oder Marzipanmänteln und verziert sie mit kandierten Früchten oder Zuckerperlen in allen Farben des Regenbogens – einschließlich Gold und Silber.

Sardische Geburtstagstorten sind ebenfalls bewunderungswürdige Leistungen der örtlichen Zuckerbäckerei. Die Biskuitböden werden üppig in Obstwässern oder anderen Spirituosen getränkt, bevor man sie, getrennt durch süße Pudding- oder Sahnecreme, übereinanderschichtet. Die Farbe des Zuckergusses wird dabei auf den Jubilar abgestimmt: Erwachsene Geburtstagskinder erhalten eine weiße oder zartgelbe Torte, während Mädchen ein rosafarbenes und Jungen ein hellblaues Wunderwerk auf ihrem Gabentisch vorfinden – wobei der alkoholhaltige Kuchen eher für die Großen bestimmt ist. Obenauf prangen in jedem Fall aufgespritzte Zuckerschriftzüge, die »Alles Gute« wünschen. Nicht nur die Geburtstagstorten, sondern auch die anderen *dolci* werden im allgemeinen nur zu einem besonderen Anlaß gereicht. Doch da dieser bereits bei einem Spontanbesuch der Nachbarn gegeben ist, finden sich immer wieder Gelegenheiten, die zum Teil recht kostspieligen Süßigkeiten anzubieten.

Das sardische Konditorhandwerk versteht sich jedoch nicht nur auf die ganz süßen Happen, sondern bietet auch verschiedenes Kleingebäck an, das besonders zur Frühstückszeit in jeder Bar bereitgehalten wird. Die täglich frisch hergestellten Blätterteig- oder Hefeteigteilchen gibt es auch mit Puddingfüllung.

Ebenfalls sehr beliebt sind die *ciambelle* genannten untertassengroßen Kekse, die in der Mitte mit einem leuchtend roten Marmeladenkleks verziert sind. Wer dem örtlichen Bäcker mißtraut, kann sich an ein Kloster in der Nähe wenden: Noch heute ist es teilweise üblich, Süßwaren aus klösterlichen Backstuben zu beziehen. Viele Naschkatzen sind sogar davon überzeugt, daß die Schwestern, die auf Nebeneinkünfte zur Aufrechterhaltung des Klosterlebens angewiesen sind, immer noch die besten *ciambelle* backen. Leider gibt es kaum Gelegenheit, den frommen Konditorinnen ein Kompliment für ihre Kunst auszusprechen, denn viele sardische Nonnen gehören abgeschlossenen Konventen mit strenger Schweigepflicht an. Selbst beim Verkauf der geschätzten Süßigkeiten gibt es kein Gespräch mit der Kundschaft. Die Keksinteressenten klopfen an eine bestimmte Tür oder ein Fenster, durch das man natürlich nicht hindurchsehen kann, und legen ihre Münzen in eine Art Durchreiche. Ist die äußere Tür geschlossen, öffnen die Nonnen von innen, nehmen das Geld heraus und legen eine appetitlich in schneeweißes Papier eingeschlagene Portion duftender und meist noch ofenwarmer *ciambelle* hinein. Erst wenn das Klappen der inneren Tür zu vernehmen war, darf die äußere Tür geöffnet und die köstliche Ware entnommen werden. Und schon beim ersten Hineinbeißen wird klar: Der schweigsame Einkauf hat sich allemal gelohnt.

Amarettus
Mandel-Makronen

500 g süsse Mandeln
80 g bittere Mandeln
3–4 Eiweiss
500 g Zucker
Weizenmehl

Zuerst die Mandeln eine Weile in kochendes Wasser legen, dann schälen und sehr fein hacken. Die Eiweiße steif schlagen, Zucker und Mandeln zugeben und gut vermischen. Gegebenenfalls 1 oder 2 EL Mehl zugeben, damit die Masse etwas fester wird.
Aus dem Teig kleine, lockere Kugeln formen und auf einem mit Backpapier ausgelegten Backblech verteilen.
Die Makronen im vorgeheizten Backofen bei 150 °C etwa 10 Min. goldgelb backen.

Torta di mandorle
Mandeltorte

4 Eier
150 g Zucker
50 g Weizenmehl
100 g Mandeln
1/2 Päckchen Backpulver
etwas Vanillezucker
abgeriebene Schale von 1 Zitrone
1 EL Butter
Mehl zum Bestäuben
Puderzucker

Eiweiß und Eigelb trennen. Die Eigelbe mit dem Zucker schaumig rühren. Mehl, geschälte und feingehackte Mandeln, Backpulver, Vanillezucker und abgeriebene Zitronenschale zugeben. Die Eiweiße steif schlagen und behutsam unterheben. Eine Kuchenform mit Butter einfetten und mit etwas Mehl bestäuben. Den Teig in die Form geben und im vorgeheizten Backofen bei 180 °C etwa 40 Min. backen. Die fertige Torte aus der Form lösen und abkühlen lassen. Auf eine Tortenplatte legen und üppig mit Puderzucker bestäuben.

Sebadas
Käse-Ravioli mit Honig

200 g Hartweizengriess
20 g Schmalz (oder Margarine)
Salz
4–5 EL Olivenöl extra vergine
60 g Frischkäse (Caciotta sarda)
1 EL Weizenmehl
50 g Honig

Den Hartweizengrieß mit Schmalz, etwas Wasser, Salz und 1 EL Olivenöl zu einem weichen, geschmeidigen Teig verarbeiten. Den Teig dünn ausrollen und Kreise von etwa 6 bis 7 cm Durchmesser ausschneiden.
Den Frischkäse in Stücke schneiden und mit etwas Wasser und 1 EL Mehl in eine Kasserolle geben. Bei geringer Hitze schmelzen, bis eine dickflüßige Creme entstanden ist. Auf die Hälfte der Teigscheiben eine kleine Menge von dem geschmolzenen Käse geben, mit den anderen Scheiben bedecken, die Ränder gut andrücken und in heißem Olivenöl ausbacken.
Die *sebadas* mit Honig bestreichen und heiß servieren.

Gattò und andere Kunstwerke

Der Festkalender animiert sardische Zuckerbäcker immer wieder zu Höchstleistungen. Zu den Feierlichkeiten für den Stadtpatron oder den Dorfheiligen wird alljährlich der *gattò* hergestellt. Hierbei handelt es sich nicht nur um eine Süßspeise aus Mandeln und Zucker, sondern auch um ein kleines architektonisches Kunstwerk, denn man gibt sich alle Mühe, die Hauptkirche oder das bestimmende Kloster des Ortes nachzubilden. Das maßstabgerechte Modell erhält bei den Feierlichkeiten einen Ehrenplatz.
Im Karneval wiederum dürfen die safrangelben und in Schmalz ausgebackenen *zipulas* nicht fehlen. Zu Ostern beherrschen opulente Torten genauso wie bescheidene Quark- oder Ricottatörtchen, die *pardulas*, den Festtagstisch. Zu Allerheiligen serviert man buntes Konfekt und zu Weihnachten und Neujahr hat jede Gegend ihre eigenen süßen Spezialitäten.

Pardulas

Bianchini

Amarettus

Pabassini

Aranzadas

Pistoccheddus

Gueffos

Pastissus

SONNENINSEL MIT WEINBAU

Knapp 200 Kilometer vor dem italienischen Festland, auf der Höhe Kampaniens und der Basilicata gelegen, besitzt die Insel Sardinien eine der archaischsten Weinindustrien des Landes. Im Laufe der Geschichte wurde sie von Byzantinern, Arabern und Katalanen besiedelt, und der spanische Einfluß im Weinbau ist auch heute noch nicht zu übersehen: Die wichtigsten Rebsorten der Insel wie Cannonau und Carignano stammen ursprünglich von der Iberischen Halbinsel. Der sardische Weinbau wird weit mehr als im restlichen Italien von großen Genossenschaften beherrscht.

Neben diesen gibt es nur einige Kellereibetriebe und eine Handvoll talentierter Winzer, die gewisse überregionale und internationale Erfolge erzielen konnten. Ein Großteil der Weinproduktion wird nach wie vor auf der Insel selbst konsumiert oder wandert als Tankware zum Verschnitt mit anderen Weinen aufs Festland. Von den zahlreichen DOC-Weinen Sardiniens können deshalb auch nur wenige als wirkliche Qualitätsweine gelten – unter ihnen der bereits erwähnte Cannonau di Sardegna, der Vermentino di Gallura, die Vernaccia di Oristano und auch der Carignano del Sulcis.

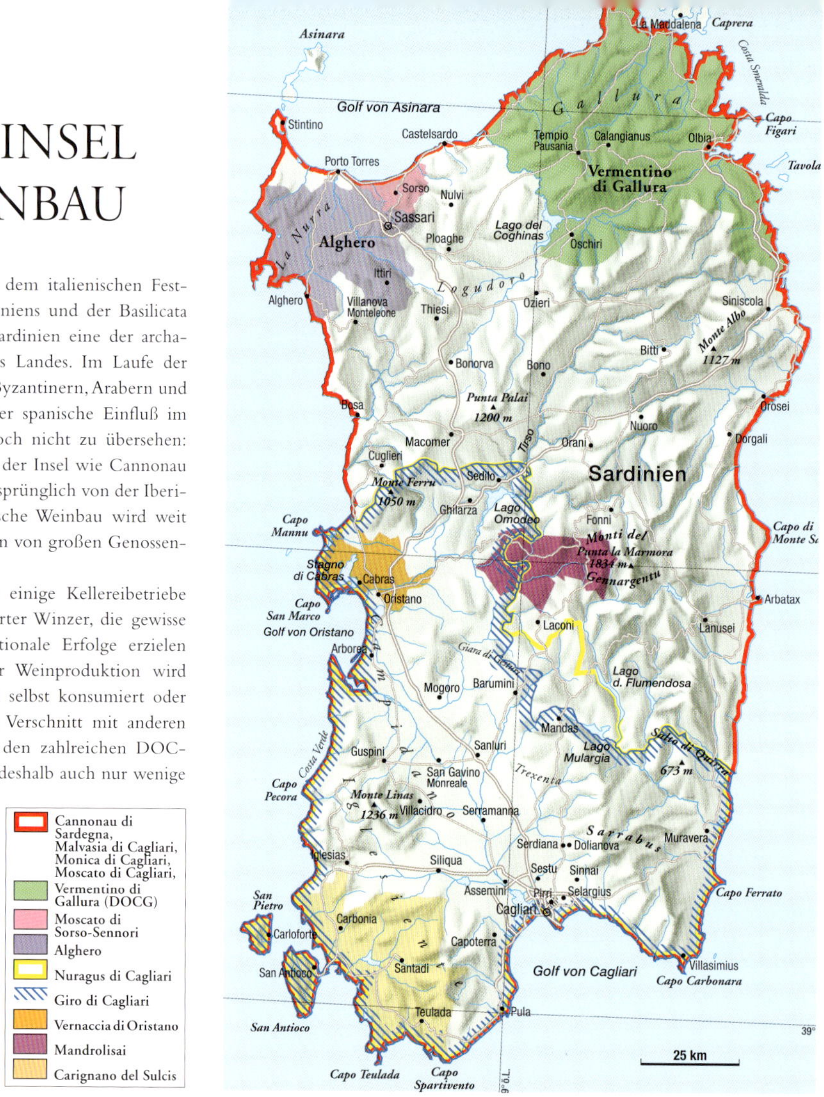

Cannonau di Sardegna

In seiner spanischen Heimat ist der Cannonau, manchmal auch Cannonao geschrieben, unter dem Namen Garnacha bekannt. Die zweithäufigste Rebsorte der Welt, die in Sardinien 20 Prozent der Rebflächen belegt, bildet eine der Grundlagen so berühmter iberischer Weine wie dem Rioja. Als Grenache ist sie auch in Südfrankreich heimisch geworden, wo sie unter anderem für viele hervorragende Châteauneuf-du-Pape verantwortlich ist, und im Maremma-Gebiet an der toskanischen Küste ist sie vereinzelt unter dem Namen Alicante anzutreffen.

Sie bringt farbintensive, kräftige und alkoholreiche Rotweine hervor, die auch für den Verschnitt mit anderen Sorten wie etwa Cabernet Sauvignon beliebt sind. Die besten Cannonau-Weine passen hervorragend zu kräftigen Fleisch- und Wildgerichten und stammen aus der Provinz Nuoro im Osten Sardiniens.

Vermentino di Gallura

Aus der Provinz Gallura an der Nordspitze Sardiniens stammt der beste Vermentino der Insel, ein lebendiger, frischer Weißwein, der hervorragend zu einfachen Fischgerichten paßt. Die Rebsorte wird außer in Sardinien vor allem auf der benachbarten Insel Korsika und in der Region Ligurien kultiviert, kommt aber auch unter dem Namen Rolle in Südfrankreich zum Einsatz. Wirklich gute Resultate liefert sie nur dann, wenn der Winzer im Weinberg auf strikte Ertragsbegrenzung achtet – eine unabdingbare Voraussetzung für geschmacklich intensive Weine.

Carignano del Sulcis

Als Cariñena oder Marzuelo in Spanien und als Carignan in Südfrankreich ist der Carignano vor allem als einfacher Massenwein ohne großen Ausdruck und Charakter bekannt. Auf Sardinien kann er jedoch in den richtigen Winzerhänden interessante Weine hervorbringen, die mit ihrem nachhaltigen Duft und runden, vollen Geschmack betören.

Monica, Vernaccia und Malvasia

Sardinien besitzt neben einigen eigenständigen Rebsorten viele ungewöhnliche Spielarten weiter verbreiteter italienischer Sorten. Zu ihnen gehören die rote, duftbetonte Monica (M. di Cagliari oder M. di Sardegna), die Vernaccia (V. di Oristano), deren Weine als kräftige, trockene Weiße und auch in einer sherryähnlichen Version als Liquoroso angeboten werden, und die Malvasia.

Die Cantina Sociale della Vernaccia in Oristano wurde 1953 gegründet. Ziel der Kellerei war es von Anfang an, die traditionellen, handwerklichen Methoden der Vernaccia-Bereitung mit moderner Kellertechnik zu verbinden, um ein hochwertiges DOC-Produkt zu erzeugen.

IL VINO DELLO ZIO

Il vino dello zio, der Wein des weinbauenden Onkels, den fast jede Familie in ihren Reihen hatte, war bis vor nicht einmal 20 Jahren das Alltagsgetränk der Italiener. In der Korbflasche brachte man ihn vom Besuch bei der Verwandtschaft mit, und wo der entsprechende *zio,* der Onkel, oder *nonno,* der Großvater, in der Familie fehlte, lief man eben mit der leeren Flasche ins Weingeschäft um die Ecke oder fuhr mit Plastikkanister beziehungsweise Korbflasche bewaffnet zur nächsten *cantina sociale,* einer der vielen Genossenschaftskellereien, und ließ aus großen Vorratstanks für wenig Geld nachfüllen.

Damals boten die preisgünstigen Weine allerdings meist auch äußerst geringen Genuß. Aus minderwertigen Trauben handwerklich schlecht gemacht, überlebten sie häufig nicht einmal die weite Rückreise aus dem Urlaub und präsentierten sich zu Hause mit mehr oder weniger deutlichem Essigstich und ähnlich wenig berauschenden Geruchs- und Geschmacksunarten. Im Grunde waren sie nur unter dem beschönigenden Einfluß eines üppigen Familienmahls auf dem Lande oder in Sonnen- und Urlaubsstimmung am Strand zu genießen.

Schon in den achtziger Jahren begann sich jedoch das Bild zu wandeln. Prarallel zur Entwicklung eines hochkarätigen Qualitätsweinbaus in fast allen italienischen Regionen, stiegen auch die Ansprüche der italienischen Weinkonsumenten. Man verbrachte den Urlaub nicht mehr ausschließlich an Adria oder Riviera, sondern begann die faszinierende Welt der Fernreisen zu entdecken. Von immer exotischeren Zielen brachten viele, vor allem jüngere Italiener neue Geschmackserlebnisse und gestiegene Ansprüche mit zurück nach Hause.

Natürlich wird auch heute noch ein großer Teil des Alltagsweins, insbesondere in den weniger renommierten Weinbaugebieten des Landes, mit dem Kanister aus der Abfüllstation der nächstgelegenen *cantina sociale* gezapft, wie das im übrigen auch in Frankreich, Deutschland oder anderswo auf der Welt üblich ist. Aber Italien hat in den letzten beiden Jahrzehnten auch eine wirklich hochstehende Weinkultur entwickelt. Feine, perfekt gemachte Weine aus bestem Traubenmaterial, in moderne Designer-Flaschen gefüllt und zu durchweg stolzen Preisen im eleganten Fachhandel und in Restaurants serviert, sind an die Stelle des *vino dello zio,* des einstigen Alltagsweins der Italiener, getreten.

Die großen, bauchigen Vernaccia-Flaschen, die in Oristano verwendet werden, erinnern an die Korbflaschen, mit denen man früher in der *cantina sociale* Wein holte.

Links: Der Vernaccia di Oristano gehört zu den besten sardischen DOC-Weinen. Hier füllt Giuseppe Atroni von der Cantina Sociale della Vernaccia den Wein direkt aus dem Edelstahltank ab.

WASSER

Sardiniens Binnenland ist reich an hohen Bergen und unberührten Landschaften. Die zahlreichen Gebirgsbäche liefern sauberes, klares Trinkwasser, das allgemein sehr geschätzt wird.
Obwohl heute das Wasser vieler Quellen verkaufstauglich abgefüllt und mit auf dem Etikett abgedruckter Laboranalyse in den Supermärkten angeboten wird, gehen, oder besser fahren, manche Sarden noch immer gern zum »Wasserholen«, um an den zugänglichen Brunnen oder Quellen ihre mitgebrachten Behältnisse zu füllen. Da man verschiedenen Wässern eine ausgesprochene Heilwirkung nachsagt, sind die Leute skeptisch, ob das Wasser aus dem Supermarkt wohl die gleichen Kräfte besitzt.

Wer über Zeit und ein geeignetes Transportmittel verfügt, holt sich sein Trinkwasser frisch aus den renommierten Quellen in den Bergen. Viele Menschen mißtrauen den Plastikflaschen aus dem Supermarkt.

San Leonardo ist seit langem eine der beliebtesten und frequentiertesten sardischen Quellen. Die örtliche Verwaltung hat sogar die Zufahrt neu ausbauen lassen.

Bekannte Mineralwässer Italiens

Die Quelle des gering mineral- und kohlesäurehaltigen **Rocchetta** liegt in Umbrien.

Levissima entspringt aus der höchsten Quelle Italiens in den Bormischen Bergen (Lombardei).

Aus der umbrischen Quelle **Sangemini** sprudelt ein kaliumreiches Wasser.

Das stille Wasser **Ferrarelle** kommt aus der Riardo-Quelle in der Emilia Romagna.

Vera kommt aus dem Veneto und ist ein den Stoffwechsel anregendes Wasser.

Schon um 1200 wurden die Heilkräfte des **San Pellegrino** aus dem Val Brembana gelobt.

Uliveto ist ein stilles Wasser mit wenig natürlicher Kohlensäure aus Vico Pisano in der Toskana.

Monteforte kommt aus der 716 Meter hoch im Apennin gelegenen Quelle Coveraie.

Boario stammt aus vier Quellen in einem lombardischen Naturschutzgebiet.

Aus der Provinz Orvieto in Umbrien kommt das kohlensäurefreie Wasser **Panna**.

Das Wasser **Cerelia** aus der Emilia Romagna wird gegen Blasenentzündungen empfohlen.

Das berühmte Heilwasser **Fiuggi** aus dem Latium hilft besonders bei Harn- und Blasenleiden.

Aus der Fonte **Limpia** in der Lombardei stammt ein Wasser mit niedrigem Anteil an Mineralien.

Lora Recoaro ist ein Wasser aus dem Veneto. Die Quelle liegt in 800 Metern Höhe.

San Francesco aus Caslino al Piano (Provinz Como) wird aus tiefen Erdschichten gewonnen

Das Mineralwasser **Tavina** stammt aus einer Quelle in Salò am Gardasee.

KÜCHENITALIENISCH

abboccato lieblich
acciuga Sardine
aceto balsamico Balsamessig
aceto di vino Weinessig
acqua di rose Rosenwasser
acquavite Schnaps
affettato Aufschnitt
affogare pochieren
affumicare/ affumicato räuchern/geräuchert
agarico delizioso Edelreizker
aglio Knoblauch
agnello da latte Milchlamm
agro sauer
agrodolce süß-sauer
aguglia Hornhecht
al dente bißfest
al forno überbacken
alalunga Makrele
albicocca Aprikose
alborella Renke, Felchen
alcolici Spirituosen
alice Sardelle, Anchovis
alimentari Nahrungsmittel
all'arrabbiata scharf, mit Peperoncino
alla casalinga nach Hausfrauenart
alla griglia gegrillt
alloro Lorbeer
amabile lieblich
amanita cesarea Kaiserling
amanita tignosa Knollenblätterpilz
amaretto Mandelmakrone
amaro bitter
aneto Dill
anguilla Aal
anice Anis
anice stellato Sternanis
antipasto Vorspeise
aperitivo Aperitif
aragosta Languste
arancia Orange
aromatizzato/aromi gewürzt/ Gewürze
arrosto Braten
artemisia, assenzio Beifuß
arzilla Rochen
asparago selvatico wilder Spargel
astice Hummer
attaccarsi anbrennen
baccalà Stockfisch
baccello Bohnenschote
bacca Beere
bagnare wässern
bagnomaria Wasserbad
bevanda Getränk
bietola Mangold
bisso Muschelbart
bistecca Steak
bocconcino Appetithappen
bollito gekocht
borragine Borretsch
branchie Kiemen
branzino Seebarsch
brasato geschmort
brodo Bouillon
bruschetta geröstete Brotscheibe
buccia Schale
budino Pudding
bulbo, tubero Knolle
burro Butter
caffè Espresso
caffè corretto Espresso mit Amaretto, Grappa oder Sambuca
caffè latte Milchkaffee
caffè macchiato Espresso mit einem Schuß Milch
caffè ristretto doppelt konzentrierter Espresso
calamaro Tintenfisch
camomilla Kamille
canederlo Knödel
cannella Zimt
cannocchia Heuschreckenkrebs
cantarello Pfifferling
cappero Kaper
cappone Kapaun
carciofo Artischocke
cardo Karde
carne d'asino Eselfleisch
carne di camoscio Gemsenfleisch
carne di cavallo Pferdefleisch
carne di montone, di castrato Hammelfleisch
carota Karotte
carpa Karpfen
caviale Kaviar
cavolfiore Blumenkohl
cavolino di Bruxelles Rosenkohl
cavolo Kohl
ceci Kichererbsen
cedro Zitronatszitrone
cereali Getreide
cerfoglio Kerbel
cernia di fondale Zackenbarsch
cervella Hirn
cetriolo Gurke
chiodi di garofano Gewürznelken
chiodino Hallimasch
cibo kascer koschere Speisen
ciccioli Grieben
cicoria Zichorien
cieca Glasaal
ciliegia Kirsche
cime di rapa Rübengrün
cinghiale Wildschwein
cipolla Zwiebel
cipollotto Frühlingszwiebel
cirenga Sägebarsch
coccio Tontopf
colazione Frühstück
concentrato di pomodoro Tomatenmark
conchiglia di San Giacomo Jakobsmuschel
condire abschmecken
confetto Dragee
congelato gefroren
coniglio Kaninchen
conservabile haltbar
contorno Beilage
coriandolo Koriander
corteccia Rinde
coscia Keule
costola Rippe
co(s)toletta Kotelett
cotechino Schweinswurst
cotenna Schwarte
cotto gekocht
cozza Miesmuschel
crauti Kraut
crema Schaum
cren Meerrettich
crespella Pfannkuchen
croccante knusprig
crocchetta Krokette
crosta Kruste
crosta di sale Salzkruste
crostacei Krustentiere
crostino geröstete Brotscheibe
crudità Rohkost
crudo roh
crusca Kleie
cucinare kochen
cucinato al forno gebacken
cumino Kümmel
cuocere e far addensare einkochen
dattero di mare Meerdattel
dentice Zahnbrasse
di giornata tagesfrisch
digestivo Digestif
disossare entbeinen
disporre a strati schichten
dolce süß, Dessert
dorare glasigdünsten
dragoncella Estragon
eleta Morchel
erba cipollina Schnittlauch
erbette aromatiche Kräuter
estragone Estragon
estratto Extrakt
evaporare verdampfen
fagiano Fasan
fagioli Bohnen
famigliola buona Hallimasch
far legare binden
faraona Perlhuhn
farina di riso Reismehl
farina di segale Roggenmehl
farro Dinkel
fatto in casa hausgemacht
fegato Leber
fegato d'oca Gänseleber
fermentare vergären
fetta biscottata Zwieback
fico d'India Kaktusfeige
filettare filetieren
filetto Filet
finferlo Pfifferling
finocchio Fenchel
fiore di sambuco Holunderblüte
focaccia Fladenbrot
fonduta Käsefondue
formaggio di pecora Schafskäse
formaggio duro Hartkäse
formaggio fresco Weichkäse
formaggio fresco tipo ricotta Quark
fragola Erdbeere
frattaglie Innereien
fresco frisch
friggere ausbacken
frigorifero Kühlschrank
fritto fritiert
frizzante Perlwein; perlend
frutta secca Trockenfrüchte
frutta di bosco Waldbeere
frutti di mare Meeresfrüchte
fungo imperiale Kaiserling
fungo ostrica Austernpilz
fuoco, piastra Herd-/Kochplatte
gamberetto Garnele
gambero Krebs
gelato Eis
ginepro Wacholder
girare, voltare wenden
gnocchi Gries- oder Kartoffelklößchen
gocciolare beträufeln
grancevola Meerspinne
granchio Krebs
grano duro Hartweizen
grano integrale Vollkorn
grano saraceno Buchweizen
grano tenero Weizen
grano turco Mais
grassetti Grieben
grasso del pesce Fischfett
gratinato überbacken
grattugiato geraspelt
grissino Brotstange
impanato paniert
impastare kneten
in agro sauer eingelegt
in agro-dolce süß-sauer eingelegt
in brodo in einer Brühe
in marinata eingelegt, mariniert
in padella in der Pfanne
in umido in Sauce geschmort oder gedünstet
indivia Endivie
insalata brasiliana Eisbergsalat
integrale vollwertig
involtino Roulade
lampone Himbeere
larderellare spicken
lardo Speck, Fett
lasca Plötze, Rotauge
lasciar andare gehen lassen
lasciare in concia ziehen lassen
latte di bufala Büffelmilch
latte intero Vollmilch
lattuga Kopfsalat
lavarello Felchen
legumi Hülsenfrüchte
lenticchie Linsen
lepre Hase
lessato gesotten

lievito	Hefe
lime	Limette
limone	Zitrone
lingua	Zunge
liquirizia	Lakritz
liquore	Likör
lisca	Gräte
lombo	Lende
lumaca di mare	Meeresschnecke
macerare	durchziehen
macinato	Brät, Hackfleisch
maggiorana	Majoran
magro	mager
maiale	Schweinefleisch
maionese	Mayonnaise
mandorla	Mandel
manzo	Rindfleisch
marinare/marinata	beizen/Beize
marmora	Marmorbrasse
marrone	Kastanie
marzapane	Marzipan
mazzetto	Bouquet
mazzetto di aromi	Suppengrün
mela	Apfel
melanzana	Aubergine
melograno	Granatapfel
menta	Pfefferminze
meringa	Baiser
merluzzo	Kabeljau, Dorsch
mescolare	rühren
mettere ammollo	einweichen
mettere in concia	einlegen
miele	Honig
miglio	Hirse
minestra	Suppe
mirtillo rosso	Preiselbeere
misto	gemischt
molluschi	Weichtiere
mora di rovo	Brombeere
mostocotto	Mostsirup
muggine	Meeräsche
nasello	Seehecht
nocciola	Haselnuß
noce	Nuß
noce moscata	Muskatnuß
orata	Goldbrasse
origano	Oregano
orzo	Gerste
orzo perlato	Perlgraupen
osse con il midollo	Markknochen
pagello	Brasse
palombo	Hai
pan grattato	Semmelbrösel
pancetta	Bauchspeck
pane	Brot
panino	Brötchen
panna	Sahne
passato	passiert, püriert
passera di mare	Flunder
pasta	Teig, Teigwaren
pasta asciutta	wörtl.: trockene Pasta = Pasta mit Tomatensauce
pasta frolla	Mürbeteig
pasta leggera tipo biscotto	Biskuitteig
pasta lievitata	Hefeteig
pasta sfoglia	Blätterteig
pasticcio	Pastete
patata	Kartoffel
patata dolce	Süßkartoffel
pelato	geschält, gehäutet
pepe	Pfeffer
peperoncino	Paprikaschote, Chili
peperone	Paprika
pera	Birne
pernice	Rebhuhn
pesare/pesato	wiegen/gewogen
pesce	Fisch
pesce persico	Flußbarsch
pesce San Pietro	Petersfisch
pesce spada	Schwertfisch
pesca	Pfirsich
pestello di legno	Holzstößel
petto di pollo	Hühnerbrüstchen
piatto da magro	Fastenspeisen
piccante	herzhaft
piccione selvatico	Wildtaube
pietanza	Gericht
pimento	Piment
pinna	Flosse
pinolo	Pinienkern
piselli	Erbsen
pizzoccheri	Buchweizennudeln
pleuroto	Austernpilz
polenta	Getreidebrei, Maisgrieß
pollame	Geflügel
pollo	Huhn
polpa	Fruchtfleisch
polpa di pomodoro	dickflüssiges Tomatenpürree
polpo	Krake
pomodoro	Tomate
pompelmo	Pampelmuse
porcellino da latte	Spanferkel
porcino	Steinpilz
porro	Lauch
pralina	Praline
prataiolo	Champignon
preparazione	Zubereitung
presa	Prise
prezzemolo	Petersilie
primo piatto	erster Gang
prodotti caseari	Molkereiprodukte
prosciutto	Schinken
prugna	Pflaume
pulire	säubern
quaglia	Wachtel
rafano	Meerrettich
raffreddare	auskühlen
raffreddare in acqua	abschrecken
ragù	Sauce für Nudeln
rana pescatrice	Seeteufel
rapa	Rübe
ravanello	Radieschen
reni	Nieren
residuo, fondo	Bodensatz
resistente alla fiamma	feuerfest
riccio di mare	Seeigel
ripieno	gefüllt
riscaldare	erhitzen
riso comune	Haushaltsreis
riso fino	Mittelkorn- o. Standardreis
riso semifino	Rundkornreis
riso superfino	Spitzenreis
rombo	Butt
rosmarino	Rosmarin
rospo	Seeteufel
rucola	Rauke
salame di fegato	Leberwurst
salamoia	Lake
salato	gesalzen, herzhaft
sale	Salz
salmone	Lachs
salsa	Sauce
salsiccia	Koch- oder Brühwurst aus Schweinefleisch
salsiera	Sauciere
salsina	Dip
salvia	Salbei
sanguinella	Blutorange
sarago	Weiße Brasse
sardina	Sardine
savoiardo	Löffelbiskuit
sbollentare	blanchieren
scalogno	Schalotte
scaloppina	Schnitzel
scampi	Kaiserhummer
scavare	hobeln
schiacciare	stampfen
sciogliere	zerlassen
sciroppo	Sirup
scorzonera	Schwarzwurzel
scottare	überbrühen
scremato	halbfett
secco	trocken
secondo piatto	zweiter Gang
sedano	Sellerie
selvaggina	Wild
seme, nocciolo	Kern
semi di finocchio	Fenchelsamen
semi-secco	halbtrocken
semolino	Grieß
seppia	Tintenfisch
servire	servieren
sesamo	Sesam
sformato	Auflauf
sgocciolare	abtropfen lassen
sgombro	Makrele
sobbollire	sieden
soffriggere	schmoren
sogliola	Seezunge
soppressata	Preßwurst
sorbetto	Sorbet, Fruchteis
sott'aceto	in Essig mariniert
sott'olio	in Öl eingelegt
spalla	Schulter
spalmare	glattstreichen
spazzolare	abbürsten
spennellare	einpinseln
spezzettare	zerkleinern
spianare	ausrollen
spiedo	Bratspieß
spigola	Seebarsch
spinaci	Spinat
spolverare	bestäuben
spugnola	Morchel
spumante	Schaumwein
squama	Schuppen
stagionato	gereift
storione	Stör
stufare	dünsten
succo d'arancia	Apfelsinensaft
succo di limone	Zitronensaft
sventrare	ausnehmen
svuotare, scavare	aushöhlen
tacchino	Truthahn
tagliare/tagliato	schneiden/geschnitten
tagliare a dadini	würfeln
tagliare a tranci, affettare	tranchieren
tagliuzzato	geschnetzelt
tarassaco	Löwenzahn
tartaruga	Schildkröte
tartufo bianco	weißer oder Alba-Trüffel
tartufo nero	schwarzer, Winter- oder Norcia-Trüffel
temolo	Äsche
temperatura di cottura	Kochhitze
timballo	Timbale
timo	Thymian
tinca	Schleie
tonno	Thunfisch
tordo	Drossel
tortelli	Maultaschen
tortino	Törtchen
tramezzino	belegtes Sandwich
triglia	Seebarbe
trippa	Kutteln
tritare	hacken
trota	Forelle
tuorlo	Eigelb
uovo all'occhio di bue	Spiegelei
uovo	Ei
uva	Weintraube
uvetta	Rosine
vaniglia	Vanille
verdura	Gemüse
versare	angießen
vinacce	Trester
vino da tavola	Tafelwein
vino liquoroso	Likörwein
visciola	Wildkirsche
vitello	Kalbfleisch
vongola	Venusmuschel
zafferano	Safran
zampone	Schweinsfuß
zenzero	Ingwer
zucca	Kürbis
zuccherare	zuckern
zucchero a velo	Puderzucker
zucchero di canna	Rohrzucker
zucchero vanigliato	Vanillezucker
zuppa densa	Eintopf

KÜCHENTECHNIKEN

Artischocken vorbereiten
Den Stiel der Artischocken abschneiden. Nur der Stiel sehr zarter Artischocken ist eßbar, muß aber geschält werden. Die äußeren harten Blätter entfernen, die Blattspitzen der übrigen Blätter großzügig mit der Küchenschere abschneiden. Vorbereitete Artischocken legt man in Zitronenwasser, damit sie sich nicht verfärben. Nach Rezept weiterverarbeiten. Vor dem Verzehr das Heu vom Artischockenboden abheben, wobei das zarte Herz, der schmackhafteste Teil der Artischocke, nicht verletzt werden sollte.

Auberginen vorbereiten
Auberginen in Scheiben schneiden, mit Salz bestreuen und stehen lassen, bis das Salz den Früchten die Bitterstoffe und Feuchtigkeit entzogen hat. Nach 15–30 Minuten das Salz unter kaltem Wasser abspülen und die Auberginen trockentupfen. Vor dem Braten sollte man Auberginen kurz blanchieren, damit sie sich nicht so sehr mit Öl vollsaugen.

Bandnudeln herstellen
Auch ohne Nudelmaschine kann man Bandnudeln aus frischem Pastateig ganz einfach herstellen: Teig dünn ausrollen, von beiden Seiten zur Mitte hin zusammenrollen und mit einem scharfen Messer in Streifen schneiden. Garzeit: bei schmalen Bandnudeln etwa 2, bei breiten Bandnudeln etwa 6 Minuten.

Binden
Auch Legieren. Saucen, Suppen und Cremes andicken, indem man Mehl, Speisestärke, Sahne, Ei, Butter, Mehlbutter, geriebene Kartoffeln oder püriertes Gemüse in die Flüssigkeit einrührt.

Blanchieren
Lebensmittel kurz in reichlich Flüssigkeit aufkochen lassen und anschließend kalt abschrecken. Der Zweck ist das Vorgaren, bei Gemüse zusätzlich die Erhaltung der Farbe und bei Suppenknochen das Entfernen von Eiweiß-, Fett- und Schmutzpartikeln.

Cannelloni füllen
Frischen Pastateig dünn ausrollen und zu kleinen, rechteckigen Platten schneiden. Die Füllung mit einem Spritzbeutel in die Mitte geben, Teigränder mit Wasser bestreichen und Teig zusammenrollen. Die Cannelloni mit der Nahtstelle nach unten in die Form legen.

Carpaccio schneiden
Rinderlende in Frischhaltefolie einwickeln und etwa 1 Stunde im Tiefkühlfach anfrieren lassen. Anschließend läßt sich das Fleisch mit einem großen scharfen Küchenmesser oder der elektrischen Schneidemaschine hauchdünn aufschneiden.

Dämpfen
Garen in Wasserdampf. Die Lebensmittel werden in einen Siebeinsatz gelegt und über siedendem Wasser zugedeckt gegart. Durch diese Garmethode bleiben Vitamine und andere Inhaltsstoffe sowie der Eigengeschmack der Lebensmittel weitgehend erhalten.

Dünsten
Garen im eigenen Saft oder in wenig Fett und/oder Flüssigkeit bei einer konstanten, mäßigen Temperatur. Unter glasig dünsten versteht man garen, bis das Gargut, z.B. Zwiebeln, durchsichtig wird.

Entfetten
Entfernen von überflüssigem Fett von Brühen, Suppen und Saucen durch Abgießen, Abschöpfen, Aufsaugen mit Küchenkrepp oder durch Abheben der erkalteten Fettschicht.

Farfalle formen
Pastateig dünn ausrollen und mit einem Teigrädchen in kleine Quadrate schneiden. Diese mit Zeigefinger und Daumen in der Mitte zusammendrücken, so daß kleine »Schleifchen« entstehen.

Garnelen vorbereiten
Die Köpfe von den Garnelen durch Drehen abtrennen und das Schwanzfleisch aus den Schalen lösen. Den am Rücken sichtbaren schwarzen Darm mit einem spitzen Messer anheben und herausziehen.

Gemüse säuerlich einlegen (in agro)
Gemüse und Pilze müssen zunächst vorgegart werden, sollten aber auf jeden Fall noch bißfest sein. Damit das Gemüse knackig bleibt und seine Farbe behält, sollte man es in Eiswasser abschrecken.
Zum Einlegen von 1 kg Gemüse (z.B. Zucchini, Auberginen, Paprika, grüne Bohnen, Karotten, Fenchel, Champignons) 4 Knoblauchzehen schälen und vierteln und 2 getrocknete Lorbeerblätter zerbröseln. 1 Bund glatte Petersilie, 1/2 Bund Majoran und 1/2 Bund Thymian kleinschneiden. Etwas Olivenöl in ein großes Glas gießen, eine Lage des vorbereiteten Gemüses darauf geben, salzen, pfeffern und einen Teil der Kräuter zufügen. Mit etwas Weißweinessig beträufeln und alles mit reichlich Öl bedecken. Auf diese Weise das gesamte Gemüse in das Glas einschichten. Eine dicke Schicht Öl muß den Abschluß bilden. Eingelegtes Gemüse eine Woche an einem kühlen Ort (idealerweise im Keller oder in der Speisekammer) durchziehen lassen, Pilze läßt man zwei Tage im Kühlschrank stehen. Gemüse kann anschließend etwa eine Woche, Pilze können zwei Tage aufbewahrt werden. Die Zutaten müssen immer gut mit Marinade bedeckt sein.

Gemüse süßsauer einlegen (in agrodolce)
500 g Auberginen vorbereiten (siehe: Auberginen vorbereiten) und würfeln. In 2 Eßlöffeln Olivenöl anbraten und auf Küchenkrepp abtropfen lassen. Einige zarte Selleriestangen ebenfalls im Öl anbraten und herausnehmen.
1 in Streifen geschnittene Zwiebel und 4 enthäutete und entkernte Tomaten einige Minuten im Öl dünsten. Je 1 Eßlöffel Pinienkerne und eingeweichte Rosinen sowie 1 Teelöffel Zucker, etwas Rotweinessig, Auberginen und Sellerie zufügen. Etwa 30 Minuten bei mittlerer Temperatur kochen lassen. Auf die gleiche Weise können süßsaure Zucchini zubereitet werden. Zum Aufbewahren siehe: Gemüse säuerlich einlegen.

Getrocknete Hülsenfrüchte kochen
Getrocknete Hülsenfrüchte werden generell zunächst 8–12 Stunden eingeweicht. Sie garen dadurch schneller und sind leichter verdaulich. An der Wasseroberfläche schwimmende Exemplare aussortieren, sie könnten von Schädlingen befallen sein. Das Einweichwasser abgießen, da es blähende und unverdauliche Stoffe enthält. Hülsenfrüchte gut abspülen und in frischem Wasser je nach Sorte bis zu 3 Stunden kochen. Hülsenfrüchte sind gar, wenn sich ihr Volumen verdoppelt bis verdreifacht hat. Salz erst am Ende der Kochzeit zugeben.

Gnocchi herstellen
1 kg mehligkochende Kartoffeln kochen, heiß schälen und durch die Kartoffelpresse direkt auf die Arbeitsfläche drükken. Nach und nach 1 Teelöffel Salz und etwa 250–500 g Mehl unterkneten. Die Mehlmenge hängt davon ab, wie mehlig die Kartoffeln sind. Es soll ein geschmeidiger, nicht klebriger Teig entstehen. Abgedeckt etwa 15 Minuten ruhen lassen. Aus dem Teig fingerdicke Rollen formen, Stücke von 2 bis 3 cm Länge abschneiden und diese mit einer Gabel von beiden Seiten etwas eindrücken. Dadurch erhalten die Gnocchi ihr typisches geriffeltes Muster. Nochmals etwa 15 Minuten ruhen lassen. In siedendem (nicht kochendem) Wasser etwa 5 Minuten garziehen lassen.

Gratinieren
Garen und/oder Überkrusten eines Gerichts bei starker Oberhitze im Backofen oder unter dem Grill. Zur Bildung der Kruste Butterflöckchen, geriebenen Käse, Semmelbrösel oder helle Sauce auf der Oberfläche verteilen.

Kalbsbries vorbereiten
Kalbsbries zunächst etwa 2 Stunden in kaltem Wasser einlegen, damit sich alle Blutreste lösen. Das Wasser dabei öfter wechseln. Etwa 5 Minuten in kochendem Wasser blanchieren und abschrecken. Die Haut mit einem Messer abziehen, dabei auch die Gefäße entfernen. Nach Rezept weiterverarbeiten.

Kastanien rösten
Die harte Schale der Früchte mit einem kleinen Einschnitt versehen, damit sie beim Rösten nicht platzen. Kastanien werden bei hoher Temperatur im Backofen höchstens 30 Minuten geröstet, bei längerem Rösten werden sie hart.

Marinieren
Einlegen von Lebensmitteln in einer würzenden Flüssigkeit zur Aromatisierung, bei Fleisch auch zum Zartmachen. Im Zusammenhang mit Wild spricht man meist von Beizen.

Miesmuscheln putzen und kochen
Miesmuscheln unter fließendem Wasser gründlich abbürsten und Kalkablagerungen mit einem Messer abschaben, die Bärte mit einer ruckartigen Bewegung abziehen. Geöffnete Muscheln wegwerfen, sie sind verdorben. Muscheln bei starker Hitze etwa 5 Minuten garen, bis sie sich öffnen. Geschlossene Muscheln wegwerfen.

Nieren vorbereiten
Die dünne Außenhaut von den Nieren abziehen, Nieren halbieren und die weißen Harnwege herausschneiden, ohne die Nieren zu verletzen.

Omelett backen
Für ein Omelett für 2 Personen 4 Eier mit 1 Eßlöffel Milch, Wasser oder Sahne verquirlen und das Ganze mit Salz und Pfeffer würzen. Butter in einer großen Pfanne zerlassen und die Eiermasse bei mittlerer Hitze leicht stocken lassen. Dabei mit einer Gabel rühren, ohne die Bodenschicht zu verletzen. Wenn das Omelett gestockt, aber oben noch feucht ist, Pfanne vom Herd ziehen und Omelett mit einer Gabel an den Rand schieben, dabei die Pfanne rütteln, so daß der vordere Rand des Omeletts leicht eingeklappt wird. Wichtig: Die Pfanne von der Herdplatte ziehen, solange die Oberfläche des Omeletts noch flüssig ist, denn es gart in der heißen Pfanne nach. Auf diese Weise erhält das Omelett die perfekte Konsistenz und wird nicht zu trocken.

Panieren
Fleisch, Fisch oder andere Nahrungsmittel vor dem Braten würzen, in Mehl wälzen und mit einer Kruste aus Eigelb und Semmelbröseln umhüllen.

Paprikaschoten häuten
Schoten halbieren und auf ein mit Backpapier ausgelegtes Blech legen. Im Backofen so lange grillen, bis die Haut sich dunkelbraun verfärbt und Blasen wirft. Schoten herausnehmen, mit einem nassen Geschirrtuch bedecken und abkühlen lassen. Die Haut vorsichtig mit einem spitzen Messer abziehen.

Parieren
Fett, Sehnen und Häute von Fleisch- oder Fischstücken abschneiden und dabei die Stücke gleichmäßig zurechtschneiden. Aus den abgetrennten Resten, den Parüren, können Brühen oder Fonds zubereitet werden.

Passieren
Suppen, Saucen oder pürierte Lebensmittel durch ein Sieb oder ein Passiertuch streichen, damit sie eine möglichst gleichmäßige und feine Konsistenz erhalten.

Pasta färben
Unter den Teig für Eierpasta (siehe: Pastateig herstellen) folgende Zutaten geben:
Für grüne Pasta etwa 100 g gut ausgedrücktes Spinatpüree (dafür 1 Ei weglassen), für rote Pasta 2–3 Eßlöffel Tomatenmark oder 1 kleine pürierte Rote Bete, für goldgelbe Pasta 1 Briefchen Safranfäden, im Mörser zerstoßen, und für schwarze Pasta Tinte von etwa 500 g Tintenfischen.

Pasta kochen
Pasta kocht man in reichlich Wasser in einem großen Topf. Man rechnet 1 l Wasser und 1 gehäuften Teelöffel Salz auf 100 g Nudeln. Das Salz erst ins Wasser geben, wenn es schon kocht. Ein Schuß Öl im Kochwasser verhindert bei frischer Pasta und Lasagneblättern das Zusammenkleben, bei anderen Sorten ist Öl nicht nötig. Nachdem man die Pasta ins Wasser gegeben hat, den Deckel kurz auflegen, bis das Wasser aufkocht. Kurz mit einem Holzlöffel umrühren, damit die Nudeln nicht am Topfboden kleben bleiben. Die Pasta dann bei offenem Deckel in sprudelnd kochendem Wasser garen. 1–2 Minuten vor Ende der Kochzeit prüfen, ob die Nudeln auf den Punkt gegart und bißfest, *al dente,* sind: Sie sollten außen weich, innen aber noch fest sein. Die gekochte Pasta in einem Sieb abgießen. Pasta sollte man nicht abschrecken, weil dadurch Geschmack und Nährstoffe ausgeschwemmt würden. Sofort mit der vorbereiteten Sauce mischen.

Pastateig herstellen
Für Eierpasta 300 g Mehl mit 3 Eiern, 1 Eßlöffel Öl und etwas Salz mindestens 5 Minuten zu einem glatten, elastischen Teig kneten. Teig in Frischhaltefolie gewickelt 30–60 Minuten ruhen lassen. Anschließend in der Nudelmaschine oder mit einem Nudelholz dünn ausrollen, dabei mit etwas Mehl bestäuben. Ergibt etwa 500 g (für 4 Portionen). Für Pasta ohne Ei 400 g Mehl, 200 g lauwarmes Wasser und etwas Salz mindestens 5 Minuten zu einem glatten, elastischen Teig kneten. Teig in Frischhaltefolie gewickelt 30–60 Minuten ruhen lassen. Anschließend in der Nudelmaschine oder mit einem Nudelholz dünn ausrollen, dabei mit etwas Mehl bestäuben. Pastateig ergibt etwa 600 g (für 4 Portionen).

Pilze säubern
Pilze sollten möglichst nicht gewaschen werden, da sie durch das Wasser aufquellen. Zum Säubern mit einem feuchten Tuch oder mit Küchenkrepp abwischen, verbliebene Schmutzpartikel mit einem kleinen Messer abkratzen, verdorbene Stellen abschneiden. Morcheln und Pfifferlinge müssen allerdings abgespült werden, um den Sand aus den Lamellen zu entfernen.

Pizza backen
Für den Pizzateig 30 g frische Hefe in etwas lauwarmem Wasser auflösen, 2–3 Eßlöffel Mehl zugeben und zu einem glatten Vorteig verrühren. 30 Minuten gehenlassen. 500 g Mehl mit dem Vorteig vermischen und 1/2 Teelöffel Salz zufügen. Mindestens 10 Minuten kräftig durchkneten, dabei nach und nach 100 ml lauwarmes Wasser zugeben. Den Teig in 4 Stücke teilen, mit etwas Mehl bestäuben und an einem warmen Ort zugedeckt 2 Stunden gehenlassen. Die Teigviertel ausrollen und mit den gewünschten Zutaten belegen. Am besten gelingt die Pizza, wenn sie in einem italienischen Steinofen mit Holzfeuer gebacken wird. Dort wird eine Hitze von bis zu 340 °C erreicht, und die Pizza ist in wenigen Minuten gar. Im Elektro- oder Gasherd backt man Pizzas etwa 20 Minuten auf der zweiten Schiene von unten bei 220–250 °C, bis der Teig von unten kroß und der Käse zerlaufen ist.

Pizzateig zubereiten
Ob mit frischer oder trockener Hefe zubereitet: Pizzateig muß mindestens 10 Minuten gründlich durchgeknetet werden, damit er glatt und geschmeidig wird. Anschließend läßt man ihn an einem warmen Ort mit einem Tuch zugedeckt etwa 2 Stunden gehen. Dabei muß er sein Volumen verdoppeln. Den Teig noch einmal gut durchkneten und auf der mit Mehl bestäubten Arbeitsfläche ausrollen. Zugedeckt nochmals etwa 15 Minuten gehenlassen.

Polenta kochen
250 g Maisgrieß langsam in kochendes Salzwasser (750 ml) oder kochende Brühe unter ständigem Rühren einrieseln lassen, damit sich keine Klümpchen bilden. Bei schwacher Hitze unter ständigem Rühren etwa 45 Minuten kochen. Wenn sich Blasen bilden, den Topf kurz vom Herd ziehen, damit der Brei nicht spritzt. Sich bildende Breiklümpchen am Topfrand zerdrücken.

Ravioli herstellen
Frischen Pastateig (siehe: Pastateig herstellen) dünn ausrollen. Auf die eine Hälfte der Teigplatte mit Hilfe eines Spritzbeutels die Füllung in gleich große Häufchen setzen. Der Abstand zwischen den Häufchen richtet sich nach der gewünschten Größe der Ravioli. Die Zwischenräume mit Wasser bestreichen. Die andere Teighälfte exakt darüber klappen und um die Füllung herum fest andrücken. Mit einem Teigrädchen Ravioli ausschneiden. Noch leichter geht die Herstellung mit Ravioli-Formen aus Metall oder einem Ravioli-Holz. Garzeit: etwa 4 Minuten.

Risotto kochen
Risottoreis immer ungewaschen in den Topf geben, damit keine Stärke ausgeschwemmt wird. Für 500 g Risottoreis braucht man etwa 1,25 l Brühe. Reis in Butter und Öl mit fein gehackter Zwiebel sowie Kräutern und Gewürzen nach Wunsch anschwitzen, bis die Zwiebel weich ist. Dann die heiße Brühe schöpfkellenweise unter ständigem Rühren nach und nach zugeben. Wenn sämtliche Brühe zugegeben ist, eine Garprobe machen: Der Reis muß außen weich sein, aber noch einen festen Kern haben.

Stockfisch vorbereiten
Stockfisch 24 Stunden wässern, dabei das Wasser drei- bis viermal wechseln. Sehr dicke Stücke sollten 36 Stunden gewässert werden. Die letzten beiden Stunden legt man den Fisch in warmes Wasser, um das Salz vollständig herauszulösen. Den Fisch trockentupfen und weiterverarbeiten.

Taschenkrebse vorbereiten
Taschenkrebse müssen etwa 20 Minuten kochen und dann weitere 15 Minuten im Kochwasser nachziehen. Man öffnet sie, indem man fest zwischen ihre Augen drückt, denn dadurch hebt sich die Rückenschale wie ein Deckel. Die Kiemen werden entfernt und das Fleisch aus Körper und Scheren gelöst.

Tintenfische (Kalmare) putzen
Die Innereien mitsamt den Fangarmen aus dem Körper herausziehen. Fangarme so vom Kopf abschneiden, daß sie noch miteinander verbunden bleiben. Das Kauwerkzeug aus den Tentakeln herausdrücken. Die Haut vom Körperbeutel abziehen und das durchsichtige Kalkblatt (Fischbein) entfernen. Möchte man die Tinte verwenden, muß man den Tintenbeutel vorsichtig von den Innereien lösen.

Tomaten einkochen
1 kg Eiertomaten mit kochendem Wasser überbrühen, enthäuten, halbieren und den Strunk herausschneiden. 1 Schalotte und 1 Stange Staudensellerie in 1 Eßlöffel Olivenöl anschwitzen. Tomaten, 1 Prise Zucker, Salz und frisch gemahlenen Pfeffer zufügen und im offenen Topf etwa 20 Minuten kochen. Nach Wunsch Kräuter zufügen. Die heißen Tomaten in ein sauberes Glas füllen, mit einem Twist-off-Deckel verschließen und 5 Minuten auf den Kopf stellen. Will man die Tomaten länger aufbewahren, sollte man die Gläser 1 Stunde lang in kochendem Wasser sterilisieren. Ergibt etwa 600 ml.

Tomatensauce einkochen
1 kg Tomaten vom Strunk befreien und würfeln. 1 Schalotte und 1 Knoblauchzehe schälen und fein würfeln. 1 Möhre und 2 Stangen Staudensellerie kleinschneiden. Gemüse – bis auf die Tomaten – in 2 Eßlöffeln Olivenöl anschwitzen. Tomaten, je 1 Zweig Rosmarin, Basilikum und Thymian, 1 Prise Zucker, Salz und frisch gemahlenen Pfeffer zufügen. Im offenen Topf etwa 20 Minuten einkochen lassen und grob durchpassieren. Die Sauce kochend heiß in ein sauberes Glas füllen, mit einem Twist-off-Deckel verschließen und 5 Minuten auf den Kopf stellen. Ergibt etwa 600 ml.

Tortellini herstellen.
Frischen Pastateig (siehe: Pastateig herstellen) dünn ausrollen, Kreise ausstechen. Füllung in die Mitte der Kreise geben und diese zusammenklappen. Die Halbmonde um den Zeigefinger wickeln und die Enden fest zusammendrücken. Garzeit: etwa 6 Minuten.

Zucchiniblüten füllen
Den Fruchtstiel abschneiden, die Blüten kurz in kaltes Wasser tauchen, abtropfen lassen und mit Küchenkrepp trockentupfen. Den Blütenkelch vorsichtig öffnen und den Stempel mit einem kleinen scharfen Messer abschneiden. Die Füllung mit einem Spritzbeutel in die Blütenkelche füllen und diese mit einer leichten Drehbewegung verschließen.

BIBLIOGRAPHIE

Accademia Italiana della Cucina: Cucina Italiana. Das große Buch der italienischen Küche. Köln 1993
Alessi, Alberto: Die Traumfabrik. Alessi seit 1921. Mailand 1998
Apicius, Marcus Gavinus: De re coquinaria. Über die Kochkunst. Stuttgart 1991
Artusi, Pellegrino: Von der Wissenschaft des Kochens und der Kunst des Genießens. München 1998
Beusen, Paul/Ebert-Schifferer, Sybille/Mai, Ekkehard (Hrsg.): L' Art Gourmand. Stilleben für Auge, Kochkunst und Gourmets von Aertsen bis Van Gogh. Essen 1997
Bugialli, Giuliano: Classic Techniques of Italian Cooking. New York 1989
Carluccio, Antonio: Die Küche des italienischen Südens. München 1998
Carluccio, Antonio/Carluccio, Priscilla: Carluccio's Complete Italian Food. London 1997
Christl-Licosa, Marielouise: Antipasti. München 1991
Cipriani, Arrigo: La leggenda dell'Harry's Bar. Mailand 1991
Cùnsolo, Felice: Italien tafelt. München 1971
Davids, Kenneth: Espresso – Ultimate Coffee. Santa Rosa 1993
Davidson, James: Courtesans and Fishcakes. London 1997
Degner, Rotraud: Fische und Meeresfrüchte. München 1989
Duch, Karl: Handlexikon der Kochkunst. Linz 1989
Enciclopedia della cucina. Novara 1990
Freson, Robert: Italien – Eine kulinarische Entdeckungsreise. München 1992
Goethe, Johann Wolfgang: Italienische Reise. Köln 1998
Gorys, Erhard: Das neue Küchenlexikon. München 1995
Hess/Sälzer: Die echte italienische Küche. München 1990
Kaltenbach, Marianne/Simeone, Remo: Italienische Küche. Niedernhausen/Ts. 1996
Levi, Carlo: Christus kam nur bis Eboli. München 1982
Löbel, Jürgen: Parmaschinken & Co. Düsseldorf 1989
Marchesi, Gualtiero: Die große italienische Küche. 1984
McNair, James: Pizza. Berlin 1990
Medici, Lorenza de' (Hrsg.): Italien – Eine kulinarische Reise. München 1989
Meuth, Martina/Neuner-Duttenhofer: Venetien und Friaul. München 1990, 1996
Meuth, Martina/Neuner-Duttenhofer: Piemont und Aostatal. München 1996
Meyer-Berkhout, Edda: Kulinarische Urlaubserinnerungen. München 1981
Moisemann, Anton/Hofmann, H.: Das große Buch der Meeresfrüchte. Füssen 1989
Monti, Antonia: Il nuovissimo cucciaio d'argento. Rom 1991
Paolini, Davide: Peck. Mailand 1998
Peschke, Hans-Peter von/Feldmann, Werner: Kochen wie die alten Römer: 200 Rezepte nach Apicius, für die heutige Küche umgesetzt von Hans-Peter von Peschke und Werner Feldmann. Zürich 1995
Peschke, Hans-Peter von/Feldmann, Werner: Das Kochbuch der Renaissance. Düsseldorf/Zürich 1997
Simony, Pia de: Köstliches Italien. München 1995
Supp, Eckhard: Enzyklopädie des italienischen Weins. Offenbach 1995
Supp, Eckhard: Wein für Einsteiger – Italien. München 1997
Teubner (Hrsg.), Christian: Das große Buch vom Fisch. Füssen 1987
Teubner (Hrsg.), Christian: Das große Buch vom Käse. Füssen 1990
Vollenweider, Alice: Italiens Provinzen und ihre Küche. Berlin 1990
Wolter, Annette: Geflügel. München 1987

BILDNACHWEIS

Herausgeber und Verlag haben sich bis Produktionsschluß intensiv bemüht, alle Inhaber von Abbildungsrechten ausfindig zu machen. Personen und Institutionen, die möglicherweise nicht erreicht wurden und Rechte an den verwendeten Abbildungen beanspruchen, werden gebeten, sich nachträglich mit dem Verlag in Verbindung zu setzen

l. = links; r. = rechts; m. = Mitte; o. = oben; u. = unten

Alle Aufnahmen © Könemann Verlagsgesellschaft mbH, Köln/Foto: Ruprecht Stempell, Köln

Mit Ausnahme von:
Alessi Informationsbüro c/o Integra Communication GmbH, Hamburg: 154/155 (außer o.)
Alinari 1999, Florenz: 42 u., 214 o.r., 294 o., 306 (Papst Bonifacius IX.), 338, 446 (Martorana)
Anteprima, UDINE: 14/15 u.
Archiv Alessi, Crusinallo: 154 o.
Archiv für Kunst und Geschichte, Berlin: 40 o., 153 u., 170 o., 306 (Papst Alexander VI.), 306 (Papst Leo X.), 306 (Papst Julius III.); Erich Lessing: 306 (Papst Pius V.)
Archivio Fotografico e Copyright Sacro Convento, Assisi: 264 o.r.
Archivio Storico Barilla, Parma: 197 o.r., 197 o.m.
Arnaldo Forni Editore, Sala Bolognese (Bologna)/ Foto: Württembergische Landesbibliothek Stuttgart: 111 l.
Artothek, Peissenberg/Foto: Blauel/Gnamm: 88 l., 438 l.
Bildarchiv Foto Marburg: 306 (Papst Martin IV.)
bildarchiv preussischer kulturbesitz bpk, Berlin: 356
Cafarell S.p.A., Luserna S. Giovanni (Turin): 153 o.
Casa Buonarroti, Florenz/Foto: Archivio Buonarroti: 103 r.
Cinetext, Frankfurt: 145, 389 u.r., 432 l.
Civico Museo Bibliografico Musicale, Bologna: 278
Ente Sardo Industrie Turistiche, Cagliari: 477 o.l.
Mary Evans Picture Library, London: 344 o.
Faber & Partner, Düsseldorf: 142 l.
Food Foto, Köln: 299 u.l.
Das Fotoarchiv, Essen/Foto: Jörg Meyer: 247 o.l., 247 (3. Reihe r.), 247 u.r.; Jörg Sackermann: 246 o.r.; Andreas Riedmiller: 247 o.m., 247 (2. Reihe r.), 261 o.
Granata Press, Mailand/Foto: Luigi Galperti: 402 (Asmara); Paroli Galperti: 402 (Nubia); © Lomonaco: 386 u.r.
Herzog August Bibliothek, Wolfenbüttel: 306 o.
Helga Lade Fotoagentur, Frankfurt/Foto: Willi Arand: 72/73 (Gerstenfeld)
Gisela Jahrmärker, Berlin: 237 r., 238 l., 320 l.
Rainer Kiedrowski, Ratingen: 74 r.
© Könemann Verlagsgesellschaft mbH, Köln/Foto: 50 l.; Günter Beer: 18 u.l., 26/27, 29, 30/31, 34 u.l., 43, 44/45, 47 o., 51 (Brasse, Sardine, Meeräsche, Aal, Hai, Steinbutt, Petersfisch, Seeteufel), 52 (Kalmar, Venusmuschel, Miesmuschel, Messerscheide, Jacobsmuschel, Garnele, Meerspinne, Krebs), 64/65, 66/67, 69 o., 70 u., 71 u., 72 l., 73 r., 75, 76, 77 u., 78 (Golden Delicious, Apfelbaum, Kanada Renette, Royal Gala, Elstar), 79 u., 80 r., 81, 82, 84/85, 94/95, 96/97, 98, 100, 104-107, 109 (Kekse), 118 o.r., 119, 126 o.l., 126 o.r., 136/137, 141, 142 r., 144, 146 l., 147 r., 151 (Marone), 152, 156/157, 160, 162 u., 168 (alle Fische), 170 m., 172, 173 (Hintergrund), 174 u., 177 r., 177 (Trofie), 192 (außer Abissina rigate, Bucatini, Capellini, Capunti, Cavatellucci, Cinesini, Ditali rigati, Fenescècchie), 193 (Fusilli pugliesi, Genzianelle, Gramigna, Maccheroni), 194 (Orecchiette, Panzerotti di magro, Pappardelle, Passatelli, Ravioli, Ravioli alle noci, Riscossa), 195 (Spirali, Taglierini, Tortelli, Tortellini, Tortiglioni, Triangoli al salmone, Trucidi pugliesi), 198, 199 l., 200 (außer o.), 211 r., 213 r., 214 l., 215 (Hintergrund), 216/217 m., 218/219, 220/221, 223 (außer Pan de ramerino), 225 (Kasten), 226 (alle außer o.), 217 o.r., 231 (Basilikum, Rosmarin), 240 (außer Sbricciolana, Salsiccia), 241 o., 241 m., 245 l., 248/249 m., 259, 284 (3 u. 4), 285 o.r., 301 o.l., 301 m.l., 301 o.r., 308 (Kopfsalat, Römischer Salat, Chicorée, Kraussalat, Endivie), 310 (Kräutersträußchen, Kapern), 311 (Koriander, Estragon, Majoran, Chilischote, Rosmarin, Salbei, Thymian, Vanille), 326 o., 340 o.l., 369 u.r., 372 (Hintergrund), 386 o., 412 (alle außer Hintergrund), 413 (alle außer Hintergrund o.), 427 (Weiße Brasse, Zahnbrasse, Zackenbarsch), 428 u.l., 437 o., 443, 444/445, 462, 463 l., 464 m.l., 469, 481 (Wasser 5–12); Christoph Büschel: 113 (Flußbarsch), 262 l.o., 263 (Plötze, Flußbarsch, Aal, Renke, Schleie), 373 o., 373 m., 417 (Wassermelone); Sonja Büschel: 113 (Stör); Helmut Claus: 345; Eduard Noack: 109 u.r. (Reproduktion)
laif, Köln/Foto: Luigi Caputo: 246 m. 246 u., 247 o.r., 247 u.m.; Celentano: 264 (Hintergrund), 352/353 o.m.; Hedda Eid: 247 (2. Reihe l.), 250 u.l.; Achim Gaasterland: 244; Fulvio Zanettini: 247 (3. Reihe l.)
H.E. Laux, Biberach an der Riß: 235 (alle Pilze außer Funghi Misti)
Fondazione Lungarotti/Foto: Archivio Fotografico: 268 u.
Milko Marchetti, Gallo (Ferrara): 58
Marka, Mailand/UBIK: 328 o.
Melitta, Minden: 300 o.
© Federico Meneghetti: 55 (Spargel)
Nationalmuseum, Stockholm: 242 u.r.
Werner Neumeister, München: 235 o., 277, 432 (Hintergrund)
Okapia, Frankfurt/G. Büttner/Naturbild: 78 (Gloster, Jonathan), 176 u.; Günter Kiepke/Naturbild: 437 u.; E. Weiland: 135 o.
Österreichische Nationalbibliothek, Wien/Foto: Bildarchiv, ÖNB Wien: 206
Giovanni Panarotto, Cola di Lazise (Verona): 392 o.l.
Picture Press, Hamburg/Mondadori: 108 o.r., 108 u.l.; Corbis/Owen Franken: 326 u., 327 o.l.
Piemme, S. Agnello di Sorrento: 357 r.
Poccard-Chapuis, Y./Delmas, L., Paris: 468 (außer Hintergrund)
Sammlung Molinari Pradelli, Castenaso (Bologna)/ Foto: Mario Bernardi: 243 u.
Prima Press, Mailand: 258 u.l., 341 (Pomodoro di Cerignola, Marena, Roma, Perino, Sardo, Ramato, Napoli, Palla di Fuoco), 348 r., 440 o., 440 m.r., 441 (alle u.r.)
Scala S.p.A., Antella (Florenz): 40 u., 110, 228 o.l., 228 u.l., 242 o., 242 u.l., 276 o., 279 u.l., 292, 450
SIPA Press, Paris/Foto: Yaghobzadeh: 41
Franca Speranza, Mailand: 424 u.
Stock Food, München/Maximilian Stock LTD: 51 (Lachs)
Eckhard Supp, Offenbach: 80 o.l., 117, 158/159, 217 u.r., 247 (2. Reihe m.), 248 l., 250/251 o.m., 268 o., 269 o., 286/287, 332/333 (außer u.r.), 379 l., 396 o., 418, 452
Teubner Foodfoto, Füssen: 302 (Kasten), 348 m., 372 o.l., 377 (Regina), 417 (Charleston Gray, Crimson Sweet), 440 m.l., 441 (Orangen o.l.)
© Sandro Vannini/CORBIS, Düsseldorf: 122/123
Visum, Hamburg/Foto: Günter Beer: 236/237 o.m.
Voller Ernst, Berlin/Foto: Pfeiffer: 448 o.l.

TEXTNACHWEIS

Zahlreiche Autoren haben beim Erstellen der Texte und beim Zusammentragen der Rezepte für Culinaria Italia mitgewirkt:

Pino Correnti (Sizilien)
Andrea Maestrelli (Aostatal, Piemont, Veneto)
Flavia Marin (Emilia-Romagna, Ligurien)
Eugenio Medagliani (Abruzzen, Friaul, Lombardei, Sardinien, Trentino)
Eugenio Medagliani und Laura Niccolai (Basilicata, Kalabrien, Kampanien)
Simone Medagliani (Apulien, Latium)
Marzia Tempestini (Marken, Toskana, Umbrien)

Folgende Texte stammen von Marina Collaci: »Prosciutto baciato« (S. 149), »Tonno del Chianti« (S. 239), »Puntarelle und andere Gemüse« (S. 303), »Tiella di verdure« (S. 366), »Gemüse und Hülsenfrüchte« (S. 368), »Lamm« (S. 393), »Sizilianische Gemüseküche« (S. 437), »Langusten« (S. 470).
Den Text über Barilla (S. 196) verfaßte Bettina Dürr.
Den Text über die Stilleben (S. 242–243) schrieb Roswitha Neu-Kock.
Der Autor der Weinseiten ist Eckhard Supp (S. 22–23, 60–61, 80–83, 114–117, 132, 158–161, 216–217, 246–251, 268–269, 286–287, 314–315, 332–333, 356–357, 378–379, 396–397, 418–419, 451, 478–479).
Den Text zur Konfiserie Romanengo (S. 181) verfaßte Cornelia Zingerling.

Die Rezepte »Fisch im Teig«, »Tortellini mit Schweinefleischfüllung«, »Pilzsuppe« und »Kürbistorte« (S. 229) stammen aus: Hans-Peter von Peschke/Werner Feldmann: Das Kochbuch der Renaissance. Düsseldorf/Zürich 1997. Die Rezepte »Hühnersalat à la Apicus«, »Sauce für weichgekochte Eier«, »Birnenpatina« (S. 293) stammen aus: Hans-Peter von Peschke/Werner Feldmann: Kochen wie die alten Römer: 200 Rezepte nach Apicius, für die heutige Küche umgesetzt von Hans-Peter von Peschke und Werner Feldmann. Zürich 1995. Alle sieben Rezepte werden mit freundlicher Genehmigung des Verlages Artemis & Winkler Düsseldorf/Zürich abgedruckt.

Redaktionelle Mitarbeit und Recherche:
Marina Collaci (Apulien, Basilicata, Kalabrien, Latium, Sardinien, Sizilien)
Bettina Dürr (alle Kapitel)
Cornelia Zingerling (Aostatal, Emilia-Romagna, Friaul-Julisch Venetien, Ligurien, Lombardei, Piemont, Trentino/Südtirol, Veneto)

DANK

Der Verlag dankt für die freundliche Unterstützung auch all jenen Personen, die bei der Realisierung des Projektes mithalfen, ohne dem Verlag namentlich bekannt zu sein.
Ein besonderer Dank geht an Kyra und Lilly Stempell, die zugunsten von Culinaria Italia auf ihren Ruprecht verzichtet haben, und an Carolin Büns, die sich um mehr als die Requisite kümmerte, sowie an Bernhard Roetzel, der Claudia mit Speis und Trank bei Kräften hielt. Der Familie Verna ist dafür zu danken, daß sie uns ermöglicht hat, auf ihrer Masseria Modesti einen großen Teil der italienischen Gerichte zu fotografieren. Ohne die engagierte Hilfe von Birgit Beyer, Sabine Bleßmann, Stefan Marzak (Olive e più, Köln), Gisela Jahrmärker, Henning Mader, Ruth Mader, Sandra Schauerte, Sabine Schwarz und Dott. Scianella (Ist. di Commercio Estero, Rom) wäre dieses Buch so nicht entstanden.

Folgende Hersteller, Händler, Restaurants und Institutionen haben uns unterstützt:

Friuli · Venezia Giulia
Casa del Prosciutto, San Daniele del Friuli; Trattoria-Osteria Grappolo d'Oro, Arba

Venezia · Veneto
Weingut Cantina Ca' Salina, Valdobbiadene; Francesco Cavalerin, Sottomarina; Harry's Bar, Venedig; Glasbläserei Gianni Seguso, Murano; Fischkooperative Unioncoop, Chioggia; Lebensmittelladen Gastronomia Volpato, Mestre

Trentino · Alto Adige
Casa del formaggio, Bozen; Brauerei Forst, Algund-Meran; Gastronomie Peter Egger, Bozen; Franziskanerbäcker, Bozen; Buschenschank Gruber, Vorderafing

Lombardia
Salumeria Corte dell'Oca, Mortara; Weingut Claudio Faccoli, Coccaglio; Restaurant Giannino, Mailand; Bar-Pasticceria Marchesi, Mailand; Eugenio Medagliani, Mailand; Gastronomie Peck, Mailand

Val d'Aosta
Käserei La Cascina Vollget, Brissogne; Lebensmittelladen Maison de la Fontine, Aosta; Distilleria Valdotaine, Saint-Marcel

Piemonte
Restaurant Dei Cacciatori, Alberetto della Torre; Azienda Agricola Dove osano le aquile, Castelmagno; Consorzio del Gorgonzola, Novara; Obst- und Gemüseladen Il Rondò della frutta, Novara; Distilleria Sibona, Piobesi d'Alba

Liguria
Gianpiero Navone, Villanova d'Albenga; Konfiserie Romanengo, Genua

Emilia-Romagna
Barilla, Parma-Pedrignano; Caffè Commercianti, Bologna; Trattoria Cantarelli, Samboseto; Keramikladen Il Coccio, Bologna; Bar-Konditorei Falegnami, Bologna; Restaurant Fini, Modena; Anna Nieddu, Bologna; Osteria del Sole, Bologna; La Salumeria di Bruno & Franco, Bologna; Spirituosen- und Feinkosthandlung Scaramagli, Bologna; Gastronomie Salumeria Serra e Tamerlani, Bologna; Spargelzüchter Nicola Tassinari, Altedo; Haushaltswaren Il Temperino, Bologna

Toscana
Metzgerei und Schweinezucht Chini, Gaiole in Chianti; Panificio Giorgio Franci, Gaiole in Chianti; Bäckerei Forno Marcello Pugi, Florenz; Baumschule Vivaio Sabatini, Mercatale Val di Pesa

Umbria
L'Artigiano dei Salumi, Norcineria Ansuini, Norcia; Fondazione Lungarotti Museo del Vino, Torgiano; Pasticceria Sandri, Perugia

Marche
Wurst- und Käseladen Il Bocconcino, Pesaro; Käseladen Re Formaggio Antonio Budano, Ancona; Azienda Conca d'Oro, Agriturismo Villa Cicchi, Abazia di Rosara; Enoteca Vino Vip, Pesaro

Lazio · Roma
Bar Arcioni, Rom; Trattoria La Carbonara, Rom; Pasticceria Faggiani, Rom; Caffè Greco, Rom; Apistica Romana, Rom

Abruzzo · Molise
Confetti D'Alessandro Lo Scrigno, Sulmona; Nudelholzschnitzer Gabriele Colasante, San Buceto bei Pescara; Ristorante Italia, Sulmona; Franca Leone der APT Sulmona, Sulmona; Konfiserie-Caffè Fratelli Nurzia, L'Aquila; Confetti Ovidio, Sulmona; Wurst- und Käseladen Soldo di Cacio, Sulmona

Campania
Obst und Gemüse Baffone, Neapel; Gran Caffè Gambrinus, Neapel; Pescheria Sasà + Peppe, Neapel; Felicitas Sonnenberg, Neapel; Büffelzucht und Käserei Azienda Caseificio Vannulo, Capaccio

Puglia
Bäckerei Panificio Angelini, Martina Franca; Fratelli Continisio, Altamura; Panificio Dimarno, Altamura; Metzgerei und Grillstube Fratelli Ricci, Martina Franca; Masseria Serra dell'Isola, Mola di Bari; Caffè-Pasticceria Tripoli, Martina Franca; Hotel dei Trulli, Alberobello

Basilicata
Fornaio Arena, Trecchina; La Caffetteria, Maratea; Kräuter- und Feinkostladen Farmacia dei Sani, Maratea; Restaurant Antica Osteria Marconi, Potenza; Weingut Armando Martino, Rionero; Likördestille Osvaldo Palermo »Il Patriarca«, Marina di Maratea; Lo Sfizio, Potenza

Calabria
Pasticceria Francesco Careri, Bagnara Calabra; Fornaio Albino Mandera, Rende; Franco Mariello; Agenzia Pro Loco, Bagnara Calabra; Fratelli Rocco, Angiolino De Biasi, Bagnara Calabra

Sicilia
Bar Italico, Palermo; Gutshof Fattoria Montalto, Castelvetrano, Baglio Santa Teresa

Sardegna
Il Buongustaio, Macomer; Maddalena Carta, Abbasanta; Ferienbauernhof Azienda Agrituristica Mandra Edera, Abbasanta; Enodolci, Salumi e Formaggi, Da Carmelo, Alghero; Lacesa, Bortigali; Luigi Ledda und Franco Sotgiù, Bosa; Azienda Franco Meloni, Selargius bei Cagliari; Pescheria del Golfo, Oristano; Pescheria Urgu-Lai, Bosa

REGISTER

Sachwortverzeichnis

Fett gesetzte Zahlen verweisen auf Abbildungen.

Rezeptverzeichnis

Fett gesetzte Seitenzahlen verweisen auf Abbildungen.

Antipasti (Vorspeisen)

Brot

Dolci (Süßspeisen, Gebäck und Kuchen)

Geflügel

Gemüse

Obst

Pasta, Polenta, Knödel & Co.

Pizza

Reis

Salate

Salsa, Sugo und Ragù

Suppen und Eintöpfe

Wild

SCHWEIZ
ÖSTERREICH
UNGARN
SLOWENIEN
KROATIEN
BOSNIEN-HERZEGOWINA
FRANK-REICH
MONACO
SAN MARINO
ITALIEN
TUNESIEN
Alpen
Apennin
Bern
Lausanne
Genf
Innsbruck
Graz
Székesfehérvár
Maribor
Meran
Bozen
Südtirol/Trentino
Friaul-Julisch Venetien
Belluno
Udine
Ljubljana
Zagreb
Pécs
Drava
Lago Maggiore
Veltlin
Comer See
Aosta-tal
Aosta
Como
Lombardei
Trient
Asiago
Bassano del Grappa
Marostica
Bergamo
Brescia
Gardasee
Novara
Mailand
Verona
Venetien
Turin
Vercelli
Po
Cremona
Padua
Venedig
Triest
Rijeka
Osijek
Pavia
Piemont
Asti
Mantova
Monferrato
Piacenza
Alba
Parma
Ferrara
Modena
Reggio nell'E.
Genua
Comacchio
Emilia-Romagna
Savona
Ligurien
Bologna
Ravenna
Banja Luca
Tuzla
Golf von Genua
La Spezia
Carrara
Nizza
Rimini
Lucca
Prato
Pesaro
Adriatisches Meer
Ligurisches Meer
Pisa
Florenz
Castellina i.Chianti
Livorno
Ancona
Siena
Chianti tal
L.d. Trasimeno
Marken
Split
Sarajevo
Toskana
Perugia
Piombino
Assisi
Mostar
Umbrien
San Benedetto del Tronto
Grosseto
Elba
Orvieto
Spoleto
Norcia
Terni
Korsika
L.d.Bolsena
Maremma
Viterbo
Pescara
Ajaccio
l'Aquila
Abruzzen
Civitavecchia
Latium
Maiella
Sulmona
Peschici
Rom
Molise
Gargano
Tavoliere
Frosinone
Campobasso
Foggia
Sassari
Barletta
Trani
Benevento
Kampanien
Bari
Neapel
Vesuv 1281 m
Apulien
Ischia
Potenza
Sorrento
Salerno
Alberobello
Brindisi
Capri
Matera
Sardinien
Taranto
Basilikata
Lecce
Oristano
Golf von Tarent
Tyrrhenisches Meer
Carbonia
Cagliari
Kalabrien
Cosenza
Catanzaro
Mittelmeer
Ionisches Meer
Trapani
Palermo
Messina
Reggio di C.
Marsala
Sizilien
Ätna 3350 m
Caltanissetta
Catania
Straße von Sizilien
Tunis
Siracusa
Isola di Pantelleria
Ragusa
200 km